CrARA

ESPASA

GUÍAS CLAVE

CÓMO MOVERSE

QUÉ VISITAR

QUÉ HACER

RUTAS Y CIRCUITOS

COMER Y DORMIR

DATOS PRÁCTICOS

MAPAS

ESPASA

GUÍAS CLAVE

Londres

Contenido

SÍMBOLOS

- Referencia en el mapa
- Dirección
- Teléfono
- Horarios de apertura
- Tarifas
- Estación de metro
- Línea de autobús
- Estación de tren
- Ferry/barco
- Oficina de turismo
- Circuitos
- Guía
- Restaurante
- Cafetería
- Bar
- Tienda
- Aseos
- Número de habitaciones
- Aparcamiento
- Piscina
- Gimnasio
- Más información útil
- ▷ Referencia cruzada
- EH Patrimonio inglés
- NT Patrimonio nacional

Cómo Usar este Libro

Entender Londres es una introducción a la ciudad, su geografía, economía y habitantes. **Vivir Londres** ofrece una perspectiva de la ciudad actual, mientras que **La Historia de Londres** le remonta a uno al pasado.

Si se quiere información sobre la forma de llegar a Londres y moverse una vez allí, consultar **Cómo moverse**. Para información práctica, desde previsiones meteorológicas hasta servicios de emergencia, dirigirse a **Datos prácticos**.

Las principales atracciones de Londres están indicadas alfabéticamente en **Qué visitar** y están situadas en los mapas de las páginas 66-69. Las zonas turísticas se describen en las páginas 70-75 y con un círculo en azul en el plano de la parte interior de la portada.

Consultar **Qué hacer** para información de tiendas, espectáculos, vida nocturna, deportes, salud y belleza, actividades infantiles y festivales y eventos. Se indican las entradas por temas; luego alfabéticamente. Las tiendas están localizadas en los mapas de las páginas 166-169 y los teatros en los mapas de las páginas 188-191. Las principales zonas de compras se describen en las páginas 171-175 y con un círculo verde en el mapa de la parte interior de la portada.

Rutas y circuitos ofrece cuatro circuitos por Londres y cuatro excursiones para animarle a uno a explorar un poco más lejos.

Comer y dormir ofrece una selección de restaurantes y hoteles por orden alfabético. Los restaurantes están localizados en los mapas de las páginas 248-251 y los hoteles en los mapas de las páginas 276-279

Localización en el mapa se refiere a los mapas dentro del libro o el plano al final. Por ejemplo, la catedral de St. Paul tiene la cuadrícula de referencia 69 M4, que indica la página donde está el mapa (69) y la cuadrícula donde está situada la catedral (M4). Las cuadrículas son siempre las mismas independientemente de la página donde esté el mapa.

ENTENDER LONDRES

Londres es una de las ciudades del mundo más apasionantes y gratificantes para visitar. 2.000 años han legado a la capital del Reino Unido más de 19.000 edificios que forman parte de un listado oficial por su especial interés arquitectónico o histórico. La ciudad ha crecido en gran medida sin planificación, lo que contribuye a que sea imposible predecir cuándo van a cambiar el escenario y el ambiente al doblar una esquina. Cuenta con palacios reales y boato, tiendas con estilo, teatros, música y arte, además de ser un dinámico centro financiero y de negocios. Londres está abarrotada, es ruidosa y puede resultar difícil desplazarse por ella —además de que llueve a menudo— pero está rabiosamente viva.

GEOGRAFÍA

Londres se encuentra al sudeste de Inglaterra, a unos 64 km hacia el interior del Mar del Norte. El resto del Reino Unido siempre se ha quejado de que Londres y el sudeste atraen demasiada atención y demasiados recursos. El Gran Londres es una zona de más de 1.550 km^2 de forma casi ovalada. En su interior está el centro de Londres que abarca unos 260 km^2, en cuyo corazón hay dos áreas principales desde el punto de vista tanto de los londinenses como de los visitantes: el West End y la City. Ambos están situados en la margen norte del río Támesis, que atraviesa Londres de oeste a este antes de perderse hacia el Mar del Norte.

OESTE Y ESTE

Cuando los londinenses hablan de la City, no se refieren al conjunto de Londres. Se refieren a la propia City de Londres, zona de unos 2,5 km^2 en la que empezó la historia de Londres. La City es el distrito financiero, atestado de oficinistas durante la semana y casi vacío los fines de semana, con una población residente que no supera las 7.000 personas. Los principales puntos de interés para el visitante son la Torre de Londres, la catedral de St. Paul, el Museo de Londres y el centro cultural Barbican, y destaca por algunos edificios de extraordinaria arquitectura posmoderna.

A ambos lados de la City se extienden el West End, siempre elegante, y el East End, que nunca lo ha sido. El East End es el mundo de los muelles y de la clase trabajadora de Londres, de los llamados *cockneys* y su jerga en rima (▷ 7), y de Jack el Destripador. Sufrió una gran destrucción durante la Segunda Guerra Mundial y ha sido reconstruida de forma sustancial durante los últimos 50 años.

El West End es el Londres pijo, elegante, el Londres del palacio de Buckingham, del Covent Garden y de la National Gallery, Hyde Park, Piccadilly Circus y Trafalgar Square. Es donde se agrupan los teatros, además de las mejores tiendas y restaurantes, clubes nocturnos y hoteles.

DOS EN UNO

Londres alberga dos ciudades, no solo una, y el West End está situado en la segunda de ellas: la ciudad de Westminster. Su núcleo es la zona que rodea a la abadía de Westminster, el Big Ben, el Parlamento y el Whitehall, zona desde la que se gobernaba a la cuarta parte de la población mundial en la época del Imperio Británico. También están en Westminster Mayfair, St. James's y el Soho, barrios con carácter propio.

Mayfair, situado al este de Hyde Park, es el distrito más caro de todo Londres para vivir, comer y comprar. Cuenta con las elegantes tiendas de moda, joyerías y galerías de arte de Bond Street, Park Lane y Berkeley Square, Savile Row, Claridge's, la Royal Academy y el Burlington Arcade. Contiguo a ella, hacia el sudeste, al otro lado de Piccadilly, la zona de St. James es conocida por los clubes para caballeros y

DISTRITOS DE LONDRES DE UN VISTAZO

Camden y Regent's Park. Al norte de Londres, hogar del famoso Madame Tussaud's y del zoológico de Londres.

Chelsea y Belgravia. Elegantes y frondosas calles justo al norte del Támesis con King's Road y Sloane Square para ir de compras.

La City. Asentamiento original, y hoy en día centro financiero de la capital con las importantes atracciones de la Torre de Londres, el Tower Bridge y la catedral de St. Paul's.

Clerkenwell e Islington. En la periferia de la City, en dirección norte: centro tradicional de los políticos radicales, ahora muy moderno con cafeterías y tiendas de artesanía caras.

Docklands. Feliz combinación de arquitectura antigua y moderna –tiendas, oficinas y apartamentos– que se extienden río abajo desde la City.

Kensington. Consolidada y rica franja al oeste de Hyde Park centrada en el palacio y los jardines de Kensington.

HMS Belfast y Tower Bridge sobre el Támesis (izquierda). *Arquitectura georgiana en Bedford Square* (centro). *El Parlamento y el Big Ben más allá del puente de Westminster* (derecha)

Knightsbridge. Calles de tiendas famosas al sur de Hyde Park, con Harrods y Harvey Nichols al frente.

Mayfair. Zona residencial relativamente tranquila y rica al este de Hyde Park, entre Oxford Street y Piccadilly.

Notting Hill y Holland Park. Barrio de moda relacionado con personas famosas, al noroeste de Hyde Park: hogar del mercado de Portobello Road y del Notting Hill Carnival.

Piccadilly y St. James's. Elegante y caro: justo en el centro de la ciudad, abarca Green Park y St. James's, dos parques reales, y el palacio de Buckingham.

Soho y Covent Garden. Animadas zonas muy céntricas al norte de Trafalgar Square, equipadas con tiendas, restaurantes y vida nocturna.

South Kensington y Earl's Court. Mansiones e importantes museos al sur del centro de Londres.

South Bank. Modernizada margen del río situada entre Westminster y el Puente de Londres, hoy en día dominada por el Ojo de Londres y la Tate Modern.

Westminster y Whitehall. Sede del gobierno, con dos famosos monumentos clave: la abadía de Westminster y el Parlamento.

por la sastrería de Fortnum and Mason, el Hotel Ritz y por los patos de St. James's Park alimentados por todo el mundo.

Por el contrario, el Soho, al este de Mayfair, se conoce por sus espectáculos eróticos, sus locales gays y su cosmopolita y variada mezcla de restaurantes, así como por los grandes almacenes Liberty, Carnaby Street y Chinatown.

ESTILO, ARTE E INTELIGENCIA

Situado al sudeste de Hyde Park, Belgravia es un barrio aristocrático en el que relucen, en una calle detrás de otra, blancos edificios neoclásicos de viviendas y un escaparate de grandiosidad sin igual en Eaton Square. Knightsbridge, Kensington y Chelsea eran pueblos cercanos hasta que Londres los incorporó. Hoy en día se conoce Knightsbridge sobre todo por Harrods y las elegantes tiendas de Sloane Avenue y Beauchamp Place, situado en el camino hacia el barrio de los museos, South Kensington. En este lugar están situados el Museo Victoria & Albert, el de Historia Natural y el de Ciencias.

Kensington es una zona residencial muy cara, conocida por el Royal Albert Hall, los jardines y el palacio de Kensington, en el que vivió Diana, la princesa de Gales. Siguiendo el margen del río, las bonitas calles de Chelsea conforman otro barrio que goza de fama artística e intelectual, salpicado con tiendas de moda de grandes firmas y situado en torno a Sloane Square y la King's Road.

Hacia el noreste de Oxford Street, Bloomsbury tiene reputación de ser una zona de intelectuales y artistas, en parte porque el Museo Británico, la Universidad de Londres y la Slade School of Art se hacen eco del grupo de escritores de Bloomsbury, que se formó alrededor de la novelista Virginia Woolf y del biógrafo Lytton Strachey antes de la Primera Guerra Mundial.

Hacia el este, Holborn (que se pronuncia como «Hoe-bun») cuenta con una estrafalaria mezcla de despachos de abogados en Lincoln's Inn y Gray's Inn, marchantes de diamantes en Hatton Garden y el mercado de carne de Smithfield's. Saliendo hacia el noreste, Hoxton, que aún se recuerda como una de las peores barriadas, se ha convertido en una moderna zona dedicada al arte británico llena de galerías y los locales de música pop más frecuentados de Londres.

AL SUR DEL RÍO

El margen sur del Támesis ha sido el pariente pobre de la zona norte desde la época de los romanos, cuando el municipio de Southwark (que se pronuncia «Suthuck») empezó a desarrollarse hacia el lado equivocado del Puente de Londres. Sin embargo, hoy en día, es el lugar que alberga el centro cultural del South

Hampstead, al norte de Londres

Edificio Lloyds, en la City

Mercado de Borough Market, al sur del Puente de Londres

Bank, la Tate Modern, el Ojo de Londres, el teatro Globe y la galería Saatchi, por no mencionar los inenarrables horrores de las mazmorras de Londres.

Servicio de correos
El Gran Londres está dividido en distritos postales, que pueden resultar algo confusos para los foráneos. Desde la primera guerra mundial se ha venido utilizando una combinación de letras y números,
W para oeste,
WC para centro oeste,
EC para centro este,
N para norte,
SW para suroeste, etc.

OTROS BARRIOS RESIDENCIALES PERIFÉRICOS

Más lejos aún del centro de Londres, la mayor parte de los pueblos que fueron siendo engullidos por la despiadada expansión de la ciudad en el siglo XIX conservan su carácter propio. Al oeste, Richmond presenta calles georgianas y un teatro muy famoso; Kew cuenta con el suntuoso jardín botánico y Wimbledon con sus campeonatos de tenis.

Hacia el norte, sobre la cadena de colinas que recibe el nombre de las Northern Heights, Hampstead se conoce por su ambiente rústico y su concentración de grandes intelectuales que sostienen al porcentaje más elevado de psiquiatras por número de habitantes. Contiguo a él, Highgate, tiene una calle Georgiana y el cementerio más evocador de Londres.

Más lejos, hacia el este, Greenwich es famoso por el Museo Marítimo Nacional, el *Cutty Sark* y Greenwich Mean Time (véase el Old Royal Observatory, ▷ 156–157).

GANAR DINERO

El sector de servicios financieros y de negocios asume una importante cuota de la economía londinense, sector cuya contribución al producto interno bruto alcanza cerca del 40 %, más del doble del total del Reino Unido. La City de Londres es uno de los centros financieros más importantes del mundo. Maneja casi un tercio del mercado de divisas mundial, casi el doble que Wall Street. Por el contrario, la industria ya no es uno de los puntos fuertes de Londres. Antes de la Segunda Guerra Mundial las fábricas londinenses producían cerveza y dulces, tejidos y mobiliario, y pronto se dedicaron a los productos electrónicos y farmacéuticos, pero en la década de 1960 se produjo un dramático descenso y en la de 1970 aquellos negocios encontraron locales más nuevos y mano de obra más barata en otros lugares.

La misma época fue testigo de la quiebra de los muelles de Londres, ya que, después de 1960, los barcos y contenedores aumentaron el tamaño superando la capacidad de dichos muelles. El muelle East India cerró en 1967 y el resto fue siguiendo su suerte a lo largo de 15 años. El muelle de St. Katharine's, cerca de la Torre de Londres, se convirtió en un elegante puerto deportivo para yates y sus almacenes en pisos, tiendas y restaurantes. El mismo proceso se fue produciendo río abajo. Desde la década de 1980, la Isla de los Perros recibió un nuevo desarrollo como barrio residencial y dedicado a los negocios, con la torre del Canary Wharf, el London Arena, el nuevo Docklands Light Railway y algunos de los ejemplos de arquitectura posmoderna más llamativos del país.

Mientras la industria y los muelles iban desapareciendo, Londres iba aprovechando el incremento del sector servicios, lo que produjo un notable crecimiento de la cantidad de locales para oficinas en la capital. Al mismo tiempo, la industria del turismo inició un auge basado en viajes baratos en avión y en la fama que la ciudad había alcanzado en la década de 1960 como el «Swinging London». El número de turistas ascendió de 1 a 3 millones entre 1960 y 1965, y en 1977 había alcanzado el tope de los 8 millones al año. La influencia del turismo dio un fuerte empuje a las tiendas, restaurantes y atracciones turísticas. Actualmente el número de visitantes ronda los 15 millones al año, es decir, 5 turistas por cada habitante del centro de Londres.

DESPLAZARSE

Londres, como cualquier ciudad demasiado poblada del mundo, presenta algunos problemas. La basura es uno de ellos; el desplazamiento, otro. El londinense medio recorre más de 6.450 km al año por el interior de la ciudad (para ir y volver del trabajo, para resolver asuntos, para comprar, para llevar a los niños al colegio, para visitar a los amigos) utilizando una combinación de medios de transporte: automóvil, taxi, motocicleta, autobús, metro, bicicleta o a pie. El londinense medio camina unos 400 km al año y recorre solo unos 48 km, mientras el gasto en tarifas de transporte es mayor que en cualquier otro lugar del Reino Unido. Esto a pesar de que la mitad de los hogares de Londres poseen coche (el 10% de los hogares tiene dos o más). La velocidad del tráfico rodado de Londres es asombrosamente lenta; los coches y autobuses actuales no se mueven mucho más deprisa que los coches de caballos de la década de 1880. La velocidad media en el centro de Londres durante el día no supera los 16 km/h, pero la introducción del peaje urbano en el centro de la ciudad en 2003 parece haber reducido el número de vehículos que atascan las calles en una quinta parte en los cuatro primeros meses.

Canary Wharf sobre los muelles de Rotherhithe

Entrada a Chinatown

Nombres biling,es en las calles del East End

RICOS Y POBRES

Siempre ha existido un abismo de separación entre los ricos y los pobres de Londres. El contraste era especialmente visible en la época victoriana y la respuesta consistió en despejar los suburbios. El primer paso se dio en la década de 1840 al ser demolido el horrible barrio de chabolas de St. Giles (▷ 33) situado alrededor del extremo oriental de Oxford Street. La actual calle de teatros de Shaftesbury Avenue se ha forjado en una zona anteriormente ocupada por un sórdido suburbio en las décadas de 1870 y 1880.

Aunque actualmente la división no está tan clara, cinco de las diez zonas municipales más miserables de Inglaterra se encuentran en Londres. No se ha acabado con el problema de los «sin techo» y la mendicidad, tanto en la calle como en el metro, que ha resurgido a partir de la década de 1980. Como se dice en las grandes ciudades, y siempre que uno se porte con sensatez, Londres no es un lugar peligroso. ¡Solo hay que relajarse y disfrutarlo!

POBLACIÓN

El censo del 2001 presentó una cifra de población de 2,8 millones de habitantes en el centro de Londres y 4,4 millones en el exterior. Londres siempre ha atraído como un imán a gente del resto del país y del mundo, y hoy en día las minorías étnicas alcanzan el 30% de la población del centro (en el Gran Londres la cifra alcanza el 25%). La década de 1980 fue testigo de una tendencia a la baja del crecimiento de la población, que había llegado a los 8 millones en 1951, empezando una inversión de la misma. La ciudad dejó de perder habitantes anualmente debido a la emigración (sobretodo hacia el resto del país) que los que ganaba a causa de la inmigración.

Los inmigrantes han aportado de todo a la vibrante mezcla de la ciudad, trayendo sus idiomas, tradiciones y comidas. El resultado es una amplia variedad de establecimientos étnicos que abarcan desde los emporios de artesanía africana a las tiendas de libros árabes, tiendas de salchichas austriacas, pescaderías caribeñas, galerías chinas de brocados, joyerías griegas, pequeñas tiendas israelíes de artesanía, carnicerías libanesas y pastelerías polacas. Además de las principales cocinas de Europa, la India, China y Tailandia, se encuentran restaurantes que sirven comida de Brasil, Birmania, Cuba, Egipto, Etiopía, Jamaica, Japón, México, Marruecos, Perú, Polonia, Rusia, Escandinavia, Siria, Vietnam y cualquier otro sitio.

La gran mayoría de los londinenses hablan inglés, pero en la calle se pueden escuchar más de 300 idiomas de todos los rincones del planeta.

La mayoría de las personas que llegan a Londres tienen entre 16 y 44 años. Esto explica que la tasa de edad sea un 6% más baja que la del resto del país, aunque la tasa de natalidad es más alta. El número de jubilados es inferior al del resto de Inglaterra. El 45 % de las viviendas de Londres son apartamentos, en comparación con el 25% de la media nacional.

Better Adam 'n' Eve It

Se desconoce el origen de la jerga rimada de los *cockney* (habitantes de los barrios bajos del East End), pero hay quien dice que fue desarrollado para frustrar al cuerpo de policía recién creado a principios del siglo XIX. Fue entonces cuando expresiones como «Would you Adam 'n' Eve [believe] it?» y «Get up them apples and pears [stairs]» surgieron entre los londinenses del este. Algunas de ellas tenían connotaciones especialmente mordaces, como en «trouble and strife» por *wife* (esposa) o «artful dodger» por lodger (inquilino). Esta jerga sigue salpicando la forma de hablar de los londinenses. Quien carece de efectivo es «borassic» (de *boracic lint* «hilachas de ácido bórico» que rima con *skint* «estar sin blanca»); una cara, face, es un barco (que viene de «regata», *boat race*) y un sombrero, *hat*, es un *tifter* (de *tif for tat*, «ojo por ojo»). Las mentiras son cerditos, *porkies* (de *pork pies* «pastel de cerdo»), echar un vistazo, *take a look*, es «de carnicero», *butcher's* (de *butcher's hook*, «gancho de carnicero») y «Brahms and Liszt» significa *intoxicated*, borracho. Los famosos también pueden llegar a formar parte del vocabulario. El jinete americano Tod Sloane ha dado lugar a la expresión «*on your Todd*» (tú mismo), y un Gregory (Peck) es un cheque.

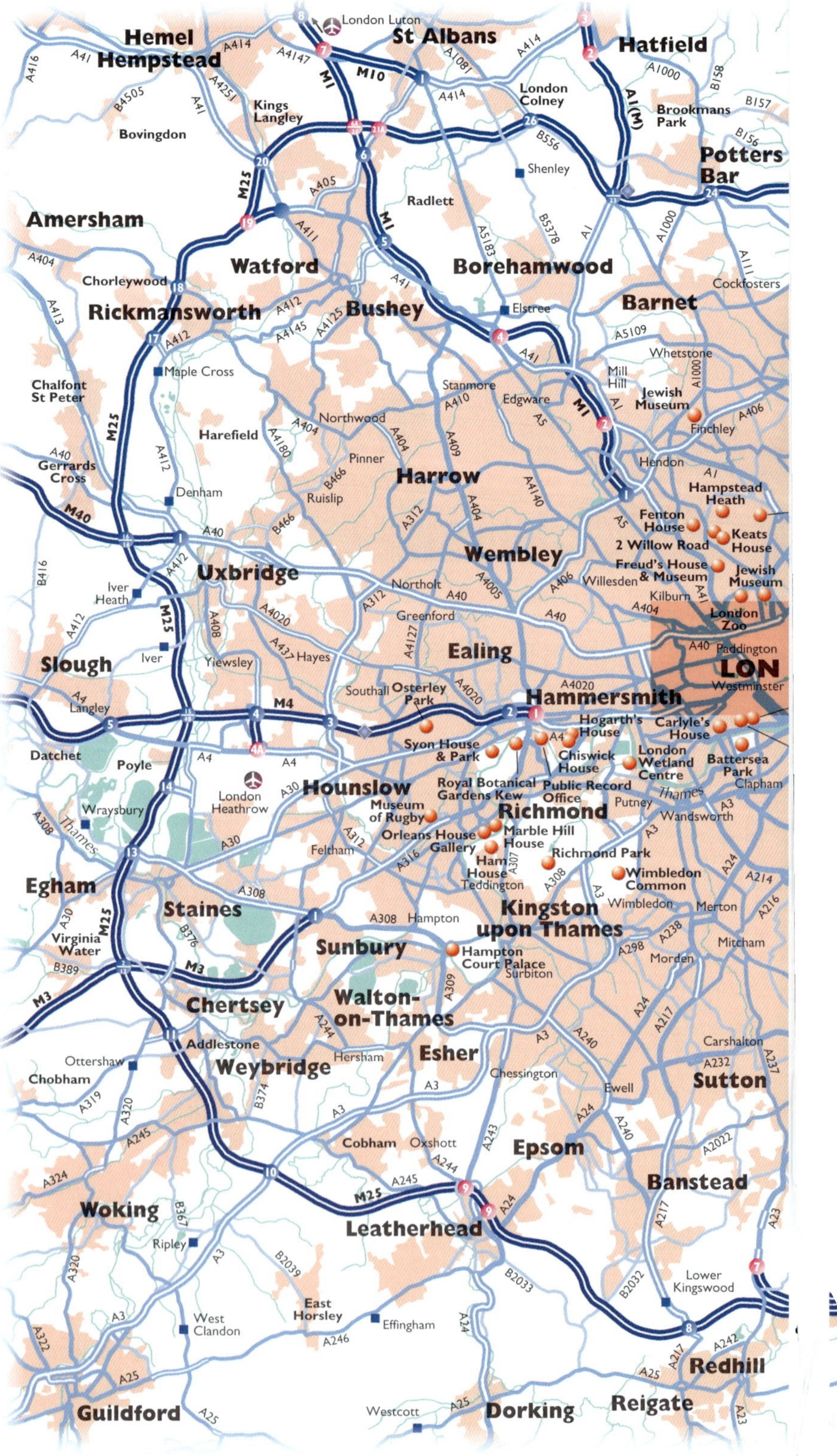
Hemel Hempstead
St Albans
Hatfield
London Luton
Kings Langley
Bovingdon
London Colney
Brookmans Park
Potters Bar
Shenley
Radlett
Amersham
Watford
Borehamwood
Chorleywood
Rickmansworth
Bushey
Barnet
Cockfosters
Elstree
Maple Cross
Whetstone
Mill Hill
Jewish Museum
Chalfont St Peter
Stanmore
Edgware
Northwood
Finchley
Harefield
Gerrards Cross
Pinner
Harrow
Hendon
Hampstead Heath
Denham
Ruislip
Fenton House
Keats House
2 Willow Road
Wembley
Freud's House & Museum
Uxbridge
Willesden
Jewish Museum
Iver Heath
Northolt
Kilburn
London Zoo
Greenford
Slough
Iver
Yiewsley
Hayes
Ealing
Paddington
LON
Westminster
Southall
Osterley Park
Hammersmith
Langley
Hogarth's House
Carlyle's House
Syon House & Park
Datchet
Poyle
Chiswick House
London Wetland Centre
Battersea Park
London Heathrow
Hounslow
Royal Botanical Gardens Kew
Public Record Office
Clapham
Wraysbury
Thames
Putney
Museum of Rugby
Richmond
Wandsworth
Orleans House Gallery
Marble Hill House
Feltham
Ham House
Richmond Park
Teddington
Wimbledon Common
Egham
Staines
Kingston upon Thames
Wimbledon
Merton
Hampton
Virginia Water
Sunbury
Mitcham
Hampton Court Palace
Surbiton
Morden
Walton-on-Thames
Chertsey
Addlestone
Esher
Carshalton
Ottershaw
Hersham
Weybridge
Chobham
Chessington
Ewell
Sutton
Cobham
Oxshott
Epsom
Banstead
Woking
Leatherhead
Ripley
Lower Kingswood
East Horsley
West Clandon
Effingham
Redhill
Guildford
Westcott
Dorking
Reigate
M1
M10
M25
M40
M4
M3
A1(M)

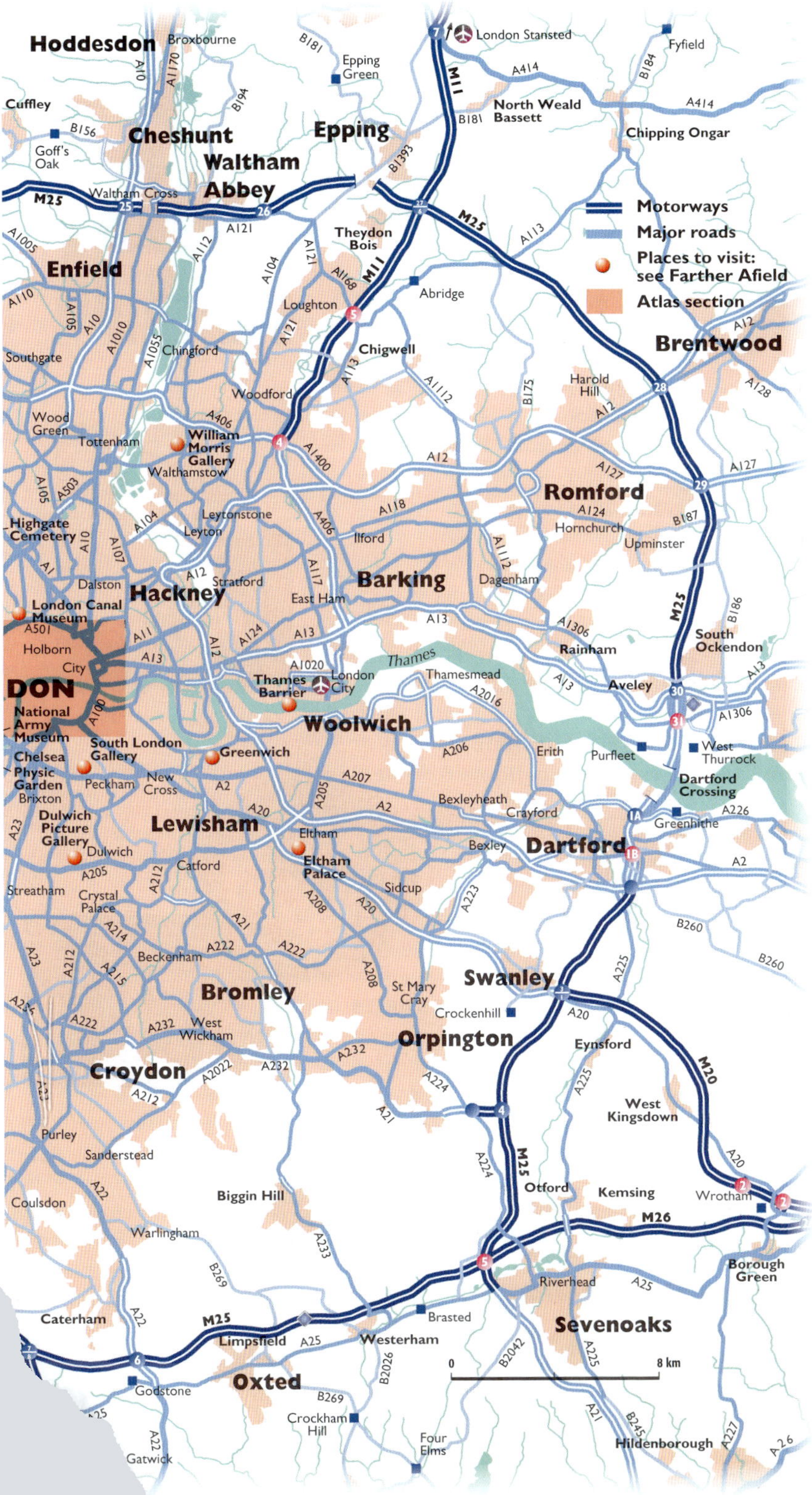
Motorways
Major roads
Places to visit: see Farther Afield
Atlas section
Hoddesdon
Broxbourne
Epping Green
London Stansted
Fyfield
Cuffley
Cheshunt
Waltham Abbey
Epping
North Weald Bassett
Chipping Ongar
Goff's Oak
Waltham Cross
M25
M11
Theydon Bois
Enfield
Abridge
Loughton
Chigwell
Brentwood
Southgate
Chingford
Harold Hill
Woodford
Wood Green
Tottenham
William Morris Gallery
Walthamstow
Romford
Hornchurch
Upminster
Highgate Cemetery
Leytonstone
Leyton
Ilford
Dalston
Hackney
Stratford
East Ham
Barking
Dagenham
London Canal Museum
Holborn
City
DON
Thames
Thamesmead
Rainham
South Ockendon
Aveley
Thames Barrier
London City
Woolwich
National Army Museum
Chelsea Physic Garden
South London Gallery
Greenwich
Erith
Purfleet
West Thurrock
Dartford Crossing
Brixton
Peckham
New Cross
Bexleyheath
Crayford
Greenhithe
Dulwich Picture Gallery
Dulwich
Lewisham
Eltham
Eltham Palace
Bexley
Dartford
Catford
Sidcup
Streatham
Crystal Palace
Beckenham
Swanley
St Mary Cray
Bromley
Crockenhill
West Wickham
Orpington
Eynsford
Croydon
West Kingsdown
Purley
Sanderstead
Otford
Kemsing
Wrotham
Coulsdon
Biggin Hill
M26
Warlingham
Riverhead
Borough Green
Caterham
Brasted
Sevenoaks
Limpsfield
Westerham
Oxted
Godstone
Crockham Hill
Four Elms
Hildenborough
Gatwick
M20
0
8 km

LAS MEJORES TIENDAS

Fortnum and Mason (▷ 180): famosa tienda de alimentación.
Hamleys (▷ 177): la juguetería más grande de Inglaterra.
Harrods (▷ 178): grandes almacenes legendarios en los que se vende casi todo lo que se pueda imaginar.
Heal's (▷ 182): artículos con estilo para el hogar
Liberty (▷ 178): telas clásicas y lujo caro en un bello edificio.
Portobello Road (▷ 183): fascinante mercado al aire libre en el que se encuentra de todo, desde antigüedades hasta verdura.

Harrods en Knightsbridge

LOS MEJORES MUSEOS

British Museum (▷ 80–85): gran colección de antigüedades procedentes de todo el mundo.
Museum of London (▷ 103): para descubrir la historia de Londres.
Museo de Historia Natural (▷ 112–113): desde dinosaurios a líquenes: millones de especies del mundo natural.
Museo de Ciencias (▷ 124–125): innovador museo interactivo que acerca la ciencia a la vida.
Museo de Sir John Soane's (▷ 128–129): el gusto de un hombre: casa fuera de lo común llena de curiosidades.
Victoria & Albert Museum (▷ 144–149): deslumbrante colección de artes decorativas.

Gran Atrio del Museo británico

LAS MEJORES GALERÍAS DE ARTE

Courtauld Gallery (▷ 130–131): soberbia colección en los magníficos salones de Somerset House.
National Gallery (▷ 104–109): obras de arte europeas desde el siglo XIII al XIX.
National Portrait Gallery (▷ 110–111): retratos de la realeza, los ricos y los famosos.
Tate Modern (▷ 134–135): soberbio arte moderno en un escenario dinámico.
Colección Wallace (▷ 150): excepcional colección de arte alojada en una mansión palaciega.

Las esculturas de la fachada de la National Portrait Gallery representan a personajes famosos

LOS MEJORES LUGARES PARA VER LAS ARTES ESCÉNICAS

Aldwych Theatre (▷ 198): sede de la antigua Royal Shakespeare Company, con obras de teatro y ballet.
Odeon Leicester Square (▷ 193): cine gigante en el West End que presenta éxitos de taquilla estrenados recientemente.
Ronnie Scott's (▷ 197): local reformado dedicado al jazz con artistas de primera.
Royal Albert Hall (▷ 195): en él se interpretan conciertos de música clásica y contemporánea, ballet y los proms veraniegos.
Theatre Royal Drury Lane (▷ 201): local situado en Covent Garden donde se escuchan incontables éxitos.

Los amantes de la música clásica están bien provistos en Londres

Alastair Little en Frith Street

LOS MEJORES RESTAURANTES

Alastair Little Restaurant (▷ 253): restaurante en el Soho del gran cocinero Alastair Little.

Bibendum (▷ 254): en el interior del fabuloso edificio estilo art decó de Michelin.

The Cinnamon Club (▷ 256): cocina hindú tradicional en el insólito marco de una antigua biblioteca.

Hakkasan (▷ 258): exótico restaurante chino que sirve algunos de los mejores platos de la ciudad de su clase.

Kensington Place (▷ 259): mobiliario retro y ambiente ensordecedor cerca del elegante Notting Hill.

Moro (▷ 260): concurrido restaurante español que sirve carnes al horno de leña.

Orrery (▷ 261): incondicional de Marylebone en el que se ofrece elegante comida francesa.

St. John (▷ 264): comida británica tradicional (sólo para carnívoros) en Clerkenwell.

Smiths of Smithfield (▷ 265): comida orgánica en un antiguo almacén cerca de la City.

LOS MEJORES PUBS

The Bleeding Heart Tavern (▷ 268): taberna rústica que data de mediados del siglo XVIII que sirve buena comida de restaurante.

Cittie of York (▷ 268): sándwiches y platos sencillos en uno de los pubs más antiguos de Inglaterra.

The Eagle (▷ 269): uno de los primeros gastropubs de Londres, a las afueras de Clerkenwell.

The Grapes (▷ 270): pub a orillas del río con restaurante independiente frecuentado por Charles Dickens en su época.

The Peasant (▷ 271): pub de interior victoriano, sirve comida al estilo rústico.

Swag and Tails (▷ 272): pub restaurante al estilo de las casas de campo situado en un remanso de Knightsbridge.

Pastel, patatas fritas y guisantes con una pinta de cerveza, comida tradicional de los pubs

LOS MEJORES ALOJAMIENTOS

The Bonnington in Bloomsbury (▷ 281): hotel de gama media, elegante y bien situado en Bloomsbury.

Brown's Hotel (▷ 281): hotel muy confortable y tradicional, en Mayfair.

Delmere (▷ 283): pequeño hotel privado a las afueras de Hyde Park.

The Halkin Hotel (▷ 285): hotel elegante, contemporáneo, con un excelente restaurante tailandés.

The Landmark London (▷ 286): uno de los mejores hoteles de la ciudad que ofrece todo tipo de lujos.

Lincoln House (▷ 287): cama y desayuno de buena calidad en una casa georgiana cerca de Oxford Street.

Radisson Edwardian Hampshire (▷ 289): localización perfecta en Leicester Square para estar cerca de los teatros, cines y bares.

Hotel Lincoln House

Té formal de la tarde en Brown's, en Mayfair

NO HAY QUE PERDERSE

Cruzar el río Stroll por el Puente del Milenio o el de Westminster, preferiblemente al atardecer, para contemplar las clásicas vistas del río de Londres.

Antigüedades y baratijas en Portobello Road

Echar un vistazo a los mercados A la caza de gangas y disfrutando del ambiente de un mercado al aire libre como Portobello Road (▷ 183) o Petticoat Lane (▷ 183).

Montar en autobús Ver la ciudad desde el piso superior de un autobús para orientarse.

Ir a Harrods Aunque no se compre nada, merece la pena visitar este gran y lujoso almacén (▷ 178).

El Ojo de Londres

Comprar en Covent Garden Encontrar artículos poco frecuentes en las tiendas especializadas de esta zona (▷ 175).

Subir al Ojo de Londres La gran noria del milenio ofrece inigualables vistas de Londres (▷ 99).

Tomar el té Saltarse la comida y acudir a Fortnum and Mason (▷ 180), o al Ritz (▷ 289), a tomar un té de la tarde completo.

Disfrutar los parques y las plazas Llevarse la comida a uno de los muchos espacios verdes de la ciudad.

Asistir a una representación en directo Sean cuales sean los gustos: la oferta de entretenimiento es amplia.

Ver el Cambio de la Guardia Ser testigo de la tradición británica en acción: ceremonia diaria en el exterior del Palacio de Buckingham (▷ 79).

Seguir el río Montar en barco por el Támesis para obtener una perspectiva distinta de la ciudad (▷ 234–235).

Uno de los muchos pubs atractivos de Covent Garden

Beber algo Tomar una pinta en un pub londinense tradicional (▷ 267–272), uno que haya cambiado muy poco desde la época de Dickens.

Salir de la ciudad Dejar el centro de la ciudad y visitar al menos uno de estos lugares: Greenwich, Hampstead, Hampton Court, Kew Gardens (▷ 156–157, 158, 159, 163).

Salirse de lo habitual Con un callejero, explorar a pie zonas como Bloomsbury o la City.

Comer con estilo Probar al menos un par de los soberbios restaurantes de la ciudad (▷ 252–266): A la hora de comer, los precios suelen ser bastante razonables.

Asistir a un festival o evento tradicional Consultar los eventos, grandes y pequeños, que tienen lugar a lo largo del año (▷ 222–224).

Guardia (arriba izquierda) *durante la ceremonia del Cambio de Guardia*

El desfile de carnaval más grande de Europa (izquierda) *se celebra todos los años en Notting Hill durante el último fin de semana de agosto*

Vivir Londres

Para saber el camino, preguntar a un policía, los *bobbies* de Londres ayudan encantados

El Millenium Bridge, de 325 m, une la City y St. Paul con el Tate Modern en Bankside

Terraza de cafetería en Londres *(arriba)*, ¡cuando el tiempo lo permite!

Imprescindible artículo de moda, el teléfono móvil *(derecha)*

Gente de Londres

No es fácil definir a un londinense. La ciudad cuenta con una población de unos 7,5 millones, a la que cada día se suma un millón de población flotante que acude en tren a trabajar, la mayoría procedente del sudeste de Inglaterra. Más de 270 nacionalidades estructuran la propia ciudad, y una cuarta parte está formada por minorías étnicas. Muchos tienen raíces en países de África y en la India, antes pertenecientes al Imperio británico. En la década de 1950 llegó un gran número de indios procedentes del oeste de su país.

Dentro de la ciudad, el Támesis ofrece otro medio de identificación, pues divide el norte del sur; hay gente que nunca cruza el río. Los *cockneys* son londinenses del este, nacidos «al sonido de las Bow Bells», las campanas de la iglesia de St.-Mary-le-Bow, en el este de la ciudad.

Es una ciudad con una mezcla fascinante de tradición y cambio. Se pueden ver los mismos personajes, el acaudalado empleado de la City, el abogado con la peluca y la toga del siglo XVIII, el dicharachero taxista londinense, pero ahora hay hombres y mujeres de muchos y distintos grupos étnicos y sociales. El típico londinense no existe y, probablemente, nunca existió.

Londres y los solteros

Un tercio de londinenses viven solos. La mayoría son jóvenes y solteros, tienen buenos trabajos y manejan dinero. Son la vanguardia de un cambio de sociedad con un 50% de divorcios, varios matrimonios y trabajos por cuenta propia o a tiempo parcial. Muchos de ellos no se casarán, o convivirán, antes de los treinta años. Suelen ganar un 15% más que el resto del país, lo que incrementa los precios, sobre todo en el mercado inmobiliario, que en los últimos años ha vivido aumentos anuales del 25% (aunque se observa un retroceso de este auge). Estos jóvenes compran por Internet, comen fuera y chatean con sus amigos, quienes les proporcionan la estabilidad que antaño ofrecía el grupo familiar.

Oxford Street *(arriba)*, siempre atiborrada de gente que va de compras. Una figura nada seria *(der.)* en el desfile Lord Mayor's Show, que se celebra cada noviembre

Deambular por Piccadilly Circus *(abajo)* es disfrutar de la mezcla multiétnica de la ciudad

Participante elegantemente ataviada en el Spitalfields Japanese Festival

Sabores de la India *(izq.)*. Que se esfuerce el taxi negro *(der.)*

Madonna, la residente más famosa de Kensington, aunque no viva allí de forma permanente

Bollywood está aquí

La comunidad asiática londinense cuenta con más de doscientos años de existencia, y disfruta de una próspera vida cultural y comercial. Hay más de 200 millonarios indios que viven en Londres; Meena Pathak de Pathak Spices, por ejemplo, ha creado con gran éxito una marca de comida. Se puede disfrutar de una de las mejores cocinas indias de todo el mundo en Veeraswamy's en Regent Street, el más antiguo de los cientos de restaurantes indios de la capital; vea una película en hindi, recién llegada de Bombay, en Upton Park; eche una ojeada a los saris y a las joyas en Southall, centro de la comunidad asiática; y escoja entre una gran selección de restaurantes y bares muy económicos con servicio de cátering para el vecindario.

Hyde Park Corner

Este rincón está en el extremo nororiental de Hyde Park y frente a Marble Arch. Antaño el emplazamiento de las horcas de Tyburn (▷ 33), donde las ejecuciones masivas atraían a ingentes muchedumbres, es ahora un lugar dedicado a los oradores espontáneos. Cualquiera puede colocarse allí, por regla general sobre un pedestal, y decir lo que le venga en gana, salvo, por supuesto, sobre la Reina, pues es un parque real. Lenin, el revolucionario ruso (1870-1924), habló aquí, así como el novelista George Orwell (1903-1950) y la familia de sufragistas Pankhurst. La mayoría de los oradores dan rienda suelta a sus extremistas puntos de vista sobre religión, política o dietas mediante discursos largos y aburridos. No faltan los que interrumpen, que participan con igual protagonismo y vociferan bromas e insultos, a los cuales los buenos oradores suelen replicar. En la era de los e-mails y la TV, Hyde Park Corner sigue ofreciendo la más antigua forma de comunicación, la discusión a gritos.

Taxis londinenses

Como en Londres hay 20.000 taxis negros y un promedio de 31.000 personas en busca de una carrera, los taxistas han de moverse deprisa. Desde 1851 pasan un examen, convocado por la Public Carriage Office, que los pone a prueba en cuanto a las mejores rutas por unas 25.000 calles. Se llama el Knowledge y son tres años de preparación. De hecho, unos científicos han descubierto que las partes del cerebro que se utilizan para conducir están más desarrolladas en un taxista londinense; si bien este poder de la mente está ahora amenazado. La PCO quiere informatizar el examen y, de hecho, algunas compañías están introduciendo navegadores en sus taxis. Los taxistas no quieren; dicen que los ordenadores no pueden decir si una ruta está bloqueada por el tráfico, ¿y cómo pueden saber dónde están los mejores restaurantes?

Madonna en Kensington

De todos es sabido que a Madonna, el icono de la música pop nacida y educada en la Norteamérica profunda, le encanta Londres. Su marido es británico, tiene seis propiedades en Londres y una mansión en el campo. Dice que los británicos son inteligentes y que la vida social es estupenda; amigas famosas como Gwyneth Paltrow comparten su opinión y están empezando a llegar. «La arquitectura de esta ciudad me fascina», dice Madonna. No es sorprendente que así sea, viviendo como vive en una casa de 7 millones de libras en el elegante barrio de Kensington.

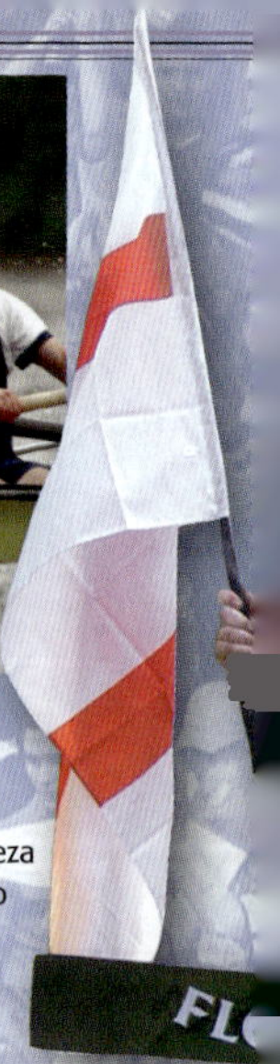

El polifacético inglés Craig White bateando contra la India

Los equipos de las universidades de Oxford *(arriba)* y de Cambridge participan en la Boat Race cada primavera

Ir de compras es uno de los pasatiempos preferidos de los londinenses

En los pubs británicos, la cerveza se sigue sirviendo en vasos de una pinta (0,568 l) y media pinta

Deporte y Ocio

Londres es el foco de los tres principales deportes ingleses: fútbol, rugbi y críquet. Cada mes de mayo, el estadio de Wembley es el escenario de la Footbal Association (FA) Cup Final, la cima de la temporada futbolística. El terreno principal para el rugbi, inventado en 1823 por un colegial inglés cansado de darle patadas a un balón, está en el barrio sur oriental de Twickenham (▷214); y la sede principal del críquet, en John's Wood desde 1830, cuando el Marylebone Cricket Club se mudó allí (▷210). Londres será también el anfitrión de los Juegos Olímpicos de 2012 (▷40).

Muchos londinenses practican alguna actividad física, sobre todo caminar, nadar y hacer gimnasia. Parte de esta energía se gasta en buenas causas. Se calcula que, desde su inicio en 1980, el Maratón de Londres ha generado con sus corredores 200 millones de libras. Es el acontecimiento individual que más fondos recauda de todo RU.

Un pasatiempo que encanta a los londinenses es beber. Hay 5.000 pubs en la ciudad, pero ya no es dominio de los hombres y de la cerveza. Ahora se puede tomar vino, té o café, y a menudo comida estupenda.

Arsenal contra Tottenham

La rivalidad entre estos dos grandes equipos de fútbol data de 1913. El Arsenal se trasladó del sudeste de Londres a Highbury, cerca de la sede del Tottenham Hotspur (Spurs), White Hart Lane, en el norte de Londres. Como el Arsenal necesitaba más aficionados, la comunidad no tardó en dividirse. Los dos equipos son muy diferentes. En el Arsenal, bajo Arsene Wenger, se mueven libres y crean expectación, mientras que en el Tottenham, tras tantos cambios de dirección, luchan por mantener consistencia en su estilo de juego. Uno de los famosos enfrentamientos fue en 1991, en la semifinal de la Football Association Cup. Las calles del norte de Londres estaban desiertas. Después de un partido estupendo, los Spurs ganaron 3-1, y luego lograron la Cup Final. Con estas apasionadas rivalidades la popularidad de este juego está asegurada en todo el país.

La ruta de los pubs

Una buena forma de conocer Londres y observar una muestra representativa de la población de la ciudad es hacer la ruta de los pubs; pasarse una tarde y/o una velada visitando un pub detrás de otro. Como hay uno casi en cada esquina, se pueden conocer palmo a palmo y de una forma agradable barrios como Mayfair o Fleet Street. Hasta 2003, las leyes británicas eran una fuente de asombro y fastidio para los visitantes, porque ordenaban que los pubs cerrasen a las 11 de la noche, pero ahora las autoridades locales pueden decidir a la hora que deben cerrar los pubs y los clubes. Si bien los noctámbulos y los visitantes agradecen el cambio, todavía está por ver si los residentes son de la misma opinión.

En 2005, Inglaterra superó a Escocia en un partido de rugbi en Twickenham

Lloyd Scott tardó cinco días en correr el benéfico Maratón de Londres vestido con traje de buzo

Harrods, engalanado con las luces navideñas. El primer día de las rebajas de enero, largas colas de gente esperan conseguir las mejores gangas

El maratón de cinco días

A los ingleses les encanta hacer locuras o cosas extrañas para conseguir dinero con fines benéficos. Más de 30.000 personas participan en el Maratón de Londres en abril, y la mayoría termina en unas horas, pero en 2002 Lloyd Scott tardó más de cinco días. Iba vestido con un antiguo traje de buzo que pesaba 55 kg. En 1987 le diagnosticaron leucemia, venció la enfermedad y decidió conseguir dinero para investigación. Solo pudo correr 400 m seguidos antes de hacer una pausa para recobrar fuerzas. Valió la pena: Lloyd consiguió más de 100.000 libras. En 2006 completó el maratón vestido con una armadura, y en el 2007 de Indiana Jones, ascendiendo el total recaudado a más de 4 millones de libras.

Un estadio nuevo

Los londinenses sienten un cariño especial por el estadio de Wembley. Sus famosas dos torres blancas han formado parte del paisaje desde 1924. Los grandes acontecimientos de atletismo, fútbol y rugbi se celebran en Wembley y las más sonadas estrellas mundiales del rock han actuado allí. En 1996 se anunció la construcción de un nuevo estadio con un aforo para 90.000 personas, el más caro del mundo, 715 millones de libras. Luego empezaron los problemas. El Gobierno dio 120 millones, pero los bancos se negaron a prestar el resto, pues querían saber quién se encargaba del proyecto, si el Gobierno o la Football Association. Cuando por fin se inició la demolición de las viejas torres, estas resultaron ser más resistentes de lo esperado y los trabajos se fueron retrasando. El nuevo estadio se inauguró por fin en 2006, proporcionando así a la ciudad un adecuado punto de referencia para el deporte y el ocio en el tercer milenio.

La locura de las rebajas

Las rebajas de enero en Londres prometen gangas tras los dispendios de la Navidad, y las de Harrods (▷ 178) son las mejores. El primer día, cuando se abren las puertas, aparece una famosa estrella en un coche de caballos y acompañamiento de gaitas. Luego, por supuesto, desaparece. El promedio de 30.000 visitantes diarios se convierte en la cifra de 300.000, y a veces los empleados deben cerrar las puertas ante un local atestado. Para poder ser el primero de la fila, los compradores llegan el día anterior y pernoctan en la acera. Los expertos cazadores de gangas conocen el camino hacia sus artículos preferidos y corren hasta ellos. ¿Quién puede censurarlos con descuentos del 50 y 60%?

El futbolista Robbie Keane celebra un gol

Una banda militar de los desfiles de la Guard en el Mall

La famosa Tara Palmer-Tomkinson, una de las asiduas en las fiestas de la alta sociedad londinense

El regimiento Household Cavalry lleva protegiendo la vida de su soberana desde los tiempos de Carlos II

Realeza y Famosos

La pompa real en Londres es única. A pesar de sus más y sus menos, los miembros de la familia real siguen protagonizando regularmente espléndidos actos públicos. Para el Trooping the Colour en junio y el State Opening of Parliament en noviembre, por ejemplo, tiene lugar un gran despliegue de soldados, carrozas doradas y música, y en medio de toda esta parafernalia, la Reina aparece cubierta de diamantes. Hay también tradiciones menos ostentosas: en el New Year's Honours y el Birthday Honours en junio, la Reina hace entrega de medallas y premios a cientos de personas de toda condición. En su calidad de jefe de Estado, se reúne todos los martes con el primer ministro, a fin de tratar asuntos gubernamentales. Como cabeza de una monarquía muy pública y cara, es objeto tanto de críticas como de un gran afecto, y así se vio con los festejos y manifestaciones que tuvieron lugar para su Golden Jubilee en 2002.

Esta fascinante combinación de privilegio y riqueza siempre ha intrigado y seducido a los visitantes. Muchos millonarios y estrellas del cine están encantados de codearse con la realeza, y el espectáculo ayuda a atraer a los 15 millones de turistas que dejan unos 7 millones de libras al año.

La reina Isabel II

Hitos reales

El 21 de abril de 2006 la Reina cumplió ochenta años y, junto al duque de Edimburgo, lo celebró paseándose por Windsor en olor de multitudes. El 20 de noviembre del 2007, la Reina y el duque de Edimburgo conmemoraron su 60 aniversario de boda con una misa celebrada en la Abadía de Westminster. La pareja se conoció en 1939 cuando la princesa Isabel contaba solo con trece años. Las festividades reales prosiguieron con un corto viaje a Malta, donde el matrimonio vivió desde 1949 hasta 1951, lejos de la curiosidad mediática. Como colofón de los hitos reales, el 20 de diciembre de 2007 la Reina se convirtió en el monarca británico que ha reinado más tiempo en toda la historia de la humanidad.

El polo, un juego que importaron de la India los oficiales del ejército, cuenta con aficionados reales

Los príncipes Guillermo y Enrique en uno de los actos del Golden Jubilee *(arriba)*. Retrato de la reina por Lucian Freud *(abajo)*

Los tocados elegantes, a menudo estrafalarios, *(der.)* son de rigor en el Ladies Day de las carreras de Ascot. Placas azules señalan las casas de los famosos *(izq.)*

Casas de famosos

¿Se habrían llevado bien Jimi Hendrix (1942-1970) y Georg Friedrich Haendel (1685-1759) intercambiando notas, públicos exigentes y la música de sus instrumentos? Tal vez, pues, aunque separados por 270 años y una pared de ladrillos, fueron vecinos. Jimi vivió en el 23 de Brook Street en Mayfair en 1968 y 1969, donde recibió, entre otros, a los Beatles. Georg Friedrich Haendel vivió en la puerta contigua, el 25 (▷ 90), durante casi toda su vida, y fue allí donde se hizo un nombre como compositor. En la actualidad se conmemora esta casualidad cósmica mediante una Blue Plaque, una de las ochocientas que señalan las casas de residentes famosos. Si uno se fija bien, las descubrirá en prácticamente cada esquina, sobre todo en los elegantes barrios de Kensington y Chelsea. Esta costumbre, de la que ahora se ocupa English Heritage, se ha extendido a todo el país.

Proveedores reales

Si se presta atención, es fácil detectar proveedores reales en todo Londres. Las empresas y los particulares escogidos para proveer o prestar servicio a la familia real pueden ostentar un escudo real durante cinco años. Los proveedores reales pueden ser nombrados por la Reina, el príncipe de Gales y el duque de Edimburgo. Para estar cualificado como tal, se tiene que haber servido a la casa real como cliente un mínimo de tres años. Esta práctica, que se inició en el siglo XV, ofrece una visión interesante de la forma de vida de la familia real. Hay un controlador real de ratones y un deshollinador. No menos de seis empresas de champán son proveedoras de la casa real, así como dos chocolateros: Cadbury para el personal y Prestat/Bendicks para la familia. Esta deportista familia tiene proveedores de pantalones de montar y equipos de pesca, cuatro armeros oficiales y un taxidermista real, por cierto, muy activo.

El picnic de la temporada de verano

Antaño, la alta sociedad británica disponía mantas y cestas de picnic en los encuentros sociales y las óperas al aire libre que conformaban la temporada de verano, llamada The Season. Hoy en día es más probable encontrar carpas municipales, pero sigue valiendo la pena hacer el esfuerzo de impresionar con la impecable cesta de picnic. El salmón ahumado, por ejemplo, debe ser salvaje, no de criadero; las fresas han de ser inglesas en lugar de españolas. A los escoceses les gusta incluir algunas especialidades del norte, como sopa de abadejo y tortas de avena. Para las bebidas las reglas son simples: se deben evitar las latas. Pimms, una bebida apenas alcohólica creada en la década de 1840, es lo tradicional, y el champán muy frío es imperativo.

La flor y nata

En 2002 vio la luz el retrato que de la reina había hecho Lucian Freud considerado el mejor pintor británico actual. Si bien a los monárquicos les pareció poco halagüeño, pone de manifiesto la importancia que tiene el retrato en la historia británica como testimonio de quién es quién. Resulta difícil recorrer una casa solariega o una renombrada galería de arte sin ser observados por la imagen de un personaje perteneciente a la flor y nata. Hubo dos factores que influyeron en el auge del arte del retrato: la moda de la genealogía entre la aristocracia, y la Reforma Protestante, cuando los artistas buscaron un mercado alternativo a la imaginería religiosa. El mejor sitio para ver retratos es la National Portrait Gallery (▷ 110-111).

Escultura de Henry Moore en la Tate Modern

Póster en el National Film Theatre

La Royal Ballet Company interpretando *Cuatro piezas* de Schumann en la Royal Opera House, Covent Garden

Cate Blanchett ganó un BAFTA en 2005 por su papel en *El aviador*

Artes y Medios

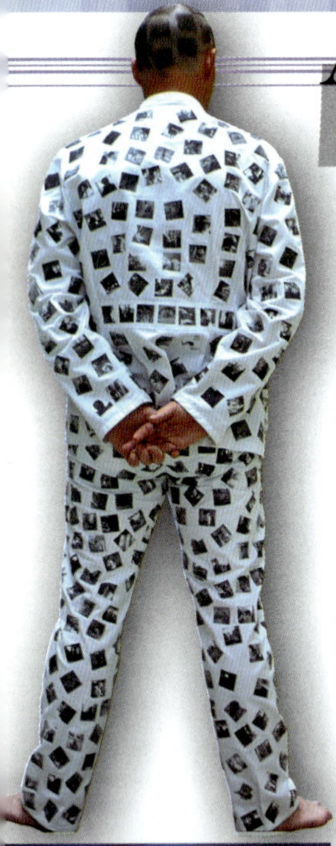

Las exposiciones de la Tate Modern pueden escandalizar y sorprender *(arriba)*

Londres cuenta con los mejores teatros del mundo. Hay dos compañías subvencionadas por el Gobierno, la Royal National Theatre y la Royal Shakespeare Company, y la avenida Shaftesbury es el corazón del teatro comercial del barrio residencial West End. Allí han acudido artistas de cine como Nicole Kidman y Kevin Spacey a empaparse de algo de su prestigio, el segundo nombrado director artístico del Old Vic (▷ 200). A fin de no verse eclipsados por los Oscar, la BAFTA (British Academy of Film and Television Arts) ha trasladado su ceremonia de entrega de galardones a febrero, y atrae a muchas estrellas de Hollywood, las cuales mientras están aquí deben enfrentarse a los más encarnizados *paparazzi* del mundo, así como a una voraz prensa del corazón.

Arte y estilo forman parte de la experiencia londinense. La galería Tate Modern (▷ 134-135), uno de los lugares más apasionantes de Londres, es tan popular que los viernes y los sábados permanece abierta hasta las 10 de la noche. Y los artistas de la pasarela, los diseñadores de moda de Londres, los que crean la peculiar moda que se lleva en la calle y de donde salen personajes radicales como John Galliano, a la cabeza de Christian Dior para revolucionar la alta costura, están en la cumbre de su creatividad.

La lotería en Londres

Desde sus inicios en 1994, la lotería nacional ha recaudado millones de libras para importantes instituciones londinenses, como la Royal Opera House. Pero hay también pequeñas cantidades, que no interesan a las primeras empresas, que se reparten en lugares de la ciudad como la Kentish Town's City Farm, un proyecto muy popular para jóvenes que tal vez jamás hayan visto animales o estado en el campo. Cuando la lotería premió a esta granja con 47.000 libras por su programa dramático y artístico, esta creó talleres para jóvenes de la zona que buscan ayuda para crear sus propias experiencias y asistir a clases de arte. El debate sobre la lotería sigue causando furor, pero no cabe duda de que algunas de sus contribuciones inclinan la balanza hacia el lado positivo.

Ver las esculturas del British Museum, tanto fuera como dentro

El cine en tridimensional IMAX en Waterloo ha transformado una zona antes descuidada

Comer dentro de una escultura contemporánea; la cafetería Serpentine Gallery en Kensington Gardens cambia cada año

El perfil en forma de bala en el 30 St. Mary Axe del distrito financiero

El arte popular

La Royal Academy Summer Exhibition se celebra desde junio hasta mediados de agosto en la Royal Academy (▷ 115) de Piccadilly. Habiéndose inaugurado en 1769, sigue abierta a todos los artistas del país, desde el aficionado más humilde al profesional más celebrado. Todo se puede presentar: dibujos, pinturas, maquetas, esculturas, lo familiarmente tradicional o lo severamente abstracto, todo se estudia. Se seleccionan más de mil obras que se exponen para su venta. Hubo una época en que los artistas hacían cola durante todo un día con sus obras, hasta que un académico manifestaba en voz alta, y muy pública, la aceptación o el rechazo. Ahora el proceso de selección es mucho más civilizado, y aquellos cuya obra ha sido aceptada tienen la posibilidad de ver su paisaje local colgado junto a un David Hockhey.

Teatro para todos

Chickenshed, una de las mayores compañías de teatro del RU, tiene un importante teatro con estudio de grabación y baile en Southgate, al norte de Londres. Jo Collins and Mary Ward la fundaron en 1974, poniéndola a disposición de todo aquel que amara el teatro, niños incluidos. Una de sus obras más famosas fue *Anansi*, basada en cuentos africanos y donde participaban mil niños londinenses. Diana lo vio e hizo que el príncipe de Gales patrocinara la compañía, y cuando ella murió en 1997, Chickenshed le dedicó un disco, *I Am in Love With the World,* un auténtico superventas. Los proyectos de Chickenshed se han extendido por todo el país, lo que demuestra que a menudo las ideas más simples son las mejores. En 2007, Chickenshed dio un paso adelante y exportó sus proyectos a todo el mundo. www.chickenshed.org.uk

Supremacía arquitectónica

¿Hasta dónde hay que ir para escapar a la obra de sir Norman Foster? No a Bilbao, donde el mejor arquitecto británico rediseñó gran parte del metro. Tampoco a Berlín, donde por la renovación del Reichstag mereció el premio Pritzker de arquitectura. Ni a Hong Kong, si se llega a través del aeropuerto internacional de Chek Lap Kok, construido en una isla artificial. Y por supuesto ni pensar en Londres: la importante estación de metro de Canary Wharf, la Great Court en el British Museum (▷ 80-85) y la nueva sede de la Greater London Authority's, el City Hall –ayuntamiento– son algunos de los edificios más característicos de Inglaterra, todos diseñados por Foster and Partners. Una de las mayores y más asombrosas aportaciones al paisaje londinense es el 30, St Mary Axe (apodado «el pepinillo»), que encarna una arquitectura acorde con el medioambiente, con «huecos de luz» en el interior y un impresionante sistema de ventilación natural.

Trapos para ricos

Desde el East End de Londres a las casas de moda de París vía Savile Row, la historia de Alexander McQueen pasa por la capital y por el Canal de la Mancha. McQueen nació en 1969, hijo de un taxista del East End, y dejó el colegio a los dieciséis años. Más interesado por la costura que por conducir un taxi, hizo su aprendizaje en Savile Row, antes de licenciarse en la St. Martin's School of Art, donde Stella McCartney y Matthew Williamson fueron también alumnos. Después de una colección final muy celebrada, el *enfant terrible* de la moda cambió Londres por París, donde trabajó para Givenchy y luego Gucci. En el 2001, el tres veces nombrado diseñador británico del año era ya millonario, y a finales de 2006, tenía veintiuna tiendas en todo el mundo. Cada año, durante la London Fashion Week, los alumnos de las escuelas de arte aspiran a seguir sus pasos.

Tony Blair consiguió victorias electorales para los laboristas en 1997, 2001 y 2005

Los Lores (der.) y los Comunes en el Palacio de Westminster (arriba)

En la Cámara de los Lores prevalecen los rituales, y la procesión del Lord Chancellor es una rutina diaria

Dinero y Poder

En Londres se encuentra el poder político. El Parlamento británico, formado por la Cámara de los Comunes y la Cámara de los Lores, tiene su sede en las Cámaras del Parlamento (▷92). Un poco más arriba está Whitehall y las principales oficinas del Gobierno, entre ellas la residencia oficial del primer ministro, en el n.º 10 de Downing Street. Al final de Whitehall, el Mall lleva al palacio de Buckingham, residencia oficial de la reina, jefe constitucional de Estado.

Luego está el Gobierno del propio Londres; y esto es todavía más complicado. La City de Londres, conocida como la «milla cuadrada», es el corazón histórico y el distrito financiero, y sigue conservando sus privilegios medievales. Desde 1189, Lord Mayor, el alcalde, ha sido el jefe de esta corporación de Londres que con tanto ahínco defiende su independencia, y la primera autoridad local de Inglaterra. La ciudad moderna, que abarca la expansión desordenada de suburbios, se conoce como Greater London y, en 2000 eligió a su primer alcalde, Ken Livingstone. Sus poderes son limitados, pero es responsable de servicios como el transporte. El alcalde y la autoridad del Greater London coordinan el trabajo de 32 distritos londinenses y cuentan con un presupuesto de 4 billones de libras.

Políticos escritores

Como si formar parte de la más antigua democracia parlamentaria no les mantuviera bastante ocupados, decenas de miembros del parlamento (MPs) complementan sus salarios, superiores a 60.000 libras, con otros trabajos. Muchos son directores de empresas o consultores muy bien pagados, algunos con unos elevadísimos honorarios anuales. Pero los pluriempleados más curiosos son los escritores. En la década de 1990, la MP conservadora Edwina Currie empezó a escribir novelas picantes en sus horas libres (por ej. *A Parliamentary Affair*). Su compañera conservadora, Ann Widdecombe, conocida por sus ideas radicales, cobró 100.000 libras por dos novelas bastante más comedidas. Curiosamente, en 2002, un estudio sobre la frecuencia de votación de los MPs laboristas reveló que los pluriempleados se presentan un 30% menos que los demás.

Cámara de los Lores

Antes, la forma más segura de obtener un escaño en los bancos de cuero rojo de la cámara alta del Parlamento era heredarlo. Pero en 1999, la reforma del Gobierno laborista eliminó a casi 92 aristócratas. Pero ¿cómo conseguir hoy un título nobiliario vitalicio? Hay que ser británico: lord Black, antiguo propietario del *Daily Telegraph,* renunció a la ciudadanía canadiense para conseguirlo. Tienen ventaja los personajes relevantes de la vida militar y judicial, y los 25 obispos británicos tienen garantizado su escaño. No faltan los ex políticos y los hombres de negocios. Y no hace falta ser mayor: el magnate de los medios de comunicación, lord Waheed Alli tiene poco más de treinta años. Incluso se puede ser nombrado uno de los 15 People`s Peers, pero con la psicóloga cerebral Susan Greenfield entre ellos, tampoco hay demasiado nivel.

Las viviendas de los barios elegantes de Londres, como Chelsea, tienen unos precios increíblemente altos

10 de Downing Street, la residencia oficial del primer ministro

Ha habido un alcalde de Londres desde 1189. Elegido anualmente por los concejales de la ciudad, tiene un rol ceremonial muy importante

El alcalde Ken Livingstone introdujo el impuesto de tráfico (▷ 61) en el 2003

¿De quién es Londres?

Después de la Reina y de la Iglesia, Gerald Grosvenor, VI duque de Westminster, es el principal propietario de Londres. Su antepasada, Mary Davies, se casó con sir Thomas Grosvenor en 1677.

Mary poseía 100 ha de tierras húmedas de labranza. Actualmente es Mayfair y Belgravia, unas de las tierras más caras del mundo. Las rentas y feudos del duque han creado una fortuna de como mínimo 5 billones de libras. Es dueño de otras tierras en el resto del Reino Unido, y en Canadá, Australia y Estados Unidos. El duque actual vive con sencillez, pero sus antepasados gastaban a un nivel regio y derrochaban dinero en obras de arte y joyas de Fabergé. El IV duque fue pretendiente de la diseñadora de moda Coco Channel, y como consideró que el correo era demasiado lento, estableció un sistema postal privado solo para ella.

Casas con precios a la alza

Aunque el 60% de los londinenses son propietarios de su vivienda, eso no significa que las casas sean baratas. En Londres los precios inmobiliarios son los más altos del mundo. Una casa con tres dormitorios en Chelsea puede costar más de 1 millón de libras; y un piso de un dormitorio en una zona media unas 250.000 libras. Últimamente, los precios se doblaban cada cinco años, aunque hay indicios de que están frenando. Para quienes pueden permitírselo, incluso un pisito es una buena inversión, pero para todos aquellos que ganan menos de 30.000 libras al año es un problema. Profesores, enfermeras, bomberos y policías, imprescindibles para la ciudad, no pueden tener su propia vivienda, y alquilar no es nada fácil. La gente mayor que compró sus viviendas hace tiempo tiene una pequeña fortuna.

Los salarios más elevados del Reino Unido

Los ingresos del 1% de los más ricos del país se disparan, y casi todos los que ganan más de 100.000 libras anuales viven en Londres o sus alrededores. En el elegante distrito del oeste, Kensington y Chelsea, está la mayor concentración de personas que cobran los sueldos más elevados del país. La City de Londres le va a la zaga, y hay muchos empleados que trabajan mediante sistemas de incentivos con los que pueden ganar verdaderas fortunas. En estos barrios se pagan también los sueldos brutos más elevados; en Kensington y Chelsea se llega a la friolera de 1.252 libras semanales. Siete de cada diez obreros de los mejor pagados del país trabajan en los barrios del Greater London.

Primer Ministro Gordon Brown

Los venados siguen deambulando por Richmond Park, creado como coto de caza por Carlos I en 1637

No es algo común en Londres, pero los halcones suelen acechar a las palomas

Está prohibido dar de comer a las palomas en Trafalgar Square, porque estos pájaros transmiten enfermedades

Las ardillas grises abundan en muchos parques londinenses

Los zorros encuentran botines fáciles en los límites de la ciudad

Flora y fauna Urbanas

Junto a millones de personas, Londres cobija a una gran cantidad de flora y fauna. En un diámetro de 30 km desde St. Paul, hay unas 2.000 especies que crecen en parques, plazas, claustros, patios y jardines. Entre la flora de Londres está el platanero y la saxífraga de flores amarillas, llamada el orgullo de Londres. La fauna abarca desde ciervos, zorros, tejones y conejos hasta ardillas grises, las omnipresentes palomas y los furtivos ejércitos de ratas y ratones. Las ratas de campo son tan importantes que el London Wildlife Trust tiene su propio oficial de ratones. Los ciervos volantes, en peligro de extinción, se cobijan en los jardines privados, y los peces han regresado al antaño contaminado Támesis.

Palomas en el punto de mira

Los británicos tienen una extraña relación con la paloma, y la Royal Pigeon Racing Association cuenta con unos 46.000 miembros. En cambio, las famosas palomas de Trafalgar Square (▷ 136), las 30.000 existentes, están en la lista «se busca» del alcalde de Londres. Como en su opinión estas «ratas con alas» transmiten enfermedades y dejan mucha porquería tras de sí, las palomas están a régimen con la esperanza de que se marchen. El público tiene prohibido darles de comer y unos halcones sobrevuelan cada mañana a fin de ahuyentarlas. Sin embargo, en 2003 se acordó entre el alcalde y los defensores londinenses de las palomas un programa de alimentación escalonada, destinado a reducir por lo menos su número.

Plataneros contra contaminación

Además de bonitos, los plataneros sirven también como factor anticontaminación. La organización Trees for London, que planta 10.000 al año, hace campaña para que en 2010 haya un millón más «para ayudar a Londres a respirar». Rasgo característico de las calles y jardines de la capital, el platanero londinense *(Platanus x hispanica)*, cuya corteza, que cambia periódicamente, absorbe la suciedad, es un híbrido del platanero oriental, llevado allí en 1562, y del platanero occidental, importado de Virginia en 1636. Los ejemplares más antiguos, todavía sin extinguir y presentes en las plazas ajardinadas, son los enormes de Berkeley Square (▷ 226), plantados en 1789. William Wordsworth escribió un poema sobre el antiguo platanero que había en la esquina de Cheapside y Wood Street en el distrito financiero y que todavía está allí.

Zorros en estampida

A los zorros les gustan las grandes ciudades porque es fácil encontrar comida. Hay unos 20.000 en Londres. Muchas personas incluso animan a los zorros a entrar en sus jardines, pero otras tienen miedo y detestan sus agudos aullidos nocturnos. Las autoridades recomiendan cazar a los zorros mediante trampas y soltarlos en el campo, a pesar de que luego suelen volver. Pero una zona de Londres ha tomado la drástica medida de contratar a un cazador para matarlos. Les atrapa con trampas y luego les dispara. Los activistas de los derechos de los animales están en contra y el hombre debe trabajar de forma anónima. Sin embargo, la causa más frecuente de muerte es menos dramática. El 80% de ellos fallecen antes de cumplir dos años, aplastados bajo las ruedas de un coche.

La historia de Londres

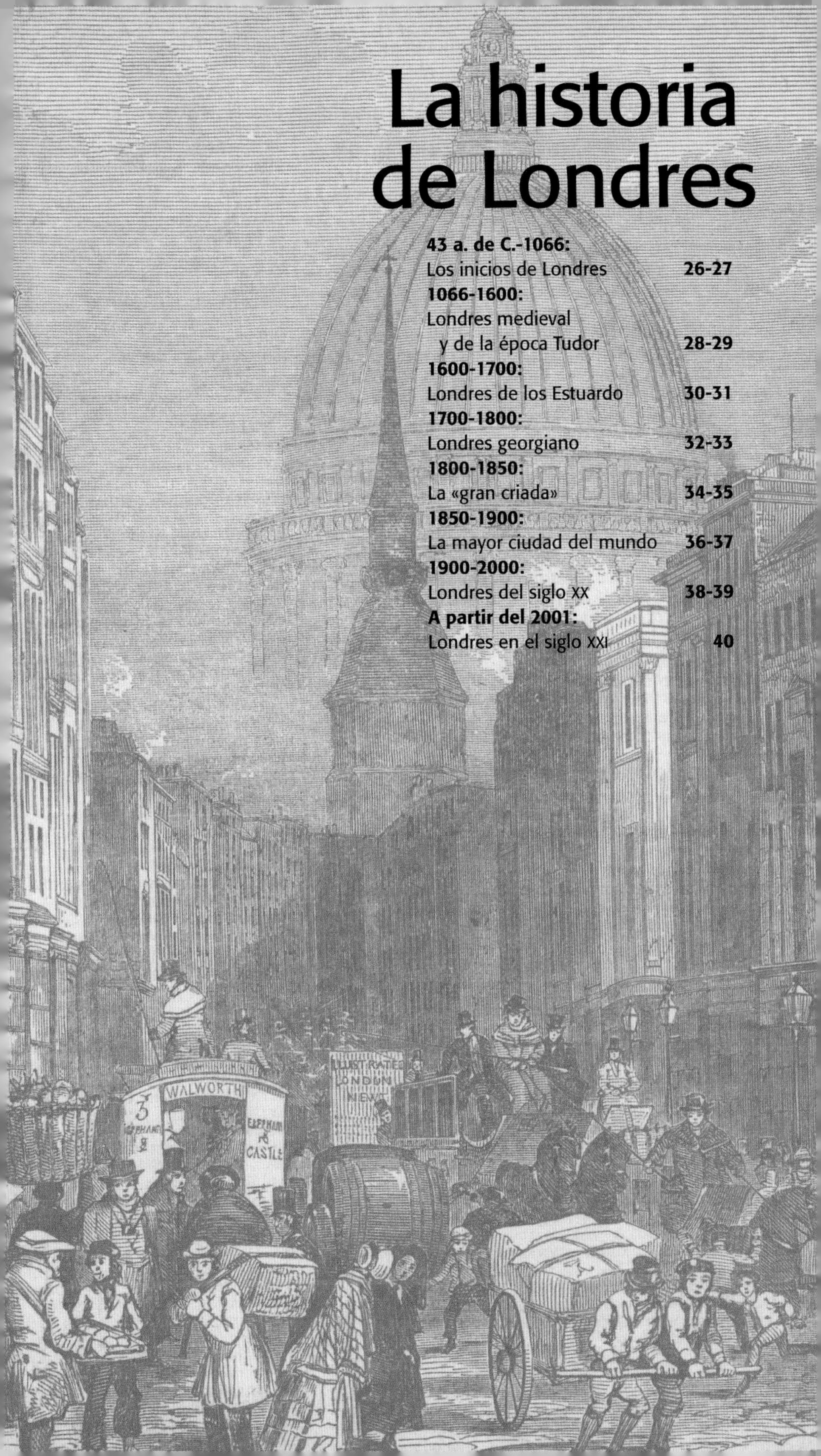

Los inicios de Londres

El emplazamiento de Londres es fruto de una decisión tomada por los generales del ejército romano después de su invasión de Inglaterra en el año 43 d. de C. La base se escogió en la ribera norte del Támesis en el punto más elevado de la marea accesible a los barcos procedentes del continente europeo; después se construyó un puente cruzando el río y en su ribera se colocaron embarcaderos. La base militar pasó a ser una ciudad, un bullicioso distrito comercial y administrativo cuyo corazón se encontraba donde está ahora Leadenhall Market (▷ 232), que se convirtió en el núcleo de la red de carreteras romanas y sucedió a Colchester como la capital de la Gran Bretaña romana. Además de barracones, casas y tiendas, había templos, baños públicos y un anfiteatro, y desde el año 200 d. de C., una muralla rodeando toda la ciudad.

Tras la retirada del ejército romano de Gran Bretaña, los anglosajones establecieron su propia ciudad al oeste, fuera de las murallas, en la zona de la actual Aldwych, pero en el siglo IX los ataques de los vikingos impulsaron a los habitantes de vuelta al interior. En el siglo XI, el rey Eduardo el Confesor fundó la abadía de Westminster (▷ 152-153); aproximadamente a una milla (1,6 km) al oeste, construyó un palacio y creó una segunda ciudad de Londres, el centro del Gobierno real, al lado del primero.

La población del Londres romano

Durante toda su historia Londres ha ido creciendo y atrayendo a pobladores de otras partes; los primeros incluían celtas venidos de diferentes partes de Gran Bretaña, pero a Londres también llegaron personas de todas las regiones del Imperio romano, desde la Galia francesa (cruzando el C,anal de la Mancha), como Julius Classicianus, el primer londinense de nombre conocido, hasta Grecia y el Mediterráneo oriental. Soldados, oficiales, médicos, tenderos, artistas, artesanos, escribanos, cocineros, esclavos (algunos con sus familias) trajeron sus dioses, lenguas, vestidos, costumbres y tradiciones para formar una mezcla cosmopolita. El Londres romano seguramente se parecería a una ciudad fronteriza del salvaje Oeste americano: llena de vida, olorosa, ruidosa y, a menudo, peligrosa.

Cabeza del dios romano Mitras (siglos II a III) del templo de Mitras, ahora en el Museo de Londres

Las estatuas de dos gigantes legendarios, Gog y Magog *(a la der.)*, se alzan en el ayuntamiento (antigua sede gremial)

43 d. de C.

Estatua de la reina guerrera Boadicea en el embarcadero Victoria *(a la dcha.)*. Los vikingos daneses navegaron a Gran Bretaña en drakares *(abajo)* y en 872 Londres se convirtió en su sede

La revuelta de Boadicea

La reina del pueblo celta de los icenos en el año 60 d. de C., Boadicea, cuyo nombre significa «victoria», fue aliada de los romanos hasta que a estos le enfurecieron su arrogancia y malos tratos. Después de ser azotada por los soldados romanos, que también violaron a sus hijas, lideró a su gente en el saqueo de Colchester y arremetió contra Londres en su carro de guerra buscando venganza. Saqueó la joven ciudad, la quemó hasta sus cimientos y acabó con todos los habitantes que no habían huido. El ejército romano se reagrupó rápidamente y derrotó a los icenos en una batalla algo más al norte, tras lo cual Boadicea prefirió suicidarse antes de dejar que la capturaran. Londres se reconstruyó con rapidez, pero los arqueólogos han encontrado señales claras de amplios daños por incendios bajo la superficie actual.

En el ruedo

Uno de los placeres de la vida en el Londres romano era ir al anfiteatro, cerca del ruedo que ahora ocupa el ayuntamiento (▷ 90). De forma oval, con altos bancos de tierra sobre los que se alzaban asientos para unos 5.000 espectadores, se usaba para diversos espectáculos (que incluían ejecuciones) y podía alquilarse para funciones privadas. Allí se daba muerte a los animales salvajes para el deleite del público, pero la atracción favorita eran los combates de gladiadores, en los cuales solía haber un luchador con armas pesadas contra uno más ágil pero con menos armas, o una lucha entre un *retiarius* (gladiador equipado con red y tridente) y un contrincante con escudo y espada. Antes de luchar, habitualmente a muerte, todos los gladiadores desfilaban juntos.

Muerte y hojas de laurel

En el área de Spitalfields se descubrió en 1999 un lujoso sarcófago que parecía ser el de un poderoso ciudadano del Londres de la época romana. Sin embargo, cuando se abrió el ataúd de plomo, se vio que contenía el esqueleto de una joven. Era obviamente de familia muy rica, tenía unos veinte años cuando murió y la enterraron hacia el año 350 d. de C. El sarcófago estaba decorado con conchas de vieiras, símbolos de la vida después de la muerte. Estaba envuelta en ricos vestidos de seda y lana, algunos con hilo dorado, y con ella se habían enterrado objetos de vidrio y azabache, dejando la cabeza cuidadosamente colocada sobre una almohada de frescas hojas de laurel aromático.

El santo rey

Eduardo el Confesor (1042-1066) fue el único rey inglés canonizado de la Historia. Profundamente religioso, apoyó el monasterio benedictino de la isla de Thorney (en las marismas del Támesis, al oeste de Londres), financió la reconstrucción de su iglesia en el estilo románico de moda en Normandía y estableció un palacio real cerca del lugar. Las reliquias del monasterio incluían fragmentos de la cruz, sangre del costado herido de Cristo, algo de leche de la virgen María y uno de los dedos de San Pablo. Al morir en 1066 sin heredero y dejando su trono en disputa, se le enterró tras el altar mayor de la abadía de Westminster (▷ 152-153).

Eduardo el Confesor, hijo de Ethelread el Desprevenido, fue el último rey del antiguo linaje real inglés

Harold II sucedió a Eduardo el Confesor y murió en la batalla de Hastings en 1066

1066

El rey Alfredo el grande reconquistó Londres de las manos vikingas en el 886

Medieval y Tudor Londres

La importancia de Londres quedó de relieve cuando Guillermo I el Conquistador (1027-1087) construyó la torre de Londres para mantener la ciudad bajo control tras la conquista normanda. Durante los siguientes siglos se pavimentaron las calles por primera vez, se construyeron hospitales y cárceles y su silueta se vio puntuada por las agujas de las iglesias. Los ricos gremios de mercaderes comenzaron a gobernar la ciudad, que tenía su propio alcalde y sus concejales. Desde Alemania, Dinamarca, Francia e Italia acudieron a Londres mercaderes y banqueros, y hasta su expulsión en 1290, hubo una floreciente comunidad judía. Westminster se convirtió en un lugar de reunión regular para el Parlamento, y a lo largo del río entre la ciudad y este punto los magnates construyeron sus casas.

En 1500 Londres contaba con una población de unas 50.000 personas, que se cuadruplicó por la inmigración en el periodo Tudor. Los mercaderes de la ciudad monopolizaron el comercio exterior inglés y de su puerto zarpaban barcos hacia el Mediterráneo y Oriente, América y África. Los edificios se construían de ladrillo y las casas más ricas tenían agua mediante bombas; para resolver el crimen y el vagabundeo se contrataron agentes de policía y supervisores de los tribunales; había muchas enfermedades, pero la esperanza de vida era mayor que en otros lugares.

El antiguo puente de Londres

El único puente de Londres durante la Edad Media resultaba una estampa memorable, pues a ambos lados vivía gente en casas que tenían entre tres y siete pisos de altura, que no se eliminaron totalmente hasta 1762. Había más de cien tiendas en la planta baja y en el centro se alzaba una capilla con dos pisos dedicada a Tomás Becket, mientras abajo los 19 arcos del puente creaban rápidos peligrosos. En 1390, el puente se cubrió de césped para un gran torneo entre los campeones inglés y escocés, aunque también tuvo usos más truculentos: las cabezas de los traidores ejecutados se cocían en la garita, se sumergían en alquitrán y a continuación se pegaban en la entrada. Un visitante en el año 1598 contó más de 30 así expuestas.

En 1381 Wat Tyler, líder de la revuelta campesina, se reunió con el joven Ricardo II para protestar contra la introducción de un nuevo impuesto, pero fue asesinado por el alcalde de Londres *(a la izda.)*

Enrique VIII y sus seis esposas *(dcha.)*

1066

Guillermo, duque de Normandía y primo de Eduardo el Confesor, derrotó a Harold II en la batalla de Hastings en 1066 y fue coronado rey, como Guillermo I, el día de Navidad

El zoo en la torre

Hasta la década de 1830, la torre de Londres (▷ 138-143) albergaba una colección auténtica de animales salvajes. Enrique III (1207-1272) tenía un oso polar que disfrutaba pescando en el Támesis, tres leopardos enviados por el papa y un elefante, regalo de Francia, que causó gran interés a su llegada, pero murió al cabo de apenas dos años. Se nombró un encargado oficial de los leones y leopardos del rey, y continuaba habiendo leones en la torre en tiempos del rey Jacobo I (1566-1625), que se divertía echándoles a los mastines. Hacia 1750 el zoo tenía leones, tigres, leopardos, osos, monos, águilas, buitres y un avestruz.

El asesinato de Wat Tyler

En 1381 llegaron a Londres miles de rebeldes desde Kent y Essex contra el impuesto comunitario de capacitación. Los seguidores de la Revuelta de los campesinos, cuyas exigencias incluían la redistribución de la riqueza de la Iglesia, asesinaron a varios funcionarios antes de que el rey de 13 años, Ricardo II (1367-1400), aceptara reunirse con ellos en Smithfield. Tras una conversación inicial se produjo una escaramuza cuando el alcalde de Londres, William Walworth, intentó detener a Wat Tyler, el líder rebelde; Tyler le atacó con una daga, pero Walworth, salvado por su cota de malla bajo la ropa, atravesó a Tyler con su espada. Ricardo cabalgó hacia los rebeldes proclamándose su verdadero líder y la gente huyó, pero no volvieron a imponerse impuestos comunitarios de capacitación hasta que lo hizo Margaret Thatcher en 1990.

La reina Isabel en Tilbury

Cuando la Armada Invencible zarpó para invadir Inglaterra en 1588, Isabel I (1533-1603) insistió en visitar sus tropas en Tilbury. Acompañada de sus cortesanos, llegó sobre un caballo blanco vestida con un corsete de acero sobre un vestido de terciopelo blanco. Tras desmontar, recorrió las filas y después pronunció una arenga conmovedora: la reina era una brillante oradora y sus palabras desafiantes son algunas de las más famosas en la historia inglesa. «Sé que tengo solo el cuerpo de una débil mujer –anunció–, pero el corazón y el estómago de un rey, de un rey de Inglaterra». Isabel continuaba en Tilbury cuando llegaron las noticias de la derrota de la Armada Invencible.

Shakespeare y el teatro Globe

La zona de la ribera del río era en tiempos de William Shakespeare (1564-1616) la zona de ocio más famosa de Londres, conocida por sus antros para beber y sus prostíbulos, sus ruedos de lucha de toros y osos, y sus teatros. Allí abrió sus puertas un nuevo teatro llamado The Globe (▷ 126), poligonal, con tejado de paja y construido en madera en 1599. En él se representó gran número de las obras de Shakespeare, como *Macbeth, Otello* y, probablemente, *Enrique V* (con su velada referencia al teatro como «su 0 de madera»). La cerveza embotellada era la favorita del público y había cubos que se utilizaban como retretes de emergencia. Cuando el teatro quedó destruido por el fuego en 1613 solo una persona resultó herida, un hombre cuyos pantalones comenzaron a arder, pero que apagó las llamas con una botella de cerveza.

El explorador Sir Walter Raleigh (1552-1603) nombró la colonia de Virginia en honor a ella

Isabel I reinó durante 45 años, en los que aumentaron la confianza y prosperidad de Inglaterra y florecieron las artes

El navegante Sir Francis Drake (*h.* 1540-1596) luchó contra la Armada Invencible en 1588

1600

Hacia el 1200, la piedra reemplazó a la madera en el puente de Londres *(izda.)*, que se apoyaba sobre 19 arcos y estuvo ocupado por casas hasta el siglo XVIII

Los *beefeaters* de la torre de Londres se formaron en 1485 como cuerpo de guardia de Enrique VII *(dcha.)*

El teatro Globe de Shakespeare, reconstruido al estilo de la época y reinaugurado en 1997 *(abajo)*

Estuardo Londres

Cuando Jacobo VI de Escocia (1566-1625) llegó a Londres para su coronación como Jacobo I de Inglaterra en 1603, el tamaño de la ciudad era diez veces el de cualquier otra ciudad del reino. En la década de 1620 aparecieron los primeros coches de caballos para pasajeros, lo cual enfureció a los barqueros, el servicio de taxi más antiguo de Londres, y comenzó en Covent Garden (▷ 88) el desarrollo del West End como barrio de moda. La ciudad protegía fieramente sus privilegios y cuando Carlos I (1600-1649) interfirió con ellos encontró una enconada oposición, un factor clave de su derrota en la guerra civil. El Gobierno de la Commonwealth durante once años trajo más invasiones y Londres se regocijó cuando en 1660 Carlos II (1630-1685) cabalgó por sus calles para reclamar el trono.

Aparecieron barrios elegantes como St. James y Bloomsbury, pero la mayor parte de la ciudad medieval fue pasto de las llamas en el gran incendio. Sir Christopher Wren (1632-1723) reconstruyó la catedral de St. Paul (▷ 118-123) y las iglesias de la ciudad, pero se rechazó su plan de nuevas calles. La distribución antigua se restauró, aunque los nuevos edificios se construyeron en ladrillo. La ciudad pronto recuperó su dominio y en 1694 fue testigode la fundación del Bank of England (▷ 76).

Pólvora, traición y conspiraciones

Un grupo de conspiradores que pretendía volver a implantar el catolicismo en Inglaterra encontró a un mercenario de Yorkshire llamado Guy Fawkes, quien quería volar el Parlamento para matar a Jacobo I y a sus ministros que se habían reunido para la ceremonia de inauguración de la sesión del Parlamento en 1605.

Tras alquilar un sótano que pasaba bajo el Parlamento, lo llenaron con 36 barriles de pólvora y barras de hierro, ocultos bajo montones de basura. Sin embargo, corrió la voz sobre el complot, se registró el edificio y se encontró a Fawkes esperando con un trozo de mecha, yesca y un reloj. Después de interrogarle con torturas en la torre de Londres, se le colgó y partió en pedazos, al igual que al resto de conspiradores.

The West View of S.t Paul's Cathedral before the Fire of London

Irreconocible en la actualidad, he aquí la catedral de St. Paul antes de su destrucción en el Gran Incendio de Londres, 1666 *(izda.)*. Oliver Cromwell *(dcha.)* firmó la pena de muerte de Carlos I y rigió sobre la Commonwealth de Inglaterra, Irlanda y Escocia hasta su muerte en 1658

1600

El Gran Incendio (1666, *dcha.*) destrozó casi todo Londres

Carlos I, que reinó entre 1625 y 1649, creía en el derecho divino real

La ejecución de Carlos I

La guerra civil terminó y se condenó a Carlos I por haber declarado la guerra contra los suyos. En una fría tarde de enero de 1649 se puso una camisa más, para evitar que confundieran sus temblores de frío con miedo, y salió por una ventana de la Banqueting House (⊳ 77) en Whitehall hasta un cadalso especialmente construido, ante la mirada de la multitud. El rey se metió el pelo bajo el sombrero y se arrodilló torpemente ante el tajo, de sólo 26 cm de altura. En completo silencio extendió los brazos como señal para el verdugo, que bajó el hacha y cortó de un golpe la cabeza del rey. Algunos espectadores se desmayaron y la multitud dejó oír un gemido.

La peste negra

En 1664-1665 una epidemia de plaga bubónica mató unas cien mil personas de Londres, un tercio de la población. Los que pudieron salir de la ciudad lo hicieron, aunque muchos médicos y sacerdotes se quedaron para cumplir con sus obligaciones. Las pulgas transmitían la enfermedad, que diseminaban las ratas, pero en esa época no se sabía y se aplicaban remedios equivocados que incluyeron matanzas de perros y gatos. Todas las casas afectadas por la plaga se marcaban con una cruz en la puerta y se encerraba en su interior a los habitantes en cuarentena. Al grito de «Sacad a los muertos», las carretas recorrían las calles recogiendo los cadáveres, que se echaban en pozos y se cubrían con una capa de cal viva.

El Gran Incendio

En una panadería de Pudding Lane, cerca del puente de Londres, comenzó en la madrugada de un día de septiembre de 1666 un incendio catastrófico avivado por los fuentes vientos y alimentado por las casas de madera, de forma que destruyó el 80% de los edificios y dejó sin hogar a cien mil personas. Carlos II envió al escritor de diarios Samuel Pepys (1633-1703) al lugar para ordenar la construcción de cortafuegos y, al día siguiente, el rey y su hermano, el futuro Jacobo II, se pusieron al cargo de las operaciones. Las llamas se alzaron hasta alcanzar los 91 m de altura y echaron una lluvia de chispas. Se envió a la Marina y las casas se demolieron o hicieron estallar. Finalmente, el viento se calmó y, tras cuatro días, el fuego se apagó por sí solo.

Blood y las joyas de la Corona

El coronel Thomas Blood fue un irlandés aventurero al que le fueron confiscadas sus propiedades tras apoyar al Parlamento contra Carlos I. En 1671 protagonizó un audaz intento de robar las joyas de la Corona, que estaban expuestas en la torre Martin de la torre de Londres por el custodio de las joyas, Talbot Edwards. Disfrazado de monje, Blood se hizo amigo suyo, se ganó su confianza y volvió más tarde con tres cómplices para robar la corona, el orbe y el cetro. Dominaron al guardián, y cuando huían con su botín, este se recuperó y dio la voz de alarma. Los tres fueron capturados, Blood con la corona bajo su hábito de monje. Carlos II, divertido por la aventura, perdonó a Blood y le devolvió sus posesiones.

Sir Christopher Wren diseñó la nueva catedral de St. Paul *(abajo)* tras el Gran Incendio. Su tumba se encuentra en el interior de la catedral

En la década de 1660, el escritor de diarios Samuel Pepys recordó acontecimientos históricos como la peste negra y el Gran Incendio junto con sus aventuras extramatrimoniales

1700

Guy Fawkes, ahorcado por conspiración en el Complot de la pólvora en 1606

Georgiano Londres

La población de Londres fue acercándose al millón con la llegada de gente de todas partes del país en busca de fortuna en el corazón de la vida política, comercial y artística de Inglaterra. En 1800 su extensión cubría más del doble que en 1700 y los pueblos de Knightsbridge, Kensington y Chelsea pasaron a formar parte de su West End. En Mayfair comenzaron a alzarse elegantes calles y plazas para familias acomodadas y sus criados, había tiendas de moda en Bond Street, Oxford Street y el Strand, elegantes cafeterías y los jardines Vauxhall y Ranelagh para su disfrute. El Museo Británico (▷ 80-85) y la Royal Academy (▷ 115) abrieron sus puertas, sonaron por primera vez los oratorios de Haendel en Covent Garden (▷ 88), y Kew Gardens (▷ 163) incluía plantas exóticas de todo el mundo.

También era un Londres de humo y hedores, alcantarillado abierto, tasas de mortalidad infantil elevadas y desagradables grupos de chabolas. Abundaban la enfermedad, las borracheras, la prostitución y los robos. Además, varios bandoleros, entre ellos el famoso Dick Turpin, se cebaban con los viajeros que iban o salían de Londres. No había policía ni cuerpo de bomberos organizados, por lo que los ciudadanos respetables evitaban por completo zonas como Seven Dials y contrataban personas para alumbrarles en la oscuridad.

En el Cheshire Cheese

El pub Cheshire Cheese en Fleet Street cuenta con una lista de famosos clientes: el lexicógrafo Samuel Johnson (1709-1784) vivía al doblar la esquina y solía pasar por aquí o por el Turk's Head (situado en Gerrard Street) para charlar con los amigos: el escritor James Boswell, el pintor Sir Joshua Reynolds, el autor Oliver Goldsmith y el actor David Garrick. Muchas figuras literarias posteriores han celebrado la memoria de Johnson en el pub Cheshire Cheese. Aquí compartió el escritor G. K. Chesterton una cena en su honor y el poeta irlandés W. B. Yeats y algunos contemporáneos tenían un club literario que se reunía regularmente allí en la década de 1890.

El periodo georgiano se caracteriza por su elegancia arquitectónica, con estilo sencillo y clásico. Se diseñaron parques y jardines, con casas de té y fuentes, para disfrute de los ricos

El pub Cheshire Cheese era un lugar de encuentro para artistas y escritores en el siglo XVIII

1700

Sir Hans Sloane *(arriba)*

La sala egipcia del Museo Británico *(dcha.)*

Las chabolas de St. Giles

A mediados del siglo XVIII, los alrededores de la iglesia de St. Giles in the Fields era uno de los peores lugares de Londres: sus callejuelas y patios eran sinónimo de miseria, mendigos, prostitución, crimen y alcohol, y en cada casucha se amontonaban hasta 50 personas. En el área había varias tabernas y tiendas de licores famosas, como Maidenhead Inn (en Dyott Street) y The Rat's Castle. Cuando en 1814 explotó la cuba gigante de una fábrica de cerveza cercana, los habitantes salieron con tazas y jarras; hasta los niños llevaban cucharas, y algunos desafortunados que intentaron beber la cerveza en las alcantarillas cayeron y se ahogaron.

Coleccionistas en fila

Sir Hans Sloane (▷ 85) legó a la nación su gran colección de antigüedades, obras de arte, manuscritos, ejemplares de historia natural y curiosidades extrañas. Para albergarlas, junto con otros tesoros, como la colección de manuscritos Harleian, que reunieron los condes de Oxford, o los libros y antigüedades de la familia Cotton, se fundó el Museo Británico (▷ 80-85), cuya construcción, en Great Russell Street, se financió mediante dinero recolectado gracias a una lotería pública. El museo se inauguró en 1759 y, pasado algún tiempo, se compraron o donaron muchas colecciones más, incluyendo antigüedades egipcias, los jarrones antiguos de sir William Hamilton, esculturas clásicas, frisos de mármol que se había llevado lord Elgin del Partenón de Atenas y la biblioteca del rey Jorge III.

El árbol Tyburn

Marble Arch (▷ 100) se alza en el lugar que ocupaba la horca de Tyburn, donde se llevaba a los convictos en carros desde la prisión de Newgate en grupos de tres, sentados sobre sus propios ataúdes, para ahorcarlos. De camino solían parar en las tabernas para tomar bebida gratis y muchos llegaban borrachos; en ocasiones, también lo estaba el verdugo. Para ver las ejecuciones se reunía una multitud que contemplaba cómo se colocaba el lazo en el cuello del prisionero, se daba un latigazo al caballo y avanzaba la carreta tensando la cuerda; los amigos del ahorcado se apresuraban a colgarse de sus piernas para acortar el sufrimiento. A partir de 1783 se realizaron las ejecuciones en Newgate y se puso fin a 600 años de ahorcamientos en Tyburn que se habían cobrado más de 50.000 almas.

La plebe londinense

En 1780, el miembro del Parlamento lord George Gordon (1751-1793) lideró una enorme manifestación hasta el edificio del Parlamento (▷ 92) para protestar contra la relajación de las penas contra los católicos. Algunos miembros de la multitud comenzaron saqueos, asaltaron a irlandeses y católicos y destruyeron sus casas, al tiempo que saqueaban las capillas católicas al grito de «Fuera los papas». De los suburbios salieron en masa los matones para beber, violar, asesinar y robar. Se abrieron las prisiones y se liberó a los prisioneros, y una multitud armada con mosquetes atacó el Banco de Inglaterra. Tras una semana de disturbios, el Gobierno envió al ejército. En la represión que siguió murieron 285 personas. Aunque Gordon fue absuelto, se ahorcó a 25 de los alborotadores.

Las colonias americanas obtuvieron su independencia durante el reinado de Jorge III

Jorge IV, príncipe y rey disoluto, se casó en secreto con su amante, la Sra. Fitzherbert

Con 24 años, William Pitt *el joven* fue el primer ministro más joven de Gran Bretaña

1800

Esta terraza en Bedford Square muestra la simetría y las líneas clásicas de la arquitectura georgiana

Sir Joshua Reynolds, retratista de éxito, fue el primer presidente de la Royal Academy of Arts

La «gran criada»

Durante la primera mitad del siglo XIX, «la gran criada», como llamaba el periodista William Cobbett a la ciudad de Londres, continuó su expansión: ahora era la capital financiera del mundo, y la mejora de las carreteras hizo que pueblos como Hampstead y Highgate, Camberwell y Dulwich se convirtieran en barrios donde dormían los hombres de negocios. Entre tanto, el puerto se extendía por el Támesis y las casas baratas por Whitechapel, Stepney y Bethnal Green (en el East End). El arquitecto John Nash (1752-1835) diseñó Regent's Park, Belgravia se planificó con gran estilo, se inauguró el campo de críquet de Lord y se fundó la Universidad de Londres. El zoo de Londres (▷ 160-161) abrió sus puertas, y la National Gallery (▷ 104-109) y la columna de Nelson se convirtieron en los nuevos hitos de Trafalgar Square (▷ 136). La luz de gas aumentó la seguridad de las calles y en los años 1820 y 1830 se constituyeron en Londres los cuerpos de policía y bomberos. Los primeros autobuses tirados por caballos comenzaron a funcionar en 1829 y poco después llegó el ferrocarril.

En claro contraste con ese progreso, también aumentaron los problemas de sobrepoblación y miseria, que impulsaron a los defensores de la amplia reforma política y social.

Vidriera de Charles Dickens

Elizabeth Fry, reformadora de las prisiones

El funeral de lord Nelson

El almirante lord Horatio Nelson (1758-1805) murió en combate contra la flota napoleónica en la batalla de Trafalgar. Su buque insignia, el HMS *Victory*, le devolvió a casa y un bote llevó su ataúd hasta Greenwich (▷ 156-157) y río arriba; en el almirantazgo en Whitehall lo colocaron sobre un coche funerario que simulaba el *Victory*, con una figura alada de la Fama en la proa. Los Royal Scots Greys fueron al frente de la procesión hasta St. Paul's; sonaron las campanas, retumbaron los cañones y se oyeron pífanos y tambores al paso del cortejo por las calles jalonadas de gente. Una docena de marineros del *Victory* llevaron a hombros el ataúd, que se colocó en un puesto de honor directamente bajo la cúpula de la catedral (▷ 121) tras el servicio religioso, que terminó al anochecer.

1800

Dickens vivió en esta casa de Doughty Street entre 1837 y 1840 y allí escribió *Oliver Twist* y *Nicholas Nickleby*

Sir George Gilbert Scott diseñó el hotel frente a la estación St. Pancras (1868-1874) en estilo gótico victoriano usando ladrillo rojo, granito y piedra

Los *polizontes*

Como ministro de Interior en 1829, sir Robert Peel (1788-1850) introdujo en Londres el primer cuerpo de policía eficaz con sede en Whitehall (saliendo de Scotland Yard), cuyos componentes (muchos de ellos antiguos soldados) se llamaron *peelers* o *bobbies* en honor a su creador y recorrían las calles con su uniforme azul y sombreros altos. Al principio los londinenses, que apreciaban su libertad, les miraban con sospecha y hostilidad, y les dieron el apelativo de «diablos azules». A menudo los policías sufrieron ataques y cuando uno murió a manos de los alborotadores en 1831 el veredicto del jurado fue de «homicidio justificado». Bajo el mando de su jefe irlandés, Richard *King* Mayne, que los dirigió hasta morir en 1868, fueron adquiriendo gradualmente su reputación de disciplina y compostura.

Madame Tussaud y las estatuas de cera

Marie Tussaud (1760-1850) llegó a Inglaterra desde su Francia natal en el año 1802 acompañada de sus dos hijos tras el abandono de su padre y recorrió el país con sus estatuas de cera hasta que se asentó en Londres en 1835. Durante la época de terror que siguió a la Revolución francesa en París, se había visto forzada a elaborar modelos de cera de las cabezas cortadas de las víctimas famosas de la guillotina, algunas de las cuales conocía personalmente y, tras huir del país, atrajo la atención con su muestra de estatuas famosas de tamaño natural de gran parecido con el original. Los hijos de Madame Tussaud continuaron con la empresa tras su muerte y la trasladaron a su ubicación actual en Baker Street en 1884 (▷ 101).

Las terribles paredes de Newgate

La prisión de Newgate era la más famosa y temida del país. Comenzó en la garita oeste de la ciudad en el siglo XII y de ella escribió Charles Dickens: «Esas terribles paredes de Newgate, que han ocultado tanta miseria y tanta angustia inconfesable». Los recién llegados eran despojados de cuanto tenían, ropa incluida, y solían ser víctimas de la brutalidad de los prisioneros más antiguos y los funcionarios de la prisión. En ocasiones los prisioneros ricos podían comprar tratamiento especial y vivir con comodidad en una habitación espaciosa, jugando a los bolos o al tenis y bebiendo en una de las tabernas del interior; sin embargo, la mayoría de los prisioneros soportaba duras y oscuras celdas, suciedad, piojos y bichos, un hedor insoportable y una comida nauseabunda. La prisión fue demolida en 1902.

Los rebuscadores en el río *(mudlarks)*

Eran pobres que rebuscaban en las orillas del Támesis, durante la marea baja, con la esperanza de recoger algún artículo que pudieran vender. En ocasiones quedaban atrapados hasta la cintura en el fango espeso y grasiento; solían ser niños y ancianas sucios y harapientos, la mayoría de los cuales vivía cerca del río y salía poco después de la marea baja, esperando la oportunidad de recoger algo entre las barcas de la orilla. Recogían trozos de carbón, madera, cuerda o hierro, huesos, herramientas y clavos de cobre (especialmente valiosos). Solían vender el carbón a sus vecinos y el resto a los traperos.

Almirante Horatio Nelson, héroe de la batalla de Trafalgar

Michael Faraday, el hijo autodidacta de un herrero, produjo una corriente eléctrica por primera vez en 1831

Un soldado de éxito, el duque de Wellington, llegó más tarde a ser primer ministro

1850

Fleet Street en 1848 *(arriba)*
Cartel para el museo de Madame Tussaud *(arriba a la izq.)*

Uno de los primeros miembros de la policía metropolitana fundada en 1829

La mayor ciudad del mundo

Al tiempo que la Gran Exposición de 1851 en Hyde Park mostraba Gran Bretaña al mundo en la ciudad de mayor tamaño, esta sufría reformas importantes. A partir de 1860, el Peabody Trust construyó nuevos alojamientos para los pobres; en la década de 1870 se eliminaron las chabolas para obtener espacio para Shaftesbury Avenue y Charing Cross Road, el filántropo Thomas Barnardo (1845-1905) abrió sus primeros hogares para niños huérfanos y la Junta de Educación de Londres se esforzó por dar a cada niño de Londres una educación elemental.

La población aumentó y alcanzó los 4 millones a finales de siglo. En la City y los distritos centrales, no obstante, las cifras disminuían a medida que el abaratamiento del precio del transporte permitía a la gente vivir cada vez más lejos de sus lugares de trabajo. Con la introducción de trenes y tranvías, Londres continuó aún más su expansión en los terrenos circundantes y engulló Hammersmith, Putney, Clapham, Stratford, Tottenham y Hornsey. En 1888 se fundó el Consejo del Condado de Londres para dirigir un área de más de 256 km^2 y a finales de siglo, la electricidad iluminó las calle. Los nuevos comercios, entre ellos Harrods (▷ 178) y Liberty (▷ 178), atraían clientes.

El gran hedor

El Támesis de 1858 era una cloaca abierta a toda la suciedad de Londres y el cálido verano de ese año creó un hedor tan horrible que la ciudad se conoció como «el gran hedor». Los vapores nocivos entraban en el Parlamento y, por ello, se hizo algo al respecto: Sir Joseph Bazalgette (1819-1891), ingeniero jefe de la nueva Junta Metropolitana de Obras, construyó 500 millas (800 km) de alcantarillado principal y 13.000 millas (21.000 km) de cloacas menores, construidas espléndidamente en ladrillo y que funcionan todavía hoy. El embarcadero Victoria (▷ 150) se construyó a lo largo de la ribera norte del río con una inmensa cloaca en su interior, además de un nuevo túnel para los trenes subterráneos; en la superficie se colocaron jardines y una nueva carretera para aliviar la congestión del tráfico que se producía en la ciudad. Fue una hazaña de genio en ingeniería que mereció el título de caballero que se otorgó a Bazalgette.

La reina Victoria (izq.)

Su esposo, el príncipe Alberto *(izq.)*, planificó la Gran Exposición de 1851 *(abajo)*, que mostró la actividad industrial de todo el mundo

1850

Florence Nightingale, la dama de la lámpara, cuidó de los heridos durante la Guerra de Crimea (1853-1856)

El Big Ben

Edmund Beckett Denison, más tarde llamado lord Grimthorpe (1816-1905), fue uno de los mejores abogados de su tiempo, agresivo y muy sarcástico, que también sabía más de relojería que ninguna otra persona del país. Fue él quien diseñó la maquinaria de 5 toneladas en la nueva torre del reloj del edificio del Parlamento (▷ 92), que comenzó a funcionar en 1859, equipado con su propio y revolucionario escape mediante gravedad y una campana gigante que pesaba más de 13 toneladas, apodada *Big Ben.* Denison tenía un carácter difícil y se embarcó en una larga controversia con el arquitecto del edificio del Parlamento, sir Charles Barry (1795-1860), pero su reloj se mantiene en hora hasta nuestros días y su sonido es uno de los más familiares y evocadores de Londres.

En el primer metro

Los trenes del primer metro del mundo comenzaron a funcionar en 1863 en una línea apodada *el sumidero* de 6 km de largo, que unía las estaciones de Paddington, Euston, King's Cross y Farringdon Street. Los trenes de vapor resultaron inmediatamente populares y, a pesar del humo, la suciedad y el olor, los caballeros victorianos con sombreros de copa iban en ellos con perfecta ecuanimidad. Los vagones de color verde oscuro estaban bien iluminados, pasaban trenes cada 10 minutos en hora punta y los billetes costaban entre tres y seis peniques dependiendo de la clase más que de la distancia. Durante el primer año se realizaron casi 10 millones de viajes, pronto se inauguraron más líneas y en 1890 aparecieron trenes eléctricos en la City, en la primera línea llamada *el tubo* (▷ 49).

Jack el destripador

No se conoce hasta ahora la identidad del asesino que acechaba y asesinaba prostitutas en los callejones pavimentados iluminados con gas de Whitechapel en 1888. El cuerpo de Mary Anne Nicholls, la primera víctima comprobada del asesino de Whitechapel (como se le conoció al principio), apareció en Durward Street con la garganta cortada y horriblemente mutilada, y durante las semanas que siguieron se encontraron cuatro víctimas más. Los asesinatos causaron gran sensación en la prensa, especialmente cuando la policía recibió burlonas cartas firmadas por *Jack el destripador.* La incapacidad de la policía para capturarlo llevó a la dimisión del comisionado de policía de Londres, aunque tenían algunos sospechosos, que iban desde un policía perturbado a un espía ruso.

Las bodas de diamante

Los 60 años de la reina Victoria en el trono se celebraron en 1897 con una celebración espectacular del imperio británico. La pequeña figura vestida de viuda recibió la aclamación de grandes multitudes que se alineaban en las calles para ver cómo pasaba en su coche de Estado para asistir a un breve servicio de acción de gracias en los escalones de la catedral de St. Paul's. El sol brillaba sobre soldados procedentes de todas las esquinas del mundo y hacía resplandecer su atuendo: la caballería de la India y Australia, *gurkhas* y *sikhs*, africanos, chinos y *dayaks* de Borneo. Los gobernadores generales de las colonias tenían un sitio de honor y a ellos se unieron la realeza y los políticos extranjeros, pero los aplausos principales eran para *la viuda de Windsor*, que no pudo contener las lágrimas.

Sir Joseph Bazalgette, ingeniero del sistema de alcantarillado de Londres

Primer ministro liberal, William Gladstone

Benjamin Disraeli, primer ministro conservador en 1868 y 1874-1880

1900

El Big Ben debe su nombre a su enorme campana *(arriba)*

La catedral de St. Paul en la década de1890 *(der.)*

Siglo XX Londres

El Londres de 1900 era la capital del mayor imperio que había conocido el mundo. La extensión suburbana continuó, y en 1939 la población alcanzó los 9 millones. El Greater London Council fue responsable de un área de 1.550 km^2 desde 1965 hasta su abolición en 1986, que eliminó toda autoridad londinense central. Los coches y autobuses sustituyeron a los caballos y los carruajes, aunque la velocidad media del viaje en Londres en 1999 no era superior a la de 1899. El daño sufrido durante la Primera Guerra Mundial fue leve, pero el bombardeo de 1940-1941 durante la Segunda Guerra Mundial mató a 20.000 personas. Más tarde hubo muchas más muertes por las bombas lanzadas; algunas estaciones de metro sirvieron de refugio antiaéreo, y sus andenes, de camas para los londinenses.

La guerra dejó agotamiento, austeridad y el colapso de los muelles de Londres; se fomentó la inmigración para cubrir la falta de trabajadores y los recién llegados de las Indias occidentales, Pakistán y Bangladesh se unieron a la mezcla cultural de Londres. Con la recuperación de la riqueza en la década de 1960 llegó la cultura joven de las cafeterías, las *boutiques* y el *swinging London.* Los rascacielos cambiaron el horizonte, al tiempo que arquitectos y paisajistas sustituían las casas por torres de cemento.

El soldado desconocido

Engalanada con amapolas rojas en el suelo cerca de la puerta occidental de la abadía de Westminster (▷ 152-153) se encuentra la tumba del soldado desconocido, que contiene los restos de un soldado seleccionado de forma aleatoria entre los que murieron pero nunca fueron identificados, en el frente occidental en la primera guerra mundial. El día del armisticio de 1920 volvió a recibir sepultura en la abadía un ataúd de roble británico como memoria de una generación perdida y fue enterrado en tierras francesas bajo una losa de mármol belga. La ceremonia tuvo lugar en presencia del rey Jorge V y gran número de jefes de estado y líderes militares, con una guardia de honor formada por cien condecorados con la cruz de la Victoria. Cerca se encuentra la Medalla del Congreso, concedida por los Estados Unidos.

Las sufragistas se encadenaban a las vías del tren para obtener el derecho al voto para las mujeres

Dos primeros ministros del siglo XX: James Ramsay MacDonald *(izq.)* y Winston Churchill *(der.)*

1900

Daños por una bomba durante el bombardeo de Londres *(der.)*. Una ceremonia de entrega de premios en la Olimpiada de Londres de 1948 *(abajo)*

La bomba del Café de Paris

El Café de Paris en Coventry Street era un famoso club nocturno en el corazón del West End. Una noche de marzo de 1941, los clientes estaban cenando y bailando en el sótano, cuya publicidad afirmaba que era el lugar más seguro para bailar de la ciudad, cuando se produjo un destello cegador por la explosión de dos bombas sobre el cine del piso superior. Murieron el líder del grupo musical Ken *Snakehips* Johnson, y varios de sus músicos, al igual que grupos enteros de personas que estaban sentados en las mesas; los supervivientes salieron tambaleantes en estado shock, sangrando y cubiertos de polvo. Algunas de las primeras personas en aparecer en escena fueron saqueadores que se dedicaron a robar carteras y arrancar los anillos de los muertos. En total, se rescataron 34 muertos.

El festival de Gran Bretaña

Un siglo después de la Gran Exposición de 1851 se realizó el Festival de Gran Bretaña para impulsar la moral nacional tras la guerra. En Londres se centró en un lugar en la ribera sur donde se limpiaron 27 acres de terreno de edificios victorianos destruidos por los bombardeos. Se contaba la historia del pasado británico, pero el énfasis se ponía sobre la ciencia, la tecnología y el futuro. En los cinco meses que duró el festival, 8,5 millones de personas admiraron la escultura futurista Skylon e investigaron la cúpula de los descubrimientos, el pabellón de revisión de diseño, el cine Polaroid en 3D, el loco tren de Emmet y el nuevo Royal Festival Hall (▷ 127), así como el parque Battersea (▷ 154). El legado permanente del Festival fue el South Bank Centre (▷ 127).

Una ciudad más limpia

La ley de aire limpio de 1956, por la cual se prohibían los fuegos de carbón en el centro de Londres, consiguió poner fin a las famosas nieblas de la ciudad, que solían cubrir la ciudad entera en una gruesa niebla impenetrable. Durante un periodo de cuatro días de niebla especialmente densa en diciembre de 1952, fue prácticamente imposible ver más allá del brazo extendido en las calles y el tráfico quedó prácticamente parado y varias personas murieron por reagudización de las afecciones respiratorias. En 1957 no había peces en el Támesis en el tramo entre Richmond y Tilbury; se inició una campaña para limpiar el río, y resultó tan eficaz que, para sorpresa general, se pescó un salmón en 1974.

Proyectos del milenio

Londres alcanzó el fin del siglo XX en una llamarada de actividad, gran parte de la cual se centró alrededor del Támesis. Algunos proyectos fueron grandes éxitos, mientras, otros luchaban por conseguir la popularidad, entre ellos la «cúpula del milenio», un espacio similar a una tienda de campaña que albergó una breve exposición, solo para caer en desuso durante varios años. El puente del milenio (▷ 100), que ofrece un modo nuevo para que los viandantes vayan entre St. Paul's y el South Bank, se tambaleó ligeramente en su inauguración, pero lo arreglaron y en su parte sur la planta eléctrica Bankside, ya sin utilizar, se convirtió en el magnífico museo Tate Modern (▷ 134-135), que inmediatamente atrajo grandes multitudes de asombrados amantes del arte, aunque el Ojo de London (▷ 99), una rueda giratoria gigante que ofrece fabulosas vistas de la ciudad, casi le supera en popularidad.

En 1936 Eduardo VIII abdicó para casarse con la estadounidense Wallis Simpson

Mary Quant, inventora de la minifalda y de los pantalones cortos, fue el epítome de la moda de los años 1960

2000

El príncipe Carlos y Lady Diana Spencer se casaron en la catedral de St. Paul en 1981, un acontecimiento contemplado por millones de personas *(der.)*

Margaret Thatcher (izq.) fue la primera ministra del Reino Unido. Conservadora. Mantuvo su cargo entre 1979 y 1990

En la década de 1960 se podía comer en el restaurante giratorio de la torre de BT Telecom (der.)

El siglo XXI
Londres

Londres apenas tuvo tiempo de tomar aliento tras la emoción de las celebraciones por el milenio de la ciudad antes de comenzar los preparativos para celebrar el cincuenta aniversario de la Reina (▷ 18). La ciudad volvió a ser la anfitriona de otra muestra de esplendor real ese mismo año, cuando murió la Reina madre a la edad de 101 años. El funeral se celebró en la majestuosa abadía de Westminster.

Una ciudad desafiante

Dos olas de ataques terroristas devolvieron bruscamente a Londres a la realidad tras su éxito olímpico: el 7 de julio cuatro terroristas suicidas actuaron en plena hora punta en el centro de Londres contra trenes de Metro y un autobús, dejando 52 víctimas mortales y gran número de heridos; dos semanas más tarde se supo que hubo cuatro intentos de atentado, aunque no lograron hacer explotar ninguna bomba.

En los días posteriores los londinenses se adaptaron a los trastornos en el sistema de transporte y al aumento de las medidas de seguridad, y algunos creyeron ver renacer el espíritu de la ciudad durante la Segunda Guerra Mundial (▷ 38).

Un final de infarto

En julio del 2005, el Comité Olímpico internacional anunció por fin el ganador de la carrera para ser la sede de los Juegos Olímpicos de 2012: tras una emocionante carrera de 18 meses por la nominación, Londres ganó una lucha bidireccional con París en la reunión del COI en Singapur, después de la eliminación de las opciones de Moscú, Nueva York y Madrid. El jefe de la opción, Sebastian Coe, ganador de cuatro medallas olímpicas, recibió gran parte del mérito por el modo en que había dirigido la opción de Londres.

Será la primera vez que se realizarán las Olimpiadas en Londres desde 1948 y las noticias se han acogido con gran placer.

La cuenta atrás hasta 2012

No fue solo en Trafalgar Square donde se recibió con júbilo la noticia de que Londres había obtenido la concesión de las Olimpiadas. En Stratford, al este de Londres, uno de los lugares más desfavorecidos del RU, la noticia también fue motivo de celebración. Los planes de Londres se centran en transformar un trozo de tierra de unos 500 acres en esa zona en un parque olímpico futurista a 10 km de Trafalgar Square, que incluirá un estadio de atletismo de 80.000 asientos, un centro acuático, un velódromo, una pista de BMX y un centro de hockey, así como una villa olímpica.

Los acontecimientos olímpicos también utilizarán varios lugares ya existentes, incluyendo el nuevo estadio de Wembley (▷ 17) para jugar al fútbol, Wimbledon para el tenis y el campo de críquet de Lord para el tiro con arco; incluso la Cúpula del Milenio ha recuperado su vida y se ha convertido en la O_2 Arena para ser la sede de las competiciones de gimnasia y baloncesto.

La construcción del parque olímpico implicará también una gran inversión en transporte público: nuevas pistas para el Channel Tunnel Rail Link, inaugurado en noviembre de 2007, que permitirá llegar desde allí al centro de Londres en solo siete minutos, y la construcción de la terminal 5 del aeropuerto de Heathrow, cuyo final está previsto para el 2011, justo a tiempo para ayudar en el manejo de las grandes cantidades de visitantes internacionales que se prevé acudirán los juegos.

La O_2 Arena (Cúpula del Milenio), se revitalizará para las Olimpiadas *(izq.)*

2001...hasta la actualidad

Sebastian Coe en Singapur después del anuncio de que Londres será la sede de los Juegos Olímpicos de 2012

Cómo moverse

AL LLEGAR

LLEGAR EN AVIÓN

Este es el modo en que llegan al Reino Unido la mayoría de sus visitantes. Londres tiene conexiones aéreas con todas las ciudades importantes del mundo, por lo que si se viene de otro continente es casi seguro que se llegará o bien a Heathrow, el mayor aeropuerto de Londres y uno de los aeropuertos de más movimiento del mundo, o a Gatwick, el segundo en tamaño. Los otros tres aeropuertos, Stansted, Luton y London City, sirven principalmente para destinos más cercanos. Por razones de seguridad, todos los aeropuertos carecen de consignas para equipaje.

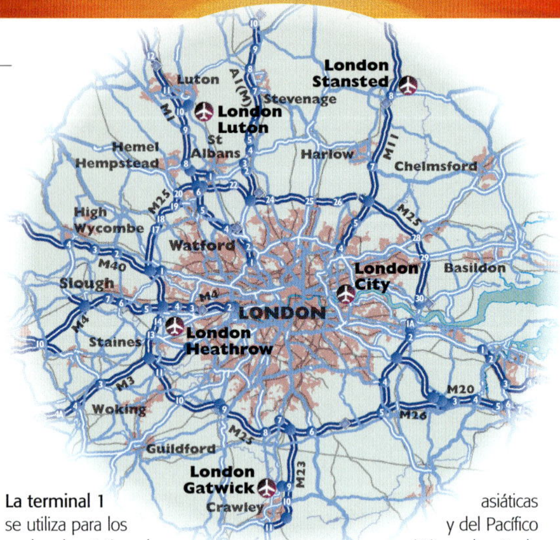

London Heathrow (LHR) se encuentra a 19 km al oeste del centro de Londres.

Hay cuatro terminales y está construyéndose una quinta; las terminales 1, 2 y 3 se encuentran en el complejo de terminales central, la 4 se encuentra en la parte sur del aeropuerto y la 5 se terminará en 2011. **La terminal 1** se utiliza para los vuelos domésticos, la mayoría de las salidas a Europa y para los vuelos de El Al y South African Airways. **La terminal 2** sirve para todos los vuelos a Europa de aerolíneas extranjeras y algunos destinos a larga distancia. **La terminal 3** es para vuelos largos de las aerolíneas de Estados Unidos, sudamericanas, asiáticas y del Pacífico asiático, además de la mayoría de las aerolíneas africanas. British Airways (BA) utiliza la terminal 4 para sus vuelos a larga distancia, a Amsterdam, Atenas, París, Moscú y Tel Aviv. KLM y Qantas utilizan también esta terminal.

Las cuatro terminales enlazan con el metro de Londres, al cual se llega

TRASLADO AL CENTRO DE LONDRES DESDE EL AEROPUERTO

AEROPUERTO (CÓDIGO)	HEATHROW (LHR)	GATWICK (LGW)
TAXI	46-56 £. 1 hora	77 £. 1 hora 10 min
POR TIERRA TRENES	Heathrow Express a Paddington. Cada 15 min 5:10-23:25, todos los días. 28 £ ida y vuelta. Duración del viaje: 15-20 min. Heathrow Connect Paddington. Cada 30 min 4:42-23:08. Para en 6 estaciones. 4,90-6,90 £. Duración del viaje: 25 min.	Gatwick Express a Victoria. Cada 15 min 5-12:35; último tren a la 1:35; primero a las 4:30. 26,80 £ ida y vuelta (menores de 16, 13,40 £). Duración del viaje: 30 min. First Capital Connect a London Bridge, cada 15 min. Billetes 10 £ ida. Duración del viaje: 30 min. Debe tomarse el First Capital Connect a St. Pancras International (para conexión con Eurostar). Compruebe los detalles.
METRO (subterráneo)	Piccadilly Line desde las terminales 1, 2 y 3 o 4. 4 £ adulto/2 £ niño. Pasa entre 5:15-23:45 a diario. Hay billetes disponibles en todas las zonas de recogida de equipajes. Duración del viaje: 50 min.	N/P
AUTOBÚS	National Express a la estación de autocares Victoria. Cada 30 min. 10 £ ida. Duración del viaje: 40 min.	National Express desde las terminales norte y sur a la estación de autocares Victoria. 6,60 £ ida. Cada hora. Duración del viaje: 1 hora 20 min.
COCHE	Terminales 1, 2 y 3: salida 4, M4. Terminal 4: salida 3, M4. Viaje hacia el este por la M4.	Salida 9, M23. Viaje hacia el norte por la M23.

mediante pasarelas y ascensores bien señalizados. Una estación sirve para las terminales 1, 2 y 3, otra para la 4. American Airlines, BA y United Airlines permiten facturar el equipaje en la estación de Paddington. Los pasajeros que hacen escala deben seguir la señalización.

London Gatwick (LGW) se encuentra a 48 km al sur del centro de Londres. Cuenta con dos terminales, norte y sur, unidas por un monorraíl eficiente y gratuito, Gatwick Transit, que pasa cada tres o cuatro minutos por cada terminal y realiza un recorrido de dos minutos. La terminal sur se ocupa del grueso del tráfico y sirve para los vuelos nacionales, internacionales y chárter. Los pasajeros de BA y American Airlines pueden facturar su equipaje en la estación Victoria, en el centro de Londres.

London Stansted (STN), el tercero en tamaño, se encuentra a 56 km al nordeste de Londres, en Essex. La terminal de pasajeros ocupa un moderno edificio de vidrio y acero de 1991, diseñado por el arquitecto británico sir Norman Foster, unido a los dos edificios restantes del aeropuerto mediante lanzaderas rápidas sin conductor. Stansted es el aeropuerto de Londres que está creciendo con mayor rapidez.

London Luton (LTN) se encuentra a 52 km al norte del centro de Londres, donde se inauguró una nueva terminal para pasajeros en 1999, junto a la estación de tren Luton Parkway, desde la que parten trenes frecuentes a King's Cross. Se utiliza principalmente para vuelos chárter de bajo coste, pero también hay algunos servicios regulares.

London City Airport (LCA) es el aeropuerto de menor tamaño de la capital, a 10 km del centro. Es muy utilizado por viajeros de negocios y dispone de salas de reuniones y servicios de secretariado completos. También ha mejorado la posibilidad de realizar compras y comer. De allí parten vuelos a más de 30 destinos europeos y a varios aeropuertos británicos. Hay que llegar con al menos 20 minutos de antelación de la hora de salida para facturar el equipaje. Se espera que con el crecimiento previsto se alcancen los 3,9 millones de pasajeros anuales en el año 2010.

CONSEJOS

- Si se va a salir de Heathrow o Gatwick, debe comprobarse la terminal.
- Debe comprobarse que el precio del billete de avión incluye el impuesto de despegue. Todos los vuelos nacionales y los comunitarios de la UE tienen un recargo de 10-20 £ por impuestos sobre pasajeros aéreos; para otras ciudades, el cargo es de 40-80 £.
- Debe recordarse que no hay taxis negros en Stansted.

Al llegar, hay varias opciones de transporte hasta el centro de Londres. La tabla que aparece a continuación compara los diferentes medios de transporte desde cada uno de los aeropuertos, indicando coste, duración del trayecto y frecuencia.

STANSTED (STN)	LUTON (LTN)	CITY (LCA)
86 £. 1-2 horas	60-65 £. 1 h 45 min	25 £. 20-30 min
Stansted Express a Liverpool Street (línea Central). Cambio en Tottenham Hale para la línea Victoria. Pasa de 5:30-medianoche. Cada 15 min. 23,50 £ ida y vuelta (niños, 11,75 £). Duración del viaje: 45 min.	Lanzadera gratuita desde la terminal hasta la Luton Airport Parkway (8 min). Servicios First Capital Connect a St. Pancras International, City, Blackfriars y London Bridge. Cada 15 min de 7-22. 10,70 £ ida. Duración del viaje: 35 min.	Estación London City Airport DLR (conocida como la extensión King George V). Pasan trenes cada pocos minutos de 5-12:30 (consulte www.tfl.gov.uk para ver horarios y precios). Duración del viaje: 22 min. desde Bank.
N/P	N/P	N/P
National Express A6 a Victoria Coach Station. Cada 15 min. 10 £ ida (niños, 7,50 £). Duración del viaje: 1 hora 30 min.	Greenline Bus n.º 757 a Victoria Coach Station. Cada 30 min en hora punta, cada hora el resto. 11 £ ida (5,50 £ niños, 1 £ fuera de hora punta). Duración del viaje: 1 hora 30 min.	N/P
Salida 8, M11. Viaje hacia el sur por la M11.	2 millas (3 km) desde la salida 10, M1. Viaje hacia el sur por la M1.	N/P

LLEGAR EN TREN

Eurostar, la empresa que opera el servicio de trenes del Canal de la Mancha, enlaza Francia (París y Lille) y Bélgica (Bruselas) directamente con Londres en menos de tres horas. Los trenes de gran velocidad Eurostar llegan al puntero complejo comercial y de transporte que se encuentra en la estación St. Pancras International, que presume de tener la mayor barra de champán del mundo, un mercado de productos frescos y una brasserie espléndida, además de la evocadora estatua de 9 m de altura *The Meeting Place*, de Paul Day.

Para el viaje se necesita pasaporte y debe facturarse el equipaje al menos 30 minutos antes de la salida; cada pasajero puede llevar un artículo de equipaje de mano y dos maletas.

A la llegada debe pasarse el control de pasaportes y la aduana. Hay metro y autobuses claramente señalizados y una parada de taxis junto a la salida de la estación.

Los trenes nacionales llegan desde otras partes del Reino Unido a una de las once principales estaciones de tren de Londres (⊳ 59). Todas las estaciones cuentan con enlace de metro.

LLEGAR EN COCHE

Eurotunnel opera el servicio de trenes para automóviles, caravanas y motocicletas por el túnel del Canal de la Mancha. El viaje entre Calais y Folkestone dura 20 minutos, durante los cuales conductores y pasajeros deben permanecer en sus vehículos.

Al llegar a Folkestone (Reino Unido), se sale de la terminal por la M20 hacia el norte, en la salida 11. Si el tráfico lo permite, el viaje hasta Londres dura solo una hora.

LLEGADA POR BARCO

Eurostar y Eurotunnel han eliminado gran parte del tráfico, pero tomar un ferry continúa siendo un modo económico de cruzar el Canal. Hay varias empresas de ferry con servicios entre los puertos británicos y algunos puertos en el continente europeo. Desde los puertos de la costa sur, como Dover, Folkestone, Ramsgate y Newhaven, salen trenes hacia las estaciones londinenses y desde Harwich, en la costa este, hacia Liverpool Street.

LLEGADA EN AUTOCAR

Si se viaja a Londres en autocar de larga distancia, probablemente se llegue a la estación de autobuses Victoria Coach Station (VCS) en Buckingham Palace Road, cerca de la estación de tren Victoria, a apenas unos minutos a pie de la estación de metro (en la ruta de las líneas Victoria, District y Circle) y con una

NÚMEROS DE TELÉFONO Y SITIOS WEB ÚTILES

AEROPUERTOS

HEATHROW: tel.: 0870 000 0123, www.baa.co.uk/heathrow (inglés)

- Objetos perdidos: tel.: 020 8745 7727 (08-16)
- Equipajes: tel.: 0208 747 4599. Puede enviarse el equipaje
- Trenes: Heathrow Express, tel.: 0845 600 1515, www.heathrowexpress.com (en inglés)
- Autobús: tel.: 08705 808080, www.nationalexpress.com (en inglés)
- Taxi: Terminal 1, tel.: 020 8745 7487. Terminal 2, tel.: 020 8745 5408. Terminal 3, tel.: 020 8745 4655. Terminal 4, tel.: 020 8745 7302

GATWICK: tel.: 0870 000 2468, www.baa.co.uk/gatwick (inglés)

- Objetos perdidos: tel.: 01293 503162
- Equipajes: Terminal sur, tel.: 01293 502014, 24 horas. Terminal norte, tel.: 01293 502013.
- Trenes: The Gatwick Express, tel.: 0845 850 1530, www.gatwickexpress.com (en inglés). First Capital Connect, tel.: 0845 700 0125, www.firstcapitalconnect.co.uk (inglés). Southern Railways, tel.: 0845 127 2920.
- Autobús: tel.: 08705 808080, www.nationalexpress.com (en inglés)
- Taxi: Checker Cars, tel.: 0800 747737 o 01293 567700

STANSTED: tel.: 0870 0000303, www.baa.co.uk/stansted (inglés)

- Objetos perdidos: objetos perdidos en el aeropuerto, tel.: 01279 663293
- Equipajes: tel.: 01279 663213.
- Trenes: The Stansted Express, tel.: 0845 600 7245, www.stanstedexpress.com
- Autobús: A6, tel.: 08705 808080, www.nationalexpress.com (inglés)
- Taxi: Checker Cars, tel.: 01279 661111

LUTON: tel.: 01582 405100, www.london-luton.co.uk

- Objetos perdidos: tel.: 01582 395219
- Equipajes: tel.: 01582 405100
- Trenes: First Capital Connect, tel.: 0845 700 0125, www.firstcapitalconnect.co.uk (inglés).
- Autobús: Greenline, tel.: 0844 801 7261, www.greenline.co.uk (inglés)
- Taxi: Cabco, tel.: 01582 737777. Alpha Taxis, tel.: 01582 595499. Parada de taxis al salir del edificio de la terminal

LONDON CITY: tel.: 020 7646 0088, www.londoncityairport.com (en inglés)

- Objetos perdidos: tel.: 020 7646 0088
- Equipajes: tel.: 020 7646 0088
- Trenes: tel.: 020 7646 0088
- Taxi: Parada de taxis al salir del edificio de la terminal

INFORMACIÓN GENERAL SOBRE AEROPUERTOS:

- www.worldairportguide.com

AUTOCARES Y TRENES

- Coach Tourism Council: www.coachtourismcouncil.co.uk (inglés)
- Eurolines: tel.: 08705 143219
- Eurostar: tel. RU: 08705 186186; desde el extranjero: 0044 1233 617575, www.eurostar.com (en inglés)
- Eurotunnel: tel.: 08705 35 35 35, www.eurotunnel.com (inglés)
- National Express: tel.: 08705 808080, www.nationalexpress.com (en inglés)
- Información sobre ferrocarriles nacionales: tel.: 08457 484950
- Estación de autobuses Victoria: tel. 020 7730 3466

DESPLAZARSE

Transporte en Londres

Londres es una gran ciudad y en algún momento habrá que utilizar su amplio sistema de transporte público, que dirige la London Regional Transport (LRT) y cuya red se compone de metro, autobuses y trenes de superficie, además del DLR (Docklands Light Railway), las embarcaciones fluviales y Tramlink.

Los paneles electrónicos proporcionan información actualizada sobre llegadas y salidas de trenes

De las dos opciones principales, metro o autobús, la más rápida es, sin duda, el metro, aunque no siempre es la solución ideal y exige paciencia cuando se retrasa o se para sin razón aparente; también puede ser incómodo, caluroso y claustrofóbico, y obligar a largas caminatas, subidas y bajadas de escaleras, automáticas o no.

Los autobuses, por otra parte, ofrecen buenas vistas y la oportunidad de conocer la geografía de la ciudad.

Los taxis son útiles para distancias cortas, pero resultan caros para las más largas.

Para información sobre viajes y autocares a gran distancia, consultar las páginas 58-60.

INFORMACIÓN SOBRE VIAJES

- El horario de apertura del centro de información principal de London Transport, situado en la estación de metro de Piccadilly Circus, es: lu-sá 7:30-21; do 8:15-20. Ofrece mapas de rutas y folletos de horarios gratuitos, además de otros folletos informativos en diferentes idiomas.

También se puede llamar al teléfono de información a cualquier hora (tel.: 020 7222 1234).

- Hay otras oficinas de información de viajes en el aeropuerto de Heathrow (terminales 1, 2 y 3), en las estaciones de metro de Euston y Liverpool Street, y en las estaciones de autobús y de tren de Victoria.

NIÑOS Y TRANSPORTE PÚBLICO

- Los niños acompañados y menores de cinco años pueden viajar gratis en todos los servicios de metro y DLR.
- Los menores de 14 años pueden viajar gratis en autobuses y tranvías.
- Los cochecitos de bebé deben plegarse y colocarse en las áreas para equipaje de los autobuses.
- Se aplican tarifas infantiles a los niños de entre 5 y 15 años.
- Los niños de 14 y 15 años necesitan una tarjeta de identificación con foto para comprar y utilizar una tarjeta de viaje o un billete de tarifa infantil, que pueden obtenerse en las estaciones de metro o en los centros de información de London Transport.
- Hay tarifas reducidas para niños de mayor edad en autobuses y niños mayores de 5 años en el metro con la tarjeta Oyster (véase el recuadro ▷ 48).

DESCUENTOS

- Hay diferentes descuentos en tarjetas semanales y mensuales.

TICKETS

- Pueden comprarse billetes para todo tipo de transporte público en la mayoría de estaciones de metro, centros de información de London Travel y estaciones de tren, además de unos 2.500 puntos de venta de billetes, entre ellos gran número de quioscos.
- Si se sabe adónde se quiere viajar, pueden utilizarse las máquinas expendedoras, que dan cambio; las táctiles en las estaciones de metro aceptan también tarjetas Electron.
- Las taquillas de las estaciones de metro cierran en ocasiones.
- Pueden comprarse pases para un día hasta con cuatro días de antelación; es mejor pedir y recoger los billetes fuera de las horas punta de la mañana y la tarde.
- Las estaciones de metro y los centros de información de London Travel aceptan cheques, con tarjeta de garantía de cheques, y tarjetas de crédito.
- Pueden obtenerse pases mensuales de viaje Oyster usando Ticketline (www.ticket-on-line.co.uk [en inglés] o www.ticket-on-line.com [en inglés] si compra los billetes fuera del RU).
- Para más información sobre tarifas en Londres, consulte las entradas específicas sobre transporte que aparecen a continuación, o recoja un folleto *Fares and Tickets* de cualquier estación de metro o centro de información London Travel.

CONSEJOS

- Si es posible, evite viajar durante las horas punta (días laborables, de 7:30 a 9:30 y de 16 a 19). El metro está especialmente repleto y muchos autobuses van tan llenos que no pueden subir los pasajeros.
- Es recomendable comprar una tarjeta Travelcard (▷ 48), válida para toda la red de transporte.
- Debe usarse el sentido común si uno utiliza el transporte público solo por la noche, pero no hay que preocuparse en exceso.
- Está prohibido fumar en el transporte público.

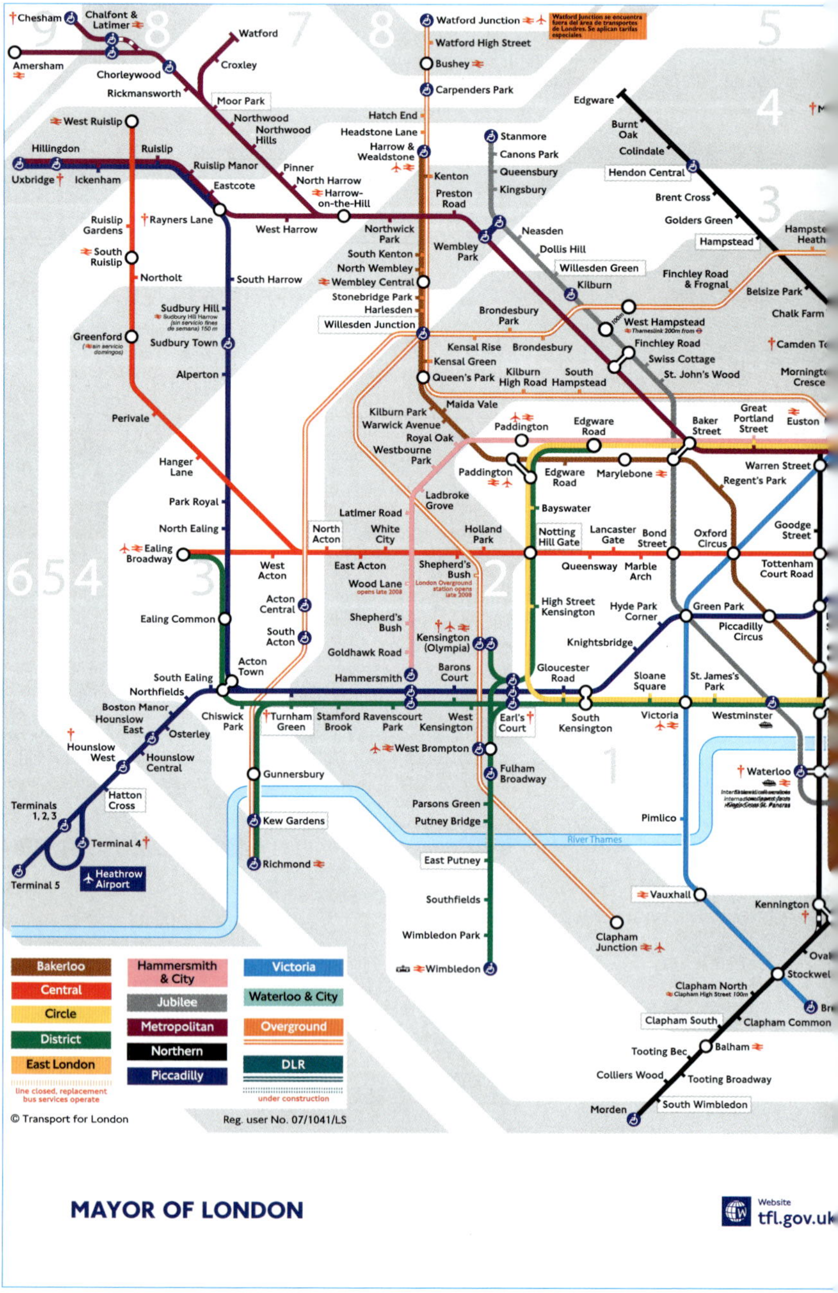

Chesham
Chalfont & Latimer
Amersham
Chorleywood
Rickmansworth
Watford
Croxley
Moor Park
Northwood
Northwood Hills
Pinner
North Harrow
Harrow-on-the-Hill
West Harrow
West Ruislip
Hillingdon
Uxbridge
Ickenham
Ruislip
Ruislip Manor
Eastcote
Ruislip Gardens
Rayners Lane
South Ruislip
Northolt
South Harrow
Sudbury Hill
Greenford
Sudbury Town
Alperton
Perivale
Hanger Lane
Park Royal
North Ealing
Ealing Broadway
Ealing Common
South Ealing
Northfields
Boston Manor
Osterley
Hounslow East
Hounslow Central
Hounslow West
Hatton Cross
Terminals 1, 2, 3
Terminal 4
Terminal 5
Heathrow Airport
Acton Town
Chiswick Park
Turnham Green
Gunnersbury
Kew Gardens
Richmond
Watford Junction
Watford Junction se encuentra fuera del área de transportes de Londres. Se aplican tarifas especiales
Watford High Street
Bushey
Carpenders Park
Hatch End
Headstone Lane
Harrow & Wealdstone
Kenton
Preston Road
Northwick Park
South Kenton
North Wembley
Wembley Central
Wembley Park
Stonebridge Park
Harlesden
Willesden Junction
Kensal Green
Queen's Park
Kilburn Park
Maida Vale
Warwick Avenue
Royal Oak
Westbourne Park
Paddington
Ladbroke Grove
Latimer Road
North Acton
White City
Holland Park
West Acton
East Acton
Wood Lane
opens late 2008
Shepherd's Bush
London Overground station opens late 2008
Acton Central
South Acton
Shepherd's Bush
Kensington (Olympia)
Goldhawk Road
Hammersmith
Barons Court
Stamford Brook
Ravenscourt Park
West Kensington
Earl's Court
West Brompton
Fulham Broadway
Parsons Green
Putney Bridge
East Putney
Southfields
Wimbledon Park
Wimbledon
Clapham Junction
Edgware
Burnt Oak
Colindale
Hendon Central
Brent Cross
Golders Green
Hampstead
Stanmore
Canons Park
Queensbury
Kingsbury
Neasden
Dollis Hill
Willesden Green
Kilburn
Finchley Road & Frognal
Belsize Park
Chalk Farm
Camden Town
Hampstead Heath
Brondesbury Park
Brondesbury
Kensal Rise
Kilburn High Road
South Hampstead
West Hampstead
Finchley Road
Swiss Cottage
St. John's Wood
Mornington Crescent
Baker Street
Great Portland Street
Euston
Edgware Road
Marylebone
Warren Street
Regent's Park
Bayswater
Notting Hill Gate
Lancaster Gate
Bond Street
Oxford Circus
Goodge Street
Queensway
Marble Arch
Tottenham Court Road
High Street Kensington
Hyde Park Corner
Green Park
Piccadilly Circus
Knightsbridge
Gloucester Road
Sloane Square
St. James's Park
South Kensington
Victoria
Westminster
Waterloo
Pimlico
River Thames
Vauxhall
Kennington
Oval
Stockwell
Clapham North
Clapham High Street 100m
Clapham South
Clapham Common
Brixton
Tooting Bec
Balham
Colliers Wood
Tooting Broadway
South Wimbledon
Morden
Bakerloo
Central
Circle
District
East London
line closed, replacement bus services operate
Hammersmith & City
Jubilee
Metropolitan
Northern
Piccadilly
Victoria
Waterloo & City
Overground
DLR
under construction
© Transport for London
Reg. user No. 07/1041/LS
MAYOR OF LONDON
Website
tfl.gov.uk

Mapa de zonas de transporte en Londres

TARJETAS Y ZONAS DE VIAJE

- Las tarjetas de viaje son válidas para toda la red de transporte en zonas seleccionadas, incluyendo autobuses, metro, Docklands Light Railway (DLR), Croydon Tramlink y servicios de tren nacional suburbanos en el área de Londres (excepto el Heathrow Express).
- Las tarjetas de viaje ofrecen viajes sin límites en la zona que se ha pagado, además de un descuento de un tercio en la mayoría de servicios de embarcaciones fluviales. Pueden obtenerse en las estaciones de metro, centros de información London Travel, estaciones de tren nacionales (en el área de Londres) y en muchos quioscos de la capital, hasta con cuatro días de antelación a su uso.
- En cuanto a los precios del transporte, el área de Londres se divide en zonas: el centro de Londres es la zona 1, y las zonas 2 a 6 ocupan círculos concéntricos (▷ 46-47).
- El concepto es sencillo: cuantas más zonas atraviese el viaje, más debe pagarse. Debe comprobarse que la tarjeta o billete de viaje es válido para las zonas utilizadas; si no lo es, puede imponerse una multa de 10 libras pagables en el momento de la sanción.

TARJETAS	VALIDEZ	ZONAS Y PRECIOS	NOTAS
Tarjeta de viaje de 1 día (horas punta)	1-4:30 del día siguiente, lu-vi (excepto festivos).	Zonas 1 y 2: 6,60 £ adulto, 3,30 £ niño. Zonas 1-6: 13,20 £ adulto, 6,60 £ niño.	Si solo van a usarse metro, autobús, Tramlink y DLR, es más económico comprar una tarjeta LT de un día.
Tarjeta de viaje de 1 día (fuera de horas punta)	Desde 9:30 lu-vi y todo el día sá, do y festivos hasta las 4:30 del día siguiente.	Zonas 1 y 2: 5,10 £ adulto, 2 £ niño (deben comprar un billete de zonas 1-6). Zonas 1-6: 6,70 £ adulto, 2 £ niño.	Si solo van a usarse metro, autobús, Tramlink y DLR, es más económico comprar una tarjeta LT de un día.
Tarjeta de viaje de 3 días	1-4:30 del día siguiente, lu-vi (excepto festivos).	Hora punta: Zonas 1 y 2: 15 £, adulto; 7,50 £, niño Zonas 1-6: 36 £, adulto; 18 £, niño Zonas 1-6: Adulto, 20,10 £, niño, 6 £ Fuera de hora punta.	
Tarjeta Oyster (tarjeta inteligente que puede tener hasta 90 £ en pagos)	Pasan metros entre 5:30 y 24:30 (los horarios varían según las líneas)	Todas las zonas y parte de los trenes. Se necesita un depósito reembolsable de 3 £ para las tarjetas nuevas. El viaje de ida en la zona 1 cuesta 4 £, pero 1,50 £ con una tarjeta Oyster. Otras zonas 1 £.	Pueden obtenerse tarjetas Oyster en línea en tfl.gov.uk/oyster o en las estaciones de metro o tiendas de billetes Oyster. Deben buscarse las ofertas especiales para niños. También puede usarse en DLR, autobuses y tranvías.
Tarjeta de viaje semanal	Válida solo con tarjeta de identificación con foto, durante siete días consecutivos, sin limitación. Para viajes en metro, autobús, Tramlink, DLR y la mayoría de los servicios de tren en el área de Londres.	Zonas 1 y 2: 23,20 £ adulto, 11,60 £ niño. Zonas 1-6: 43 £ adulto, 21,50 £ niño.	
Tarjeta de viaje de visitante	Hay tarjetas para visitantes para todas las zonas, para diferentes periodos de tiempo, entre dos y siete días consecutivos.	Todas las zonas. Los precios varían dependiendo de los lugares donde se compre el billete. También pueden comprarse en internet en www.ticket-on-line.com (pulse sobre «overseas agents»).	Las tarjetas de viaje para visitantes solo pueden comprarse en una agencia de viajes en el extranjero (no se venden en el RU). El bono debe canjearse en una taquilla del metro o en el London Travel Information Centre.

Metro de Londres

El sistema de metro de Londres, *the tube*, cuyas primeras líneas se remontan a mediados del siglo XIX, se construyó primero cerca de la superficie usando una técnica conocida como «corte y tapa»: se cavaba una trinchera, se tendían las vías, se colocaba el techo sobre la trinchera y volvía a colocarse la tierra. Las líneas posteriores se construyeron usando tuneladoras, de las cuales deriva el nombre *tube* para estas líneas, que se generalizó.

Todas las estaciones de metro están bien señalizadas

La red de metro de Londres es la más antigua y extensa del mundo: cuenta con más de 500 trenes y 260 estaciones, y su mantenimiento es un reto continuo. La mayor parte de las vías son antiguas y necesitan reparaciones, lo que implica fallos y retrasos. La línea Jubilee se fundó en 1999 para ofrecer un sistema de metro actual entre el centro y el este de Londres. Se trata de uno de los proyectos de ingeniería más grandes de Europa y sus estaciones constituyen un atractivo turístico por derecho propio, pues su diseño es obra de varios arquitectos famosos, como Norman Foster, que diseñó Canary Wharf, la *catedral subterránea.*

El sistema de metro del área de Londres se compone de doce líneas, cada una con su propio nombre y código de color en el mapa (véase el interior de la tapa trasera). El mapa marca con un círculo blanco las estaciones con enlaces a otras líneas y al tren suburbano.

Los trenes pasan todos los días, excepto el día de Navidad: lu-sá: 5:30-24:00; do: 7:00-23:00

ENTENDER EL MAPA DEL METRO

St. Paul's

ESTACIÓN DE METRO
Un guión indica una estación sin enlaces

Charing Cross

ESTACIÓN INTERURBANA
Este símbolo indica un enlace con una estación interurbana.

LÍNEAS CON CÓDIGOS DE COLOR
Cada línea tiene un código de color para facilitar la navegación.

ESTACIÓN CON ENLACES
Los enlaces a otras líneas y al tren suburbano se indican con un círculo blanco.
Si aparecen dos círculos blancos, hay enlaces a más de una línea.

El tren tendrá un mapa como este. Para saber dónde bajar, hay que seguir la línea, contar las paradas y buscar los nombres de las estaciones.

Circle
Hammersmith & City
Jubilee
Metropolitan

CAMBIO DE LÍNEA
Estos símbolos muestran las estaciones con enlaces; se incluyen los colores de las líneas.

CÓMO USAR EL METRO

- Debe permanecerse a la derecha en las escaleras automáticas para que las personas con prisa utilicen la izquierda (véase la figura 1).
- Debe tenerse en cuenta que si no puede mostrarse un billete válido, habrá que abonar 10 libras de multa en el momento.
- Debe tenerse cuidado con las llaves, pases de seguridad y algunos cierres de bolsos: pueden causar interferencias magnéticas y dañar los billetes.
- Si se viaja con artículos voluminosos, carritos de bebé o bicicletas plegables, deben usarse las entradas especiales para ello, pidiendo a un miembro de la plantilla que permita el paso.
- Hay que alejarse de las puertas del tren cuando se cierren: su obstrucción provoca retrasos (véase la figura 2).
- Debe tenerse cuidado con el espacio entre el tren y el andén (véase la figura 3).
- Hay que dejar bajar a los pasajeros antes de subir (véase la figura 4).
- Debe permanecerse detrás de la línea amarilla en el andén mientras se espera el tren (véase la figura 5).
- No debe llevarse mucho equipaje en el metro: el espacio de almacenamiento es limitado y el tren puede ir lleno.
- Debe conservarse el bolso cerca en todo momento e informar de cualquier bolso abandonado.
- Hay que ir preparados para el calor en verano, pues no hay aire acondicionado y suele haber retrasos.
- Se permiten los teléfonos móviles, pero no suele haber señal.
- Las amenazas y comportamientos violentos deben comunicarse a los miembros del personal.
- Debe tenerse cuidado con los carteristas, mantener los bolsos bien cerrados y no llevar objetos valiosos en bolsillos traseros ni en mochilas; los bolsos deben estar vigilados en todo momento (véase la figura 6).

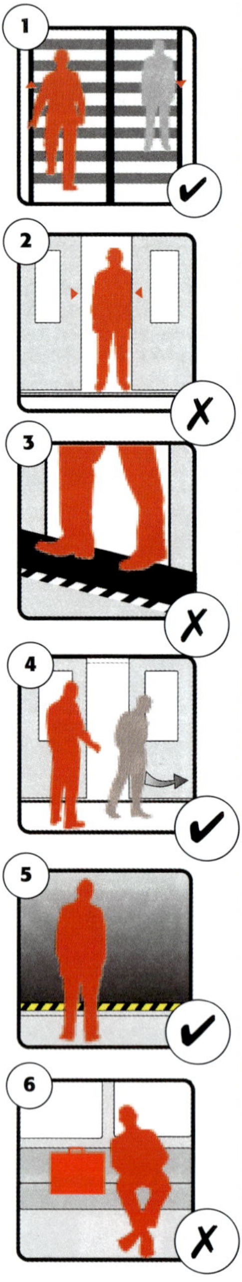

Puede calcularse la duración del viaje sumando tres minutos entre cada estación

CONSEJOS

- Debe comprobarse la sección de actualización de servicios de www.tfl.gov.uk (en inglés) para ver si los trenes van a la hora. Un planificador de viaje ayuda a planear cómo llegar desde A a B del modo más sencillo.
- También puede consultarse www.tfl.gov.uk (en inglés) o llamar al teléfono 020 7222 1234 para obtener noticias e información actualizada. Hay detalles sobre tarifas y billetes en 14 idiomas diferentes.
- Para evitar terminar en el destino equivocado, debe comprobarse la pantalla indicadora en el andén y la parte delantera del tren, que muestra la estación de destino final.
- Hay mapas de bolsillo del metro de Londres, gratuitos, en cualquier estación de metro.
- Si se desean billetes más económicos, debe viajarse después de las 9:30 y durante los fines de semana.
- Pueden comprarse los billetes en las máquinas expendedoras o en las taquillas.
- Debe tenerse en cuenta que hay dos tipos de máquinas: para las tarifas más habituales (un destino, billete de ida o de ida y vuelta, y tarjetas para viaje), y las que tienen un botón para cada estación y tipo de billete.
- El billete es necesario para salir de la estación, así que no debe tirarse.

UN VIAJE TÍPICO EN METRO

De South Ealing a Oxford Circus.

SOUTH EALING

Duración del viaje: 42 min
Zonas: 1, 2, 3
Billete de ida: adulto, 4 £; niño, 2 £

Búsqueda del mapa e identificación de los colores de las líneas que van a usarse.

Compra del billete para todas las zonas del viaje.

Inserción del billete, mirando hacia arriba, en la máquina a la entrada. Debe sacarse de la ranura superior para que se abran las puertas.

Seguimiento de la señalización para PICCADILLY LINE y bajada por las escaleras donde sea necesario.

Comprobación de la pantalla entre los dos andenes y elección de la que tiene el tren hacia Green Park.

Espera de la llegada del tren PICCADILLY LINE al andén. La pantalla electrónica del andén indica cuándo llegará el tren y dónde termina.

Subida al tren hacia COCKFOSTERS, ARNOS GROVE, OAKWOOD o KING'S CROSS ST. PANCRAS. Esta información se mostrará en la pantalla electrónica del andén cuando llegue el tren y en la parte delantera del tren.

Subida rápida y cuidadosa al tren.

Control del número de paradas hasta el trasbordo indicado en el mapa de la ruta que se encuentra encima de la ventanilla del tren. Al llegar a las estaciones, se identifican con facilidad por los grandes carteles de metro colocados en las plataformas visibles desde el tren. Los anuncios informan de las conexiones disponibles en cada una. (34 min).

GREEN PARK

Bajada del tren en GREEN PARK.

Trasbordo a VICTORIA LINE. Seguimiento de la señalización. (2 min).

Espera de la llegada del tren de VICTORIA LINE al andén. (3 min).

Subida al tren hacia WALTHAMSTOW CENTRAL, SEVEN SISTERS o KING'S CROSS ST. PANCRAS. (3 min).

OXFORD CIRCUS

Bajada en OXFORD CIRCUS. Al terminar el viaje, la máquina de la salida se quedará el billete.

Búsqueda de la señal de salida correspondiente para la calle que se desee.

TARIFAS

Las tarifas del metro dependen de las zonas en las que se viaje: si se viaja en muchas zonas varias veces al día, se recomienda una tarjeta de viaje o aprovechar las tarifas con descuento (▷ 48). La tarjeta Oyster proporciona ahorros sustanciales, además de ahorros para niños. Las tarifas infantiles, sin billetes de descuento especiales, se aplican a niños entre 5 y 15 años; los niños de 14 y 15 años necesitan una tarjeta de identificación con foto. A continuación se muestran las tarifas completas sin ofertas especiales.

Zonas	**Adulto (£)**	**Niño (£)**
Zona 1	4,00	2,00
Zonas 2-6	3,00	1,50

COLORES DE LAS LÍNEAS DE METRO

- BAKERLOO
- CENTRAL
- CIRCLE
- DISTRICT
- EAST LONDON
- HAMMERSMITH & CITY
- JUBILEE
- METROPOLITAN
- NORTHERN
- PICCADILLY
- VICTORIA
- WATERLOO & CITY
- DOCKLANDS LIGHT RAILWAY

Autobuses

Los autobuses de rojo brillante y dos pisos de Londres son, junto con los taxis negros (▷ 57), un icono de la ciudad y llaman la atención de los viandantes en la capital. Además de éstos, pueden verse, cada vez más, otros tipos de autobuses en Londres. Por cada calle importante del centro de Londres pasa una ruta de autobús, y para viajes breves, si no se tiene prisa, los autobuses pueden ser un modo agradable de desplazarse. Para viajes más largos, resultan más lentos que los trenes o el metro, pero suelen ser más baratos y bastante cómodos.

- Los autobuses diurnos de Londres funcionan de lunes a sábado desde las 6:00 hasta medianoche y los domingos de 7:30 hasta 23:30. En teoría, pasan cada 10 a 15 minutos en cada dirección de su ruta y con mayor frecuencia en las rutas más usadas. En la práctica, debido a las condiciones del tráfico, se puede esperar hasta 30 minutos el autobús, y luego suelen llegar tres a la vez.
- Hay dos tipos de autobús: con revisor de billetes, los *Routemaster*, o sin revisor.
- Los autobuses con revisor solo continúan funcionando en las líneas 9 y 15, las rutas turísticas. El revisor le venderá un billete. Las tarjetas de viaje son válidas en esas rutas.
- Los autobuses sin revisor tienen dos puertas: la de delante, por donde se sube, y una a la mitad, por la que baja. Se paga al conductor al subir y hay que tener cambio. Hay autobuses de mayor longitud en algunas rutas.
- Los conductores y revisores prefieren el dinero exacto, pero pueden dar cambio.
- En ambos tipos de autobús hay que indicar al conductor que se desea bajar en una parada específica. Para pedir que pare, debe pulsarse el botón rojo en los autobuses sin revisor o tirar del cordón lateral en los *Routemaster*.
- Si no se tiene una tarjeta de viaje (▷ 48), debe explicarse al conductor o al revisor adónde se desea ir y dirán el coste del billete.
- Debe conservarse el billete hasta el fin del viaje, puesto que suelen subir inspectores para comprobar los billetes y pillar a los que no pagan.

ENTENDER LAS PARADAS DE AUTOBÚS

NÚMEROS DE AUTOBÚS

Cada ruta está marcada por un número en la parte delantera y trasera del autobús, que coincide con los números en las paradas de autobús. A menudo se muestra el destino final en el autobús, junto con una breve lista de las zonas de Londres en la ruta.

HORARIOS

Pueden verse los horarios en las paradas de autobús, o en las marquesinas o fijas a la señal de parada. Muestran el primero y último autobús de la ruta y permiten calcular la frecuencia del servicio, las horas a las que llegará el autobús a su parada y cuándo llegará al destino que desea. La parada en la que se encuentra estará marcada en negrita en el horario.

TIPOS DE PARADA DE AUTOBÚS

- Las paradas de autobús están marcadas por una señal circular de London Transport, con una línea atravesando el centro, sobre fondo blanco o rojo.
- En las paradas principales (las señales muestran un círculo rojo sobre fondo blanco) se encuentra información sobre rutas, números y horarios de autobús. El autobús parará ahí automáticamente.
- En las paradas previa petición (círculo blanco sobre fondo rojo), debe pedirse la parada.
- Por la noche, todas las paradas deben tratarse como previa petición.

OPCIONES DE BILLETES

- El billete único adulto para toda la red de autobuses de Londres cuesta 2 £.
- Los niños entre 5 y 13 años viajan gratis en todos los autobuses; los de 14-15 y los estudiantes hasta los 18 años viajan gratis con una tarjeta de identificación (con foto) Oyster.
- Debe recordarse que los servicios de autobús de Londres no ofrecen viajes de ida y vuelta.
- También puede comprarse un pase de seis billetes por 6 £, una libra por viaje.
- En rutas marcadas específicas (incluyendo los autobuses largos), los autobuses carecen de tarifas únicas en efectivo. Si no se dispone de un pase o de una tarjeta de viaje, debe comprarse un billete o un pase diario antes de subir en las máquinas expendedoras de billetes que hay en todas las paradas de las rutas que utilizan este sistema.
- Pueden comprarse pases diarios a 3,50 £ para adultos; los niños viajan gratis (entre 14-18 solo con la tarjeta con foto Oyster). Los pases semanales cuestan 14 £ para adultos y son gratuitos para los

niños (entre 14 y 18, solo con tarjeta con foto Oyster). No obstante, no son válidas para el metro.

- Si va a usarse también el metro, es mejor comprar una tarjeta de viaje para el metro, que también son válidas para los autobuses.

AUTOBUSES NOCTURNOS

- Entre las 23 y las 6 h pasan autobuses nocturnos (que llevan una «N» antes del número) por las principales rutas de Londres; la mayoría pasan por Trafalgar Square.
- Los autobuses nocturnos solo paran en las paradas si se pide y las tarifas son las mismas que las de los autobuses diurnos, excepto para los niños, que pagan tarifa adulta después de las 22 h.

CONSEJO

- Para información sobre cómo desplazarse en autobús, debe llamarse a London Transport (tel.: 020 7222 1234, www.tfl.gov.uk, en inglés).

Hay autobuses por el centro de Londres las 24 horas del día

TABLA DE AUTOBUSES

Esta tabla se usa para saber qué autobuses se necesitan para ir de un lugar a otro. Deben seguirse las filas de recuadros en horizontal y vertical desde los nombres de los destinos hasta que se crucen. Este recuadro incluye los números de los autobuses que deben tomarse, aunque solo incluye los autobuses más frecuentes. Los números de autobús en los recuadros de color blanco son directos; los números de los coloreados muestran que hay que hacer trasbordo. Debe comenzarse en el primer autobús y cambiar al segundo. La clave de color indica dónde.

Las rutas cambian con regularidad. Debe consultarse un horario o mapa de autobuses actualizado antes de emprender el viaje.

	IMPERIAL WAR MUSEUM	KING'S CROSS STATION	KNIGHTSBRIDGE	LEICESTER SQUARE	LIVERPOOL ST. STATION	LONDON BRIDGE	MARBLE ARCH	NOTTING HILL GATE	OXFORD CIRCUS	PADDINGTON	PICCADILLY CIRCUS	REGENT'S PARK	SOUTH KENSINGTON	ST. PAUL'S	STRAND	TATE BRITAIN	TOTTENHAM COURT ROAD	TOWER OF LONDON	TRAFALGAR SQUARE	VICTORIA STATION
KING'S CROSS STATION	45																			
KNIGHTSBRIDGE	12/14	10																		
LEICESTER SQUARE	176	24/10	14																	
LIVERPOOL ST. STATION	35 133	214	8/14	8/24																
LONDON BRIDGE	12/15	17	15/14	15/24	35 47 48															
MARBLE ARCH	12	10	10	12/14	23	12/15														
NOTTING HILL GATE	12	52/10	52	12/14	12/23	12/15	12													
OXFORD CIRCUS	12 176	10	10 137	176	8 23	15	10,12 15,23	12												
PADDINGTON	15/12	7 10	36/14	15/14	23	15	15 23	12 94	12 23											
PICCADILLY CIRCUS	12	14/10	9,14 19	14	23	15	12,15 23	12	12,15 23	15 23										
REGENT'S PARK	453	30	74	453/14	13/11	453/15	274	27	C2	27	453									
SOUTH KENSINGTON	14/12	14/10	14	11/24	14/8	14/15	74	70	14/12	14/36	14	14/453								
ST. PAUL'S	100	17	15/9	15/24	8,11 100	17	15 23	15/12	8,15 23,25	15 23	15 23	15/453	15/14							
STRAND	100	91	9	11/24	11 23	15	15 23	11/12	15 23	15 23	15 23	11 453	9/14	11 15						
TATE BRITAIN	C10	2/10	2/9	24	2/8	87/15	2 36	2/148	88	36	88	87/453	2 14	87/11	87/11					
TOTTENHAM COURT ROAD	1 176	10 73	10,14 19	24,29 176	8	24/15	10	14/12	8,10 25	7	14 19	24/30	14	8 25	24/11	24				
TOWER OF LONDON	100	15/91	15/9	15/24	100	15	15	15/12	15	15	15	15/453	15/14	15	15	15/87	25			
TRAFALGAR SQUARE	12,53 176	91	9	24,29 176	11 23	15	12,15 23	12	12,15 23	15 23	9,12 15,23	453	139/14	11,15 23	11,15 23	87 88	24,29 176	15		
VICTORIA STATION	C10	73	C1 52	24	8 11	24/15	73	52	73	436	38	8/74	C1	8 11	11	2,36 C10	38 73	11/15	11	
WATERLOO STATION	1,68 172	1/10	139/30	176	139/23	RV1	139/23	139/12	176	139/15	139	139/453	139/14	6 76	139	139/77A	139/24	RV1	176	139/24

TRANSBORDO EN:

- The Aldwych
- Hyde Park Corner
- Trafalgar Square
- Piccadilly Circus
- Tottenham Court Road
- Warren Street

PRINCIPALES RUTAS DE AUTOBÚS PARA VISITANTES

Algunas rutas enlazan con puntos de interés turístico u ofrecen vistas interesantes. A continuación se muestran siete rutas de interés especial.

8

Victoria Station (Palacio de Buckingham, abadía de Westminster) – Hyde Park Corner (Arco de Wellington) – Green Park Station – Berkeley Square (Mayfair) – Oxford Circus – Tottenham Court Rd Station – Holborn Station (Museo Británico) – Chancery Lane Station – Holburn Circus – Holburn Viaduct – St. Paul's Station (Catedral de St. Paul) – Bank (The City) – Liverpool Street Station (Petticoat Lane Market) – Shoreditch – Bethnal Green – Roman Road – Old Ford – Bow Church

Los autobuses de estilo antiguo de Londres, los Routemaster, comenzaron a eliminarse en 2005

Los autobuses más recientes, sin revisor, tienen dos puertas automáticas y los pasajeros pagan al conductor a su entrada

11

Fulham Broadway – King's Road – Chelsea – Sloane Square – Victoria Coach Station – Victoria Station (Palacio de Buckingham) – Westminster (Parlamento, abadía de Westminster, Cabinet War Rooms, Whitehall) – Trafalgar Square (Galería Nacional, Galería Nacional de Retratos) – Strand – Aldwych (Covent Garden) – St. Paul's Cathedral – Ludgate Circus – St. Paul's Cathedral – Mansion House Station – Bank (The City) – Liverpool Street Station

14

Putney Heath – Putney Station – Putney Bridge – Fulham Road – Fulham Broadway – Fulham Road – Fulham Road – South Kensington Station (Museos de Historia Natural, Ciencias y Victoria and Albert) – Knightsbridge Station (Harrods) – Hyde Park Corner (Palacio de Buckingham, Wellington) – Green Park Station – Piccadilly Circus (Academia Real, teatros de la avenida Shaftesbury) – Tottenham Court Road Station (Museo Británico)

15

Blackwall Station (día) or East Ham (noche) – Poplar – Limehouse – Limehouse Station – Commercial Road – Aldgate Station (Mercado Petticoat Lane) – Tower Hill (Torre de Londres) – Monument Station (Monumento) – Cannon Street – Mansion House Station (Mansion House) – St. Paul's Cathedral – Ludgate Circus – Aldwych (Covent Garden) – Strand – Trafalgar Square (Galería Nacional, Galería Nacional de Retratos) – Piccadilly Circus – Oxford Circus – Bond Street Station – Oxford Street (Selfridge's) – Marble Arch – Edgware Road Station – Paddington

PRINCIPALES RUTAS DE AUTOBÚS PARA VISITANTES

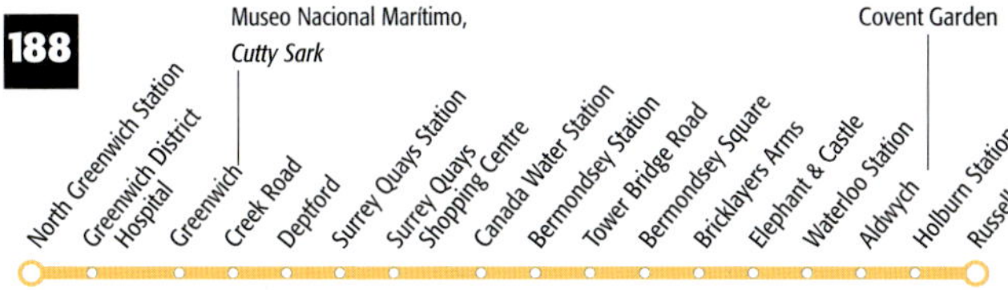

RUTA RV1

Un servicio de autobuses de especial interés para los visitantes es Riverside 1, que enlaza el South Bank con el West End y el centro económico de la ciudad conocido como *The City*. La ruta, que pretende fomentar turismo, empleo y acceso de las comunidades locales, une más de 30 puntos de atractivo turístico y artístico, cinco estaciones de metro, tres de trenes nacionales y cinco embarcaderos fluviales, y va va desde Tower Gateway, pasando por las estaciones London Bridge, Bankside y Waterloo hasta Covent Garden.

Los autobuses, con el tradicional color rojo, llevan un logotipo de Riverside y varios iconos que identifican los destinos clave en la ruta. Además, cuentan con pantallas informativas especiales que indican a los pasajeros los destinos cercanos y qué pueden ver allí.

Pasan cada 10 minutos de 6-0:00, todos los días y a bordo se encuentran planos para acceder a los puntos turísticos locales.

Para más detalles, puede visitarse www.southbanklondon.com/riverside (en inglés).

La ruta RV1 resulta útil porque pasa por las principales atracciones turísticas de la ciudad

DLR y embarcaciones fluviales

Docklands Light Railway (DLR) y la red de transporte fluvial de Londres complementan el servicio de metro y autobuses para ofrecer un sistema de transporte público integrado.

El eficiente servicio Docklands Light Railway cubre las áreas orientales de Londres

Los cruceros fluviales pasan por delante de la Thames Barrier, instalada para impedir la inundación de la ciudad

DOCKLANDS LIGHT RAILWAY

- Los trenes automatizados sin conductor de Docklands Light Railway (DLR) funcionan en el área de Docklands hacia el este de la ciudad. En su mayor parte van sobre raíles elevados y permiten la vista panorámica.
- DLR forma parte del sistema de metro, por lo que pueden utilizarse tarjetas de viaje (▷ 48).
- Desde las estaciones Bank o Tower Gateway (cerca de la estación de metro Tower Hill), la red se extiende hacia el sur, pasando por Isle of Dogs y Greenwich hasta Lewisham; hacia el norte hasta Stratford, o hacia el este a Beckton y los muelles King George V (la estación para el aeropuerto London City).
- DLR funciona entre lu-vi: 5:30-24:30, con servicios más limitados durante los fines de semana.
- Hay un diez por ciento de descuento para viajes de ida en grupo, un pase para un día y billetes Flyer. Deben reservarse al menos con siete días de antelación llamando a los servicios de atención al cliente de DLR (tel.: 020 7363 9700).
- Los servicios de atención al cliente de DLR o la página www.tfl.gov.uk (inglés) pueden proporcionar más información.

BILLETES LONDON RAIL Y RIVER ROVER

- Permiten un día completo de viajes ilimitados en embarcaciones fluviales City Cruises River Boats y en DLR (Docklands Light Railway). Es posible, por ejemplo, ir en barca desde Westminster hasta Greenwich y volver en DLR a Tower Hill.
- Este tipo de billetes puede adquirirse en todas las estaciones DLR, excepto en Bank y en Canning Town; cuestan 11 £ para adultos, 5,50 £ para niños y 27 £ por familia. Pueden comprarse billetes de grupo y familiares hasta con siete días de antelación.
- Puede obtenerse más información en www.tfl.gov.uk (inglés) o llamando al teléfono 020 7363 9700.

BARCAS FLUVIALES

- Las personas con tarjetas de viaje (▷ 48) reciben un tercio de descuento en la mayoría de los servicios de barcas, que suelen comenzar y terminar en el embarcadero de Westminster, el punto central de la red, a lo largo del Támesis.
- Las barcas funcionan de 6:30-21:00, pero el horario varía según la ruta. La red se extiende desde el palacio Hampton Court (▷ 159) al oeste, hasta Thames Barrier (▷ 164) al este.
- Puede viajarse por el río con billete de ida, de vuelta o DLR River Rover.
- Hay taquillas en los embarcaderos o en las barcas.
- Río arriba, puede irse desde Westminster Millennium Pier a Hampton Court Pier, pasando por los embarcaderos Kew y Richmond. El servicio funciona, según las mareas, de abr-oct: 10:30, 11, 12 y 14, y un viaje de ida y vuelta a Hampton Court puede tardar entre siete y ocho horas. El último barco desde Hampton Court sale a las 17:00; un billete de ida cuesta 13,50 £ y uno de ida y vuelta, 19,50 £; los niños pagan la mitad. El servicio Westminster Passenger Services (tel.: 020 7930 2062) proporciona más información.
- Río abajo, puede irse desde Embankment Pier a Greenwich Pier, pasando por Waterloo Millennium Pier, Bankside Pier y Tower Pier. Estos servicios salen de Embankment cada 30-45 minutos de 10-16:20. El último barco vuelve desde Greenwich a las 17:35. Un billete de ida y vuelta cuesta entre 4 y 8 £; los niños (5-15) viajan a mitad de precio y los menores de 5 años viajan gratis. Los pases diarios cuestan 9,50 £ para adultos y 4,75 £ para niños. Puede obtenerse más información llamando a Catamaran Cruisers (tel.: 020 7695 1800).

TRAMLINK

- Tramlink (www.tfl.gov.uk, inglés), la red de tranvías del sur de Londres, se compone de tres rutas entre las áreas de Wimbledon, Croydon y New Addington.
- Deben comprarse los billetes antes de subir, en las máquinas expendedoras automáticas que se encuentran en todas las paradas de Tramlink. No adquirir billete podría suponer una multa de 25 libras.
- Para más información puede consultarse la sección sobre tarjetas de viaje y zonas (▷ 48).

Taxis

Hay dos tipos de taxis en Londres: los típicos taxis negros y los demás.

El omnipresente taxi negro

TAXIS NEGROS

Como los autobuses, los taxis negros de Londres, con diseño característico a pesar de la introducción de publicidad y variedad de colores recientes (a diferencia del negro tradicional), son famosos en todo el mundo y en ellos se puede viajar muy tranquilo: los conductores saben bien por dónde deben ir. Los taxistas deben tener permiso y superar duros exámenes, conocidos como the *Knowledge* (▷ 15), para demostrar que conocen la ciudad lo suficientemente bien como para llevar a sus pasajeros al destino por la ruta más corta.

- Los taxis funcionan las 24 horas del día, todos los días del año, pero resulta difícil encontrar uno la víspera de Año Nuevo, cuando el equipo de fútbol inglés juega en casa o en un aguacero al final de las funciones de los teatros y cines del West End.
- Los taxistas deben aceptar viajes de hasta 19 km en Londres, 32 km desde Heathrow Airport y viajes de hasta una hora en los distritos metropolitano y del centro económico. Aunque puede que lo hagan, no están obligados a aceptar viajes fuera de este ámbito. Si aceptan y el viaje se encuentra completamente dentro del área de Londres, la tarifa es la que muestra el taxímetro.
- El sitio www.tfl.gov.vic (en inglés) proporciona más información sobre taxis y tarifas en Londres.

Puede parar un taxi negro en la calle si tiene la luz encendida

CONSEJOS

Para conseguir un taxi:

- Puede llamarse uno en la calle; solo los que llevan iluminado el signo TAXI están libres y pararán.
- Se puede ir a una parada de taxis; suele haber a la salida de las estaciones de tren y en los grandes hoteles.
- Puede llamarse a London Black Cabs (tel.: 0871 871 8710) y reservarlo por adelantado.

COSTE

- El coste de un trayecto en taxi se regula mediante el taxímetro colocado en la parte delantera del interior del taxi.
- Las tarifas se calculan según la distancia recorrida, excepto cuando la velocidad del taxi baja de los 16 km/h, que se calcula por minuto.
- Hay cargos extra por reserva telefónica, viajes en la época de Navidad y Año Nuevo, y por equipaje adicional.
- Suele darse un 10-15% de propina. Aunque no es obligatorio, los taxistas lo dan por hecho.

Lunes a viernes: 6-20 h

2,20 £ hasta 310,4 m o 66,8 segundos. A partir de entonces: 20 peniques adicionales cada 155,2 m/33,4 segundos (hasta 14,40 £)

Después: 20 peniques adicionales cada 108,8 m/23,4 segundos

Sábados y domingos: 6-20 h

2,20 £ hasta 252 m o 54,2 segundos. A partir de entonces: 20 peniques adicionales cada 126 m/27,1 segundos (hasta 17,20 £)

Después: 20 peniques adicionales cada 108,8 m/23,4 segundos

Cada noche: entre 22-6 h y todos los días festivos

2,20 £ hasta 203,8 m o 43,8 segundos. A partir de entonces: 20 peniques adicionales cada 101,9 m/21,9 segundos (hasta 20,80 £)

Después: 20 peniques adicionales cada 108,8 m/23,4 segundos

OTROS TAXIS

- Son coches familiares que deben reservarse por teléfono o desde una de sus oficinas. No pueden llamarse en las calles, puesto que los conductores pueden carecer de formación o de seguro para ello.
- Deben evitarse los taxis que operan en aeropuertos y estaciones, puesto que suelen inflar las tarifas y es probable que no tengan permiso ni seguro. Deben tomarse los taxis negros con permiso de las paradas de taxi o llamar a una empresa de taxis recomendada con antelación para concertar su recogida.

EMPRESAS DE TAXI

Computer Cab: tel.: 020 7908 0207
Call-A-Cab: tel.: 020 8901 4444
Dial-A-Cab: tel.: 020 7253 5000
Lady Cabs: tel.: 020 7254 3501
Datacab: tel.: 020 7432 1540
Radio Taxi Cabs: tel.: 020 7272 0272

SALIR DE LONDRES

EN TREN

Londres tiene once estaciones de tren, cada una para una región diferente del país, además de ofrecer servicios para la ciudad (▷ 59). Desde Londres puede llegar a la mayor parte de los lugares del RU en un día: los trenes Intercity recorren las principales rutas a 225 km/h, por lo que los viajes de un extremo a otro del país pueden durar apenas unas horas. Por el contrario, algunos trenes paran en todas las estaciones, por lo que recorrer una distancia relativamente corta puede hacerse interminable.

Ahora hay varias empresas diferentes operando la red de ferrocarril, lo que puede provocar importantes variaciones en los precios, puesto que cada empresa decide los suyos. Por ello merece la pena comprobar si hay otra empresa en la misma región que puede ofrecer una ruta o precio alternativos.

Hay dos categorías en los viajes en tren: primera y segunda. La primera clase es más cara, pero es garantía de un asiento en los trenes llenos, además de bebidas y periódicos gratuitos; por otro lado, la segunda clase (estándar) es aceptable y puede reservar un asiento si lo hace con antelación.

Pueden reservarse compartimentos para dormir en Scotrail en algunos servicios nocturnos para Escocia (tel.: 0845 755 0033).

ESTACIONES DE TREN DE LAS PRINCIPALES LÍNEAS DE LONDRES

El mapa muestra la distribución de las principales estaciones y las líneas de metro con enlace en ellas.

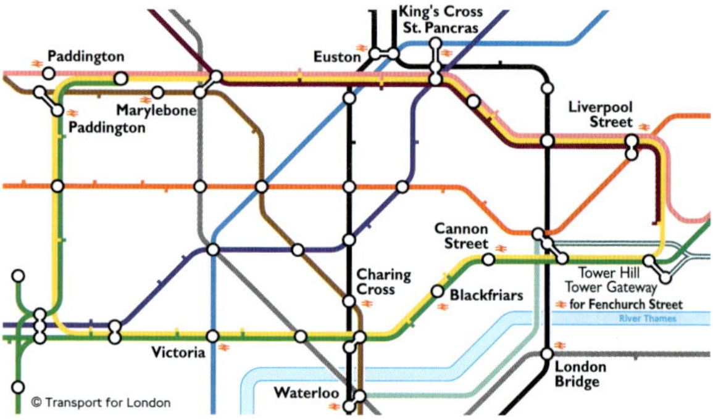

A bordo

- Debido a los diferentes operadores de trenes que prestan sus servicios en la red nacional, los servicios y condiciones a bordo dependen del servicio que se use.
- Todos los trenes tienen baños y las rutas más largas suelen tener servicio de comidas, generalmente un carrito de refrescos.
- Debe consultarse al operador de tren sobre objetos perdidos.
- Prohibido fumar. En julio del 2007 entró en vigor la prohibición total de fumar en espacios cerrados.
- En algunos vagones está prohibido usar teléfonos móviles.

Estaciones

- Todas las estaciones, excepto las locales más pequeñas, tienen baño y servicios de comidas.
- Por razones de seguridad, pocas estaciones tienen lugares para dejar el equipaje, pero King's Cross ofrece una buena opción, aunque costosa.
- Las estaciones de mayor tamaño tienen mostradores de información donde pueden informar sobre los objetos perdidos.
- Si va a hacerse trasbordo, deben comprobarse las pantallas informativas al llegar para encontrar el andén apropiado para la conexión. La plataforma o el tren tienen marcado su destino.

Tickets

- Pueden obtenerse billetes de cualquier empresa o destino en una estación de tren, en taquilla o en las máquinas expendedoras automáticas. La mayoría de estaciones de metro también venden billetes de tren, además de las agencias de viajes. Pueden reservarse y pagarse los billetes por teléfono o por Internet.
- Hay muchas opciones de billete diferentes, por lo que es aconsejable informarse antes. Las más económicas exigen la compra de billetes con al menos, una semana de antelación.
- Para una excursión de un día, los billetes de ida y vuelta son la opción más económica, pero deben comprobarse las restricciones en el momento del viaje.
- Si se prevé salir de Londres en tren varias veces, puede comprarse una tarjeta de tren nacional, válida durante un año, por 20 £ y con un 30% de descuento en los viajes a estaciones en el sureste de Inglaterra para hasta 4 personas.
- Una tarjeta joven (para personas entre 16 y 25 años y estudiantes mayores a tiempo completo), cuesta

ESTACIONES Y DESTINOS PRINCIPALES DE LAS LÍNEAS MÁS IMPORTANTES

ESTACIÓN	REGIONES	OPERADORES DE TRENES	CONEXIONES DE METRO	PRINCIPALES DESTINOS
Euston	Región central, noroeste, Escocia	Virgin, First Scotrail, Silverlink	Northern, Victoria, Hammersmith and City, Metropolitan	Glasgow Manchester
St. Pancras	Región central	Midland Mainline, First Capital Connect Eurostar	Northern, Victoria, Piccadilly, Hammersmith and City, Circle, Metropolitan	Edimburgo Manchester
King's Cross	Centro oriental, Yorkshire, noreste, Escocia	GNER, Hull Trains,	Northern, Victoria, Piccadilly, Hammersmith and City, Circle, Metropolitan	Cambridge Edimburgo York
Liverpool Street	East Anglia, Essex	Stansted Express, One	Hammersmith and City, Circle, Metropolitan Central	Cambridge Norwich
Fenchurch Street	Thames Estuary, Essex	c2c	Circle, District	Southend
London Bridge	Sureste	First Capital Connect Southern, South Eastern	Jubilee, Northern	
Charing Cross	Sureste	Southern, South Eastern Trains	Northern, Bakerloo	Brighton Dover
Waterloo	Suroeste, Gales	South West Trains, Arriva,	Northern, Bakerloo Jubilee, Waterloo and City	Cardiff Exeter, Salisbury Winchester, Windsor
Victoria	Sureste de Inglaterra	Gatwick Express, Southern	Victoria, District, Circle	Brighton, Canterbury
Paddington	Central sur y occidental, occidental Gales	First Great Western, Heathrow Express	District, Circle, Hammersmith and City, Bakerloo	Bath, Bristol, Oxford Stratford-upon-Avon Windsor (transbordo en Slough)
Marylebone	Central	Chiltern Railways	Bakerloo	Birmingham

20 £ y ofrece un tercio de descuento en los viajes en tren por todo el país (www.youngpersons-railcard.co.uk, inglés).

- Las tarjetas para jubilados cuestan 20 £ y tienen un descuento del tercio del billete.
- Para comprar tarjetas de tren se necesita una fotografía de pasaporte.
- Los niños menores de cinco años viajan gratis y los niños entre 5 y 15 años pagan la mitad en la mayoría de los billetes, pero debe comprobarse, porque hay excepciones.

TRENES SUBURBANOS

La red nacional de ferrocarriles ofrece otro modo de desplazamiento en Londres y hasta sus límites, un servicio especialmente importante en las partes sur y sureste de Londres, donde la red de metro es menos extensa, aunque hay muchas otras rutas que ofrecen un viaje eficiente en la zona de Londres y sus alrededores. Las tarjetas de viaje (▷ 48) son válidas para los trenes en el sistema de zonas (▷ 46-47).

CONSEJOS

- Si quiere asegurarse un asiento, evite la hora punta (días laborables: 7-9:30, 16-19): Miles de trabajadores utilizan los servicios a diario a esas horas.
- En el 0845 748 4950 informan de precios y horarios para todos los trenes y destinos del RU, o puede visitarse www.nationalrail.com (en inglés) para ver los horarios.

First Capital Connect

- First Capital Connect ofrece un servicio desde Bedford, en el norte de Londres, a Londres que para en cinco estaciones importantes de la ciudad (St. Pancras International, Farringdon, City Thameslink, Blackfriars y London Bridge) y continúa hasta Brighton.
- El servicio Thameslink de First Capital Connect también conecta Londres con los aeropuertos de Luton y Gatwick (▷ 43).

Transport for London

- TFL se encarga del antiguo Silverlink Metro, una ruta suburbana que cubre el oeste, norte y este de Londres.

Servicios de tren West Midlands

- El servicio de trenes West Midlands conecta Londres con Birmingham, con paradas en Milton Keynes, Northampton, Hemel Hempstead y Watford.

AUTOCAR

- Los autocares van desde Londres a todas las partes del país, desde Victoria Coach Station (VCS), 164 Buckingham Palace Road SW1W 9TP. Ofrecen una alternativa más económica, aunque más lenta, al viaje en tren (véase abajo).
- VCS tiene un mostrador abierto: lu-vi: 8-19, do: 8-16:30, donde pueden comprarse o reservarse billetes de autocar al aeropuerto, visitas y excursiones, tarjetas de viaje para Londres, entradas para teatro y conciertos, billetes de tren, de ferry y de aerodeslizador, y seguro de viajes, además de realizar transferencias de dinero utilizando Western Union.

National Express

- National Express (tel.: 08705 808080) es la mayor empresa de autocares y funciona en todas las regiones del RU y a los aeropuertos de Heathrow, Luton y Stansted.
- Es mejor reservar los asientos por adelantado. Puede hacerse en www.nationalexpress.com (en inglés), visitando las taquillas en Victoria Coach Station, abiertas todos los días, 6-23:30, o comprando por teléfono (tel.: 08705 808080) todos los días, de 8 a 20; se aceptan las principales tarjetas de crédito y de débito.
- Los billetes pueden comprarse por adelantado hasta dos horas antes de la salida. Es más económico realizar las reservas con antelación y viajar entre semana.

Otros servicios de autocar

- Los autocares Oxford Express van desde y hasta Oxford (tel.: 01865 785400, www.oxfordbus.co.uk, en inglés).
- Los autocares Green Line conectan las ciudades y aeropuertos locales con la capital (tel.: 0844 801 7261, www.greenline.co.uk, en inglés).

AUTOCAR Y TREN

Todos los precios se basan en billetes de ida y vuelta con descuento. Comprando los billetes con antelación pueden obtenerse ahorros importantes en billetes de tren y autobús, aunque para garantizar la disponibilidad deben hacerse las reservas con, al menos, 24 horas de antelación.

Para las estaciones interurbanas correspondientes (▷ 59). Todos los autocares salen de la estación Victoria.

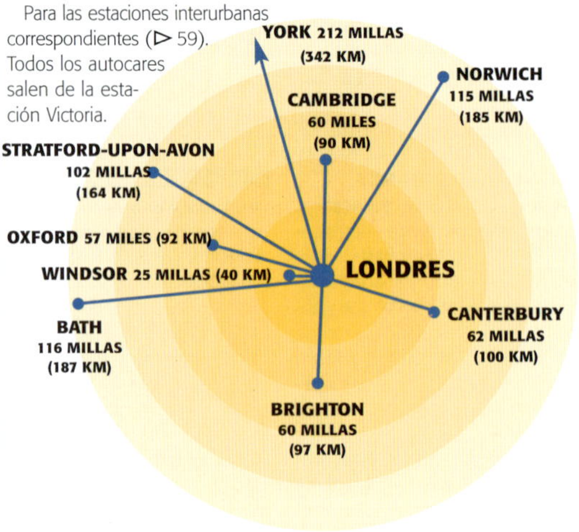

BATH
Tren 1 h 25 min. 46 £
Autocar 3 h 15 min. 22 £

BRIGHTON
Tren 50 min. 25 £
Autocar 2 h. 17 £

CAMBRIDGE
Tren 45 min. 25 £
Autocar 2 h. 16 £

CANTERBURY
Tren 1 h 25 min. 21 £
Autocar 1 h 50 min. 17,50 £

NORWICH
Tren 1 h 50 min. 38 £
Autocar 3 h. 21 £

OXFORD
Tren 1 h 30 min. 20 £
Autocar 1 h 40 min. 16 £

STRATFORD-UPON-AVON
Tren 2 h 10 min. 25 £
Autocar 3 h 30 min. 18 £

WINDSOR
Tren (desde Waterloo) 56 min. 14 £ (desde Paddington, transbordo en Slough) 35 min. 14 £
Autocar 1 h 10 min. 7 £

YORK
Tren 2 h. 74 £
Autocar 5 h. 31 £

CONDUCIR EN LONDRES

Un coche puede ser un peligro en Londres, y el mejor consejo para cualquiera que esté pensando en conducir en la capital es sencillo: encontrar el camino le llevará más tiempo que viajar en transporte público y el aparcamiento es escaso y costoso. No obstante, ir en coche es una de las mejores maneras de ver los alrededores y de viajar a puntos más lejanos. En general, se conduce de forma segura, las carreteras son buenas y la señalización es muy eficiente.

LA LEY

- En el RU se conduce por la izquierda.
- Es obligatorio utilizar el cinturón de seguridad, incluyendo los asientos traseros, si lo tienen.
- Los motociclistas deben llevar siempre casco.
- El límite de velocidad en áreas residenciales es de 48 km/h. En zonas no residenciales, la velocidad máxima es de 97 km/h en carreteras de sentido único y de 113 km/h en carreteras nacionales (de dos carriles) o autopistas, a no ser que alguna señal indique algo diferente.
- Si se va a conducir, no debe beberse alcohol.
- Las carreteras en rojo son rutas prioritarias controladas por la policía municipal donde no se permite parar. Las carreteras nacionales van marcadas con líneas rojas.
- Los coches particulares no pueden circular en los carriles para autobuses: debe tenerse cuidado con las señales que lo indiquen.
- Debe dejarse paso a la derecha en las rotondas (▷ diagrama).

COMBUSTIBLE

- Las gasolineras grandes son autoservicios; venden gasolina sin plomo de octanos superior, de 95 octanos sin plomo y diésel.
- Los precios varían ligeramente.
- Hay gasolineras abiertas las 24 horas en el centro de Londres, en 38-46 Albert Embankment, 132 Grosvenor Road y 104 Bayswater Road.

RECARGO POR CONGESTIÓN

- En febrero de 2003 se introdujo un recargo por congestión en el centro de Londres (▷ 316-331 para ver el área en el que se aplica).
- Los coches particulares deben abonar 8 £ al día para conducir por esta zona de lu-vi: 7-18:30, excepto festivos.
- Puede pagarse por teléfono 24 h/día (tel.: 0845 900 1234), en Internet (www.cclondon.com, inglés), en persona en diferentes puntos del RU, incluyendo gasolineras y tiendas, por mensaje de texto (SMS) desde un teléfono móvil o por tarjeta de crédito o débito en los cajeros BT automáticos en el área con el recargo y otros puntos seleccionados. Se necesitan los datos de su vehículo.
- Puede realizarse el pago antes de medianoche el mismo día o hasta 90 días de antelación al viaje. La tarifa es de 10 £ si se paga después de la medianoche del día del viaje.
- Hay cámaras digitales fijas y móviles que comprueban los números de las matrículas. Los infractores reciben una multa de 100 £ (50 £ si se abona antes de 14 días).

SOBRE APARCAMIENTO

- El aparcamiento en las calles de

CONSEJOS

- Debe conocerse la ruta.
- El aparcamiento debe planificarse con antelación.
- Evite conducir en hora punta (laborables: 7:30-9:30,16:30-19).

APARCAMIENTO

El aparcamiento en Londres está limitado; deben comprobarse las señales para ver si hay restricciones.

Nunca debe aparcarse

- Si no puede cumplirse o no se comprende el reglamento.
- En un paso de peatones o en una zona señalizada con zigzags.
- Al lado de una carretera con una doble línea central blanca.
- En una calle donde no se permite la parada de vehículos.
- En un carril para bicicletas, autobuses o tranvías.
- En lugares reservados para médicos, ambulancias, conductores discapacitados u otros.

Parquímetros

- El aparcamiento en la zona de parquímetros en el centro cuesta entre 3-4 £/h (se aceptan monedas de 20 peniques y 1 £).
- La mayoría de las zonas tienen un límite máximo de permanencia de 2 horas. Un sitio específico solo puede pagarse una vez y no puede añadirse dinero durante la primera hora.

SUPERAR LAS ROTONDAS CON FACILIDAD

Al llegar a una rotonda debe darse prioridad al tráfico de la derecha, a no ser que las señales, marcas viales o semáforos indiquen otra cosa. Debe mirarse hacia delante antes de avanzar, y tener cuidado con los vehículos que ya se encuentren en la rotonda, pues hay que recordar que pueden no señalizar correctamente o no hacerlo en absoluto.

El acercamiento a las rotondas debe ser del mismo modo. Los vehículos DEBEN rodear las marcas centrales.

• En general, el aparcamiento en la zona de parquímetros es gratuito: lu-vi: después 18:30, sá: después 13:30, do: todo el día. Conviene comprobar los parquímetros, hay excepciones.

Pago en la calle y muestra

• Si se aparca en una zona *pay and display*, debe comprarse un billete en las máquinas del aparcamiento.
• Hay máquinas que exigen escribir los tres primeros números de la matrícula, permitiendo comprar el tiempo necesario, dentro de unos límites.
• El billete debe estar visible en el interior de su vehículo.

Restricciones al aparcamiento

• Las líneas amarillas en la carretera y el bordillo, y las placas amarillas en las farolas, indican restricciones.
• Una línea continua indica restricciones claramente explicadas en los avisos.
• Una doble línea continua significa que no se permite aparcar.
• Una línea discontinua indica restricciones limitadas.
• Una línea continua roja indica que no se permite la parada de vehículos.
• Muchas calles están reservadas para aquellos que tienen permiso.

Aparcamientos

• El mayor operador de aparcamientos en Londres es National Car Parks (NCP); los aparcamientos se reconocen por las señales negras sobre fondo amarillo que muestran «NCP» bien claro. Debe tenerse en cuenta que las tarifas son muy caras. Para más información sobre NCP: tel.: 0870 606 7050, www.ncp.co.uk (inglés).
• Los aparcamientos NCP incluyen: Arlington House, Arlington Street SWIA 1RJ (tel.: 0870 242 7144) y 21 Bryanston Street W1H 7AB (tel.: 0870 242 7144).
• Masterpark (tel.: 020 7823 4567, www.masterpark.org.uk) opera aparcamientos en el centro.
• Hay aparcamientos subterráneos abiertos las 24 h en el centro. Park Lane, en Marble Arch, es el mayor; suele haber espacio, incluso cuando los demás están llenos; hay otros en Brewer Street W1, Newport Place WC1 y Upper St. Martin's Lane WC1.

MULTAS/POLICÍAS DE TRÁFICO

• Los policías de tráfico de la policía metropolitana patrullan por las calles de Londres. La multa fija actual por infracciones de aparcamiento es de 80 £ por faltas poco graves y de 120 £ por faltas más graves.

Si se recibe una multa de aparcamiento

• No debe pasarse por alto: muchas multas de aparcamiento tienen un 50% de descuento si se pagan en el plazo de 14 días. La dirección de pago se encuentra en la parte de atrás.
• Si se cree que la multa es injusta, puede apelarse escribiendo a la dirección del reverso, dando tantas pueblas tangibles como sea posible. Deben tomarse notas y sacar fotografías en el lugar.

PARADAS

• Pueden bajar y recogerse pasajeros en áreas restringidas, pero no en las calles donde no se permite que se detengan los coches, como las calles en rojo de Londres.
• Se permite la carga y descarga continua excepto donde las marcas del bordillo indican una prohibición o en las zonas donde no se permite la parada.
• Deben comprobarse los avisos en los postes o las paredes para ver las horas en las que se aplican las restricciones.

COLOCACIÓN DE CEPO Y RETIRADA POR LA GRÚA

• Si un coche está mal aparcado, pueden colocarle un cepo para inmovilizarlo y se dejará un aviso en el parabrisas explicando cómo soltarlo.
• Los vehículos pueden recogerse 1 h después del pago (45 £ más la multa de tráfico).
• Si la grúa se lleva un vehículo, cuesta 200 £ recuperarlo. Debe recogerse en persona y presentar una forma de identificación válida, como el carné de conducir.

AVERÍAS Y ACCIDENTES

• En el RU hay varias organizaciones para ayuda en caso de avería. Debe comprobarse si el seguro de coche en España permite la atención de una organización británica.

En el lugar del accidente

• Si se está implicado en un accidente como conductor, hay que parar y permanecer en el lugar durante un periodo de tiempo razonable, además de proporcionar el número de matrícula, nombre y dirección, y los del propietario del vehículo (si fuera otra persona), a todo aquel con derecho a preguntárselo.
• Si no se intercambian estos datos en el lugar, debe informarse del accidente en una comisaría de policía o a un agente de policía en el plazo de 24 h.

ORGANIZACIONES EN CASO DE AVERÍA

The Automobile Association (AA)
Lambert House, Stockport Road, Cheadle SK8 2DY, tel.: 0800 085 2721.
El registro puede hacerse en el momento, pero cuesta más que si se hace por adelantado.
El sitio web AA (www.theaa.com, en inglés) ofrece consejo sobre qué hacer en caso de avería, un «Planificador de ruta» (Route Planner), con mapas y direcciones; noticias sobre tráfico e informes sobre el estado de las carreteras. AA Roadwatch (tel.: 09003 401100) ofrece las últimas noticias sobre atascos. Las llamadas cuestan al menos 60 p por minuto desde línea fija. Los costes desde teléfono móvil varían.

The Environmental Transport Association (ETA)
68 High Street, Weybridge, Surrey KT13 8RS. Tel.: 0845 389 1010. Abierto lu-vi: 8-18, sá: 9-16, cerrado do. Se proporciona el número permanente en caso de averías al registrarse, lo cual puede hacerse en www.eta.co.uk (en inglés).

The Royal Automobile Club (RAC)
Great Park Road, Bradley Stoke, Bristol BS32 4QN. Tel.: 0870 572 2722 (información sobre pertenencia), tel.: 0800 828282 (averías, 24 horas). Abierto lu-vi: 8-20, Sá: 9-17, Do: 10-16. www.rac.co.uk (en inglés)

SEÑALES Y CONSEJOS DE CONDUCCIÓN

Señales de obligación y prohibición
Las placas de abajo cualifican su mensaje

Prohibida la parada (carretera sin parada)

Prohibida la entrada de vehículos

Prohibido adelantar

Velocidad máxima

Prioridad: vehículos en dirección contraria

Rotonda (circulación en rotonda)

Los triángulos son advertencias

Fin de autopista

Ruta ciclista

Rotonda

Los rectángulos ofrecen información

Dirección única

Prohibido parar durante las horas que se muestran, excepto para subida y bajada de pasajeros

Espera restringida

Prohibido esperar en todo momento

Prohibido esperar durante las horas que muestra la señal

Otras señales de la carretera

Advertencia de «Ceda el paso» más adelante

Cruce con parrilla. No debe entrarse en la parrilla hasta que no quede libre la carretera o el carril de salida

IR EN BICICLETA EN LONDRES

Ir en bicicleta es una buena alternativa al viaje en metro o en autobús, que a menudo resultan frustrantes y largos, pero hay que estar preparado para el denso tráfico. Algunas carreteras y parques tienen rutas para bicicleta específicas y se puede ir en bicicleta en partes de las ribera del Támesis y los caminos de sirga de los canales. Una serie de mapas gratuitos para bicicleta cubren todo Londres (tel.: 020 7222 1234, www.tfl.gov.uk).

BICICLETAS EN LOS TRENES

- Pueden llevarse bicicletas en las líneas de superficie de la red del metro (en las líneas District, Circle, East London, Hammersmith and City y Metropolitan), pero no en las más profundas, que tienen ascensores y escaleras mecánicas. Hay un mapa, que puede conseguirse en cualquier estación de metro, que muestra qué partes de la red pueden utilizarse.
- Las bicicletas plegables pueden llevarse en cualquier línea.
- Muchos servicios de ferrocarril permiten bicicletas. Para servicios de larga distancia, a menudo se necesita reservar antes del viaje.
- Información sobre trenes nacionales (tel.: 0845 748 4950).

VISITAS GUIADAS EN BICICLETA

The London Bicycle Tour Company, con base en Gabriel's Wharf, en el South Bank (www.londonbicycle.com), opera tres visitas guiadas de Londres, con bicicleta incluida.

- The Royal West Tour: fines de semana, 14 km (9 millas), 3,5 horas, 17,95 £.
- The East Tour: fines de semana (solo sábado en invierno), 14 km (9 millas), 3,5 horas, 17,95 £.
- London Tour: diario, 10 km (6 millas), 3 horas, 14,95 £ (previa petición).

BICICLETA SEGURA

- Debe llevarse ropa de colores brillantes, usar las luces y llevar ropa fluorescente de noche.
- Deben dejarse claros los movimientos a los demás usuarios de la carretera.
- Se debe estar atento a la apertura de puertas de los coches parados o aparcados.
- No debe andarse en bicicleta en medio del tráfico cuando se haga un giro a la izquierda.
- Debe llevarse casco para más seguridad, aunque no son obligatorios. Pueden llevarse mascarillas para filtrar la contaminación.
- Deben dejarse las bicicletas atadas a un objeto fijo.

VISITANTES CON DISCAPACIDADES

El personal de transporte en Londres es consciente de las necesidades de los pasajeros con discapacidades y suelen intentar ayudar al máximo. Se aconseja llamar por teléfono antes si necesita ayuda o servicios especiales. www.tourismforall.org.uk (en inglés) es una buena fuente de información general.

AIRE

La mayoría de las aerolíneas cuentan con un departamento dedicado a organizar los viajes de los pasajeros con necesidades especiales, aunque algunas aerolíneas de bajo coste pueden aplicar un recargo por ello.

Hay espacios específicos para discapacitados en todos los aeropuertos de ORU (tel.: 0870 000 1000).

Heathrow

Los vehículos de Airport Coach Services (tel.: 020 7222 1234) y los trenes Heathrow Express (tel.: 0845 600 1515) son accesibles con silla de ruedas.

Gatwick

Solo algunos servicios de trenes permiten silla de ruedas. Información (tel.: 0875 301530).

Stansted

El tren Stansted Express admite sillas de ruedas. Los autobuses desde Stansted a otros aeropuertos y al centro de Londres, no (tel.: 0845 600 7245). Información sobre autocares y autobuses, Airport Travel Line (tel.: 0870 574 7777).

Luton

El autobús a la estación Luton Airport Parkway permite sillas de ruedas y hay ascensores. Información (tel.: 01582 405 100).

London City

Hay autobuses que permiten silla de ruedas entre el aeropuerto y la estación Liverpool Street. Información (tel.: 020 7646 0088).

AUTOBÚS

- El servicio de autobuses Stationlink que une las principales estaciones de tren tiene rampas de entrada y suelos bajos, además de espacios para sillas de ruedas.
- Todos los autobuses tienen ahora suelo bajo para mayor accesibilidad. Información (tel.: 020 7222 1234).

AUTOCARES

- Los autocares suelen tener peldaños altos difíciles de subir. Las personas con movilidad suficiente pueden usarlos, pero no se permite que el personal ayude a subir a los pasajeros.
- Pueden llevarse sillas de ruedas, pero solo plegadas y si hay sitio. No se permiten los vehículos ni las sillas de ruedas en los servicios de autocar.
- The National Express Línea de ayuda para viajes a personas con discapacidades (tel.: 08717 818179).

CONDUCIR

Aparcamiento

The City of London Access Team ha elaborado un folleto para personas con discapacidades que puede pedir en el tel. 020 7332 1995 o descargar desde www.cityoflondon.gov.uk (en inglés).

Avería

The Automobile Association (AA) ofrece una línea de ayuda para miembros con discapacidades (tel.: 0800 262 0500).

EUROTÚNEL

El tren se ha diseñado teniendo en cuenta a los pasajeros con discapacidades. No es necesario bajar del coche durante el viaje, pero la empresa exige aviso previo de que habrá visitantes con discapacidades. Los pasatiempos en los edificios de la terminal para pasajeros permiten sillas de ruedas.

DOCKLANDS LIGHT RAILWAY

- El DLR se construyó mucho después que el sistema del metro principal, así que suele ser más fácil usarlo.
- La mayoría de las estaciones son accesibles mediante rampa o ascensor. Llame al servicio de atención al cliente de DLR (tel.: 020 7363 9700) durante horas de oficina para comprobar los detalles.
- Hay ascensores, escaleras mecánicas y rampas en todos los andenes que están al mismo nivel que los trenes para facilitar el acceso y un espacio específico para sillas de ruedas en cada tren.
- Los andenes tienen bordes táctiles para personas con limitaciones visuales y las pantallas con información para los pasajeros muestran la información sobre los trenes.

FERRY

Los puertos del RU han mejorado para los viajes de los pasajeros con discapacidades, pero continúa siendo aconsejable ponerse en contacto con el puerto con antelación.

FERROCARRIL

- La mayoría de las estaciones tienen rampas portátiles y algunos trenes llevan versiones ligeras para su uso en estaciones sin personal.
- Hay cada vez más baños accesibles en los trenes de larga distancia y en muchos servicios regionales.
- Los trenes Eurostar admiten sillas de ruedas (como el punto de llegada en St. Pancras International) con espacio para un máximo de dos sillas por tren. Reservas e información en el tel.: 0870 518 6186.

TAXI

- Todos los taxis admiten sillas de ruedas.

METRO

- Los trenes de la nueva línea Jubilee admiten silla de ruedas desde todas las nuevas estaciones entre Westminster y Stratford.
- Para cualquier duda, tel.: 020 7222 1234, centro de información las 24 horas o el centro de atención al cliente, 0845 330 9880. Hay un mapa de accesibilidad en el metro en www.tfl.gov.uk (en inglés).
- Pueden llevarse perros guía en todos los transportes públicos de Londres.

Esta sección se compone de tres partes: *Zonas turísticas,* con seis áreas (que se muestran en el mapa en el interior de la cubierta) que destacan qué ver; *Lugares de interés* de la A a la Z, un listado alfabético de lugares que visitar en el centro de Londres, todos ellos señalados en los mapas de las páginas 66-69; y *Más allá,* que describe las atracciones turísticas fuera del centro de la ciudad (véase el mapa en las páginas 8-9).

Qué visitar

A continuación se incluye una lista de los lugares de interés más señalados con los lugares clave en negrita, para referencia rápida.

Lugares de interés

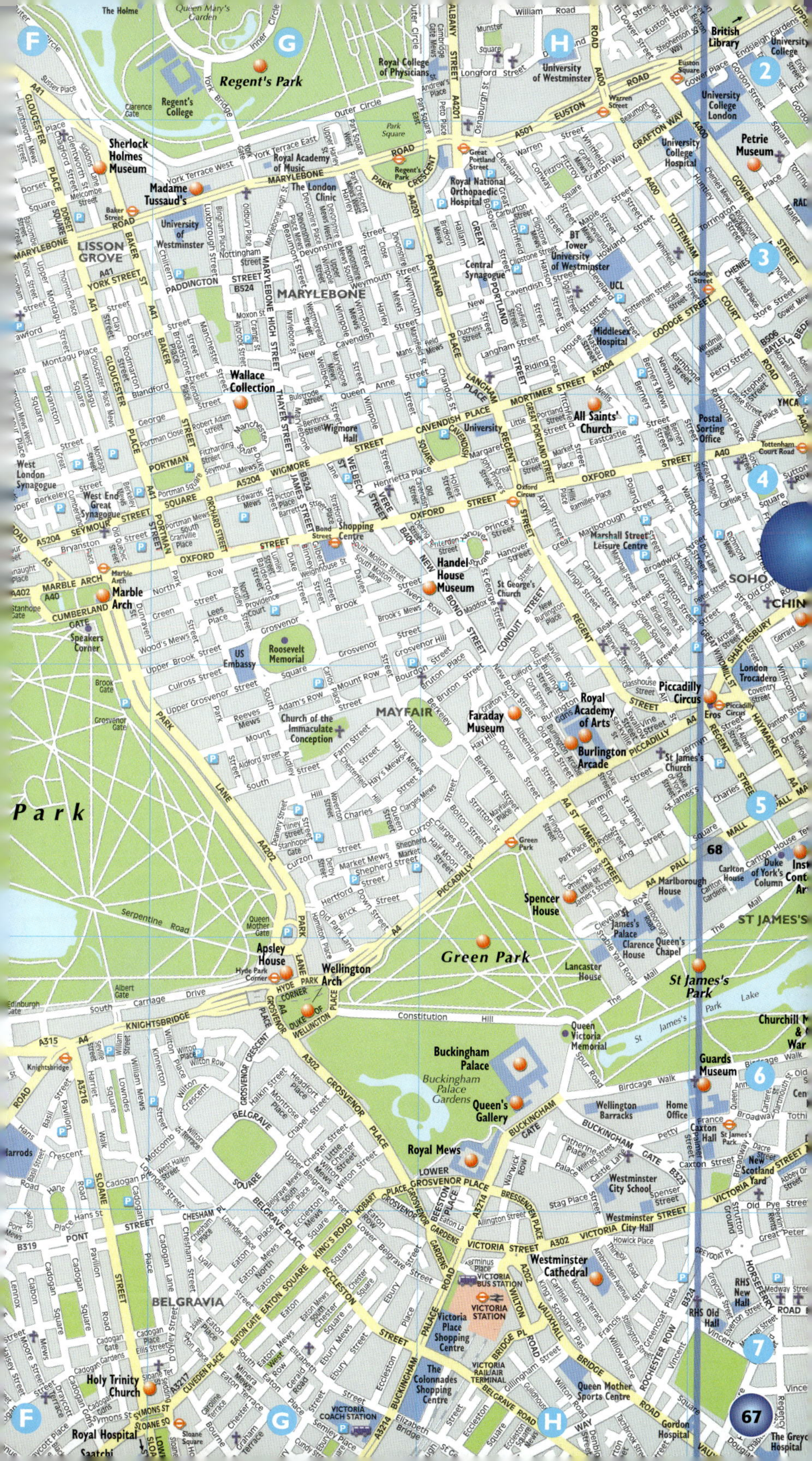

Regent's Park
Queen Mary's Garden
Regent's College
Sherlock Holmes Museum
Madame Tussaud's
Royal Academy of Music
The London Clinic
Royal College of Physicians
University of Westminster
British Library
University College
University College London
University College Hospital
Petrie Museum
Royal National Orthopaedic Hospital
LISSON GROVE
MARYLEBONE
Central Synagogue
BT Tower
UCL
Middlesex Hospital
Wallace Collection
Wigmore Hall
All Saints' Church
Postal Sorting Office
YMCA
West London Synagogue
West End Great Synagogue
Shopping Centre
Handel House Museum
St George's Church
Marshall Street Leisure Centre
SOHO
Marble Arch
Speakers Corner
US Embassy
Roosevelt Memorial
London Trocadero
Piccadilly Circus
Eros
MAYFAIR
Church of the Immaculate Conception
Faraday Museum
Royal Academy of Arts
Burlington Arcade
St James's Church
Park
Spencer House
St James's Palace
Clarence House
Queen's Chapel
Lancaster House
Marlborough House
Duke of York's Column
Green Park
St James's Park
Apsley House
Wellington Arch
Queen Victoria Memorial
Buckingham Palace
Buckingham Palace Gardens
Queen's Gallery
Royal Mews
Guards Museum
Wellington Barracks
Home Office
Caxton Hall
New Scotland Yard
Westminster City School
Westminster City Hall
Westminster Cathedral
RHS New Hall
RHS Old Hall
Harrods
BELGRAVIA
Victoria Station
Victoria Bus Station
Victoria Place Shopping Centre
The Colonnades Shopping Centre
Victoria Rail-Air Terminal
Victoria Coach Station
Queen Mother Sports Centre
Gordon Hospital
Holy Trinity Church
Royal Hospital
The Grey Coat Hospital
68
67

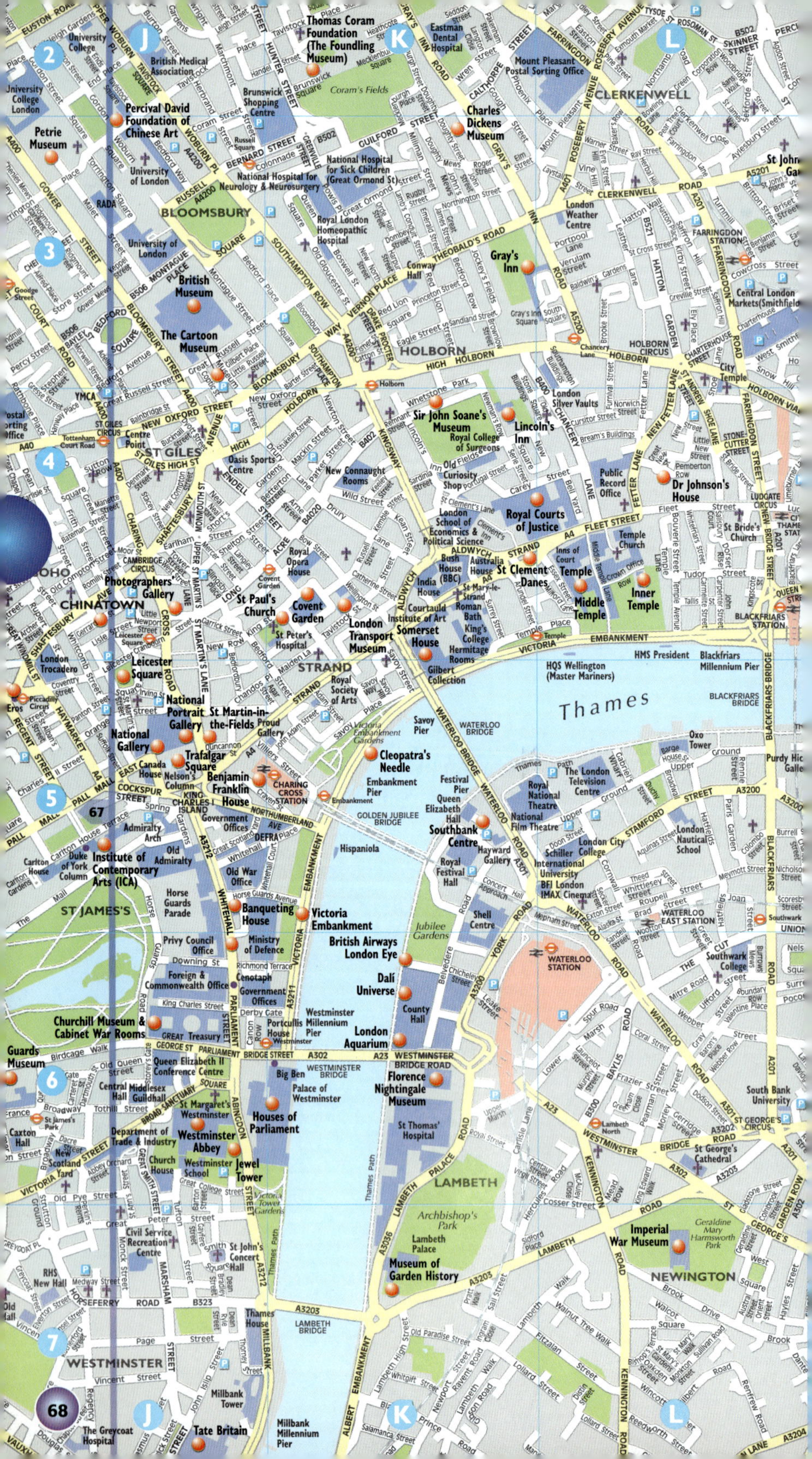

EUSTON ROAD
University College
University College London
Petrie Museum
Percival David Foundation of Chinese Art
British Medical Association
University of London
Thomas Coram Foundation (The Foundling Museum)
Coram's Fields
Brunswick Shopping Centre
Eastman Dental Hospital
Mount Pleasant Postal Sorting Office
CLERKENWELL
Charles Dickens Museum
National Hospital for Sick Children (Great Ormond St)
National Hospital for Neurology & Neurosurgery
BLOOMSBURY
Royal London Homeopathic Hospital
London Weather Centre
CLERKENWELL ROAD
FARRINGDON STATION
University of London
British Museum
The Cartoon Museum
Conway Hall
Gray's Inn
Gray's Inn South Square
Central London Markets (Smithfield)
HOLBORN
HOLBORN CIRCUS
HIGH HOLBORN
Holborn
City Temple
YMCA
Centre Point
ST GILES
Oasis Sports Centre
New Connaught Rooms
Sir John Soane's Museum
Royal College of Surgeons
Lincoln's Inn
London Silver Vaults
Public Record Office
Dr Johnson's House
Old Curiosity Shop
London School of Economics & Political Science
Royal Courts of Justice
FLEET STREET
St Bride's Church
SOHO
CAMBRIDGE CIRCUS
Photographers' Gallery
CHINATOWN
Royal Opera House
Covent Garden
St Paul's Church
St Peter's Hospital
London Transport Museum
Bush House (BBC)
India House
Australia House
St Mary-le-Strand
St Clement Danes
Inns of Court
Temple
Temple Church
Middle Temple
Inner Temple
Courtauld Institute of Art
Roman Bath
King's College
Somerset House
Hermitage Rooms
Gilbert Collection
BLACKFRIARS STATION
VICTORIA EMBANKMENT
London Trocadero
Leicester Square
STRAND
Royal Society of Arts
HQS Wellington (Master Mariners)
HMS President
Blackfriars Millennium Pier
BLACKFRIARS BRIDGE
Thames
Eros
Piccadilly Circus
National Portrait Gallery
St Martin-in-the-Fields
Proud Gallery
National Gallery
Trafalgar Square
Nelson's Column
Canada House
Benjamin Franklin House
CHARING CROSS STATION
Victoria Embankment Gardens
Cleopatra's Needle
Embankment Pier
Savoy Pier
WATERLOO BRIDGE
Festival Pier
Queen Elizabeth Hall
Oxo Tower
The London Television Centre
Royal National Theatre
National Film Theatre
Southbank Centre
Hayward Gallery
GOLDEN JUBILEE BRIDGE
Embankment
Hispaniola
Government Offices
Admiralty Arch
Old Admiralty
Institute of Contemporary Arts (ICA)
Duke of York Column
Carlton House
Old War Office
Horse Guards Parade
ST JAMES'S
Banqueting House
Victoria Embankment
Royal Festival Hall
Shell Centre
Jubilee Gardens
London City College
Schiller International University
BFI London IMAX Cinema
WATERLOO EAST STATION
WATERLOO STATION
London Nautical School
Southwark College
Privy Council Office
Ministry of Defence
British Airways London Eye
Foreign & Commonwealth Office
Cenotaph
Government Offices
Dalí Universe
County Hall
Churchill Museum & Cabinet War Rooms
Westminster Millennium Pier
Portcullis House
London Aquarium
Westminster
WESTMINSTER BRIDGE
Guards Museum
Queen Elizabeth II Conference Centre
Big Ben
Palace of Westminster
Florence Nightingale Museum
Middlesex Guildhall
St Margaret's Westminster
Houses of Parliament
St Thomas' Hospital
Lambeth North
Caxton Hall
Department of Trade & Industry
Westminster Abbey
Westminster School
Church House
Jewel Tower
Victoria Tower Gardens
LAMBETH
St George's Cathedral
ST GEORGE'S CIRCUS
South Bank University
Archbishop's Park
Lambeth Palace
Imperial War Museum
Geraldine Mary Harmsworth Park
Civil Service Recreation Centre
St John's Concert Hall
Museum of Garden History
NEWINGTON
RHS New Hall
Thames House
LAMBETH BRIDGE
WESTMINSTER
Millbank Tower
Tate Britain
Millbank Millennium Pier
The Greycoat Hospital
J
K
L
2
3
4
5
6
7
67
68

Lugares de interés

QUÉ VISITAR

Kensington

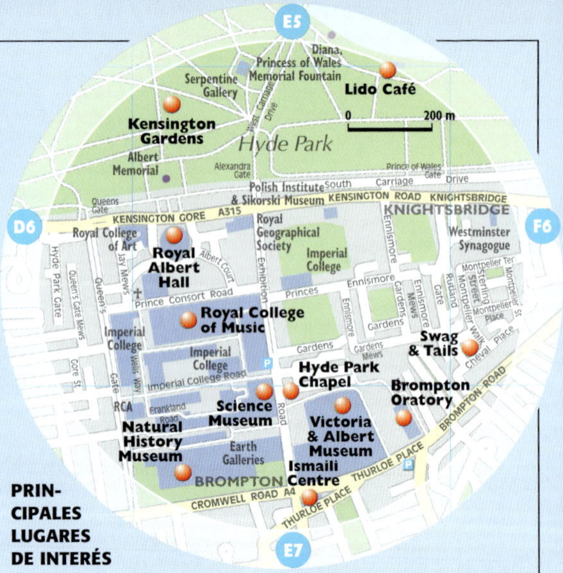

CÓMO LLEGAR

Los Museos

South Kensington

C1, 14, 74

Jardines de Kensington (lado sur)

High Street Kensington

9, 10, 49, 52

Hyde Park (▷ 93) y los jardines de Kensington (▷ 94) separan el West End de Kensington, lo que da la impresión de que están apartados del núcleo de Londres.

Kensington, que ahora es un barrio de impecables casas de estuco dispuestas en frondosas avenidas, fue antaño un pueblecito rural. En la actualidad muchas de las elegantes casas han sido convertidas en apartamentos. Al oeste de Kensington Gore, High Street, antes un sendero de campaña, es ahora una amplia vía flanqueada de tiendas.

Al sur de los jardines de Kensington están el enorme y abovedado Royal Albert Hall (▷ 195) y otros edificios grandiosos que se construyeron con el dinero de la Gran Exposición de 1851. Ubicada en el palacio de Cristal de Hyde Park, fue un espectacular alarde público de los bienes e inventos del Reino Unido imperial. Con sus beneficios se fundó un nuevo complejo de museos, un ambicioso proyecto personal del príncipe Alberto, que quería hacer llegar la cultura al pueblo. El Museo Victoria & Albert, el Museo de la Ciencia y el Museo de Historia Natural se construyeron en los antiguos terrenos del mercado del barrio, al sur de Kensington.

En el Royal Albert Hall se celebran los conciertos BBC Promenade, de julio a septiembre cada año

PRINCIPALES LUGARES DE INTERÉS

Las principales atracciones de esta zona son los soberbios museos junto a Exhibition Road. Como sería imposible visitar bien los tres museos haciéndoles la debida justicia, es mejor combinar uno o dos con una visita a los jardines de Kensington o al oratorio de Brompton.

Oratorio de Brompton
Espléndida iglesia barroca (▷ 78).

Jardines de Kensington
Preciosos y ceremoniosos jardines con estatuas y esculturas (▷ 94).

Museo de Historia Natural
Ejemplos de prácticamente todas las criaturas, piedras y minerales conocidos (▷ 112-113).

Museo de la Ciencia
Uno de los museos interactivos más excitantes de Londres; muy apropiado para niños (▷ 124-125).

Museo Victoria & Albert
Artes decorativas de todo el mundo (▷ 144-149).

OTROS LUGARES DE INTERÉS

Royal College of Music
Edificio de ladrillo rojo y tejado a dos aguas que alberga un museo de instrumentos musicales.

Capilla Hyde Park
La primera capilla mormona construida en Londres (1961), en Exhibition Road.

Centro Ismail
Moderno centro religioso y cultural para ismailíes en Cromwell Road, construido en 1984.

DÓNDE COMER

Tanto el Museo Victoria & Albert, como el de la Ciencia y el de Historia Natural cuentan con excelentes cafeterías y restaurantes.

Esqueleto de un triceratops en el Museo de Historia Natural

Swag and Tails
Pub cerca del oratorio de Brompton (▷ 272).

En Hyde Park, entre otros podemos citar el restaurante Dell (tel.: 020 7706 0464) y el Lido, café y restaurante (tel.: 020 7706 7098).

En el extremo oeste del parque está The Orangery (▷ 262), junto al palacio de Kensington (▷ 95).

CONSEJO

- Puede visitar las tiendas o las cafeterías de los museos de South Kensington sin coste alguno.

St. James

CÓMO LLEGAR

Victoria, Green Park, Hyde Park Corner

G11, 211, 139, C1, C10

De la misma forma que Westminster es el centro del gobierno, cerca de St. James está la sede oficial de la realeza.

El palacio de Buckingham, la residencia oficial de la Reina en Londres, está situado en un extremo de The Mall. Esta amplia avenida, trazada en 1660, constituye el camino ceremonial que toma la familia real en grandes ocasiones de estado, como Trooping the Colour (▷ 222) y la apertura del Parlamento (▷ 224).

No muy lejos está el mucho más antiguo palacio de St. James, rodeado de edificios de elegancia aristocrática que albergan instituciones como la Royal Society, la Royal Fine Art Commission y el Institute of Directors. Clubes de hombres como el Athenaeum y el Reform, el predo-

Desfile de guardias del regimiento de caballería delante del palacio de Buckingham

minante Pall Mall y la calle St. James, y el exclusivo nivel de todo el barrio lo prueban las exclusivas tiendas que hay en la calle Jermyn.

Algunas tiendas llevan abiertas desde la década de 1760 y algunas conservan sus fachadas y probadores del siglo XVIII. En general, atienden a una a una clientela masculina, acaudalada y de gustos tradicionales y exclusivos, pero hay también tiendas de ropa de mujer, comida, antigüedades y joyas.

Bates el sombrerero vende gorras de cazador y sombreros Panamá. Especial atención a Binks, la tienda del gato, disecado en 1926; luce un elegante tocado negro.

PRINCIPALES LUGARES DE INTERÉS

Aunque el palacio de Buckingham no esté abierto, vale la pena pasar por delante de las puertas a tiempo para ver el Cambio de la Guardia (▷ 224). Desde el palacio, cruzar Green Park hasta Spencer House, o bien St. James Park hasta el Museo de la Guardia y la Queen's Gallery.

Palacio de Buckingham
La residencia oficial de la Reina (▷ 79).

Clarence House
Antes la residencia de la Reina Madre y ahora la del príncipe Carlos (▷ 116).

Green Park
Parque real poco ceremonial (▷ 90).

Museo de la Guardia
Objetos militares (▷ 90).

Queen's Gallery
Tesoros pertenecientes a la colección real (▷ 114).

Royal Mews
Establos del palacio de Buckingham (▷ 116).

St. James's Park
Parque real con lago (▷ 116).

Spencer House
Casa aristocrática (▷ 127).

OTROS LUGARES DE INTERÉS

La capilla del palacio de St. James (▷ 116) abre los domingos por la mañana para la misa.

DÓNDE COMER

Hacer un picnic en el parque de St. James, el espacio verde más atractivo de Londres. Llevar suficiente para dar de comer a los patos.

St. James's Park es siempre un buen sitio para dar de comer a los patos o, en este caso, un pelícano

The Buckingham Arms
Pub cerca del palacio de Buckingham en Petty France (▷ 267).

Le Caprice
Restaurante caro con encanto (▷ 255).

Fortnum and Mason
Para tomar el té de la tarde en uno de los tres restaurantes de este venerable emporio gastronómico de Piccadilly, fundado en 1707 (tel.: 020 7734 8040) (▷ 180).

CONSEJO

- El palacio de Buckingham solo abre en agosto y septiembre.

Westminster

CÓMO LLEGAR

Orilla izquierda del río
St. James's Park, Westminster
11, 12, 24, 159, 453

Orilla derecha del río
Waterloo, Embankment, Charing Cross
139, RV1

Intrigas y cotilleos, tanto políticos como reales y religiosos, han llenado las calles y edificios de Westminster desde que ocupaba nada menos que ocho kilómetros al suroeste de la City de Londres.

Fue Eduardo el Confesor quien dio comienzo a la abadía de Westminster original, después de que en 1042 trasladara la Corte real fuera de la City, desencadenando de esta forma la expansión de Londres hacia el oeste.

Desde entonces, Westminster ha sido sinónimo de Gobierno. Sus edificios principales albergan el Tesoro

El Parlamento y el Big Ben desde Embankment

y el Ministerio de asuntos exteriores y la Commonwealth. Su núcleo está formado por la abadía de Westminster, el Parlamento, Parliament Square y Whitehall.

Al otro lado del río County Hall, el palaciego edificio que Ralph Knott terminó en 1933, destinado a ser la sede del cuerpo administrativo de Londres, el Greater London Council (abolido en 1986), es ahora el Universo Dalí, el Acuario y la galería Saatchi.

El Westminster Millennium Pier, junto con el puente de Westminster en Victoria Embankment, es el punto de partida de los barcos turísticos que suben y bajan el Támesis (▷ 234-235).

PRINCIPALES LUGARES DE INTERÉS

En contraste con la pompa y la ceremonia de Westminster, al otro lado del puente, en la orilla sur, están las atracciones de County Hall y el popular Ojo de Londres.

Museo Churchill y salas del Gabinete de Guerra
Centro neurálgico de la Segunda Guerra Mundial en las salas subterráneas cerca de Whitehall (▷ 86). El museo es el único dedicado en exclusiva a sir Winston Churchill.

Universo Dalí
Extravagante y maravilloso arte del maestro español del surrealismo (▷ 87).

Museo Florence Nightingale
Pequeño museo dedicado a la pionera de la enfermería (▷ 89).

El Parlamento
Sede del Gobierno británico que, junto con el Big Ben, posee una característica vista junto al río (▷ 92).

Acuario
Grandes y pequeñas maravillas submarinas (▷ 98).

Ojo de Londres
Modernísima noria-observatorio construida con motivo del nuevo milenio (▷ 99).

Victoria Embankment
Jardines junto al río, abiertos en 1870 (▷ 150).

Abadía de Westminster
Magnífica iglesia donde desde hace cientos de años, son coronados los monarcas ingleses (▷ 152-153).

Whitehall
Todos los principales ministerios del Gobierno están en o cerca de esta larga y amplia avenida (▷ 151).

Los bancos del coro conducen al dorado altar de la abadía de Westminster

OTROS LUGARES DE INTERÉS

St. Margaret Westminster
Iglesia del siglo XVI en Parliament Square. Una lápida cerca del altar indica el lugar donde se dice está enterrado sir Walter Raleigh, explorador y escritor.

DÓNDE COMER

Inn the Park (▷ 258) es un curioso café restaurante en un lugar agradable de St. James's Park.

CONSEJO

- Llévese un plano cuando suba al Ojo para poder identificar monumentos característicos de Londres.

Trafalgar Square y Covent Garden

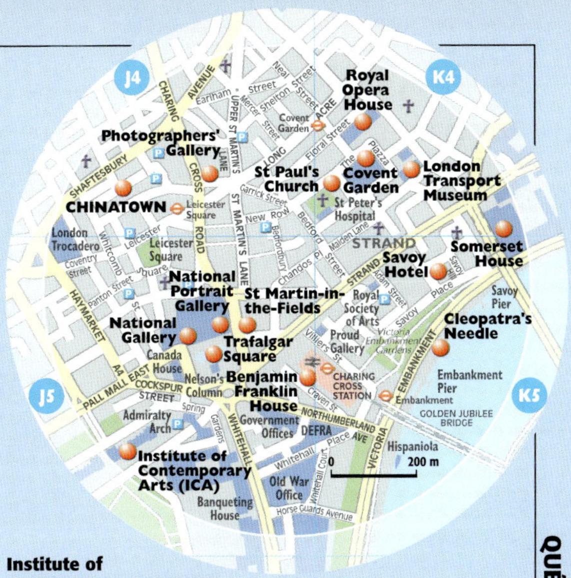

CÓMO LLEGAR

Charing Cross, Leicester Square

9, 11 24

Trafalgar Square (▷ 136) es literalmente el centro de la ciudad; una placa en el pavimento detrás de la estatua de Carlos I marca el punto exacto.

Hasta la década de 1970, Soho, al norte, era sinónimo de clubes de sexo y actividades clandestinas, y Covent Garden (▷ 88) el desordenado punto de venta para verduleros y floristas. Ahora Covent Garden es una zona animada y *progre* en el corazón de Londres. La Piazza en el centro y sus calles laterales son zonas peatonales, con muchas tiendecillas y puestos, todos ofreciendo su línea particular de productos, desde botones y pajaritas hasta libros y obras de arte.

También a Soho le han lavado la cara y la gran Chinatown (▷ 86).

Las Fuentes de Trafalgar Square son seductoras en un día caluroso

es ahora un barrio peatonal. Hoy Soho vuelve a ser el centro de la noche londinense, donde la gente alterna en los bares, come en los restaurantes, baila en las salas de fiesta, y en verano, simplemente pasea.

PRINCIPALES LUGARES DE INTERÉS

Visitar una de las tres principales galerías de arte de, o cerca, de Trafalgar Square antes de deambular por las tiendas y puestos de Covent Garden.

Aguja de Cleopatra
Impresionante obelisco (▷ 86-87) en Victoria Embankment (▷ 150).

Institute of Contemporary Arts (ICA)
Centro de arte vanguardista (▷ 93).

Museo del Transporte
Vehículos y exposiciones que rememoran la historia del transporte londinense (▷ 100). Abierto de nuevo tras una importante restauración, ahora es mayor y mejor que nunca.

National Gallery
Siete siglos de arte occidental (▷ 104-109).

National Portrait Gallery
Retratos de todos los tiempos (▷ 110-111). No perderse el restaurante con su gran vista.

Photographers' Gallery
Exposiciones contemporáneas (▷ 114).

Iglesia de St. Paul
Iglesia en Covent Garden (▷ 117), conocida como la iglesia de los actores.

St. Martin-in-the-Fields
Imponente iglesia con conciertos (▷ 117).

Somerset House
Tres colecciones de arte en unos preciosos edificios a la orilla del río (▷ 130-131).

OTROS LUGARES DE INTERÉS

Royal Opera House
Espectacularmente restaurada. Visitas entre bastidores (▷ 195).

DÓNDE COMER

The Portrait Restaurant
El restaurante elegante de la National Portrait Gallery (▷ 263).

Autobuses y otros en el Museo del Transporte

The Admiralty Restaurant
En Somerset House (▷ 252).

The Savoy
Té completo, lu-vi: 14-18, sa y do: 12-18; sa se aconseja reservar (▷ 290).

CONSEJOS

- Visite Covent Garden en lunes para coincidir con el mercado de antigüedades y coleccionables.
- Para tener una idea sobre la arquitectura del siglo xx, fíjese en el vestíbulo de la Australia House (Melbourne Place) y en la fachada de la Bush House (Aldwych), sede del BBC World Service.

Bankside y La City

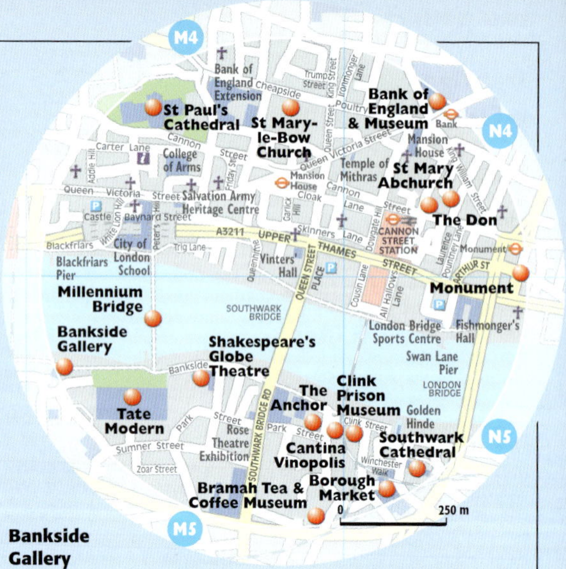

CÓMO LLEGAR

Bank, Blackfriars, Monument, Mansion House

8, 15, 25, 381, RV1

La City mantiene más o menos el área comercial que fundaron los romanos en 43 d. de C., cuando el emperador Claudio necesitaba cruzar el Támesis entre sus puertos en Kent y la capital de la nueva provincia romana, Camulodunum (Colchester).

Aquí, casi 2.000 años después, la City sigue siendo el compacto corazón financiero del Reino Unido. Altos edificios destacan sobre las callejuelas medievales y las iglesias de Wren; y los financieros de todo el mundo deben acatar las reglas de la municipalidad local.

Si bien la catedral de St. Paul sobrevivió a los bombardeos aéreos, la zona circundante fue arrasada y reconstruida en la década de 1960 con unos edificios sin carácter ni comodidades. Ahora están siendo reemplazados por una arquitectura más dinámica (aunque controvertida).

El teatro Shakespeare's Globe, reconstruido cerca del original

Al sur del río está Bankside. Como en la época de Shakespeare, teatros, tabernas y burdeles fueron sacados de la City y los actores se trasladaron al sur de esa zona, fuera de la jurisdicción de la City.

PRINCIPALES LUGARES DE INTERÉS

El Millennium Bridge une dos de los barrios más antiguos de Londres, la City y Bankside.

Museo del banco de Inglaterra
Objetos relacionados con el banco de Inglaterra (▷ 76).

Bankside Gallery
Exposiciones itinerantes de arte moderno (▷ 76).

Museo Bramah de Té y Café
Traza la historia del té y el café (▷ 77-78).

Museo de la prisión de Clink
Horripilantes reminiscencias del antiguo sistema penal (▷ 87).

Millennium Bridge
Elegante puente peatonal del siglo XXI (▷ 100).

Monumento
Columna conmemorativa del Gran Incendio de 1666 (▷ 102).

Catedral de St. Paul
La única catedral británica con cúpula, construida por sir Christopher Wren (▷ 118-123).

Shakespeare's Globe
Reconstrucción del teatro isabelino (▷ 126).

Catedral Southwark
Preciosa catedral en un enclave antiguo (▷ 127).

Tate Modern
Arte moderno en una antigua central eléctrica (▷ 134-135).

Vinopolis
El palacio del vino en Londres (▷ 151).

OTROS LUGARES DE INTERÉS

Mercado Municipal
Excelente mercado de comida al aire libre; Ma: 11-17, vi: 12-18, sa: 9-16.

Iglesia St. Mary-le-Bow
Iglesia diseñada por sir Christopher Wren y donde está el famoso campanario «Bow Bells» (▷ 232).

El Millennium Bridge conecta Bankside con la City

DÓNDE COMER

The Anchor
Pub histórico, asociado al doctor Samuel Johnson (▷ 267).

Cantina Vinopolis
Restaurante en Bankside y paraíso de los amantes del vino (▷ 255).

The Don
Elegante y moderno restaurante en la City (▷ 257).

CONSEJO

- Muchos pubes y restaurantes de la City cierran los domingos.

QUÉ VISITAR

London Bridge City

CÓMO LLEGAR

Tower Hill, London Bridge

15, 25, 47, 381, RV1

La franja reurbanizada que bordea el río en la orilla sur del Támesis, y que se extiende desde London Bridge hacia el este hasta Tower Bridge y más allá, se conoce como London Bridge City.

Supervivientes de la época de los muelles, entre ellos gigantescos almacenes ahora transformados en espaciosos apartamentos, sostienen firmemente modernas e impecables torres de cristal.

Desde la galería Hay se puede seguir el lado este del río por St. Martin's Walk hasta Tower Bridge. En este lado del río está Shad Thames (una perversión lingüística de St. John at Thames), tierra que antaño perteneció a los caballeros templarios. Aquí se elevan los muros de los depósitos, que se unen a cierta altura mediante unas pasarelas metálicas que usaban los obreros para trasladar sus cargas de uno a otro de los edificios interconectados.

En el St. Katharine's Dock conviven buques y barcos privados

Se puede disfrutar de unas vistas panorámicas desde la pasarela del Tower Bridge

La zona situada entre Shad Thames y el río se conoce como Butler's Wharf, un inmenso complejo (1987-1989) que combina revitalización con conservación, a fin de preservar el espíritu histórico de los almacenes de especias.

Enfrente, la Torre de Londres, símbolo de la historia y los orígenes de la ciudad, y de cuyo estilo arquitectónico se hace eco Tower Bridge.

Acurrucado contra la torre está el muelle de St. Katharine, construido entre 1824-1828 por Thomas Telford. Como a partir de la década de 1960 se volvió obsoleto, los almacenes han sido convertidos en lujosos apartamentos para los amantes de los barcos, cuyos yates están anclados en las dos cuencas más importantes.

PRINCIPALES LUGARES DE INTERÉS

La Torre de Londres es uno de los lugares obligados, pero en su entorno hay varios sitios que también vale la pena visitar.

El Reino Unido en guerra
Vida durante la Segunda Guerra Mundial (▷ 78).

Museo del diseño
Museo dedicado al diseño de objetos cotidianos (▷ 87).

HMS *Belfast*
Enorme buque de guerra, ahora un museo flotante (▷ 91).

Las Mazmorras
Visones de tortura y horror (▷ 98).

Tower Bridge
Icono de imitación estilo gótico, se abre para el tráfico fluvial (▷ 137).

Torre de Londres
Fortaleza que representa la historia de Londres desde sus tiempos más remotos (▷ 138-143).

OTROS LUGARES DE INTERÉS

Galería Hay
Elegante complejo comercial construido sobre un antiguo muelle y que incluye un gran patio que, protegido por un atrio de cristal sostenido por columnas de hierro, cuenta con varias de cafeterías y tiendas.

Iglesia All-Hallows-by-the-Tower
Esta iglesia, justo al oeste de la torre, tiene un suelo romano en la cripta y un pequeño museo que traza la historia de la iglesia. Se dice que Samuel Pepys contempló el Gran Incendio de 1666 desde la torre.

DÓNDE COMER

Blueprint Café
Elegante restaurante en el Museo del diseño (▷ 254).

Butler's Wharf Chop House
Comida tradicional inglesa junto a Tower Bridge (▷ 254).

CONSEJO

- Intentar hacer coincidir la visita con la apertura del Tower Bridge.

QUÉ VISITAR

La galería Waterloo en Apsley House, escenario para bellas artes

Es habitual ver a unos porteros uniformados (der.) *en la puerta del banco de Inglaterra* (arriba) *durante las horas de apertura*

LABORATORIO DE ALEXANDER FLEMING

66 E4 • Hospital de St. Mary, Praed Street W2 1NY 020 7886 6528
Lu-ju: 10-13, otros horarios mediante cita previa Adultos 2 £, niños 1 £
Paddington G7, 15, 27
www.st-marys.org.uk

En 1928, el bacteriólogo escocés Alexander Fleming (1881-1955) descubrió la penicilina. Trabajaba entonces en el hospital de St. Mary, junto a la estación de Paddington. En el pequeño museo del hospital, se puede ver el minúsculo laboratorio donde cultivaba el moho que se convirtió en antibiótico y revolucionó la medicina. En el museo, unos voluntarios relatan sus experiencias personales tras el uso de antibióticos, y un vídeo relata la historia de Fleming y explica el cometido relevante de la penicilina en la lucha contra la enfermedad.

IGLESIA ALL SAINTS

67 H4 • 7 Margaret Street W1W 8JQ
020 7636 1788 Diario: 7-19
Gratuito Oxford Circus
7, 8, 10, 176

All Saints sobresale desde su concurrido rincón al norte de Oxford Street. Proyectada por William Butterfield (1814-1900) en estilo gótico del siglo XIII, su arquitectura sublime y su lujoso interior de granito, mármol y baldosas policromadas hacen de ella una de las iglesias victorianas más impresionantes de Londres. Con sus 69 m de aguja cruzada es la segunda más alta de la ciudad. Se aconseja visitarla después de anochecer, pues a la luz de las velas la iglesia ofrece su mejor aspecto.

APSLEY HOUSE

67 G6 • Hyde Park Corner W1J 7NT
020 7499 5676 Ma-do: 10-17
Adultos 5,30 £, niños (menores 18) 2,70 £. Entrada libre el Día de Waterloo (18 jun) Hyde Park Corner
8, 9, 10, 14, 74
www.english-heritage.org.uk

Diseñada por Robert Adam en 1771, esta aristocrática casa unifamiliar en el extremo oeste de Piccadilly, entre Hyde Park y Green Park, fue la residencia londinense del héroe de guerra y futuro primer ministro Arthur Wellesley, I duque de Wellington en 1817.

Es conocida como «n.º 1 London», porque fue la primera casa dentro de las puertas de peaje del lado oeste, y alberga una extraordinaria colección de pinturas, porcelanas, plata, esculturas, muebles, condecoraciones y recuerdos; incluso su máscara mortuoria. La Waterloo Gallery, de 27 m de largo, contiene la esplendorosa colección de arte del duque, con obras de Goya, Rubens y Murillo. Entre 1992 y 1995, se restauró el interior de la casa y se le devolvió su primitivo aspecto del siglo XIX.

Si bien en 1947 el VII duque cedió la casa y su contenido a la nación, conservó algunas dependencias como vivienda familiar.

No perderse el juego de postre de Sèvres «egipcio», un regalo que el emperador Napoleón le hizo a Josefina con ocasión del divorcio, y que ella rechazó.

MUSEO DEL BANCO DE INGLATERRA

69 N4 • Banco de Inglaterra, Threadneedle Street EC2R 8 AH
020 7601 5545 Lu-vi y día del Lord Mayor's Show (▷ 224): 10-15
Gratuito Bank
8, 11, 25, 26, 47
www.bankofengland.co.uk/museum

El «anciano» de la calle Threadneedle Street, el Banco Central de la nación, ocupa un macizo y mediocre edificio de siete plantas que proyectó y construyó el arquitecto ingles sir Herbert Baker entre 1925 y 1939. Las esculturas en su fachada que representan Gran Bretaña son obra del escultor sir Charles Wheeler (1892-1974), y en el interior hay un museo (entrada por Bartholomew Lane) que relata la historia de las finanzas de la nación, desde la fundación del banco en 1694 hasta nuestros días tecnológicos. Se puede visitar una versión fidedigna de la restauración de la Bolsa en la década de 1790, un vestíbulo de finales del siglo XVIII realizado por sir John Soane (▷ 128-129) y una muestra cronológica de monedas, billetes de banco y barras de oro desde tiempos inmemoriales hasta el moderno lingote, además de objetos sorprendentes como piquetes y mosquetes utilizados para defender el banco. Hay también documentos relacionados con clientes tan famosos como Horatio Nelson y George Washington.

Unas exposiciones interactivas revelan detalles del diseño y la producción de los billetes de banco. Una simulación computerizada permite «participar» en el mercado de valores. También se tiene la rara oportunidad de levantar una genuina barra de oro.

No perderse el billete de 1 millón, que solo se usa a efectos financieros.

BANKSIDE GALLERY

69 M5 • 48 Hopton Street SE1 9JH
020 7928 7521 Diario: 11-18
Gratuito Blackfriars, Southwark
45, 63, 100 Bankside Pier
www.banksidegallery.com

En esta galería de la orilla sur cerca de la Tate Modern (▷ 134-135), conviven dos históricas empresas dedicadas al arte: la Royal Watercolour Society, la primera institución mundial especializada en acuarelas, y la Royal Society of Painter Printmakers, fundada en 1880 para dar a conocer artistas que trabajaban el grabado al aguafuerte y al negro. Ubicada en la restaurada primera planta de un edificio de pisos construido en la década de 1970, la galería organiza exposiciones individuales o temáticas de acuarelas y grabados de las dos sociedades.

En 1634 Carlos I encargó al arista flamenco Peter Paul Rubens la pintura de los techos de la casa de los Banquetes

La gigantesca tetera en el museo Bramah

CASA DE LOS BANQUETES

68 J5 • Whitehall SW1A 2ER
0870 751 5178 Lu-sá: 10-17. Puede cerrar sin apenas preaviso para actos públicos Adultos 4,50 £, niños (5-16) 2,25 £, menores de 5 años gratuito Westminster, Embankment 11, 24, 53, 88, 159 Conciertos durante los almuerzos.
www.hrp.org.uk

La Casa de los Banquetes es todo lo que queda del palacio de Whitehall, la principal residencia soberana desde 1530 hasta su destrucción por un incendio en 1698. El arquitecto inglés Inigo Jones (1573-1652) asombró al público con su diseño paladino de los tres entrantes centrales y las columnas jónicas, dando a Londres (y al Reino Unido) el primer indicio de arquitectura neoclásica. El magnífico vestíbulo principal, donde el techo pintado por Peter Paul Rubens glorifica de forma alegórica el reinado de Jaime I, fue testigo de actos de estado, obras teatrales y bailes de mascaras, así como de un periodo menos propicio para la monarquía, cuando Carlos I salió al balcón del primer piso para enfrentarse a su ejecución en 1649.

La bodega, proyectada como lugar de refugio para Jaime I, alberga ahora una pequeña exposición y un vídeo que narra la historia del edificio y su uso.

EL BARBICAN

69 M3 • Silk Street EC2Y 8DS
0207 7638 4141; 020 7638 8891 (taquilla) Lu-sá: 9-23; do: 12-23. Taquilla, diario: 8-20 Gratuito; Entrada aparte para producciones y exposiciones en la galería del Nivel 3
Barbican 4, 56, 153 E Z X
www.barbican.org.uk

Esta zona de la ciudad fue antaño un laberinto de callejuelas y almacenes, antes de que las bombas la destruyeran en diciembre de 1940. El complejo Barbican actual, 14 hectáreas de edificios de cemento, fue construido sobre el lugar entre 1971 y 1982. Se compone de pisos, un centro de arte y las instalaciones de la Guildhall School of Music and Drama. En medio está el centro artístico en forma de D, el mayor local para artes diversas y conferencias de Europa, y sede de la Orquesta Sinfónica de Londres. En la galería del Nivel 3 y en la sala llamada The Curve, en la planta baja, hay una gran variedad de exposiciones vanguardistas de arte y dibujo de los siglos XX y XXI. Cuenta también con un programa en vivo de música jazz, clásica, contemporánea y étnica, y en sus dos cines pueden verse películas independientes, de autor y populares. En el teatro Barbican o en el Pit, de menor tamaño, tienen lugar representaciones teatrales.

CASA DE BENJAMIN FRANKLIN

68 J5 • 36 Craven Street WC2N 5NF
020 7839 2006 Mi-do: 12-17. Actuaciones a las 12, 13, 14, 15:15 y 16:15 (llegar 10 minutos antes del comienzo) Adultos 7 £, niños (menores 16) gratuito Charing Cross
6, 11, 13, 15, 23, 91, 176 (Strand)
www.benjaminfranklinhouse.org

Esta casa, abierta al público en el 300 aniversario del nacimiento de Franklin (16 enero de 1706) tras una completa restauración construida originariamente hacia 1730, está considerada una joya arquitectónica por sus muchos rasgos característicos en techos, contraventanas y suelos, y por las 14 chimeneas y la soberbia escalera central.

Franklin vivió aquí desde 1757 a 1775 y es la única de sus casas que queda en todo el mundo. El museo muestra los muchos logros e inventos de este hombre brillante, algunos de los cuales vieron la luz en este lugar. La «Historical Experience» combina la última tecnología con actuaciones en vivo, que muestran el cometido integral de Franklin en política , ciencia y filosofía. Los logros de este hombre sociable y gregario fueron desde las gafas bifocales y la estufa de baja energía hasta avances sanitarios como la inoculación y la curación del resfriado común.

El museo contiene artefactos clave como huesos estudiados en la escuela de anatomía dirigida por el doctor William Hewson, que vivió aquí al mismo tiempo que Franklin. La casa es también la sede del Student Science Centre, que mediante experimentos prácticos muestra los significativos descubrimientos de Franklin, como la electricidad, y los procesos estudiados por el doctor Hewson.

MUSEO BRAMAH DE TÉ Y CAFÉ

69 M5 • 40 Southwark Street SE1 1UN 020 7403 5650 Diario: 10-18 Adultos 4 £, niños (menores 14 años) 3,50 £, familias 10 £
London Bridge RV1, 381
www.teaandcoffeemuseum.co.uk

En este fascinante museo se cuenta la historia de dos de los más importantes productos del mundo, el té y el café, y su efecto en nuestras vidas cotidianas desde el siglo XVII hasta la actualidad. Después de toda una vida comerciando con ellos, Edward Bramah creó el museo en 1992 con su propia colección de teteras.

Una sección del museo explica mediante láminas, pósters, mapas y fotografías cómo el Reino Unido se convirtió en la primera y más importante nación importadora de té. Explora la historia del té, empezando con la East India Company (fundada en 1600) para seguir con los jardines de té de principios del siglo XVIII, el contrabando, las subastas de té, la Boston Tea Party, los clíperes y las plantaciones de té en la India y Sri Lanka.

La historia del café va desde el siglo IX cuando un físico árabe informa de su uso, hasta el café instantáneo y los filtros automáticos, pasando por la máquina exprés.

La catedral de St. Paul durante el bombardeo aéreo de diciembre 1940

Estatua de Isaac Newton en el antepatio de la librería Británica

El interior de estilo italiano del oratorio Brompton

Se exponen juegos de café y té, carritos de té, cucharillas, coladores, pinzas de azúcar, hervidores, teteras inmensas y las primeras máquinas italianas de café expreso. Se pueden oler diferentes tipos de té, tocar granos de café y leer reseñas sobre temas relacionados, como la ceremonia japonesa del té, los ladrillos de té, los bailes de té y el fenómeno de los cafés en el Londres de la década de 1950.

EXPERIENCIA BRITÁNICA EN LA GUERRA

69 N5 • Curcio Mouse, 64-66 Tooley Street SE1 2TF 020 7403 3171 Ab-final sep diario: 10-18; oc-final mar diario: 10-17. Adultos 9,95 £, niños (5-15) 4,85 £, gratuito menores 5 años, familias 18 £ London Bridge
47, 381, RV1
www.britainatwar.co.uk

Aquí puede uno enterarse de cómo se vivió la retaguardia en el Reino Unido durante la Segunda Guerra Mundial, el periodo más turbulento de la nación en el siglo XX. Britain at War Experience no es un museo de guerra dedicado a instrumentos de destrucción, sino un tributo a la gente normal y corriente que vivió las incursiones aéreas, los apagones, el racionamiento y la evacuación.

Empezar la visita bajando en ascensor a las restauradas bóvedas bajo la estación del London Bridge, donde una maqueta de un refugio antiaéreo subterráneo sirve de preludio a una amplia colección de evocadoras fotografías y objetos varios, desde rollos de papel higiénico, cartillas de racionamiento, máscaras antiguas y bombas, hasta un completo Refugio Anderson.

Se pueden también ver reproducciones de galerías comerciales de la década de 1940, una emisora de radio de la BBC, el camerino de un teatro y un club privado.

Unos efectos especiales reproducen vistas, sonidos, e incluso olores de una calle de Londres durante un bombardeo aéreo, y se puede caminar en medio de los restos de un almacén comercial, un cine, un pub y unas casas bombardeados.

LIBRERÍA BRITÁNICA

67 J2 • 96 Euston Road NW1 2DB
020 7412 7332 Zonas públicas, exposiciones y librería: lu, mi-vi: 9:30-18; ma 9:30-20; sá 9,30-17; do: 11-17. Salas lectura abiertas solo a los lectores
Gratuito zonas públicas, exposiciones y librería King's Cross, St. Pancras, Euston, Euston Square
10, 30, 73, 91
www.bl.uk

La librería nacional del Reino Unido, antes alojada en el Museo Británico (⊳ 80-85), no tuvo sus propias instalaciones construidas expresamente hasta 1988, año en que se convirtió en el edificio público mayor del Reino Unido. Este asombroso complejo consiste en una espaciosa plaza, tres galerías públicas, nuevas obras de arte públicas, un restaurante, un café, una tienda, y ofrece diferentes actividades y visitas. Ocho de las catorce plantas están por encima del nivel del suelo, y seis por debajo; y bajo estos, hay todavía unos sótanos que se extienden hasta una profundidad de 25 m.

Antes de entrar en las galerías, subir la escalera junto al mostrador de información y rodear el hueco central. Acristalado de arriba abajo, se puede disfrutar de algunas de las maravillosas encuadernaciones de la librería del rey: los 60.000 volúmenes de Jorge III consignados por su hijo Jorge IV en 1823. La tienda de los muros exteriores almacena la colección de sellos de la Librería Británica, la más completa del mundo, y se pueden sacar las bandejas verticales de sellos para examinar sus secretos.

En las galerías John Ritblat se expone gran parte de los tesoros de la librería, entre ellos varias ediciones de la Carta Magna (el documento sobre libertades públicas del siglo XIII) y el único manuscrito de Shakespeare existente. Se pueden escuchar grabaciones de extraños trinos de pájaros y un discurso de sir Winston Churchill.

El Taller de Palabras, Sonidos e Imágenes explica cómo se hacen e imprimen los libros y periódicos, y la forma en que se graba el sonido. Por último, en la Galería Pearson se representan obras de la librería y tienen lugar exposiciones especiales.

En las salas de lectura solo se tiene acceso con la tarjeta correspondiente. Se pueden consultar todas las obras de la colección, lo que incluye los libros impresos desde 1911. Hay unos 150 millones de obras en más de 400 idiomas; cada día se añaden unos 8.000 títulos.

No perderse el cuaderno de Leonardo da Vinci.

MUSEO BRITÁNICO

Ver páginas 80-85.

ORATORIO BROMPTON

66 E7 • Brompton Road SW7 2RP
020 7808 0900 Diario: 6:30-20
Gratuito South Kensington
C1, 14, 74, 414
www.bromptonoratory.com

En la puerta contigua al V&A (⊳ 144-149) se halla el espectacular Oratorio Brompton (oratorio de san Felipe Neri en Londres), una iglesia de estilo barroco italiano que proyectó Herbert Gribble en 1876. Fue la primera nueva iglesia católica romana que se construyó en Londres después de que Enrique VIII renegara de la autoridad papal. Su diseño imita la iglesia de Jesús en Roma, con nave y capillas laterales en lugar de pasillos, y suntuosas estatuas y decoración. Dominando la nave están las gigantescas estatuas que hizo Giuseppe Mazzuoli en el siglo XVII y que originariamente estuvieron en la catedral de Siena. Mucho más íntima, la capilla de san Wifredo, con un tríptico del artista inglés Rex Whistler (1905-1944).

PALACIO DE BUCKINGHAM

Un símbolo mundialmente famoso de la monarquía británica y escenario de ceremonias y celebraciones públicas.

Este palacio que tanto aparece en noticiarios y en millones de postales no tomó forma hasta fechas relativamente recientes, tras años de parciales cambios arquitectónicos. En su origen, la casa Buckingham fue construida para ubicar la mansión de campo del duque de Buckingham en el extremo occidental de St. James's Park y Green Park. Jorge III la recuperó como residencia privada en 1761 y en el esqueleto de la vieja casa del duque se iniciaron los trabajos de embellecimiento y ampliación. Cuando la reina Victoria y el príncipe Alberto se mudaron en 1837, se añadió un ala completa a fin de acomodar a toda la familia real, que crecía rápidamente.

LAS SALAS DE RECEPCIÓN

Se entra en el palacio por el Ambassadors' Court en el ala sur, y se atraviesa el impresionante Grand Hall de John Nash para subir la curvada escalinata de mármol de Carrara, hasta las State Rooms de la primera planta. Después de la pequeña sala de la Guardia, adornada con tapices de Gobelin, está el Green Drawing Room, una antecámara donde se reúnen los visitantes oficiales antes de ser llevados ante la reina. Delante está la sala del Trono, donde un historiado espacio conduce a los Chairs of State bajo un barroco arco proscénico.

Desde aquí se llega a la Picture Gallery, de 47 m de largo, donde cuelgan obras de Rubens, Rembrandt, Canaletto y Van Dyck. El Silk Tapestry Room, con su monumental reloj francés, une la galería de pintura con la galería oriental, parte del nuevo bloque de la reina Victoria, que da al comedor y a la enrome sala de baile, ahora utilizados para ceremonias de investidura y banquetes oficiales.

Hay más tapices Gobelin expuestos en la galería occidental, de menor tamaño y comunicada con el State Dining Room, de alegre decoración en blanco y dorado con paredes y alfombras en rojo oscuro. A continuación, el suntuoso Blue Drawing Room, con un techo deslumbrante, obra de John Nash, y unas enormes columnas corintias. Esta opulenta decoración prosigue en el Music Room, donde se puede admirar el techo abovedado y las columnas de lapislázuli scagliola (imitación hecha de pegamento y yeso).

Un resplandor blanco y dorado nos da la bienvenida en el White Drawing Room, donde hay piezas de maravilloso mobiliario francés. La Minister's Staircase, de trabajado diseño y con estatuas de ninfas y retratos de parientes de la reina Victoria, conduce de vuelta a la planta baja y al Marble Hall. Desde el Bow Room, la visita finaliza en el jardín.

Otros lugares de interés son la Queen's Gallery (▷ 114) y la contigua Royal Mews (▷ 116). Se venden entradas combinadas.

CLASIFICACIÓN

Interés turístico	●●●●
Calidad-precio	●●

INFORMACIÓN BÁSICA

67 H6 • Buckingham Gate SW1A 1AA
0207 766 7300
Ag-fin sep (varían las fechas precisas): 9:45-18 (última admisión 15:45); sistema de ticket cronometrado con admisión cada 15 m
Adultos 15 £, niños (5-17) 8,50 £, gratuito menores 5 años, familias 38,50 £
Victoria, Green Park, Hyde Park Corner
11, 211, 239, C1, C10
5,25 £, en inglés, francés, alemán, italiano, japonés y español
En jardín, palacio abierto en verano, venta de guías, libros y souvenirs
www.royal.gov.uk
Simpática página web con mucha información ofrecida sin boato.

CONSEJOS

- Para evitar las colas, reservar un ticket cronometrado con antelación.
- Para tickets el mismo día, ir a la entrada de visitantes en la Buckingham Palace Road.

Cambio de la guardia fuera del palacio (foto principal). *El salón del Trono* (recuadro)

Museo Británico

El mayor museo del Reino Unido abarca 33 hectáreas y contiene más de 4 millones de objetos expuestos en más de 90 galerías. Único en cuanto a variedad y calidad de sus tesoros. Resultado de 200 años de coleccionismo, excavaciones y saqueos.

La fachada con columnatas de Smirke, inspirada en la arquitectura griega

Sir Hans Sloane, fundador del museo

El patio acristalado de Norman Foster, inaugurado en el 2000

VISITAR EL MUSEO BRITÁNICO

Hay dos entradas al museo: una (la entrada principal) en la calle Great Russell (sur) y otra en la plaza Montague (norte). Las dos llevan al Great Court, cubierto, de donde salen todas las galerías; es el centro del museo y en él se ubican el principal punto de información, los bares y los restaurantes.

Si bien las colecciones del museo están dispuestas por geografía, cultura y tema, la organización y la inmensidad del espacio pueden resultar desconcertantes. Hay que tener en cuenta que las colecciones de una misma cultura no siempre están en la misma planta (▷ 83). La mejor forma de abordar el museo es centrarse en lo más destacado, o en una o dos colecciones.

LUGARES DESTACADOS

GREAT COURT Y SALA DE LECTURA

El acceso en este imponente edificio neoclásico, obra de Robert Smirke, se ha convertido en un placer por sí mismo desde que en 2000 se añadiera la gloriosa bóveda acristalada de sir Norman Foster, lo que ha convertido la antigua zona oscura y confusa llena de almacenes en un espacio inmenso y luminoso, y dando lugar a la mayor plaza cubierta de Europa. Vale la pena, mientras se decide qué galerías visitar, detenerse aquí para disfrutar de las esculturas en torno a la galería Great Concourse (como la estatua Easter Island y un carro reconstruido).

En el centro del patio, la sala de lectura, un espacio circular que se terminó en 1857 según el proyecto del hermano de Smirke, Sydney. Karl Marx y otros intelectuales trabajaron aquí. Vista desde la parte frontal, se puede admirar el techo abovedado, restaurado para devolverle su esquema original de color azul, crema y dorado, los pupitres discretamente iluminados y las librerías que cubren las paredes. Junto a la entrada hay un mostrador de información.

PLANTA PRINCIPAL

Piedra de Rosetta (Sala 4)

Si bien no impresiona demasiado cuando se mira, la piedra de Rosetta fue vital para resolver muchos de los rompecabezas del mundo del antiguo Egipto. La estela de granito basalto negro, que descubrió el ejército de Napoleón en el delta del Nilo en 1799, reproduce el mismo texto

CLASIFICACIÓN	
Bueno para los niños	●●
Interés turístico	●●●●●
Compra para expertos	●●●●

CONSEJOS

- Para orientarse, ir a Great Court, donde hay planos e información disponibles.
- No confiar en verlo todo en un día; es mejor centrarse en lo que interesa a cada visitante y organizarse para visitar una o dos galerías.
- Acudir entre martes por la tarde y domingo, cuando están abiertos los restaurantes y las tiendas de la Great Court. Los jueves y viernes las principales galerías permanecen abiertas hasta tarde.

Casco del siglo VII (izq.) *encontrado en el barco funerario de Sutton Hoo*

INFORMACIÓN BÁSICA

68 J3 • Great Russell Street WC1B 3DG

020 7323 8000

Sá-mi: 10-17:30; ju-vi: 10-20:30. Great Court do-mi: 9-18; ma-sá: 9-11. Consultar horarios de exposiciones temporales. Visitas vespertinas: solo algunas galerías; consultar delante

Gratuito; pago para algunas exposiciones temporales

Holborn, Tottenham Court Road, Russell Square, Goodge Street

7, 10, 38, 91, 188

Visitas de 90 min: diario: 10:30, 13, 15, adultos 8 £. Para visitas en otros idiomas llamar 020 7323 8181. «eyeOpener» 30-40 m de visita introductoria; escoger entre Japón, Antigua Grecia, Antiguo Irak, África, China, Enlightenment Gallery, América del Norte o México, Arte en Oriente Medio, El mundo del dinero, Antiguo Egipto, Alta Edad Media en Europa, relieves asirios. Diario empezando a las 11 hasta 15:45; gratis. Varios audiotours en distintos idiomas 3,50 £

Una buena selección para adultos y niños desde 5 £ a 16,99 £. Disponible en inglés, francés, alemán, italiano, español, coreano, chino, japonés

Restaurante Court en piso superior Sirve comida caliente y fría, desayunos, tes, cenas. Abierto sá-mi: 11-17; ju-vi: 11-22:30. Reservas, 020 7323 8990

Cafetería Court (este y oeste), sirven bebidas calientes, comidas ligeras. Abierto do-mi: 9-17:30; ma-sá: 9-21. Cafetería Gallery, junto a Sala 12, sirven comidas ligeras calientes y frías, desayunos y tes. Abierto diario 10-17.

Librería en el lado norte del recinto de Great Court. Venden libros de arte, historia, arqueología, etc. Tienda para niños en el lado este de Great Court. tienda de souvenirs y guías en el lado oeste. Tienda Grenville en el lado este de la entrada principal, junto a la Sala 3, venden réplicas de escultura, joyas, pañuelos y corbatas de seda

www.britishmuseum.org
Buen nivel de información práctica y *links* educacionales; trazado de las colecciones algo confuso, pero cuando se encuentra lo que se busca hay mucha historia e ilustraciones atractivas.

(no muy excitante) en tres idiomas: griego, demónico y egipcio. Comparándolos con textos conocidos, los eruditos de la época pudieron resolver el código de los jeroglíficos egipcios.

Mármoles de Elgin (Sala 18)
La pregunta sobre dónde deberían estar –en Grecia o el Reino Unido– es todavía objeto de apasionados debates. De hecho, la controversia es de tal magnitud que se llega a olvidar la calidad de los mármoles. Estos relieves, sacados del Partenón, el templo de Atenea en la Acrópolis de Atenas, son algunas de las esculturas más extraordinarias de la antigüedad. Expuestas en una amplia sala, lo mejor es verlas como una especie de historieta que describiera un festival para conmemorar el cumpleaños de Atenea.

Con ocasión de una visita a Atenas en 1800, lord Elgin, entonces embajador en Constantinopla, obtuvo una licencia del sultán turco para retirar las piedras, que habían sido objeto de serios desperfectos durante una escaramuza entre los turcos y una flota veneciana en 1686. Bajo el pretexto de que los mármoles no iban a sobrevivir si se dejaban en Grecia, Elgin los transportó al Reino Unido. Durante el interminable viaje, se produjo un naufragio y Elgin fue detenido en Francia.

Las figuras monumentales de la galería Egyptian Sculpture honran con creces a los dioses y las diosas de la antigua civilización egipcia

PISOS SUPERIORES

Vasija de Portland (Sala 70)
Se cree que este antiguo jarrón de cristal cubierto de un camafeo fue hecho en Roma entre el 5 y el 25 d. de C. Nada se sabe de él antes de su referencia en una colección de arte de un cardenal en 1601. Después de pasar por varios compradores, acabó en manos del III duque de Portland en 1786. Se lo prestó al alfarero Josiah Wedgood, el cual copió el dibujo de su camafeo y lo hizo mundialmente famoso.

Los temas de su decoración son el amor y el matrimonio, con un toque mitológico, y se dice que fue un regalo de boda en una época en que el soplado del vidrio era una técnica relativamente nueva.

Barco funerario de Sutton Hoo (Sala 41)
Incluye la colección de tesoros de un barco funerario real anglosajón que se mantuvo intacto en Suffolk y fue recuperado en 1939. Se piensa que el barco fue un monumento a Raedwald, el último gran rey pagano de Anglia Oriental, fallecido hacia el 625 d. de C. Además de preciosas joyas de oro, el barco contenía un cetro, un monedero en oro, cuencos y platos de plata, cuernos recubiertos de plata montados para beber, calderos de bronce y artefactos navales en plata y oro. Entre las armas, algunos escudos, una espada con empuñadura de oro y un casco de hierro con accesorios en bronce y plata con «patillas» en granate a los lados (▷ 80).

Ajedrez de Lewis (Sala 42)
Labrados en colmillos de morsa, estas figuritas achaparradas, de aspecto cómico, fueron descubiertas en la isla de Lewis, en las Hébridas de Escocia, en 1831, por un granjero que trabajaba su tierra. De origen escandinavo, representan las figuras que se usan en un tablero de ajedrez y se cree que datan de mediados del siglo XII. Hay 80 piezas en total.

PLANTA SUPERIOR
Salas 41-48: Europa
Sala 49: Britania romana
Sala 50: Britania y Europa 800 a. de C.–43 d. de C.
Sala 51: Antigua Europa–prehistoria
Salas 52-59: Antiguo Oriente Próximo
Sala 61-66: Egipto
Sala 68: Dinero y medallas
Salas 69-73: Grecia y Roma
Sala 90: Exposiciones itinerantes
Salas 92-94: Asia

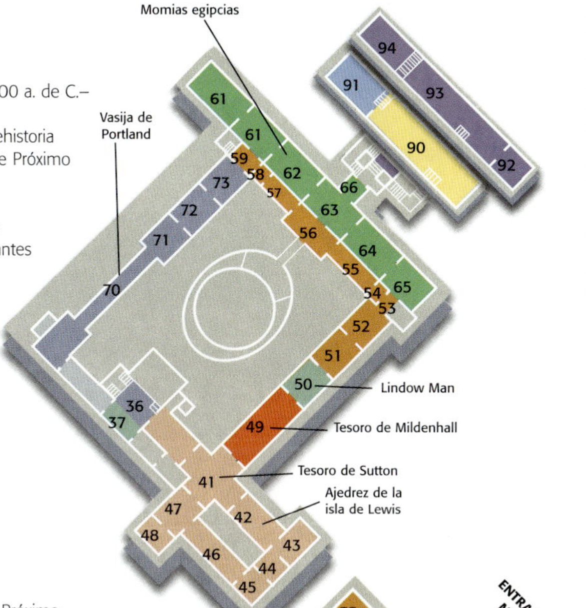

PLANTA BAJA
Sala 1: Iluminación
Sala 4: Egipto
Salas 6-10: Antiguo Oriente Próximo
Salas 11-23: Grecia y Roma
Salas 26-27: Las Américas
Salas 33-33a: Asia
Sala 34: El mundo islámico
Sala 35 y King's Library: Exposiciones temporales

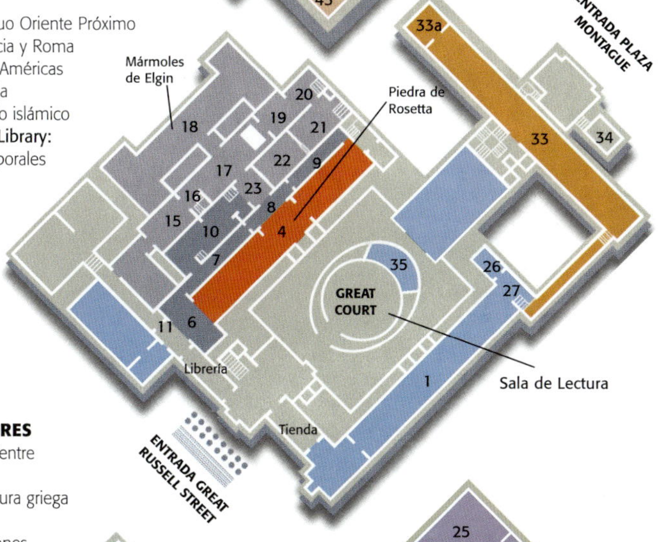

PISOS INFERIORES
Clore Education Centre
Sala 25: África
Sala 77: Arquitectura griega y romana
Sala 78: Inscripciones clásicas

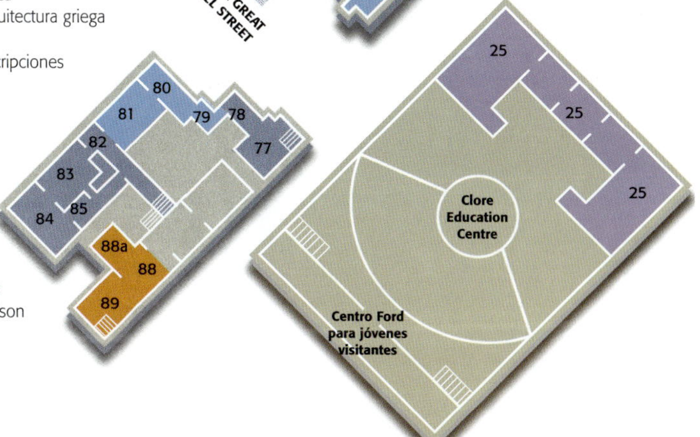

Salas 82-85:
Galerías Wolfson
Sala 88:
Vida asiria

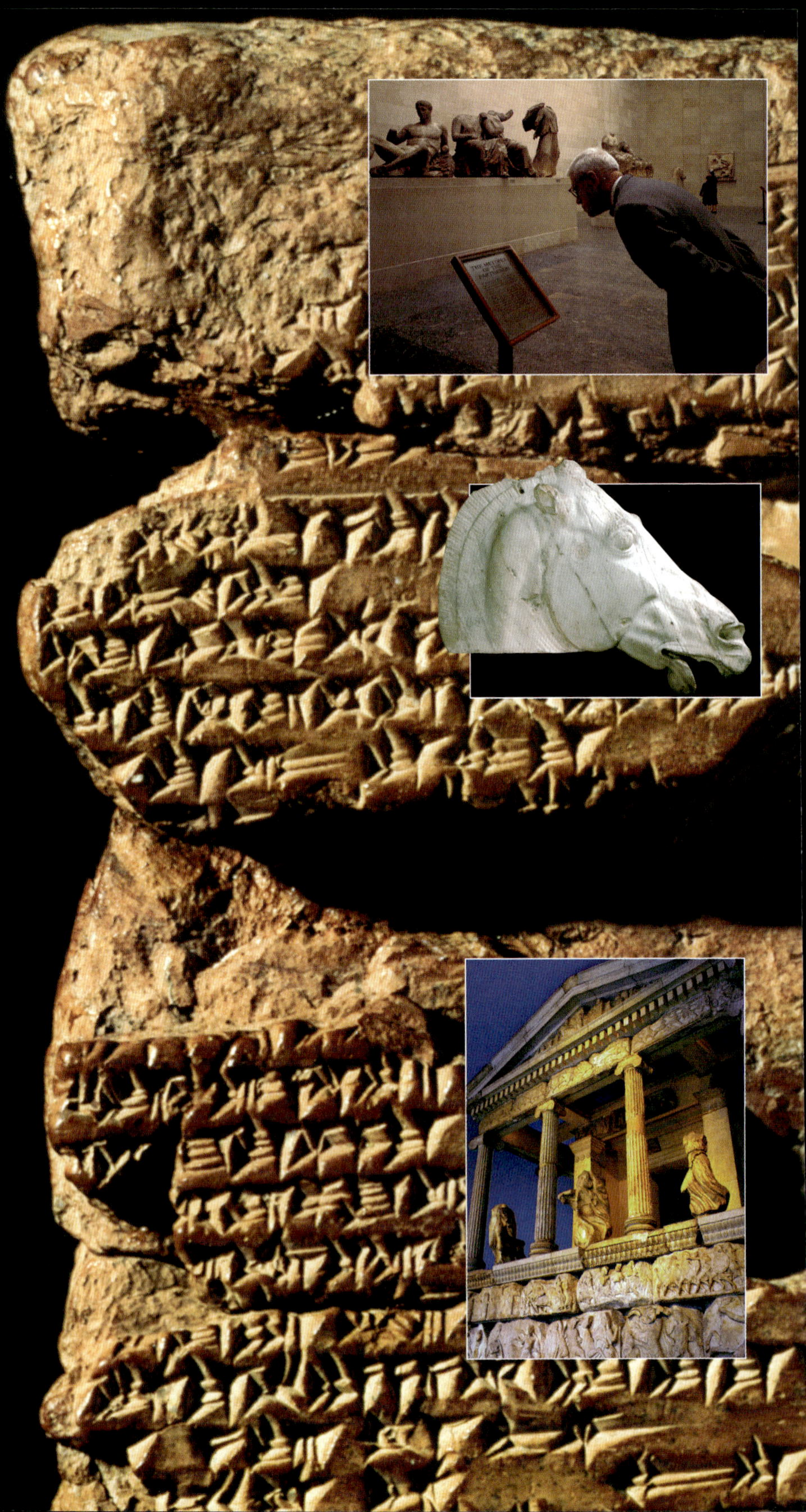

El Tesoro de Mildenhall (Sala 49)

Un granjero que araba su tierra cerca de Mildenhall de Suffolk en 1942 desenterró una vajilla completa de plata de finales de la época romana. Como no había monedas, fue difícil ponerle fecha, pero los dibujos del juego sugiere que se usó durante el siglo IV d. de C. por alguien de gran categoría. El nivel de decoración de las fuentes, cucharones y cucharas, cuencos y platos es soberbio, e incluye asas en forma de delfines y representaciones de Baco, dios del vino, un toque de moda en las vajillas de plata durante el periodo romano.

Momias egipcias (Salas 62-63)

Una de las exposiciones más populares del Museo Británico son las momias y los sarcófagos egipcios. Esas filas de cuerpos conservados envueltos en vendas y rodeados de sus posesiones más preciadas y su comida favorita, ejercen una morbosa fascinación, sobre todo en los niños. Lo más impactante es el cuerpo de «Ginger»: un egipcio predinástico de 3400 a. de C. en un féretro reconstruido. La artesanía y elegancia de los objetos que rodean y celebran la muerte son magníficas, como el féretro de intrincado diseño de madera pintada de Passenhor, que tiene el cuerpo lleno de figuras y textos, y la cabeza pintada para representar un rostro joven enmarcado por un tocado. Descubierto en Tebas, fue creado hacia el 700 a. de C.

La Momia de la Ciénaga (Sala 50)

Apodada «Pete Marsh» por los arqueólogos, que la encontraron en una ciénaga de turba de Cheshire, la Momia de la Ciénaga es un cadáver de hace 2.000 años casi perfectamente conservado, aunque algo arrugado. Entre las teorías actuales, una de ellas afirma que fue sacrificado durante una ceremonia druida. Hay signos de un golpe en la cabeza y una herida en la garganta, y se encontraron granos de muérdago en su estómago, lo que sugiere que le dieron un alimento alucinatorio antes de ser golpeado, estrangulado y ahogado.

La Tabla de Comida (pintura principal enfrente) *es una tabla cuneiforme (primitiva forma de escritura) de Irak que cuenta la historia de Epic de Gilgamesh, un legendario soberano de Uruk. Los famosos mármoles de Elgin* (recuadro superior y central). *Una reconstrucción del monumento a Nereida* (recuadro inferior) *de Xantos en Asia Menor.*
Perros de mármol (abajo), *encontrados cerca de Lanuvio en Italia*

PLANTAS INFERIORES

Relieves asirios

Para adornar los palacios y los templos asirios se troquelaron sobre paneles unas llamativas figuras talladas que portaban vasijas y armas, y llevaban a cabo actividades diarias o campañas militares. Han sobrevivido desde aproximadamente el 880-61 a. de C. Destinadas originariamente para las paredes de barro y ladrillo, y algunas de una altura de 2,6 metros, se adornaban con pintura, de la cual todavía queda algún que otro rastro. A modo de tiras cómicas, relatan sus historias desde un extremo de la pared a la otra. Los relieves más impresionantes proceden del gran palacio, conocido como el palacio sudoeste del rey Senaqueribo, que subió al trono de Asiria en el 704 a. de C. y trasladó su capital de Dur-Sharrukin (hoy Mosul) a la antigua ciudad de Nínive, a la que devolvió su esplendoroso estilo. El palacio fue su gran obra, y muchas de sus estancias estaban cubiertas con relieves de alabastro.

HISTORIA

El acaudalado físico sir Hans Sloane (1660-1735) dedicó su vida a coleccionar monedas, libros y especímenes de historia natural, que a su muerte ascendían a 80.000. El Gobierno adquirió esta colección y se expuso por primera vez como el Museo Británico en 1759, en la casa Montague House, que ocupaba el lugar actual del museo. Pero el museo, que fue aumentando por las donaciones de benefactores, viajeros, historiadores y arqueólogos, se quedó pequeño y se construyó el clásico edificio de sir Robert Smirke (1823-1747) para reemplazar la casa de Montague. A medida que fue creciendo, se añadieron más galerías, pero el espacio siguió siendo un gran problema y a finales del siglo XX se comprendió que había que encontrar soluciones más radicales. Así, en 1998, la Librería Británica (▷ 78), que había ocupado la sala de Lectura, se trasladó a St. Pancras y se llevó a cabo la restauración del Great Court.

SIR HANS SLOANE

Irlandés de nacimiento, después de haber demostrado desde niño un vivo interés por la naturaleza, Hans Sloane estudió química y botánica en Londres, y medicina en Francia. Hizo un viaje a Jamaica en calidad de médico del nuevo gobernador, el II duque de Albermarle, y ello le dio la oportunidad de observar la fauna y la flora locales, las costumbres y fenómenos naturales, como terremotos, así como de recolectar plantas, moluscos, insectos y peces. Se sintió intrigado por una bebida local muy popular, la cocoa, e inventó una variación añadiendo leche para reducir su amargura. A su regreso a Inglaterra, su poción se vendió como medicina antes de pasar a los señores Cadbury, que lo convirtieron en una famosa bebida de chocolate. Sloane continuó su carrera como médico reputado mientras coleccionaba curiosidades y publicaba libros de sus viajes y estudios. Cuando murió, a la edad de 93 años, su preciosa colección ocupaba gran parte de su casa, y de ella se hizo cargo un profesional de galerías de arte.

Artículos de lujo tientan a los transeúntes en el centro comercial Burlington

Sala de Mapas en Salas del Gabinete de Guerra, crucial en la segunda guerra mundial

Figura egipcia tallada en la base de las Agujas de Cleopatra

CENTRO COMERCIAL BURLINGTON

67 H5 • Piccadilly W1 Lu-vi 9:30-17:30; sá: 10-18 Gratuito Green Park, Piccadilly Circus 8, 9, 14, 19 38
www.burlington-arcade.co.uk

Artículos de piel, calzado a medida, joyas antiguas y contemporáneas, prendas de cachemira, perfumes y regalos originales, todo esto se puede encontrar detrás de las fachadas de las tiendas en las arcadas de Piccadilly, en caoba y de estilo regencia. Se construyó en 1819, con un techo central de cristal y estructura de madera, y su original finalidad fue evitar que los transeúntes lanzaran basura al jardín de la casa Burlington (ver Real Academia de las Artes, ▷ 115). A fin de mantener el orden, se reclutaron ex soldados del 10.º regimiento de los húsares. Todavía hoy unos «oficiales» ataviados con levitas y sombreros de copa hacen cumplir las leyes de cortesía y decoro de la época regencia, que prohíbe silbar, cantar, gritar y cargar bultos voluminosos.

MUSEO DE DIBUJOS ANIMADOS

68 J3 • 35 Little Russell Street WC1A 2HH 020 7580 8155 Ma-sá: 10:30-17:30; do: 12-17:30 Adultos 4 £, niños (menores 18) gratuito Tottenham Court Road, Holborn 7, 38, 91, 188
www.cartoonmuseum.org

Es el primer museo de Londres dedicado al dibujo animado. La colección conserva y expone una serie fascinante de dibujos animados, caricaturas y tebeos británicos. La biblioteca contiene unos 4.000 libros sobre el dibujo animado y temas relacionados, así como más de 2.500 tebeos. El museo organiza conferencias y talleres para adultos y niños.

MUSEO CHARLES DICKENS

68 K3 • 48 Doughty Street WC1N 2LX 020 7405 2127 Lu-sá: 10-17; do: 11-17 Adultos 5 £, niños (menores 16) 3 £, familias 12 £ Russell Square, King's Cross, Chancery Lane (cerrado do) 19, 38, 45, 55
www.dickensmuseum.com

Charles Dickens (1812-1870), prolífico novelista y comentarista de la sociedad victoriana, vivió en no menos de 15 direcciones durante su vida. En esta casa adosada de estilo georgiano, en Bloomsbury, vivió desde 1837 a 1839. Ahora un museo de su vida y obra alberga manuscritos originales, primeras ediciones, efectos personales, recuerdos, muebles y cuadros del siglo XIX, e incluye el estudio donde Dickens terminó su primera novela larga, *Las aventuras de Mr. Pickwick*, y más tarde sus famosos *Oliver Twist* y *Nicholas Nickleby*. El abarrotado salón donde el novelista recibía ha sido restaurado a su estilo original regencia, mientras que las restauraciones del lavadero y la bodega en el sótano transmiten la atmósfera dickensiana londinense.

No perderse el árbol genealógico de la familia Dickens en la sala del desayuno.

CHINATOWN

68 J4 Acceso libre Gratuito Leicester Square, Tottenham Court Road 14, 19, 38

Al norte de Leicester Square, en este vibrante enclave, cuyo núcleo es la calle peatonal Gerrard, hay docenas de tiendas asiáticas de comida, bebida, libros, videos y discos. Desde la década de 1950, los inmigrantes chinos hicieron suya esta zona, y la comunidad asiática se congrega aquí para comprar y socializar. Cada extremo de la zona peatonal se adorna de floridas puertas, e incluso las cabinas telefónicas tienen tejados en forma de pagoda. Con ocasión de las celebraciones del Año Nuevo Chino (finales de enero/principios de febrero, ▷ 222), unos enormes leones en papel maché bailan por las calles, acompañados de petardos y vistosos actos callejeros.

MUSEO CHURCHILL Y SALAS DEL GABINETE DE GUERRA

68 J6 • Clive Steps, King Charles Street SW1A 2AQ 020 7930 6961 Diario 9:30-18 Adultos 11 £, niños (menores 16 años) gratuito Westminster, St. James's Park 11, 12, 24, 88
www.iwm.org.uk

En ninguna parte la experiencia personal de la guerra y la sensación de crisis es más penetrante que en estas exiguas salas subterráneas de Whitehall, donde trabajaron y pernoctaron durante la Segunda Guerra Mundial los personajes más relevantes del Gobierno británico y de las fuerzas armadas. Lo más interesante de estas salas abiertas al público son la sala de mapas, cuyas paredes estaban cubiertas de mapas cada vez con más agujeritos a medida que se iba trazando el progreso de la guerra; la sala del Gabinete, donde el Gobierno seguía su trabajo durante los bombardeos aéreos; la sala del teléfono trasatlántico, mediante el cual había comunicación directa con la Casa Blanca; y la sala del primer ministro, desde donde sir Winston Churchil hablaba a la nación. Junto con otras salas, hacen del lugar el primer gran museo dedicado a la vida de Winston Churchill.

Una audioguía gratuita lleva por los pasillos que resuenan con el sonido de las sirenas y las voces de los guardias cuando fuera estallaban las bombas y el fuego lo arrasaba todo.

AGUJA DE CLEOPATRA

68 K5 Entrada libre Gratuito Embankment 176, 188, RV1 Embankment Pier
Oficina de información turística
Centro británico de visitantes, 1 Lower Regent Street SW1Y 4XT (no teléfono)

Este obelisco de granito rosa fue construido para el faraón egipcio Tutmosis III hacia 1500 a. de C.,

Obras de la exposición Sensualidad y Feminidad de Dalí

Puertas de estilo chino marcan la entrada a China Town

Un almacén de la década de 1950 alberga ahora el Museo del Diseño

y sus jeroglíficos e inscripciones de elaborado esculpido se añadieron para señalar las victorias de Ramsés II. Su asociación con Cleopatra empezó cuando fue trasladado a Alejandría. En el siglo XIX, el virrey egipcio lo regaló al Reino Unido, pero su peso retrasó su traslado varias décadas.

Las placas montadas alrededor de la base del obelisco ofrecen una breve historia de la aguja y conmemora a los hombres que murieron durante su transporte

En 1879 fue colocado junto al Támesis, flanqueado por dos esfinges victorianas de bronce. Hay unos bancos cercanos también decorados con un motivo egipcio de esfinges aladas.

MUSEO DE LA PRISIÓN DE CLINK

69 N5 • 1 Clink Street SE1 9DG
020 7403 0900 Oc-final jun lu-vi: 10-18; sá-do: 10-21; jul-final sep diario: 10-21 Adultos 5 £, niños (con escolarización completa) 3,50 £, familias 12 £ London Bridge
35, 43, RV1
www.clink.co.uk

Un esqueleto ahorcado dentro de una jaula es una pequeña muestra de lo que está por venir: indica la entrada al sombrío sótano que alberga el museo. Desde el siglo XII hasta 1780, cuando el edificio fue pasto de las llamas durante los disturbios de Gordon (⊳ 33), fue la sede de la famosa prisión Clink, donde se encarcelaron en condiciones espantosas a clérigos, herejes, acreedores, prostitutas y gente varia de los bajos fondos de la orilla sur del río. Se dice que su nombre deriva de los remaches de hierro usados para inmovilizar a los prisioneros y *clink* se ha convertido en la palabra popular para nombrar cualquier prisión. El museo abarca la historia de la prisión mediante material de archivo, cuadros de escenas de tortura y una exposición de instrumentos horripilantes.

COVENT GARDEN

Ver página 88.

UNIVERSO DALÍ

68 K6 • Riverside Building, County Hall, Westminster Bridge Road SE1 7PB
Tel información: 020 7620 2720, 0870 744 7485 Diario: 10-18
Adultos 9 £, niños (4-7) 1 £, (8-16) 5,50 £, menores de 4 años gratuito
Waterloo, Westminster 11, 24, 76, 159 Westminster Millennium Pier, Waterloo Millennium Pier
www.daliuniverse.com

Dispuesta a modo de laberinto de galerías en el County Hall (antaño sede del County Hall en la South Bank), esta elegante exposición está dedicada al extravagante y surrealista artista español Salvador Dalí (1904-1989). Cuenta con más de 500 obras prestadas por coleccionistas europeos, entre ellas esculturas, dibujos, litografías y objetos de oro y cristal. Con el fin de reflejar las principales influencias en su vida y obra, las exposiciones están agrupadas en tres temas: «Sensualidad y Feminidad» (donde se puede ver el famoso sofá en forma de los labios de Mae West), «Religión y Mitología», y «Sueños y Fantasía».

No perderse *Recuerda*, un cuadro al óleo pintado para el plató en Hollywood de la película homónima de sir Alfred Hitchcook (1945).

MUSEO DEL DISEÑO

69 P6 • 28 Shad Thames SE1 2YD 0870 833 9955
Sa-ju: 10-5:45
Adultos 7 £, niños (menores 12 años) gratuito, familias 16 £
London Bridge, Tower Hill (o Tower Gateway para DLR)
42, 47, 78, 188
St. Katharine's Pier
www.designmuseum.org

En 1989 se transformó un almacén de la década de 1950 en Butlers Wharf en el modernista Museo del Diseño, el primero en el mundo dedicado al diseño de los siglos XX y XXI. Una de las atracciones culturales más inspiradoras, promete ser algo más que un museo convencional, con la misión de «entusiasmar a todo el mundo con el diseño». Una colección permanente en constante evolución presenta diseños clásicos de producción masiva, entre ellos coches, cámaras, muebles, aparatos de uso doméstico y equipamiento de oficinas; mientras que las exposiciones temporales van desde retrospectivas sobre grandes diseñadores a espectáculos temáticos.

La galería Review en la primera planta expone los diseños y las tecnologías contemporáneos más innovadores del mundo entero.

Escultura de la colección de la obra surrealista expuesta en el Universo Dalí

COVENT GARDEN

Zona de moda para tiendas, restaurantes, museos y espectáculos situada alrededor de la primera plaza auténtica de Londres y ubicada en el recinto de un mercado del siglo XIX.

CLASIFICACIÓN	
Bueno para los niños	●●●●
Interés turístico	●●
Lugares para fotografiar	●●●
Compra para expertos	●●●●●

INFORMACIÓN BÁSICA

68 K4
Entrada libre
Gratuito
Covent Garden
9, 13, 23, 87, 139, RV1

www.coventgardenlife.com
Excelente variedad de tiendas, restaurantes, bares, discotecas, lo más *in*.

La reconvertida zona de la bodega (foto principal), *donde está el pub Punch and Judy pub* (recuadro). *Antaño solía haber muchos vendedores de flores* (abajo)

La Covent Garden Piazza fue la primera plaza residencial de Londres, diseñada en la década de 1630 por el arquitecto Inigo Jones y modelo para otras muchas plazas de la ciudad. Posteriormente se convirtió en un próspero mercado de frutas y verduras, célebre por sus vendedores de flores y de manzanas (llamados *costermongers),* que cargaban sin esfuerzo enormes cestos sobre sus cabezas. Cuando en la década de 1970 los comerciantes se trasladaron a Vauxhall, en el sur de Londres, la zona del mercado se transformó en la Piazza, una mezcla de boutiques, puestos y restaurantes, con atracciones callejeras para divertir a la gente. Los vestíbulos centrales, todavía cubiertos con los tejados de hierro de 1870 y encarados al extremo oriental, la entrada original, por unas grandes columnas de piedra constituyen el corazón de esta zona tan concurrida.

Unas escaleras conducen a la reconvertida zona inferior de vestíbulos, que ahora ocupan muchas tiendas y el pub Punch and Judy. Los compradores, sentados a las mesas de fuera o asomados a la barandilla de arriba, se distraen con artistas callejeros, los cuales deben pasar unas pruebas antes de lanzarse en público.

También se tiene en cuenta el espíritu de Covent Garden, por lo que todas las tiendas de la Piazza cuentan con cierto carácter; por ejemplo Culpeper el herbolario, o la tienda de juguetes Benjamin Pollock, especializada en teatros de marionetas, o Punch and Judy, juguetes antiguos, miniaturas y juegos.

Hay todavía un mercado diario (10:30-18:30), instalado en el vestíbulo norte y popularmente conocido como el Apple Market. Hay más de 200 puestos registrados, y como muchos solo acuden una o dos veces por semana, hay siempre una gran variedad de artesanía, joyería, ropa y accesorios (ma-do). Los lunes, el mercado se reserva exclusivamente a puestos de antigüedades y coleccionistas.

EN TORNO A LA PIAZZA

En el extremo nororiental de la Piazza está la Royal Opera House (▷ 195), magníficamente restaurada. Su diseño incorpora la estructura original de hierro del Floral Hall del mercado. Al otro lado de la Piazza, está el antiguo mercado de las flores, ahora sede del reformado Museo del Transporte (▷ 100). Al este están dos de los famosos teatros de la zona, el elegante Royal Drury Lane (▷ 201) y el Lyceum (▷ 199), en Wellington Street.

La zona conocida como Covent Garden se extiende más allá de la estación de metro, por las callejuelas que salen de la Piazza, también abarrotadas de tiendecitas de arte.

El estudio donde escribía Charles Dickens

Un retrato sobre vidrio tintado de Johnson, en su casa londinense

Representación de la enfermera Florence Nightingale trabajando

CASA DEL DOCTOR JOHNSON

68 L4 • 17 Gough Square EC4A 3DE 020 7353 3745 Ma-final sep, lu-sá: 11-17:30; oc-final ab, lu-sá: 11-17 Adultos 4,50 £, niños (10-16) 1,50 £ menores 10 años gratuito, familias 10 £ Blackfriars, Temple, Holborn, Chancery Lane (cerrado do) 11, 26, 76, 172 www.drjohnsonshouse.org

Esta gran casa de ladrillos oscuros enterrada en un laberinto de patios y pasajes es uno de los pocos edificios residenciales del siglo XVIII que ha sobrevivido en la City de Londres. Fue el hogar y lugar de trabajo del periodista, poeta y lexicógrafo doctor Samuel Johnson (1709-1784) desde 1748 a 1759, y fue aquí donde compiló el primer diccionario completo en inglés, publicado en 1755.

Restaurada a su estado original, con habitaciones forradas de madera y una escalinata de pino, la casa contiene una colección de objetos de la época, como muebles, pinturas y retratos, así como las primeras ediciones del diccionario. Mientras Johnson trabajaba en las entradas para el diccionario en su rincón de estudio, había seis copistas en la buhardilla que las transcribían.

MUSEO FARADAY

67 H5 • The Royal Institution of Great Britain, 21 Albemarle Street W1S 4BS 020 7409 2992 Cerrado por reformas en el momento de escribir la guía, telefonear para detalles Green Park, Piccadilly Circus 8, 14, 19, 38 www.rigb.org/heritage/faradaypage.jsp

Dos estancias en el sótano del edificio del siglo XVIII de la Royal Institution, justo al norte de Picadilly, albergan un pequeño museo dedicado al científico Michel Faraday (1791-1867), quien descubrió la inducción y las rotaciones electro-magnéticas, el efecto magneto-óptico y muchos otros hechos relacionados con el tema. Su laboratorio original muestra reconstrucciones de montajes experimentales y equipamiento histórico, entre ellos el primer generador eléctrico y un aparato magneto-explosivo.

La Royal Institution se fundó en 1799 para promover y popularizar la investigación científica, y es el centro independiente de investigación más antiguo del mundo.

MUSEO FLORENCE NIGHTINGALE

68 K6 • 2 Lambeth Palace Road SE1 7EW C020 7620 0374 Lu-vi: 10-17; sá-do: 10-16:30 Adultos 5,80 £, niños (5-18) 4,80 £, menores 5 años gratuito, familias 16 £ Westminster, Waterloo 12, 159, 211, 507 Westminster Millennium Pier www.florence-nightingale.co.uk

Ubicado en un anexo moderno del hospital de St. Thomas, donde Florence Nightingale (1820-1910) abrió la primera escuela de enfermeras en 1860, el museo cuenta su carrera y su contribución a la salud pública. Mediante recuerdos personales, ropas, muebles, libros, cartas, retratos y equipo de enfermería, se evoca su trabajo atendiendo a soldados durante la Guerra de Crimea, que le valió el título de «la dama de la lámpara», y su contribución a la salud pública. También hay realistas reconstrucciones audiovisuales.

MUSEO GEFFRYE

69 P2 • Kingsland Road, Shoreditch E2 8EA 020 7739 9893 Ma-sá: 10-17; do: 12-17. Jardín abierto ab-final octubre mismas horas museo Asilos gratuito, adultos 2 £, niños gratuito Old Street, Liverpool Street 67, 149, 242, 243 www.geffrye-museum.org.uk

Una serie de salas decoradas y amuebladas según estilos de diferentes periodos históricos hacen revivir 400 años de vida doméstica, empezando con una habitación del siglo XVII forrada de madera de roble, pasando por el moderado estilo georgiano, el elaborado diseño victoriano para llegar a un almacén convertido en un espacio del siglo XX.

Un anexo de 1998 aporta exposiciones de arte contemporáneo e incluye muebles e interiores modernos, así como una galería de exposiciones temporales y un centro de diseño. En los jardines, dispuestos como salas exteriores y con un herbario vallado, el estilo cambia a horticultural.

Los asilos Geffrye –14 casas y una capilla– se abren el primer sábado y el tercer miércoles del mes. Se construyeron originariamente para ferreteros ancianos y pobres y sus viudas en 1715 sobre una tierra que legó sir Robert Geffrye, alcalde de Londres.

GOLDEN HINDE

69 N5 • St. Mary Overie Dock, Cathedral Street SE1 9DE 0870 0118 700 Diario: 10-17:30 Adultos 6 £, niños (4-18) 4,50 £, menores de 4 años gratuito, familias 10 £ London Bridge 17, 35, 43, 47 London Bridge City Pier, Bankside Pier www.goldenhinde.org

En un pequeño muelle de Bankside hay una exacta réplica a tamaño natural del galeón con el cual sir Francis Drake (*h*1543-1596) dio la vuelta al mundo entre 1577 y 1580. De hecho, la réplica ha viajado más que el original, dos veces alrededor del mundo. El exiguo interior del barco albergaba a más de 80 marineros.

Entre sus cinco cubiertas hay una que aloja 22 cañones. Durante la temporada de verano se organizan travesías cortas con versados guías ataviados con uniformes de la época de la reina Isabel, lo que añade autenticidad a la visita.

De abril a septiembre, quienes quieren experimentar lo que es dormir a bordo, pueden pernoctar en el barco como parte de una visita de grupo.

El Canada Memorial en Green Park, una fuente arquitectónica hecha de granito rosa de Nueva Escocia, e inaugurada por la reina en 1994

La sala de música en la antigua casa de Haendel

GRAY'S INN

68 K3 • The Honourable Society of Gray's Inn, 8 South Square, Gray's Inn WC1R 5ET ☎ 020 7458 7800
Entrada libre a los jardines lu-vi: 12-14; capilla lu-vi: 10-18 Gratuito
Chancery Lane (cerrado lu), Holborn, Farringdon 8, 17, 45
www.graysinn.org.uk

Gray's Inn es una de las cuatro Inns of Court (junto con Lincoln's Inn, ▷ 97, e Inner and Middle Temple, ▷ 136) establecidas en el siglo XIV para dar acomodo a abogados y sus pasantes. Juntas, sirven actualmente de sede para los abogados de Londres.

Si bien los bombardeos durante la última guerra destruyeron gran parte del Gray's Inn, los edificios mas importantes han sido bien restaurados. Estos incluyen la puerta del siglo XVII en High Holborn, la que da acceso a los jardines, la única parte abierta al público. Conocidos como los Walks, los jardines fueron diseñados por primera vez en 1606 por el filósofo y estadista sir Francis Bacon (1561-1626), cuando ocupó el cargo de tesorero en la organización.

Los senderos atraviesan unos cuadriláteros de distintos tipos: unos edificios georgianos de ladrillo rojo bordean South Square, un tranquilo recinto con césped y una estatua de Bacon; en la plaza Gray's Inn, se pueden ver unas casas del siglo XVII y una capilla; y unas casas del siglo XVII distinguen Field Court.

GREEN PARK

67 H6 Entrada libre Gratis
Green Park, Hyde Park Corner
8, 14, 19, 82
www.royalparks.org.uk

Enrique VIII compró esta franja de tierra para destinarla a la cazar, junto con Hyde Park (▷ 93) al oeste y St. James's Park (▷ 116-117) al otro lado de la larga calle llamada The Mall. Famosas por sus avenidas y árboles naturales, las 16 hectáreas de Green Park son menos formales que los otros parques reales de Londres.

En el extremo suroeste está el Wellington Arch (▷ 151).

MUSEO DE LA GUARDIA

67 J6 • Wellington Barracks, Birdcage Walk SW1E 6HQ ☎ 020 7414 3428
Diario: 10-16. Cerrado los días de ceremonias; llamar antes para comprobar Adultos 2 £, menores de 16 años gratuito St. James's Park
11, 24, 148, 211
www.theguardsmuseum.com

La Guardia Real son los guardaespaldas personales de la familia real y está formada por soldados de los regimientos de Granaderos, Coldstream, de Escocia, de Irlanda y de Gales. Mediante una exposición de más de 30 uniformes, armas y cuadros que representan batallas famosas desde la guerra civil inglesa en el siglo XVII hasta nuestros días, se traza su historia.

Todo ello está expuesto bajo la plaza de armas en el extremo oriental de las Wellington Barracks, cuya fachada clásica da a St. James's Park (▷ 116-117).

GUILDHALL

69 M4 • Aldermanbury EC2P 2EJ
☎ 020 7606 3030 Ma-final sep diario: 10-17; oc-final abr, lu-sá: 10-17. Cerrado durante ceremonias /actos. Galería de arte lu-sá: 10-17; do: 12-16. Para horario museo informarse antes
☎ 020 7332 1868/1870 Guildhall Museo del reloj gratuito; galería de arte 2,50 £, niños (menos 16 años) gratuito; gratuito viernes todo el día y desde 15:30 lu-ju, sá Bank, St. Paul's, Mansion House, Moorgate 8, 11, 15
www.cityoflondon.gov.uk

Es la tercera casa consistorial en tamaño de Inglaterra. Se inauguró en 1411 y es la única estructura secular de piedra que sobrevivió al incendio de 1666 (▷ 31). La Corporation of London, que gobierna la City, tiene todavía su sede aquí.

Al otro lado de la original entrada, diseñada en 1788 con influencias góticas e indias, hay un enorme vestíbulo medieval con vidrieras y monumentos a héroes nacionales como lord Nelson, el duque de Wellington y sir Winston Churchill. Debajo está la mayor cripta medieval de Londres y el hallazgo arqueológico más importante de los últimos tiempos: los restos del único anfiteatro romano de la capital (▷ 27).

La biblioteca contiene láminas, dibujos y libros sobre la historia de Londres, así como el Museo del Reloj, que cuenta con unos 600 relojes, 30 despertadores y 15 cronómetros navales que datan desde el siglo XV hasta el XX.

La corporación lleva recolectando desde el siglo XVII obras de arte, sobre todo retratos y pinturas de batallas navales y vistas del Londres histórico; en la galería de arte tienen lugar exposiciones itinerantes.

CASA MUSEO DE HANDEL

67 H4 • 25 Brook Street W1K 4HB
☎ 020 7495 1685 Ma, mi, vi, sá: 10-18; ju: 10-20; do: 12-18. Durante temporada alta, tickets tiempo cronometrado Adultos 5 £, niños (5-15) 2 £, menores de 5 años gratuito
Bond Street, Oxford Circus
3, 8, 25, 55, 176
www.handelhouse.org

El 25 de Brook Street, en Mayfair, fue el hogar del compositor germano-inglés Georg Friedich Haendel (1685-1759) desde 1723 hasta su muerte. Fue aquí donde compuso algunas de sus obras más apreciadas, como *El Mesías, Zadok el sacerdote* y *Música para los reales fuegos artificiales*. Se exponen retratos de Haendel y sus coetáneos, partituras, láminas y escultura.

Una zona de la casa contigua, el n.º 23 (▷ 19), sirve para exposiciones y música en vivo.

QUÉ VISITAR

HMS *BELFAST*

El único ejemplo existente de los acorazados de guerra construidos para la Royal Navy en la primera mitad del siglo XX.

Botado en marzo de 1938, este inmenso buque de guerra participó activamente durante la Segunda Guerra Mundial, y su cometido fue vital en la destrucción del crucero alemán *Scharnhorst* en la batalla del Cabo Norte y en el desembarco de Normandía. Ahora flota en la orilla sur del Támesis cerca del Tower Bridge, y sus blindajes y torres con cañones contribuyen a hacer de él un espectáculo impresionante.

UNA VUELTA POR LAS CUBIERTAS

La visita comienza en la cubierta cuatro, donde funcionarios e invitados de honor eran recibidos al son de las gaitas mientas subían a bordo, en medio de una formación de guardias y banda militar, y sigue hasta la parte superior del puente, con sus cuatro cañones Bofors, tres de los cuales se pueden disparar manualmente (todo el mundo puede intentarlo). Luego se baja y pasa a través de nueve cubiertas para ver las torres con cañones triples de 6 pulgadas, los cubículos y almacenes del casco, y los exiguos camarotes, las cabinas de los oficiales, la cocina y la enfermería. Unos modelos a tamaño natural representan a miembros de la tripulación mientras hacen sus respectivas tareas; un toque sorprendentemente realista y desconcertante.

Unos modelos tripulan en la sala de mandos, representando la parte que tuvo el buque en la batalla Cabo Norte el 26 de diciembre de 1943. Es un simple truco, pero efectivo, realzado por fotografías y objetos que ponen de relieve el coste humano del conflicto.

La cocina actual del barco se remonta al periodo en que el HMS *Belfast* fue modernizado en la década de1950, cuando la comida empezó a ser preparada por personal especializado y cualificado, y se servía en una barra como autoservicio; se pueden ver más figuras llevando a cabo sus respectivas tareas en la cocina. La enfermería, una sala bien equipada, refleja la necesidad de cuidados médicos en un crucero pensado para pasar largos periodos en la mar.

La visita termina en las calderas y la sala de máquinas, donde unas calderas inmensas producen vapor sobrecalentado a alta presión que es enviado por unas tuberías a los motores de turbina y, a su vez, a los ejes portahélices. Hacían falta unas cuatro horas para conseguir el vapor suficiente capaz de mover el barco.

Hay unos vídeos que trazan la historia de cada zona de la visita, y los funcionarios presentes aclaran posibles dudas y dirigen el flujo de visitantes.

No perderse las firmas de los 36 supervivientes de una tripulación de 1.963 en el *Scharnhorst.*

CLASIFICACIÓN

Bueno para los niños	●●●●
Interés turístico	●●
Lugares para fotografiar	●●●

INFORMACIÓN BÁSICA

69 N5 • Morgan's Lane, Tooley Street SE1 2JH

020 7940 6300

Ma-final oc, diario: 10-18; nov-final feb, diario: 10-17

Adultos 9,95 £, niños (menores 16, acompañados de un adulto) gratuito

London Bridge, Tower Hill

36, 705, RV1 London Bridge City Pier, Tower Millennium Pier

Las visitas son autoguiadas

3,25 £, en inglés, francés, alemán

Walrus Café en zona 3

Regalos, modelos y libros con temas bélicos/fuerzas armadas

www.iwm.org.uk
Notas sobre las zonas principales del buque, con información completa para el visitante.

CONSEJO

• Como la visita implica bajar escaleras muy empinadas sin apenas espacio para la cabeza, no ir si se sufre de claustrofobia.

Ataviado con cañones, el Belfast *ofrece una visión completa de la vida y trabajo de su tripulación* (foto principal). *La campana de plata* (recuadro) *fue presentada por los habitantes de Belfast en octubre de 1948*

CLASIFICACIÓN

Bueno para los niños	●●
Interés turístico	●●●●

INFORMACIÓN BÁSICA

68 K6 • Parliament Square SW1A 0AA Cámara de los Comunes 020 7219 4272, Cámara de los Lores 020 7219 3107, tickets para visitas en verano 0870 906 3773 Visitas durante vacaciones verano. Ag, lu, ma, vi, sá: 9:15-16:30; mi, ju: 13:15-16:30; sep-final oc, lu, l, sá: 9:15-16:30, ma-ju: 13:15-16:30; torre del reloj solo con cita previa

Galería Strangers y torre del reloj gratuito; para tours ver abajo

Westminster 3, 11, 12, 24

Westminster Millennium Pier

Visitas durante vacaciones verano: adultos 12 £, niños (4-16) 5 £, menores de 4 años gratuito, familias 30 £. Tours en francés, español, alemán o italiano en horarios fijos

«Guías Breves» en varios idiomas, gratuitas. Varias guías recuerdo

Tienda souvenirs en el Westminster Hall

Cafetería Jubileo en Westminster Hall

www.parliament.uk
Detalles de debates actuales y proyectos de ley, con posibilidad de ver sesiones; vistas de varias partes de Westminster.

La Cámara de los Lores (foto principal). *La famosa Torre del Reloj* (recuadro derecho) *con el Big Ben (▷ 37) se terminó en 1858. Vista de los edificios desde el Ojo de Londres* (recuadro izquierdo)

EL PARLAMENTO

La sede del poder estatal desde hace más de 700 años. Un edificio espléndido con una historia en cada rincón.

A pesar de su apariencia gótica, el Parlamento actual es relativamente nuevo. En 1834 un incendio destruyó casi por completo el palacio medieval de Westminster, y para proyectar su reemplazo en estilo neogótico se organizó un concurso que ganaron el arquitecto Charles Barry (1795-1860) y su ayudante, Augustus Pugin (1812-1852).

UNA VUELTA POR EL PARLAMENTO

Para la apertura del Parlamento (▷ 224), la Reina recorre una parte del edificio que el público puede seguir durante las vacaciones de verano, cuando los miembros del Parlamento toman su descanso anual. Después de cruzar el porche Norman, la visita sigue por la Queen's Robing Room, un resplandor de oro y carmesí. Viene luego la Royal Gallery, donde cuelgan retratos de diferentes monarcas. Unos inmensos cuadros victorianos de los Tudor decoran la Prince's Chamber. Desde aquí se pasa a la Cámara de los Lores, donde la reina se dirige al Parlamento y el presidente de la Cámara de los Lores toma asiento en el Woolsack, un cojín mullido que representa la prosperidad del Reino Unido.

Si bien aquí termina el *tour* de la Reina, el visitante continúa a través del Peers' Lobby al Central Lobby, entre las dos Cámaras. Aquí es donde miembros del público pueden verse cara a cara con sus representantes políticos para defender su causa particular, es decir, para hacer presión o *lobby*. Desde aquí, un pasillo lleva al Commons Lobby, donde un cordón rojo marca la frontera entre los miembros del Gobierno y de la oposición, tradicionalmente sentados a una distancia de dos espadas de longitud por motivos de seguridad. Después tenemos el St. Stephen's Hall, donde estaba la capilla original, y finalmente el Westminster Hall, del siglo XI y ahora utilizado solo muy de vez en cuando para actos ceremoniales.

Se puede asistir a sesiones en la Cámara de los Comunes o la Cámara de los Lores. Hay que esperar fuera en la entrada de St. Stephen, pero se debe tener en cuenta que para los debates más interesantes o la sesión de preguntas al primer ministro las colas pueden ser larguísimas. Los extranjeros deben pedir en la embajada correspondiente o en la alta comisión del Reino Unido una tarjeta de introducción que permite el acceso a primera hora de la tarde. Como cada embajada solo puede entregar cuatro tarjetas por día, hay que reservarlas con mucha antelación. Para una visita a la Torre del Reloj del Big Ben, los residentes ingleses pueden contactar a sus diputados; los extranjeros deben solicitarlo por escrito con tres meses de antelación, como mínimo, a Clock Tower Tours, Parliamentary Works Services Directorate, 1 Cannon Row, London SW1A 2JN.

Enorme vidriera oriental con dibujos de santos en la iglesia Holy Trinity

Jinetes de la escuela de equitación usan la Rotten Row en Hyde Park, el sendero que bordea el lado sur del lago Serpentine

HOLLAND PARK

66 fuera C6 · Abierto todo el día · Gratuito · Holland Park, High Street Kensington · 9, 10, 27, 28 Z
www.rbkc.gov.uk

Los bombardeos de la Segunda Guerra Mundial causaron estragos en la Holland House, la mansión jacobea que había en este parque de 22 hectáreas. Lo que queda se utiliza ahora como albergue juvenil, y el propio parque es un concurrido lugar público con jardines infantiles, instalaciones para deporte, una cafetería y un centro ecológico. También jardines naturales y modelados. En un teatro al aire libre se hacen cursos de Ópera durante 10 semanas en verano.

No perderse el jardín japonés en la parte occidental del parque, creado en 1991 para el London Festival of Japan.

IGLESIA HOLY TRINITY

67 F7 • Sloane Street SW1X 9DF
020 7730 7270 · Lu-sá: 9:30-17:30 · Gratuito · Sloane Square, Knightsbridge · 19, 22, 137, C1
www.holytrinitysloanesquare.org

Construida entre 1888 y 1890 según un proyecto de John Dando Sedding, la iglesia Holy Trinity en Chelsea es considerada uno de los mejores ejemplos londinenses del estilo Artes y Oficios, que nació a finales del siglo XIX como una reacción contra los productos de fabricación masiva. Sir John Betjeman (1906-1984), poeta y escritor, la describió como una «catedral del movimiento de Artes y Oficios», siendo de su especial admiración las puertas del presbiterio trabajado en hierro forjado. El artista Edward Burne-Jones y el dibujante William Morris fueron los artífices de la enorme vidriera oriental, que cuenta con 48 paneles de santos.

EL PARLAMENTO

Ver página 92.

HYDE PARK

66 F5 · Abierto 5-medianoche · Gratuito · Hyde Park Corner, Marble Arch, Knightsbridge · 9, 14, 16, 19,74
www.royalparks.gov.uk

Junto con Kensington Gardens (▷ 94), Hyde Park forma una gran extensión de zona verde al suroeste de Marble Arch. En un principio fue coto de caza para Enrique VIII, pero Jaime I lo abrió al público en el siglo XVII. En la década de 1730, la reina Carolina, esposa de Jorge II, hizo construir el lago artificial conocido como Serpentine para navegar y bañarse. En la actualidad el parque sigue siendo una zona de recreo, con barcas a remo o a pedales para alquilar en verano. En algunas áreas destinadas para ello se pueden realizar actividades como ir en bicicleta, patinar y hacer *skateboarding*.

Al norte del Serpentine se encuentra la fuente construida en memoria de la Princesa de Gales, inaugurada por la Reina en julio del 2004. Esta obra controvertida, comparada por los detractores a un desagüe de tormenta y definida con más cariño como un «óvalo de agua», es solamente una fuente normal y corriente.

El Speakers' Corner (▷ 15), junto a Marble Arch, lleva años haciendo de forum público, donde cualquiera puede airear sus opiniones.

Rotten Row, una corrupción lingüista de *route du roi* (camino del rey), fue construido para unir el palacio de Kensington (▷ 95), en el campo, a Piccadilly y el palacio de St. James. Los miembros de la Household Cavalry Brigade, entre otros, cabalgan allí con sus caballos hacia las 10:30 h (9:30 los domingos) y a mediodía se les puede ver yendo y viniendo a caballo de las ceremonias del cambio de la Guardia en el palacio de Buckingham y de la Guardia Montada (▷ 79).

MUSEO DE LA GUERRA IMPERIAL

Ver página 96.

INSTITUTO DE ARTE CONTEMPORÁNEO

68 J5 • The Mall SW1Y 5AH · 020 7930 3647 · Lu: 12-23, ma-sá: 12-1 noche; do: 1-22:30. Galería diario: 12-19:30; hasta 21 ju (cuando exposiciones) · Día del socio 2 £ laborables, 3 £ fines de semana; informarse sobre actos/exposiciones temporales · Charing Cross, Piccadilly Circus · 9, 11, 13, 19, 88
www.ica.org.uk

El crítico e historiador ingles sir Herbert Read (1893-1968) creó el Instituto de Arte Contemporáneo de Londres poco después de la Segunda Guerra Mundial. Con sede inicialmente en Dover Street, fue trasladado en 1968 a la Carlton House Terrace, un elegante edificio de piedra blanca flanqueado por unas columnas neoclásicas y diseñado por John Nash (1752-1835). Detrás de la preciosa fachada, el instituto presenta películas contemporáneas, exposiciones de arte vanguardista y espectáculos de baile.

TORRE DE LAS JOYAS

68 J6 • Abingdon Street SW1P 3JY
020 7222 2219 · Ab-oc, diario: 10-15; nov-final mar, diario:10-16 · EH Adultos 2,90 £, niños (5-16) 1,50 £, menores de 5 años gratuito · Westminster · 3, 12 X
www.english-heritage.org.uk

La Torre de las Joyas, un edificio de tres plantas en ladrillo rojo, fue construida hacia 1365 como parte del palacio original de Westminster y se usó para almacenar los tesoros de Eduardo III. En aquella época la rodeaba un foso.

En la primera planta hay una exposición que traza la historia del Parlamento desde 1066 hasta nuestros días, y en la segunda un video de 50 minutos explica el trabajo del Gobierno, y una visita virtual nos pasea por el Parlamento.

No perderse la espada sajona descubierta en el lugar.

JARDINES DE KENSINGTON

Tranquilos jardines que se extienden en 11 hectáreas. Pensados para la realeza, su diseño es muy elegante.

La zona verde de Londres se extiende al oeste de Hyde Park (▷ 93) en Kensington Gardens, pero el carácter de los dos parques son muy diferentes. A diferencia del antiguo coto de caza que fue Hyde Park, que todavía conserva su informalidad pública, los Kensington Gardens fueron creados como los jardines formales del palacio de Kensington, situado en el límite oeste. La mayor parte de su diseño procede de la obra llevada a cabo por la reina Carolina, esposa de Jorge II, a principios del siglo XVII, cuando el lado superior del lago artificial de Hyde Park, Serpentine, fue reivindicado y rebautizado como Long Water. En su extremo norte hay un jardín empedrado con un pabellón y cuatro fuentes.

La galería Serpentine, en la zona sur del parque, alberga exposiciones itinerantes de arte contemporáneo (tel.: 020 7402 6075, abierto cada día 10-18 durante exposiciones, gratuito). Se construyó en 1908 y fue un pabellón de té muy a la moda.

Al norte hay dos esculturas: *Energía física* (1904), una estatua ecuestre en bronce de George Frederick Watts (1817-1904), y *Peter Pan* (1912) de sir George Frampton (1860-1928), que conmemora al héroe de la obra de J. M. Barrie de 1904. Al lado está el parque infantil Princesa de Gales (▷ 221).

EN MEMORIA DE ALBERTO

Los Kensington Gardens entraron en una nueva fase de su historia cuando se abrieron al público en 1841, durante el reinado de la reina Victoria. Se honra al amado esposo de la Reina, el príncipe Alberto, mediante un vistoso monumento de sir George Gilbert Scott (1811-1878), situado al sureste de la galería Serpentine. En el centro está el propio Alberto, que sostiene en la mano el catálogo de la Gran Exposición de 1851, que él organizó (▷ 36). Al otro lado de la Kensington Gore Road, hay otro monumento al Príncipe, el abovedado Royal Albert Hall (▷ 195).

Detrás de la estatua de Alberto, el Flower Walk sigue al este para llegar al Broad Walk, que sigue al norte entre el palacio de Kensington y el Round Pond, al oeste de la galería Serpentine. Creado en 1728, este estanque es donde niños y adultos suelen acudir para hacer navegar sus barcos en miniatura. Al sur, hay un quiosco de música, en el que a veces en verano se celebran actuaciones.

No perderse el arco (1979) esculpido en bloques de travertino romano de Henry Moore, en la orilla oriental del Long Water.

CLASIFICACIÓN

Bueno para los niños	●●●●
Interés turístico	●●
Lugares para fotografiar	●●●●

INFORMACIÓN BÁSICA

66 D5
Abierto 6-puesta sol
Gratuito
Lancaster Gate, High Street Kensington, Queensway
9, 10, 49, 52, 70, 148

www.royalparks.gov.uk
Útil página web con información para el visitante, más historia, hechos destacados y actos.

Kensington Gardens (foto principal). *Pintores, compositores, poetas y arquitectos retratados en torno al Albert Memorial* (recuadro), *cuyos extremos ilustran pueblos de Asia, América, Europa y África. Unas figuras alegóricas representan los intereses de Alberto: comercio, fabricación, ingeniería y agricultura*

PALACIO DE KENSINGTON

Un hogar real desde hace más de tres siglos donde reyes y reinas tienen su refugio privado.

En 1689, Guillermo III, que sufría de asma, se fue a vivir al palacio de Kensington con el fin de escapar de la humedad y del humo del palacio de Whitehall junto al río. Compró la casa actual en 1605 y posteriormente encargó su ampliación a sir Christopher Wren (1632-1723); Jorge I la agrandó todavía más en la década de 1720.

En este palacio han vivido muchos miembros de la familia real, pero su más famoso fue Diana, princesa de Gales, que vivió allí hasta su muerte en 1997; fue el domicilio conyugal mientras estuvo casada con el príncipe Carlos.

COLECCIÓN DE VESTIDOS Y SALAS DE LAS GALAS

En la planta baja, la colección denominada Royal Ceremonial Dress expone una soberbia colección de trajes de gala desde el siglo XVIII hasta nuestros días, incluyendo una colección permanente de vestidos pertenecientes a Diana. Se puede seguir el elaborado proceso de vestirse para la Corte, desde la réplica de una tienda donde se escogen las telas hasta una visita al modisto para una prueba final.

Antes de las salas de la galas, están los aposentos de la Reina, siendo el mayor la Queen Mary's Gallery, de 26 metros, con paredes forradas de madera y retratos reales. Algunas habitaciones menores están decoradas con muebles y cuadros del siglo XVII, entre ellos la cama, en el dormitorio de la reina María, con sus originales colgaduras.

En cambio, los aposentos del Rey son muy opulentos, su estilo es italiano y las estancias cuentan con unos magníficos techos pintados por William Kent (*h* 1685-1748). El más impresionante es la habitación de la cúpula, que contiene unos pilares, figuras de deidades griegas y romanas y bustos de emperadores romanos y filósofos antiguos.

Los cortesanos y los huéspedes debieron utilizar la gran escalinata diseñada por Wren, de trabajado hierro forjado obra de Jean Tijou y paredes y techo revestidos de pinturas estilo veneciano hechas por Kent. La pintura *trompe-l'oeil* de la pared de una galería repleta de figuras incluye muchos retratos de cortesanos y servidores coetáneos de Jorge I.

No perderse el precioso jardín situado en un nivel más bajo, que se construyó en 1909 y cuenta con tilos trabajados para formar un seto en tres de los lados y unos arriates que enmarcan el estanque ornamental que hay en el centro (sin acceso público), o la esfera de la dirección del viento, sobre la chimenea de la King's Gallery, conectada con la veleta exterior.

CLASIFICACIÓN

Interés histórico	● ● ● ●
Calidad-precio	● ●

INFORMACIÓN BÁSICA

66 D5 • Kensington Palace State Apartments, Kensington Gardens W8 4PX

0870 751 5170

Mar-final oc, diario: 10-18; nov-final feb, diario: 10-17

Adultos 12 £, niños (5-15) 6 £, menores de 5 años gratuito, familias 33 £

High Street Kensington, Queensway

9, 10, 49, 52, 70, 148

Guía sonora incluida en precio entrada; libro guía 3,95 £, en inglés y alemán

The Orangery (▷ 262)

Tienda del palacio de Kensington, tienda del Yellow Drawing Room

www.hrp.org.uk
Información limitada, pues forma parte de la web general sobre palacios reales.

CONSEJOS

- **Pruebe el acceso al palacio desde la Broad Walk en Kensington Gardens.**
- **Infórmese sobre exposiciones especiales, presentes y futuras.**

Cuando murió Diana, princesa de Gales, las puertas decoradas con hierro forjado negro y dorado (detalle, foto principal) *del palacio de Kensington* (recuadro) *estuvieron repletas de flores durante semanas*

MUSEO DE LAS GUERRAS DEL IMPERIO

El museo militar más impresionante del país. Su contenido va mucho más allá del armamento bélico.

Dos imponentes cañones navales flanquean la entrada al Museo de las Guerras del Imperio. Es para abrir boca a la variada colección, que recorre las guerras con intervención del Reino Unido o la Commonwealth desde 1914. No solo incluye las dos guerras mundiales, sino muchos otros conflictos internacionales, desde Corea y Vietnam hasta Suez y el Golfo.

LAS EXPOSICIONES

Primer encuentro con una confusa colección de equipo militar: tanques, artillería, cazas, camiones y submarinos aparcados, o suspendidos, sin orden ni concierto en un espacio cubierto con una cúpula. Hace falta tiempo para pasearse entre los vehículos, en los cuales hay reseñas sobre heroicos. Por ejemplo, el bote de madera *Tamzine*, única de las embarcaciones pequeñas que tomó parte en la evacuación de 200.000 soldados en Dunquerque y que ha sobrevivido. Tan solo la magnitud ya impresiona, como el colosal cohete V2, o la exigua cabina de un caza en la Segunda Guerra Mundial.

En la planta baja, hay representaciones de los bombardeos aéreos de los años 1940-1941, y de la guerra de trincheras en la Primera Guerra Mundial, junto con efectos sonoros y olores. La sección sobre la retaguardia británica es fascinante, con toques evocadores, como los carteles que exhortaban a las mujeres a «trabajar en las fábricas» o «ponerse a cavar para la victoria».

El resto de las colecciones del laberíntico sótano se puede pasar por alto. La Segunda Guerra Mundial es la protagonista, con secciones minuciosamente detalladas sobre el frente oriental, la guerra en el noroeste de Europa y el lejano Oriente. La exposición «Monty: amo del campo de batalla» documenta la vida del mariscal de campo Montgomery, inaugurada para coincidir con el 60 aniversario de la batalla de El Alameina en 1942.

Se sube al primer piso para ver la exposición sobre la guerra secreta. Hay frascos de tinta invisible que usaron los espías alemanes y una de las pocas máquinas *Enigma* alemanas que quedan, utilizadas para codificar mensajes.

Las galerías de arte en la segunda planta gozan de interés popular y contienen obras de Paul Nash, Henry Moore y Stanley Spencer.

En la tercera planta hallamos un inquietante contrapunto. La exposición sobre el Holocausto examina la persecución nazi a judíos, gitanos y homosexuales en Europa de 1933 a 1945. Hay una colección de zapatos de los prisioneros en el campo de concentración de Majdanek en Polonia.

CLASIFICACIÓN

Bueno para niños	●●●●
De interés histórico	●●●●●
Compra para expertos	●●

INFORMACIÓN BÁSICA

68 L7 • Lambeth Road SE1 6HZ
Preguntas generales 020 7416 5320
Diario: 10-18 Gratuito (excepto para algunas exposiciones especiales)
Lambeth North, Elephant and Castle, Southwark, Waterloo 3, 12, 344, C10
Disponibles audiotours, 3,50 £
3,50 £, solo en inglés
en planta baja, 10-17:30 Regalos con temas importantes
www.iwm.org.uk
Completa información para visitantes y detalles de exposiciones en curso.

CONSEJO

- El museo recomienda a menores de 14 años no visitar la exposición sobre el Holocausto.

De biplanos de la Primera Guerra Mundial hasta los modernos misiles (foto principal). *Cañones navales británicos en el exterior del museo* (recuadro superior). Despegue (abajo) *de Dame Laura Knight, pintado durante la Segunda Guerra Mundial, expuesto en las galerías de arte*

El nivel de los artistas callejeros en Leicester Square es muy variado: escoger cuidadosamente

Pinturas prerafaelitas decoran Leighton House

Lincoln's Inn, una de las cuatro Inns of Court

LEICESTER SQUARE

68 J5 • Leicester Square WC2H 7NJ
Acceso libre a la plaza. Entradas a precio reducido, en taquillas: lu-sá: 10-19; do: 12-2:30 Gratuito
Leicester Square 24. 29. 176

www.officiallondontheatre.co.uk/tkts para entradas a precio reducido

Por la noche, sobre todo los viernes y los sábados, esta plaza peatonal del centro de Londres es uno de los lugares más concurridos de la ciudad. La gente sale y entra de los cines, salas de fiestas, restaurantes, establecimientos de comida rápida y bares. De día, su pequeño jardín central ofrece un lugar de descanso a la hora del almuerzo. En medio del jardín está la fuente de mármol Shakespeare Memorial Fountain (1874), obra de Giovanni Fontana, frente a la estatua de bronce de Charles Chaplin (1981) realizada por John Doubleday. En el perímetro hay bustos de antiguos residentes de la plaza: sir Joshua Reynolds, sir Isaac Newton, William Hogarth y John Hunter.

La taquilla en el edificio de la Torre del Reloj en el lado sur de la plaza es el mejor sitio para comprar entradas con descuento (▷ 198).

Estatua de Charles Chaplin

CASA MUSEO LEIGHTON

66 off C6 • 12 Holland Park Road W14 8LZ 020 7602 3316
Mi-lu: 11-17:30. Jardín ab-final sep
Adultos 3 £, niños 1 £, familias 6 £
High Street Kensington 9, 10, 27, 49
www.rbkc.gov.uk

El artista victoriano lord Frederic Leighton (1830-1896) hizo construir su casa estudio según su propio diseño. Era un edificio de tres plantas en ladrillo rojo situado en el extremo de Holland Park. El resultado fue un palacio privado dedicado al arte y de un solo dormitorio, pues no quería la molestia de tener invitados. Se restauraron todas las estancias en distintos estilos históricos; la más notable es la árabe, inspirada en una sala morisca de banquetes en Palermo, Sicilia, que se completa con una piscina y unos pilares de mármol. Unas baldosas árabes que Leighton recolectó en sus viajes por Damasco, Cairo y Rodas recubren paredes y suelo.

En otras salas, de acabados menos exóticos con paredes rojas y madera de ébano, cuelgan cuadros de Leighton y muchos de sus contemporáneos prerrafaelitas, como John Everett Millais, Edward Burne-Jones y George Frederick Watts. Está permitido hacer picnic en el jardín vallado.

LINCOLN'S INN

68 K4 • Lincoln's Inn WC2A 3TL 020 7405 1393
Lu-vi: 9-18, capilla: 12-12:30
Gratuito FChancery Lane (cerrado do), Holborn
8, 25, 242, 521
www.lincolnsinn.org.uk

Los edificios de Lincoln's Inn, uno de los cuatro Inns of Court (▷ 90 y 136) de Londres, abarcan 400 años y varios estilos arquitectónicos. El Old Hall del siglo XV, donde tuvo su sede la Court of Chancery entre 1733 y 1873, es el escenario del largo caso judicial Jarndyce y Jarndyce en la novela por entregas *Casa desolada* de Charles Dickens. Hay una capilla del siglo XVII construida sobre una preciosa cripta abierta que cuenta con unos pilares macizos y unas bóvedas impresionantes, y en New Square las casas de ese siglo todavía se iluminan con lámparas de gas. El Great Hall, de imitación Tudor, con ladrillos rojos y marcos negros, es un añadido del siglo XIX.

Un arco en el extremo noroeste de New Square conduce a Lincoln's Inn Fields, de 5 hectáreas, la plaza mayor de Londres y, antaño, popular por ser escenario de duelos. Ahora, los abogados se baten en las canchas de tenis durante la hora de la comida. En la parte norte está el museo de sir John Soane (▷ 128-129).

CASA LINLEY SAMBOURNE

66 off C6 • 18 Stafford Terrace W8 7BH 020 7602 3316 Med mar-princ dic, sá, do visitas guiadas a 11:15, 13, 14:15, 15:30. Se aconseja reservar. lu-vi abierto solo mediante cita Adultos 6 £, menores 18 años 1 £ High Street Kensington 9, 10, 27, 49, 52, 70
www.rbkc.gov.uk

Gran cantidad de cuadros, dibujos y fotografías cubren las paredes de esta casa victoriana donde vivió el político, dibujante e ilustrador Edward Linley Sambourne (1844-1910) desde 1874 hasta su muerte.

La familia, que no cambió casi nada de su recargada apariencia de finales del siglo XIX, siguió viviendo allí hasta 1980, fecha en que fue abierta como museo. Las habitaciones conservan su papel original William Morris, y el conjunto se completa con alfombras orientales, vidrieras de colores y pesado mobiliario de inspiración gótica.

Un abigarrado pez payaso residente del Acuario

Dibujo geométrico de la mezquita central de Londres

Un cuadro típicamente teatral de las Mazmorras de Londres

ACUARIO

68 K6 • County Hall, Westminster Bridge Road SE1 7PB 020 7967 8000 Diario: 10-18 (comprobar antes, horas apertura pueden variar) Adultos 13,25 £, niños (3-14) 9,75 £, estudiantes (15-17) 11,25 £ (con prueba de la edad), familias 44 £ Waterloo, Westminster, Embankment 12, 53, 159, 211, 381, RV1
www.londonaquarium.co.uk

Bajo la antigua sede del Greater London Council en County Hall, viven más de 3.000 especies marinas, y es uno de los mayores acuarios de Europa. Ocupa tres plantas y sus residentes viven en unas peceras que representan distintos entornos, desde estanques a ríos y mares.

Está dividido en 14 zonas diferentes, donde enormes tiburones y pastinacas se deslizan silenciosamente entre unas cabezas gigantes similares a las de la isla de Pascua. En las salas de arrecifes y corales, en la exposición del océano Índico, pululan cientos de peces, y los niños se excitan acariciando a una pastinaca en la «playa». Para llenar las peceras, hacen falta 2 millones de litros de agua del Támesis y toneladas de sal importada.

El destino del acuario es la conservación, pero como además es una fuente de dinero para la investigación, se invita a adoptar un pez de entre una selección de más de 20 variedades. No es de extrañar que los más populares sean los tiburones, las pirañas y las rayas.

MEZQUITA CENTRAL

66 F2 • 146 Park Road NW8 7RG 020 7724 3363 Lu-vi: 9:30-17 Gratuito Baker Street, Marylebone 13, 82, 113, 274
www.iccuk.org

El centro cultural islámico y la mezquita abrieron sus puertas en 1978, en la parte oriental de Regent's Park. Es una referencia para las comunidades musulmanas de Londres. Se pueden organizar allí conferencias y exposiciones, y cuenta con una librería y una biblioteca. En la mezquita, cuyos suelos son de mármol y tiene unos mosaicos muy trabajados, hay cabida para unos 4.000 feligreses. Sir Fredeick Gibberd (1908-1984) proyectó el edificio, que cuenta con una espléndida cúpula dorada de 25 m de altura, y un minarete blanco.

LAS MAZMORRAS

69 N5 • 28–34 Tooley Street SE1 2SZ 020 7403 7221, 0870 8460666 Diario: 10-17:30, 9:30-18 en vacaciones escolares Adultos 16,95 £, niños (5-15), 11,95 £, menores 5 años gratuito London Bridge 43, 47, RV1
www.thedungeons.com

Escondida bajo la estación de tren de London Bridge, hay una macabra parada de retablos a tamaño natural, a los que se suman unos inquietantes sonidos y efectos especiales. Junto con escenas de muerte por enfermedad, cirugía precaria, asesinato y varios métodos de tortura y ejecución, el museo muestra una representación de los más terroríficos hechos de la historia del Reino Unido.

Con un presupuesto de 1 millón de libras, se han recreado las calles asoladas por el fuego tras el Gran Incendio de 1666; otras atracciones son *Traitor! Boat Ride to Hell* y *Extremis;* en *Drop Ride* se cae pavorosamente en picado dentro de un agua turbia y un abismo. Jack el Destripador le transporta a uno a 1888 para un paseo terrorífico por el barrio de Whitechapel, siguiendo las huellas ensangrentadas del asesino en serie más famoso de todos los tiempos.

Una de los espectáculos más terrible y ambicioso es el de la Gran Peste, que se inauguró en el 2003; es sin duda un reto para los aprensivos, pues recrea de forma viva y realista los horrores de la peste que acabó con más de 100.000 vidas en 1665. Se pueden ver ratas negras (fueron las portadoras de la enfermedad) corriendo por ahí, y caminar por un túnel donde se apilan los cadáveres de las víctimas de la peste.

No menos horripilante, incluso más, es el laberinto, donde los visitantes se encuentran (o más bien se pierden) en un desconcertante laberinto de espejos formados por espeluznantes catacumbas, caracteres vivos y terroríficos efectos especiales.

En todo el museo, unos actores vestidos de época contribuyen a que uno esté constantemente en vilo.

OJO DE LONDRES

Ver página 99.

MUSEO DE LOS BOMBEROS

69 M6 • Winchester House, 94A Southwark Bridge Road SE1 0EG 020 7587 2894 Solo visitas guiadas (lu-vi: 10:30 y 14) mediante cita previa Adultos 3 £, niños (7-14) 2 £, menores 7 años 1 £ Borough, Southwark, Elephant and Castle 344
www.london-fire.gov.uk

El Gran Incendio de 1666 marca el punto de partida de este viaje a través de la historia de la lucha contra el fuego en Londres. En las exposiciones que tienen lugar en los dos edificios del centro de adiestramiento del cuerpo de bomberos, se pueden ver auténticos coches de bomberos, mangueras, cascos, uniformes y varios tipos de aparatos para respirar con aspecto de ser incomodísimos.

Entre los bienes del museo están las pertenencias personales del capitán Eyre Massey Shaw. Estuvo al mando del cuerpo desde 1861 y se le considera el padre del moderno servicio de bomberos. Se pueden ver expuestos su casco plateado y su condecoración KCB (Knight Commander of the Bath).

Una serie de cuadros de los bomberos durante la Segunda Guerra Mundial, muestran escenas elocuentes de los bombardeos aéreos tal y como ellos los vivieron.

Imagen de Londres desde la comodidad de una cabina en el Ojo

QUÉ VISITAR

OJO DE LONDRES

Vistas espectaculares de la ciudad en todas direcciones. Con 135 m sobre el río Támesis, es el icono más visible de Londres.

La rueda observatorio mayor del mundo es cuatro veces más ancha que la cúpula de St. Paul y más de 200 veces mayor que la rueda de una bicicleta media de carreras. Además, es una atracción que gusta incluso a quienes odian las alturas.

UNA GRAN NORIA

El pasajero es transportado en una de las 32 cabinas en forma de cápsula que giran suave y lentamente durante un vuelo de 30 minutos. Las cabinas están herméticamente cerradas y tienen cabida para 25 personas. Como las cápsulas están sujetas a la parte exterior de la rueda, en lugar de colgar de ella, como ocurriría en una noria, la vista a través de las amplias ventanillas es perfecta. Y gracias a un sistema motorizado para mantener la estabilidad, las cápsulas no se tambalean y se puede caminar por ellas con bastante seguridad, aunque disponen de asientos. Para mayor seguridad, todas las cabinas están en contacto con el suelo mediante cámaras, y en caso de mal tiempo, se puede cerrar la atracción en el último momento. Se puede pedir que suba un guía a bordo para que vaya indicando los principales puntos de interés. La rueda está en constante movimiento; no deja de girar a un cuarto de la velocidad media al andar, lo que permite subir y bajar de las cápsulas en movimiento.

Cuando anochece, los árboles que flanquean el recorrido hacia el Ojo de Londres se iluminan con luces verdes, y la plataforma de embarque parece flotar en medio de una nube de luz azul. También se puede viajar al anochecer.

HISTORIA

El Ojo de Londres de British Airways fue concebido por David Marks y Julia Barfield para conmemorar la entrada del milenio, usando un diseño que representara el cambio de siglo. Para poner en práctica su idea, hicieron falta siete años, la pericia de cientos de personas de cinco países europeos, y más de una semana para levantar el Ojo desde su posición horizontal sobre el Támesis, un procedimiento que antes solo se había intentado en operaciones propias de plataformas petroleras. Si bien en un principio se pensó en una estructura temporal, el Ojo se ha vuelto tan popular que no es probable que desaparezca del paisaje londinense.

CLASIFICACIÓN

Bueno para los niños	●●●●●
Lugares para fotografiar	●●●●●
Calidad-precio	●●●●

INFORMACIÓN BÁSICA

68 K6 • British Airways London Eye, Riverside Building, County Hall Westminster Bridge Road SE1 7PB

Reservas: 0870 5000 600 (entre 8:30 y 20)

Jun-final sep, diario: 10-21; oc-final may, diario: 10-20 (los horarios pueden sufrir variaciones)

Adultos 14,50 £, niños (5-15) 7,25 £, menores 5 años gratuito

Waterloo, Westminster, Embankment, Charing Cross 77, 211, 381, RV1

Waterloo Millennium Pier

Libro *Essential Eye Souvenir* y una miniguía para el viaje disponibles en el vestíbulo de las taquillas o tienda a 5 £, en inglés, francés, alemán, español, braille En cafetería Manga en County Hall y fuera en los jardines del Jubileo

En jardines del Jubileo, venta de souvenirs y regalos, entre ellos joyas inspiradas en el Ojo.

www.ba-londoneye.com
Incluye el servicio para reservar online.

CONSEJOS

- **Es recomendable reservar con antelación.**
- **Llegar 30 minutos antes de la salida para embarcar con tranquilidad.**
- **Se vende un número determinado de entradas cada día, por orden de llegada.**

Vehículo histórico del Museo del Transporte de Londres

Esta ventana fue inaugurada en el Museo del Lord en 1993

Marble Arch, construido para ser entrada principal del palacio de Buckingham

MUSEO DEL TRANSPORTE DE LONDRES

68 K4 • Covent Garden Piazza, Covent Garden WC2E 7BB
020 7379 6344 o 020 7565 7299 (24 horas de información grabada)
Sa-ju: 10-18; vi: 11-21 Adultos 8 £, gratuito menores 16 años acompañados de un adulto Covent Garden, Leicester Square, Holborn, Charing Cross
6, 9, 15, 13, 23, 139, RV1
Cafetería Upper Deck
www.ltmuseum.co.uk

El antiguo mercado de las flores de Covent Garden (▷ 88) alberga ahora el Museo del Transporte de Londres, que cuenta la historia del transporte de la ciudad desde principios de la década de 1800, y examina su impacto en el crecimiento de la capital y sus habitantes.

El museo permanente muestra más de 375.000 artículos –la colección de la historia del transporte más completa de todo el mundo. Uno puede colmar sus fantasías infantiles subiendo al asiento del conductor en un autobús o conduciendo un simulado vagón de metro, y admirar los elegantes tranvías tirados por caballos o eléctricos. Se cuenta la historia de Londres durante la guerra, cuando el papel de los trabajadores del transporte municipal fue clave.

Además de los vehículos, hay carteles, fotografías, dibujos, mapas, películas, uniformes, señales y otros equipamientos. Unas pantallas táctiles proporcionan más información, y hay muchas exposiciones de modelos de empleados y mandos manuales.

El museo volvió a abrir sus puertas en noviembre del 2007 después de una restauración que costó 22 millones de libras. Sigue relatando la historia del transporte en la ciudad, pero se subrayan también desarrollos futuros, como otros grandes proyectos extranjeros en Delhi, Nueva York, París, Shangai y Tokio. Esta institución va a adquirir mucha relevancia en las próximas décadas en el debate sobre el impacto ambiental del transporte en la ciudad y sus efectos en la ciudadanía.

MADAME TUSSAUD'S

Ver página 101.

MARYLEBONE CRICKET CLUB (MCC)

66 E2 • Lord's Cricket Ground, St. John's Wood NW8 8QN 020 7616 8595/6 Visitas guiadas diarias: 10, 12, 14; ab-final oc: 12, 14; nov-final ma. Sin visitas durante los partidos importantes o los días de preparación. Los días de partido, solo el tour de las 10 entra en el pabellón. Museo MCC incluido en las visitas Adultos 10 £, niños (5-16) 6 £, menores 5 años gratuito, familias 27 £ Marylebone, St. John's Wood
139, 189
www.lords.org

El críquet divide a la nación británica entre los aficionados acérrimos y quienes lo consideran desconcertante y aburrido. Sin embargo es muy interesante visitar el histórico campo de críquet llamado del Lord, y dar una vuelta por el Marylebone Cricket Club (MCC) da una idea entre bastidores de unas instalaciones deportivas activas desde el siglo XVIII.

En el Long Room, para observar el críquet en el corazón del pabellón, hay una galería de arte que contiene fotografías de celebridades del juego. Se puede también echar una ojeada a los vestuarios de los jugadores y visitar el museo MCC, donde retratos, fotografías y recuerdos trazan los 400 años de la historia del críquet.

No perderse la diminuta y delicada urna de cenizas en el museo o la proyección de partidos en el teatro Brian Johnston Memorial.

MARBLE ARCH

67 F4 Acceso libre Gratuito Hyde Park Corner, Marble Arch, Bond Street, Green Park 10, 36, 74, 137, 274

John Nash diseñó este elegante monumento de mármol blanco de Carrara en 1828, destinado a ser la entrada principal del palacio de Buckingham (▷ 79), pero fue trasladado a su ubicación actual junto al Speakers' Corner en Hyde Park (▷ 93) cuando se amplió el palacio en 1851. En un principio se previó que formara parte de la entrada principal del parque, pero ahora se ha quedado solo en una islita cubierta de hierba y rodeada de tráfico, mientras que el arco central permanece cerrado la mayor parte del tiempo. Hasta la fecha, solo miembros de la familia real pueden cruzarlo.

El diseño de arco triple se inspiró en el arco de Constantino en Roma y lleva labrados intrincados relieves que representan la victoria, alada y trenzada, un guerrero romano, y la justicia, la paz y la abundancia, además de representaciones de Inglaterra, Escocia e Irlanda.

PUENTE DEL MILENIO

69 M5 Acceso libre Gratuito Blackfriars, St. Paul's, Southwark
11, 15, 17, 344, RV1 Blackfriars Millennium Pier, Bankside Pier

Dos de los famosos estandartes de Londres, la catedral de St. Paul (▷ 118-123) en la City y la galería Tate Modern (▷ 134-135) en Bankside, están ahora conectados mediante este puente construido en el 2000, el primer paso peatonal sobre el Támesis construido y hace más de un siglo.

El arquitecto Norman Foster y el ingeniero Ove Arup lo diseñaron para que diera la impresión de ser una «hoja de luz barriendo el espacio»; está iluminado desde arriba con un innovador sistema de tuberías de luz. La estructura de acero tiene 325 metros de altura y soporta 3.000 toneladas de fuerza horizontal. Tras algunos comentados problemas iniciales, durante los cuales el puente se movió cuando la gente intentó pasar por él, se inauguró finalmente en 2002. Vale la pena cruzarlo para ver St. Paul.

MADAME TUSSAUD

Cara a cara con alguien que no es nadie. Hacerse fotografías con famosos de ayer y de hoy.

El curioso museo de cera Madame Tussaud, situado en el extremo sureste de Regent's Park, es una de las atracciones más populares de Londres. Más de 2 millones de personas visitan el lugar cada año con el fin de contemplar la imagen de personajes famosos y posar junto a héroes del mundo del deporte y la farándula. La colección cambia continuamente: los famosos saben que han llegado a la cumbre cuando se ven allí representados en cera, pero son conscientes de su declive cuando su imagen se funde para convertirse en una nueva estrella. Sin embargo, a diferencia de la fama, las técnicas utilizadas para hacer los modelos son atemporales y apenas han cambiado desde que madame Tussaud empezó su negocio hace 200 años. El cabello que se usa es real y la cera similar a la de las velas, que podrían deshacerse al calor del sol, lo que explica la penumbra que envuelve las salas de exposición.

Pero para muchos lo mejor de la visita es la aterradora Chamber Live, una completa cámara de los horrores con actores de verdad que asustan a los visitantes. Entre las figuras que se exponen, podemos citar la de Vlad el Empalador (el verdadero conde Drácula); Juana de Arco, quemada en la hoguera; Guy Fawkes, colgado, ahogado y troceado (▷ 30); objetos de la despiadada cárcel londinense de Newgate (▷ 35); Jack el Destripador (▷ 37); y una escena sin duda familiar para la propia madame Tussaud: la guillotina.

La visita termina con un viaje en el tiempo típico londinense, dentro de un taxi (incluso con sonidos y olores), desde la época de Isabel, pasando por la Peste, el Gran Incendio y los bombardeos de la Segunda Guerra Mundial, hasta los Swinging Sixties.

Entre las últimas atracciones se cuentan Piratas del Caribe y una conversación virtual con Davina en la sala de Gran Hermano. La zona dedicada a los deportes interactivos permite que uno pruebe su habilidad o se una a los grandes. Se puede incluso jugar al golf con Tiger Woods.

STARDOME

Stardome, ubicado en el antiguo planetario, presenta el Wonderderful World of Stars, el creador de Aardman Animations. Los intensos efectos visuales contribuyen al placer de la experiencia. Mientras los platillos volantes, las estrellas y las galaxias pasan volando, el público tiene la genuina sensación de lanzarse al espacio en compañía de una extraña y cómica colección de extraterrestres.

No perderse la figura expuesta más antigua, la *Bella Durmiente*, hecha en 1765 y basada en la amante de Luis XV, Madame du Barry; o los «turistas anónimos», que aparecen charlando sentados en bancos o de pie. Se va de sorpresa en sorpresa.

CLASIFICACIÓN

Bueno para los niños	● ● ● ● ●
Interés turístico	● ●
Lugares para fotografiar	● ● ● ● ●
Calidad-precio	● ● ●

INFORMACIÓN BÁSICA

67 G3 • Marylebone Road NW1 5LR Información general 0870 999 0046; 0870 400 3000 (solo reservas; se aplican abonos) Lu-vi: 9:30-17:30 (hasta 6 años en vacaciones), sá-do: 9-18 Precios varían según la hora de visita o si se reserva online. Adultos desde 22,50 £, niños (5-6) desde 18,50 £ Baker Street 13, 27, 74, 82, 139 4 £, en inglés, francés, alemán, italiano, español Caffè Nero *in situ* Souvenirs y regalos

www.madame-tussauds.com
Limitada información general, pero útil para reservar entradas.

CONSEJOS

- Como las colas para Madame Tussaud suelen ser muy largas, reserve con antelación una entrada para una hora determinada.
- La Chamber Live no está recomendada para menores de 13 años.
- Para entradas más baratas, visite la página web.

Entre los modelos a tamaño natural están Kylie Minogue (foto principal), *los Beatles* (recuadro superior) *y Elizabeth Taylor* (recuadro inferior)

En torno a la galería del Monumento se construyó una jaula en 1842

La Pedlar's Window en el Museo de Historia de la Jardinería

La Justicia, de 3,5 m de altura, se alza sobre el Old Bailey

MONUMENTO

69 N5 • Monument Street EC3R 8AH
020 7626 2717 El monumento está cerrado hasta fines del 2008 para rehabilitación. Compruebe los detalles en el punto de información para turistas
Monumento 15, 21, 25
London Bridge City Pier
www.cityoflondon.gov.uk

El devastador Gran Incendio de 1666 (▷ 31) arrasó el corazón medieval de Londres. El Monumento conmemora este hecho y la reconstrucción posterior. Erigido entre 1671 y 1677 según un diseño de Sir Christopher Wren, arquitecto jefe de la nueva ciudad, se alza en la ribera norte del Támesis, al este del puente de Londres. La columna estriada, de piedra de Portland, tiene 62 m de altura, igual a la distancia hasta el punto de inicio del fuego en Pudding Lane. En lo alto se encuentra una urna de cobre llameante que simboliza el fuego.

Los 311 escalones empinados en espiral llevan al mirador, a 41 m de altura sobre el suelo.

MUSEO DE HISTORIA DE LA JARDINERÍA

68 K7 • Lambeth Palace Road SE1 7LB
020 7401 8865 Ma-do: 10:30-17
Donativo sugerido: 3 £
Lambeth North, Westminster
C10, 3, 344, 77, 507
www.museumgardenhistory.org

La iglesia parroquial adicional de St. Mary-at-Lambeth ofrece el entorno para esta colección de herramientas y maquinaria de jardinería, que incluye desde palas hasta variados cortacéspedes. En el exterior, en el patio de la iglesia, un elaborado jardín en forma de nudo usa plantas populares en el siglo XVII, con antiguas rosas aromáticas.

Aquí están enterrados dos personajes importantes en el desarrollo de la jardinería inglesa: John Tradescant el Viejo (1570-1638) y su hijo, John, jardineros de Carlos I y II, homenajeados en una ventana de la iglesia.

MUSEO DE LONDRES

Véase la página 103.

NATIONAL GALLERY

Véanse las páginas 104-109.

NATIONAL PORTRAIT GALLERY

Véanse las páginas 110-111.

MUSEO DE HISTORIA NATURAL

Véanse las páginas 112-113.

OLD BAILEY (TRIBUNAL PENAL CENTRAL)

69 M4 • Central Criminal Court, Old Bailey EC4M 7EH 020 7248 3277
Lu-vi: 10-1, 14-17 (aprox.); sesiones reducidas en agosto. No se admiten menores de 14 años Gratis
St. Paul's 8, 25, 242
www.cityoflondon.gov.uk

Su nombre completo en español sería «Tribunal penal central», pero todos lo conocen como el Old Bailey, prestado de la calle cercana. En este edificio barroco, erigido en 1907 en el lugar que ocupaba antes la famosa prisión de Newgate (▷ 35), tienen lugar los juicios penales más importantes de toda Inglaterra y Gales.

La cúpula de cobre verde está rematada con una estatua dorada de bronce que representa a la Justicia, con su espada y su balanza (pero sin los ojos vendados), similar al diseño de la cercana catedral de St. Paul.

Las galerías públicas están abiertas para asistir a las vistas de los juicios en directo.

FUNDACIÓN PERCIVAL DAVID DE ARTE CHINO

68 J3 • School of Oriental and African Studies, 53 Gordon Square WC1H 0PD
020 7387 3909
Lu-vi: 10:30-12:30, 13:30-17
Gratis; visitas guiadas, 4 £ por persona
Russell Square, Euston Square, Euston, Goodge Street 8, 10, 24, 188
www.pdfmuseum.org.uk

En una elegante casa georgiana de la ciudad, no lejos del Museo Británico, se encuentra la mejor colección de cerámica china fuera del país de origen, además de una biblioteca con volúmenes del Asia oriental y occidentales relacionados con el arte y la cultura chinos, obsequio de sir Percival David a la Universidad de Londres en 1950.

En total hay unos 1.700 objetos de cerámica china que reflejan el gusto de la Corte. Fechados entre los siglos X y XVIII incluyen desde cuencos, teteras, tazas y jarrones hasta quemadores de incienso, cestas de perfume, macetas, lámparas y candelabros, figuritas de animales, budas y deidades.

Sobresale una colección de cerámica de gres de las dinastías Song (960-1279) y Yuan (1279-1368), además de porcelanas blanca y azul, policromas y monocromas.

Abogados con sus capas y pelucas tradicionales

MUSEO DE LONDRES

Siga el desarrollo de la ciudad desde los tiempos prehistóricos hasta el siglo XX.

Situado en un llamativo edificio moderno cerca del Barbican (▷ 77), el Museo de Londres usa exposiciones, fragmentos de películas, comentarios hablados y herramientas interactivas para traer el pasado de la ciudad al presente. Las exposiciones se organizan en dos pisos en torno a un patio central; se comienza en el piso superior y se baja por diferentes rampas, en las que se exploran las exposiciones con la historia de la ciudad.

LOS INICIOS DE LONDRES

La galería que expone Londres antes de que existiera la ciudad muestra las vidas de los pobladores prehistóricos del lugar. Los hallazgos incluyen un azadón de cuerno de 9.000 años de antigüedad, que se recuperó cerca del lugar donde se encuentra en la actualidad la sede de New Scotland Yard, y una punta de hacha de piedra, probablemente importada hace 2.500 años de la Europa continental. En el centro se muestran los objetos encontrados en las riberas del Támesis, un recurso vital para la comunidad prehistórica.

La galería romana es impresionante en su explicación de la fundación de Londinium aproximadamente en 50 d. de C. y su seguimiento hasta 410 d. de C, cuando el ejército romano salió de Britania. Algunas grandes maquetas muestran el crecimiento de la ciudad y una vasta selección de artículos cotidianos que dan una idea de cómo se vivía y trabajaba en esa época, desde zapatos de cuero hasta un grupo de monedas de oro, cada una un salario mensual de un soldado romano.

La galería del Londres de la alta Edad Media, sajón y medieval muestra objetos recuperados en excavaciones recientes que nunca se han mostrado antes, para aclarar la época oscura y tratar temas como las reliquias anglosajonas y la peste negra.

Uno de los acontecimientos más devastadores en Londres fue el Gran Incendio de 1666, que siguió a la Gran Plaga con resultados catastróficos. La exposición de este tema muestra la historia y el impacto sobre los londinenses, además del modo en que cambió para siempre su horizonte.

NUEVAS MEJORAS

Algunas galerías estarán cerradas hasta 2009. Mientras, pueden verse tres secciones del Londres prehistórico hast el Gran Incendio de 1666. El futuro verá un nuevo centro para visitantes, un 25% más de espacio para exposiciones y una espléndida galería dedicada a la historia moderna de la ciudad. Es de especial interés la moderna galería con portada de vidrio, que dará a la calle y mostrará la asombrosa carroza del alcalde.

CLASIFICACIÓN

Bueno para niños	●●●
Interés histórico	●●●●
Compra para expertos	●●●

INFORMACIÓN BÁSICA

69 M3 • London Wall EC2Y 5HN
0870 444 3852; 0870 444 3851 (información grabada)
Lu-sá: 10-17:50, Do: 12-17:50; hasta las 21 los primeros jueves de cada mes
Gratis Moorgate, Barbican, St. Paul's, Bank 4, 8, 25, 56, 100
7,95 £, en inglés, alemán, francés, italiano, japonés, español
Cafetería en el nivel inferior
Pequeña tienda con una buena selección de libros sobre Londres

www.museumoflondon.org.uk
Web bien organizada, con buena información sobre galerías con exposiciones temporales y planes futuros.

El carruaje del alcalde (imagen principal) *en el nivel inferior cerca del ascensor y del dios romano Mitras* (recuadro)

MDCCCLXXVI

National Gallery

Hogar para la colección nacional permanente de arte europeo occidental. Una espléndida guía de cuadros europeos desde 1250 a 1900, incluyendo las obras de los mejores artistas. Establecida para beneficio de todos.

La moderna ala Sainsbury (arriba a la izda.) *muestra obras del Renacimiento temprano. Las columnas de la derruida Carlton House se conservaron para el pórtico central* (centro y dcha.)

VISITA A LA NATIONAL GALLERY

La colección está claramente organizada por periodos en cuatro alas en el piso principal y las demás obras de la colección se muestran en las galerías A a G del piso inferior (la galería A inferior está siempre abierta los miércoles por la tarde). Se muestran todos los cuadros de la colección, excepto los que se encuentran en préstamo o en reparación y llevaría varias visitas largas verlos todos.

La Tate Modern (▷ 134-135) muestra la historia del arte del siglo XX y visitarlo resulta incluso más fascinante si se hace después de explorar los siglos anteriores en la National Gallery.

CLASIFICACIÓN

De interés histórico	●●●●
Compras especializadas	●●●●

CONSEJOS

- Visitar en miércoles si se tiene un programa apretado: hay una visita guiada adicional a las 18:30 y abren hasta las 21.
- Los cuadros suelen cambiarse de sitio; pregunte en la entrada o llame antes para ver su favorito.

PUNTOS DESTACABLES

EL ALA SAINSBURY

El díptico Wilton

Los arcos y paredes lisos de piedra gris del ala Sainsbury constituyen un fondo perfecto para los vívidos colores dorado y azul lapislazuli de este cuadro medieval sobre dos paneles unidos con bisagra, realizado hacia 1395-1399. Un panel muestra al rey Ricardo II dedicando su reino a la virgen María y arrodillándose para recibir su bendición acompañado de Juan Bautista, el rey Edmundo y Eduardo el Confesor. El otro panel muestra a María y al niño Jesús rodeados por la corte celestial. La obra brilla con pan de oro finamente punzado como por ejemplo el dibujo de espinas que decora el halo de Jesús, presagio de la corona de espinas que llevará más tarde.

Jan van Eyck (*h.* 1389-1441), *Retrato de los Arnolfini*

Una de las obras laicas de la colección del ala Sainsbury es el famoso *Retrato de los Arnolfini* de Van Eyck, a veces llamado erróneamente *La boda de los Arnolfini.* Su retrato de un rico mercader italiano y su esposa en los Países Bajos es obra de mediados del siglo XV y muestra a la pareja rodeada de los accesorios habituales de la vida doméstica: la cama, algunas naranjas sobre la mesa, un par de sandalias de madera y un perrito. Cada textura, terciopelo, seda y pieles, se recrea con extremo cuidado, y hay un espejo en la parte posterior de la habitación que refleja el conjunto a escala diminuta y sobre el cual el artista escribió: «Jan van Eyck estuvo aquí, 1434».

El Retrato de los Arnolfini, *de Jan van Eyck. Su esposa no está embarazada, como suele creerse, sino que levanta su voluminoso vestido, a la moda de la época*

El ala norte victoriana rehabilitada (pág. 104)

INFORMACIÓN BÁSICA

68 J5 • Trafalgar Square WC2N 5DN
020 7747 2885
A diario: 10-18, mi: 10-21. Las exposiciones temporales pueden tener horarios ampliados
Gratis; se admiten donativos
Charing Cross, Leicester Square
6, 9, 11, 13, 24
Guías desde 4,95 £, en varios idiomas
visitas guiadas gratuitas a diario: 11:30 y 14:30, que salen de la mesa de información del ala Sainsbury. Charlas gratuitas para familias, sá: 11:30 y 14:30. Domingos gratis para familias cada semana, con actividades temáticas, visitas y rutas. Debe comprobarse el lugar inicial a la llegada. Guías sonoras con visitas temáticas, cada una sobre unos 20 cuadros. Guía en CD-ROM portátil con información sobre más de mil cuadros (la etiqueta al lado del cuadro muestra un número que lleva al comentario correspondiente). Visitas de los cuadros destacados en seis idiomas (inglés, francés, alemán, español, italiano y japonés), previo pago de garantía reembolsable. Pago voluntario.
The National Dining Room, que ofrece platos típicos e ingleses, en la primera planta del ala Sainsbury, con vistas espectaculares a Trafalgar Square y la columna en honor a Nelson. Abierto a diario: 10-17 (mi: hasta 20). Reservas: 020 7747 2525. The National Café tiene su propia entrada por St. Martin's Lane y ofrece un menú europeo moderno, además de refrigerios y comida rápida. Abierto lu-vi: 8-23, sá: 10-23, do: 10-18. Reserva de cenas: 0207 7747 2525
The Espresso Bar se encuentra en el nivel 0, directamente bajo el vestíbulo central. Abierto a diario: 10-17 (mi: hasta 20:45)
La tienda central vende publicaciones de la National Gallery, libros de arte, obsequios, tarjetas y CD, en el nivel 2 desde la entrada. En el nivel 0, al que se llega por la entrada Sir Paul Getty, se encuentra la tienda más reciente que vende revistas de arte, guías, obsequios y tarjetas. En el nivel 0 del ala Sainsbury se encuentra la mayor tienda de la galería, que vende libros, joyas, obsequios, tarjetas y carteles.

www.nationalgallery.org.uk
Web excelente con información completa y accesible sobre la colección, que incluye noticias sobre las exposiciones y conferencias del momento.

Sandro Botticelli (*h.* 1445-1510), *Venus y Marte*

Pintada en Florencia en 1485, la hermosa composición de los dioses del amor y la guerra los muestra tumbados sobre la hierba: Marte exhausto tras el amor y Venus lista para repetir. Entre ellos hay tres sátiros niños, uno de ellos con el casco de Marte, intentando en vano despertarlo. Los sátiros le han robado la lanza, metáfora para mostrar que está desarmado. Los vívidos colores y las ropas contemporáneas de Venus dan frescura a esta escena de la mitología clásica y el humor amable del tema sugiere que podría haberse pintado como regalo para una pareja de recién casados. Las avispas (*vespe*, en italiano) pueden referirse a Vespucio, el nombre de una familia que realizaba encargos a Botticelli en ocasiones, o una referencia a las punzadas del amor.

Venus y Marte, *de Botticelli, probablemente para la cabecera de una cama o para decorar un arcón o un banco*

EL ALA OESTE

Hans Holbein (1497-1543), *Los embajadores*

Pintado en 1533, este enorme panel muestra los retratos de cuerpo entero de dos franceses: Jean de Dinteville, embajador en Inglaterra, y Georges de Selve, obispo de Lavaur. Ambos se apoyan a los lados de una mesa repleta de objetos, cada uno símbolo de sus vidas e intereses: un globo terráqueo, una brújula, una partitura, un libro, etc. Hay también un tema más profundo que el de los intereses mundanos: la fugacidad de la vida y sus ocupaciones están representadas por un laúd con una cuerda rota y, algo extraño, una forma distorsionada entre los pies que resulta ser una calavera. En la esquina superior izquierda hay un crucifijo apenas visible, símbolo de la vida eterna tras la muerte.

EL ALA NORTE

Pieter de Hooch (1629-1684), *Doncella con un niño en un patio*

Esta escena doméstica de 1658 es una obra maestra de la composición y la luz, con una mujer y un niño en un patio, un paso lateral de una casa burguesa y otra mujer mirando hacia el canal y la casa vecina. El contraste de luz y color en los ladrillos rojos y amarillos, el pasaje azulejado y la luz diurna más allá ilustran perfectamente la obra del maestro holandés. Una placa de piedra corona el arco de entrada al pasaje; su inscripción, que comienza «En el valle de San Jerónimo» es una pista relativa a la tablilla verdadera, que colgaba sobre la entrada al claustro Hieronymusdale en Delft (Holanda).

EL ALA ESTE

Joseph Wright de Derby (1734-1797), *Experimento con un pájaro en una bomba de aire*

Joseph Wright fue un pintor de la nueva era industrial que utilizó técnicas de iluminación dramáticas inspiradas en artistas como Caravaggio para mostrar el trabajo de los herreros, las fábricas de tejidos y hornos, además de, como en esta obra, los científicos. El truculento experimento a la luz de las velas consiste en colocar un pájaro en el vacío; cada uno reacciona de modo diferente, incluyendo una pareja (que representa a Mary Barlow y Thomas Coltman, amigos de Wright), interesados únicamente el uno en el otro.

J. M. W. Turner (1775-1851), *El valeroso Téméraire remolcado a su último fondeadero*

Turner aprovecha al máximo su innovador tratamiento de la luz y del co-

GUÍA DE LA GALERÍA

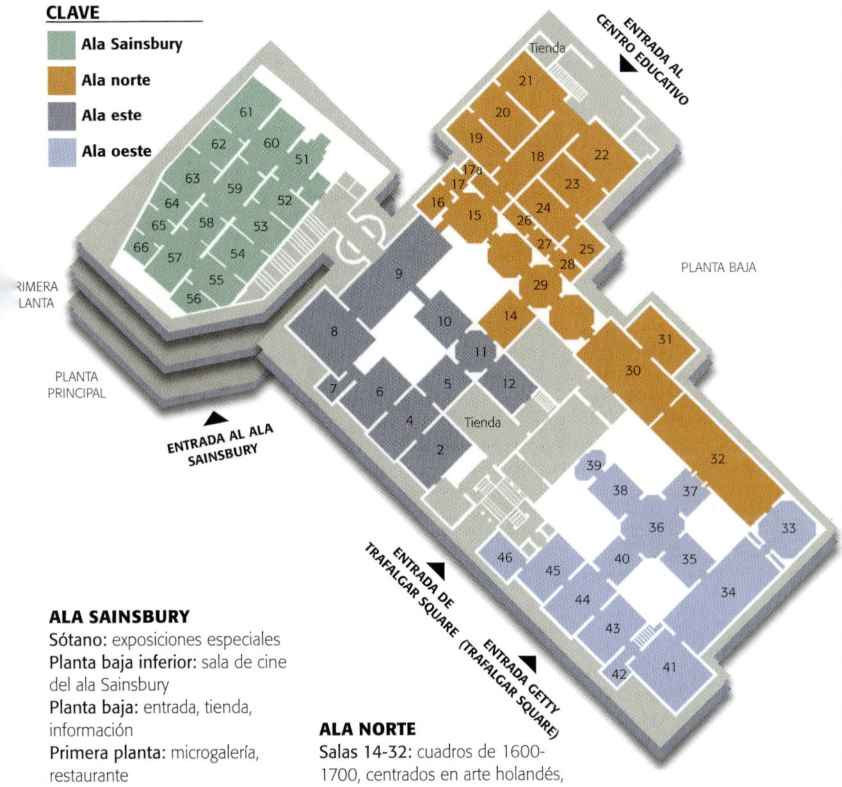

ALA SAINSBURY
Sótano: exposiciones especiales
Planta baja inferior: sala de cine del ala Sainsbury
Planta baja: entrada, tienda, información
Primera planta: microgalería, restaurante
Planta segunda (principal), salas 51-66: obras de principios del Renacimiento, 1250-1500, que incluyen Van Eyck, Masaccio, Duccio, Piero della Francesca, Botticelli, Leonardo da Vinci, Rafael

ALA NORTE
Salas 14-32: cuadros de 1600-1700, centrados en arte holandés, entre ellos Rubens, Van Dyck, Caravaggio, Rembrandt, Vermeer

ALA OESTE
Salas 2, 4-12: cuadros de 1500-1600, que incluyen Tiziano, Cranach, Miguel Ángel, Bronzino

ALA ESTE
Salas 33-46: cuadros de 1700-1900, incluyendo los impresionistas, Gainsborough, Constable y Van Gogh

El vestíbulo central lo diseñó en los años 1880 sir John Taylor, un distinguido arquitecto de palacios reales

lor, precursor de las técnicas impresionistas, en esta obra que muestra el antiguo barco de guerra (que participó en la batalla de Trafalgar en 1805) remolcado a un desguace de barcos en 1838. Pálido y espectral, el viejo barco, que sobra en la era del vapor, surca el mar hacia su destino final y el ocaso, reflejado en el rielar de la superficie del agua.

Los Girasoles *de Vincent Van Gogh, 1888* (der.), *fue una de sus muchas obras con este mismo tema con las que decoró su casa amarilla en Provenza*

La entrada principal, por Trafalgar Square, donde se usa una maqueta de la National Gallery para recoger los donativos

El valeroso Téméraire *remolcado a su último fondeadero de J. M. W. Turner (1838). Se cree que el cuadro puede simbolizar la decadencia del poder naval del Reino Unido*

Vincent Van Gogh (1853-1890), sala 45

Una buena colección de obras de Vincent Van Gogh, que incluye cuadros como *Los Girasoles* (1888), en ricos tonos dorado y amarillo, y *Silla* (1888), bodegón que ilustra su creencia en la relación directa del arte, la naturaleza y la vida cotidiana. *Un trigal con cipreses,* pintado en 1889, cuando Van Gogh estaba ingresado en el manicomio de St. Rémy, muestra el movimiento de las nubes y el viento con pinceladas decididas y onduladas. En conjunto, los cuadros de Van Gogh son una ilustración perfecta del brillo de los colores y la aparente espontaneidad de las pinceladas que revolucionaron el arte de finales del siglo XIX.

HISTORIA

La National Gallery nació en 1824, cuando el Gobierno decidió que Londres precisaba una colección nacional de arte para competir con otras galerías europeas como la de los Uffizi en Florencia y el museo del Louvre en París. La casa Pall Mall de John Julius Angerstein estaba entonces a la venta, junto con su colección de 38 obras que incluía cuadros de Rafael y Rembrandt, por los cuales el Gobierno abonó 57.000 libras para utilizar la casa como la primera galería hasta la finalización del edificio actual en 1838. Al lugar, en el centro de la ciudad, podían llegar con facilidad los ricos del oeste y los pobres del este, y aunque el diseño neoclásico de William Wilkins atrajo muchas críticas, se archivaron los planes para sustituirlo. En 1876 se construyó un ala nueva que añadió siete salas de exposición en la parte oriental, además de la impresionante cúpula.

En 1907 se derruyeron los barracones de detrás de la galería y comenzaron las obras para cinco nuevas; entre 1928 y 1933 la National Gallery contrató a Boris Anrep para colocar tres mosaicos en el vestíbulo de la entrada principal que mostraran los trabajos y placeres de la vida, que se complementaron en 1952 con otro que muestra las virtudes modernas. La ampliación norte se inauguró en 1975 y el ala Sainsbury, financiada por Lord Sainsbury, se abrió en 1991.

Claude Monet pintó La playa de Trouville (pág. 108) *el verano de 1870. Los granos de arena visibles en la gruesa capa de pintura al óleo sugieren que al menos parte de la obra se pintó en la playa*

LAS ÉPOCAS DEL ARTE

La exposición cronológica de la galería muestra el desarrollo de los métodos y materiales artísticos a lo largo de los años. La mayoría de las obras más tempranas, en el ala Sainsbury, están pintadas sobre madera, usando témpera (pigmentos en yema de huevo) u óleos de secado lento aplicados sobre fondo de tiza o yeso; algunas usan también pan de oro, elaborado golpeando monedas hasta convertirlas en láminas muy finas. En 1510, el punto inicial de la colección del ala oeste, los óleos eran el medio principal, pintado sobre velas o lona, que podía enrollarse y enviarse a los benefactores de otros países. En el siglo XVII los temas solían ser laicos y domésticos, y pintores como Caravaggio perfeccionaron las técnicas de la luz y sombra realistas. Las nuevas pinturas sintéticas tuvieron una enorme influencia sobre el arte después de 1800 y el hecho de que se almacenaran en tubos metálicos flexibles y vendidos por los comerciantes (en lugar de ser elaborados por los propios artistas) hizo posible que salieran del taller y trabajaran de forma individual en los lugares en los que sintieran la inspiración.

National Portrait Gallery

La colección de retratos más completa del mundo. Una lista completa de políticos, miembros de la realeza, artistas, científicos y otros personajes públicos desde la era de los Tudor hasta la actualidad.

Thomas Macaulay (1800-1859), en la fachada del edificio

CLASIFICACIÓN

Interés histórico	●●●●
Compra para expertos	●●●

INFORMACIÓN BÁSICA

68 J5 • St. Martin's Place WC2H OHE
020 7312 2463
Sá-mi: 10-18, ju-vi: 10-21
Gratis. Entrada para algunas exposiciones especiales
Leicester Square, Charing Cross
24, 29, 176
Guías sonoras de la National Portrait Gallery, 2 £
Guía para visitantes 5 £
The Portrait Café en el sótano
The Portrait Restaurant en la planta superior (▷ 263): té desde las 15
Libros sobre arte, carteles, tarjetas, joyas, marcos, artículos de escritorio, librería (sótano) con libros sobre historia, arte, arte del retrato, ropas, literatura y biografías británicas. Tienda de la exposición al salir de la galería Wolfson

www.npg.org.uk
Visita guiada virtual completa de la colección.

CONSEJO

• Alquile la guía en CD en el vestíbulo de la entrada a la planta baja para oír a los retratados contemporáneos comentando sus retratos.

VISITA A LA NATIONAL PORTRAIT GALLERY

La entrada a la galería es sorprendentemente moderna, en la parte posterior de la National Gallery (▷ 104-109). Las exposiciones están colocadas en orden cronológico, aunque algo confuso, en tres plantas, comenzando por la segunda y terminando en la planta baja.

Para llegar al inicio de la colección debe tomarse el ascensor desde el vestíbulo principal a las galerías Tudor, el siglo XVII y obras del XVIII, que siguen temas como el Kit-Cat Club (influyente grupo político de defensores de la monarquía), las artes, la ciencia y la industria. Los victorianos, su arte y sus logros ocupan la mayor parte de las salas de la primera planta, incluyendo daguerrotipos (antecesores de la fotografía). Las salas 30-33 cubren el periodo desde la Primera Guerra Mundial hasta 1990, e incluyen una colección de retratos de la familia real. La galería Balcony, también en el primer piso, cubre los años 1960-1990 con fotografías, bustos y estatuillas, y de vuelta a la planta baja, se representa el Reino Unido a partir de 1990 en una exposición siempre en evolución de retratos contemporáneos, donde se incluyen las nuevas adquisiciones.

DESTACADOS

SEGUNDA PLANTA

Las galerías Tudor

Una magnífica serie de retratos reales, aristocráticos y familiares hacen de esta compacta sección de la galería una visita obligada. Entre las obras más asombrosas se encuentra el deslumbrante retrato *Ditchley* de Isabel I, de Marcus Gheeraerts *el Joven* (h. 1592), obra maestra de propaganda política. Gheeraerts muestra a la Reina triunfante de pie sobre un mapa del Reino Unido con nubes de tormenta detrás a su derecha (representando a la derrotada Armada Invencible) y límpidos cielos a la izquierda (un glorioso futuro bajo su reino). También son interesantes el gran esbozo en tinta y acuarela de Enrique VIII, obra de Hans Holbein como preparación para el mural que muestra a Enrique, sus padres y su tercera mujer, Jane Seymour, que colgó del palacio Whitehall hasta su destrucción en un incendio en 1698; el retrato de grupo, obra de Rowland Jockey, que muestra a sir Thomas More y su familia con cinco generaciones de descendientes; el retrato de cuerpo completo de Catherine Parr, obra de Master John, y sir Francis Drake, de arreboladas mejillas, obra de un artista desconocido.

George Villiers, duque de Buckingham (corte de los Jacobeos)

El suntuoso retrato de cuerpo completo del favorito de Jacobo I, obra de William Larkin, se pintó en 1616, cuando aquel tenía 24 años. El vivo color rojo de su capa de terciopelo y los pliegues de bronce de los paños superiores roban a Villiers su protagonismo. Estos cortinajes fueron, en realidad, verdes hasta 1985, cuando los expertos hallaron restos de la pintura original y eliminaron la capa superior, revelando las ricas sombras, que se muestran ahora según lo que pretendía el artista.

PRIMERA PLANTA

Las hermanas Brontë (salas victorianas)

Branwell Brontë (1817-1848) pintó su retrato de las hermanas Anne

GUÍA DE LA

PLANTA BAJA

Salas 34-41: El Reino
partir de 1990; nuevas a
ciones.

PRIMERA PLANTA

Salas 21-29: los victorianos. Introducción: la reina Victoria, galería de estadistas, expansión e imperio, artes victorianas tempranas, retratos y política, retratos de G. F. Watts, artes victorianas tardías, cambio de siglo.

La actriz Ellen Terry (arriba) *estuvo casada algún tiempo con G. F. Watts, autor de este retrato.*
Los retratos de la época Tudor (izq., der.) *se muestran en galerías espaciosas y de ambiente controlado*

(1820-1849), Emily (1818-1848) y Charlotte (1816-1855) aproximadamente en 1834. Su infancia en una aislada casa parroquial de North Yorkshire hizo que las hermanas compartieran un mundo imaginativo vívido y las tres jóvenes fueron autoras de apasionadas de oscuras novelas como *El arrendatario de Wildfell Hall* (Anne), *Cumbres borrascosas* (Emily) y *Jane Eyre* (Charlotte). Branwell fracasó en sus intentos por alcanzar la fama como escritor y artista, y sucumbió a la bebida y al opio. Un perfil definido y claro entre Emily y Charlotte muestra dónde cubrió su autorretrato, que inicialmente completaba el grupo. El cuadro no es demasiado admirable desde el punto de vista técnico, pero la imagen de las tres famosas novelistas del siglo XIX resulta fascinante.

Zandra Rhodes (galería Balcony)

La escultura que hizo Andrew Logan de la extravagante diseñadora de moda es una de las varias obras de finales del siglo XX y de principios del XXI en la National Portrait Gallery que usa materiales y formas novedosos para mostrar la personalidad de sus temas. Logan ha optado por usar resina y colores brillantes e impactantes para expresar la personalidad extrovertida y el estilo extravagante de Rhodes. Es un contraste llamativo con las esculturas más tempranas de la galería, que suelen utilizar mármol o bronce, y con obras contemporáneas, como la serena figura en cerámica de Coco Chanel.

HISTORIA

El V conde Stanhope (historiador, político y fideicomisario del Museo Británico) fundó la galería en 1856 para coleccionar los retratos de los hombres y mujeres británicos famosos. Tras 40 años de mudanzas por Londres en hogares poco adecuados, obtuvo un lugar permanente en St. Martin's Place. Tras varias solicitudes de permiso para aumentar el espacio de la galería, se acordó que en 1928 se añadiría una nueva ala en Orange Street y en los años 1990 se realizó otra ampliación en la antigua Royal Dental School (que alberga ahora el archivo Heinz y la biblioteca de referencia).

En el año 2000 la Reina abrió el ala Ondaatje, llamada así en honor al benefactor Christopher Ondaatje.

Sala 30: la construcción de un nuevo mundo: Reino Unido 1914-1918.
Sala 31: un retrato nacional: Reino Unido 1919-1959, Reino Unido y el mundo 1939-1959.
Sala 32 (galería Balcony): retratos de fines del siglo XX.
Sala 33: Diana, princesa de Gales.

SEGUNDA PLANTA

Salas 1-3: galerías Tudor. Los primeros Tudor, la era isabelina, galería de miniaturas.
Salas 4-8: siglo XVII. La corte jacobea, Carlos I y la guerra civil, ciencia y arte en el siglo XVII, Carlos II: la restauración de la monarquía, los últimos Estuardo.
Salas 9-14: siglo XVIII. El club Kit-Cat, las artes a principios del siglo XVIII, Reino Unido a principios del siglo XVIII, las artes a finales del siglo XVIII, ciencia e industria en el siglo XVIII, Reino Unido se convierte en una potencia mundial, *Espíritu de la época* de William Hazlitt.
Salas 17-20: las galerías Regency Weldon. Famosos reales y escándalo; arte, inventiva y pensamiento: los románticos; arte, inventiva y pensamiento: la creación del mundo moderno; la ruta a la Reforma.

de Historia Natural

Hogar de la mayor colección de restos de dinosaurios del país.
Más de 67 millones de artículos, desde ballenas e insectos hasta meteoritos.
Uno de los centros de investigación científica más importantes del mundo.

QUÉ VISITAR

La entrada principal del museo, con dos torres gemelas

CLASIFICACIÓN

Bueno para niños	●●●●●
Interés histórico	●●●●
Compra para expertos	●●

INFORMACIÓN BÁSICA

66 E7 • Cromwell Road SW7 5BD

020 7942 5000

Diario: 10-17:50. Jardín de vida salvaje, may-fin de sep, diario: 12-17

Gratis. Entrada para algunas exposiciones temporales

South Kensington 14, 49, 70, 74, C1

4,50 £, sólo inglés. Mapas de las plantas y mapa gratuitos

Cafetería, refrigerios, confitería

Restaurante: autoservicio y refrigerios

Tienda del museo, Dino Store, Earth shop

www.nhm.ac.uk (en inglés)
Incluye enlaces a temas de historia natural, noticias sobre el museo y reservas, además de una exploración detallada de la colección.

CONSEJO

- Si la cola de la entrada principal es muy larga, vaya a la entrada lateral en Exhibition Road.

VISITA AL MUSEO DE HISTORIA NATURAL

La entrada principal, a la que se llega tras subir una amplia escalera desde Cromwell Road, lleva directamente al amplio vestíbulo central, de rica decoración, que se ha comparado con la nave de una catedral. A la izquierda del vestíbulo se encuentra la zona azul, con exposiciones de dinosaurios, mamíferos, bichos e insectos (que incluyen un escorpión mecánico), peces y otras vidas marinas, plantas, meteoritos y la historia de la evolución animal. A la derecha y arriba se encuentra la zona verde, que se concentra en la ecología y la evolución.

La entrada lateral lleva a la zona roja, inaugurada en 1996 y dispersa en salas de la planta baja, entreplanta, primera y segunda, unidas, mediante un ascensor, en un gran globo terráqueo. Las avanzadas exposiciones cuentan la historia de la formación terráquea, con secciones sobre volcanes y terremotos, partes prácticas que demuestran las energías eólica, hidráulica y térmica, y galerías centradas en el tesoro geológico natural de gemas de la Tierra y los modos de conservar nuestro mundo para el futuro.

En el exterior, el Wildlife Garden, en la zona naranja, plantado en 1993 sobre el césped del oeste, ofrece paz y tranquilidad, además de la oportunidad de estudiar algunos de los hábitats británicos, desde los bosques de robles a los lechos de juncos, con sus plantas y animales asociados. El centro Darwin se encuentra también aquí.

DESTACADOS

ZONA AZUL

Dinosaurios

Una de las galerías más populares, con una pasarela alzada para mirar a los ojos a los antiguos monstruos. La iluminación crea una atmósfera cálida y hay una recreación animatrónica de las criaturas en acción, incluyendo una de los modelos más avanzados de su clase del mundo, un terrorífico *Tyrannosaurus rex* de 4 m de altura, ahora sujeto de debate en cuanto a su condición de cazador o carroñero. Las escaleras vertiginosas ofrecen vistas de la detallada decoración del vestíbulo (pueden verse los monos subiendo y bajando por los arcos) y al mirar abajo se ve el esqueleto en escayola del *Diplodocus carnegii* (procedente de Wyoming), de 150 millones de años y 26 m de altura, uno de los animales de mayor longitud que haya existido sobre la faz de la Tierra.

La ballena azul

Suspendida del techo en la sección dedicada a los mamíferos, hay otro gigante: una maqueta a tamaño natural de una ballena azul de casi 28 m de longitud que deja pequeño al elefante africano, el mayor mamífero en tierra.

ZONA VERDE

Colonia de hormigas

El museo cuenta con su propia mano de obra de hormigas cortadoras de hojas, y los miembros de la colonia, de miles de hormigas, pueden verse cultivando y cuidando el hongo que las alimenta, cortando las hojas recogidas de su área de alimentación, bajo la protección de las hormigas soldado que tienen unas amenazadoras mandíbulas.

Galería de las visiones de la Tierra (arriba). *Las galerías de la Vida* (arriba) *incluyen muestras de los reinos vegetal, animal y mineral*

Sequoya gigante

Uno de los artículos más intrigantes en exposición es un paso excavado en este enorme árbol *(Sequoiadendron giganteum)* que se muestra en las escaleras a la primera planta. Este ejemplar específico se taló en 1892, cuando había alcanzado los 84 m de altura y los 15 m de perímetro. El recuento de anillos indica que tenía 1.335 años cuando lo talaron en California (su vida comenzó en el 557 d. de C).

ZONA ROJA

La energía interior/terremotos

Esta inquietante serie de exposiciones se ha convertido en una de las atracciones más populares del museo. La exposición explora las poderosas fuerzas del calor y la presión que se encuentran constantemente en movimiento entre el suelo que habitamos y el centro de la Tierra. Un simulador da cierta idea de cómo es estar en un terremoto, mientras que un vídeo del terremoto que sufrió Kobe (Japón) en 1995 muestra el terror real del acontecimiento y cómo queda destruido hasta los cimientos un supermercado. Se recrean las erupciones volcánicas y puede mantenerse un registro de los terremotos más recientes del mundo.

HISTORIA

Construido en terrenos comprados por el príncipe Alberto con el dinero recaudado en la Gran Exposición de 1851 (▷ 36), el amplio Museo de Historia Natural, de estilo románico francés, fue diseñado por Alfred Waterhouse (1830-1905) para albergar la colección de historia natural del Museo Británico y se abrió al público en 1881. Los paneles de relieve en terracota muestran animales, fósiles, plantas e insectos a lo largo de toda la fachada: las especies vivas se muestran a la izquierda, las extinguidas, a la derecha.

Sir Hans Sloane (▷ 85) donó miles de especímenes animales, vegetales y minerales, entre ellos más de 10.000 animales y 338 volúmenes de plantas prensadas. Otro importante benefactor fue sir Joseph Banks, que acompañó al capitán Cook en su primera vuelta al mundo, en los años 1760. Hoy el museo tiene más de 65 millones de especímenes y más de un millón de libros y manuscritos.

GUÍA DE LA GALERÍA

ZONA AZUL

PLANTA BAJA

Dinosaurios, peces, anfibios, reptiles.
Invertebrados marinos.
Biología humana.
Mamíferos.

ZONA VERDE

Maravillas del Museo de Historia Natural.
Reptiles marinos fósiles.
Fósiles del Reino Unido.
Ecología.
Bichos.
Galería de aves.
Impresiones duraderas (fenómenos naturales que muestran el paso del tiempo).

PRIMERA PLANTA

La evolución de nuestro hogar.
Minerales.
Meteoritos.
Primates.
Energía vegetal.
(escaleras): Sequoya gigante.

ZONA ROJA

PLANTA BAJA

Visiones de la Tierra.
Presente y futuro.

ENTREPLANTA

Laboratorio terrestre.

PRIMERA PLANTA

Érase una vez.
El tesoro de la Tierra.

SEGUNDA PLANTA

La energía interior/terremotos.
Superficie inquieta.

ZONA NARANJA

Jardín salvaje.
Centro Darwin (la fase II se inaugura en el 2009): Laboratorios y colecciones de ciencias de la vida.

El Museo Británico no es el único con momias

Los letreros de neón aparecieron por primera vez en Piccadilly Circus en 1910

La galería de los Fotógrafos en un callejón del Soho

MUSEO PETRIE DE ARQUEOLOGÍA EGIPCIA

67 J3 • University College London, Malet Place WC1E 6BT
020 7679 2884 Ma-vi: 13-17, sá: 10-13 Gratis. Se aceptan donativos
Euston, Euston Square, Warren Street, Russell Square 18, 24, 29, 73
www.petrie.ucl.ac.uk (en inglés)

Esta colección, que se conserva en el edificio del Instituto de Arqueología de la Universidad de Londres, se compone de unos 80.000 artículos egipcios y sudaneses. Su iniciadora fue Amelia Edwards, entusiasta arqueóloga de la época victoriana, y fue ampliada por el profesor William Flinders Petrie (1853-1942), que excavó docenas de yacimientos importantes. Los tesoros incluyen hallazgos de los cementerios romanos de Hawara, famosa por sus hermosos retratos de momias, El-Amarna, la ciudad del faraón Akhenatón y la primera pirámide verdadera, en Meidún.

GALERÍA DE LOS FOTÓGRAFOS

68 J4 • 5 y 8 Great Newport Street WC2H 7HY 020 7831 1772
Galerías: lu-mi, vi, sá: 11-18, ju: 11-20, do: 12-18 Gratis
Leicester Square
24, 29, 176
www.photonet.org.uk (en inglés)

La primera galería fotográfica independiente del Reino Unido, fundada en 1971, es ahora un punto importante para las muestras contemporáneas con un calendario completo de exposiciones y acontecimientos educativos. Las exposiciones temporales intentan aclarar la historia de la fotografía. (El retratista y fundador de la Real Academia, sir Joshua Reynolds, vivió aquí en el siglo XVIII). Dos edificios rehabilitados en 1993 alojan las tres galerías, una librería y un café, saliendo de Charing Cross Road.

PICCADILLY CIRCUS

67 J5 Acceso libre
Gratis Piccadilly Circus
9, 12, 15, 19, 23, 139, 159

Uno de los cruces con más movimiento del mundo, creado por John Nash como parte de su plan para unir St. James con Regent's Park y formado por la unión de cinco calles en el West End, se ha convertido en sinónimo de multitud y clamor urbano. Sobre el constante fluir de tráfico y turistas, trabajadores y compradores que ocupan la zona a todas horas, se alzan anuncios de neón.

Su punto central es la estatua de aluminio conocida como *Eros* que se yergue sobre una fuente de bronce construida en 1892 en memoria del filantrópico séptimo conde de Shaftesbury. Sir Alfred Gilbert, su diseñador, la había destinado a ser ángel de caridad cristiana en lugar del dios griego del amor y quedó tan abrumado por los cambios en su diseño que rehusó asistir a su ceremonia de inauguración.

Se cree que el nombre de Piccadilly deriva de un caprichoso cuello del siglo XVI llamado «pikadil»; un sastre que hizo fortuna gracias a la venta de estos artículos de moda construyó cerca su casa.

El duque de Westminster reveló la controvertida estatua de Eros en 1893, la primera estatua de aluminio de Londres

GALERÍA DE LA REINA

67 H6 • Buckingham Palace Road SW1A 1AA 020 7766 7301
Diario: 10-17:30 (billetes temporizados)
Adultos, 8 £, niños (5-17) 4 £, familias, 20 £
Victoria, Green Park, Hyde Park Corner 11, 211, 239, C1, C10
www.royal.gov.uk

Durante 500 años la realeza británica ha amasado una amplia colección de obras y tesoros artísticos. Los elementos de esa colección, que conserva la Reina para la nación, se muestran en esta galería del palacio de Buckingham (▷ 79). La cambiante selección incluye obras de Canaletto, Frans Hals y Leonardo da Vinci; porcelana francesa, inglesa y asiática, que incluye la de Sèvres; una brillante gama de cajas de rapé; huevos y flores de Fabergé; muebles y piezas personales seleccionadas de la colección de la reina Isabel, la reina madre (1900-2002).

La galería se construyó en la década de 1960 de las ruinas de la capilla privada en el frente oeste del palacio de Buckingham, que había sufrido daños por los bombardeos durante la Segunda Guerra Mundial. Después de su completa remodelación, la Reina la reinauguró en sus bodas de oro en el 2002.

REGENT'S PARK

67 G2 Diario 5-atardecer Gratis
Baker Street, Marylebone, Regent's Park, Great Portland Street, Camden Town
27, 82, 113, 274, C2
www.royalparks.gov.uk (en inglés)

Originalmente parte del coto de caza real de Enrique VIII, Regent's Park se convirtió en el actual durante el reino del príncipe regente, más tarde Jorge IV, quien dio el nombre al parque. Los grandiosos planes originales diseñados por John Nash incluían un palacio al

Regent's Park se ha convertido en una de las principales áreas recreativas de la ciudad, con jardines, un lago para botes y parques

La exposición estival de la Royal Academy atrae multitudes

sur en St. James y una ruta triunfal por los jardines, mientras el parque propiamente dicho debía estar jalonado por lujosas casas de estuco. El dinero se acabó antes de terminar los planes, pero el parque, parte de las terrazas y la primera parte de la ruta triunfal, Regent's Street, se terminaron antes de la interrupción de las obras.

La entrada por la verja York, cerca de la estación de metro de Baker Street, se asoma justo bajo el famoso museo de cera de Madame Tussaud (▷ 101). Al caminar por el parque puede verse la Royal Academy of Music (Real Academia de Música) a la derecha, fundada en 1822, donde se han formado algunos de los mejores músicos, cantantes y compositores del mundo.

Desde el puente York puede verse la iglesia de Santa María, en Marylebone High Street. Cuando Nash diseñó Regent's Park, alineó de forma deliberada el eje de la verja York para que dejara ver la iglesia, con su majestuoso pórtico corintio y su torre circular. El puente York continúa más allá de Regent's College, a la izquierda, ahora un centro para estudios europeos. Más allá se encuentra el jardín de la reina María, donde Nash había pretendido colocar un templo dedicado a la memoria de todos los contribuyentes a la historia y la cultura británicas. En su lugar, el círculo de 6,8 ha contiene el mayor jardín de rosas de todo Londres, plantado en honor de la esposa de Jorge V, la reina María, y un teatro al aire libre (▷ 200), fundado en 1932.

Al oeste se encuentra el lago navegable en forma de Y y un sendero por la parte superior del lago lleva hasta Hanover Gate, donde se hallan los edificios más recientes del parque. La mezquita central de Londres (▷ 98) se encuentra al norte, identificable por su cúpula dorada, y al sur, frente al círculo exterior, se encuentran las villas de Quinlan Terry, de estilo neo-Nash, de 1992.

ROYAL ACADEMY OF ARTS (REAL ACADEMIA DE LAS ARTES)

67 H5 • Burlington House, Piccadilly W1J 0BD ☎ Consultas generales 020 7300 8000, 020 7300 5760 (información grabada)
Exposiciones sá-ju: 10-18, vi: 10-22. Fine Rooms ma-vi: 13-16:30, sá, do: 10-18
Precios variables según exposiciones; adultos desde 9 £, niños (12-18) desde 4,80 £, (8-11) desde 3,80 £. Fine Rooms gratis, menores de 9 años, gratis. Visitas guiadas gratis
Green Park, Piccadilly Circus
9, 14, 19, 22, 38
www.royalacademy.org.uk

Burlington House, en Piccadilly, nació como una mansión al estilo de Palladio para el conde de Burlington en torno a 1720, y desde 1768 ha sido hogar de la Royal Academy of Arts, la primera escuela de arte formal del país. El retratista sir Joshua Reynolds (1723-1792) fue su primer presidente y entre sus primeros estudiantes se cuentan los pintores John Constable (1776-1837) y J. M. W. Turner (1775-1851).

En marzo del 2004 abrió su espléndida suite neopaládica, John Madejski Fine Rooms, para ofrecer un espacio de muestra permanente de las obras importantes de Reynolds, Gainsborough, Constable, Spencer y Hockney. Aquí también se encuentra la sobresaliente *Taddei Tondo*, un relieve circular de la virgen y el niño con el pequeño San Juan, tallado por Miguel Ángel en 1504-1505, una de las cuatro esculturas de mármol del artista fuera de Italia.

Hay dos suites de galerías que muestran exposiciones internacionales importantes de préstamos de colecciones de todo el mundo y atraen grandes multitudes. La planta superior del edificio (el ala Sackler, a la que se accede mediante escaleras o ascensor de cristal) fue remodelada por sir Norman Foster, un académico, en 1991, y se usa para exposiciones más pequeñas, incluyendo algunas muestras de artistas vivos.

La exposición estival de la Academia (de junio a mediados de agosto) es una muestra enormemente popular de obras tanto de profesionales como de aficionados (▷ 21), a los que está abierta. En 1987 se presentó un cuadro titulado *Granjas en Norfolk*, bajo el seudónimo de Arthur George Carrick, un alias del príncipe Carlos, aficionado al arte.
No puede dejar de verse la escultura de mármol de Miguel Ángel, *Taddei Tondo* (exterior del ala Sackler).

ROYAL COURTS OF JUSTICE (REAL TRIBUNAL DE JUSTICIA)

68 K4 • Strand WC2A 2LL
☎ 020 7947 6000
Lu-vi: 9:30-16:30. Las vistas comienzan a las 10 y se interrumpen para el almuerzo a las 13 Gratis
Chancery Lane, Temple
4, 11, 15, 76

En su exterior, al final del Strand, suelen reunirse multitudes, cámaras y periodistas ansiosos por conocer una sentencia. En este edificio neogótico, conjunto de capiteles y pináculos que cuenta con más de 50 salas, diseñado por George Edmund Street en la década de 1870, se juzgan los casos civiles más importantes y populares. Las galerías públicas están abiertas a todos, pero solo después de superar estrictos controles causados por las grandes medidas de seguridad.

Al llegar al vestíbulo principal puede pedirse un plano y una guía del complejo en el punto de información, donde se publican qué casos se verán ese día. La galería de los trovadores muestra una exposición de la historia de las ropas en los tribunales.

Elaborado detalle del Tribunal de Justicia

Un pensionista de Chelsea en uniforme de gala

Entrada a las caballerizas reales, construidas en 1824

ROYAL HOSPITAL

67 desde F7 • Royal Hospital Road SW3 4SL 020 7881 5303
Lu-sá: 10-12, 14-16; may-sep do: 14-16
Gratis Sloane Square
11, 137, 211, 239
www.chelsea-pensioners.co.uk (en inglés)

El hospital real de Chelsea se construyó a instancias de Carlos II, obra realizada por sir Christopher Wren a finales del siglo XVII como casa de beneficencia para veteranos, función que continúa ejerciendo en la actualidad, y sus residentes, conocidos como «Chelsea Pensioners», suelen verse por la zona. Su uniforme de gala se compone de la túnica escarlata del duque de Marlborough, con pantalones azules y un tricornio, aunque en otras ocasiones llevan túnicas azules. Para verles en su ropa de ceremonia, debe visitarse el lugar el 29 de mayo (Oak Apple Day), conmemoración de la batalla de Worcester, de la que escapó Carlos II gracias a que se ocultó en un roble en 1651, lo que se celebra adornando su estatua (en el patio central) con hojas de roble.

En el pequeño museo pueden verse los uniformes y las medallas de los pensionistas, la capilla con bóveda de barril y la gran sala con paneles. En el exterior puede pasearse por los campos al sur, lugar de la muestra floral anual de Chelsea (▷ 222) desde 1913, y en los jardines Ranelagh, al este del complejo principal.

ROYAL MEWS (CABALLERIZAS REALES)

67 H6 • Buckingham Palace Road SW1A 1AA 020 7766 7302
Mar-finales de jul y oct, sá-ju: 11-16; finales de jul-fin de sep, diario: 10-17
Adultos, 7 £, niños (5-17) 4,50 £, menores de 5, gratis, familia 18,50 £
Victoria, Green Park
11, 211, 239, C1, C10
www.royal.gov.uk

Las caballerizas reales proporcionan una visión fascinante de la vida cotidiana en uno de los departamentos domésticos reales del palacio de Buckingham. Los vehículos oficiales de la familia real se muestran de forma permanente, incluyendo el carruaje oficial dorado, de cuento de hadas, que ordenó fabricar Jorge III en 1762, dorado con hojas de 22 quilates y con un peso de 4 toneladas, un coloso que necesita que tiren de él ocho caballos, aunque parece ser un modo bastante incómodo de viajar.

También suelen estar visibles los 30 caballos que pasan allí gran parte del año, la mayoría bayos de Cleveland, la raza británica de caballos de tiro grises de Windsor que tradicionalmente tiran del carruaje real.

GALERÍA SAATCHI

67 G7 • Duke of York's Headquarters, King's Road SW3 4RR 020 7823 2363
Horario por confirmar a principios del 2008 Precios por confirmar a principios del 2008
Sloane Square 11, 19, 22, 211, C1
www.saatchi-gallery.co.uk

Se espera que la galería abra sus nuevas instalaciones a comienzos de 2008. Su elegante centro en Chelsea ofrecerá un buen lugar de exposición para las obras de los artistas jóvenes desconocidos y para artistas de fama internacional que no suelen exponer en el Reino Unido.

ST. CLEMENT DANES

68 K4 • Strand WC2R 1DH
020 7242 8282 DLu-vi: 9-16, sá, do: 9-15; servicio religioso en domingo, 11
Gratis Templo (cerrado los do), Charing Cross, Blackfriars
4, 11, 15, 76

Esta iglesia pequeña y elegante rodeada de tráfico en medio del Strand es la última de una sucesión de iglesias en el lugar. St. Clement Danes, del siglo XI, fue reconstruida primero por Guillermo el Conquistador; de nuevo en el siglo XIV; demolida y reconstruida por Wren en 1680-1682; prácticamente destruida por las bombas en 1941, que dejaron únicamente el campanario (1719) y las paredes. El interior se reconstruyó y dedicó a la aviación en 1958 y allí se celebran oración diaria y servicios en su recuerdo.

No deben pasarse por alto las insignias de pizarra negra galesa de las unidades de las RAF que están en el suelo de la iglesia.

ST. JAMES'S PARK

67 J6 5-medianoche Gratis
St. James's Park, Green Park
11, 12, 53, 88, 211
www.royalparks.gov.uk
Park Office, The Store Yard, Horse Guards Approach, St. James's Park SW1A 2BJ
020 7930 1793

Este parque es uno de los espacios verdes más atractivos de Londres. Desde la pasarela sobre el lago en su centro puede verse la fachada del palacio de Buckingham al oeste, y hacia el este, la parte trasera de las oficinas gubernamentales clásicas de sir George Gilbert Scott, además de las torretas y cúpulas de cebolla del National Liberal Club.

El parque está rodeado por tres palacios: el más antiguo, Westminster, es ahora el edificio del Parlamento (▷ 92); el de St. James, cruzando The Mall, continúa siendo el tribunal oficial, y desde 1837, el Rey ha vivido en el tercero, el de Buckingham (▷ 79), en el extremo sur. Clarence House, en el borde noroccidental del parque, fue el hogar de la reina Isabel, la reina madre, y ahora es el hogar del príncipe Carlos (ago a finales de sep, diario: 10-17:30 en visitas guiadas temporizadas, previa reserva, tel.: 020 7766 7303); el arco del Almirantazgo, en la punta norte del parque, marca el otro extremo de The Mall.

El centro del parque es el lago, creado por John Nash a partir del canal que hizo excavar originalmente en el pantano Carlos II, responsa-

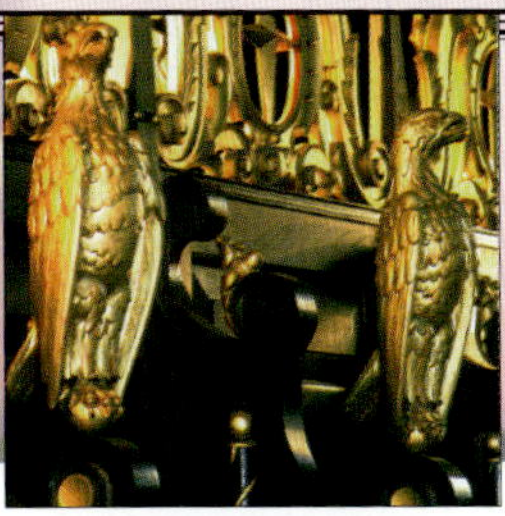

Bancos del coro en St. Clement Danes, iglesia de la aviación

Conciertos gratuitos de verano en St. James's Park

St. Martin-in-the-Fields, basado en un templo clásico

ble de la introducción de ocas, pelícanos y aves acuáticas, cuyos descendientes continúan en el lugar. La isla Duck (pato) es su santuario, que se mantiene como reserva salvaje. Para información sobre visitas guiadas hay que ponerse en contacto con la oficina del parque.

En el lado occidental de la isla se encuentran los pelícanos residentes del parque, regalo de un embajador ruso a Carlos II, y desde entonces, es tradicional que los embajadores ofrezcan un pelícano al parque.

Inn The Park (▷ 258) es un restaurante con techo integrado en el paisaje, zona de asientos y un paseo de madera.

No debe perderse ver cómo se alimenta a los pelícanos cada día a las tres de la tarde, cerca de Duck Island Cottage.

ST. JOHN'S GATE

68 L3 • St. John's Lane EC1M 4DA
020 7324 4005 Lu-vi: 10-5, sá: 10-16; visitas guiadas, ma, vi, sá: 11, 14:30
Se piden donativos por las visitas guiadas: adultos 5 £, niños y descuentos, 4 £ (miembros de St. John Ambulance, gratis)
Farringdon 63, 55, 243
www.sja.org.uk/museum

El priorato medieval de San Juan en Clerkenwell fue la base de los caballeros de Malta, que enviaban hombres, dinero y suministros a los hospitales en las grandes rutas de peregrinos de Europa. Hoy, de los edificios queda apenas la cripta de la iglesia normanda y la torre de entrada de estilo Tudor, parte de la cual alberga un museo de la historia de la orden de San Juan, con exposición de monedas de los cruzados o una cota de malla otomana turca.

Los pioneros victorianos comenzaron aquí el movimiento de voluntarios de primeros auxilios St. John Ambulance. Su servicio continúa en la actualidad y su galería interactiva cuenta su historia.

ST. MARTIN-IN-THE-FIELDS

68 J5 • Trafalgar Square WC2N 4JJ
020 7766 1100 Lu-sá: 8-18:30, do: 8-19:30; taller de calco por frotación de placas lu-mi: 10-19, ju-sá: 10-22, do: 12-19
Gratis; calco por frotación de placas, desde 16:50
Charing Cross, Leicester Square
9, 11, 12, 13, 15, 24, 453
www.stmartin-in-the-fields.org

Al espléndido pórtico corintio de la iglesia de St. Martin-in-the-Fields, en la esquina nordeste de Trafalgar Square, considerada por muchos como el mejor edificio de la plaza, se llega subiendo unas escaleras. El arquitecto escocés James Gibbs (1682-1754) la diseñó en la década de 1720 y su lujoso interior está decorado con ornamentadas escayolas italianas sobre los techos de las bóvedas de barril. Oficialmente, es la iglesia parroquial del palacio de Buckingham, pues St. Martin's tiene fuertes conexiones reales: Jorge I fue coadjutor aquí y hay un banco real a la izquierda del altar mayor. Durante unos 40 años ha habido una congregación china en la iglesia, con servicios dominicales habituales.

El proyecto de reconstrucción de 36 millones de libras de St. Martin-in-the Fields está casi terminado y solo falta el exterior por terminar. En el interior, la restauración es magnífica, el entorno ideal para un concierto matutino o vespertino. El café en la cripta ofrece un escape del bullicio de las calles de Londres.

ST. PAUL'S CATHEDRAL (CATEDRAL DE SAN PABLO)

Véanse las páginas 118-123.

ST. PAUL'S CHURCH (IGLESIA DE SAN PABLO)

68 K4 • Bedford Street WC2E 9ED
020 7836 5221 Lu-vi: 8:30-17:30, sá, do, comprobar horarios Gratis
Covent Garden, Leicester Square
9, 11, 13, 15, 23, RV1

St. Paul se pensó como una característica integral de la plaza del siglo XVII de Inigo Jones, Covent Garden (▷ 88), y sus pilares y columnas toscanas continúan dominando el lado occidental de la plaza. Este pórtico nunca se utilizó, puesto que la entrada principal de la iglesia se encuentra en Bedford Street.

Con el Theatre Royal Drury Lane (▷ 201) y la Royal Opera House (▷ 195) cerca, St. Paul's siempre se ha asociado con el teatro, y por ello se conoce como la iglesia de los actores. Docenas de placas conmemoran a distinguidas figuras del mundo del arte dramático, como el actor y director de cine Charles Chaplin (1889-1977), nacido en Londres.

Otros monumentos en la iglesia incluyen los presentes en memoria del artista J. M. W. Turner, bautizado aquí en 1775, y el tallador Grinling Gibbons, que fue enterrado en 1721.

El espacio de delante de la iglesia sirve de escenario para todo tipo de actuaciones callejeras: payasos, comedores de fuego, músicos y acróbatas. En el festival Costermongers' Harvest (▷ 224) se reúnen los mercaderes *cockney*, vestidos, para beneficencia, con los ropajes perlados de reyes y reinas.

Estatua de San Pedro en el exterior de St. Paul's Church

ET · URBIS · CONDIT
CHRISTOPHORUS · WREN · QUI · VIXIT · ANNOS · ULTRA

Catedral de St. Paul

La única catedral con cúpula del Reino Unido, una de las más grandes del mundo, solo inferior a la de San Pedro en Roma. La obra maestra de sir Christopher Wren, ejemplo único de la arquitectura barroca inglesa.

A pesar de los altos bloques de edificios, la gran cúpula de la catedral continúa siendo uno de los perfiles más específicos de la línea de cielo

Aquí trajeron a Lord Nelson tras su muerte en batalla

VISITA A LA CATEDRAL DE ST. PAUL

Una amplia escalinata lleva hasta la entrada delantera occidental, flanqueada por dos torres de reloj. El diseño clásico original de Wren, que usó una cruz griega con la cúpula sobre la intersección central, se modificó para proporcionar un impresionante espacio para las procesiones religiosas, y la primera imagen al entrar es la nave de tres espacios construida para este propósito. A la izquierda se encuentran la capilla de todos los santos y el campanario, luego la capilla de San Dunstan. A la derecha se encuentra la capilla de San Miguel y San Jorge; más allá, en uno de los arcos de la nave, el monumento a Wellington, y arriba se encuentra la gran cúpula. El monumento a Nelson está a la derecha, en el crucero sur, y más allá está la entrada a la cripta y la tienda. Los bancos del coro y el lugar para el órgano están delante, y detrás del altar mayor la American Memorial Chapel. Las escaleras en la esquina suroeste del cruce llevan hasta la cúpula y sus galerías.

DESTACADOS

CÚPULA Y GALERÍAS

Ocho pilares soportan esta enorme estructura de más de 111 m de altura y con un peso aproximado de 66.000 toneladas. Para llegar a la galería de los susurros, que recorre el interior de la cúpula, hay que subir 259 escalones. Aquí la acústica hace que una persona en el lado opuesto de la galería pueda oír claramente los susurros tras unos segundos de retraso, aunque solo los visitantes de primera hora de la mañana pueden comprobar la teoría con claridad. Hay buenas vistas de la nave abajo y los frescos de la cúpula, donde sir James Thornhill pintó escenas de la vida de San Pablo entre 1716 y 1719.

Otros 119 escalones llevan a la galería de piedra que rodea el exterior de la base de la cúpula, a 53 m de altura. Al continuar la subida se pasa por el maderamen del interior que soporta la piel de madera de la cúpula exterior cubierta de plomo, y entre estas dos cúpulas hay una tercera: el cono de ladrillos que soporta la elegante linterna que corona la estructura y que puede verse desde la galería dorada, la más pequeña de las galerías, que recorre el punto más elevado de la cúpula exterior, a 85 m y 530 escalones del nivel del suelo. Un orificio en el suelo pro-

CLASIFICACIÓN	
Bueno para niños	●●
Interés histórico	●●●●●
Calidad-precio	●●●●●

CONSEJOS

- La catedral se cierra en ocasiones por eventos especiales, por lo que es mejor asegurarse antes de visitarla.
- Comprar guías en el extremo oeste de la catedral, en la tienda de la cripta o en Internet.
- Debe llevarse dinero suelto, para dar al final de los recitales de órgano gratuitos a las cinco de la tarde los domingos.
- Al terminar el programa de rehabilitación, de 40 millones de libras, que está previsto que coincida con el 300 aniversario de Wren (20 de octubre de 1708), habrá un programa de eventos y conciertos especiales.

La nave (página 118), *dramática combinación de amplio espacio y elaborada decoración*

porciona una vista vertiginosa del suelo de la catedral. Por encima están el lastre y el cruce en la punta, que se añadieron en 1708 y se cambiaron en 1821. Por razones de seguridad, no se permite la entrada de los visitantes al interior.

EL CORO Y PRESBITERIO

Esta parte de la catedral, cerca del coro y del altar, es un desenfreno de dorados de estilo bizantino, con mosaicos de pájaros, peces y animales, que data de finales del siglo XIX. En la nave lateral norte se encuentra una escultura de mármol de Henry Moore (1898-1986), *Madre e hijo*. El maestro metalúrgico francés Jean Tijou (*fl.* 1689-*h.* 1711) diseñó las verjas de hierro forjado y la mayor parte metálica decorativa de la catedral.

En la nave sur del coro se encuentra una estatua de la virgen y el niño, originalmente parte de la pantalla del altar victoriano, que resultó daña-

Tumba del duque de Wellington bajo el crucero

Talla minuciosa de los bancos del coro por Grinling Gibbons

La galería de los susurros cumple su promesa, si no lo impide la multitud

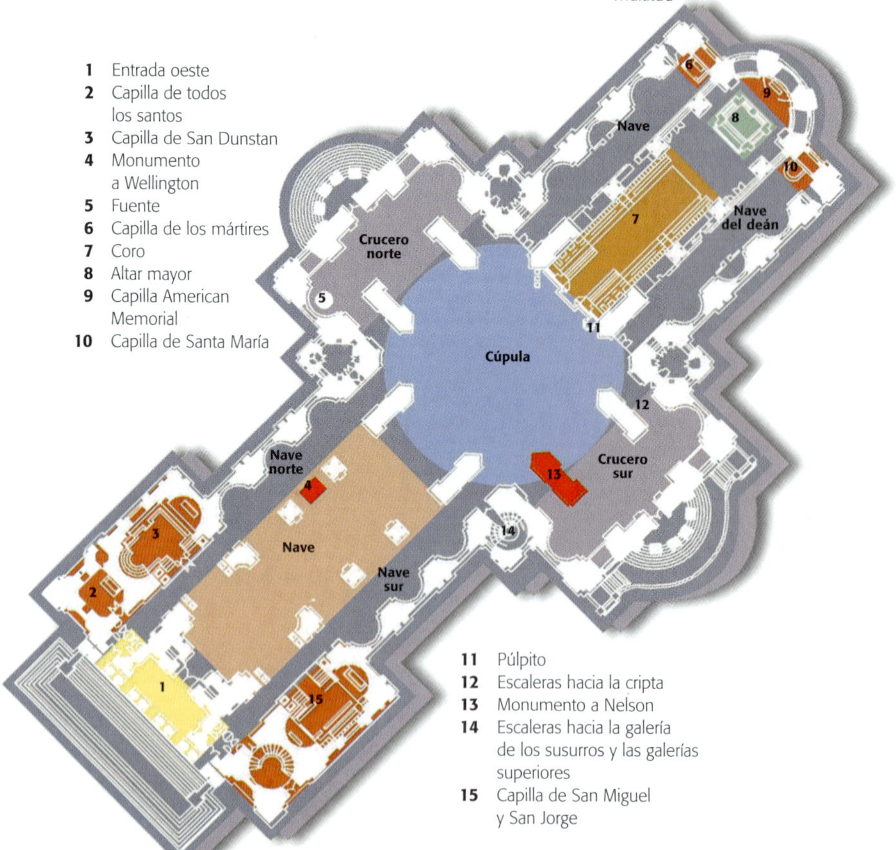

1 Entrada oeste
2 Capilla de todos los santos
3 Capilla de San Dunstan
4 Monumento a Wellington
5 Fuente
6 Capilla de los mártires
7 Coro
8 Altar mayor
9 Capilla American Memorial
10 Capilla de Santa María
11 Púlpito
12 Escaleras hacia la cripta
13 Monumento a Nelson
14 Escaleras hacia la galería de los susurros y las galerías superiores
15 Capilla de San Miguel y San Jorge

da por una bomba durante la Segunda Guerra Mundial. También hay una efigie de mármol del poeta John Donne (1572-1631), que fue deán de la catedral, una de las pocas efigies que sobrevivieron al Gran Incendio de Londres en 1666 y donde todavía pueden verse marcas de quemaduras en la base.

El órgano es el tercero en tamaño del Reino Unido, con 7.189 tubos, 5 teclados y 138 topes de órgano. Su carcasa fue tallada por Grinling Gibbons (1648-1721), al igual que los bancos del coro. El altar mayor, hecho de mármol y roble tallado y dorado, con un dosel basado en un esbozo de Wren, sustituyó a su predecesor, dañado por una bomba en 1958.

TUMBA DE WELLINGTON

El duque de Wellington (1769-1852), héroe militar de las guerras napoleónicas y primer ministro entre 1828 y 1830, yace en un sencillo ataúd de granito de Cornualles bajo el crucero. Diseñado en 1858 por F. C. Penrose, recuerda el estilo de la tumba de Napoleón en Les Invalides de París. Los estandartes de la procesión funeraria de Wellington cuelgan en torno a la tumba, pero la bandera prusiana que estuvo allí inicialmente fue retirada durante la Primera Guerra Mundial y no se volvió a colocar.

TUMBA DE NELSON

El almirante Nelson (1758-1805), que murió en la batalla de Trafalgar contra Napoleón, yace en medio de la cripta, una de las 200 tumbas que se encuentran en este amplio espacio, parte de la catedral medieval. El ataúd de Nelson, tallado del mástil de un barco francés derrotado, entró con él en batalla y se mantuvo cerca tras su escritorio. Tras su muerte, fue conservado en brandy francés durante el viaje de vuelta y en Gibraltar se colocó en un ataúd revestido de plomo y macerado en vino destilado. Por último, sus restos se colocaron en dos ataúdes más antes de ser enterrados en la cripta bajo el sarcófago del cardenal Wolsey, del siglo XVI, que había permanecido vacío desde que Enrique VIII lo confiscó. El monumento a Nelson muestra la presentación de dos cadetes navales a su héroe. Fue obra de John Flaxman (1755-1826), un artista de renombre internacional en su tiempo.

EL TESORO

En la parte suroeste de la cripta, justo antes de la entrada a la tienda y el restaurante, se encuentra la colección de oro, plata y otros objetos pre-

INFORMACIÓN BÁSICA

69 M4 • St. Paul's Churchyard EC4M 8AD ☎ 020 7326 4128

Lu-sá: 8:30-16. Diario para los servicios. Visitas guiadas al triforium (biblioteca, galería West End, sala de trofeos y gran maqueta de Wren) (es necesario reservar por adelantado, tel.: 020 7246 8357, lu, ma: 11:30, 14, vi: 14, adultos 14,50 £, niños (6-16) 6 £

St. Paul's, Blackfriars

4, 11, 15, 23, 25, 26, 100, 242

Blackfriars

Catedral, cripta y galerías: adultos 9,50 £, niños (6-16) 3,50 £, menores de 6 años, gratis; familia 22,50 £

3,25 £, en inglés, francés, alemán, italiano, japonés y español

Lu-sá: 11, 11:30, 13:30 y 14. Adultos 3 £, menores de 10 años, 1 £. Guías habladas: 3.50 £, inglés, francés, alemán, italiano, español, ruso, japonés y mandarín

Restaurante. Tés de tarde, asados el domingo

Crypt Café. Iluminado y espacioso con buenos refrigerios y comidas ligeras; con permiso

CD de salmos, música coral y de órgano; guías; artículos religiosos; decoración de Navidad

www.stpauls.co.uk
Visita virtual de la catedral.

Mirando hacia el techo pintado de la cúpula (arriba)

MÚSICA EN LA CATEDRAL DE SAN PABLO

El coro aparece por primera vez en los registros en 1127, cuando el obispo de Londres, Richard de Belmeis, fundó una escuela coral. Para celebrar la inauguración de la catedral de Wren, el coro cantó un himno compuesto por su director, John Blow, acompañado del nuevo órgano, que el escritor de diarios John Evelyn describió como el mejor de Europa. Después de 1860, cuando se eliminó la pantalla en la que se apoyaba originalmente el órgano, resultó necesario un coro mayor, al igual que un órgano nuevo, para llenar el espacio, ahora mayor. El órgano se construyó en 1872 y el coro aumentó a un total de 58 voces, lo cual le permitió un repertorio más amplio de obras. Hoy en día el coro tiene 30 componentes (niños soprano), 8 personas en prueba (que luego pasarán a formar parte del coro) y 18 adultos, todos escogidos tras duras pruebas. Continúa la tradición monástica de los servicios cantados: maitines y vísperas a diario, eucaristía y vísperas los domingos. También tiene un calendario repleto de conciertos, transmisiones y grabaciones. Los niños del coro reciben una educación normal además de la musical, que implica aprender a tocar el piano y otro instrumento, y dos ensayos corales diarios.

La fachada oeste (arriba y pág. 123). *Se suponía que ambas torres tendrían reloj*

Vista desde el coro del elaborado dosel sobre el altar mayor

ciosos de la catedral; gran parte del tesoro original fue robado en 1810 y más de 200 vasijas y accesorios ceremoniales de la muestra actual se encuentran en préstamo en otras iglesias de Londres. Una de las posesiones propias es la capa del jubileo de 1977, elaborada para un servicio de Acción de Gracias en honor del 25 aniversario de la ascensión al trono de la reina Isabel II y que llevó Gerald Ellison, obispo de Londres, cuya elaborada decoración muestra 73 chapiteles bordados de las iglesias de Londres. Otras muestras interesantes son dos efigies anteriores al Gran Incendio, que aunque parecen de madera, son de piedra e inicialmente estaban pintadas en colores vivos; pero el calor del fuego fundió la pintura con la superficie y las volvió del color del roble pulido.

MONUMENTO EN MEMORIA DE SIR CHRISTOPHER WREN

Una sencilla placa negra es el tributo al arquitecto de la catedral, con el lema «*circumspice si monumentum requiris*» («si quieres un monumento a la memoria, mira a tu alrededor»). El perito de San Pablo, Robert Mylne, la colocó tras un acalorado debate sobre un monumento adecuado, aunque también se había propuesto una gran estatua. El hijo de Wren fue quien formuló la frase. Cerca se recuerda a otros arquitectos y artistas como William Blake (1757-1827) y J. M. W. Turner (1775-1851).

Monumento en memoria de la enfermera pionera Florence Nightingale, ▷ *89*

HISTORIA

La primera catedral se construyó en 604 y se reconstruyó tres siglos más tarde, tras un ataque vikingo, y su estructura pasó a ser la de una catedral normanda, conocida como Old St. Paul's, en 1087. En el siglo XVII tenía dudosa reputación como nido de varios cultos oscuros y lugar de celebración de ferias de caballos y otros entretenimientos no religiosos. Tras la guerra civil su nave se utilizó como barracón para la caballería y se colocaron tiendas en el pórtico.

Después de su destrucción en el Gran Incendio de 1666, sir Christopher Wren (1632-1723) fue el encargado de construir una nueva versión, aunque su primer diseño fue rechazado, el segundo abandonado y la versión final supuso un difícil pulso entre el arquitecto y el clero.

Museo de ciencias

Celebra y explica los mayores inventos de la humanidad, además de sus logros científicos, técnicos y de ingeniería. Más de 300.000 artículos en 3 hectáreas de superficie.

Ciencia práctica para niños

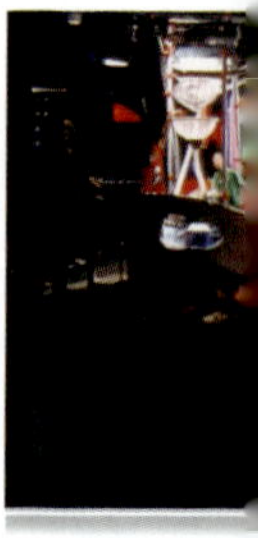

CLASIFICACIÓN	
Bueno para niños	●●●●●
Interés histórico	●●●●
Compra para expertos	●●●

INFORMACIÓN BÁSICA

66 E7 • Exhibition Road SW7 2DD

C0870 870 4868

Diario: 10-18

Museo principal, gratis; IMAX adultos 8 £, niños (menores de 16) 6 £, familias, 18-25 £; SimEx Simulator adultos 4 £, niños 3 £; cargo adicional para algunas exposiciones especiales

South Kensington

9, 10, 14, 74, 345, 360, 414, 430, C1

Guía del museo de ciencias 2 £, en inglés, francés, alemán, italiano, japonés, español; rutas para niños.

Deep Blue Café en el ala de bienvenida; Revolution Café en la sala de la energía, en la planta baja

Librería Waterstone; tienda del museo con juguetes, juegos y papelería educativos

www.sciencemuseum.org.uk
Lugar de invención y acción con opciones como Sciencemuseumintouch, para los visitantes que creen sus propias páginas web en el museo, juegos y encuestas sobre las exposiciones del momento.

VISITA AL MUSEO DE CIENCIAS

El museo se compone de siete plantas en un edificio principal y una nueva ala de bienvenida, de cuatro plantas, conectada al edificio antiguo en cada nivel. Deben buscarse los ordenadores con pantalla táctil que sirven de guía en las secciones.

El sótano alberga una popular galería práctica que explora los conceptos básicos de la ciencia, con exposiciones interactivas separadas para niños más pequeños (3-6) y entre 7 y 11 años y hay también una exposición que explica la tecnología que hace funcionar los aparatos domésticos habituales.

En la planta baja se encuentran las muestras sobre energía y espacio, con tres áreas de exposición principales: la sala de energía está llena de motores de todo tipo y explora la energía de vapor, mientras que la parte sobre exploración del espacio sigue la historia de los cohetes espaciales. Las exposiciones de la primera planta cubren prácticamente todos los materiales conocidos por la humanidad, además de diferentes muestras sobre aspectos diversos de las comunicaciones, la agricultura y las condiciones atmosféricas. Una amplia variedad de muestras en las plantas segunda y tercera examina más de cerca la aplicación de la ciencia a la vida diaria, además de la exploración de mar y aire, y un estudio de sonido explica la mecánica detrás de la radio. Las galerías de las plantas cuarta y quinta cuentan la historia de la medicina y la ciencia veterinaria, con objetos que incluyen una momia egipcia, jarras con sanguijuelas y el microscopio de Louis Pasteur.

El ala de bienvenida cuenta con tres plantas de exposiciones interactivas con tecnología punta sobre la ciencia actual.

DESTACADOS

PLANTA BAJA

Apolo 10 (espacio)

Una de las principales atracciones del museo es la réplica a tamaño completo del módulo de comando del *Apolo 10*. Con él rodearon la luna y volvieron a la Tierra en mayo de 1969 los astronautas Tom Stafford, John Young y Gene Cernan, ensayo para el primer aterrizaje lunar dos meses más tarde. Su superficie exterior se quemó durante la entrada en la atmósfera terrestre. Los visitantes inspirados por el módulo pueden intentar diseñar una nave espacial y una pantalla de ordenador les mostrará si su obra les lleva hasta el cielo o cae de vuelta en la Tierra de un golpe.

Rocket de Stephenson (la construcción del mundo moderno)

Esta pionera locomotora sobre raíles fue el diseño ganador de Robert Stephenson en las pruebas realizadas en Rainhill en 1829 para decidir cómo alimentar el ferrocarril de Liverpool y Manchester. A pesar de ser un avance crucial en el diseño del motor del ferrocarril, el *Rocket* sufrió importantes modificaciones tras 18 meses para mantenerse a la par de la tecnología en rápido desarrollo, pero quedó apartado en 10 años. No obstante, hizo historia como el prototipo de todas las futuras locomotoras de vapor.

Primer plano de un motor de un Boeing (imagen principal) *en el laboratorio de vuelo.*
El puente de suspensión en la plataforma de lanzamiento (recuadro izdo). *Todo el museo ofrece pantallas táctiles* (recuadro dcho.) *para educación y diversión*

PRIMERA PLANTA

El telégrafo de Cooke y Wheatstone (telecomunicaciones)

Patentado en 1837 por William Cooke (1806-1879) y Charles Wheatstone (1802-1875), este telégrafo de cinco agujas fue el primer dispositivo eléctrico de de telecomunicaciones que obtuvo éxito; se usó en el nuevo ferrocarril y en un año estaba enviando telegramas públicos y mensajes entre Londres y West Drayton, a 21 km al oeste. En 1845 el telégrafo transmitió la descripción de un asesino, al que arrestaron al bajar del tren.

SEGUNDA PLANTA

Motores de cálculo de Babbage (informática)

Charles Babbage diseñaba ordenadores a principios del siglo XIX y creó la primera calculadora automática, el *motor diferencial* n.° 1, en 1832, de la que se conserva una sección (el resto se fundió para chatarra) de unas 2.000 partes, todavía en funcionamiento. Su *motor diferencial* n.° 2 se fabricó aquí en 1991 siguiendo sus diseños originales.

TERCERA PLANTA

El Vickers Amy de Alcock y Brown (vuelo)

El piloto John Alcock y el navegante Arthur Whitten Brown realizaron el primer vuelo transatlántico sin escalas en este avión, fabricado en madera y tela basándose en un bombardero británico de la Primera Guerra Mundial impulsado por motores Rolls-Royce en junio de 1919. Su viaje desde Newfoundland (Canadá) a Clifden (Irlanda) duró 16 horas.

HISTORIA

El Museo de Ciencias surgió de las tempranas adquisiciones de lo que se convertiría más tarde en el Victoria y Albert (▷ 144-149), que incluían maquetas de barcos del Almirantazgo, instrumentos científicos y una biblioteca de ciencias, además de importantes inventos británicos de la Revolución Industrial. En 1909, la colección de ciencias se separó. El edificio principal, de 1913, es un diseño de Sir Richard Allison, combinación de bloque de oficinas (exterior) y centro comercial (interior).

CONSEJO

- Para escapar de las aglomeraciones, puede irse a las plantas superiores, más tranquilas.

GUÍA DE LA GALERÍA

SÓTANO

Secciones sobre ciencia para niños y artefactos domésticos

PLANTA BAJA

Naves espaciales, motores, inventos importantes. Ala de bienvenida: cine IMAX, simulador Simex, novedades de ciencia y tecnología. Galería «¿Quién soy?»

PRIMERA PLANTA

Telecomunicaciones, materiales, agricultura, agrimensura, condiciones atmosféricas, tiempo. Ala de bienvenida: genética y psicología

SEGUNDA PLANTA

Peso y medida, iluminación, impresión, física, química, matemática, informática y tecnología, barcos. En el Spitfire. Ala de bienvenida: tecnología digital

TERCERA PLANTA

Óptica, ciencia del siglo XVIII, fotografía, salud, temperatura, geofísica y oceanografía, cielo nocturno, estudio de grabación, vuelo. Ala de bienvenida: desarrollos futuros

CUARTA Y QUINTA PLANTAS

Historia médica y veterinaria

EL GLOBE DE SHAKESPEARE

Una fiel reconstrucción del teatro isabelino donde se estrenó la mayoría de las obras de William Shakespeare.

El Globe original de Bankside fue uno de los primeros teatros verdaderos de Inglaterra, construido en 1599 por una compañía que incluía a William Shakespeare. Antes de esto, las compañías iban de gira por el país y con frecuencia actuaban en los patios de las posadas. Por desgracia, el Globe no duró demasiado: quedó destruido por un incendio en 1613 durante una producción de *Hamlet*, aunque se reconstruyó un año más tarde con tejado de tejas, pero fue demolido por los puritanos en 1642, de forma que el lugar permaneció vacío durante los tres siglos siguientes.

Después de visitar Bankside en 1949, el actor y director de cine estadounidense Sam Wanamaker (1919-1993) se decidió a crear una reconstrucción exacta y operativa del Globe, construida tan cerca del lugar original como fuera posible y utilizando materiales, herramientas y técnicas artesanas lo más similares posibles a los de la era isabelina. Aunque el proyecto comenzó en 1969, la reconstrucción no comenzó hasta 1987 y fueron necesarios otros 10 años para terminar el nuevo Globe, en 1997.

Pequeño según las normas modernas, el Globe es un edificio en forma circular, con escayola blanca, construido con roble no estacionado y unido mediante 6.000 estacas de roble. Está coronado con el primer tejado de paja que se construye en la ciudad desde el Gran Incendio de 1666, aunque la versión moderna es algo más segura gracias a su sistema de aspersores. En el centro, un escenario elevado y un patio están rodeados en tres de sus lados por hilas de bancos.

Para mayor autenticidad, se realizan funciones por la tarde, como en la época de Shakespeare, sin luz artificial y solo con buen tiempo. Como en el original, hay sitio de pie frente al escenario y estos espectadores pueden interrumpir a los actores como se hacía en la época isabelina.

UNDERGLOBE

Bajo el teatro, el amplio espacio llamado UnderGlobe contiene la exposición sobre el Globe de Shakespeare. Aquí se da vida a las funciones de actor, músico y público utilizando texto, película, música y multimedia; se puede aprender sobre las técnicas usadas para el diseño y elaboración de trajes en el taller del teatro y en la sala de efectos especiales se puede descubrir lo que se utilizaba para la sangre o cómo se creó el sonido del trueno para *Macbeth*.

No debe perderse la edición de *Hamlet* para crear una versión nueva de una escena e imprimir el resultado mediante ordenador.

CLASIFICACIÓN

Bueno para los niños	●●●●
Interés histórico	●●●●●
Calidad-precio	●●●●

INFORMACIÓN BÁSICA

69 M5 • 21 New Globe Walk SE1 9DT
020 7902 1400. Taquilla: 020 7401 9919; visitas guiadas: 020 7902 1500
May-final de sep, diario: 9-12 (visita a teatro y exposición), 13-17 (exposición y visita guiada virtual al teatro); oct-final de abr, diario: 10-17 (visita a teatro y exposición). Actuaciones diarias casi todas las tardes, may a fines de sep
Visita guiada al teatro y exposición: adultos 9 £, niños (5-15) 6,50 £, menores de 5 gratis, familia 27 £. Actuación: 15-32 £, más 5 £ (de pie); esencial reserva anticipada Blackfriars, Cannon Street, London Bridge, Mansion House, St. Paul's, Southwark 15, 45, 63, RV1
Visita guiada del teatro may-fines de sep, diario: 9-12; oct-final de abr diario: 10-17 *Shakespeare's Globe: The Guidebook*, 5 £, en inglés, francés y alemán Swan at the Globe tiene un bar (11-tarde) en la planta baja para comida y bebida todo el día. The Brasserie con sus vistas al río, es para comidas más sustanciosas y platos para llevar para gourmets. También hay un menú ligero en el bar del teatro
Obsequios y libros relacionados con Shakespeare y el Globe

www.shakespeares-globe.org
Información sobre actuaciones y eventos, publicaciones, el teatro mismo y la exposición.

Interior (imagen principal) *y exterior* (recuadro) *del teatro isabelino reconstruido*

Las marcas distintivas de Holmes: gorra, pipa y lupa

El Real Teatro Nacional, parte del centro Southbank

Los victorianos restauraron la mayor parte de la catedral de Southwark

MUSEO SHERLOCK HOLMES

67 F3 • 221b (dirección postal 239) Baker Street NW1 6XE
0207 935 8866 Diario: 9:30-18
Adultos 6 £, menores de 16, 4 £
Baker Street, Marylebone
13, 82, 274, 453 X
www.sherlock-holmes.co.uk (en inglés y otros idiomas)

El detective de ficción Sherlock Holmes, creado por sir Arthur Conan Doyle (1859-1930), «vivió» en 221b Baker Street con su amigo y compañero Dr. Watson. Esta casa de 1815 es, de hecho, el número 239 de Baker Street, pero en la puerta aparece ahora el número 221b. Dedicada a la vida y época de Holmes, la casa se ha amueblado para reflejar las descripciones en las historias de Conan Doyle y el estudio de Holmes mira sobre Baker Street desde la primera planta.

Los efectos «personales» incluyen el gorro, la lupa, el violín y el equipo de química del detective, y los papeles incluyen una variedad de pruebas de los casos de Holmes, además del «diario» del Dr. Watson. Las salas de exposición de la tercera planta tienen modelos de los personajes y escenas de las historias.

No debe faltar la pose para las fotos en el sillón de Holmes al lado de la chimenea.

EL MUSEO DE SIR JOHN SOANE

Véanse las páginas 128-129.

SOMERSET HOUSE

Véanse las páginas 130-131.

SOUTHBANK CENTRE

68 K5 • Belvedere Road SE1 8XX
Información general 020 7921 0600. Taquilla 0871 663 2500 (9-20)
Vestíbulo diario: 10-22:30
Solo actuaciones
Waterloo, Embankment
77, RV1
www.sbc.org.uk

El primer centro de Londres para las artes escénicas se encuentra en la ribera sur del río, entre los puentes de Hungerford y Waterloo e incluye el Royal Festival Hall (▷ 195), un importante lugar para conciertos, que reabrió en junio del año 2007 después de realizarse una importante remodelación; el National Film Theatre (▷ 193), que cuenta con cines, un café y tienda; el Queen Elizabeth Hall (▷ 194) y, al lado, la sala Purcell (▷ 194), con conciertos más pequeños y música de cámara, respectivamente, junto con un grupo de espacios de teatro destacados.

Este fue el lugar de la exposición de la ribera sur en 1951, parte del Festival del Reino Unido, que se realizó para levantar el ánimo durante los años austeros de la posguerra. El único edificio superviviente de aquella época es el Royal Festival Hall, donde se celebran exposiciones y eventos en el amplio vestíbulo y, en el auditorio superior, producciones de música y ballet.

Al este se encuentra la galería Hayward (tel. 020 7960 5226, do-ju: 10-18, vi, sá: 10-22, adultos 8 £, menores de 12 años y miembros, gratis, www.hayward.org.uk), un oscuro búnker de cemento construido en 1968 donde se celebran importantes exposiciones de arte contemporáneo, con énfasis especial en artistas británicos. Hay que recordar que el centro Southbank ofrece gran número de acontecimientos gratuitos en el vestíbulo, así que siempre merece la pena preguntar.

CATEDRAL DE SOUTHWARK

69 N5 • Montague Close SE1 9DA
020 7367 6700 Lu-vi: 8-18, sá: 9-17, do: 12:30-17 y para servicios
Gratis, pero se piden donativos
London Bridge 344, 381, RV1
www.dswark.org/cathedral

Este edificio de piedra, cuya construcción original tuvo lugar entre 1220 y 1420 como parte de un priorato medieval, se encuentra cerca del puente de Londres en la ribera sur del Támesis. Antes de 1905, cuando se le concedió naturaleza de catedral, era la iglesia parroquial de San Salvador. En su nave se conserva parte de la mampostería original y fascinantes repujados del techo del siglo XV; puede buscarse al que representa al diablo tragándose a Judas Iscariote. También merece la pena ver las tumbas y monumentos memoriales, que incluyen la del hermano de Shakespeare, Edmund, muerto en 1607. Un monumento al escritor (que vivió en Southwark entre 1599 y 1611) muestra los personajes de sus obras.

SPENCER HOUSE

67 H5 • 27 St. James's Place SW1A 1NR 020 7499 8620
Solo en visita guiada: do: 10:30-17:45 (última visita a las 16:45); cerrado ene, ago. Horarios variados, se aconseja llamar primero
Adultos 9 £, niños 7 £. Prohibida la entrada a menores de 10 años
Green Park 9, 14, 19, 22, 38
www.spencerhouse.co.uk (en inglés)

Construida a mediados del siglo XVIII para el conde Spencer (antepasado de la difunta Diana, princesa de Gales), Spencer House es la mansión de estilo paladino mejor conservada.

Para ver el interior debe irse en visita guiada por ocho salas restauradas a su estilo original por sus dueños actuales, los Rothschilds (algunos ejecutivos ocupan el resto del edificio).

El decorado interior es, por decir lo mínimo, lujoso, desde el ornado techo verde y oro de la gran sala a los murales clásicos en la sala Pintada. Es de resaltar la sala Palma, donde las columnas doradas y frondas pintadas se extienden a modo de palmeras.

En primavera y verano se abren en ocasiones los magníficos jardines del siglo XVIII.

El Museo de sir John Soane

Una fascinante y extraña colección de objetos que se muestra en una casa de diseño curioso pero brillante. Uno de los tesoros secretos de Londres.

La sala de pintura utiliza pantallas con bisagras para proporcionar más espacio

CLASIFICACIÓN	
Interés histórico	●●●●
Compra para expertos	●●

VISITA AL MUSEO DE SIR JOHN SOANE

Desde el momento de la llegada queda claro que este es un museo diferente a cualquier otro. La entrada se realiza por la puerta número 12 y no hay que desconcertarse si está cerrada, sino subir las escaleras y llamar para solicitar entrada. Esta es una de las tres casas que contienen la vasta colección de esculturas, cuadros, tallas y curiosidades reunidos por sir John Soane (1753-1837).

Es posible recorrerla libremente, pero hay un plano que sugiere la ruta recomendada, que comienza por el comedor y la biblioteca, para continuar por el estudio y el vestidor, repleto de fragmentos de mármol antiguo. Esta parte da a Monument Court, un pozo central con reliquias rescatadas de edificios demolidos. Al otro lado del pasillo lleno de esculturas de mármol y escayola se encuentra la sala de pintura, en los antiguos establos del número 14. Una escalera lleva al sótano, donde se encuentran el salón, el patio y la cripta del monje, repletos de reproducciones de monumentos clásicos realizadas en escayola. Las escaleras devuelven a la planta baja y a la columnata, que mira sobre el sótano bajo una cúpula elevada.

La ruta lleva a la nueva sala de pintura, el reposado salón de desayuno, un comedor que alberga exposiciones temporales, otro salón de desayuno, y subiendo por las escaleras a las espaciosas salas de pintura de la primera planta, pueden verse un esbozo a lápiz de la señora Soane y retratos de Soane y sus hijos, John y George.

DESTACADOS

El abarrotado estudio de Soane

La sala de pintura

Esta pequeña habitación está repleta de cuadros, especialmente las dos series de fábulas satíricas de William Hogarth: *El progreso del libertino* (1733) y *Una elección* (1754), los cuadros originales en los que se basaron sus populares grabados. Mediante paneles con bisagras en lugar de paredes, Soane consiguió almacenar más de cien obras en esta habitación. Tres obras de Canaletto, el orgullo de la colección de Soane, se muestran arriba, en la nueva sala de pintura.

Sarcófago del faraón Seti I

En el lugar de honor de esta cripta se encuentra este enorme ataúd de piedra cubierto de delicados jeroglíficos y adquirido por Soane en 1824. El sarcófago data de h. 1370 a. de C. y se consideró un hallazgo arqueológico de extrema importancia, uno de los mejores artículos de su tipo fuera de Egipto. No obstante, el Museo Británico desechó la oportunidad de añadir el sarcófago a su colección antes de que Soane presentara su oferta.

Relojes

Entre los elementos de este museo se cuenta una importante colección de relojes y aparatos de medida del tiempo que se remonta al siglo XVII. Incluye un reloj calendario regalo de la reina Ana en los años 1690 a sir Christopher Wren; uno de los cinco relojes astronómicos elaborados por

Raingo de París para el príncipe regente y sus hermanos; relojes de Benjamin Lewis Vulliamy y Thwaites and Reed en cajas diseñadas por Soane mismo, y un cronómetro marino de ocho días de finales del siglo XVIII diseñado por Thomas Mudge para el duque de Marlborough. Este último artículo fue el décimo de una serie de quince fabricados según el diseño de Mudge por su hijo y considerados como los mejores que existen.

Colección de moldes

La colección de moldes de esculturas y otras piezas propiedad de Soane, cuya mayoría se conserva en la cripta, es una guía de valor incalculable de los métodos de fabricación en molde de principios del siglo XIX. Esta labor implicaba el vaciado de colecciones privadas y públicas y Soane ofreció un archivo útil al registrar a los fabricantes en sus diarios y libros de registro. Incluidas en su amplia colección se encuentran las máscaras hechas en vida del artista Thomas Banks y la actriz Sarah Siddons, pero una de las secciones más notables es el grupo de 91 vaciados hechos por el taller del escultor Antonio Canova (1757-1822) en Roma, que incluyen artículos de templos, iglesias y la colección de esculturas del príncipe polaco Poniatowsky. Soane se hizo con la colección en 1834.

HISTORIA

Soane fue catedrático de arquitectura en la Real Academia (▷ 115) y puso a disposición de sus estudiantes y de aficionados entusiastas su colección de artículos curiosos, moldes y modelos. Para ello demolió y reconstruyó tres casas seguidas en al lado norte de Lincoln's Inn Fields entre 1792 y 1824, manteniendo el 12 de Lincoln's Inn Fields como hogar familiar y oficina, y utilizando los números 13 y 14 como su museo. La casa estaba abierta a los visitantes la víspera y el día siguiente a cada una de sus conferencias, y en 1827 ya se conocía como la Academia de Arquitectura.

INFORMACIÓN BÁSICA

68 K4 • 13 Lincoln's Inn Fields WC2A 3BP ☎ 020 7405 2107
Ma-sá: 10-17; primer martes de cada mes, también: 18-21
Gratis; caja para donativos disponible
Chancery Lane (cerrado do), Holborn
8, 25, 242, 521 Visita guiada del museo, sá: 11, 5 £ g1 £, en inglés y francés (incluye plano de las plantas)
Puntos de venta de libros y tarjetas sobre arte y arquitectura

www.soane.org
Describe muchos elementos expuestos y ofrece buena información general.

CONSEJOS

- **Las visitas guiadas de los martes por la noche tienen muy buen ambiente, puesto que parte del museo está iluminado con velas. Es probable que haya colas.**
- **Es mejor visitarlo lo más temprano posible los sábados para evitar las colas.**

Bustos, urnas, fragmentos arquitectónicos (imagen principal)... *La ecléctica colección del museo reúne piezas de varios continentes.*
Los espejos convexos se utilizan para ampliar las vistas (recuadro)

Somerset House

Tres colecciones sobresalientes de arte en un mismo lugar. Hermosa arquitectura georgiana y vistas espectaculares al otro lado del Támesis desde la terraza.

CLASIFICACIÓN

Bueno para los niños	●●
Interés histórico	●●●
Calidad-precio	●●●

CONSEJOS

- Para ahorrar dinero, compre una entrada conjunta para la colección Gilbert y la galería Courtauld.
- Compruebe el calendario de eventos, que incluye visitas guiadas, celebraciones y conferencias para cada colección y talleres para todas las edades.

VISITA A SOMERSET HOUSE

Este gran hito al lado del río al sur del Strand, se ha visto revitalizado por una combinación de galerías de arte, exposiciones y áreas recreativas públicas. Puede accederse por una de las dos entradas. El Great Arch de Victoria Embankment da acceso a la colección Gilbert; la entrada del Strand Block lleva a la colección del Courtauld Institute of Art. La tercera colección importante, las salas Hermitage, se encuentra en la planta baja del edificio sur (entrada por el Embankment), está decorada al estilo del Museo Estatal Hermitage en San Petersburgo y ofrece el marco ideal para los espléndidos tesoros rusos. En estas salas se halla una muestra, que cambia regularmente, de objetos en préstamo de San Petersburgo. Solo la primera exposición ya tenía más de 500 obras de arte (cuadros, joyas, metalurgia y antigüedades) relacionadas con la época de la emperatriz Catalina la Grande (1729-1796). Puesto que las exposiciones son temporales y atraen a multitudes, con frecuencia se venden las entradas con hora de forma anticipada.

Otros espacios accesibles desde el lado del río son la galería de presentación, que explica la evolución del lugar, y la King's Barge House, donde puede verse una barcaza dorada del siglo XVIII. En el corazón del complejo se encuentra un patio con pavimento de granito ocupado por fuentes y mesas de café en verano y una pista de patinaje en invierno.

GUÍA DE LA GALERÍA

GALERÍA COURTAULD

PLANTA BAJA

Galería 1: artes y objetos del medievo temprano

PRIMERA PLANTA

Galerías 2-4: preimpresionistas, impresionistas y posimpresionistas

Galería 5: renacimiento italiano; arte británico del siglo XVIII

Galerías 6-7: escuelas europeas principales: Rubens, Brueghel el Viejo, Tiepolo, Kokoschka

SEGUNDA PLANTA

Galerías 8-14: colecciones del siglo XX

Galería 11: Roger Fry y el grupo de Bloomsbury

COLECCIÓN GILBERT

PLANTA BAJA

Muebles y arte con piedras semipreciosas; muebles asiáticos

PRIMERA PLANTA

Galería principal: objetos de plata, plateados y de oro; cajas de rapé; micromosaicos; retratos en miniatura

DESTACADOS

GALERÍA COURTAULD

Contiene seis colecciones privadas que incluyen cuadros de los grandes maestros antiguos, impresionistas y postimpresionistas, esculturas y artes aplicadas. Fue el magnate textil Samuel Courtauld (1876-1947) quien la inició. Las grandiosas salas de la primera planta albergan arte europeo del Renacimiento italiano temprano a los retratos británicos del siglo XVIII, además de una sala llena de suntuosos cuadros de Rubens, entre ellos un retrato de su familia. Más arriba se encuentran unas salas de iluminación suave que contienen un conjunto asombroso de cuadros impresionistas y postimpresionistas, que incluyen ocho lienzos de Cézanne y varios de Van Gogh y Gauguin. Otras salas muestran cuadros británicos del siglo XX.

Adán y Eva (1526)

Lucas Cranach (1472-1553) creó obras religiosas de originalidad sorprendente que mostraban sus temas con gran detalle e intensidad y donde el fondo se confunde con el conjunto, en lugar de usarlo como paisaje. En este uso muestra una pareja real y humana luchando contra la incertidumbre y la tentación.

La elegante escalera Nelson de la galería Courtauld (recuadro a la izda.).
El puente de Courbevoie, *por Georges Pierre Seurat* (recuadro centro).
Chorros de agua surgiendo del patio (imagen principal y recuadro der.) *en verano*

Autorretrato con oreja vendada (1889)
Vincent Van Gogh (1853-1890) pintó este autorretrato después de cortarse un trozo de la oreja derecha tras una pelea con su colega Paul Gauguin cuando ambos vivían en Arles. Más tarde fue ingresado en un manicomio en St. Rémy.

COLECCIÓN GILBERT
Es la adición más reciente a Somerset House, donada por sir Arthur Gilbert (1913-2001), que amasó su fortuna en el comercio textil. Formada por más de 800 obras de arte, es una de las colecciones más importantes jamás donadas a una galería británica y se centra en mosaicos: grandes piezas en la planta baja, con la colección principal de *pietre dure* (piedras duras), una técnica que usa una capa de piedras semipreciosas, con la técnica conocida como «micromosaico».

Micromosaicos
Las técnicas del mosaico llegaron a su máximo refinamiento en piezas como estas, creadas en Roma durante el siglo XVIII para vender como recuerdos. Utilizan diminutos hilos de vidrio, apenas visibles, con hasta 5.000 teselas por 6,5 cm^2 de imagen.

Cajas de rapé
La colección incluye más de 200 diminutas cajas de rapé, exquisitamente decoradas, que incluyen curiosidades como la media docena de cajas del siglo XVIII que contenían el rapé de Federico el Grande.

HISTORIA

Somerset House se construyó entre 1776 y 1786 en el lugar del palacio, de estilo Tudor, del duque de Somerset. Albergaba oficinas estatales, como las de Marina y Hacienda, y más tarde se convirtió en un edificio de oficinas para funcionarios. El Strand Block se dejó para «aprendizaje útil y artes educadas» y fue absorbido por organismos tales como la Real Academia de las Artes, la Royal Society y la Sociedad para Anticuarios.

Después de la salida de varios departamentos gubernamentales del complejo a finales de los años 1990, Somerset House fue remodelada. Los chorros de agua que hay ahora en el patio fueron las primeras fuentes públicas importantes ordenadas en Londres desde las realizadas para Trafalgar Square en 1845.

INFORMACIÓN BÁSICA

68 K4 • Strand WC2R 0RN

020 7845 4600 (información grabada), Courtauld Gallery 020 7848 2526, Gilbert Collection 020 7420 9400, Hermitage Rooms 020 7845 4630

Diario: 10-18; horas ampliadas para el patio, la terraza y el restaurante

Somerset House: gratis. Galería Courtauld, colección Gilbert (cada una): adultos 5 £, menores 4 £. Salas Hermitage: adultos 5 £, menores, gratis. Entrada gratis a la galería Courtauld lu: 10-14, excepto festivos

Temple (cerrado do), Covent Garden, Holborn 9, 11, 15, 23, 91

Embankment Pier

Obsequios y objetos publicitarios de la galería en las galerías Courtauld y Hermitage, y en la colección Gilbert; tienda de Somerset House al lado de la entrada a la Marina

Restaurante Admiralty

River Terrace; Courtauld Café; comida para llevar, comidas en el patio en el delicatessen cerca de Seamen's Hall

www.somerset-house.org.uk (en inglés)
Excelente web con información sobre todas las colecciones y la misma Somerset, incluyendo una visita virtual, detalles de las exposiciones temporales y una colección de imágenes.

Tate Britain

La colección más grande del mundo de arte británico desde 1500 hasta hoy, con más de 3.500 cuadros, además de grabados, dibujos, bocetos y esculturas.

Galerías nuevas y restauradas se conectan unas con otras tras la fachada victoriana

CLASIFICACIÓN

Interés histórico	●●●●
Compra para expertos	●●●●

INFORMACIÓN BÁSICA

68 J7 • Millbank SW1P 4RG
020 7887 8888, 020 7887 8008 (información grabada)
Diario: 10-17:50 Gratuito pero se aceptan donaciones Pimlico, Vauxhall, Westminster 3, C10, 36, 87, 88
Lu-vi: 11, 12, 13:15, 14, 15, sá-do: 12, 15, gratuito. Destacados del Tate en audioguía (gratuito), en inglés, francés, alemán
Catálogos para colecciones específicas disponibles en la tienda por 20-30 £
Rex Whistler Restaurant Tate Café
Excelente selección de libros de arte, además de souvenirs relacionados

www.tate.org.uk
Tienda en línea y base de datos de 50.000 obras más enlaces al Tate Modern (▷ 134-135) y delegaciones en St. Ives, Cornualles y Liverpool.

CONSEJO

• A última hora de la tarde, hacia las 20 h, cada viernes, en el Tate se celebran exposiciones, charlas, conciertos y películas.

VISITAR LA TATE BRITAIN

Desde el traslado de su colección internacional a la Tate Modern (▷ 134-135) en 2000, la colección de la Tate British se ha desplegado en el edificio Millbank. A pesar de esto, la galería aún admite mucho más de lo que se expone, y los cuadros colgados se cambian regularmente cada año. Por lo general, se expone arte de forma cronológica, con salas dedicadas a artistas o temas específicos, pero a causa de los cuadros que cuelgan cada año, es imposible decir con total seguridad dónde se puede ver cada cosa.

La galería cuenta con tres entradas. La Manton Entrance, en Atterbury Street (a la izquierda de la escalera principal), lleva a exposiciones especiales en el Nivel 1; la Clore Gallery Entrance atraviesa el jardín de escultura (der.) y sube a las salas 35-45 en el Nivel 2 y 3 (Las Galerías Clore), dedicadas al trabajo de J. M. W. Turner (1775-1851) y sus contemporáneos. La Millbank Entrance ofrece el acceso principal, en las escaleras que dan al río, y llevan a la parte principal de la colección, en el Nivel 2.

Las salas siguen un orden cronológico, empezando con obras del siglo XVI en la Sala 1 tras subir la Manton Staircase.

DESTACADOS

NIVEL DOS

Las señoritas Cholmondeley (Sala 2)

Este conmovedor e intrigante retrato pintado por un artista desconocido entre 1600 y 1610 representa a dos jóvenes mujeres con la espalda erguida sentadas en la cama una al lado de la otra, con intrincadas vestiduras blancas, largos collares y tocados, y cada una con un bebé vestido con faldones de bautizo rojos. A primera vista, madres y niños parecen iguales, pero se podrían pasar horas examinando las sutiles diferencias: en el color de ojos, las joyas e incluso en el más mínimo detalle de la puntilla alrededor de la ropa.

El gran día de su cólera, de John Martin (Sala 9)

Negras nubes que se arremolinan y encendidas luces rojas aparecen en un tríptico de los «cuadros del juicio» pintado entre 1851 y 1853 por John Martin (1789-1854), inspirado por el *Apocalipsis* del Nuevo Testamento. Martin desarrolló las ideas de Turner acerca del poder de la naturaleza al máximo, usando escenas dramáticas como ésta para transmitir la debilidad de la humanidad. En esta obra se ofrece una fiel descripción de la explicación del Juicio Final que aparece en la Biblia: «hubo un gran terremoto y el sol se volvió negro como tela de cilicio y la luna se tiñó de sangre. Y el cielo desapareció enrollándose como un pergamino… y todas las montañas y todas las islas fueron llevadas a otros lugares».

Figura Yacente, de Henry Moore (Sala 1)

Esta figura abstracta y de hermoso poderío de una mujer de costado fue esculpida por Moore (1898-1986) en piedra de Hornton en 1938. La piedra, que se forma en lechos poco profundos, tuvo que ser añadida a otros tres trozos para formar un bloque. Fue comisionada por el arquitecto Serge Chermayeff y colocada en la terraza de su jardín de Sussex Downs, creando contraste entre su ondulada campiña y su moderna casa.

A Moore y sus contemporáneos les gustaba usar materiales locales y hacer de su obra parte del paisaje (la mayoría son figuras prehistóricas y monumentos).

Las escaleras de oro, de sir Edward Coley Burne-Jones (Sala 15)
Burne-Jones (1833-1898) produjo esta escena maravillosamente compuesta por 18 mujeres de blanco bajando unas escaleras en 1880. El tema del cuadro es algo misterioso, como lo fueron muchos de sus trabajos, cuyo escapismo medieval y mítico fue especialmente popular a finales de la época industrial victoriana. El final del siglo XIX, de vertiginoso progreso tecnológico e industrialización, produjo una reacción en artistas como Burne-Jones y la hermandad prerrafaelista (fundada en 1848), que idealizó la Edad Media como una época en la que los objetos y cuadros eran creados de forma individual por artesanos y empapados del valor de su implicación y función.

HISTORIA

La historia de la Tate Britain empieza con Henry Tate (1819-1899), un millonario azucarero que estaba resuelto a convertir Londres en el escaparate del arte británico. Ofreció su propia colección de cuadros victorianos para empezar (incluyendo *Ophelia* de Millais), además de la financiación para una galería. Finalmente, el Gobierno hizo suya la idea y el edificio de Sidney Smith se construyó entre 1812 y 1821 en la orilla norte del Támesis, al sur del Parlamento.

Le siguieron adquisiciones y donaciones poco sistemáticas, incluyendo la cúpula central y las galerías escultóricas donadas por el marchante Joseph Duveen y su hijo, lord Duveen, en 1937, y el restaurante, con sus murales apaisados (*La búsqueda de carnes poco hechas,* de la década de 1920) de Rex Whistler, en 1983. En la década de 1970 se construyó una ampliación noroeste, y en 1987 se abrieron las Galerías Clore, diseñadas por sir James Stirling.

La lúgubre prisión Millbank Penitentiary se levantaba sobre el sitio en otra época; por el Embankment, las escaleras bajan al Támesis, donde los convictos condenados a ser deportados embarcaban con rumbo a Australia. La prisión se cerró y fue demolida en la década de 1890.

Flatford Mill, *de John Constable* (cuadro principal).
El castillo Norham, *de Turner* (recuadro).
Jacob y el Ángel *de Sir Jacob Epstein* (abajo izq.) *forma parte del grupo de esculturas monumentales con temas religiosos*

GUÍA DE LA GALERÍA

NIVEL 1
Jardín de Escultura.
Exposiciones especiales.

NIVEL 2
Salas 1-17: arte británico desde 1500 a 1900, tratando el retrato Tudor y Estuardo, obras de William Hogarth, George Stubbs, John Constable y William Blake, además de cuadros de la época victoriana.

Salas 18-28: arte británico desde 1900 hasta hoy, incluyendo piezas de bronce, escultura y obras de Henry Moore, Francis Bacon, Tracey Emin y John Piper, además de nuevas exposiciones.

LAS GALERÍAS CLORE
NIVELES 2 Y 3
Salas T1-T10: Obras de J. M. W. Turner.

CONSEJOS

- Se aconseja coger un plano en el mostrador de información para ver lo que se puede ver y dónde.
- Para asegurarse de que ve una obra en particular, buscar primero la galería donde se expone.

Tate Modern

Una extraordinaria colección de arte moderno internacional desde 1900 hasta hoy. En la Bankside Power Station y restaurada de forma espectacular, es hoy uno de los principales atractivos de Londres.

Vista desde el restaurante

CLASIFICACIÓN

Compra para expertos ●●●●

INFORMACIÓN BÁSICA

68 M5 • Bankside SE1 9TG
020 7887 8888; información grabada 020 7887 8008 Do-ju: 10-18, vi-sá: 10-22 (las galerías abren a diario a las 10:15) gratuito, se aceptan donaciones. Precio (variable) para exposiciones especiales Southwark, Blackfriars, St. Paul's 45, 63, 100, 344, 381, RV1 Bankside Pier Elección de audiotours sobre colecciones permanentes, arquitectura, itinerario para niños, tour para gente con problemas de visión. Disponible desde cerca del punto de información del Turbine Hall y Nivel 3, 2 £, en inglés, francés, alemán, italiano, español Guía oficial 2,99 £, en inglés, francés, alemán, italiano, español, japonés guía 16,99 £ Restaurante en el Nivel 7 con vistas excepcionales Cafetería en el Nivel 2; kiosco en la entrada norte; bar en el Nivel 4 Gran tienda en Nivel 1 con una exhaustiva gama de libros de arte, posters, grabados, artículos de escritorio y postales

www.tate.org.uk
Información sobre exposiciones actuales y promoción del sitio.

CONSEJO

• El Tate Boat une el Tate Britain, el London Eye y el Tate Modern (cada 10 min).

VISITAR EL TATE MODERN

Imponente sobre el Millennium Bridge, en la orilla sur del Támesis, se abrió la Tate Modern en 2000 como uno de los museos de arte moderno punteros del mundo, y desde entonces ha atraído a miles de personas.

Se puede acceder por la entrada del lado oeste o la del lado norte de la antigua estación eléctrica. En el lado oeste hay dos entradas: la principal desciende por una rampa de acceso hasta el enorme y espacioso Turbine Hall, que actúa a modo de espectacular plaza interior para instalaciones temporales. Otra entrada, a este lado del edificio da acceso, esta vez llano, a la segunda planta. La tienda central y el punto de información están en el Nivel 1 (el sótano) y las escaleras mecánicas llevan a las galerías de las plantas superiores.

La colección se divide en cuatro temas variados: «Gestos materiales», «Poesía y sueño», «Ideas y objetos» y «Estados de cambio». Cada uno tiene proyecciones, instalaciones, pinturas, fotografías y esculturas, uniendo obras históricas con contemporáneas. Todos los años se añaden préstamos de exposiciones especiales y varias muestras centradas en un solo artista, tema o periodo.

DESTACADOS

La Tate Modern continúa la historia del arte donde la deja la National Gallery (▷ 104-109). Sus exposiciones cambian regularmente para presentar la gama más amplia posible de obras, pero siempre incluyen las de los artistas más influyentes del siglo XX, como Picasso, Matisse, Dalí, Bacon, Moore, Gabo, Giacometti y Warhol.

NIVEL 3
Gestos materiales (Sala 2)
Mujer IX de Venecia, de Alberto Giacometti
Giacometti (1901-1966) empezó a esculpir su serie de escuálidas figuras humanas en la década de 1940, dando una sobria respuesta a la filosofía del «superhombre» de los futuristas de preguerra. La fragilidad y dignidad de esta pieza de bronce, con toda su resonancia de sufrimiento humano, destaca la propia opinión de Giacometti de que sus delgadas esculturas eran más parecidas a la humanidad que obras más grandes.

NIVEL 5
Estado de cambio (Postimpresionismo: Sala 3)
Mujer leyendo con sombrilla de Henri Matisse
Matisse (1869-1954) pintó esta obra en 1921, mientras estaba en una casa cerca de Niza. Obra representativa del trabajo del artista en la década de 1920 y un ejemplo excelente de su dominio de los temas cotidianos. Los colores son más tenues que en su primeras obras fauvistas.

Estado de cambio (Postimpresionismo: Sala 3)
Chica con vestido, de Pablo Picasso
Durante su periodo azul, Picasso (1881-1973) produjo varios retratos de gente marginada. Este estudio de una melancólica y delgada joven está

Como parte de la reurbanización de la estación eléctrica, se retiró el tejado del Turbine Hall (foto principal), *junto con el de la vieja Boiler House.*
Seis escaleras mecánicas (recuadro extremo izq.) *lleva a los visitantes a los diferentes niveles de la galería.*
Las obras de arte (recuadro centro y abajo) *cambian a menudo*

incluido en la colección *Naked and Nude,* en contraste con el desnudo idealizado. Es una obra conmovedora que va más allá de la descripción de una modelo y que se adentra en el campo de la crónica social.

Estado de cambio (Umberto Boccioni y Roy Lichtenstein: Sala 1)
***Formas únicas de continuidad en el espacio,* de Umberto Boccioni**
El movimiento futurista fue fundado por escritores y artistas como Umberto Boccioni (1882-1916) a principios del siglo XX, cuando Italia se sumió en la industrialización y la aparición de los coches y la electricidad parecía prometer una época dinámica y ambiciosa venidera. Esta escultura de 1913 representa el aire tras la figura en movimiento, dando un intenso sentido de velocidad y progreso.

Estado de cambio (Cubismo, Futurismo y Vorticismo: Sala 3)
***Mandora,* de Georges Braque**
Braque (1882-1963) fue una estela luminosa entre los cubistas, cuyos experimentos en la forma y la percepción revolucionaron el mundo artístico. Braque coleccionaba primitivos instrumentos musicales y en esta imagen de una mandora, un pequeño laúd, usa su fragmentado estilo para sugerir ritmo y sonido, una representación muy activa de una naturaleza muerta.

HISTORIA

A principios de la década de 1990, la Tate Gallery, hoy conocida como Tate Britain (▷ 132-133), necesitaba más espacio. Su colección de arte moderno internacional se había casi duplicado en 40 años, y se tomó la decisión de dividirla entre arte británico y otras obras. Se diseñó una nueva y más grande galería para albergar las obras internacionales, y el lugar elegido fue una estación eléctrica desmantelada, un enorme edificio de ladrillo y armazón de hierro de la década de 1950 diseñado por sir Giles Gilbert Scott (1880-1960). Se celebró un concurso para el mejor diseño de transformación del sitio, y los ganadores, de 148 participantes, fueron los arquitectos suizos Herzog y de Meron. La restauración empezó en 1995 y la galería se abrió el 12 de mayo de 2000. El permiso de obras para nuevas modificaciones se aprobó en marzo del 2007.

GUÍA DE LA GALERÍA

NIVEL 1
Turbine Hall: Escultura de Henry Moore.
NIVEL 2
Starr Auditorium.
Salas de Seminarios.
NIVEL 3
Gestos Materiales (Nueva).
Pintura y Escultura 1945-1960).
Poesía y Sueño.
(Surrealismo y Posterior).
NIVEL 4
Exposiciones temporales.
NIVEL 5
Idea y Objeto (alrededor del Minimalismo).
Estado de Cambio (Cubismo, Futurismo y Vorticismo).

La altura de la chimenea central se limitó a 99 m para que fuera más baja que la cúpula de la catedral de St. Paul

Efigies de caballeros templarios en la iglesia del Temple

Estatua del capitán de barco filántropo, Thomas Coram

Las fuentes de Trafalgar Square son irresistibles en verano

TEMPLE, INNER Y MIDDLE

68 L4 • Inner Temple EC4Y 7HL; Middle Temple EC4Y 9BT Inner Temple 020 7797 8250; Middle Temple 020 7427 4800 Inner Temple Gardens: lu-vi: 12:30-15. Middle Temple Hall: mar-finales nov, lu-vi: 10-12, 15-16. Middle Temple Gardens: may-finales jul, sep, lu-vi: 12-15. Iglesia: mi-sá: 11-16, más servicios (020 7353 3470) Gratuito Temple (cerrado en domingos), Blackfriars, Holborn, Chancery Lane (cerrada en domingos) 11, 15, 23 Savoy Pier
www.innertemple.org.uk
www.middletemple.org.uk

Dos *Inns of Court* (▷ 90 y 97) conforman el Temple, llamado así por los caballeros templarios que lucharon en las cruzadas, que se hicieron con el terreno en 1160. La iglesia del Temple de planta circular, del siglo XII, aún se levanta en el corazón de este entramado de jardines y patios.

Además de la iglesia, se pueden visitar los jardines del Inner y el Middle Temple y el Middle Temple Hall del siglo XVI, donde tuvo lugar la primera función documentada de la *Noche de Reyes* de Shakespeare. Tiene un impresionante techo de vigas-martillo y mampara, mesas isabelinas y retratos reales. Los otros edificios pueden ser admirados solo desde el exterior.

Abogados de toga negra pasean entre sus cámaras y la Corte Real de Justicia (▷ 115), al otro lado de Fleet Street.

THOMAS CORAM FOUNDATION (EL FOUNDLING MUSEUM)

68 K2 • 40 Brunswick Square WC1N 1AZ 020 7841 3600 Ma-do: 10-18, do: 12-18 Adultos 5 £, menores de 16 años gratuito Russell Square, King's Cross 10, 19, 45, 68, 168
www.foundlingmuseum.org.uk

La Fundación Thomas Coram se fundó en 1739 para dar refugio y educación a niños huérfanos y abandonados. El fundador fue el capitán de barco y filántropo Thomas Coram, junto con el compositor Haendel y el artista William Hogarth como directores y benefactores.

El Foundling Museum fue fundado en 1998 y tras una amplia restauración abrió sus puertas como un museo de vanguardia en 2004. Cuenta la historia del Foundling Hospital y expone una magnífica colección de arte e historia social. Está situado junto a la Foundation, hoy conocida como la Coram Family, que continúa con el trabajo de ayuda a niños vulnerables.

TOWER BRIDGE

Pág. 137.

TORRE DE LONDRES

Págs. 138-143.

TRAFALGAR SQUARE

68 J5 Libre acceso Gratuito Charing Cross, Leicester Square 9, 11, 12, 24, 88

Una de las plazas más famosas del mundo se encuentra en el extremo norte de Whitehall (▷ 151), donde se empezó a construir siguiendo el diseño de John Nash entre 1829 y 1841 para conmemorar la victoria del almirante lord Nelson contra los franceses en la batalla de Trafalgar en 1805.

Alimentar a las palomas de Trafalgar Square, algo que en otro tiempo no podían perderse los visitantes de Londres, ha caído hoy en el olvido (▷ 24).

Nelson sobresale en la columna de 56 m en el centro de la plaza. La estatua, de 5 m de altura, puede verse solo desde lugares estratégicos, como el restaurante de la última planta de la National Portrait Gallery (▷ 263), pero los cuatro grandes leones de bronce que lo guardan, esculpidos en la década de 1860 por sir Edwin Landseer, pueden verse con total claridad, además de los relieves que rodean el pedestal de la columna, y narran las victorias navales de Nelson. Un monumento ecuestre del siglo XVII en conmemoración de Carlos I, de Hubert Le Sueur (1633), se encuentra en una isla peatonal.

En las esquinas de la plaza hay cuatro grandes plintos. Tres de ellos sostienen estatuas: Jorge IV, de nuevo a caballo, obra de Chantrey y T. Earle (1834), diseñada en principio para Marble Arch; sir Henry Havelock, de William Behnes (1861), y sir Charles Napier, de G. G. Adams (1855), estas dos para honrar a los héroes militares de su tiempo. El cuarto está dedicado a modernas esculturas, que cambian periódicamente. La sorprendente escultura en mármol blanco de Marc Quinn de la artista discapacitada Alison Lapper, desnuda y esperando un bebé, fue la primera de la serie.

Las famosas fuentes, decoradas con esculturas de sirenas y hombres, tiburones y delfines, se colocaron en el siglo XIX y fueron adornadas por sir Edwin Lutyens en 1939.

Meterse en el agua durante las celebraciones de Año Nuevo es otra tradición hoy imposible por motivos de seguridad. Sin embargo, el agua aún brota de las fuentes todos los días desde las 10 de la mañana.

No se pierda la vista que hay del Big Ben desde el lado norte de la plaza.

Monumento a Nelson. La estatua de lord Nelson en lo alto de la columna de granito es tres veces el tamaño natural

TOWER BRIDGE

Estupendas vistas de Londres desde la pasarela elevada, a 43 m sobre el Támesis. Vista en primer plano de uno de los puentes más famosos del mundo y de cómo funciona.

El puente más famoso de Londres, que une la Torre de Londres (▷ 138-143) y el paseo marítimo de la South Bank, ha sido un atractivo turístico desde 1982, con acceso a las pasarelas superiores y salas de máquinas y una exposición que narra la historia del Tower Bridge. Las compuertas levadizas, accionadas hidráulicamente, son la principal atracción. Diseñado en un principio (a finales del siglo XIX) para permitir que pasaran los grandes navíos, aun se elevan más de 900 veces al año para transatlánticos y otras grandes embarcaciones de río.

Las famosas torres neogóticas, con sus torrecillas de imitación medieval, son una atracción en sí. Los vídeos y paneles de exposiciones gráficas en las torres y en las pasarelas dan una idea de los debates y controversias que levantó la construcción del puente, discutido desde 1800 pero sin diseñar oficialmente hasta 1876. Algunos de los diseños presentados durante los siguientes siete años incluían una estructura de corte futurista con calzadas móviles, un puente móvil y un galería por debajo del río. El diseño ganador, presentado por sir Horace Jones y adaptado por el diseñador John Wolfe Barry, tardó ocho años en construirse.

Desde la torre sur, seguir la línea directiva azul hasta la sala de máquinas, que alberga la maquinaria victoriana de bella factura utilizada para accionar el puente entre 1894 y 1976.

LA PLANIFICACIÓN DEL PUENTE

Entre 1750 y 1850 se construyeron 10 puentes a lo largo del Támesis para hacer frente al incremento del comercio y del tráfico en una ciudad en auge. La población aumentó en más de un millón a finales del siglo XIX, y no había forma de cruzar el río. Los planes se retrasaban y se veían afectados por administradores del muelle y buques mercantes, que se temían el declive del comercio por el río, y por la necesidad de dejar 43 metros de espacio para los barcos de mástil alto. Finalmente se convocó un concurso para un nuevo diseño. El arquitecto ganador, sir Horace Jones, murió en 1887 antes de que se terminaran los cimientos, por lo que se traspasó el trabajo a su asistente, George Daniel Stevenson, quien tenía una pasión incluso mayor por el estilo gótico victoriano.

No hay que perderse la exposición por ordenador interactivo, que ayudará a reconocer los edificios más famosos en la línea del horizonte.

CLASIFICACIÓN

Bueno para los niños	●●●●●
Interés histórico	●●●●
Lugares para fotografiar	●●●●●
Calidad-precio	●●●●

INFORMACIÓN BÁSICA

69 P5 • Tower Bridge SE1 2UP
020 7403 3761
Abr-finales sep, diario: 10-18:30 (última entrada a 17:30), oct-finales mar, diario: 9:30-18 (última entrada a 17)
Adultos 6 £, niños (5-15) 3 £, menores de 5 años gratuito, entradas familiares 10-14 £
Tower Hill, London Bridge
15, 42, 78, 100, RV1
Tower Millennium Pier 2,50 £, en inglés, francés, alemán, holandés, japonés Cafetería de la torre bajo la torre norte; asientos fuera y dentro
Pequeño kiosco en la sala de máquinas donde se vende una pequeña gama de souvenirs
www.towerbridge.org.uk

CONSEJO

• Se aconseja programar la visita para coincidir con la apertura del puente. La lista de las horas se encuentra en la entrada del kiosco para la muestra diaria, o llame al: 020 7940 3984. Los navíos pasan con un aviso de mínimo 24 horas.

El puente (arriba) *fue inaugurado por la realeza en 1894, con una salva de cañonazos de la Torre de Londres para celebrar la primera vez que se elevaron los levadizos*

Torre de Londres

Simboliza casi 1.000 años de la historia real británica. Casa de las joyas de la Corona inglesa y del diamante más grande del mundo. Alabarderos de la Torre de Londres, o Beefeaters, con trajes de la época Tudor, invitan a los grupos de turistas a su propio tour guiado, una entretenida mezcla de historia y mito.

Las torres del Tower Bridge fueron diseñadas para emular las de la Torre de Londres

Cuarenta alabarderos de la Casa Real guardan la Torre; uno, el Ravenmaster, se encarga de los ocho cuervos residentes

VISITAR LA TORRE DE LONDRES

El trazado de la Torre pone de manifiesto su desarrollo desde la Torre Blanca de Guillermo el Conquistador hasta el complejo de defensas terminado por Eduardo I y Enrique III, esencialmente el mismo hoy en día.

La entrada a la torre se realiza a través de la Middle Tower, en la esquina suroeste del lugar. Una vez dentro, se puede caminar a voluntad. En el centro del complejo está la Torre Blanca, de 36 m de ancho y 27 m de altura, con veletas rebasando las torretas de las esquinas. Está rodeada por una muralla externa y otra interna del siglo XIII, esta última salpicada de 12 torres.

Un complejo de edificios detrás de la muralla interna incluye el New Armouries, Waterloo Barracks y el Fusiliers' Museum.

DESTACADOS

TORRE BLANCA

En el corazón de la torre se alza el edificio medieval más antiguo, que se estima data de 1078 y probablemente señale un lugar que gozaba de gran importancia política antes de esa fecha. Recibió el nombre en el siglo XIII, cuando Enrique III mandó blanquear el exterior, pero la piedra original, traída desde Caen, Normandía, ha sido durante años sustituida en su mayoría por piedra de Portland de Dorset. Las ventanas y puertas han sido también sustituidas, instaladas en los siglos XVII y XVIII, y los tejados de la torreta son detalles arquitectónicos del siglo XVI.

La Torre Blanca se construyó como fortaleza, armería y palacio real, y su interior se divide en tres plantas y un sótano, donde hay un pozo del siglo XI que aún contiene agua fresca. En la planta baja hay una exhibición de armas pequeñas, de la colección de Royal Armouries; unas escaleras en espiral llevan a la primera planta, con la deliciosa y sencilla capilla de San Juan Evangelista. Utilizada como capilla durante la Edad Media, desde el siglo XVI al XIX se guardaban en ella los archivos nacionales. La gran sala contigua pudo haber sido usada para banquetes y ceremonias reales.

En las plantas superiores se celebran exposiciones temporales y las escaleras llevan a las torretas de arriba, donde el astrónomo de Carlos II, John Flamsteed, observaba las estrellas hasta que se construyó un nuevo observatorio en Greenwich (▷ 156-157).

CLASIFICACIÓN	
Bueno para los niños	●●●●●
Interés histórico	●●●●●
Lugares para fotografiar	●●●
Calidad-precio	●●●●

CONSEJOS

- El gran número de visitantes puede ser un problema en verano. Para ahorrarse la cola se aconseja comprar las entradas con antelación llamando al teléfono: 0870 756 7070, o entrando en: www.hrp.org.uk (3 £ extra).
- En la Martin Tower hay una exposición sobre la fabricación de las joyas de la Corona.
- Busque en la entrada principal, cerca de la Middle Tower, los horarios de las visitas gratuitas guiadas por los alabarderos de la Casa Real que hay a diario.

Las armas y armadura (página 138) *expuestas en la Torre Blanca representan solo una fracción de la colección del Royal Armouries*

INFORMACIÓN BÁSICA

69 P5 • Londres EC3N 4AB
00844 482 7777; entradas: 0844 482 7799 Mar-finales oct, ma-sá: 9-18, do, lu: 10-18; nov-finales feb, ma-sá: 9-17, do-lu: 10-17. Todos los edificios dentro de las puertas cierran 30 min después del último ingreso; la torre cierra 1 hora después del último ingreso. Para ver la Ceremonia de las Llaves que se celebra cada noche solicítelo con antelación escribiendo un S.A.E. adjunto (▷ 224)
Adultos 16 £, niños (5-16) 9,50 £, menores de 5 años gratuito, familia 45 £
Tower Hill 15, 42, 78, 100, RV1
Tower Millennium Pier
3,95 £, en inglés, francés, ruso, japonés, español, italiano, alemán
Audiocuentos de la Torre 3,50 £ en inglés, francés, alemán, italiano, español, japonés, ruso y mandarín
New Armouries restaurant
Cafetería de la Torre y kiosco en el embarcadero
Tienda de la Torre en la entrada principal en el Salvin Pumphouse; tienda de la Jewel House en Lower Martin Tower; tienda de la Torre Blanca, en el sótano de la Torre Blanca; tienda del Palacio Medieval; Beefeater Shop,en Water Lane
www.hrp.org.uk
Web sencilla (parte de la website de los palacios reales históricos) con buenos enlaces, fondo histórico y toda la información para visitantes.

La Torre Blanca, que sustituyó un primitivo edificio de madera

Los familiares y queridos alabarderos de la Torre de Londres visten un uniforme azul oscuro y rojo a diario; el rojo escarlata (der.) *es para las ceremonias. La Torre se construyó cerca del río* (arriba) *para que se pudiera divisar inmediatamente a los enemigos que se acercaban*

GUÍA DE LA TORRE

1 Middle Tower
2 Byward Tower
3 Campanario
4 Puerta de los Traidores
5 St. Thomas's Tower
6 Bloody Tower
7 Torre Wakefield
8 Torre Blanca
9 Capilla de san Juan Evangelista
10 Casa de la Reina
11 Gaoler's House
12 Torre Verde
13 Scaffold Site
14 Torre Beauchamp
15 Royal Chapel of St. Peter ad Vincula
16 Waterloo Barracks with Crown Jewels
17 Devereux Tower
18 Flint Tower
19 Bowyer Tower
20 Brick Tower
21 Martin Tower
22 Fusiliers' Museum
23 Former Hospital
24 Workshop
25 Constable Tower
26 Broad Arrow Tower

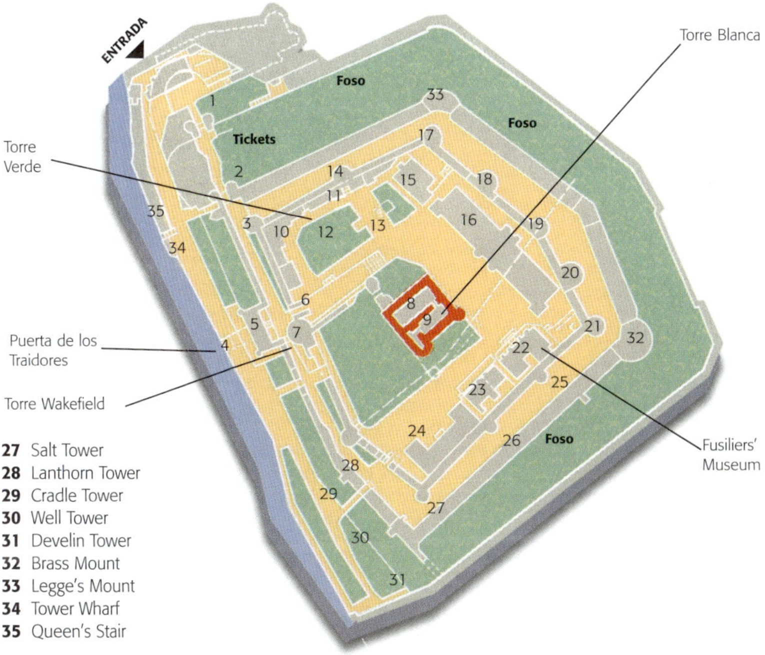

27 Salt Tower
28 Lanthorn Tower
29 Cradle Tower
30 Well Tower
31 Develin Tower
32 Brass Mount
33 Legge's Mount
34 Tower Wharf
35 Queen's Stair

JEWEL HOUSE

La primera parada para muchos visitantes es la Jewel House (en los Waterloo Barracks), al norte de la Torre Blanca. Aquí hay unas exposiciones que explican la coronación de la *Coronation Regalia* (joyas de la Corona) antes de llegar al tesoro, donde se guarda la colección. Una excelente historia visual de las joyas entretendrá a aquellos que esperan ver las muestras, y es posible repetir el circuito que rodea las joyas actuales de inmediato para una segunda observación sin coste adicional.

Las joyas, en su mayoría, datan de la restauración de la monarquía en 1660; la última prerrogativa regia se fundió por orden de Oliver Cromwell, y solo se conservan tres espadas y una cuchara de coronación.

La orbe y el cetro del soberano (con una paloma encima), hechos para Carlos II en 1661, se ha usado en cada coronación desde entonces, pero también hay muchos añadidos posteriores, como los nuevos juegos he-

«¡Que le corten la cabeza!» Hacha de ejecución de las Armouries

Ana Bolena fue una de las que realizó su viaje final por la Puerta de los Traidores

Pequeñas armas de la colección Armouries

DECAPITADAS

El patíbulo que hay frente a la capilla de San Pedro ad Víncula vio las ejecuciones de las únicas cinco mujeres decapitadas por traición, cuatro de ellas durante el reinado de Enrique VIII. La primera fue Ana Bolena en 1536; ella y la siguiente víctima, la quinta esposa, Catherine Howard, fueron acusadas de adulterio. La dama de honor de Catherine, Jane, vizcondesa de Rochford, corrió la misma suerte que su señora. En 1541, Margaret Pole, de 70 años de edad, condesa de Salisbury, fue ejecutada por su fe católica y su lealtad a la Casa de York. La hija de Enrique, María I, continuó la tradición familiar despachando a la quinta mujer, Lady Jane Grey, proclamada reina en 1553 en un intento de asegurar la sucesión protestante.

chos para la esposa de Jaime II, como reina consorte, y para María II, coronada con Guillermo III pero reina por derecho propio. Entre las invalorables piedras usadas en la vestidura se encuentran los diamantes más grandes del mundo, la Primera Estrella de África de 530 quilates, colocada en la cabeza del cetro. El diamante Segunda Estrella de África de 317 quilates forma parte de la Imperial State Crown, hecha para la coronación de Jorge VI en 1937 y con más de 2.868 diamantes, además de 17 zafiros, 11 esmeraldas, 5 rubíes y 273 perlas.

LA TORRE VERDE

Siempre fascinantes para los visitantes son los famosos prisioneros de la torre y sus espeluznantes muertes. La Torre Verde, al oeste de la Torre Blanca, es el centro de las historias de sufrimiento y actos heroicos: algunos de los prisioneros más famosos de la torre se encontraban en los edificios que rodean esta zona de jardines, incluido sir Walter Raleight, cuyo alojamiento en la Bloody Tower hizo que se añadiera un nuevo suelo para él y su familia. El nombre de la torre data del supuesto asesinato de los dos príncipes, Eduardo y Ricardo, hijos de Eduardo IV y, según se dice, víctimas de su ambicioso tío, Ricardo III.

La Casa de la Reina, un edificio con entramado de madera de color blanco y negro próximo a la Bloody Tower, fue el escenario del interrogatorio a Guy Fawkes en 1650 (▷ 30) y de una audaz huida cuando el conde de Nithsdale, encerrado tras la rebelión jacobita de 1715, se vistió como una mujer y huyó. Los prisioneros especialmente peligrosos se encerraban en la Torre Beauchamp del siglo XIII. En la cámara de arriba pueden verse todavía hoy los escritos realizados por los prisioneros, algunos con sorprendente habilidad y complejidad.

LA PUERTA DE LOS TRAIDORES

Pasando la entrada del palacio medieval, frente al portalón de la Bloody Tower, hay un gran arco de piedra. Encima está el encuadre de madera Tudor, y debajo, las puertas de esclusa de madera que daban acceso directo desde el río. Su nombre deriva del número de prisioneros acusados de traición que entraban por esta puerta. Hasta la década de 1860 hubo un motor en el estanque detrás de la puerta que usaba la potencia del agua o caballos para subir agua a un depósito que había en el tejado de la Torre Blanca.

Durante el siglo XIX, los arsenales de White Tower se convirtieron en salas de exposición.

La capilla de san Juan Evangelista, en la Torre Blanca

LA TORRE WAKEFIELD

Próxima en tamaño a la Torre Blanca, se construyó en el siglo XIII para albergar la principal estancia privada de Enrique III e incluía una entrada privada al río, aún visible en Water Lane. Su imponente cámara superior era el dormitorio del Rey, y ha sido adornada según la contaduría registrada durante el reinado de su hijo Eduardo I, cuando se utilizó como salón del trono. El trono actual es una copia del Sillón de Coronación de la abadía de Westminster, y está flanqueado por candelabros bajo el magnífico techo abovedado. Una mampara pintada de madera divide la sala principal de la capilla, famosa por ser el lugar donde Enrique VI fue asesinado mientras rezaba, aunque como la mayoría de las leyendas de la torre, probablemente esta sea más oportunista que veraz (véase tabla lateral).

FUSILIERS' MUSEUM

El rey Jaime II fundó el Real Regimiento de Fusileros en 1685 para proteger el arsenal de la torre. Este cuerpo recibe el nombre de «fusil», mosquete de vanguardia de aquella época. El museo y el cuartel general del regimiento están en un edificio del siglo XIX que al principio era el comedor. En su interior hay una exposición que detalla el servicio de los fusileros en la guerra de la Independencia norteamericana, la guerra de Crimea, la primera y la segunda guerra mundial, entre muchas otras campañas. Una de las piezas expuestas más extravagantes es la bota de metal que llevó un soldado que había evitado entrar en combate más de tres años durante las guerras napoleónicas, echándose una loción corrosiva en la pierna para crear una herida abierta. La herida se le curó a los pocos días de llevar la bota.

HISTORIA

La Torre Blanca se construyó en el siglo XI en un emplazamiento privilegiado sobre el Támesis, probablemente un lugar de importancia real anteriormente. Entre 1190 y 1285 estuvo rodeada por dos muros de cerramiento con torres y un foso, y en el siglo XIV se le añadió el embarcadero. Añadidos posteriores fueron la capilla Real y la Casa de la Reina, construidas durante el reinado de Enrique VIII, y la New Armouries del siglo XVII. En el siglo XIX se añadieron el Waterloo Barracks y el Fusiliers' Museum en el Inner Ward. En 1988, la torre de Londres fue declarada patrimonio de la humanidad.

TRADICIONES

La torre tiene muchas tradiciones antiguas. Una es la Ceremonia de las Llaves (▷ 224) celebrada cada noche, cuando el alabardero mayor de la Casa Real cierra las puertas principales a las 21:53, a lo que le sigue una corneta sonando el toque de retreta. Esta ceremonia apenas ha cambiado en más de 700 años, si no fuera porque hoy tiene lugar ante la mirada de ciertas personas.

Ocho cuervos viven en los jardines, bien cuidados por el oficial Ravenmaster; la leyenda cuenta que la torre se derrumbará si los cuervos se marchan, pero en realidad sus alas están trasquiladas, por lo que esto no sucederá nunca.

El 21 de mayo, los miembros del Eton College y el King's College, en Cambridge, colocan rosas blancas y azucenas en la Torre Wakefield en memoria de Enrique VI, quien fundó ambas instituciones y fue asesinado aquí en 1471.

Victoria & Albert Museum

Una de las colecciones de artes decorativas más grandes del mundo que recorre las culturas de Europa, América, Asia y África. Originalidad y diversidad que se suman al entusiasmo de los descubrimientos personales.

CLASIFICACIÓN	
Bueno para los niños	●●
Interés histórico	●●●●●
Compra para expertos	●●●●●

CONSEJOS

- Señales codificadas con colores y letreros, correspondientes a zonas claves del museo, ayudan a encontrar el camino.
- Aprovechar la apertura nocturna hasta las 22 h todos los viernes.

La gran fachada del V&A (arriba izq.) *incluye contribuciones de varios escultores estudiantes de arte de la época: la reina Victoria* (arriba centro) *es una de las figuras.*
El Italian Cast Court (arriba der.) *expone moldes de yeso de famosos ejemplos de esculturas europeas*

Tigre de Tippoo (página 145) *es probablemente la pieza más famosa de la Nehru Gallery de Arte Indio*

VISITAR EL V&A

La extraordinaria y vistosa lámpara de araña retorcida de cristal fundido del escultor contemporáneo en vidrio Dale Chihuly domina el hall de entrada del V&A y da una idea de lo que el visitante se encontrará: exposiciones de decenas de miles de objetos, incluyendo útiles de costura, mobiliario y cuadros, joyas, cerámicas, vidrio, plata y fundiciones.

La entrada principal de Cromwell Road está en el Nivel 1, pero las galerías empiezan (numéricamente) un nivel más abajo (Nivel 0) con la colección europea. En el Nivel 1 hay escultura, escayolas y fotografía; colecciones islámicas, asiáticas y europeas; la Galería Rafael y la colección de moda.

Las 15 galerías de arte británico del museo empiezan en el Nivel 2 y continúan en el Nivel 4. En el Nivel 3 se muestran las galerías de materiales y técnicas, incluyendo fundiciones, joyas, instrumentos musicales, pinturas, tapices y plata; los objetos de cristal se muestran en el Nivel 4 y la cerámica en la planta más alta del museo, el Nivel 6.

DESTACADOS

COLECCIÓN EUROPEA

El ataúd de Becket

Parte del tesoro medieval, este relicario de cobre dorado y esmalte azul fue realizado alrededor de 1180. Es el más antiguo y el de mayor tamaño de unos 50 objetos asociados con el martirio de Thomas-à-Becket que se conservan de los talleres de los esmaltadores de Limoges, expertos en la realización de hermosos artículos con materiales resistentes y económicos.

El asesinato de Becket, el arzobispo de Canterbury, y que provocó la ira de Enrique II y fue asesinado en el altar de la catedral, aparece representado en la fachada; puede verse uno de los caballeros cortando la cabeza del mártir. La tapa del ataúd muestra el funeral de Becket.

El Burghley Nef

Este deslumbrante saladero es uno de los objetos con forma de barca (conocidos como *nefs*) que hacían furor en el siglo XVI en Francia. Fue realizado en París alrededor de 1527, con una extraña concha de nautilo como cuenco para la sal y colocado en la «bodega» de un elaborado barco de vela de plata, apoyado sobre una sirena de pelo dorado. Los detalles de intrincada labor del barco incluyen dos pequeñas figuras que juegan al ajedrez, que representan a Tristán e Isolda, los legendarios amantes infortunados asociados con las historias del rey Arturo y Camelot.

INFORMACIÓN BÁSICA

66 E7 • Cromwell Road SW7 2RL

020 7942 2000

Sá-ju: 10-17:45, vi: 10-22 (galerías seleccionadas)

Gratuito, excepto para algunas exposiciones y eventos

Guía de V&A 4,99 £, en inglés, francés, alemán, japonés; *The British Galleries at the V&A* 4,95 £, solo en inglés

Tours de introducción gratuitos a diario (1 hora) 10:30-15:30; también charlas en la galería los ju 1, do 3; punto de encuentro en la Grand Entrance

South Kensington

C1, 14, 74, 414

Salas Morris, Gamble & Poynter cafetería en el Nivel 1; abre a diario 10-17:15 (vi hasta 9:30)

Tienda en el Nivel 1 con regalos y libros inspirados en objetos del museo; pequeña tienda de postales y artículos para niños junto a la cafetería

www.vam.ac.uk

Exposiciones en el Italian Cast Court (arriba). *Retrato de Margaret Laton* (der.), *que se pensaba había sido realizado por Marcus Gheeraerts el Joven (1561-1636)*

COLECCIÓN ASIÁTICA E ISLÁMICA

Pagoda china

La pieza central de la Gerard Godfrey Gallery of Chinese Export Art (Sala 47) es un modelo de porcelana de colores intensos y 2,7 m de una pagoda china de 17 pisos, una de las 10 únicas de este tipo que se cree que han llegado hasta nuestros días. Cada uno de los pisos que se achican progresivamente está decorado con tonos azules y dorados muy bien decorados y muestra una pequeña figura que mira por una ventana abierta, protegida por un dosel verde y plateado. En la época de su creación, entre 1800 y 1815, el comercio estaba en auge entre Europa y China, y la fabricación en serie de souvenirs para los compradores europeos estaba en su mayor apogeo. Esta pagoda fue hecha por orden de un individuo en especial, en lugar de realizarla en una cadena de montaje, y está basada en la pagoda de Nankín del siglo XV (destruida en 1853).

Tigre de Tippoo

Uno de los objetos más famosos del V&A se guarda en la Galería Nehru of Indian Art (Sala 41). El modelo del siglo XVIII de un tigre atacando con fiereza a un hombre, con rugidos y gritos producidos mecánicamente, fue realizado para el sultán Tipu, hijo de Haidar Ali Khan, soberano del estado de Mysore. Conocido como el Tigre de Mysore, Tipu llevaba el emblema del tigre en su entorno y posesiones, pero este, con órgano productor de sonido en el lateral, de intenso colorido, es único. Podría representar el destino mismo del hijo del general sir Hector Munro en Bengala. Tipu sufrió una derrota a manos de los británicos en Seringapatam en 1799, y su tigre fue traído de vuelta como botín para exhibirlo en el East India Company Museum, para luego ser trasladado al Victoria & Albert.

BRITISH GALLERIES

Estuche de escritura

Enrique VIII poseía este escritorio portátil, realizado en 1525 y detalladamente decorado. En el interior de la caja, el revestimiento de piel dorada muestra el escudo de armas del Rey y Catalina de Aragón, querubines y copias de un grabado alemán de Venus y Martes; otras partes de la caja están ilustradas con perfiles en miniatura y complicados motivos y diseños. Los cajones y los compartimentos están encajados en el diseño, que incorpora una inscripción en latín deseando el triunfo de Enrique sobre sus adversarios.

GUÍA DE LA GALERÍA

PLANTAS PRINCIPALES NIVELES 0 Y 1

Salas 1a-28 y 43: Exposiciones europeas (Salas 21-24 Escultura)
Sala 38a: Fotografía
Sala 40: Moda
Salas 41-42, 44-45 y 47a-g: Obras asiáticas e islámicas
Sala 46: Medieval
Salas 46a y 46b: Cast Courts
Sala 48: Galería Rafael

NIVEL 2

Salas 52-58: British galleries, donde se detalla la historia del diseño británico desde la época Tudor hasta 1900
Todas las salas restantes de este nivel están reservadas a exposiciones.

NIVEL 3

Salas 65-69 y 70a: Silver galleries
Salas 72-74: Galerías del siglo XX
Salas 81, 82, 87-88a: Pinturas
Salas 83-84: Plata Sagrada y Vidrio de colores
Sala 90: Grabados y dibujos
Sala 90a: Retratos en miniatura
Salas 91-93: Galería de joyas
Sala 94: Tapices
Salas 95-100: Textil
Sala 101: Mobiliario
Salas 107 y 109: Frescos del artista victoriano Frederic, Lord Leighton
Sala 111: Escultura
Salas 113-114e: Obras de hierro
Sala 116: Objetos de metal

NIVEL 4

Salas 118-125: British galleries
Salas 127-128a: Arquitectura
Salas 129-131: Galería de cristal

NIVEL 6

Salas 133a-145: Cerámica (solo visitas con reserva anticipada)

ALA DE HENRY COLE

NIVEL 2

Galería Frank Lloyd Wright

NIVEL 3

Exposiciones temporales

NIVEL 4

Salas de estudio

NIVEL 5

Salas de lectura

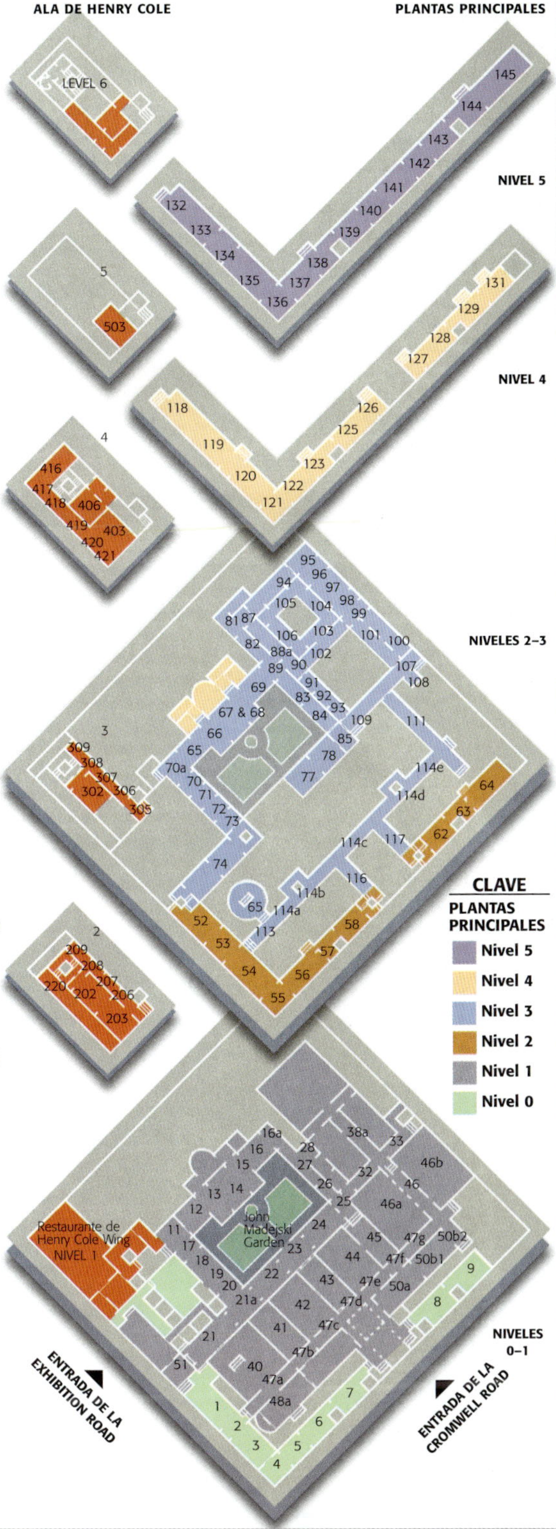

El museo tiene una deslumbrante colección de joyas; una de ellas es esta tiara Cartier (arriba). *El abrigo* (abajo) *que llevó Jaime II en su boda en 1673*

La Gran Cama de Ware

Famosa en la literatura y las tradiciones rurales, la Gran Cama de Ware se hizo entre 1590 y 1600 para una taberna de Ware, Hertfordshire, como resultado de una treta de marketing, pues atraía a los viajeros con sus insólitas grandes dimensiones y sus espectaculares tallados ornamentales, que originariamente habrían estado destacados en vivos colores. Hoy, la cama en sí puede que no sea increíblemente grande, pero el armazón es, sin ninguna duda, sólido. Incluye piezas hechas por artesanos inmigrantes alemanes y taracea de influencia holandesa. La cama había cumplido su función publicitaria para 1601, cuando fue mencionada por Shakespeare en su obra *Noche de Reyes.*

El ladrón de fresas de William Morris (1834-1896)

Como reacción contra las acciones deshumanizadores de la industria masiva del siglo XIX, William Morris y sus contemporáneos intentaron revivir el conocimiento del oficio de la Edad Media. *El ladrón de fresas,* con tordos robando fruta entre hojas y flores usadas en telas y tapiz de empapelar, es un ejemplo del intento de Morris por llevar el individualismo y la belleza a los hogares de la clase media. Lo realizó usando una antigua descarga de color añil como técnica de impresión; por primera vez, para esta obra, utilizó rojo y amarillo junto con azul y blanco; un proceso largo y arduo lo convirtió en los algodones más caros de su empresa. A pesar del alto precio, este diseño fue uno de los más populares y con mayor éxito producidos por Morris & Company.

LA COLECCIÓN DE MODA

Toga con morral trasero

Una toga de satén elegantemente elaborada hecha en Francia en la década de 1770 pone de manifiesto la moda desarrollada en la alta sociedad, que incorporaba vestidos informales (que originalmente eran togas con morral trasero) y combinaban lo antiguo con lo moderno. El corpiño, con sujeción frontal, es el no va más del estilo de la época, mientras que los anchos aros cuadrados de los capazos y las arrugadas mangas hasta el codo tuvieron su origen 20 años antes. Delicados satenes almohadillados azules y encaje de felpilla se usan para decorar la toga de color marfil y la enagua, junto con ramitos florares bordados y jirones unidos.

Una réplica de la Columna Trajana de Roma domina el Italian Cast Court (arriba). *Robert Adam diseñó este techo, tomado de la casa londinense de David Garrick* (izq.)

FOTOGRAFÍA EN EL V&A

Solo cuatro años después de la inauguración del V&A, cuando la fotografía aún estaba en sus inicios y era considerada un arte inferior, el museo empezó una colección de trabajos de fotografía. Una de sus primeras exposiciones fue una muestra de estudios sociales de Clementina, lady Hawarden (1822-1865), quien hizo muchas fotografías de sus hijas en su casa de South Kensington de Londres. Sus experimentos con las luces, las sombras y los reflejos dan un interés añadido a estos primeros ejemplos de la fotografía como forma de arte.

El V&A ha reunido hoy más de 500.000 obras en su colección fotográfica.

Bar Suit, Christian Dior (1905-1957)

Los diseños *new look* de Dior hicieron impacto en los desfiles de moda en 1947 y causaron sensación inmediata en las mujeres acostumbradas a los reducidos y austeros estilos de la Europa de tiempos de guerra. El bar suit tiene una chaqueta de seda en color crema recortada para lucir un talle de 46 cm; una falda de punto crepé de lana completamente negra se ensancha por debajo, con un dobladillo de 7,3 m de circunferencia. Coronando el conjunto hay un sombrero de ala corta, que añade el toque final a una imagen llena de elegancia.

HISTORIA

El V&A se fundó en 1852 con beneficios de la Exposición Mundial de 1851. Su objetivo era dar acceso a las clases obreras al buen arte e inspirar a los fabricantes y diseñadores británicos. Originariamente en la Marlborough House, cerca del palacio de Buckingham, se trasladó a su emplazamiento actual en 1857 como el South Kensington Museum. Se le dio el nombre actual en 1899, cuando la reina Victoria colocó la primera piedra del nuevo edificio, que fue inaugurado en 1909.

COLECCIÓN WALLACE

Una de las mejores colecciones de arte de Londres, y una de las menos conocidas.

La Great Gallery, con cuadros de los siglos XVII y XVIII

67 G4 • Hertford House, Manchester Square W1U 3BN
020 7563 9500 diario: 10-17
Gratuito Bond Street, Baker Street 2, 10, 13, 74, 82 Tours guiados gratuitos entre semana 13, también sá: 11:30, do: 13, 15 7 £, solo en inglés
The Wallace Restaurant (do-ju :10-17, vi, sá: 10-23)
Regalos y libros, muchos productos de la colección

CLASIFICACIÓN	
Interés histórico	●●●
Compra para expertos	●●●

www.wallacecollection.org
Sitio simpático y lleno de noticias con ilustraciones de objetos de la colección, noticias sobre restauración, etc., además de información sobre historia, acontecimientos diarios y exposiciones.

Cuatro generaciones de la familia Hertford acumularon esta colección de arte de talla mundial, expuesta en la Hertford House, una hermosa mansión del siglo XVIII. La empezaron cuando el cuarto marqués de Hertford, que vivía recluido en París con su hijo ilegítimo, Richard Wallace, durante la Revolución francesa, compró cuadros franceses del siglo XVIII, porcelana y muebles para sumarlos a su herencia de porcelana de Sèvres y cuadros de Canaletto y Gainsborough. Richard heredó la colección en 1870 y la llevó a Inglaterra, tras escapar de la inestable situación política francesa. Él, por su parte, añadió muchos elegantes ejemplos de cerámica renacentista, bronces, armaduras y joyas, y su viuda donó la colección a la nación en 1897, a condición de que permaneciera intacta y nunca saliera del centro de Londres.

Las salas están llenas de todo tipo de objetos preciosos, desde cuadros, muebles y accesorios originalmente hechos para los palacios de Fontainebleau y Versalles, hasta cacerolas del siglo XVIII.

Cerca de 70 cuadros de los siglos XVII y XVIII cuelgan de la Great Gallery. Entre los más conocidos están *El caballero riendo* de Frans Hals (1624), retrato de un joven desconocido (aunque no es ni caballero ni está riendo).

Hay también una extraordinaria exposición de armas y armaduras europeas, la mayoría realizada por obreros metalúrgicos especializados y adornada con elegantes incrustaciones decorativas. Se recomienda buscar el conjunto de armaduras del siglo XV de un hombre y su caballo, realizado en Alemania.

No se pierda el maravilloso retrato del rey Jorge IV de sir Thomas Lawrence (1769-1830) en la Great Gallery.

Delfines en las farolas del Victoria Embankment

MUSEO V&A DE LA INFANCIA

69 P2 • Cambridge Heath Road E2 9PA
020 8983 5200 Diario: 10-17:45
Gratuito, algún coste por determinadas actividades Bethanl Green
106, 254, 309, 388, D6
www.vam.ac.uk

Este museo ha sufrido una gran transformación desde el año 2002. El magnífico edificio del siglo XIX ha sido restaurado y las galerías actualizadas. Con casi 6.000 exposiciones que abarcan 400 años de infancia, este museo tiene una de las colecciones más grandes y antiguas del mundo en su clase. El museo fue inaugurado en 1872 como la sección este de lo que finalmente se convertiría en el Victoria & Albert Museum (▷ 144-149).

Las exposiciones incluyen pañales (tela usada para los bebés) del siglo XVI, muñecas del XVII, juegos del XVIII, teatrillos del XIX, modelos de trenes del XX y equipos de construcción del XXI. Los eventos y actividades para niños tienen lugar los fines de semana y durante las vacaciones escolares.

No se pierda la casa de muñecas Núremberg, hecha en 1673, el único ejemplo de su clase fuera de Alemania.

VICTORIA EMBANKMENT

68 K5 Libre acceso
Gratuito
Embankment, Charing Cross
11, 15, 88

El Victoria Embankment, construido a finales de la década de 1860 y principios de 1870, fue un gran proyecto de ingeniería que ganó terreno a la orilla norte del río Támesis para crear una barrera contra las inundaciones. Aquí podrá encontrar la Aguja de Cleopatra (▷ 86), el monumento más antiguo de la ciudad, que data del año h. 1500 a. de C.

Decimus Burton diseñó el Arco de Wellington con 28 años

El baldaquino sobre el altar mayor en la catedral de Westminster

Se monta guardia a diario en las afueras del Banqueting House

VINOPOLIS

69 M5 • 1 Bank End, Bankside SE1 9BU 0870 241 4040 Lu, ju, vi: 12-22, sá: 11-21, do: 12-18 *Tours* elementales incluyen cinco vinos (cantidad de cata) más un cóctel 17,50 £. Más *tours* disponibles. London Bridge 17, 21, 35, 40, 43, 48, 133, 149, 343, 501, 521, RV1 Cantina Vinopolis ▷ 255. www.vinopolis.co.uk

Londres tiene una rica historia de comercio vinícola, y este es el punto de inicio para esta inusual exposición. Establecido en históricas bodegas que en otra época fueron el centro del comercio vinícola de Europa, esta atracción multipremiada conduce al visitante desde los vinos de Alsacia hasta las uvas Zinfandel, visitando las regiones productoras de vino más importantes del mundo. El *tour* elemental (autoguiado) incluye la degustación de cinco vinos diferentes más un cóctel; este debe ser el único museo del mundo en el que se anima al visitante a recorrerlo con un vaso de vino en la mano. Tecnología de pantalla táctil, audioguías y catas asistidas intentan educar las papilas gustativas.

ARCO DE WELLINGTON

67 G6 • Hyde Park Corner W1J 7JZ 020 7973 2726 Abr-finales sep, mi-do: 10-17; nov-finales mar, mi-do: 10-16 Adultos 3,20 £, niños (5-16) 1,60 £, menores de 5 años gratuito Hyde Park Corner 2, 8, 9, 10, 14, 16, 19 www.english-heritage.org.uk

La respuesta de Inglaterra al Arco del Triunfo de París es el arco neoclásico levantado en 1826 para celebrar las victorias del duque de Wellington en las guerras napoleónicas. Una enorme estatua ecuestre del duque se añadió 20 años después.

Durante un tiempo, las salas del interior del arco albergaron una comisaría; ahora hay una exposición permanente sobre las estatuas y monumentos de Londres, y puede disfrutar de las vistas desde el mirador que hay bajo la escultura.

ABADÍA DE WESTMINSTER

Págs. 152-153.

CATEDRAL DE WESTMINSTER

67 H7 • Victoria Street SW1P 1QW 020 7798 9055 Lu-vi: 7-19, sá: 8-19, do: 7-19:45; campanario: abr-finales nov diario 9:30-17; dic-finales mar, ju-do: 9:30-17 Gratuito; ascensor del campanario adultos 2 £, menores de 18 años 1 £, familias 5 £ Victoria 11, 24, 211 www.westminstercathedral.org.uk

La primera iglesia católica romana del Reino Unido es el sorprendente monumento histórico de Westminster con su campanario de 83 m y diseño de rayas de ladrillo rojo y piedra blanca de Portland. Diseñada al estilo bizantino por el arquitecto victoriano John Francis Bentley (1839-1902), recuerda a la basílica de San Marcos en Venecia. Bentley tenía instrucciones de que la iglesia debía tener una amplia nave extra que pudiera alojar a muchos feligreses, y que no debía parecerse en absoluto a la cercana abadía protestante de Westminster.

No deje de subir a lo alto del campanario (hay ascensor) para ver el Big Ben, el Palacio de Buckingham y la Columna de Nelson.

WHITECHAPEL ART GALLERY

69 P4 • 80-82 Whitechapel High Street E1 7QX Información grabada: 020 7522 7878, otra información: 020 7522 7888 Durante las exposiciones: mi-do: 11-18, ju: 11-21 Gratuito excepto una exposición de pago al año; ma: gratuito todo el año Aldgate East 15, 25, 67, 253 Liverpool Street www.whitechapel.org

Fundada en 1901 para «acercar el buen arte a la gente del East End de Londres», la galería muestra un programa que cambia de arte contemporáneo del siglo XX, ofreciendo a nuevos y reconocidos artistas en muestras en solitario, exposiciones de grupo y encargos. Las obras expuestas van de la pintura y la escultura al vídeo y la fotografía.

El edificio de Artes y Artesanía, diseñado por Charles Harrison Townsend en 1901, cuenta con más de 2.230 m de galerías, y fue la primera galería británica construida especialmente para albergar exposiciones que fueran cambiando.

WHITEHALL

68 J5 Libre acceso Gratuito Charing Cross, Westminster 11, 12, 24, 88, 159

Whitehall es la amplia avenida que conecta Trafalgar Square (▷ 136) con Parliament Square y el corazón del Gobierno británico, hasta el sur. En dirección sur, el primer edificio a la derecha es el Admiralty, o Ministerio de Marina del Reino Unido.

Al lado está el Horse Guards, donde dos miembros de la Caballería Real montan guardia a caballo entre las 10 y las 16 th., una tradición que persiste, aunque todo lo que queda del antiguo palacio real es el Banqueting House (▷ 77), enfrente. Los soldados guardan sus puestos sin moverse o mirar a los transeúntes.

Pasado el Horse Guardas están las puertas de la entrada a Downing Street. Ésta ha sido la residencia oficial del primer ministro (n.º 10) desde 1731. El número 11 es la residencia oficial del ministro de economía.

Más allá está el conmovedor cenotafio de piedra de Portland, diseñado por sir Edwin Lutyens e inaugurado en 1920 para conmemorar a las víctimas de la Primera Guerra Mundial. Constituye el centro de los festejos del Remembrance Day que se celebra cada año desde 1918.

Abadía de Westminster

La iglesia medieval más grande de Londres. El escenario de todas las coronaciones reales desde 1066. Un mausoleo de conocidos personajes históricos, en conmemoración de cerca de 3.300 personas.

Las torres de la fachada oeste se añadieron en el siglo XVIII

VISITAR LA ABADÍA DE WESTMINSTER

La abadía (la Collegiate Church de San Pedro en Westminster) está en el lado sur de la Parliament Square. Se accede por el transepto norte, por una de las tres grandes puertas que hay bajo el gran rosetón, cuyo diseño se repite en las baldosas del suelo de la sala capitular. En el interior, se gira a la izquierda para realizar un *tour* en el sentido de las agujas del reloj por la iglesia y los claustros, pasando por una sucesión de capillas con un apabullante número de tumbas y monumentos, antes de salir por la puerta oeste.

DESTACADOS

LADY CHAPEL

Al norte del santuario está la Lady Chapel, donde se puede ver la efigie en mármol blanco de Isabel I (1533-1603), quien comparte tumba con su hermanastra, María I (1516-1558). Desde la nave lateral se entra en la parte principal de la capilla, de exquisito techo con bóveda de abanico. Forma un impresionante escenario para las tumbas reales situadas alrededor del altar y las naves. Entre las tumbas más elegantes está la de Enrique VII, frente al altar, y la de su madre, lady Margaret Beaufort, cerca del altar de la nave sur. Murieron el mismo año (1509), y sus tumbas son obra del escultor florentino Pietro Torrigiano (1472-1528), quien, de joven, siempre se peleaba con Miguel Ángel. Obsérvese los tallados en la sillería misericorde (1512): los temas incluyen sirenas, monstruos y a una esposa golpeando a su marido.

CLASIFICACIÓN	
Interés histórico	●●●●●
Calidad-precio	●●●●

CONSEJOS

- Se aconseja asistir a una misa y escuchar el coro, acompañado del órgano de la abadía en el que tocó una vez el compositor Henry Purcell (1659-1695).
- Nótese que la entrada a los claustros es gratuita, y se accede a ellos por Dean's Yard.

LA POETS' CORNER

El transepto sur, también conocido como Poet's Corner, es donde desde el siglo XVI se ha honrado a los grandes poetas, autores, artistas y actores con monumentos (no todos están enterrados aquí). Se encuentran los restos del poeta Geoffrey Chaucer (*h.* 1345-1400), que vivió en el recinto de la abadía mientras era empleado real de las obras (o inspector de edificios). El monumento de William Shakespeare también está aquí, aunque su estatua data de 1740, más de un siglo después de su muerte.

Entre los mejores monumentos están los bustos del siglo XVII de los poetas John Dryden, Ben Jonson y John Milton, y el poeta y artista William Blake (1757-1827), este último esculpido en bronce por sir Jacob Epstein en 1957.

Monumento a Shakespeare en Poets' Corner

EL CORO Y EL SANTUARIO

Este es el centro ceremonial de la iglesia, donde tienen lugar los oficios religiosos y las coronaciones reales. Enfrente del altar mayor está el *Cosmati Pavement*, un mosaico hecho de cristal y piedras preciosas e instalado por un artesano italiano en 1268.

LA SALA CAPITULAR, CÁMARA DEL PÍXIDE Y EL MUSEO DE LA ABADÍA

Una puerta en la nave sur del coro conduce al claustro, de fluida tracería y sorprendentes vistas de los arbotantes

Placa en conmemoración de sir Winston Churchill (recuadro extremo izq.). *Espléndida bóveda* (foto principal) *del techo de la nave. Lady Chapel* (abajo)

que soportan la nave. La sala capitular es un edificio octogonal de 1253, cuyo suelo aún conserva las losas originales. La cripta normanda, que perdura de la iglesia original de Eduardo el Confesor (▷ 27), alberga el museo de la abadía, donde pueden verse macabras efigies de cera, entre las que se encuentran las de la reina Isabel I, Carlos II y lord Nelson, hechas a partir de sus mascarillas y ropas reales. Algunas efigies se hicieron para yacer en la carpilla ardiente en lugar del cadáver.

La Cámara del Píxide, también parte de la abadía original, contiene el altar más antiguo del edificio, datado alrededor del 1240. Hoy conserva los píxides (arcones de dinero) originales y la patena de la iglesia de la abadía.

LA NAVE

Aquí se puede disfrutar del magnífico techo de la nave, de 32 m de altura. La decoración del diseño lleva los ojos hacia el este; sólo mirando hacia arriba se podrá apreciar la gran extensión del edificio; desde el nivel inferior se bloquea la visión por la mampara del siglo XIX del coro, donde se recuerda a sir Isaac Newton y otros científicos. La Tumba del Soldado Desconocido (▷ 38) y la capilla de san Jorge están cerca de la puerta oeste. Justo fuera de la capilla se encuentra el retrato de Ricardo II (1377-1399), el retrato verídico más antiguo conocido de un monarca inglés.

HISTORIA

La iglesia que dio nombre a Westminster se encontraba aquí en el siglo VIII, pero Eduardo el Confesor comenzó el edificio actual alrededor del año 1050. Al morir, una semana después de su consagración, el 6 de enero de 1066, se convirtió en el primer monarca en ser enterrado aquí. Casi un año después, Guillermo el Conquistador fue coronado en la iglesia, confirmando el estatus real de esta, que ha visto la coronación de todos los monarcas ingleses posteriores a excepción de Eduardo V y Eduardo VIII.

Eduardo el Confesor fue canonizado más tarde, y Enrique III emprendió una reconstrucción a gran escala en 1245 para hacer un santuario apropiado para la veneración del rey santo. La iglesia actual, influenciada en gran parte por las catedrales góticas francesas de Amiens y Reims, fue el resultado. En 1503 se sustituyó la Lady Chapel del extremo este por la capilla de Enrique VII, el plato fuerte arquitectónico de la iglesia. La fachada oeste no se completó hasta 1745, cuando se construyeron las dos torres siguiendo el diseño de Nicholas Hawksmoor.

INFORMACIÓN BÁSICA

68 J6 • Parliament Square SW1P 3PA
020 7222 5152
Lu-vi: 9:30-15:45 (última entrada a 15:45), mi: 9:30-19, sá: 9:30-13:45 (última entrada a 13:45). Misa solo los domingos. Sala Capitular, Pyx Chamber, accesibles solo por una plataforma para visitas. Museo de la abadía, diario: 10:30-16. Claustros diario: 8-18 sujeto a disponibilidad, cerrado durante eventos especiales. College Garden: abr-finales sep, ma-ju: 10-18; oct-finales mar, ma-ju: 10-16. Conciertos gratuitos a la hora del almuerzo: jul-finales ago, mi: 12:30-14
Adultos 10 £, niños (11-16) 7 £, menores de 11 años (máx 2 niños por adulto que pague) gratuito, familia 24 £. Servicios gratuitos. Museo 1 £ (gratuito si tiene la entrada a la iglesia de la abadía). Claustros, jardín del college gratuito, se aceptan donativos para el mantenimiento del jardín
St. James's Park, Westminster
11, 12, 24, 159, 211
Tours de 90 min, 5 £ por persona. Para reservas y otra información, llame al 020 7654 4758. Audioguías 4 £ 3 £ , en inglés, francés, alemán, español, italiano, ruso, japonés Puesto en el claustro norte y exterior de las torres oeste; bebidas calientes y frías, aperitivos ligeros, sándwiches Exterior de la salida oeste; suvenires, postales, regalos, historia, libros religiosos

www.westminster-abbey.org
Excelente sitio con muy buena información de fondo.

Un paseo en barca por el lago de Battersea Park

Una imagen del hombre en esta placa de Carlyle's House

Detalle del dios Apolo en la entrada del Chelsea Physic Garden

MÁS APARTADO

Los lugares que se detallan en las páginas siguientes no están en el centro de Londres, pero se puede acceder fácilmente a todos en una hora, más o menos, con trasporte público. Se pueden localizar en el mapa de las páginas 8 y 9.

BATTERSEA PARK

5 km SO de Trafalgar Square
Battersea Park SW11 4NJ
020 8871 7530 Abierto 8-anochecer
Gratuito Sloane Square, luego bus
Este del parque (Queenstown Road) 137; oeste del parque (Battersea Bridge Road) 19, 49; sur del parque (Battersea Park Road) 344 Cadogan Pier
Battersea Park, Queenstown Road
www.batterseapark.org

Inaugurado oficialmente en 1858 por la reina Victoria, este parque se construyó sobre una tierra pantanosa conocida como Battersea Fields, en parte para liberarla de su fama de ser lugar de carreras, bebidas y juegos ilegales.

Desde entonces se ha convertido en uno de los parques más populares de Londres, con tres millones de visitantes al año. Entre las atracciones existentes podemos citar paseos en auténticas carrozas victorianas, deportes varios, una galería de arte, dos parques infantiles, un lago navegable, esculturas de Henry Moore y Barbara Hepworth y una pagoda japonesa de la paz que la orden budista regaló a Londres en 1985 como símbolo de paz. Pasear en bicicleta ha sido también un pasatiempo popular desde 1896.

A fin de darle más énfasis al proyecto victoriano, está en marcha una restauración de 10,3 millones de libras, y que consiste en la construcción de un paseo junto al río según el diseño original, y en restaurar la zona de los Festival Gardens de 1951.

No perderse la exposición de arte contemporáneo de la galería Pump House (gratuito).

CARLYLE'S HOUSE

5 km SO de Trafalgar Square
24 Cheyne Row SW3 5HL
020 7352 7087 Pascua–oct, mi-vi: 2-17; sá-do: 11-17 NT. Adultos 4,50 £, niños (5-16) 2,30 £, gratuito 0-5
Sloane Square, South Kensington
11, 19, 22 Cadogan Pier
www.nationaltrust.org.uk

El historiador y ensayista Thomas Carlyle (1795-1881) vivió en esta casa estilo reina Ana junto al Chelsea Embankment desde 1834 hasta su muerte. En su interior se pueden admirar muebles, cuadros, retratos y libros de la época victoriana tal y como estaban en vida de Carlyle. Escribió muchas obras eruditas e históricas en el estudio abuhardillado de la planta superior, construido especialmente para él en 1853.

Otros personajes literarios visitaron la casa, entre ellos Charles Dickens y el poeta Robert Browning.

CHELSEA PHYSIC GARDEN

5 km SO de Trafalgar Square
66 Royal Hospital Road SW3 4HS
020 7352 5646 Abr–final oct, mi: 12-anochecer o 20 (lo que sea más pronto); ma-vi: 12-17; do: 12-18. También para las campanillas de invierno: 1.er y 2.º do feb: 11-15; Chelsea Flower Show: mediados-may, lu-vi: 12-17; Chelsea Festival: mediados-jun, lu-vi: 12-17
Adultos: 7 £, niños (5–15) 4 £, menos 5 años gratuito (0-5) Sloane Square
11, 19, 22, 211, 239
www.chelseaphysicgarden.co.uk

Fundado en 1673 por la Society of Apothecaries de Londres para estudiar plantas con fines medicinales, es el segundo jardín botánico más antiguo de Gran Bretaña, después del de Oxford, que le precedió en 52 años. Se sigue utilizando para investigación médica y botánica.

El recinto vallado (2 ha) alberga alrededor de 5.000 especies y muchos árboles raros. En 1773 se creó un jardín de roca con lava basáltica importada de Islandia por el botánico inglés sir Joseph Banks (1743-1820), el cual acompañó al capitán James Cook en su expedición de 1768 alrededor del mundo a bordo del *Endeavour*.

En una zona salvaje del jardín crecen arbustos con flores y peonías raras. Hay varios jardines específicos, entre ellos el Pharmaceutical Garden y el Garden of World Medicine.

No perderse el olivo (todavía da aceitunas) mayor de Reino Unido.

CHISWICK HOUSE

10 km O de Trafalgar Square
Burlington Lane W4 2RP
020 8995 0508 Pascua-final oct, mi-do: 10-17; festivos: 10-17; nov-Pascua citas previas. EH. Adultos 3,50 £, niños (6-18) 3 £, menos 6 años gratuito.
Turnham Green 27, 190, 391
Turnham Green Diario verano, invierno fines de semana
www.english-heritage.org.uk

Este soberbio ejemplo de arquitectura paladina es obra de Richard Boyle, III conde de Burlington (1694-1753), que se puso como objetivo promover el estilo en Reino Unido. El perfecto exterior simétrico, con su cúpula octogonal en el centro y el clásico pórtico con seis columnas corintias, no da si-

La clásica fachada con la bóveda de la Chiswick House del siglo XVIII

La Dulwich Picture Gallery fue la primera galería pública de arte en Inglaterra

Parte de la colección de Meissen en la Fenton House

quiera idea de la suntuosidad de la decoración interior. Los jardines italianos se construyeron para complementar la arquitectura.

No perderse las doraduras de la habitación Blue Velvet o el salón abovedado, iluminado por las ventanas de tambor, que proceden de los baños romanos de Diocleciano.

DULWICH PICTURE GALLERY

11 km SE de Trafalgar Square
Gallery Road, Dulwich Village SE21 7AD
020 8693 5254 Ma-vi: 10-15; sá-do: 11-17. Sá-do: visitas gratuitas: 15 (con el ticket entrada) Adultos 4 £, menores 16 años 3 £. Exposiciones: adultos 8 £, niños (menores 16 años) gratuito
P4 desde el metro frente a Brixton o bus en la parada Lewisham; 3 a la estación West Dulwich; 37 a la estación North Dulwich
West Dulwich, North Dulwich
www.dulwichpicturegallery.org.uk

Más de 300 obras maestras forman esta excepcional colección de arte, la mayoría cuadros de los siglos XVII y XVIII, y que incluyen obras como *Virgen y niño* de Van Dyck, *Regreso de la Sagrada Familia de Egipto*, y el retrato de *Jacobo III de Gheyn*, de Rembrant, robado varias veces de la galería pero recuperado en cada ocasión. El edificio neoclásico, diseñado por sir John Soane en 1811, fue la primera galería de arte construida expresamente con este fin. Un anexo muy original, obra de Rick Mather, e inaugurado en 2000, proporciona más espacio para las exposiciones, un centro de educación para niños y adultos y una cafetería que da al amplio jardín.

La galería hace también las veces de mausoleo: detrás del edificio yacen las tumbas de Noel Desemfans, el cual reunió la colección en la década de 1790, y de sir Francis Bourgeois, quien la legó al Dulwich College en 1811.

Rinaldo y Armida *de Poussin en la Dulwich Picture Gallery*

ELTHAM PALACE

19 km SE de Trafalgar Square
Off Court Road, Eltham SE9 5QE
020 8294 2548 Abr-final oct, do-mi: 10-17; nov-23 dic, feb-mar, do-mi: 11-16. Palacio y jardines cerrado 23 dic-31 en.
EH. Casa y jardines: adultos 7,90 £, niños (5-16) 4 £, menos 5 años gratuito; familias 9,80 £
132, 161, 162, 233, 286, 314 a la estación Eltham Eltham
www.english-heritage.org.uk

La zona verde con los fosos rodea los restos de uno de los mayores palacios medievales, aunque es uno de los menos conocido de Inglaterra, así como la vistosa casa contigua construida por el director de cine Stephen Courtauld en la década de 1930 y amueblada con estilo art decó. Dentro está equipada con todos los adelantos modernos, entre ellos un aspirador central eléctrico, altavoces que difunden jazz a la planta baja y un sistema interno de telefonía. Fijarse en el comedor con las sillas tapizadas de cuero rosa y las puertas en blanco y negro. El recinto alberga un jardín de rosas y grandes parterres con flores del mismo color.

Visitar sobre todo el exótico cuarto de baño de Virginia Courtauld, cuyas paredes están hechas con ónice, el suelo es de mosaico dorado y se adorna con un busto de Psique; y la jaula con calefacción central, antaño ocupada por los lemures de los Courtauld.

FENTON HOUSE

8 km NO de Trafalgar Square
Windmill Hill NW3 6RT (Entrada por Hampstead Grove) 020 7435 3471, información general 01494 755563
Mar, sá-do: 2-17; Pascua-final oct, sá-do: 11-17 y mi-vi: 14-17 NT. Adultos 5,20 £, niños (5-16) 2,60 £, menos 5 años gratuito; familias 12,50 £
Hampstead 46, 268
Hampstead Heath
www.nationaltrust.org.uk

Esta casa de ladrillo rojo construida en 1695 es una de las mejores dentro de su estilo que quedan en Londres. Una fina colección de objetos de cerámica, muebles georgianos y bordados del siglo XVII completa el mobiliario de época. La colección Benton Fletcher de instrumentos de teclado de los siglos XVII y XVIII suele utilizarse para conciertos *in situ*. En el encantador jardín vallado hay rosas y un huerto.

FREUD'S HOUSE AND MUSEUM

8 km NO de Trafalgar Square
20 Maresfield Gardens NW3 5SX
020 7435 2002 Mi-do: 12-17
Adultos 5 £, menos 12 años gratuito
Finchley Road G13, 82, 113
Finchley Road y Frognal, Hampstead Heath
www.freud.org.uk

Sigmund Freud (1856-1939), neurólogo austriaco y fundador del psicoanálisis, vivió en el número 20 de Maresfield Gardens al sur de Hampstead desde 1938 (cuando se escapó de la ocupación nazi en Viena). Su hija pequeña, Anna, también psicoanalista, siguió viviendo allí hasta su muerte en 1982. La casa es ahora un museo dedicado a la vida y trabajo de Freud, y contiene su famoso sofá, además de libros, cartas, diarios y otros objetos personales.

Greenwich

En esta zona están los edificios más hermosos de Londres; como telón de fondo, una gran zona verde y el museo marítimo mayor del mundo. Una animada población junto al río, con mercado semanal, tiendas y buenos lugares para comer.

Placa de información del Meridiano de Greenwich

CLASIFICACIÓN

Bueno para niños	●●●●
Interés histórico	●●●●
Especialidad compras	●●
Calidad precio	●●●

INFORMACIÓN BÁSICA

11 km SE de Trafalgar Square en la orilla sur, río abajo del London Bridge

Cutty Sark:, centro de visitantes, Cutty Sark Gardens SE10 9HT. Old Royal Naval College: entrada desde el King William Walk. National Maritime Museum: Greenwich Park, SE10 9NF. Ranger's House: Chesterfield Walk, Blackheath, SE10 8QX

Cutty Sark, centro de visitantes: 020 8858 3445. Old Royal Naval College: 020 8269 4747. National Maritime Museum: 020 8858 4422, información grabada 020 8312 6565. Ranger's House: 020 8853 0035

Cutty Sark, centro de visitantes: do-ma: 11-17. Old Royal Naval College: diario: 10-17, jardines: 8-18. National Maritime Museum: jul-final ag, diario: 10-18; sep-final jun, diario:10-17. Ranger's House: abr-sep, do-mi: 10-17; oct-final dic, solo mediante cita previa. Cerrado final dic-feb

Cutty Sark, centro de visitantes: gratuito. Old Royal Naval College: gratuito; visitas guiadas 4 £. National Maritime Museum: gratuito, ticket para algunas exposiciones. Ranger's House: EH. Adultos 5,50 £, niños (5-15) 2,80 £, menos de 5 años gratuito

Greenwich 188 Barcos desde el Westminster Millennium Pier (1 h 10 min.)

(continúa pág. 157)

La mejor forma de llegar a Greenwich es por el río, pues la vista desde la orilla es una de las más hermosas de Londres. Muchas personas acuden allí para admirar el conjunto de edificios históricos –el antiguo Royal Naval College, el National Maritime Museum en la Queen's House y el Old Royal Observatory, en Greenwich Park. También vale la pena, los fines de semana, echar un vistazo a los puestos de artesanía en el mercado cubierto, así como probar algunos de los buenos pubs y restaurantes de la zona.

El ala izquierda del Old Royal Naval College

Un lugar original que se aconseja visitar es el Fan Museum, en 12 Croom's Hill (ma-sá: 11-17, do: 12-17), dedicado al antiguo arte de confeccionar abanicos. Hay más de 3.500 abanicos en la colección, que datan del siglo XI en adelante, y se pueden contemplar en exposiciones temáticas itinerantes y en exposiciones permanentes.

LUGARES DE INTERÉS

CUTTY SARK

Este elegante clíper anclado en el Greenwich Pier fue construido en 1869 para llevar cargamentos desde Gran Bretaña a Oriente. En 1871 batió el record navegando desde Londres a China y completando el viaje en solo 107 días. A consecuencia de un devastador incendio en mayo de 2007, el barco está siendo restaurado, pero se puede ir al centro de visitantes para conocerlo todo sobre él.

OLD ROYAL NAVAL COLLEGE

Este monumental grupo de edificios fue ideado por sir Christopher Wren en 1664 como hospital para marineros enfermos o mayores. Cuando el hospital se cerró en 1869, se hizo cargo del complejo el Royal Naval College, para formar oficiales de todo el mundo, y ahora lo utilizan la Universidad de Greenwich y el Trinity College of Music.

Hay dos zonas abiertas al público: el Painted Hall y la capilla. El Painted Hall, creado por sir James Thornhill en 1707-1717, contiene el mayor cuadro del Reino Unido, *Triumph of Peace and Liberty,* que muestra a los monarcas Guillermo (1650-1702) y María (1662-1694) rodeados de figuras alegóricas. Mide 32 x 15 m y Thornhill y sus ayudantes trabajaron en él durante unos veinte años, por lo que cobraron 6.685 £, entonces una cantidad exorbitante. La capilla (1718-1725), restaurada por James Stuart después de un incendio en 1779, es de estilo neogriego. La enorme pintura del altar, *St. Paul Shaking Off the Viper,* es obra del artista norteamericano Benjamin West (1738-1820).

NATIONAL MARITIME MUSEUM

Una serie de galerías impresionantes alrededor del patio acristalado Neptune Court, abiertas para el Milenio, ofrece más espacio al museo para contar la historia marítima del Reino Unido desde la fallida invasión de la Armada española en el siglo XVII. Se centra en temas de exploración, comercio e imperio, y muestra lujosos transatlánticos y héroes navales.

La Ranger's House alberga la Wernher Collection

Al Cutty Sark *le están devolviendo su antigua gloria*

En la enorme colección de barcos (que abarca cientos de modelos), cuadros, instrumentos de navegación y reliquias de navegantes y exploradores, destaca la lujosa falúa nacional hecha para Federico, príncipe de Gales, en 1732, y la chaqueta que llevaba Nelson cuando fue mortalmente herido en la batalla de Trafalgar en 1805. El edificio principal del museo, la Quenn's House, fue el primer ejemplo inglés del estilo neoclásico paladino, traído de Italia por Inigo Jones (1573-1652). Empezó siendo en 1616 un palacio para la esposa de Jaime I, Ana de Dinamarca, y no se acabó hasta 1635 bajo el reinado de Carlos I para su esposa, Henrietta María. En su interior, lo más característico es la Tulip Stair, llamada así por los dibujos de su barandilla. También bajo la égida del National Maritime Museum está el Old Royal Observatory, fundado por Carlos II en 1675 para poder afrontar el problema de encontrar la longitud en el mar. El edificio original, Flamsteed House, fue diseñado por Wren parar John Flamsteed, el primer astrónomo real. El Royal Observatory ha llevado a cabo reformas por valor de 15 millones de libras con nuevas galerías, un centro de educación y el Peter Harrison Planetarium, con su excelente espectáculo *Star Life* (tel.: 020 8312 8575; lu-vi: 13, 14, 15, 16; sá-do: 11, 12, 13,14, 15, 16; adultos 6 £, niños 4 £).

El enorme Gate Clock marca el Tiempo Medio de Greenwich (GMT), el patrón por el que se rige el tiempo en todo el mundo. En el patio se pueden encuadrar los hemisferios este y oeste colocándonos a horcajadas sobre la simple banda de cobre que marca el meridiano de Greenwich.

RANGER'S HOUSE

En el extremo sur de Greenwich Park está la Ranger's House, construida en el siglo XVII. Alberga ahora una exposición para la Wernher Collection, antes en el Luton Hoo de Bedfordshire, que pertenecía al comerciante en diamantes y oro sir Julius Wernher. Hay más de setecientas obras, entre pinturas, tapices, muebles, cerámica, marfiles y joyas de los siglos XVI y XVII.

DLR a las Island Gardens, luego cruzar el túnel a pie Nivel 1 del National Maritime Museum; dos tiendas en el Royal Observatory Regatta Café y Paul Coffee Bar, Nivel 2 del 2 of National Maritime Museum

www.cuttysark.org.uk
www.oldroyalnavalcollege.org
www.nmm.ac.uk
www.english-heritage.org.uk (para Ranger's House)

CONSEJO

• Comprar una grabadora que registra el tiempo exacto cuando se está a horcajadas en el Meridiano de Greenwich (0º longitud).

El Gate Clock, en funcionamiento las 24 horas en el Royal Observatory, muestra el GMT

Estilo Siglo XVII en el Great Hall de Ham House

Dese un paseo por los monumentos funerarios victorianos del Highgate Cemetery

El jardín de Hogarth's House, un retiro estival para el artista

HAM HOUSE

18 km SO de Trafalgar Square
Ham Street, Richmond-upon-Thames, Surrey TW10 7RS
0208 940 1950 Pascua-fin oct, sá-mi: 13-17; jardines diario: 11-18 o anochecer si este antes NT. Adultos 9 £, niños (5-16) 5 £, menos 5 años gratuito, familias 22 £. Solo jardines: adultos 3 £, niños 2 £, familias 7 £ Richmond, luego bus 371 o taxi
65 Ealing Broadway-Kingston, 371 Richmond-Kingston
Richmond Landing Stage
Richmond
www.nationaltrust.org.uk

Ham House es una de las casas del periodo Stuart más hermosas y mejor conservadas de Gran Bretaña. Construida en 1610, fue el hogar de la familia Tollemache, profundamente involucrada en la política palaciega de la guerra civil y la Restauración. La casa, que cuenta su historia, está llena de muebles, cuadros y tapices. También posee unos jardines tradicionales y un fantasma que aparece de vez en cuando.

HAMPSTEAD HEATH

8 km NO de Trafalgar Square
Información de Heath 020 8348 9908
Acceso libre Gratuito
Hampstead 46, 210, C11
Hampstead Heath
www.cityoflondon.gov.uk

Hampstead Heath es un maravilloso y variado espacio público de 320 ha, con bosques, pantanos, setos vivos y prados naturales. Los londinenses acuden allí para caminar, correr, montar a caballo, organizar picnics, hacer volar cometas, jugar a la petanca y bañarse en los tres estanques. Situado justo al este de los estanques está Parliament Hill, que ofrece vistas sobre Londres. La leyenda local afirma que la reina Boadicea (Boudicca), que lanzó a los Iceni contra los ocupantes romanos (▷ 27), está enterrada aquí.

En el extremo norte del parque está Kenwood House (ab-fin oct diario: 11-17; nov-fin mar cierra 16), que fue construida en 1616 remodelada por Robert Adam en 1764-1779 para el conde de Mansfield. En 1927 el I conde de Iveagh lo legó al país, junto con la existente colección de cuadros. Aquí se puede contemplar el *Retrato del Artista,* de Rembrandt (h.1665), *El guitarrista* de Vermeer (h.1676) y el delicado retrato de *Mary, condesa Howe* de Gainsborough (h.1764), junto a otras obras importantes de maestros ingleses y holandeses.

En junio, julio y agosto se celebran conciertos al aire libre junto al lago, con fuegos artificiales como espectacular colofón de algunas representaciones.

HIGHGATE CEMETERY

8 km N de Trafalgar Square
Friends of Highgate Cemetery, Swain's Lane, N6 6PJ 020 8340 1834
Eastern Cemetery: abr-final oct, lu-vi: 10-16:30; sá-do: 11-16:30; nov-final mar, lu-vi: 10-15:30; sá-do: 11-15:30. Cerrado durante funerales Western Cemetery: Entrada solo con visitas guiadas. Ab-final oct, lu-vi: 14; sá-do: 11, 12, 13, 14, 15, 16; nov-final mar última visita 15. Dic, en, feb no hay visitas, solo bajo petición expresa. Prohibido niños menores 8 años.
Eastern Cemetery 3 £, fotos permitido 1 £ (no videocámaras). Western Cemetery visita estándar 5 £, fotos permitido 1 £ solo para uso personal (no videocámaras o trípodes)
Archway G143, 210, 271 a Lauderdale House
Upper Holloway
www.highgate-cemetery.org

Durante el siglo XIX, todo aquel que fuera alguien en Londres recibía sepultura en el Highgate Cemetery. Cuando este cayó en desuso, el edificio principal fue dilapidado y las zarzas y los sicomoros se apoderaron del paisaje. En 1980 unos voluntarios rescataron y restauraron el lugar, limpiaron tumbas y sepulturas, pero dejaron suficiente verde para crear un ambiente romántico.

El cementerio está dividido en dos por la Swain's Lane: el original West Cemetery, de estilo gótico victoriano, y el East Cemetery, más nuevo, tranquilo, frondoso y menos visitado. Al West Cemetery solo se puede acceder mediante visita guiada. La excepcional colección de arquitectura victoriana existente incluye las tumbas de unos 850 famosos, entre ellos el político y teórico Karl Marx (1818-1883), el novelista George Eliot (1819-1880) y el químico Michael Faraday (1791-1867, ▷ 89), además de 18 académicos reales, 6 alcaldes de Londres y 48 miembros de la Royal Society. Lo rodea un variado bosque de limas exóticas, robles, avellanos, castaños, tulipaneros y arces.

No perderse la Egyptian Avenue y la Terrace Catacombs en el West Cemetery.

HOGARTH'S HOUSE

10 km O de Trafalgar Square
Hogarth Lane, Great West Road, Chiswick W4 2QN
020 8994 6757 Ab-final oct, ma-vi: 1-17; sá-do: 1-18; oct-final dic, feb, mar, ma-vi: 1-16; sá-do: 1-17.
Gratuito, se aceptan donativos
Turnham Green 27, 190, 391
Turnham Green
www.hounslow.info

Hoy en día, la casa de Hogarth está situada junto a una concurrida rotonda, pero cuando era un pueblecito junto al río y el pintor y escritor satírico William Hogarth (1697-1764) la utilizaba como residencia de verano, estaba en plena naturaleza. En las sencillas habitaciones cuelgan copias de su trabajo, entre ellas los cuentos morales *Mariage à la Mode* (1745) y *The Rake's Progress* (1735).

HAMPTON COURT PALACE

Uno de los palacios reales más antiguos e interesantes de Londres, con unos hermosos jardines junto al río.

El cardenal Thomas Wolsey, arzobispo de York y ministro de Enrique VIII, construyó Hampton Court en 1514 como su residencia de campo. En 1528, con la intención, por otra parte fallida, de mantener los favores del Rey, le cedió su nueva casa. Enrique la agrandó y la convirtió en un palacio real. Nada cambió hasta la década de 1690, cuando Guillermo y María contrataron a sir Christopher Wren para ampliarlo y llevar a cabo algunos cambios. El resultado fue una asombrosa mezcla de estilos Tudor y clásico.

EN TORNO AL PALACIO

Se llega al palacio por las Trophy Gates, delante de las cuales está la Tudor Great Gatehouse. En los dos torreones laterales, unos redondeles de terracota, originariamente pintados y dorados, representan a emperadores romanos. En la puerta de enfrente aparecen grabadas las iniciales H y A (Henry y Ana) entrelazadas. Después de haber declarado nulo el matrimonio con Catalina de Aragón, Enrique se casó con Ana Bolena en 1533, pero el matrimonio duró solo cuatro años y Ana fue decapitada en la Torre de Londres (▷ 138-143).

A continuación Clock Court, así llamado por su inmenso reloj astronómico (1540) en la parte interior de la verja. A la izquierda tenemos el Henry VIII's Great Hall, con su mirador, la galería de los trovadores y el techo de estilo gótico. Al lado, en la cocina Tudor, más de 200 sirvientes cocinaban para 600 personas a la vez. Enfrente, a través de la elegante columnata de Wren, se entra en los State Apartments (1689-1694), decorados con cuadros, muebles y tapices. Jean Tijou (*fl*1689-*h.*1711), un herrero francés hizo los herrajes de la balaustrada de la escalera, Grinling Gibbons (1648-1721) cinceló la madera y Antonio Verrio (*h.*1639-1707) pintó muchos de los techos. Los Queen's Apartments, de menor tamaño, miran al Wren's Fountain Court, y las estancias comunes dan a las avenidas, los canales y las fuentes.

LOS JARDINES

Contemplar la ceremoniosa arquitectura de las avenidas y los lagos de los jardines construidos en tiempos de Enrique y María. Al sur, el Privy Garden era utilizado solo por la familia real y estaba separado del río por una verja de hierro forjado del Tijou. Al lado están el Pond Garden de Enrique VIII y el Knot Garden de Elizabet, característico por sus hierbas aromáticas. El Great Vine, que plantó Capability Brown en 1768, todavía da uva negra.

Al norte del palacio están los Rose Gardens, antaño los Tiltyard, donde se celebraban los torneos, y el Wilderness, 4 ha de bosque natural. En el extremo está The Maze, el laberinto, construido en 1690.

CLASIFICACIÓN

Bueno para niños	●●●●●
Interés histórico	●●●●●
Calidad precio	●●●●

INFORMACIÓN BÁSICA

21 km SO de Trafalgar Square

East Molesey, Surrey KT8 9AU

Información grabada: 0844 482 7777; reservas: 0844 482 7799

Palacio, jardines y laberintos, Pascua-fin oct, diario: 10-18; nov-Pascua, diario: 10-16:30.

Adultos 13 £, niños (5-15) 6,50 £, menos 5 años gratuito, familias 36 £

111, 411, 416, 513, R68

Verano, servicio desde Westminster Pier

Hampton Court

Visitas, audio guías, exposiciones 4,95 £

Privy Kitchen Coffee Shop; Tiltyard Tea-room, jardines de palacio

Barrack Block Shop en el antiguo cuartel del palacio; Garden Shop; tienda Base Court, entre Base Court y Clock Court; Tudor Kitchens Shop, junto al Tudor Wine Cellar

www.hrp.org.uk

Visitar la página web para detalles sobre entradas conjuntas con otros palacios reales.

CONSEJOS

- **Apuntarse a uno de los *tours* generales que aparecen en las guías.**
- **Comprar un billete combinado tren y palacio; se ahorra un 10% en la entrada.**

Máscara del poeta John Keats, en Keats House

Averiguar los horarios de actos y conferencias en el London Zoo

El Museum of Rugby es de obligada visita para todos los aficionados al deporte

JEWISH MUSEUM

5 km N de Trafalgar Square
✉ Raymond Burton House, 129–131 Albert Street NW1 7NB ☎ 020 7284 1997 ⊙ Lu-ma: 10-16; do: 10-17
Adultos 3,50 £, menos 15 años 1,50 £, familias 8 £
Camden Town 31, 274, C2
www.jewishmuseum.org.uk

Mediante exposiciones y una presentación audiovisual se examina aquí la larga historia de la comunidad judía en Gran Bretaña. La colección permanente de objetos ceremoniales se remonta en su mayoría a mediados del siglo XVII, cuando lord protector Oliver Cromwell abolió las leyes que prohibían el asentamiento judío. Hay también objetos anteriores, entre ellos resguardos bancarios del siglo XIII y manuscritos del siglo XVI.

No perderse los recibos fiscales grabados en madera en la galería de historia.

KEATS HOUSE

8 km NO de Trafalgar Square
✉ Keats Grove, Hampstead NW3 2RR ☎ 020 7435 2062 ⊙ Ma-do: 13-17. Visitas guiadas
Adultos 3,50 £, menos 16 años 1,75 £, gratuito jardines
Belsize Park, Hampstead 46, C11
Hampstead Heath
www.cityoflondon.gov.uk/keats

El poeta John Keats (1795-1821) vino a vivir aquí en 1818, se enamoró de la vecina, Fanny Brawne, y se comprometió con ella en 1819. En 1820 se fue a vivir a Italia por razones de salud; y fue allí donde murió en 1821. Escribió sus poemas más apreciados, como *Oda a un ruiseñor,* durante su corta estancia en esta casa; el ciruelo bajo el que escribía ha desaparecido, pero uno nuevo indica su lugar en el jardín.

En el resto de la casa se pueden ver cartas, manuscritos y muebles representativos del estilo de la época.

LONDON CANAL MUSEUM

5 km N de Trafalgar Square
✉ 12-13 New Wharf Road, King's Cross N1 9RT ☎ 0207 713 0836 ⊙ Ma-do: 10-16:30 Adultos 3 £ niños (8-15) 1,50 £, menos 8 años gratuito
King's Cross 10, 46, 73, 205
King's Cross
www.canalmuseum.org.uk

Aquí en Regent's Canal, a poquísima distancia de una de las zonas más concurridas de la ciudad, se puede visitar la cabina de una barcaza de canal, recorrer la historia de los canales de Londres y conocer algunos datos sobre los cargamentos que transportaban, la gente que vivía y trabajaba en las vías fluviales mientras creaban las arterias comerciales de la nación. El museo está ubicado en un antiguo almacén construido por el famoso heladero Gatti, y explora la historia del comercio del hielo y del helado.

No perderse el depósito victoriano de hielo.

LONDON WETLAND CENTRE

10 km SO de Trafalgar Square
✉ Queen Elizabeth's Walk, Barnes SW13 9WT ☎ 020 8409 4400 ⊙ Verano diario: 9:30-18; invierno: 9:30-17
Adultos 8 £, niños (4-16) 4,95 £, menos 4 gratuito, familias 21,95 £
Hammersmith 283 Duck Bus desde Hammersmith metro a Wetland Centre; 209, 72, 33 a Red Lion pub
Barnes
www.wetlandcentre.org.uk

Es el primer hábitat pantanoso del mundo creado dentro de una ciudad; cuenta con una extensión de 42 ha y está situado en los antiguos depósitos Barnes Elms. Entre las atracciones, todas de diseño inteligente, hay 14 entornos humedales distintos, como rápidos de Nueva Zelanda, planicies aluviales de África, tundras septentrionales y torrentes de lava hawaianos, así como una zona de estanques, Pond Zone; hay también jardines sostenibles, un sendero y, por supuesto, muchísima fauna, como ranas, tritones, caballitos del diablo y libélulas. En el centro de visitantes se puede ver una película sobre el medio ambiente llamada *Planet Water.*

(ZSL) LONDON ZOO

5 km NO de Trafalgar Square
✉ Outer Circle, Regent's Park NW1 4RY ☎ 020 7722 3333 ⊙ Principio mar-final oct, diario: 10-17:30; final oct-principio mar, diario: 10-16
Adultos 14,50 £, niños (3–15) 11 £, menos 3 años gratuito, familias 45,50 £
Camden Town 274, C2
London Waterbus Company (020 7482 2550) trayectos regulares desde Camden Lock y Little Venice: abr-final sept, diario: 10-17
www.zsl.org

El London Zoological Gardens abrió sus puertas en 1828. Ocupa 15 ha del extremo nororiental de Regent's Park (▷ 114-115) y cruza el Regent's Canal. Fue la primera institución del mundo dedicada al estudio científico de los animales, y durante su apogeo, en la década de 1950, atraía a más de tres millones de visitantes al año. En la actualidad, la conservación y el estudio prevalecen sobre la demostración pública. Sin embargo, sigue siendo una atracción popular importante que ofrece al visitante la posibilidad de ver unos 5.000 animales procedentes de 650 especies, muchas de las cuales están en peligro de extinción.

Se aconseja, antes de empezar la visita, ver el calendario de actos, y también estar presente cuando se da de comer a los animales y en las presentaciones de Animals in Action.

A destacar la famosa pajarera diseñada por lord Snowdon en 1964. También hay muchas atracciones nuevas, como el Clore Rainforest Lookouty la Nightzone, donde animalitos nocturnos corren arriba y abajo en un mundo iluminado por la luz de la luna.

Henrietta Howard, amante de Jorge II, recibía a escritores y artistas en el Great Room (arriba der.) en Marble Hill House

La Orleans House Gallery fue abierta al público en 1972

Cerca de la entrada, están los ruidosos primates, el mundo silencioso del acuario y la morada de los reptiles. La Mappin Terrace (con los perezosos osos, los langures y los ciervos muntjac) fue diseñada por los innovadores arquitectos John Belcher (1841-1913) y J. J. Joass (1868-1952) en 1931; Joass diseñó también un nuevo acuario para el zoo en 1924. La modernista Penguin Pool, cuyo entorno se llena siempre a la hora de las comidas, fue diseñado por Berthold Lubetkin (1901-1990) en 1931.

No perderse el Gorilla Kingdom, abierto en marzo de 2007, un recinto de 35 millones de libras para una colonia de gorilas de llanura.

MARBLE HILL HOUSE

16 km SO de Trafalgar Square
Richmond Road, Twickenham TW1 2NL 020 8892 5115
Abr-final oct, sá: 10-14; do y lu festivos: 10-17 Tel. para otras horas de apertura. EH. Adultos 4,20 £, niños (5-16) 2,10 £, menos 5 años gratuito
Richmond 65, 371
St. Margarets
www.english-heritage.org.uk

Construida para contemplar las más maravillosas vistas sobre el río en dirección a Richmond Hill, Marble Hill House es un ejemplar de villa paladina. Fue diseñada para retiro rural de Henrietta Howard, amante del Príncipe de Gales, el futuro Jorge II en 1729; luego fue donada a otra consorte real, la señora Fitzherbert, quien se casó secretamente con el futuro Jorge IV en 1785, aunque tuvo que dejar su sitio a Carolina de Brunswick.

Como en las villas paladinas, las estancias principales están en la segunda planta. El Great Room es un cubo perfecto, acorde con el gusto paladino por la geometría. Está amueblada como habría estado en la época de Henrietta Howard, cuando los escritores John Gay, Horace Walpole y Alexander Pope solían frecuentarla. Fue este último quien aconsejó el trazado del jardín, que cuenta con unos bosquecillos de árboles esculturales y prados impecables. En la actualidad, el lugar es un escenario perfecto junto al río para conciertos al aire libre.

MUSEUM OF RUGBY

18 km SO de Trafalgar Square
Twickenham and Twickenham Stadium Tours, Rugby Road, Twickenham TW1 1DZ 0870 405 2001
Ma-sá: 10-17; do: 11-17. Cerrado do después días partido
Visita museo y estadio: adultos 10 £, familias 34 £; solo museo (días partido sólo visitantes con entrada): 3 £
Richmond, luego R68, R70 al centro Twickenham; Hounslow East, luego 281
33, 110, 267, 281, 290, 490, H22, R68, R70 Twickenham
www.rfu.com

A los forofos de la Rugby Union les encantará esta colección de recuerdos que se remonta a 1800. Se puede ver la Copa Calcuta, la camiseta más vieja y hacer uso de las computadoras interactivas táctiles para conocer la historia del juego. O medirse la fuerza en la máquina de melée, revivir las mayores jugadas y presenciar lo bueno y lo malo de las competiciones más prestigiosas del mundo en el teatro audiovisual.

NATIONAL ARCHIVES

15 km E de Trafalgar Square
Ruskin Avenue, Kew TW9 4DU
020 8876 3444 Lu, mi, vi: 9-17; ma 9-19; sá: 9:30-17
Gratuito Kew Gardens
65, 237, 267, 391, R68
Kew Pier Kew Gardens
www.nationalarchives.gov.uk

Todos los documentos gubernamentales, desde la conquista de los normandos en 1066 hasta nuestros días, están almacenados aquí, así como todos los legajos del tribunal de justicia, guardados en 167 km de estanterías. Existe una exposición pública de algunas de las piezas más significativas, como el Domesday Book, el gran registro de 1086, además de curiosidades, como las cartas del asesino Jack el destripador, el último telegrama enviado desde el *Titanic* antes de hundirse y la escritura del cambio de nombre (de Reginald Dwight) del popular cantante Elton John.

NATIONAL ARMY MUSEUM

5 km SO de Trafalgar Square
Royal Hospital Road, Chelsea SW3 4HT
020 7730 0717 Diario: 10-17:30
Gratuito Sloane Square
11, 19, 22; 239 (lu-sá) en el museo
Cadogan Pier
www.national-army-museum.ac.uk

Se plasma aquí la historia del ejército británico desde la Edad Media y la batalla de Agincourt en 1415 hasta los conflictos modernos, como la Guerra de las Malvinas, la del Golfo, Kosovo e Irak. Si bien la experiencia bélica ocupa un lugar destacado, se dedica también espacio a la vida militar en tiempos de paz.

Además de describir campañas y batallas, el museo pone de manifiesto las vidas de soldados normales mediante cuadros, fotografías, uniformes, y modelos de equipamientos y reconstrucciones a tamaño natural.

Con ocasión de unos cambios en 2006, se crearon nuevas galerías temáticas que actualizan la historia militar. Transmiten el papel del ejército británico como una fuerza pacificadora en todo el mundo.

Los actos especiales de los fines de semana cambian de tema cada mes, con intérpretes uniformados, conferencias especializadas y talleres infantiles.

No perderse el cañón Tudor de 5 m de largo, y la lámpara de Florence Nightingale (▷ 89).

Estatua de Apolo en el ábside del Great Hall de Syon House

Los gamos coexisten con paseantes y ciclistas en Richmond Park

Detalle del techo en la Tapestry Room de Osterley House

ORLEANS HOUSE GALLERY

18 km SO de Trafalgar Square
Riverside TW1 3DJ 020 8831 6000 Oct-final mar, ma-sá:13-16:30; do: 14-16:30; abr- final sept, ma-sá: 13-17:30, do: 14-17:30 Gratuito 33, H22, R68, R70, 290, 490 Twickenham
www.richmond.gov.uk

Todo lo que queda de la Orleans House del siglo XVIII es el Octagon, un invernadero construido en 1720. El edificio, junto con unas extensiones modernas en la parte posterior, alberga una galería pública, talleres y exposiciones temporales.

La restauración de los establos, que se terminará en 2008, proporcionará mayor espacio para galerías.

OSTERLEY PARK

19 km O de Trafalgar Square
Jersey Road, Isleworth TW7 4RB 020 8232 5050; tel. inf. 01494 755566 Casa, Jersey Galleries, jardines: mediados mar-final oct, mi-do: 13-16:30. Parque y atracciones: diario: 8-17:30 o anochecer si antes; parque cierra antes de actos importantes NT. Casa y jardines: adultos 7,50 £, niños (5-16) 3,50 £, menos 5 años gratuito, familias 20 £. Jardín solo: adultos 3 £, niños 1,50 £. Jersey Galleries y parque: gratuito Osterley H28, H91 Syon Lane
www.nationaltrust.org.uk/osterley

Es uno de los parques estatales de mayor tamaño existentes, con una elegante villa neoclásica en su centro. Osterley parece estar a cientos de kilómetros del ruidoso centro de Londres. La villa original, de estilo Elisabet, fue construida por Thomas Gresham en 1576 y remodelada por Robert Adam a finales del siglo XVIII.

La casa está rodeada de hermosos jardines, lagos ornamentales y zonas verdes, y los establos del siglo XVI son ahora una cafetería.

No perderse el Eating Room, con su trabajado techo de yeso, estatuas y cuadros, así como los tapices Gobelin en el Tapestry Room.

RICHMOND PARK

15 km O de Trafalgar Square
Oficinas, Holly Lodge, Richmond Park, Richmond, Surrey TW10 5HS 020 8948 3209 Abierto todo el día Gratuito Richmond, luego bus 371 a parada Lass of Richmond Hill 72 85
www.royalparks.gov.uk

Originariamente cercado como coto de caza por Carlos I en 1637, Richmond Park es, con sus 1.011 ha, el mayor espacio abierto de Londres. Su variado y modelado paisaje de antaño consta de prados, helechales, pantanos, bosques y árboles; y manadas de gamos (350) y ciervos (300) siguen pastando allí, aunque ahora a salvo. En primavera, cuando las camelias, magnolias, azaleas y rododendros están en flor es un placer visitar la Isabella Plantation.

SOUTH LONDON GALLERY

6 km SE de Trafalgar Square
65 Peckham Road SE5 8UH 020 7703 6120 Ma-do: 12-18 Entrada libre; pago en actos puntuales Elefante y castillo, luego bus 12, 171, P3; Oval luego bus 36, 436 G12, 36, 171 Peckham Rye
www.southlondongallery.org

Es una de las mejores galerías contemporáneas de arte y expone obras de artistas locales, nacionales e internacionales. Entre famosos artistas que han expuesto aquí hasta la fecha se cuentan Tracy Emin, Barbara Kruger, Christian Boltanski y Keith Tyson. Mediante cita previa se puede visitar una colección permanente de casi 2.000 piezas, que abarca obras desde la década de 1880 hasta nuestros días.

SYON HOUSE AND PARK

15 km O de Trafalgar Square
Syon Park, Brentford, Middlesex TW8 8JF 020 8560 0881 Casa: mar-final oct, mi, ju, do: 11-17; jardines diario: 10:30-17 o anochecer; minitren a vapor abierto final jun-final ago: do, y abr-final ago y festivos, fin de semana Casa, jardines, Great Conservatory, jardín de las rosas: adultos 8 £, menores 16 años 4 £, familias 18 £; jardines, Great Conservatory: adultos 4 £, niños 2,50 £, familias 9 £ Gunnersbury, luego bus 237, 267 a Brentlea Gate Kew Bridge o Gunnersbury, luego bus
www.syonpark.co.uk

Por fuera, la histórica mansión de los duques de Northumberland es inhóspita, pero el almenado edificio de mediados del siglo XVI contiene algunas de las estancias más elegantes de Inglaterra. Robert Adam (1728-1792) remodeló el interior entre 1761 y 1768 haciendo uso de mármol, estatuas doradas y enyesados.

Entre las habitaciones privadas del duque, ahora abiertas al público, está el Green Drawing Room, con su espléndida chimenea estilo Adam, rescatada de la Northumberland House en Strand cuando fue derribada en 1874. Arriba están las estancias amuebladas para la joven princesa Victoria, de quien fue institutriz la III duquesa de Northumberland.

Capability Brown ajardinó el terreno que rodea Syon House entre 1767 y 1773, creando para ello una versión idílica del campo, con lagos, prados, y admirables especímenes de árboles. En el centro, comunicando lago y jardín, está el Great Conservatory, construido entre 1820 y 1827 por Charles Fowler, el arquitecto del mercado de Covent Garden (▷ 88). El recinto alberga también diferentes plantaciones, desde húmedos helechales hasta cálidos macizos de cactos.
(sigue en pág. 164)

Nenúfares gigantes de hasta 2 metros de ancho crecen cada año partiendo de semillas. La Palm House (der.)

ROYAL BOTANICAL, GARDENS, KEW

Un palacio real, espléndidos invernaderos, árboles milenarios y 120 ha de jardines espectaculares.

En julio del 2003, UNESCO otorgó a los Royal Botanical Gardens la categoría de Patrimonio de la Humanidad. Sus espléndidos invernaderos han sido renovados y actualizados para resutlar más accesibles a los visitantes actuales.

Los jardines nacieron en 1772 de la combinación de dos patrimonios reales. Bajo el mecenazgo de Jorge III, se convirtieron en uno de los mejores centros mundiales de investigación horticultural, en parte gracias al botánico sir Joseph Banks (▷ 113), que se convirtió en consejero del Rey en 1773 tras su viaje alrededor del mundo con el capitán Cook. El primer jardín botánico ocupaba solo una zona reducida; el resto fue ajardinado por Capability Brown (se conservan su lago y el Rhododendron Dell), que le añadió unos edificios extravagantes para solaz de los distinguidos visitantes.

EN LOS JARDINES

El edificio más antiguo es la pagoda. Tiene 10 pisos y fue construida entre 1761 y 1762, siguiendo los planos de William Chambers. Kew empezó a cambiar después de 1841, cuando los jardines pasaron a manos del Estado, y se añadieron varios invernaderos. La Palm House, diseñada por Decimus Burton, se inauguró en 1848. Y en 1985 fue completamente restaurada.

La siguiente fue la Temperate House, que empezó también Decimus Burton en 1859. Cuando se terminó, 40 años después, era el invernadero mayor del mundo. Desde su galería elevada hay una buena vista de las plantas, entre ellas la palma chilena, plantada en 1846 y ahora considerada la mayor planta de interior existente.

El Princess of Wales Conservatory abrió sus puertas en 1987. La mayor parte está en el sótano (para mantener el aislamiento) y se ilumina a través de una serie de techos bajos, acristalados y abovedados. Se pasa a través de diferentes zonas climáticas, desde el árido desierto en un extremo hasta los trópicos repletos de orquídeas en el otro.

Las flores silvestres autóctonas de Gran Bretaña es el tema del Queen Charlotte's Cottage and Gardens, en el linde sur occidental, que deben su nombre a la esposa de Jorge III. Ahora es una reserva natural, como pidió la reina Victoria.

CLASIFICACIÓN

Bueno para niños	●●
Interés histórico	●●●
Especialidad compras	●●●
Precio calidad	●●●●●

INFORMACIÓN BÁSICA

13 km O de Trafalgar Square

Kew, Richmond, Surrey TW9 3AB
020 8332 5655 Abr-fin ago, lu-vi: 9.30-18:30, sá, do: 9.30-17,30; sep-fin oct, diario: 9:30-18; nov-fin en, diario: 9:30-17 o anochecer; feb-fin mar diario: 9,30-17,30.
Adultos 12,25 £, menos 17 gratuito
Kew Gardens 65, 391
Kew Bridge, Kew Gardens 4,95 £, sólo en inglés Victorian Terrace Café
The Orangery; restaurante White Peaks; The Pavilion (solo feb-fin oct)
En Victoria Gate y White Peaks

www.kew.org
Extensa página web con información adicional y detalles sobre los jardines y su obra.

CONSEJO

- Tomar el pequeño tren Kew Explorer, que recorre todos los lugares clave durante 40 minutos. Ticket 2 £, niños (menores 17) 1 £, de venta en el tren.

La Chinese Pagoda

Los retratos reales de los Stuart en la Red Drawing Room de Syon House

Antes de la construcción de la Thames Barrier (1974-1984), las inundaciones eran una amenaza para Londres. Se aconseja visitarlo cuando se prueban las compuertas

(viene de pág. 162)

Se volvió a plantar el jardín de rosas en 1995, con 8.000 rosas. Además, alrededor de los lagos crecen muchas plantas húmedas, arbustos floridos y árboles exóticos.

En la Tropical Forest (entrada aparte, abierto cada día 10-17:30, www.tropicalforest.co.uk, tel.: 020 8847 4730) animales exóticos rescatados, como monos, lemures, serpientes, lagartos, cocodrilos pequeños y otros, viven en hábitats casi naturales. Dentro del recinto, hay también una gigantesca atracción interior basada en la aventura, un *garden centre*, un criadero de truchas y una tienda de una fábrica de lana de Edimburgo.

No perderse los 239 medallones del techo de la Red Drawing Room, pintados por Cipriani.

THAMES BARRIER

16 km E de Trafalgar Square
Unity Way, SE18 5NJ
020 8305 4188
Abr-final sept, diario: 10:30-16; oct-final mar, diario: 11-15:30 Adultos 2 £, menos 16 años 1 £ Greenwich G177, 180 Charlton Barrier Pier
www.environment-agency.gov.uk

En 1953, 300 personas murieron cuando el Támesis se desbordó e inundó Londres. Desde entonces el río ha crecido 50 cm más; y continuará creciendo a una media de 1 metro cada cien años. La Thames Barrier fue inaugurada en 1984 para evitar nuevas inundaciones, y sus espectaculares compuertas de acero inoxidable, de 61 metros de ancho, se han convertido en parte del paisaje. Unos alimentadores hidráulicos, que funcionan con electricidad, situados justo bajo los tejados de acero inoxidable, rotan las compuertas, que suelen estar cerradas, aunque se abren para las pruebas e inspecciones. Hay exposiciones que explican las mareas de los ríos, las estrategias anticontaminación y el regreso de la fauna fluvial.

No perderse, en la oficina de información, la maqueta de la barrera y la recreación del olor en la época Victoriana.

WILLIAM MORRIS GALLERY

15 km NE de Trafalgar Square
Lloyd Park, Forest Road, E17 4PP
020 8527 3782 Ma-sá, 1.er do mes: 10-13, 14-17 Gratuito: se aceptan donaciones Walthamstow Central 34, 97, 123 215, 275, 357 a Bell Corner Walthamstow Central
www.lbwf.gov.uk/wmg

Se trata del único museo público dedicado al diseñador, artesano, escritor y socialista William Morris (1834-1896). Junto con sus contemporáneos en el movimiento de Arts and Crafts, introdujo la artesanía en los objetos diarios como reacción contra la industrialización. El trabajo de estos maestros, así como la vida e influencia de Morris, se ven reflejados mediante muestras de sus tejidos, alfombras, tapices, papeles pintados, muebles, vidrieras y azulejos. Hay también ejemplos de objetos de Arts and Crafts, como muebles, tejidos, cerámicas y cristal, que datan desde la década de 1880 hasta la de 1920.

No perderse *Beauty and the Beast* y los azulejos con los *Labours of the Months.*

2 WILLOW ROAD

8 km NO de Trafalgar Square
2 Willow Road, Hampstead NW3 1TH
020 7435 6166 Pascua-fin oct, ma-sá: 12-17; mar, nov, sá: 12-17; solo visitas guiadas de 1 h, a 12, 13, 14 (sá también 11); entrada sin limitación de tiempo: 15-17. NT. Adultos 4,90 £, niños (5-16) 2,50 £, menos 5 años gratuito, familias 12,30 £. Ticket combinado con Fenton House (▷ 155) £7 Hampstead, Belsize Park 46, 268 Hampstead Heath
www.nationaltrust.org.uk

La primera casa modernista de Londres abierta al público fue diseñada en la década de 1930 por Ernö Goldfinger, que vivió aquí con su familia hasta su muerte en 1987. Está en el centro de una hilera de tres casas y alberga una colección de obras británicas y europeas de artistas del siglo XX, como Max Ernst y Henry Moore.

WIMBLEDON COMMON

13 km SO de Trafalgar Square
The Ranger's Office, Windmill Road, Wimbledon Common SW19 5NR
020 8788 7655 Entrada libre
Gratuito Putney Bridge, Southfields, Wimbledon 93
Wimbledon
www.wpcc.org.uk

Junto con Putney Lower Common, esta franja de zona verde abarca unas 461 ha. Entre las zonas de bosque, monte bajo, terreno baldío y parques hay un sendero natural, un campo de golf de 18 hoyos, 26 km de senderos, campos de fútbol y rugbi e instalaciones para atletismo.

Un molino de viento de 1817 alberga ahora un museo (abr-fin oct, sá: 14-17, do: 11-17) con maquetas, maquinaria de molienda y una colección de herramientas de carpintería.

Al este del parque, en Church Road, está el England Lawn Tennis Club, el campo para el campeonato anual de Wimbledon. El estupendo Tennis Museum se inauguró en 2006 y ofrece una crónica del tenis desde sus orígenes en la década de 1860 hasta nuestros días (diario 10:30-17; cerrado durante los partidos y los lunes después de los partidos).

No perderse la película de los partidos en la sala de cine.

Este capítulo ofrece información sobre qué hacer en Londres además de visitar los lugares de interés.

Los mapas al comienzo de cada sección indican dónde se sitúan las tiendas y los lugares de celebración de espectáculos.

Qué hacer

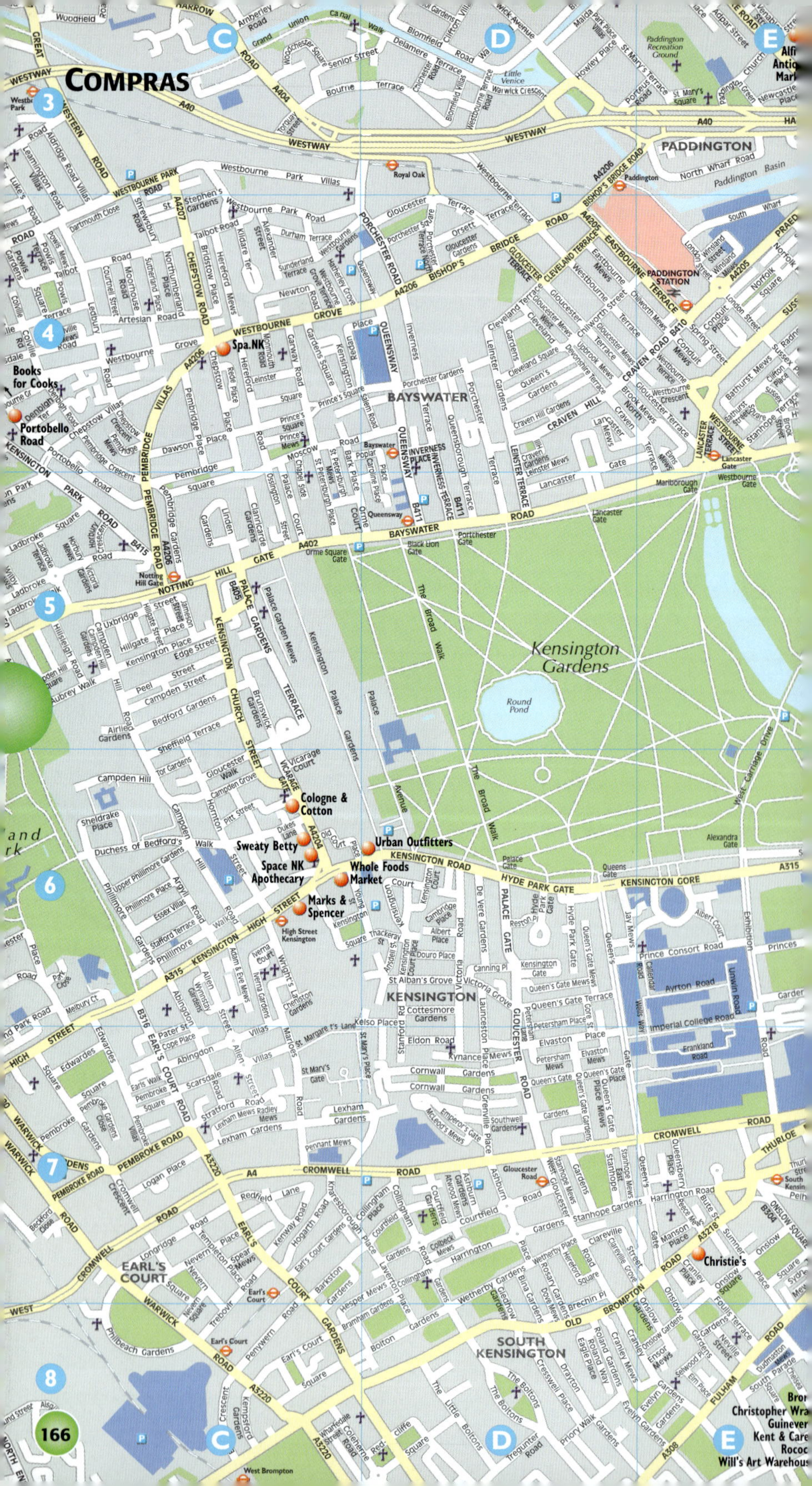

Compras
Paddington
Bayswater
Kensington Gardens
Round Pond
Kensington
Earl's Court
South Kensington
Spa.NK
Books for Cooks
Portobello Road
Cologne & Cotton
Sweaty Betty
Space NK Apothecary
Urban Outfitters
Whole Foods Market
Marks & Spencer
Christie's
Christopher Wra
Guinever
Kent & Care
Rococ
Will's Art Warehous
166

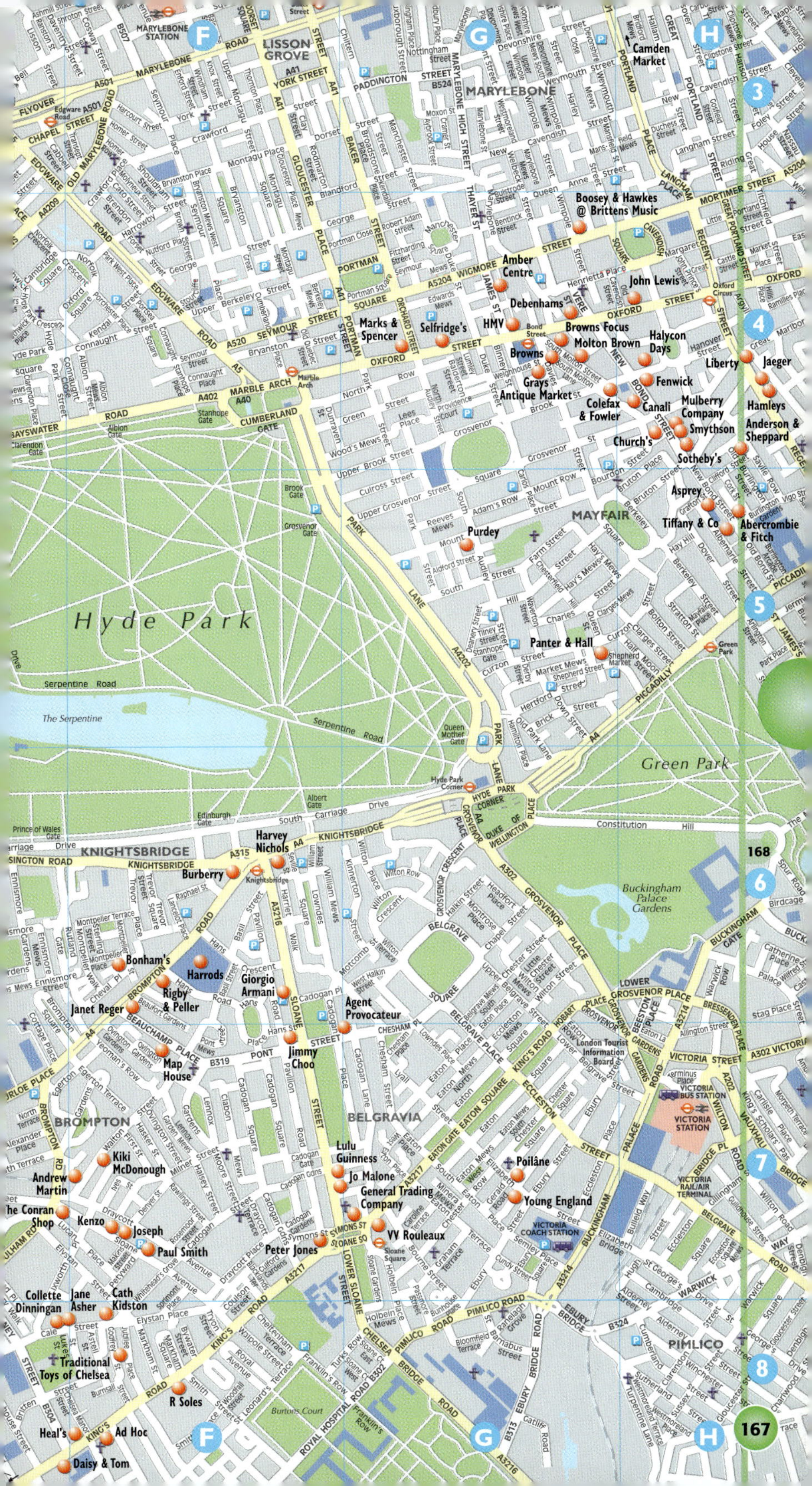

F
G
H
3
4
5
6
7
8
168
167
MARYLEBONE STATION
LISSON GROVE
MARYLEBONE
Camden Market
Boosey & Hawkes @ Brittens Music
Amber Centre
John Lewis
Debenhams
HMV
Marks & Spencer
Selfridge's
Browns Focus
Molton Brown
Halycon Days
Browns
Liberty
Jaeger
Grays Antique Market
Fenwick
Hamleys
Colefax & Fowler
Canali
Mulberry Company
Smythson
Anderson & Sheppard
Church's
Sotheby's
Aspreys
Tiffany & Co
Abercrombie & Fitch
MAYFAIR
Purdey
Hyde Park
The Serpentine
Panter & Hall
Green Park
KNIGHTSBRIDGE
Harvey Nichols
Burberry
Buckingham Palace Gardens
Bonham's
Harrods
Giorgio Armani
Rigby & Peller
Janet Reger
Agent Provocateur
Map House
Jimmy Choo
London Tourist Information Board
VICTORIA STATION
BROMPTON
BELGRAVIA
Lulu Guinness
Jo Malone
General Trading Company
Poilâne
Kiki McDonough
Andrew Martin
The Conran Shop
Kenzo
Joseph
Paul Smith
Peter Jones
VV Rouleaux
Young England
VICTORIA COACH STATION
Collette Dinnigan
Jane Asher
Cath Kidston
Traditional Toys of Chelsea
R Soles
PIMLICO
Burtons Court
Heal's
Ad Hoc
Daisy & Tom

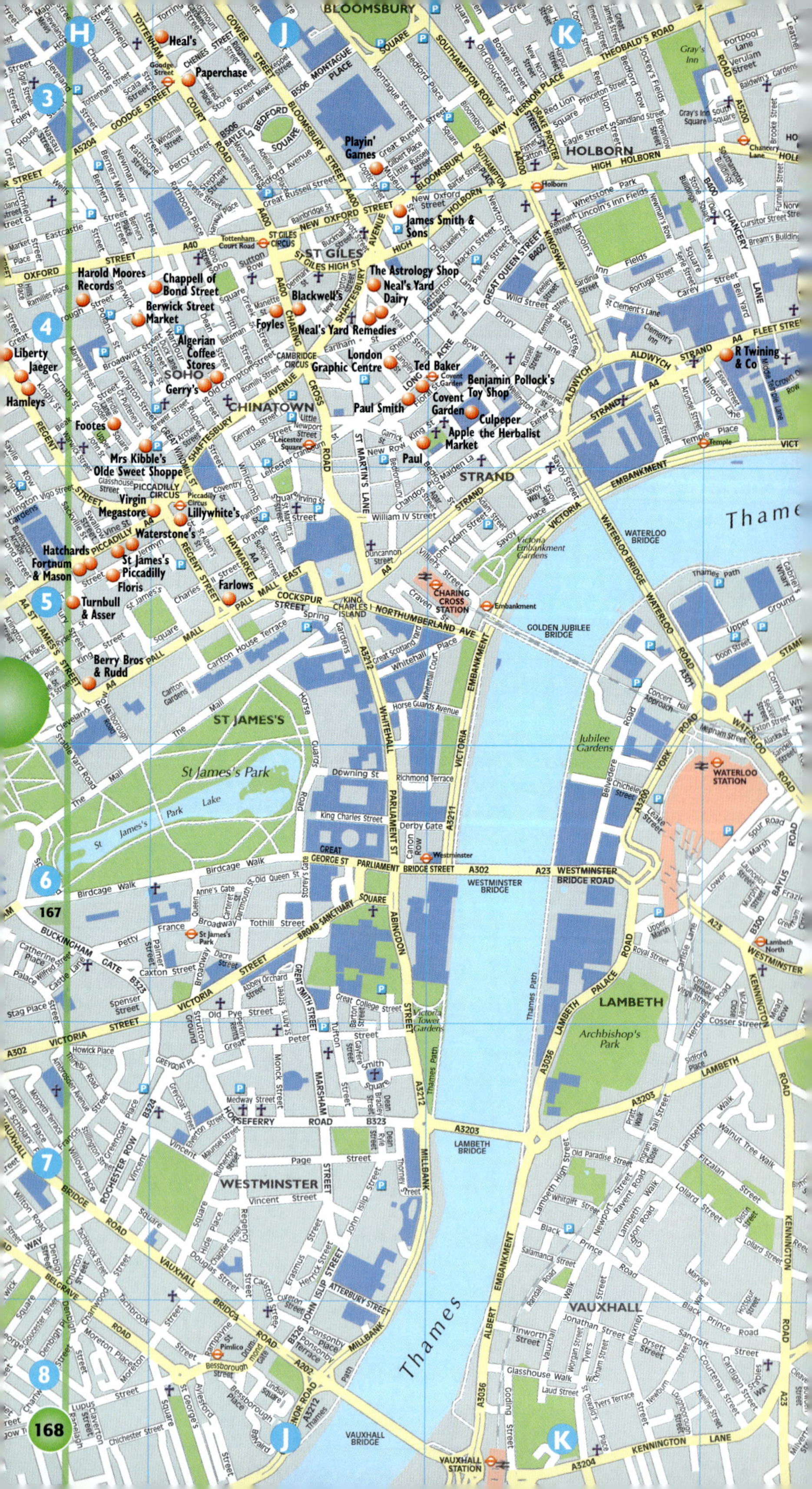
H
J
K
3
4
5
6
7
8
167
168
BLOOMSBURY
HOLBORN
ST GILES
SOHO
CHINATOWN
STRAND
ST JAMES'S
WESTMINSTER
LAMBETH
VAUXHALL
Thames
St James's Park
Jubilee Gardens
Archbishop's Park
Gray's Inn
Heal's
Paperchase
Playin' Games
James Smith & Sons
The Astrology Shop
Neal's Yard Dairy
Neal's Yard Remedies
Harold Moores Records
Chappell of Bond Street
Berwick Street Market
Algerian Coffee Stores
Blackwell's
Foyles
London Graphic Centre
Ted Baker
Benjamin Pollock's Toy Shop
Covent Garden
Culpeper
Apple Market
the Herbalist
Paul Smith
Paul
Liberty
Jaeger
Hamleys
Gerry's
Footes
Mrs Kibble's Olde Sweet Shoppe
Virgin Megastore
Lillywhite's
Waterstone's
Hatchards
Fortnum & Mason
St James's Piccadilly
Floris
Farlows
Turnbull & Asser
Berry Bros & Rudd
R Twining & Co
CHARING CROSS STATION
WATERLOO STATION
VAUXHALL STATION
Embankment
Westminster
Holborn
Temple
Lambeth North
St James's Park
Pimlico
Tottenham Court Road
Leicester Square
Piccadilly Circus
Covent Garden
WATERLOO BRIDGE
GOLDEN JUBILEE BRIDGE
WESTMINSTER BRIDGE
LAMBETH BRIDGE
VAUXHALL BRIDGE
OXFORD STREET
NEW OXFORD STREET
HIGH HOLBORN
THEOBALD'S ROAD
SOUTHAMPTON ROW
KINGSWAY
ALDWYCH
STRAND
FLEET STREET
CHARING CROSS ROAD
SHAFTESBURY AVENUE
REGENT STREET
PICCADILLY
HAYMARKET
PALL MALL
THE MALL
WHITEHALL
PARLIAMENT ST
VICTORIA EMBANKMENT
VICTORIA STREET
HORSEFERRY ROAD
MILLBANK
VAUXHALL BRIDGE ROAD
ALBERT EMBANKMENT
LAMBETH PALACE ROAD
WESTMINSTER BRIDGE ROAD
KENNINGTON LANE
KENNINGTON ROAD
WATERLOO ROAD
YORK ROAD
GOWER STREET
TOTTENHAM COURT ROAD
GOODGE STREET
BLOOMSBURY STREET
BUCKINGHAM GATE
BIRDCAGE WALK
GREAT GEORGE ST
BROAD SANCTUARY
ABINGDON STREET
GREAT SMITH STREET
JOHN ISLIP STREET
ATTERBURY STREET
BELGRAVE ROAD
ROCHESTER ROW
NORTHUMBERLAND AVE
COCKSPUR STREET
ST MARTIN'S LANE
LONG ACRE
DRURY LANE
CHANCERY LANE

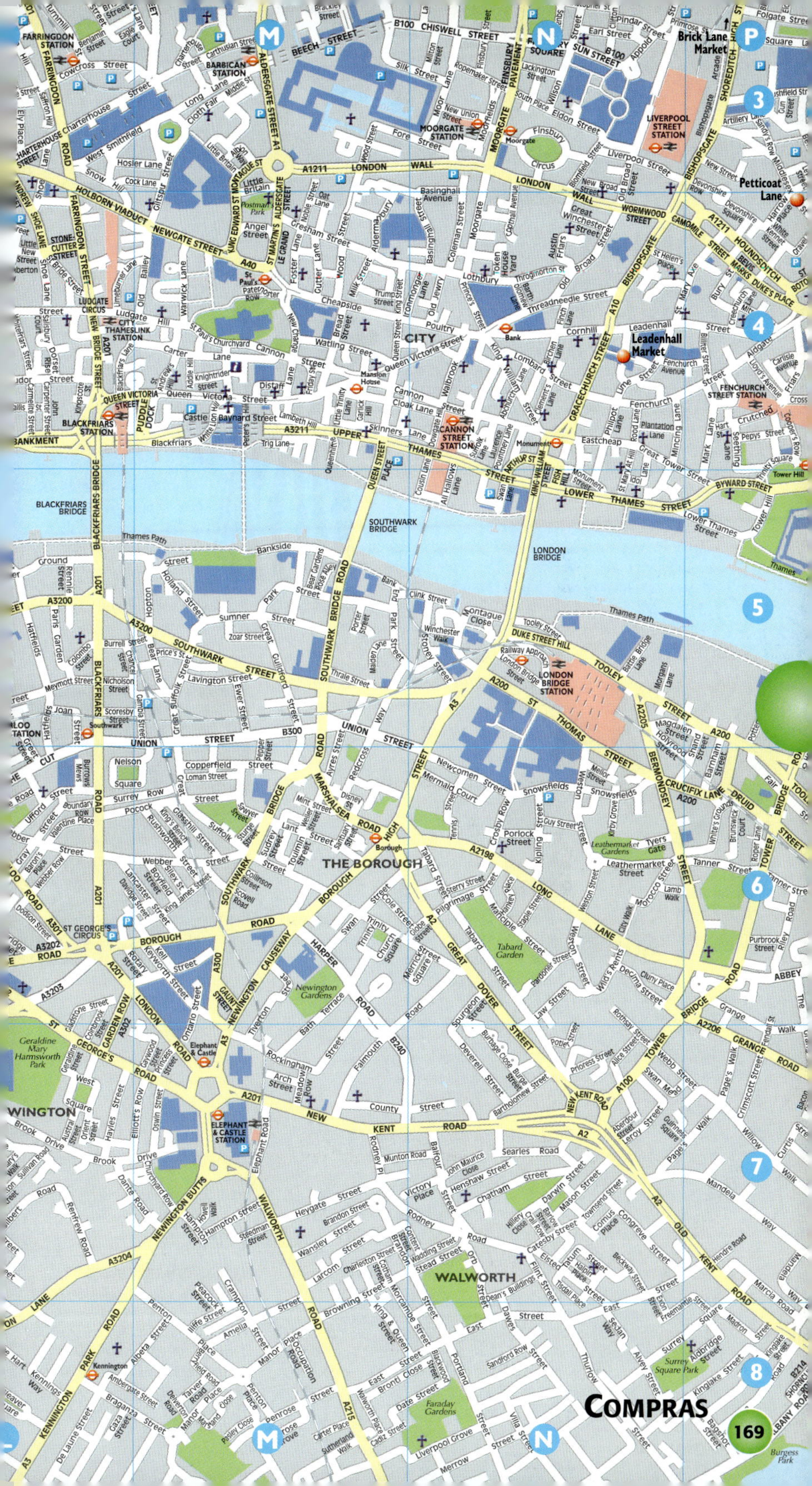
FARRINGDON STATION
BARBICAN STATION
MOORGATE STATION
LIVERPOOL STREET STATION
Brick Lane Market
Petticoat Lane
Leadenhall Market
CITY
Bank
Mansion House
Monument
CANNON STREET STATION
FENCHURCH STREET STATION
Tower Hill
BLACKFRIARS STATION
CITY THAMESLINK STATION
LUDGATE CIRCUS
St Paul's
Postman's Park
BLACKFRIARS BRIDGE
SOUTHWARK BRIDGE
LONDON BRIDGE
LONDON BRIDGE STATION
Southwark
THE BOROUGH
Borough
ST GEORGE'S CIRCUS
Elephant & Castle
ELEPHANT & CASTLE STATION
Geraldine Mary Harmsworth Park
Newington Gardens
Tabard Garden
Leathermarket Gardens
WALWORTH
Faraday Gardens
Surrey Square Park
Kennington
Burgess Park
LONDON WALL
HOLBORN VIADUCT
NEWGATE STREET
CHEAPSIDE
UPPER THAMES STREET
LOWER THAMES STREET
SOUTHWARK STREET
UNION STREET
BOROUGH HIGH STREET
TOOLEY STREET
ST THOMAS STREET
NEW KENT ROAD
OLD KENT ROAD
WALWORTH ROAD
KENNINGTON PARK ROAD
TOWER BRIDGE ROAD
BISHOPSGATE
3
4
5
6
7
8

COMPRAS

COMPRAS

Londres ofrece a las personas aficionadas a las compras una amplia gama de establecimientos, desde elegantes grandes almacenes y tiendas especializadas hasta puestos de mercadillo y sótanos con gangas. Mucha gente viene a Londres de compras, por lo que las calles Oxford y Regent pueden estar a rebosar en verano y en la temporada de Navidad, que comienza en noviembre. Son de prever las colas, especialmente largas en los establecimientos más populares, como Hamleys, una de las tiendas de juguetes más famosas del mundo, pero también hay zonas más tranquilas.

Las tiendas han ido disfrutando con el tiempo de horarios cada vez más flexibles y ahora es difícil generalizar: las zonas más activas pueden abrir hasta las 9 o las 10 de la noche, y gran número de tiendas abren los domingos.

Ir de compras se ha convertido en una actividad de ocio importante en todo el Reino Unido

HORA DE REBAJAS

Dos veces al año, las tiendas londinenses reducen sus precios para vender los restos de inventario que quedan de la temporada anterior. Las mejores rebajas son las de enero, que comienzan inmediatamente después (en ocasiones antes) de Navidad y que continúan hasta bien entrado febrero. Los cazadores de rebajas acampan en las calles varios días antes para ser los primeros en entrar al inicio de las rebajas en Harrods (▷ 178) o Selfridge's (▷ 179). Las rebajas de verano comienzan en junio y julio y terminan a finales de agosto.

El modo de funcionar de las rebajas en Reino Unido está estrictamente regulado y el hecho de que se compre un artículo en rebajas no afecta a los derechos como consumidor; por ejemplo, se tiene derecho a la devolución completa de lo que se ha abonado si los artículos resultan ser defectuosos (a no ser que se hayan vendido como artículos con alguna tara), pero debe conservarse el recibo como prueba de compra.

COMPRAS SIN IMPUESTOS

Para quien venga de un país fuera de la Unión Europea, estará exento de IVA en algunos artículos que exporte del país (el IVA es un impuesto del 17,5 % del valor de los artículos, a excepción de alimentos, ropa de niño y libros). Esto puede suponer un ahorro importante, pero hay un mínimo de compra, que varía según el establecimiento. La mayoría de grandes comercios tienen información sobre la política de venta sin impuestos y pueden ayudar con sus reclamaciones.

PAGO

La mayoría de las tiendas aceptan las principales tarjetas de crédito, aunque hay algunas excepciones. Pueden aceptarse los cheques de viajero, pero tendrá que mostrar su pasaporte. Los cheques deben ser de una cuenta bancaria británica. Los mercados callejeros no suelen aceptar tarjetas de crédito ni cheques.

VENDEDORES AMBULANTES

Con la excepción de los vendedores en los mercados, que pagan por el mantenimiento de sus puestos en los mercados establecidos, es mejor alejarse de los vendedores ambulantes de Londres: puede que los productos que venden no sean lo que afirman.

MERCADOS

Londres tiene mercados de todos los tamaños y formas, desde los más elegantes a los más básicos. Para disfrutar de un buen ambiente, la charla de los comerciantes y los grandes montones de artículos que van desde chaquetas de cuero a discos de segunda mano, lo mejor es visitar Petticoat Lane (▷ 183), cerca de Liverpool Street o Brick Lane (▷ 182), ambas en el East End, cerca de las estaciones de metro de Liverpool Street o Aldgate East; cerca de la estación de Camden Town, en Candem Lock, los estudiantes y los cazadores de antigüedades acuden a los puestos de accesorios y ropas de moda (todos los días, 10-18) y el mercado de Berwick Street (▷ 182) vende alimentos y productos variados para el hogar.

Hay puestos de flores en muchas esquinas de Londres

ZONAS COMERCIALES

Las páginas 171-175 subrayan cinco zonas muy diferentes (rodeadas en verde en el mapa del interior de la cubierta) en el centro de Londres que son muy atractivas para medio día (o un día completo) de compras.

Kensington

CÓMO LLEGAR

High Street Kensington

9, 10, 27, 28, 49

Este es un estupendo destino para disfrutar de las tiendas británicas típicas (véase la guía de centros comerciales, ▷ 184-185) y resultará atractivo para compradores de todas las edades. No obstante, hay una gran variedad de tiendas específicas que descubrir, muchas de las cuales pueden encontrarse siguiendo la ruta que aparece a continuación.

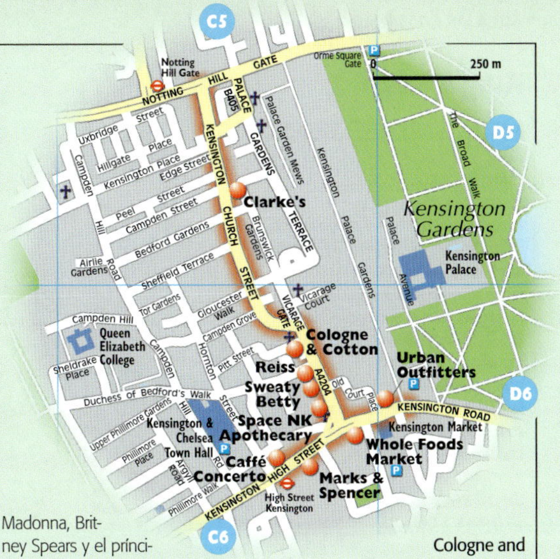

KENSINGTON HIGH STREET

Desde la estación de metro, se gira a la derecha y se pasa por Marks & Spencer hacia Whole Foods Market (n.º 63), uno de los mayores minoristas del mundo de alimentos naturales y orgánicos, que se esfuerza por ofrecer productos de máxima calidad, menos procesado y más sabor. Este supermercado de calidad superior, situado en el renovado edificio Barkers, de estilo *art déco,* resulta notable y está lleno a rebosar, entre otras muchas cosas, de deliciosos y tentadores alimentos.

Hermosas ropas de cama y artículos de perfumería en Cologne and Cotton

Más hacia el este, al otro lado de la calle, se encuentra Urban Outfitters (n.os 36-38), visita obligada para los jóvenes a la moda. Alberga en un amplio espacio una selección de prendas en constante cambio (para ambos sexos) y accesorios domésticos, además de música independiente y disco. Después de su aparición en los campus universitarios estadounidenses, pretende abrir los mercados minoristas a nuevas marcas y en la actualidad ofrece ropa de Maharishi, Frost French y una buena selección de ropa antigua. Madonna, Britney Spears y el príncipe Harry han pasado por aquí buscando un cambio de aspecto.

Al volver a High Street por la derecha y tomar la primera calle importante, se encuentra Kensington Church Street, que serpentea hacia el norte hasta Notting Hill y cuenta con varias pequeñas tiendas independientes que bien merecen una visita.

KENSINGTON CHURCH STREET

En primer lugar, Space.NK.Apothecary (n.º 3), repleta de una tentadora selección de productos de belleza e higiene de pequeños fabricantes independientes, además de su propia marca. Cuenta con quince tiendas en Londres, de las cuales esta es la mayor, aunque conserva un ambiente calmado y relajado. Las marcas de moda, recomendadas con frecuencia en las revistas femeninas, incluyen Eve Lom, Laura Mercier y Era (base de maquillaje para rociar).

Siguiendo por el mismo lado de la calle, se llega a Sweaty Betty (n.º 13), la primera tienda de una nueva cadena de ropa deportiva femenina que ofrece prendas lujosas y ligeras diseñadas para mimar y realzar la belleza de las mujeres deportivas, bien en el gimnasio, en clase de kárate, en las pistas de esquí o relajándose en su hogar.

Merece la pena pasar por Reiss (n.º 19-21) para ver una amplia variedad de ropa de calidad para hombre y mujer que imita los diseños de las pasarelas de moda a precios asequibles, con prendas que van desde lo elegante, formal y relajado, prendas deportivas, zapatos, bolsos y cinturones.

Cologne and Cotton (n.º 39), en el mismo lado de la calle, ofrece una gama de ropa de cama y velas, jabones, productos de belleza y perfumería tradicionales.

Más allá se pueden encontrar tiendas de antigüedades interesantes, algunas abiertas solo previa cita, librerías de viejo y galerías de arte.

Kensington Church Street es un buen lugar donde buscar antigüedades

DÓNDE COMER

CAFFE CONCERTO

98a Kensington High Street W8 4SG
Tel.: 020 7376 0661
www.caffeconcerto.co.uk (inglés)
Ideal para una taza de café rápida.
Lu-mi: 07-20, ju-vi: 07-21, sá: 07:30-21, do: 08-20

CLARKE'S

122 y 124 Kensington Church Street W8 4BH
Tel.: 020 7221 9225 (restaurante), 020 7229 2190 (tienda)
www.sallyclarke.com (inglés)
Un restaurante de máxima calidad con excelente tienda de alimentos al lado.
Restaurante: ma-vi: 12:30-14, 21-22, sá: 11-14, 19-22, lu: 12:30-14

King's Road

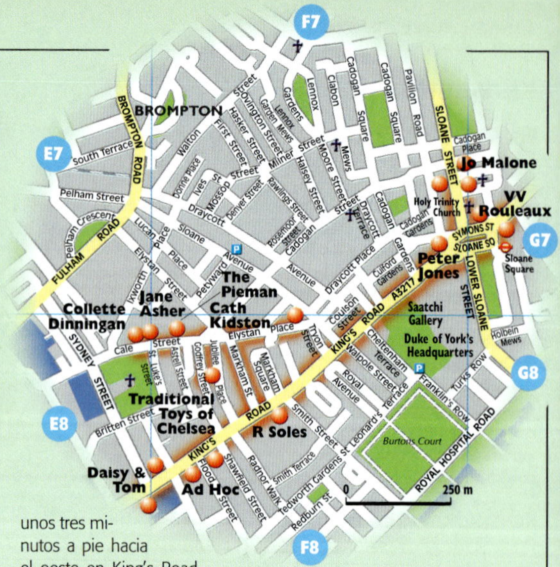

CÓMO LLEGAR

Sloane Square

11, 19, 22, 211, C1

King's Road, en Chelsea, ha sido desde la década de 1960 sinónimo de modas estrambóticas y ha atraído a nuevas generaciones a sus tiendas de estilos punk y nuevo romántico. Continúa habiendo tiendas de vanguardia entre las principales, aunque las marcas más caras pueden encontrarse en la cercana Sloane Street.

EN TORNO A SLOANE SQUARE

Se gira a la derecha desde la estación de metro y de nuevo a la derecha después de Oriel (un café-restaurante de estilo francés), el pequeño desfile de tiendas merece la pena. **V V Rouleaux** (n.º 54), la más interesante, ofrece una fantástica selección de cintas, flores de seda, elaborados adornos y otros interesantes artículos de mercería. Un baúl de los disfraces para los seguidores de la moda que a menudo recomienda la edición inglesa de *Vogue*.

Un elegante embalaje para los lujosos productos de belleza Jo Malone

Desde aquí, se gira a la izquierda a Sloane Square y continuar a la derecha para entrar en Sloane Street; en un minuto se llega a la tienda principal de **Jo Malone** (n.º 186). De vuelta en Sloane Square, **Peter Jones** (n.º 178), una de las tiendas principales de la cadena John Lewis, se encuentra al final de King's Road.

KING'S ROAD

Los entusiastas de las botas vaqueras deberían encaminarse a una tienda unos tres minutos a pie hacia el oeste en King's Road, **R Soles** (n.º 109a), que lleva vendiendo botas de vaquero en diferentes tonos, tamaños y aspectos desde 1974. La tienda, que recibe elogios de la prensa de moda siempre que vuelve a ponerse de moda el estilo vaquero, tiene un ambiente irreverente y original.

En la misma dirección se llega a Markham Street, a la derecha y, siguiendo hasta Chelsea Green, hay varias buenas tiendas más: encontrará novedosos pasteles de fiesta en la pastelería **Jane Asher; Traditional Toys of Chelsea** (n.º 177) vende hermosos juguetes de madera para niños y se pueden encontrar románticos vestidos en **Collette Dinnigan** (n.º 26 Cale Street). **Cath Kidston** (n.º 181) vende telas, papel pintado y accesorios de los años 50, con decoración floral en distintos tonos de rosa, amarillo y verde.

De vuelta en King's Road se encuentra **Ad Hoc** (n.º 153), cuyos sombreros, joyas, pelucas, ropa interior variada y otras prendas muy poco convencionales se cuentan entre los favoritos de los adolescentes.

Para los miembros más jóvenes de la familia, **Daisy & Tom** (n.º 177), a escasa distancia en King's Road, después del ayuntamiento de Chelsea, vende juguetes, ropa y muebles de marca para niños.

Más allá hay gran número de tiendas estupendas, como **Designers Guild** (n.º 267) que vende telas, papel pintado e interiores; **Osborne & Little** (n.º 304) con telas y más papel pintado; **Mimi** (n.º 309), una boutique de diseño; **Brora** y **Rococo** (▷ 179 y 180).

Menos de un kilómetro después (puede tomarse el autobús n.º 22 para ahorrar tiempo) se encuentra una cadena de tiendas que ofrecen antigüedades, iluminación, artículos de ferretería y muebles de dormitorio. Desde aquí hay apenas diez minutos a pie hasta **Chelsea Harbour Design Centre** (▷ 181).

Cintas a tutiplén en V V Rouleaux y mucho más

DÓNDE COMER

THE PIEMAN

16 Cale Street SW3 3QU

Tel.: 020 7225 0587

Deliciosos bocadillos en el área de Chelsea Green, tras King's Road.

Lu-vi: 09-18, sá: 09-15

THE CHELSEA BUN

9a Lamont Road SW10 0HP

Tel.: 020 7352 3635

Aperitivos para el día y sabrosas cenas inglesas e italianas hacia el extremo occidental de King's Road, en una calle paralela que sale de Limerston Street.

Lu-sá: 07-11, do: 09-19

Knightsbridge

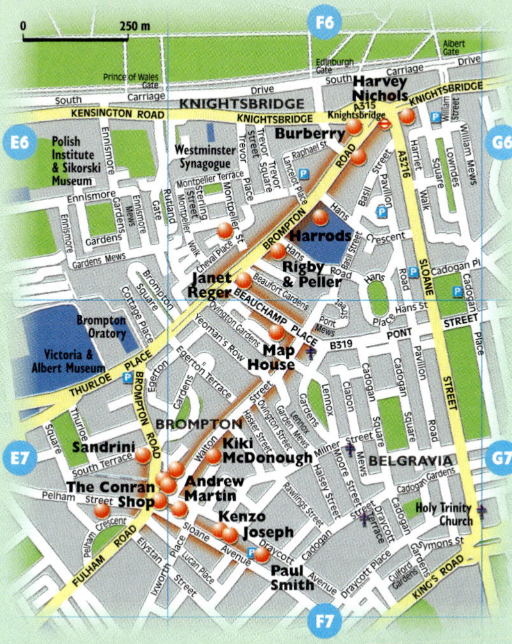

CÓMO LLEGAR

Knightsbridge

9, 10, 14, 74, C1

El barrio más elegante y caro de la ciudad, con tiendas y precios a juego. Si tiene dinero que gastar y necesita subir un poco el ánimo yendo de compras, Knightsbridge es lo suyo.

BROMPTON ROAD

Al salir de la estación de metro está **Harvey Nichols** (▷ 178), el centro comercial más de moda del momento en Londres, aunque Selfridges's (▷ 179) se le está acercando. Contemplar la selección de Jimmy Choo en el interior. A estos precios, puede que haya que limitarse a probarlos, pero son los zapatos con más *glamour* del mundo.

Al salir de Harvey Nichols, se vuelve hacia la estación de metro y se sigue por Brompton Road: en frente está una gran tienda, **Burberry** (n.º 2), conocida por sus cuadros de colores tostado y gris en bufandas, bolsos y gabardinas. Se continúa hacia **Harrods**, el más famoso centro comercial de Londres, donde se citan turistas y compradores.

La tienda Harvey Nichols en Brompton Road

Se sale de Harrods por Hans Road y se ve **Rigby & Peller** (n.º 182) al cruzar la calle.

Se vuelve a Brompton Road y se gira a la izquierda para llegar a Beauchamp Place (pronunciado «biiicham») a la izquierda; a la derecha se encuentra **Map House** (n.º 54), con valiosos mapas y grabados de hace varios siglos. En la parte superior del lugar, girar a la derecha hacia Walton Street.

WALTON STREET Y DRAYCOTT AVENUE

A ambos lados de Walton Street hay tiendas que venden una buena selección de joyas: pruebe **Kiki McDonough** (n.º 77c) para piezas contemporáneas elaboradas con grandes piedras semipreciosas. **Andrew Martin** (n.º 200) es irresistible por sus muebles discretos.

En el extremo sur de la calle, girar a la izquierda por Draycott Avenue.

SLOANE AVENUE Y ADYACENTES

Ir hacia la avenida Draycott y girar a la izquierda pasando por **Joseph** (n.º 77 Fulham Road) y **Kenzo** (n.º 70 Sloane Avenue), ambas de selecta ropa femenina. Si tienes tiempo, prueba los pantalones de Kenzo, famosos por resaltar la figura femenina. A la derecha se encuentra el imponente edificio Michelin, de estilo *art déco,* que alberga **The Conran Shop** (n.º 81 Fulham Road) (▷ 181), un emporio lleno de artículos del hogar rebosantes de estilo para los aficionados a los interiores modernos. A la derecha hay tiendas de ropa de caballero, como **Paul Smith** (n.os 84-86 Sloane Avenue) y la colección para hombre de **Joseph** (n.º 74).

La extrema elegancia de Jimmy Choo a un precio acorde

DÓNDE COMER

HARVEY NICHOLS

Restaurantes y cafés en la cuarta y la quinta plantas, y un bar de sushi con cinta transportadora en la quinta planta (▷ 257).

SANDRINI

260 Brompton Road SW3 2AS

Tel.: 020 7584 1724

Una auténtica *trattoria* italiana con camareros amables y una calurosa acogida para los niños.

Todos los días 12-15, 07-12:30

Oxford Street, Bond Street y Regent Street

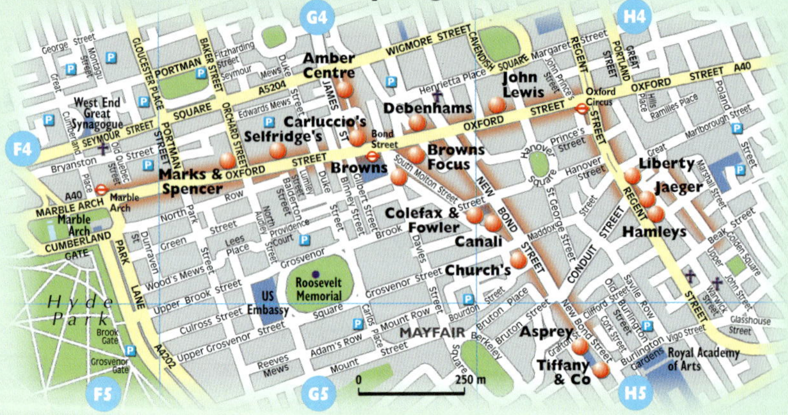

CÓMO LLEGAR

Marble Arch

10, 12, 74, 159, 274

Las masas están en Oxford Street; Bond Street tiene precios más elevados y menos gente.

Productos de belleza en el departamento The Lab de Selfridge's

OXFORD STREET

Desde Marble Arch girar hacia el este por Oxford Street e ir a la tienda emblemática de ropa británica, **Marks & Spencer** (n.º 458), abierta desde 1930, que contiene todas las líneas de ropa de M&S, además de una popular selección de alimentos en el sótano. Cruzando Orchard Street se encuentra **Selfridge's** (▷ 179).

Como contraste a estos gigantes, ir a St. Christopher's Place, una estrecha callejuela de la izquierda, echar un vistazo en el **Amber Centre** (centro de ámbar) (n.º 24) si se buscan joyas poco usuales o sumergirse en un mundo de colores brillantes y sorprendentes decorados abstractos en **Marimekko**.

Volver a Oxford Street para visitar otro centro comercial de calidad, **Debenhams** (n.os 334-348), con ropa, joyas y bolsos a precios moderados.

SOUTH MOLTON STREET

Cruzar Oxford Street y bajar por South Molton. **Browns Focus** (n.os 38-39) vende nuevas marcas caras a los veinteañeros y muestra alguna ropa sorprendentemente bonita en **Browns** (▷ 179); al final de la calle se encuentra **Colefax & Fowler** (n.º 39, Brook Street), con antigüedades, papel de pintar y telas de diseño a la venta.

BOND STREET

Bond Street, dividida en una parte nueva y otra antigua, cruza Brook Street en el semáforo. Además de fabulosa ropa de marca, la calle es famosa por la gran calidad de su ropa para caballero; para zapatos, pruebe **Canali** (n.º 122) o **Church's** (n.º 133).

También es famosa por sus galerías de arte y joyas: aquí se encuentran el joyero real, **Asprey** (n.º 169) y **Tiffany & Co** (n.º 25). Vuelva a New Bond Street, hacia Oxford Street, y gire a la derecha.

REGENT STREET

Desde Oxford Circus ir al sur por Regent Street hacia la fachada con madera de **Liberty** (▷ 178), donde **Jaeger** (n.os 200-206), a la izquierda, ofrece trajes clásicos para hombre y mujer a precios medios. A su lado, algunas callejuelas estrechas llevan a Carnaby Street, que fue una vez un nido bullicioso de moda. Aunque ya ha perdido ese aspecto, sigue mereciendo una visita. De vuelta a Regent Street, la tienda de juguetes **Hamleys** (▷ 177) se encuentra solo unas puertas más abajo. Es probable que esta tienda mágica sea la juguetería más famosa del mundo, con 5 millones de visitantes al año.

Bond Street está bordeada por joyerías y tiendas de ropa cara

DÓNDE COMER

CARLUCCIO'S

St. Christopher's Place W1U 1AY
Tel.: 020 7935 5927
www.carluccios.com (inglés)

Restaurante italiano elegante pero económico.

Lu-vi: 8-23, sá: 9-23, do: 10-22:30

CAFÉ LIBERTY

Desayunos, almuerzos y té en un hermoso entorno artesanal.

Lu-sá: 10-19, ju: 10-20, do: 12-18

Covent Garden

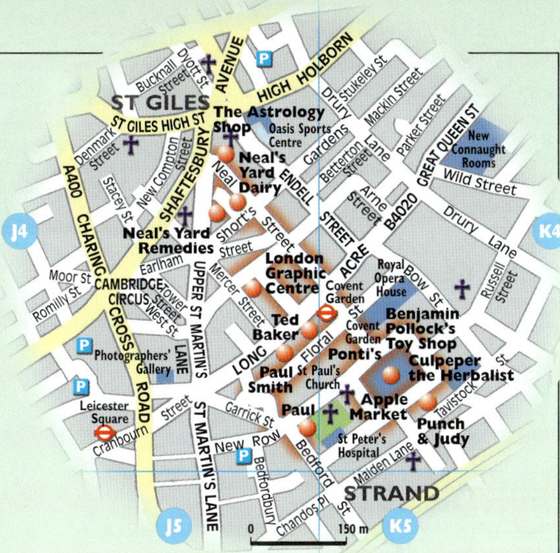

CÓMO LLEGAR

Covent Garden

9, 11, 13, 15, RV1

Covent Garden es una zona de compras compacta que puede recorrerse en una mañana. No venga si busca grandes centros comerciales: The Piazza, su centro principal, está llena de minúsculas tiendas especializadas, además de artistas callejeros de todo tipo.

Al salir de la estación de metro, girar a la derecha y caminar hasta la Piazza y su centro. Bajo el techo victoriano hay ahora elegantes tiendas como **Culpeper the Herbalist** (▷ 186) que vende aromaterapia dulce, fitoterapia y productos culinarios. The North Hall alberga un mercado diario conocido como **Apple Market** (▷ 88), donde se venden antigüedades y coleccionables cada lunes y artesanía, joyas, ropa y accesorios el resto de la semana.

También en su interior se encuentra la juguetería **Benjamin Pollock's Toy Shop**, donde se venden juguetes antiguos, incluyendo teatrillos (▷ 177), además de otros artículos populares, como el Arca de Noé, marionetas, mariquitas y cajas de música.

El azul característico de los artículos de tocador de Neal's Yard

NEAL STREET

Desde el mercado, volver a pie hacia la estación de metro, cruzar por Long Acre para atreverse a entrar en Neal Street, cuya mezcla de tiendas de ropa de moda y tiendas de música encantará a los jóvenes. Si se cree que el futuro está en las estrellas, probar **The Astrology Shop** (n.º 78), donde se puede obtener el horóscopo personalizado en cinco minutos.

De vuelta hacia la estación, buscar señales de Neal's Yard, un diminuto patio en el lado oeste de Neal Street donde se esconde un grupo de pequeños cafés que venden zumo de fruta y comida internacional. También hay una tienda estupenda repleta de tintes herbales, lociones, cosméticos y productos de baño con olores deliciosos, **Neal's Yard Remedies** (n.º 15 Neal's Yard).

SHELTON STREET Y BEDFORD STREET

Desde Neal's Yard girar a la izquierda y luego a la derecha en Shelton Street. Por allí está el **London Graphic Centre** (▷ 186), con una amplia gama de materiales para artistas: papel, lienzos, pinceles, pinturas, lápices, caballetes, etcétera.

Volver por Shelton Street y entre en Langley Court para visitar la enorme tienda **Ted Baker** (n.os 1-4 Langley Court), con moda para hombre y mujer; girar a la izquierda en Floral Street y visitar la colección de ropa del diseñador inglés **Paul Smith** (n.os 40-44) para caballero y señora.

Girar a la izquierda a Bedford Street e ir hacia el sur un minuto, a la búsqueda de **Paul** (n.º 29 Bedford Street), una confitería francesa a la antigua que ofrece deliciosos panes y pasteles y que también cuenta con un pequeño restaurante en la parte de atrás, un lugar ideal para pararse a reflexionar sobre sus compras que se han realizado.

Elegantes diseños de Ted Baker para jóvenes expuestos en su tienda de Langley Court

DÓNDE COMER

PONTI'S

4-5 The Piazza, Covent Garden
WC2E 8RA
Tel.: 020 7836 0272

Un sencillo café con aperitivos, bebidas y bocadillos.

Todos los días 08-23:30

PUNCH & JUDY

40 The Market WC2E 8RF
Tel.: 020 7379 0923

Pruebe una pinta de cerveza y pescado con patatas fritas en este pub en el centro del mercado.

Lu-sá: 10-23, do: 12-22:30

Guía de compras

Ofrecemos a continuación una selección de las mejores tiendas especializadas de la capital, aunque solo se trata de la punta del iceberg.

▷ 166–169 mapas de comercios.
▷ 184–185 cuadro de cadenas comerciales.
▷ 296 tallas de ropa.

ARTESANÍA Y ANTIGÜEDADES

ALFIE'S ANTIQUE MARKET

Mapa 166 3E
13–25 Church Street, Marylebone, NW8 8DT Tel.: 020 7723 6066
www.alfiesantiques.com
El mercado de antigüedades más grande de Londres, Alfie's, alberga a 100 marchantes especializados en art decó, plata, mobiliario, cuadros y grabados, joyería, cerámica, moda antigua y otros. El visitante compite con los marchantes y puede llegar a reconocer algunos rostros famosos.
Ma–sa: 10–18
Marylebone, Edgware Road
6, 13, 16, 82, 98, 139, 189, 274

GRAYS ANTIQUE MARKET

Mapa 167 G4
58 Davies Street W1K 5AB
Tel.: 020 7629 7034
www.graysantiques.com
Laberinto de callejones ocultos en un atractivo edificio del siglo XIX. Unos 200 marchantes especializados en distintos objetos que van desde el año 40 a. de C. hasta el siglo XX. Con los ojos bien abiertos se pueden encontrar auténticas gangas.
Lu–vi: 10–18 Bond Street 6, 7, 8, 10, 12, 13, 15, 88, 98, 134, 137, 159

GUINEVERE

Mapa 167 E8
574–580 King's Road SW6 2DY
Tel.: 020 7736 2917
www.guinevere.co.uk
Emporio original de antigüedades, probablemente el mejor, en este tramo de King's Road ahora famoso. Las 10 habitaciones ofrecen una impresionante y ecléctica selección de excelentes antigüedades de diferentes precios, épocas y orígenes.
Lu–vi: 9.30–18; sa: 10–17:30
Fulham Broadway 11, 14, 22

PANTER & HALL

Mapa 167 G5
9 Shepherd Market W1J 7PF
Tel.: 020 7399 9999
www.panterandhall.com
Tiffany y Matthew abrieron esta pequeña galería especializada en arte contemporáneo escocés, notable por la frescura, los colores claros y el trabajo tradicional, estableciendo un contraste relajado e informal con algunas de las galerías más serias de las cercanas calles de Mayfair.
Lu–vi: 10–18; sa: cita previa
Green Park 8, 9, 14, 19, 22

Sotheby's es una de las casas de subastas más prestigiosas del mundo

WILL'S ART WAREHOUSE

Mapa 166 off E8
Saddlers House, 80 Lower Richmond Road, Putney Common SW15 1LY
02082 464840
www.wills-art.com
Arte informal y accesible en su propio ambiente. Arte realizado por artistas contemporáneos cuyo precio oscila entre las 50 £ y las 3.000 £. Cambio de exposición cada cuatro u ocho semanas.
Diario: 10:30–18 (más tarde cita previa) Parsons Green 14, 22, 28

CASAS DE SUBASTAS

BONHAM'S

Mapa 167 F6
Montpelier Street SW7 1HH
Tel.: 020 7393 3900
www.bonhams.com
Esta casa de subastas internacional, desde 1793 ofrece una gran variedad de lotes interesantes, entre los que se llegan a incluir pertenencias de jugadores de fútbol o críquet. Arte británico y continental, joyas, mobiliario, alfombras y objetos de plata o revestidos con ella son algunos de los lotes de interés.
Knightsbridge 9, 10, 14, 74, C1

CHRISTIE'S

Mapa 166 E7
85 Old Brompton Road SW7 3LD
Tel.: 020 7930 6074
www.christies.com
James Christie realizó su primera venta en 1766, y ha llegado a ser la casa de subastas más importante de su época. Christie's es famosa en todo el mundo llegando a subastar obras tan importantes como el *Retrato de una dama* de Rembrandt, que se vendió en el 2000 por más de 19 millones de libras. La mayoría de las subastas son de acceso público y libre; hay que comprar entradas para aquellas que lo requieren.
South Kensington
14, 70, 74, 414, C1

SOTHEBY'S

Mapa 167 H4
34–35 New Bond Street W1A 2AA
Tel.: 020 7293 5000
www.sothebys.com
Desde sus comienzos en 1744, cuando Samuel Baker vendió unos 100 libros raros, Sotheby's ha estado ligado a la joyería y las artes decorativas, tratando todo tipo de obras, desde las de los grandes maestros y los impresionistas hasta el arte contemporáneo.
Bond Street 8, 10, 14, 19

LIBROS

BLACKWELL'S

Mapa 168 J4
100 Charing Cross Road WC2H 0JG
Tel.: 020 7292 5100
www.blackwell.co.uk

Ubicado en la esquina del paraíso de los amantes de los libros, Charing Cross Road, Blackwell's forma parte de una cadena con sede en Oxford dedicada a libros científicos y a obras de ficción y de interés general. Este punto es especialmente importante para las obras de historia, filosofía, ficción, medicina e informática.
Lu–sa: 9:30–20; do: 12–18
Leicester Square 14, 19 24, 29, 176

BOOKS FOR COOKS
Mapa 166 off C4
4 Blenheim Crescent W11 1NN
Tel.: 020 7221 1992
www.booksforcooks.com
Se puede probar una receta distinta cada día gracias a esta tienda de gran popularidad para los amantes de la cocina. Una fabulosa librería especializada en cocina que alberga toda una gama de presentaciones y cursos breves impartidos por el propietario, Eric Treuillé, y otros escritores y cocineros.
Ma–sa: 10–18 Ladbroke Grove
7, 23, 52, 70

FOYLES
Mapa 168 J4
113–119 Charing Cross Road WC2H 0EB
Tel.: 020 7437 5660
www.foyles.co.uk
Esta inmensa librería cuenta con un número ingente de títulos: llega a 1,4 millones; y permite hallar aquí ese libro que no se encuentra más fácilmente que en ninguna otra librería. Cuenta con un calendario activo de salones literarios, una gran sección de música, un elegante jazz café y una sección de libros escritos por, para y sobre mujeres.
Lu–sa: 9:30–21; do: 12–18
Tottenham Court Road
14, 19, 24, 29, 176

HATCHARDS
Mapa 168 H5
187 Piccadilly W1J 9LE
Tel.: 020 7439 9921
www.hatchards.co.uk
John Hatchard inauguró esta librería en 1797 y en 1801 se trasladó al emplazamiento que ocupa actualmente. Aquí se puede encontrar cualquier libro impreso en el Reino Unido. Está organizado en las siguientes categorías: arte y arquitectura, alimentación y bebida, ejército, artes escénicas, ciencia, filosofía y deportes.
Lu–sa: 9:30–19; do: 12–18
Piccadilly Circus 9, 14, 19, 22

WATERSTONE'S
Mapa 168 H5
203–206 Piccadilly W1V 1LE
Tel.: 020 7851 2400
www.waterstones.co.uk
Esta filial, que constituye el buque insignia de la cadena de librerías más importante (▷ 184–185), es la tienda de libros más grande de Europa, especializada por plantas que se centran en obras de ficción, científicas, infantiles y otras materias. En la quinta planta hay una cafetería.
Lu–sa: 9–22; do: 12–18
Piccadilly Circus 9, 14, 19, 22

Libros de cocina que atraen a los amantes de la comida

NIÑOS

BENJAMIN POLLOCK'S TOY SHOP
Mapa 168 K4
44 The Market, Covent Garden WC2E 8RF
Tel.: 020 7379 7866
www.pollocks-coventgarden.co.uk
Benjamin Pollock empezó a vender obras de teatro infantiles –por un penique en blanco y negro; por dos coloreadas– en el siglo XIX, y esta extraordinaria tienda conserva la tradición de vender maravillosos títeres y artículos hechos a mano, como las marionetas Punch y Judy, muñecas, miniaturas, recortables y todo tipo de juguetes poco frecuentes.
Lu–sa: 10:30–18; do: 11–16
Covent Garden 6, 9, 13, 23, RV1

DAISY & TOM
Mapa 167 E8
181 King's Road SW3 5EB
Tel.: 020 7352 5000
www.daisyandtom.com
Elegante tienda dirigida a los más pequeños de Chelsea, que ofrece libros para niños, juguetes, mobiliario infantil, y en el piso de arriba, bonita ropa de diseño. Merece la pena visitarlo para ver la función de marionetas *(Pedro y el lobo)* que se representa varias veces al día. La peluquería está especializada en cortes de pelo rápidos y ponen vídeos para que el niño esté distraído.
Lu–sa: 9:30–18 (mi: hasta las 19; sa: hasta las 18:30) Sloane Square
11, 19, 22, C1

HAMLEYS
Mapa 167 H4
188–196 Regent Street W1B 5BT
Tel.: 0870 333 2450
www.hamleys.co.uk
La «mejor juguetería del mundo» que entretiene a personas de todas las edades. Cinco grandes plantas llenas de los juguetes más recientes –peluches, disfraces, juegos de ordenador, trenes, cometas y muchos otros. Personal especializado presenta los últimos artilugios.
Lu–vi: 10–20; sa: 9–20; do: 12–18
Oxford Circus 8, 10, 12, 13

TRADITIONAL TOYS OF CHELSEA
Mapa 167 F8
53 Godfrey Street SW3 3SX
Tel.: 020 7352 1718
Tal y como su propio nombre indica, éste es el mejor lugar para buscar los juguetes de madera tradicionales. También tienen peluches, disfraces para niños, muñecas de los cuentos de hadas y marionetas. ¡Y ningún juego de ordenador!
Lu–sa: 10–18 South Kensington, Sloane Square 11, 19, 22, 211

YOUNG ENGLAND
Mapa 167 G7
47 Elizabeth Street SW1W 9PP
Tel.: 020 7259 9003
www.youngengland.com
Ropa tradicional y clásica para los niños elegantes del país, entre la que se cuentan pichis, faldas escocesas, peleles y abrigos de paño estilo inglés.
Lu–vi: 10–17:30; sa: 10–15 Sloane Square, Victoria 11, 19, 22, 211, C1

GRANDES ALMACENES

FENWICK
Mapa 167 H4
63 New Bond Street W1A 3BS
Tel.: 020 7629 9161
www.fenwick.co.uk
Cómodo establecimiento con cinco plantas donde se encuentra moda y accesorios, lencería y artículos para el hogar.
Lu–sa: 10–18:30; ju: 10–18; Bond Street 8, 10, 14, 19

HARRODS
Mapa 167 F6
87–135 Brompton Road SW1X 7XL
Tel.: 020 7730 1234
www.harrods.com
Mucho más que unos grandes almacenes, Harrods constituye un reino en miniatura. El inmenso edificio de terracota ocupa 6 Ha, muy distinto de sus orígenes como pequeña tienda de ultramarinos en 1849. Su lema en latín es *omnia, omnibus, ubique:* «todo, para todos, en todas partes». En la entrada se puede solicitar una guía del establecimiento, en la que aparece información de las exposiciones y pruebas que se ofrecen.

Para algunos, lo más destacado es la sección de alimentación de la primera planta por su gran variedad de alimentos, y por la decoración de los techos, obra de W. J. Neatley (1902).

Son espléndidas las baldosas decoradas al estilo art decó de los salones de peluquería de caballeros, así como de los aseos de señoras. La trabajada escalera mecánica central se inspira en el arte del Antiguo Egipto.
Lu–sa: 10–20; do: 12–18
Knightsbridge 9, 10 14, 74, C1

HARVEY NICHOLS
Mapa 167 F6
67 Brompton Road SW1X 7RJ
Tel.: 020 7235 5000 (información grabada)
www.harveynichols.com
Elegantes grandes almacenes con escaparates maravillosos y un bonito bar ultramoderno en el que se venden ¡hasta diez minutos de aire fresco! Seis plantas de ropa, artículos para el hogar y una sección de alimentación en la quinta planta. Cafetería, restaurante (▷ 257) y bar especializado en sushi, todos ellos con mucho estilo.
Lu–sa: 10–20; do: 12–18
Knightsbridge 9, 10 14, 74, C1

Liberty es famosa por su amplia gama de preciosas telas

JOHN LEWIS
Mapa 167 H4
Oxford Street W1A 1EX
Tel.: 020 7629 7711
www.johnlewis.co.uk
El mayor de los grandes almacenes de esta cadena, con diferencia, es el lugar idóneo para comprar artículos para el hogar, desde pilas y toallas hasta muebles y cocinas completas. Muy buena calidad, ordenado con un sistema claro y lógico «nunca vender nada peor intencionadamente». También se venden productos de belleza y ropa a precios más que razonables.
Lu–sa: 9:30–19; ju: 9:30–20; do: 12–18
Oxford Circus, Bond Street
8, 10, 12, 23, 73

LIBERTY
Mapa 167 H4
210–220 Regent Street W1B 5AH
Tel.: 020 7734 1234
www.liberty.co.uk
Edificio de falso estilo Tudor, completado con una escalera de chirriante madera y techos inclinados, construido en realidad en la década de 1920. El interior contiene un surtido ecléctico de artículos que van desde adornos y alfombras que parecen haber sido reunidas en los viajes realizados por algún explorador, hasta ropa de diseño. La sección de caballeros ofrece una buena muestra de camisas y corbatas de todos los colores imaginables.
Lu–mi, vi: 10–20 (ju hasta las 21; sa: hasta las 19); do: 12–18
Oxford Circus, Piccadilly Circus
8, 10, 12, 13, 23

MARKS & SPENCER
Mapa 167 G4
458 Oxford Street W1C 1AP
Tel.: 020 7437 7722
www.marksandspencer.com
El buque insignia de una venerable institución británica famosa por su buena calidad, con ropa de precio razonable para hombres y mujeres, artículos para el hogar y comida precocinada de calidad superior. La auténtica moda femenina está en las colecciones de Per Una y Limited.
Lu–mi: vi–sa: 9–18; ju: 9–21; do: 12–18 Marble Arch
6, 7, 10, 12, 13, 15, 23, 73, 94, 98, 113, 137, 139, 159

PETER JONES
Mapa 167 F7
Sloane Square SW1W 8EL
Tel.: 020 7730 3434
www.peterjones.co.uk
Aunque la filial de Oxford Street es la más grande de John Lewis (izq.), PJ (tal y como se la conoce popularmente) es un miembro más íntimo de la cadena. Sigue siendo una de las mejores tiendas de Londres de artículos para el hogar y ropa de precio medio.
Lu–sa: 9:30–19 (mi: hasta las 20); do: 11–17
Sloane Square
11, 19, 22, 211, C1

SELFRIDGE'S
Mapa 167 G4
400 Oxford Street W1A 1AB
Tel.: 0800 123400
www.selfridges.com
Una fachada victoriana oculta estos populares grandes almacenes, actualmente emporio moderno de ropa y accesorios de diseño, y una gran sección de belleza. Cuenta con un apartado de alimentación con productos variados de todo el mundo.
Lu–sa: 9:30–20 (ju: hasta las 21); do: 12–18 Marble Arch, Bond Street 6, 7, 10, 12, 13, 15, 23, 73, 94, 98, 113, 137, 139, 159

MODA

ABERCROMBIE & FITCH
Mapa 167 H4
7 Burlington Gardens W1S 3ES
Tel.: 020 7297 9400
www.uk.abercrombie.com
Los enamorados de Abercrombie han esperado mucho tiempo hasta que la primera empresa de uno de los gigantes de la moda estadounidense ha abierto sus puertas en Londres. La música disco es continua y el ambiente atronador, mientras «*sexys* modelos de grandes almacenes» exhiben los pijos diseños de Estado Unidos.
Lu–sa: 10–19; do: 12–18 Piccadilly Circus, Oxford Circus 12, 13, 15, 23, 139

ANDERSON & SHEPPARD
Mapa 167 H4
30 Savile Row W1S 3PT
Tel.: 020 7734 1420
Establecido en 1906, Anderson's es un local muy tradicional, con mostradores de madera y cintas métricas. Sastres expertos confeccionan a medida trajes ingleses de caballero enormemente clásicos con un precio que se acerca a las 2.000 £ cada uno. También se venden chaquetas y abrigos.
Lu–vi: 8:30–17 Piccadilly Circus, Oxford Circus 12, 13, 15, 23, 139

GIORGIO ARMANI
Mapa 167 F6
37–42 Sloane Street SW1X 9LP
Tel.: 020 7235 6232
www.giorgioarmani.com
Moda comparativamente subestimada. Esta tienda es una de las muchas que exhiben las creaciones de los grandes nombres de la moda italiana como Alberta Ferretti en el número 205 y Prada en el 43.
Lu–sa: 10–18; mi: 10–19
Knightsbridge 19, 22, 137, C1

BRORA
Mapa 167 E8
344 King's Road SW3 5UR
Tel.: 020 7352 3697
www.brora.co.uk
El paraíso del cachemir. Bonitos, suaves y clásicos para hombre, mujer y niños de tonos chocantes en algunas ocasiones, así como mantas, bolsos de *tweed* y pantuflas. No es barata, pero ofrece una gran calidad.

Turnbull & Asser está en el centro del exclusivo barrio de St. James's

Lu–sa: 10–18; do: 12–19
South Kensington, Sloane Square
11, 19, 22, 211, 328

BROWNS
Mapa167 G4
23–27 South Molton Street W1K 5RD
Tel.: 020 7514 0000
www.brownsfashion.com
La última y la más *funcky* moda de mujer, hace que esta elegante *boutique* parezca seria, además de no ser barata, pero aquí la gente sabe lo que se lleva. Véase Browns Focus (n.º 38) cruzando la calle para líneas más juveniles y Browns Labels for Less (n.º 50) a lo largo de la calle para los artículo en venta. Pequeña selección de moda de caballero.
Lu–sa: 10–18:30; ju: 10–19
Bond Street 8, 10, 12, 73, 139

JIMMY CHOO
Mapa167 F6
32 Sloane Street SW1X 9NR
Tel.: 020 7823 1051
www.jimmychoo.com
El mejor lugar del hemisferio norte para encontrar elegantes zapatos de tacón alto. Este establecimiento está en Knightsbridge, lugar de recreo de la gente rica y guapa. La cartera se puede estirar con estos artículos fabulosos, ya que probárselos no cuesta nada y hacen que uno se sienta como una estrella de cine.
Lu–sa: 10–18; mi: 10–19; do: 13–18
Knightsbridge 19, 22, 137, C1

TURNBULL & ASSER
Mapa 168 H5
71–72 Jermyn Street SW1Y 6PF
Tel.: 020 7808 3000
www.turnbullandasser.com
El lugar idóneo para comprar camisas de caballero, tanto de confección como a medida. Está situado entre otras tiendas similares. Turnbull & Asser confecciona las camisas del príncipe Carlos y ya lo hacía para Eduardo VIII cuando era Príncipe de Gales. Inaugurado en 1885, la tienda ocupa un elegante edificio con interior de paneles de madera.
Lu–vi: 9–18; sa: 9:30–18
Green Park, Piccadilly Circus
9, 14, 19, 22, 38

COMIDA Y BEBIDA

ALGERIAN COFFEE STORES
Mapa 168 J4
52 Old Compton Street W1V 6PB
Tel.: 020 7437 2480
www.algcoffee.co.uk
Espléndida tienda del Soho desde 1887 y una de las más antiguas del país. Ofrece alrededor de 140 marcas de café y 200 tipos de té. Conserva las tablas del suelo original, así como los enseres fijos y los accesorios, y su maravilloso escaparate anticuado parece haber cambiado muy poco desde hace décadas.
Lu–mi: 9–19; ju–vi: 9–21; sa: 9–20
Leicester Square, Piccadilly Circus
10, 14, 19, 25, 38

BERRY BROS & RUDD
Mapa 168 H5
3 St. James's Street SW1A 1EG
Tel.: 020 7396 9600
www.bbr.com
Con dos «sellos de aprobación real», posiblemente sea el negocio de vinos más antiguo del mundo, creado en 1698. La casa ofrece 2.500 tipos de vino y mantiene un control perfecto de las condiciones ambientales para cada vino. La tienda de St. James's Street es un bello edificio muy antiguo, de techo abuhardillado.
Lu-vi: 10–18; sa: 10–17 Green Park, Piccadilly Circus 9, 14, 19, 22, 38

FORTNUM AND MASON
Mapa 168 H5
Piccadilly W1A 1ER
Tel.: 020 7734 8040
www.fortnumandmason.co.uk
Fundada en 1707 como tienda de ultramarinos, es un establecimiento con paredes de madera, iluminadas con arañas. La sección de alimentación de la planta baja es muy interesante. Se debe probar el aperitivo en el Fountain Restaurant o la comida británica típica en el restaurante St. James. En el exterior, cuando el reloj da las horas, salen Mr. Fortnum y Mr. Mason, y saludan.
Lu-sa: 10–18:30; do (solo el salón de comidas del piso inferior y el restaurante del patio) 12–18 Green Park, Piccadilly Circus 9, 14, 19, 22, 38

GERRY'S
Mapa 168 J4
74 Old Compton Street W1D 4UW
Tel.: 020 7734 4215
www.gerrys.uk.com
Sea cual sea la bebida preferida, es probable que se encuentre en Gerry's, y si no fuera así, la extraordinaria colección de vinos y bebidas alcohólicas seguro que atrae la atención. Este establecimiento clásico resume el espíritu del Soho. Servicio experto y amistoso.
Lu-ju: 9–18:30; vi: 9–20; sa: 9–22
Leicester Square 10, 14, 19, 25, 38

HARRODS FOOD HALL
▷ 178

MRS KIBBLE'S OLDE SWEET SHOPPE
Mapa 168 H4
57a Brewer Street W1F 9UL
Tel.: 020 7734 6633
Hay que viajar atrás en el tiempo para saborear la nostalgia de este adorable establecimiento detenido en su época en pleno Soho. Vasijas inmensas llenas de dulces del pasado que nos traen imágenes de infancia: ratones de azúcar, bombones, platillos volantes, manzanas de caramelo y muchos más. Mrs. Kibble Jr. dirige la tienda, al tiempo que brinda una bienvenida a la antigua usanza.
Lu-ju: 11–18; vi-sa: 11–19; do: 11–16
Picadilly Circus 9, 14, 19, 22, 38

Neal's Yard Dairy es el paraíso de los amantes del queso

NEAL'S YARD DAIRY
Mapa 168 J4
17 Shorts Gardens WC2H 9AT
Tel.: 020 7240 5700
www.nealsyarddairy.co.uk
La reina de las tiendas de queso en Covent Garden está especializada en los productores a pequeña escala de las Islas Británicas. Los propietarios, Randolph Hodgson y Jane Scotter, compran en directo a las granjas y venden entre 60 y 70 variedades de productos lácteos, lo que lo convierte en un lugar maravilloso en el que se contemplan grandes quesos redondos que incluso se pueden probar.
Lu-ju: 11–18:30; vi, sa: 10–18:30
Covent Garden 6, 9, 13, 23, 87

POILÂNE
Mapa 167 G7
46 Elizabeth Street SW1W 9PA
Tel.: 020 7808 4910
www.poilane.com
Avanzadilla inglesa de una auténtica panadería-pastelería parisina. Poilâne utiliza un enorme horno de leña en el que cada dos horas se pueden cocer hasta 80 barras a la vez de su delicioso pan de masa fermentada, famoso por su elevado precio. No se puede pasar de largo la extraordinaria araña en forma de pan cuyo original fue realizado por el artista Salvador Dalí.
Lu-vi: 7.30–19:30; sa: 7.30–18
Sloane Square 11, 19, 22, 211, C1

ROCOCO
Mapa 167 E8
321 King's Road SW3 5EP
Tel.: 020 7352 5857
www.rococochocolates.com
Chocolates increíbles, la mayor parte de ellos artesanos. Hay que elegir entre cientos de variedades distintas; por ejemplo, los huevos de codorniz *(pralinés)*, mazapanes, cremas de violeta y excepcionales tabletas de chocolate. Situado en una agradable manzana de tiendas, a unos 20 minutos andando desde Sloane Square.
Lu-sa: 10–18:30; do: 12–17
South Kensington, Sloane Square
11, 19, 22, 211, 319

R TWINING & CO
Mapa 168 L4
216 Strand, Covent Garden WC2R 1AP
Tel.: 020 7353 3511
www.twinings.com
Una de las firmas más antiguas de Londres, Twinings lleva unos 300 años en el negocio del té. Esta tienda –que se mantiene en su emplazamiento original– vende una amplia variedad de tés, así como infusiones de fruta y hierbas, además de teteras, tazas, tazones y galletas. En la parte posterior, un pequeño museo recorre la historia de la familia y muestra las singularidades del comercio del té en distintas partes del mundo.
Lu-vi: 9:30–16:45 Temple, Charing Cross 9, 11, 13, 15, RV1

REGALOS

HALCYON DAYS

Mapa 167 H4
14 Brook Street W1S 1BD
Tel.: 020 7629 8811
www.halcyon-days.co.uk

No hay que buscar más si se quiere comprar pequeñas cajas esmaltadas, relojes y bonitas baratijas, regalos ideales para comuniones, cumpleaños y bodas. El arte dieciochesco del esmaltado fue recuperado cuando se inauguró esta tienda en la década de 1960. Tiene todos los «sellos de aprobación real» para obras de arte.

Lu–vi: 9:30–18; sa: 10–18
Bond Street 8, 10, 14, 19

JAMES SMITH & SONS

Mapa 168 J4
53 New Oxford Street WC1A 1BL
Tel.: 020 7836 4731
www.james-smith.co.uk

Tienda muy tradicional del antiguo Londres, establecida en 1830 y dedicada a la fabricación artesana y manual de paraguas. También hay bastones-taburete, sombrillas y bastones en los que se pueden guardar los dados o un poquito de whisky.

Lu–vi: 9:30–17; sa: 10–17
Tottenham Court Road 8, 14, 98

LULU GUINNESS

Mapa 167 F7
3 Ellis Street SW1X 9AL
Tel.: 020 7823 4828
www.luluguinness.com

Inaugurada en 1996, esta elegante tienda moderna vende estrafalarios bolsos, sombreros y zapatos de la década de 1950. Lulu estudió arte en París y decidió romper los moldes del bolso, de ahí que realice bolsos en forma de cesta de flores, telas de araña o, incluso, castillos. Su creatividad le ha hecho alcanzar la fama.

Lu–vi: 10–18; sa: 11–18
Sloane Square 11, 19, 22, 211, C1

AFICIONES

THE ASTROLOGY SHOP

Mapa 168 J4 78 Neal Street WC2H 9PA
Tel.: 020 7813 3051
www.londonastrology.com

Quienes sienten curiosidad por las fuerzas cósmicas encuentran esta tienda enormemente fascinante. Se venden libros, juegos, mapas y otros productos relacionados con la astrología, y mientras se espera, pueden hacer la carta astral del cliente.

Lu–sa: 11–20; do: 12–18
Covent Garden 1, 9, 11, 13,15

PLAYIN' GAMES

Mapa 168 J3
33 Museum Street WC1A 1JR
Tel.: 020 7323 3080
www.playingames.co.uk

Los únicos especialistas de juegos de interior de Londres. Ubicado a un paso del Museo británico entre una serie de librerías elegantes y galerías de pintura. Este establecimiento ofrece juegos de mesa, además de juegos clásicos, familiares y de rol.

Lu–sa: 10–18; ju: 10–19; do: 12–18
Tottenham Court Road 7, 188

Halcyon Days ofrece una amplia gama de bonitos regalos esmaltados

MUEBLES PARA EL HOGAR

CATH KIDSTON

Mapa 167 F8
12 Cale Street SW3 3NS
Tel.: 020 7584 3232
www.cathkidston.co.uk

Los bello diseños florales de Cath Kidston, inspirados en modelos de la década de 1950, se plasman en telas, papel de pared, ropa de cama, mantelerías, joyería clásica y adornos que se venden en esta encantadora tienda de Chelsea Green. El establecimiento original está en Clarendon Cross, Holland Park, pero por la ciudad hay algunos otros establecimientos.

Lu–sa: 10–18; do: 12–5
Sloane Square, South Kensington
11, 19, 22, 211, 319

CHELSEA HARBOUR DESIGN CENTRE

Mapa 166 off E8
Chelsea Harbour, Lots Road SW10 0XF
Tel.: 020 7225 9100
www.chelsea-harbour.co.uk

Este gran edificio de estilo conservador alberga aproximadamente 80 salas de exposición de diseño. Se pueden elegir las telas y papeles de pared más suntuosas; algunos de ellos cuestan cientos de libras cada rollo. Es un buen lugar para conocer las últimas tendencias.

Lu–vi: 9:30–17 Fulham Broadway
14, 28, 211, 424

CHRISTOPHER WRAY

Mapa 167 E8
591–593 King's Road SW6 2YW
Tel.: 020 7751 8701
www.christopherwray.co.uk

La especialidad de este gran emporio de la iluminación es la lámpara de estilo Tiffany (con pantalla de vidrio de colores), aunque también hay lámparas de pared, techo y mesa con cualquier tema, forma y color imaginables. Las lámparas actuales están en la sucursal que se encuentra cruzando la calle. No satisface el gusto de todas las personas, pero no se debe dejar de ver.

Lu–sa: 9:30–18 Fulham Broadway
11, 22, 211

THE CONRAN SHOP

Mapa 166 E7 Michelin House, 81 Fulham Road SW3 6RD
Tel.: 020 7589 7401
www.conran.com

En el magnífico edificio Michelin, The Conran Shop fue la pionera en llevar el diseño de finales del siglo XX al hogar. Las bellas exposiciones incluyen mobiliario, menaje de cocina, libros, artilugios, objetos de cerámica, telas y casi todo lo necesario para el hogar.

Lu, ma, vi: 10–18; mi, ju: 10–19; sa: 10–18:30; do: 12–18
South Kensington 14, 49, 360

GENERAL TRADING COMPANY

Mapa 167 G7
2 Symons Street SW3 2TJ
Tel.: 020 7730 0411
www.general-trading.co.uk

Establecimiento selecto que vende muebles, artículos para la mesa y adornos. Desde 1920 ofrece elegantes regalos de boda y cuenta con «sellos de aprobación real». En la cafetería es fácil reconocer a personas famosas.

Lu-sa: 10-19; do: 11:30-17:30
Sloane Square 19, 22, 211, C1

HEAL'S

Mapa 167 F8
234 King's Road SW3 5UA
Tel.: 020 7349 8411
www.heals.co.uk

Máximo destino para el diseño de interiores y mobiliario actual a lo largo de los dos últimos siglos, con llamativos muebles de gran calidad, alfombras, camas, telas, ropa de cama y artículos para el hogar. La tienda principal, que se encuentra en Tottenham Court Road, es inmensa.

Lu, ma, vi: 10-18; mi, ju: 10-19; sa: 9:30-18:30; do: 12-18 Sloane Square; Goodge Street 11, 19, 22, 211, C1

ARTÍCULOS DE CUERO

MULBERRY COMPANY

Mapa 167 H4
41-42 New Bond Street W1S 2RY
Tel.: 020 7491 3900
www.mulberry.com

Moda *prêt-a-porter* para hombres y mujeres, además de accesorios, bolsos, maletas y todo tipo de artículos, como fundas para cámaras de fotos, en cuero de la mejor calidad. El fundador, Roger Saul, empezó como diseñador de cinturones. Este buque insignia de la firma cuenta con tres plantas y está decorado con roble, cristal de ámbar, bronce y cuero.

Lu-sa: 10-18; ju: 10-19
Bond Street 8, 10, 14, 19

LENCERÍA

AGENT PROVOCATEUR

Mapa 167 F7
16 Pont Street SW1X 9EN
Tel.: 020 7235 0229
www.agentprovocateur.com

Esta tienda al estilo de un tocador, muy adecuada para Belgravia, vende ropa interior seductora y a veces bastante obscena.

Lu-sa: 10-18 Knightsbridge, Sloane Square 19, 22, 137, C1

JANET REGER

Mapa 167 F6
2 Beauchamp Place SW3 1NG
Tel.: 020 7584 9368
www.janetreger.com

Ropa de dormir y lencería clásica y de bella confección para señoras de encaje, satén y seda. Auténtico lujo a precio elevado. Janet Reger empezó trabajando como diseñadora *freelance* en 1961, y sus primeras creaciones se han convertido ya en piezas de museo.

Preciosa ropa interior de Janet Reger

Lu-sa: 10-18 Knightsbridge, South Kensington 14, 74, C1

RIGBY & PELLER

Mapa 167 F6
2 Hans Road SW3 1RX
Tel.: 020 7589 9293
www.rigbyandpeller.com

No hay nada que no sepan las mujeres que trabajan en la corsetería de la Reina sobre ropa interior. Sólo con mirar a la cliente saben su talla y disponen de ropa interior para mujeres de cualquier tamaño y forma. Tienen una gran selección de trajes de baño y, por supuesto, de corsés.

Lu-sa: 9:30-18; mi: 9:30-19
Knightsbridge 14, 74, C1

MERCADOS

BERWICK STREET

Mapa 168 H4
Berwick Street W1

Mercado de frutas y verduras escondido en el Soho que vende queso, pan, hierbas y especias. Vendedores con voz fuerte, jaleosas y gente de moda, además de unos cuantos personajes sospechosos ofrecen una escena muy animada. El mejor momento para ver el mercado es la hora de la comida.

Lu-sa: 8-17 Piccadilly Circus
10, 14, 19, 25, 38

BOROUGH MARKET

Mapa 169 N5
Borough High Street/Bedale Street/Stoney Street/Winchester Walk
Tel.: 020 7407 1002
www.boroughmarket.org.uk

Mercado de venta al por mayor de frutas y verduras que funciona desde hace años, y que hoy cuenta con un fin de semana de venta de productos internacionales de gran éxito. Tiene 70 puestos. Ofrece pescado, carne, verduras, sidra, quesos, pan, café, bollería y pasteles a las tiendas de alimentación y a los cocineros más importantes.

Ju: 11-17; vi: 12-18; sa: 9-16
London Bridge 344, 381, RV1

BRICK LANE MARKET

Mapa 323 P2
Brick Lane/Cheshire Street/Sclater Street

Animado mercado multiétnico al aire libre con más ambiente que calidad. Ofrece ropa (especialidad en cuero), muebles, frutas, menaje de cocina y artículos *kitsch.* Se pueden recorrer las calles laterales para descubrir auténticas joyas en medio de la basura.

Do: 8-2
Liverpool Street, Aldgate East 23

CAMDEN LOCK MARKET

Mapa 168 off K3
Camden Lock Place/Chalk Farm Road NW1
Tel.: 020 7284 2084
www.camdenlockmarket.com

Este peculiar mercado, en un entorno encantador en los alrededores de Camden Lock, ha ido creciendo hasta llenar todos los rincones de la parte posterior del

QUÉ HACER

canal hasta Camden Lock Place. Se encuentra de todo, desde ropa de diseño de gran calidad hasta obras de arte, comida y muebles.
Diario 10–18 (ju: 10-19) Camden Town 24, 27, 29, 31, 74, 134

COVENT GARDEN
Mapa 168 K4
Office: 41 The Market WC2E 8RF
Tel.: 020 7836 9136
Merece la pena visitarlo sólo por ver los actores callejeros y sumergirse en el animado ambiente. La zona central, la Piazza, alberga los lunes un mercado de antigüedades y piezas de colección, y el resto de la semana se venden objetos de artesanía como joyería, ropa, vajillas de plata y de cerámica (▷ 88 y 175).
Diario 10–18 Covent Garden
9, 11, 13, 15, RV1

LEADENHALL
Mapa 169 N4
Whittington Avenue EC3
Tel.: 020 7332 3967
www.cityoflondon.gov.uk
Probablemente el mercado más elegante de la ciudad, especializado en carne, pescado, pollo, quesos, vino y chocolate. Hay que visitar el pintoresco edificio situado en el corazón de la City (▷ 232), que cobra auténtica vida poco antes de la hora de comer.
Lu–vi: 7–16 Monument/Bank
8, 25, 40

PETTICOAT LANE
Mapa 169 P4
Middlesex and Wentworth streets E1
Tel.: 020 7377 8963
www.eastlondonmarkets.com
El mercado más famoso de Londres recibe el nombre de las prendas que vendían los inmigrantes franceses en el siglo XVIII. Hay ropa a precio de ganga, especialmente telas y chaquetas de cuero. Tiene unos 1.000 puestos.
Lu: 8–14; ma–vi: 8–16; do: 9–14
Liverpool Street, Algate 8, 42, 344

PORTOBELLO ROAD
Mapa 166 C4
Office: 72 Tavistock Road W11 1AN
Tel.: 020 7727 7684
www.portobelloroad.co.uk
Famoso mercadillo con cientos de puestos en los que se venden antigüedades, ropa de época, obras de arte y en el extremo norte, frutas y verduras frescas, platos preparados y carne. No es barato y hay un montón de basura, pero es divertido y se puede reconocer a algún famoso. Se puede dar un paseo a lo largo de Portobello Road desde Pembridge Road (estación de metro de Notting Hill) hacia el norte en dirección a Westbourne Park Road (estación de metro de Ladbroke Grove). Para encontrar alguna ganga hay que llegar pronto.
Lu–mi, sa: 8–19; ju: 8–13; vi: 8–18
Notting Hill Gate
7, 12, 23, 27, 28, 31, 70, 94, 328

Contemplando curiosidades en Portobello Road

ST. JAMES'S PICCADILLY
Mapa 168 H5
197 Piccadilly W1J 9LL
Tel.: 020 7734 4511
Los jueves hay un mercado de antigüedades en el patio de esta iglesia (▷ 195), y de miércoles a sábado un mercado de artesanía.
Ma: 10–18; mi–sa: 11–18
Piccadilly Circus 9, 14, 19, 22, 38

MÚSICA

BOOSEY & HAWKES @ BRITTENS MUSIC
Mapa 167 G4
16 Wigmore Street W1U 2RF
Tel.: 020 7580 2060
www.boosey.com
Fundada en 1930, tiene una gran variedad de instrumentos musicales, muchos de ellos fabricados por la propia empresa. Está especializada en compositores del siglo XX, y muy interesada en la educación musical.
Lu–vi: 9:30–18; sa: 10–17
Bond Street 8, 10, 73, C2

CHAPPELL OF BOND STREET
Mapa 168 H4
152–160 Wardour Srreet W1F 8YA
Tel.: 020 7432 4400
www.chappellofbondstreet.co.uk
Creado en 1811 y frecuentado en su época por Beethoven, Richard Strauss y Charles Dickens, ofrece la selección más amplia del Reino Unido de música impresa, tanto clásica como popular. También venden teclados e instrumentos de viento metal y viento madera.
Lu–vi: 9:30–18; sa: 9:30–17:30
Oxford Circus 8, 10, 25, 55, 73

FOOTE'S
Mapa 168 H4
10 Golden Square W1S 9JA
Tel.: 020 7437 1811
www.footesmusic.com
Gran selección de tambores, e instrumentos de percusión, viento madera, metal y cuerda, en venta, tanto nuevos como de segunda mano o en alquiler, y a precios razonables.
Lu–vi: 9–18; sa: 9–17
Piccadilly Circus 14, 19, 38

HAROLD MOORES RECORDS
Mapa 168 H4
2 Great Marlborough Street W1F 7HQ
Tel.: 020 7437 1576
Quizá la tienda con la selección más amplia de elepés y CDs de música clásica del RU, tanto nuevos como de segunda mano.
Lu–sa: 10–18:30; do: 12–18
Oxford Circus 8, 10, 12, 13, 23

HMV
Mapa 167 G4
360 Oxford Street W1C 1AB
Tel.: 0845 602 7802
www.hmv.com
Cadena de tiendas especializadas por todo el país con una amplia selección de estilos musicales.
Lu–sa: 9–20:30 (ju: hasta las 19); do: 12–18 Bond Street 6, 7, 10, 12, 13, 15, 23, 94, 98, 113, 137, 139, 159

CADENAS COMERCIALES

Gap está especializada en moda informal y cómoda para caballero, señora, niños y bebés

Con tantas tiendas en Londres, puede ser una pérdida de tiempo buscar cuál de ellas vende justo lo que se desea. Este cuadro informa de lo que se puede esperar en muchos de los grandes almacenes de la capital. Solo hay que llamar a las oficinas centrales para informarse de la tienda más cercana de esa cadena, o mirar en la página web. La mayoría ofrece servicio de venta telemática.

NAME	Confección de señoras y/o zapatos	Confección de caballero y/o zapatos	Confección y artículos para niños	Farmacia y artículos para el aseo	Joyería y accesorios	Recuerdos y regalos	Libros, música y revistas	Deportes y actividades al aire libre	Comida y bebida	Electrodomésticos y artículos del hogar	HEAD OFFICE
BHS	✔	✔	✔		✔	✔				✔	020 7262 3288
Blacks	✔	✔						✔			0800 056 0127
Bodyshop				✔	✔	✔					01903 731500
Boots			✔	✔	✔	✔			✔	✔	0845 070 8090
Borders							✔				020 7379 7313
Burtons		✔									020 7636 8040
Clarks	✔	✔	✔								01458 443131
Crabtree & Evelyn				✔		✔					0207 361 0499
Dixons										✔	0870 850 3333
Dolcis	✔	✔	✔								02476 639412
Edinburgh Woollen Mills	✔	✔	✔		✔	✔					01387 380611
Evans	✔										0870 606 9666
French Connection	✔	✔	✔		✔						020 7036 7300
Gap	✔	✔	✔								01788 818300
Goldsmiths					✔	✔					0116 232 2000
H&M	✔	✔	✔								020 7323 2211
Habitat										✔	0870 411 5501
HMV							✔				020 7432 2000
Holland & Barrett				✔					✔		02476 244400
Jessops										✔	0116 232 6000
Jigsaw	✔										020 8392 5678
JJB	✔	✔						✔			01942 210120
Jones	✔	✔	✔								0800 163519
Laura Ashley	✔		✔		✔					✔	0871 983 5999
Marks & Spencer	✔	✔	✔	✔	✔	✔			✔	✔	0845 302 1234
Monsoon	✔		✔		✔						020 7313 3000
Mothercare			✔	✔						✔	0845 330 4030
Next	✔	✔	✔		✔					✔	0845 600 7000
Paperchase						✔					020 7467 6200
Past Times				✔	✔		✔			✔	01993 770500
Russell & Bromley	✔	✔	✔		✔						020 8460 1122
Sole Trader	✔	✔	✔								01442 241431
Thorntons						✔			✔		0845 0757565
Topshop	✔		✔								020 7636 8040
Virgin Megastores							✔				020 7299 0444
Wallis	✔										0845 121 4520
Waterstone's							✔				020 8742 3800
WH Smith							✔				0870 444 6444
Whittard of Chelsea						✔			✔		0800 0154 394
Woolworths	✔	✔	✔	✔	✔	✔	✔	✔	✔	✔	020 7762 1222

Los artículos se pueden cambiar o devolver en cualquiera de las tiendas de la misma cadena, sin tener en cuenta en cuál de ellas se realizó la compra.

La cadena Body Shop se inició en 1976 por la anterior Anita Roddick. Elaboró unos cuantos productos artesanos utilizando ingredientes naturales y con la menor cantidad de embalaje posible

DESCRIPCIÓN	TIENDA PÁGINA WEB
Moda de gama media más artículos para el hogar e iluminación	www.bhs.co.uk
Equipos de acampada y actividades al aire libre	www.blacks.co.uk
Primer minorista de cosméticos basados en recursos naturales, sostenibles	www.thebodyshop.com
Farmacia y óptica además de cosmeticos, artículos para niño y bebé y para el hogar	www.boots.com
Libros y CD y una gama amplia de revistas y periódicos	www.borders.co.uk
Moda de caballero de gama media	www.burtonmenswear.co.uk
Buen precio en zapatos para caballero, señora y niño	www.clarks.co.uk
Productos a base de hierbas y esencias de flores de todo tipo	www.crabtree-evelyn.co.uk
Electrodomésticos, desde TV y neveras hasta cámaras y ordenadores	www.dixons.co.uk
Zapatos para caballero, señora y niño	www.dolcis.co.uk
Todo tipo de productos de lana para hombre y mujer, regalos y accesorios	www.ewm.co.uk
Minorista de moda femenina a partir de la talla +16	www.evans.ltd.uk
Establecimiento consolidado de moda	www.frenchconnection.com
Moda informal para hombre, mujer y niño	www.gap.com
Joyas, relojes para hogar y de pulsera, y caprichos	www.goldsmiths.co.uk
Ofertas en moda de caballero, mujer y niño	www.hm.com
Muebles y artículos modernos para el hogar que destacan por el diseño	www.habitat.net
Gran minorista de música	www.hmv.com
Salud, alimentación, vitaminas y medicina alternativa	www.hollandandbarrett.com
Vende todo tipo de equipos y accesorios de fotografía, digital incluida	www.jessops.com
Moda elegante para jovencitas	www.jigsaw-online.com
Ropa de deporte para hombre y mujer	www.jjb.co.uk
Calzado de buena calidad para caballero, señora y niño	www.jonesbootmaker.com
Marca propia de moda de mujer y niño y mobiliario para el hogar	www.lauraashley.com
Famoso establecimiento de ropa, alimentación y artículos para el hogar	www.marksandspencer.com
Moda para mujer y niño especializada en fiesta	www.monsoon.co.uk
Moda para bebé y niño pequeño, juguetes y todo tipo de artículos	www.mothercare.com
Moda práctica y elegante para caballero, señora y niño	www.next.co.uk
Artículos fabricados en papel además de papelería actual	www.paperchase.co.uk
Reproducciones de casas de época y regalos	www.pasttimes.co.uk
Zapatos, botas y bolsos de moda	www.russellandbromley.co.uk
Zapatos informales para jóvenes y personas modernas	www.soletrader.co.uk
Chocolates y caramelos de marca propia con preciosos envoltorios	www.thorntons.co.uk
Moda actual para jóvenes	www.tops.co.uk
Minorista de música especializado en un mercado popular	www.virginmega.co.uk
Moda de señoras	www.wallis-fashion.co.uk
La mayor cadena de librerías del RU con una soberbia cobertura de grandes tiendas	www.waterstones.com
Tiendas muy amplias venden innumerables revistas además de papelería, libros, vídeos y CD	www.whsmith.co.uk
Especializada en tés y cafés además de artículos relacionados	www.whittard.co.uk
Tiendas de ropa de niño a buen precio, música y hogar	www.woolworths.co.uk

VIRGIN MEGASTORE
Mapa 168 J5
1 Piccadilly Circus W1J 0TR
Tel.: 020 7439 2500
www.virginmega.co.uk
Esta tienda especializada vende casi todo lo que se sabe que se ha grabado, desde listas de éxitos hasta versiones poco habituales, así como juegos de ordenador.
Lu–sa: 9–23; do: 11.30–18
Piccadilly Circus 9, 14, 19, 22

ARTÍCULOS DE DEPORTE

FARLOWS
Mapa 168 J5
9 Pall Mall SW1Y 5LX
Tel.: 020 7484 1000
www.farlows.co.uk
Establecido en 1840, se ha especializado en aparejos de pesca, artículos de caza y ropa de campo. También se encuentran abrigos Barbour, botas de senderismo y botas Wellington.
Lu–vi: 9–18; sa: 10–16
Green Park, Piccadilly Circus
29, 91, 94, 139

LILLYWHITE'S
Mapa 168 J5
24–36 Lower Regent Street SW1Y 4QF
Tel.: 0870 333 9600
www.sportsdirect.com
Grandes almacenes dedicados por entero a los deportes; Lillywhite's puede equipar a cualquiera para cualquier deporte, desde el golf hasta el esquí. Su punto fuerte es el calzado.
Lu–sa: 10–21; do: 12–18
Piccadilly Circus 9, 14, 19, 22

PURDEY
Mapa 167 G5
57–58 South Audley Street W1K 2ED
Tel.: 020 7499 1801
www.purdey.com
Fundada en 1814, esta gloriosa tienda victoriana ha proporcionado armas de fuego a todos los monarcas británicos desde la reina Victoria. Cada una de las escopetas y rifles está hecha a mano.
Lu–vi: 9:30–17:30; sa: 10–17
Green Park, Marble Arch, Hyde Park Corner 10, 16, 73, 74, 137

PAPELERÍAS

LONDON GRAPHIC CENTRE
Mapa 168 J4
16–18 Shelton Street WC2H 9JL
Tel.: 020 7759 4500
www.londongraphics.co.uk
Surgido de los almacenes de atrezo y ensayo de la antigua Royal Opera House, esta tienda tiene de todo para el artista o el diseñador: caballetes, lienzos, óleos, plumas de especialista y material para trabajos de artesanía.
Lu–vi: 9:30–18; ju: 9:30–19; sa: 10:30–18
Covent Garden 6, 9, 23, RV1

PAPERCHASE
Mapa 168 J3
213 Tottenham Court Road W1T 9PS
Tel.: 020 7467 6200

Paperchase tiene un amplio surtido de papel, plumas y material artístico

www.paperchase.co.uk
Papelería dirigida al diseñador del Reino Unido, cuenta con una amplia gama de papel con acabado artístico y materiales, entre los que se incluyen papeles japoneses hechos a mano. Se trata del gran buque insignia de este tipo de establecimientos.
Lu–sa: 9:30–19; ju: 9:30–20; do: 12–18
Goodge Street 10, 24, 29, 73, 134

SMYTHSON
Mapa 167 H4
40 New Bond Street W1S 2DE
Tel.: 020 7629 8558
www.smythson.com
El papel de escritorio, los diarios y las agendas de este local, fundado en 1887, siempre son elegantes y están bellamente confeccionados, aunque son caros.
Lu–vi: 9:30–18 (ju: 10–19); sa: 10–18
Bond Street 8, 10, 14, 19

ARTÍCULOS PARA EL ASEO

CULPEPER THE HERBALIST
Mapa 168 K4
8 The Market, Covent Garden WC2E 8RB
Tel.: 020 7379 6698
www.culpeper.co.uk
Hierbas, aceites, regalos y comida. Se pueden crear cosméticos propios añadiendo aceites esenciales a los productos para cara, manos y baño que ofrece la tienda.
Diario 10–19 (ju, sa: hasta las 20; do: hasta las 18) Covent Garden
6, 9, 13, 23, RV1

FLORIS
Mapa 168 H5
89 Jermyn Street SW1Y 6JH
Tel.: 0845 702 3239
www.florislondon.com
Esta perfumería para señoras y caballeros, fundada en 1730, es conocida por sus perfumes, aguas de colonia, sales de baño, jabones perfumados y artículos para el afeitado.
Lu–vi: 9:30–18; sa: 10–18 Green Park, Piccadilly Circus 9, 14, 19, 22, 38

JO MALONE
Mapa 167 F7
150 Sloane Street SW1X 9BX
Tel.: 020 7730 2100
www.jomalone.co.uk
Maravillosa tienda llena de lujosas cremas para la cara, velas perfumadas y estupendos artículos de perfumería.
Lu, ma, sa: 9:30–18; mi–vi: 9:30–19; do: 12–17 Sloane Square
19, 22, 137, C1

MOLTON BROWN
Mapa 167 G4
58 South Molton Street W1K 5SL
Tel.: 0870 224 3900
www.moltonbrown.co.uk
Un aroma seductor da la bienvenida al cruzar el umbral de la puerta para comprar champúes, aceites o velas perfumadas. Situada junto a tentadoras tiendas de moda y cafeterías.
Lu–sa: 10–18:30; do: 11–17
Bond Street 8, 10, 14, 19

ESPECTÁCULOS

La gama y variedad de las funciones y espéctaculos de Londres llega a marear. Pasear por el West End permite hacerse idea de la oferta, pero también merece la pena buscar fuera del centro de Londres hojeando las paginas de *Time Out*, la guía más exhaustiva de la ciudad en la que se encuentra todo lo que se puede ver en la ciudad y sus alrededores.

Hay que tener en cuenta que en el interior de la mayoría de los locales, clubes aparte, no está permitido fumar.

CINE

Londres cuenta con una amplia selección de películas. Además de las cadenas de multicines que presentan los últimos estrenos más taquilleros (situados la mayor parte de ellos en y alrededor de Leicester Square) hay un buen repertorio de cines independientes que proyectan toda una serie de películas de interés especial o extranjeras con subtítulos en inglés. Entre éstos se cuentan el Institute of Contemporary Arts (ICA), (▷ 93) en Carlton House Terrace y el National Film Theatre (▷ 127 y 193) en el South Bank, donde se organizan festivales temáticos y oradores invitados pronuncian conferencias.

En numerosos locales de Londres se interpretan conciertos de la mejor música clásica

MÚSICA CLÁSICA, DANZA Y ÓPERA

Un buen lugar para empezar es el South Bank Centre (▷ 127), que cuenta con un programa completo de danza (puesto en escena por el Ballet Nacional Inglés) y conciertos, en el Royal Festival Hall (▷ 195), o en el Queen Elizabeth Hall o Purcell Room, de ambiente más íntimo. La música clásica y las grandes figuras se deben buscar en el Barbican (▷ 194), sede de la London Symphony Orchestra. La Royal Opera House (▷ 195), en Covent Garden, tiene fama de tener precios elevados y gran arrogancia, a pesar de su llamativo entorno. Las producciones de la compañía del ballet real, cuya sede es esta, son más baratas que las representaciones de ópera. Si se busca ópera cantada en inglés, hay que dirigirse al London Coliseum (▷ 194) en St. Martin's Lane, sede de la English National Opera.

La época de las Proms (BBC Henry Wood Promenade Concerts) va de julio a septiembre en el Royal Albert Hall (▷ 195), con conciertos de cámara a medio día, además de las funciones de noche. No es excesivamente caro para quien no le importe estar de pie.

Las iglesias presentan excelentes conciertos y recitales, sobre todo St. James's Piccadilly (▷ 195) y St. Martin-in-the-Fields (▷ 117).

MÚSICA CONTEMPORÁNEA EN DIRECTO

En un extremo del espectro están las interpretaciones musicales en directo realizadas en estadios para una gran cantidad de público. En el otro, es frecuente encontrar bandas de rock tocando en pubs locales. En el centro hay una gran variedad de posibilidades: como jazz en Ronnie Scott's (▷ 197), en el Soho y en el Pizza on the Park, entre otros locales. Se puede escuchar música en directo de entrada libre en el Royal Festival Hall, y a veces en el vestíbulo del National Theatre a mediodía.

El resto de los tipos de música, folk, músicas del mundo, blues, rock 'n' roll, salsa, etc., se dirigen a zonas periféricas como Camden, Kentish Town o Islington buscando animados escenarios en pubs y clubes.

TEATRO

Gran parte del Theatreland del West End parece obsesionado actualmente por los musicales que se han mantenido mucho tiempo en cartel y cuyas entradas solo se consiguen haciendo la reserva con varios meses de antelación.

En Ronnie Scott's se encuentra lo mejor del jazz

El National Theatre pone en escena obras clásicas y contemporáneas en el South Bank. Cruzando el puente de Waterloo, se puede ver el programa proyectado digitalmente sobre la fachada.

El teatro alternativo encuentra su cobijo en salones de pubs y otros locales pequeños y estrafalarios, así como en espacios más convencionales como The Gate en Notting Hill (▷ 199), dedicado a la representación de obras de escritores noveles.

La forma más sencilla de sacar las entradas para la mayor parte de las funciones musicales y teatrales a través de internet. Véase www.ticketmaster.co.uk o www.keithprowse.com.

2 Espectáculos

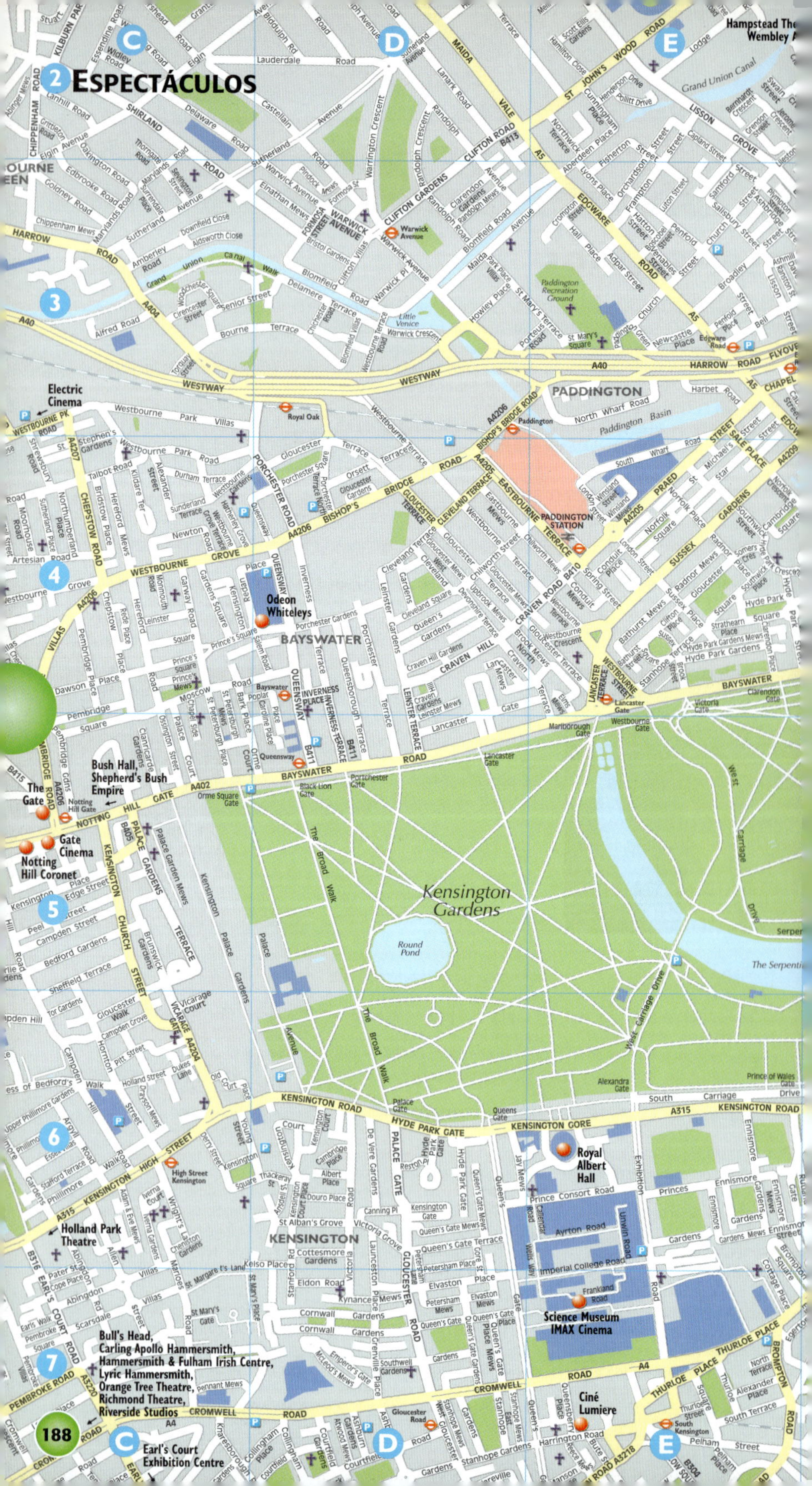

Open Air Theatre
Queen Mary's Garden
Barfly, Jazz Café, Lock 17
Royal Academy of Music
MARYLEBONE STATION
LISSON GROVE
Screen on Baker Street
MARYLEBONE
Wigmore Hall
100 Club
London Palladium
MAYFAIR
Criterion Theatre
St James's Church Piccadilly
Dover Street
Curzon Mayfair
Hyde Park
Green Park
Pizza on the Park
KNIGHTSBRIDGE
Buckingham Palace Gardens
St James's Park Lake
Victoria Palace
VICTORIA STATION
BELGRAVIA
606 Club, UGC Chelsea
Royal Court/ Jerwood
Brixton Carling Academy
VICTORIA COACH STATION
Serpentine Road
Piccadilly
190
F
G
H
2
3
4
5
6
7

2 Espectáculos

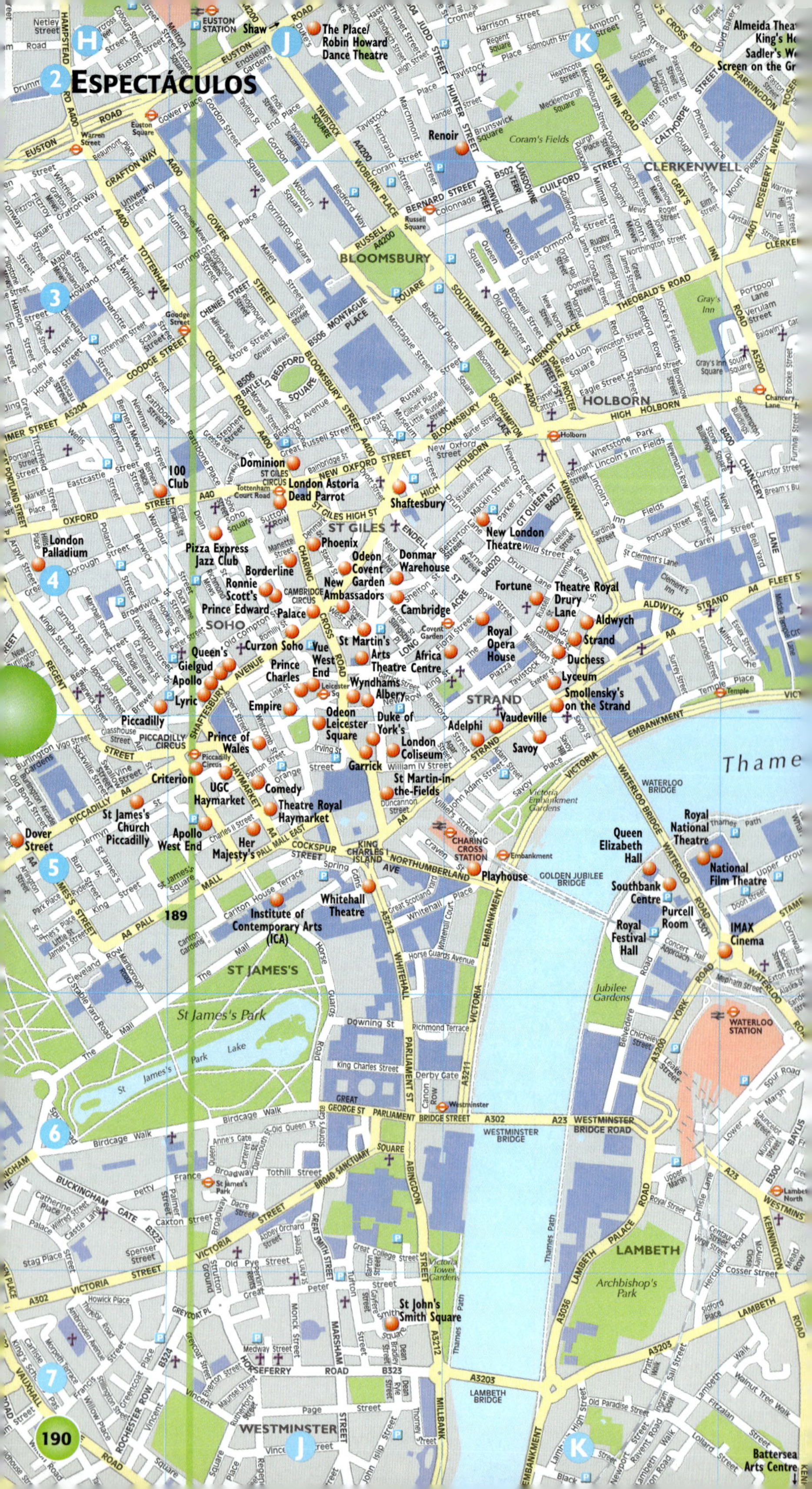

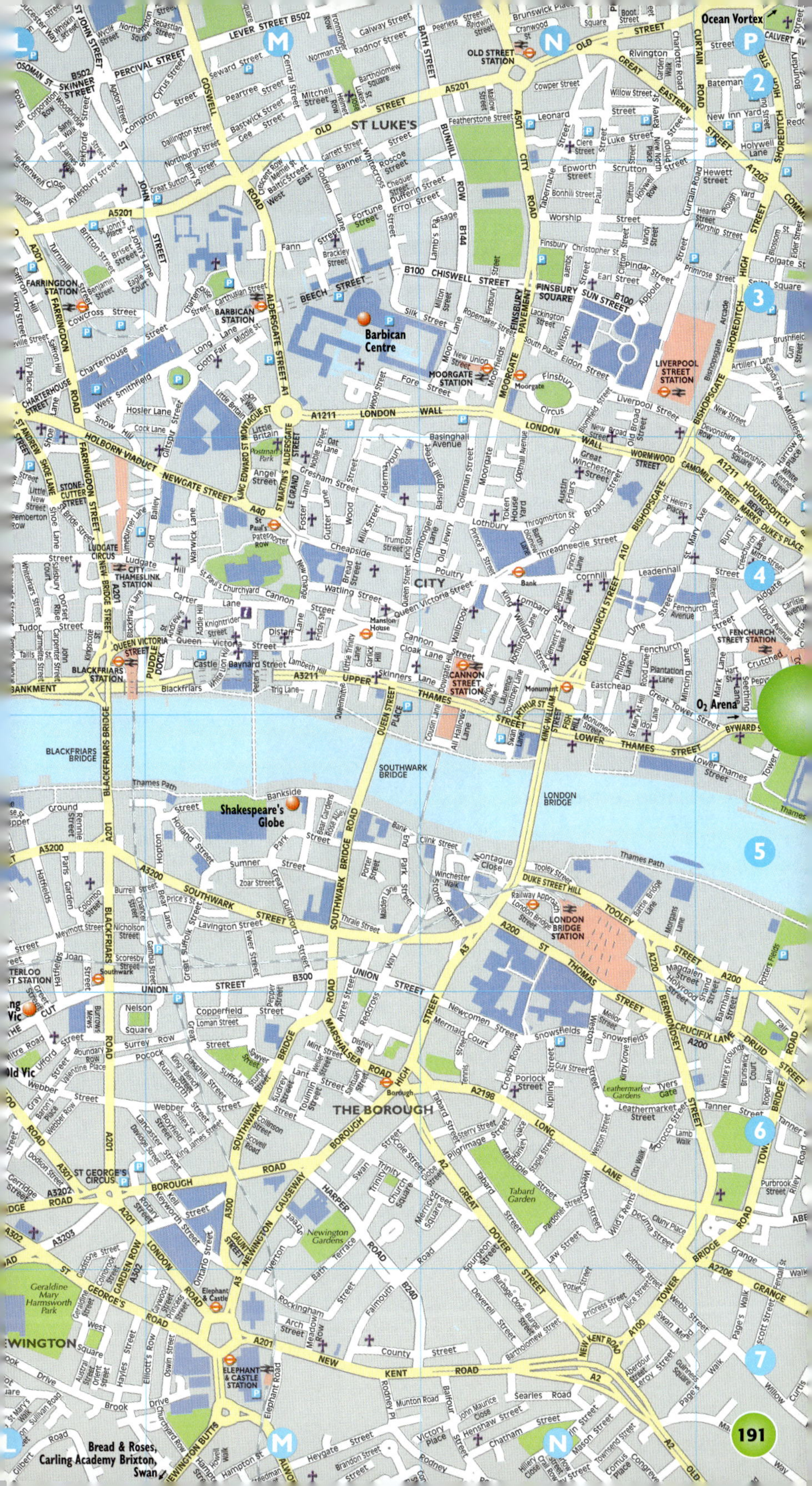
ST LUKE'S
Barbican Centre
CITY
Shakespeare's Globe
THE BOROUGH
LIVERPOOL STREET STATION
LONDON BRIDGE STATION
CANNON STREET STATION
BLACKFRIARS STATION
FARRINGDON STATION
BARBICAN STATION
MOORGATE STATION
OLD STREET STATION
ELEPHANT & CASTLE STATION
SOUTHWARK BRIDGE
LONDON BRIDGE
BLACKFRIARS BRIDGE
Ocean Vortex
O2 Arena
Bread & Roses, Carling Academy Brixton, Swan

CINES

Como regla general, las películas se proyectan tres o cuatro veces al día, empezando alrededor de la hora de comer. Es frecuente que los viernes y los sábados se encuentren pases ya entrada la noche. La mejor opción es acudir al estreno de algún autor conocido en el West End, especialmente durante el fin de semana. Casi todos los cines ofrecen la posibilidad de sacar las entradas por teléfono con la tarjeta de crédito. Suelen ser más baratas en los primeros pases de la mañana y los lunes. Todas las películas se ajustan a una clasificación: U (universal, para niños a partir de 4 años) y PG (menores acompañados, aunque la película sea apta para niños a partir de 8 años). La edad mínima para que se permita la entrada viene señalada con un número 18, 15 o 12A (que prohíbe la entrada a niños de menos de doce años salvo que les acompañe un adulto).

APOLLO WEST END
Mapa 189 H4
19 Regent Street SW1Y 4LR
Tel.: 0871 220 6000
www.apollocinemas.co.uk
Se pueden ver los últimos estrenos sentados en lujosas y cómodas butacas reclinables. Cinco salas ofrecen la mejor calidad en la presentación de películas.
Piccadilly Circus · 8, 10, 12, 13, 23

BARBICAN CENTRE
Mapa 191 M3
▷ 194

IMAX CINEMA
Mapa 190 L5
1 Charlie Chaplin Walk, South Bank SE1 8XR
Tel.: 0870 787 2525
www.bfi.org.uk/imax
Cine con 480 butacas en un globo futurista, con la pantalla más grande del Reino Unido, en la que se proyectan excitantes películas en 2-D y 3-D.
Embankment, Waterloo · 77, RV1

BOLEYN CINEMA
Mapa 191 off P2
11 Barking Road, E6 1PW
Tel.: 020 8471 4884
Este cine con tres salas exhibe los últimos estrenos de Hollywood además de las principales películas.
Upton Park · 15, 58, 115, 147, 330

CINÉ LUMIÈRE
Mapa 188 E8
Institut Français, 17 Queensberry Place SW7 2DT
Tel.: 020 7073 1350
www.institut-francais.org.uk
Forma parte del centro cultural y lingüístico de Francia. Exhibe películas francesas y cine de otros lugares de Europa y del resto del mundo, incluyendo estrenos, más o menos recientes, películas clásicas y poco frecuentes; es visitado por directores, guionistas y actores.
South Kensington, Gloucester Road
49, 70, 74, 345

Hay que prepararse para verse en una pantalla IMAX de 20 m de altura

CINEWORLD SHAFTESBURY AVENUE AT THE TROCADERO
Mapa 190 J5
13 Coventry Street W1V 7FE
Tel.: 0871 200 2000
www.cineworld.co.uk
Multicine de siete salas perteneciente a esta importante cadena de cines.
Leicester Square, Piccadilly Circus
14, 19, 22, 38

CURZON MAYFAIR
Mapa 188 G5
38 Curzon Street W1Y 7TY
Tel.: 020 7495 0500
www.curzon.net
Conocido cine de arte y ensayo con dos salas y bar.
Green Park · 8, 10, 14, 19

CURZON SOHO
Mapa 190 off J4
99 Shaftesbury Avenue W1D 5DY
Tel.: 0870 756 4620
www.curzon.net
Cine con tres salas en las que se exhiben las principales películas recién estrenadas y algunos clásicos de repertorio. Los domingos se proyectan películas clásicas.
Leicester Square, Piccadilly Circus
14, 19, 38

ELECTRIC CINEMA
Mapa 188 off C4
191 Portobello Road W11 2ED
Tel.: 020 7908 9696
www.the-electric.co.uk
Inaugurado en 1910, El Electric Cinema se acabó convirtiendo en un cine de repertorio que exhibe cine clásico e independiente. También cuenta con una *brasserie*.
Ladbroke Grove, Notting Hill Gate
23, 52, 94

EMPIRE
Mapa 190 J4
5–6 Leicester Square WC2H 7NA
Tel.: 0871 471 4714
www.empirecinemas.co.uk
Gran cine céntrico en el que se exhiben estrenos recientes.
Leicester Square, Piccadilly Circus
14, 24, 29

GATE CINEMA
Mapa 188 C6
87 Notting Hill Gate W11 3JZ
Tel.: 0870 755 0063
www.picturehouses.co.uk
Convertido en cine a partir de una gran cafetería de 1910; ahora es uno de los principales locales de cine de arte y ensayo.
Notting Hill Gate · 12, 70, 94

ICA
Mapa 190 J5
▷ 93

NATIONAL FILM THEATRE (NFT)
Mapa 190 K5
Forma parte del South Bank Centre (▷ 127), cuenta con dos salas de cine en las que se proyecta una amplia variedad de películas, tanto británicas como internacionales y antiguas. Es el centro del Festival de Cine de Londres que se celebra cada año (▷ 224).

NOTTING HILL CORONET
Mapa 188 C6
103–105 Notting Hill Gate W11 3LD
Tel.: 020 7727 6705
Dos salas que exhiben las principales películas recién estrenadas.
Notting Hill Gate 12, 70, 94

ODEON COVENT GARDEN
Mapa190 J4
135 Shaftesbury Avenue WC2 8AH
Tel.: 0871 224 4007
www.odeon.co.uk
Gran sala de cine en la que se proyectan los últimos largometrajes.
Covent Garden, Leicester Square
14, 19, 38, RV1

ODEON LEICESTER SQUARE
Mapa 190 J5
24–26 Leicester Square WC2H 7JY
Tel.: 0871 224 4007
www.odeon.co.uk
Famoso y céntrico cine del West End donde se celebran muchos de los preestrenos de las películas. Seis salas exhiben estrenos de éxito de taquilla.
Leicester Square, Piccadilly Circus
24, 29, 176

ODEON MEZZANINE
Mapa 190 J5
Leicester Square WC2H 7LQ
Tel.: 0871 224 4007
www.odeon.co.uk
Cine amplio, céntrico, con cinco salas en las que se exhiben los principales estrenos. Está junto a su hermano más sofisticado, el Odeon Leicester Square.
Leicester Square, Piccadilly Circus
24, 29, 176

ODEON WHITELEYS
Mapa 188 D4
2nd Floor Whiteleys Shopping Centre, Queensway, Bayswater W2 4YL
Tel.: 0871 224 4007
www.odeon.co.uk
Multicine con ocho salas ubicado en un centro comercial.
Bayswater, Queensway 12, 23, 70

PRINCE CHARLES
Mapa 190 J4
7 Leicester Place WC2H 7BP
Tel.: information 0901 2727 007 (25p per min), bookings 020 7494 3654
www.princecharlescinema.com
Cine céntrico, comercial, que ofrece butacas a precios más bajos de lo habitual en el West End. Se proyectan películas en idiomas extranjeros con subtítulos en inglés.
Leicester Square, Piccadilly Circus
24, 29, 176

El Odeon Leicester Square, donde las estrellas pisan la alfombra roja

RENOIR
Mapa 190 K2
Brunswick Centre, Brunswick Square WC1 1AU
Tel.: 020 7837 8402
Cine independiente con dos salas en las que se exhiben películas de arte y ensayo y en idiomas extranjeros (con subtítulos en inglés) y clásicos de repertorio.
Russell Square 7, 17, 45, 46, 188

THE RITZY
Mapa 190 off L7
Brixton Oval, Coldharbour Lane SW2 1JG
Tel.: 0870 755 0062
El cine más concurrido y amplio de Londres data de 1911 y forma parte del listado de edificios históricos (Grade II listed). Cinco salas que exhiben lo mejor del cine mundial, películas de arte y ensayo, matinés, éxitos de taquilla, temporadas y eventos especiales. Popular por las grandes estrellas de los medios e importantes actores, tanto locales como visitantes.
Brixton 3, 35, 45, 159, P5

RIVERSIDE STUDIOS
Mapa 188 off C7
Crisp Road (off Queen Caroline Street) W6 9RL
Tel.: 020 8237 1111
www.riversidestudios.co.uk
Los antiguos estudios de televisión de la BBC fueron reformados en la década de 1970 y actualmente cuentan con una sala de cine de 100 butacas. También se realiza una mezcla de danza, teatro y música con un presupuesto relativamente bajo.
Hammersmith 9, 190, 391

SCIENCE MUSEUM IMAX
Mapa 188 E7
▷ 125

SCREEN ON BAKER STREET
Mapa 189 G4
96–98 Baker Street W1U 6TJ
Tel.: 020 7486 0036,
bookings 020 7935 2772
www.screencinemas.co.uk
Cadena de cines que cuenta con dos salas en las que se proyectan una mezcla de películas de repertorio y principales estrenos.
Baker Street 2, 13, 74, 82

SCREEN ON THE GREEN
Mapa 191 off L2
83 Upper Street N1 0NP
Tel.: 020 7226 3520
www.screencinemas.co.uk
Enfrente de Islington Green, sala en la que se exhiben las principales películas recién estrenadas en un edificio de luz deslumbrante.
Angel 30, 38, 43, 73, 214

VUE WEST END
Mapa 190 J4
3 Cranbourn Street WC2H 7AL
Tel.: Bookings 08712 240240
www.myvue.com
Multicine con nueve salas en el centro cinéfilo de Londres.
Leicester Square 24, 29, 176

MÚSICA CLÁSICA, DANZA Y ÓPERA

Las entradas para la mayoría de las representaciones se consiguen por teléfono, Internet o en las taquillas de los locales. Hay festivales de música y danza que utilizan un sistema de venta directa compartido, o venden las entradas en un punto de venta centralizado, o bien utilizan ambos sistemas. En las principales salas de conciertos y teatros también se pueden encontrar, pocos minutos antes de empezar la representación, entradas con descuento, devoluciones o entradas que no han sido recogidas: la consulta se hace directamente en la taquilla del local.

BARBICAN CENTRE

Mapa 191 M3
Silk Street EC2Y 8DS
Tel.: 020 7638 4141
www.barbican.org.uk

Sala de conciertos con 2.000 butacas ubicada en este centro artístico de diseño confuso (▷ 77). Sede de la impresionante London Symphony Orchestra y de la English Chamber Orchestra, visitada por una sucesión de orquestas de primera categoría en sus giras.

Entradas 6,50–35 £ Barbican
4, 56, 153

BUSH HALL

Mapa 188 off C5
310 Uxbridge Road, Shepherd's Bush W12 7LJ
Tel.: 020 8222 6955
www.bushhallmusic.co.uk

Salón de baile y billar que en 2000 abrió nuevamente sus puertas como sala de conciertos donde se interpreta música clásica, recitales y conciertos de jazz y rock.

5–17 £ Shepherd's Bush
49, 94, 148

HOLLAND PARK THEATRE

Mapa 188 off C6
Holland Park, Kensington High Street W8 6LU
Tel.: 0845 230 9769
www.operahollandpark.com

Acudir a una ópera en el parque una suave noche de verano podría constituir el plato fuerte de una visita a Londres. Pero es posible recibir una ducha, por lo que hay que ir preparado. Cuenta con un bar especializado en champán y se puede reservar una cena campestre (desde 40 £), ¡aunque sale más barato llevar la bebida y la comida de casa!

10–46 £ High Street Kensington o Holland Park 9, 94, 148

INSTITUTE OF CONTEMPORARY ARTS (ICA)

Mapa 190 J5
The Mall SW1Y 5AH
Tel.: 020 7930 3647
www.ica.org.uk

Destacado local dedicado a la danza moderna, el ICA (▷ 93) realiza representaciones de vanguardia y experimentales, basadas en el movimiento. Presenta el Dance Umbrella (www.danceumbrella.co.uk), uno de los principales festivales de danza contemporánea del mundo. Cuenta con 165 butacas (350 personas de pie).

6–9 £; ser socio por un día 1,50 £ (Lu–vi) o 2,50 £ (sa, do) ofrece descuentos equivalentes además de la entrada en las galerías y en el café/bar
Charing Cross, Piccadilly Circus
9, 11, 1, 19, 88

La Real Academia de la Música fue fundada en 1822

KENWOOD HOUSE

Véase Festivales y Eventos, ▷ 223

LONDON COLISEUM

Mapa 190 J5
St. Martin's Lane WC2N 4ES
Tel.: 020 7632 8300
www.eno.org

Sede de la English National Opera (siempre se canta en inglés), recibe visitas regulares de la Welsh National Opera, la Opera North y el Royal Festival Ballet. Pretende ofrecer ópera a un público lo más amplio posible y es conocida por sus innovadoras producciones. Ha sido restaurado recientemente y ahora es mayor y más cómodo.

5–70 £ Charing Cross, Leicester Square 24, 29, 176

PURCELL ROOM

Mapa 190 K5
Southbank Centre SE1 8XX
Tel.: 020 7921 0600
www.southbankcentre.co.uk

El más pequeño de los tres auditorios para conciertos del Southbank Centre (▷ 127). Espacio íntimo apropiado para la música de cámara, acompañada de cantantes, músicos solistas, etc.

5–12,50 £ Embankment, Waterloo
77, RV1

QUEEN ELIZABETH HALL

Mapa 190 K5
Southbank Centre SE1 8XX
Tel.: 020 7921 0600
www.southbankcentre.co.uk

De los tres auditorios del Southbank Centre, este es el mediano; presenta conciertos de orquestas pequeñas, grupos, bandas, ópera a pequeña escala, producciones de danza y música de cámara.

8–20 £ Embankment, Waterloo
77, RV1

ROYAL ACADEMY OF MUSIC

Mapa 189 G3
Marylebone Road NW1 5HT
Tel.: 020 7873 7373
www.ram.ac.uk

Una de las cuatro escuelas de música de Londres que ofrece recitales de entrada libre a la hora de comer e interpretaciones de música de cámara y de orquestas por la noche a precios razonables. En 2001 se añadió una nueva sala de recitales con techo de cristal; cuenta además con un pequeño museo de instrumentos musicales (Lu–vi: 12:30–18; sa, do: 14–17:30).

6–25 £ Regent's Park
18, 27, 30, 74

ROYAL ALBERT HALL
Mapa 188 E6
Kensington Gore SW7 2AP
Tel.: 020 7589 3203, bookings 020 7589 8212
www.royalalberthall.com
Este inmenso edificio coronado por una cúpula, situado al sur de los jardines de Kensington, cuenta con 5.200 butacas. Se trata de un local para grandes conciertos, ballets en verano y Proms veraniegos (▷ 223).
6–100 £ South Kensington
9, 10, 52, 70

ROYAL FESTIVAL HALL
Mapa 190 K5
Southbank Centre SE1 8XX
Tel.: 020 7921 0600
www.southbankcentre.co.uk
Forma parte del Southbank Centre (▷ 127). Grandes interpretaciones de música clásica, con actuaciones regulares de la Philharmonia y de la London Philharmonic. También jazz, ballet y otros géneros.
11–65 £ Embankment, Waterloo
77, RV1

ROYAL OPERA HOUSE
Mapa 190 K4
Bow Street WC2E 9DD
Tel.: 020 7304 4000
www.royaloperahouse.org
El local principal para interpretaciones de primer orden de música clásica, ópera y ballet fue abierto de nuevo en 1999 después de una profunda modernización. El edificio, ubicado en Covent Garden, presenta grandes producciones de ópera y es la sede del Royal Ballet.
3–180 £ Covent Garden
24, 29, 176, RV1

SADLER'S WELLS THEATRE
Mapa 191 off L2
Rosebery Avenue EC1R 4TN
Tel.: 020 7863 8000
www.sadlerswells.com
El local de danza más elegante de Europa ofrece ballet clásico, danza moderna y ópera. El edificio, inaugurado en 1998, sustituye al teatro fundado por Lilian Bayliss en 1931. El Lilian Bayliss Studio Theatre fue inaugurado en1988.
10–40 £ Angel 19, 38, 341

ST. JAMES'S CHURCH PICCADILLY
Mapa 190 H5
197 Piccadilly W1J 9LL
Tel.: 020 7381 0441
www.sjpconcerts.org
Esta activa iglesia, diseñada por Christopher Wren y consagrada en 1684, ofrece en su suntuoso interior música coral y conciertos interpretados por orquestas a precios populares a la hora de comer y por la noche.
Solicitar información por teléfono
Piccadilly Circus 9, 14, 19, 22

Sadler's Wells presenta un amplio abanico de danza y ópera

ST. JOHN'S, SMITH SQUARE
Mapa 190 J7
Smith Square SW1P 3HA
Tel.: 020 7222 1061
www.sjss.org.uk
Esta bella iglesia desacralizada es un importante local de música clásica, frecuentemente actúa el Sainsbury Organ, uno de los mejores del Reino Unido. Acústica soberbia para coros, orquestas sinfónicas y recitales de solistas.
Solicitar información por teléfono
Westminster 3, 87, 88, 507, C10

ST. MARTIN-IN-THE-FIELDS
Mapa 190 J5
Trafalgar Square WC2N 4JJ
Tel.: 020 7839 8362
www.smitf.org
Conciertos de entrada libre a la hora de comer centrados en la música barroca (se agradecen los donativos) y conciertos nocturnos, siempre a la luz de las velas.
6–20 £ Leicester Square, Charing Cross 9, 24, 176

SHAW THEATRE
Mapa 190 off J2
100–110 Euston Road NW1 2AJ
Tel.: 020 7388 2555
www.theshawtheatre.com
Recibe el nombre del dramaturgo irlandés George Bernard Shaw, que fue concejal en este lugar. Actualmente ha sido reformado y se ha asociado con el hotel contiguo, el Shaw Park Plaza. Pone en escena espectáculos para toda la familia y producciones internacionales de danza.
8–35 £ King's Cross, Euston
10, 30, 73, 168

THE PLACE: ROBIN HOWARD DANCE THEATRE
Mapa 190 J2
17 Duke's Road WC1H 9PY
Tel.: 020 7387 0031
www.theplace.org.uk
Teatro de 300 butacas que ofrece danza contemporánea internacional para el público, además de formación para todos los niveles en diferentes géneros de danza. El London Contemporary Dance Theatre tiene su sede en este local.
5–15 £ Euston 10, 30, 73, 91

WIGMORE HALL
Mapa 189 G4
36 Wigmore Street W1U 2BP
Tel.: 020 7935 2141
www.wigmore-hall.org.uk
El local favorito de Londres para conciertos y recitales íntimos, con una acústica cuya perfección se ha hecho legendaria. Inaugurado en 1901 con el nombre de Bechstein Hall. La elegancia arquitectónica (mármol y escayola con cúpula) armoniza con la calidad sin par de las grandes representaciones clásicas.
10–35 £ Bond Street
8, 10, 73, C2

MÚSICA CONTEMPORÁNEA EN DIRECTO

En Londres la música en directo cubre todos los géneros imaginables y cuenta con una amplia gama de tarifas para elegir. Para asistir a las actuaciones y locales más pequeños, lo normal es efectuar el pago en la misma puerta; los espectáculos más grandes suelen contar con un sistema de venta directa, vía Internet o mediante agentes como TicketMaster (tel.: 0870 534 4444, www.ticketmaster.co.uk), con varias sucursales en la ciudad, o Stargreen Box Office (tel.: 020 7734 8932, www.stargreen.com) en Argyll Street, cerca de Oxford Circus.

BARBICAN CENTRE
▷ 194

BARFLY
Mapa 168 off K3
49 Chalk Farm Road NW1 8AN
Tel.: 0870 907 0999
www.barflyclub.com
Las actuaciones en directo de bandas sin nombre conocido forman parte importante del espíritu de Barfly, pero también hacen su aparición artistas consagrados. Bandas como Coldplay y Kaiser Chiefs tocaron en este lugar antes de alcanzar la fama.
5–12 £ Camden, Chalk Farm
24, 27, 29, 31, 74, 134

BORDERLINE
Mapa 190 J4
Orange Yard, Manette Street W1D 4JB
Tel.: 020 7734 5547,
box office 0870 060 3777
www.meanfiddler.com
Local famoso (para 275 personas) que en su época conoció a muchos de los grandes nombres. La música abarca desde el country al heavy metal y mucho más.
6–16 £ Tottenham Court Road
8, 10, 14, 24

BREAD & ROSES
Mapa 191 off M7
68 Clapham Manor Street, Clapham SW4 6DZ
Tel.: 020 7498 1779
www.breadandrosespub.com
Amplio pub que ofrece música, poesía y comedias.
3–5 £ Clapham Common, Clapham North 88, 137, 345

BULL'S HEAD
Mapa 188 off C7
373 Lonsdale Road, Barnes SW13 9PY
Tel.: 020 8876 5241
www.thebullshead.com
Sede principal del jazz moderno y tradicional y del blues desde 1959; una actuación cada noche y dos los domingos.
5–10 £ 209, 283
Barnes Bridge

BUSH HALL
▷ 194

En Londres hay muchos locales de jazz

CARLING ACADEMY BRIXTON
Mapa 191 off M7
211 Stockwell Road, Brixton SW9 9SL
Tel.: 020 7771 3000
www.brixton-academy.co.uk
Gran auditorio donde se pueden disfrutar de actuaciones de los grandes nombres del rock y del pop.
15–30 £ Brixton 133, 159

CARLING APOLLO HAMMERSMITH
Mapa 188 off C7
Queen Caroline Street W6 9QH
Tel.: 0870 606 3400
www.carlinglive.com
Grande e importante local del rock y del pop ubicado en una concurrida glorieta en el centro de Hammersmith. Buen sonido y campo visual.
10–40 £ Hammersmith
9, 190, 391

DEAD PARROT
Mapa 190 J4
165 Charing Cross Road WC2H 0EL
Tel.: 020 7434 9592
Establecido sobre el antiguo local del Astoria II, este establecimiento de culto de la década de 1980 presenta una gran variedad de bandas, especialmente de rock y blues, en el que todos los lunes se dedican al hip-hop.
8–18,50 £ Tottenham Court Road
8, 10, 14, 24

DOVER STREET
Mapa 189 H5
8–10 Dover Street W1S 4LQ
Tel.: 020 7629 9813
www.doverst.co.uk
Este restaurante tiene una sala de baile y un bajo en el que se ofrecen actuaciones en directo de jazz, rhythm and blues, música latina y soul.
6–15 £ Green Park 8, 9, 14

HAMMERSMITH AND FULHAM IRISH CENTRE
Mapa 188 off C7
Blacks Road, Hammersmith W6 9DT
Tel.: 020 8563 8232
www.lbhf.gov.uk/irishcentre
Centro artístico que presenta música irlandesa y celta en general, desde la más tradicional hasta folk contemporáneo y jazz.
4–10 £ Hammersmith
9, 27, 190, 391

INSTITUTE OF CONTEMPORARY ARTS (ICA)
▷ 93

JAZZ CAFÉ
Mapa 189 off H2
5 Parkway NW1 7PG
Tel.: 0870 150 0044
Este logrado local moderno, popular, lleno de jóvenes londinenses, retumba cada noche con actuaciones en directo de jazz, desde *soul*, músicas del mundo y R&B hasta hip-hop y rap; todo está aquí.
10–25 £ Camden Town 24, 274

LOCK 17
Dingwalls Middle Yard, Camden Lock, Chalk Farm Road NW1 8AB
Tel.: 08700 600 100 (booking line)
www.dingwalls.com
Club en varios pisos para públicos sentados que asisten a actuaciones de rock/pop, desde rock y pop hasta *hip-hop* y *country.* Los viernes y sábados tienen lugar los Jongleurs Comedy Club.
Actuaciones: do–ju: puertas abiertas desde las 19, 19:30 o 20–2
Los precios varían, hay que solicitar información Camden Town, Chalk Farm 24, 27, 31, 168

LONDON ASTORIA
Mapa 190 J4
157 Charing Cross Road WC2H 0EL
Tel.: 020 7434 9592
Sala de conciertos relativamente grande que presenta conciertos de rock y pop con la actuación de artistas de renombre como Kylie Minogue o Donna Summer y buenas bandas. Presenta noches G-A-Y (▷ 204).
6–20 £; noches G-A-Y *pink pounder* 1 £
Tottenham Court Road
14, 19, 24, 29, 38, 176

02 ARENA
Mapa 191 off P5
Peninsula Square SE10 0DX
Tel.: 020 8463 2000
www.the02.co.uk
La Cúpula del Milenio ha encontrado, por fin, su lugar como local para grandes eventos, que completa con una selección impresionante de bares y restaurantes. Se dan conciertos de rock y pop, y las actuaciones más demandadas del mundo ocupan su escenario.
20–80 £ North Grennwich

PIZZA EXPRESS JAZZ CLUB
Mapa 190 J4
10 Dean Street W1D 3RW
Tel.: Jazz Club 020 7439 8722, restaurant 020 7437 9595
www.pizzaexpress.co.uk
Todo tipo de jazz moderno y contemporáneo en un sótano bajo el establecimiento principal del Pizza Express del Soho. Reservas con antelación.
15–20 £ Tottenham Court Road
8, 10, 14, 24, 73

PIZZA ON THE PARK
Mapa 189 G6
11 Knightsbridge SW1X 7LY
Tel.: 020 7235 5273
En la zona del restaurante se puede escuchar todas las noches a los principales intérpretes de jazz, algunos de renombre internacional. Reservas con antelación.
10–18 £ Hyde Park Corner 9, 10, 14, 19, 74

RONNIE SCOTT'S
Mapa 190 J4
47 Frith Street W1D 4HT
Tel.: 020 7439 0747
www.ronniescotts.co.uk
El mejor local de jazz del RU y uno de los clubes especializados en esta música más famosos del mundo. Los mejores intérpretes hacen cola para actuar aquí.
26–36 £; más para actuaciones especiales Tottenham Court Road
8, 10, 14, 24, 73

En el Royal Albert Hall se presentan con frecuencia conciertos de rock

ROYAL ALBERT HALL
▷ 195

SHEPHERD'S BUSH EMPIRE
Mapa 188 off C5
Shepherd's Bush Green W12 8TT
Tel.: 020 8354 3300
www.shepherds-bush-empire.co.uk
Este gran auditorio destaca por la buena calidad del sonido y porque actúan primeras figuras del pop y del rock. Es un antiguo teatro donde se realizaban producciones para televisión.
15–25 £ Shepherd's Bush
49, 94

SMOLLENSKY'S ON THE STRAND
Mapa 190 K4
105 The Strand WC2R 0AB
Tel.: 020 7497 2101
www.smollenskys.co.uk
Céntrico bar restaurante con música en directo todas las noches, música jazz, moderna, latina, soul y salsa. Gran ambiente y variedad.
7–9 £; menú con jazz : 17–21 £
Charing Cross 9, 11, 13, 15, 23

SWAN
Mapa 191 off M7
215 Clapham Road, Stockwell SW9 9BE
Tel.: 020 7978 9778
Este llamativo y animado pub atrae a una clientela cosmopolita difícil de entretener. Bandas de rock, indie, imitadores y pop actúan las noches de los viernes, sábados y domingos.
Entrada libre–6 £ Stockwell
2, 155, P5

100 CLUB
Mapa 190 H4
100 Oxford Street W1D 1LL
Tel.: 020 7636 0933
www.the100club.co.uk
Anunciado como el local más famoso de música en directo de Europa. Inaugurado en 1942, se centró solo en el jazz, hasta la década de 1960, cuando los Rolling Stones y The Kinks tocaron aquí. La música abarca desde el soul, funk y jazz hasta R&B, swing y latina.
6–20 £ Tottenham Court Road
7, 8, 10, 25, 55, 73

606 CLUB
Mapa 189 off F7
90 Lots Road SW10 0QD
Tel.: 020 7352 5953
www.606club.com
Refugio muy popular con jazz en directo interpretado por artistas locales y jóvenes británicos, que vienen tanto a escuchar como a interpretar todas las noches. Los no asociados han de comer algo si piden bebidas alcohólicas.
8–12 £ Fulham Broadway
11, 211, C3

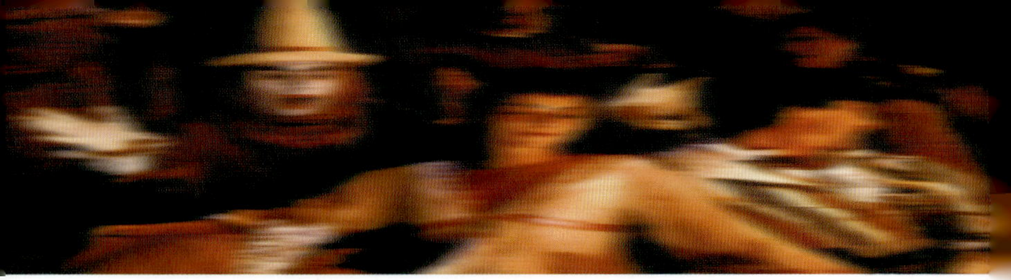

TEATROS

Las reservas de butacas en los teatros se realizan en el propio local o en alguna agencia digna de confianza como TicketMaster (tel.: 0870 534 4444, www.ticketmaster.co.uk) o Keith Prowse (tel.: 0870 840 1111, www.keithprowse.com), pero hay que comprobar las comisiones. Hay que tener precaución con la reventa de entradas. En el caso de desear entradas para un espectáculo determinado sin tener en cuenta el precio, la mejor agencia de venta de entradas es la de Harrods (tel.: 020 7225 6666). Algunos teatros (entre ellos RNT y RSC) ponen en venta las entradas devueltas el mismo día de la representación.

En la Society of London Theatres' tkts (www.tkts.co.uk) Half Price Ticket Booth, en Leicester Square (▷ 97), se pueden encontrar entradas a mitad de precio, ya que es un lugar en el que se venden entradas devueltas para los teatros del West End el mismo día de la representación (lu-sa: 10–19; funciones matinales y de tarde, do: 12– 15, sólo matinal). La taquilla solo acepta efectivo y añade una comisión por servicios de 2,50 £ por entrada. En esta zona hay que tener cuidado con las taquillas no oficiales.

ADELPHI THEATRE

Mapa 190 K5
Strand WC2E 7NA
Tel.: 0870 895 5598
www.seetickets.com
Fue construido en 1806, pero su fría librea negra se remonta a 1930. Presenta espectáculos populares y musicales que llevan mucho tiempo en cartelera.
16–49,50 £ Charing Cross
9, 11, 13, 15, 23

ALDWYCH THEATRE

Mapa 190 K4
Aldwych WC2B 4DF
Tel.: 020 7379 3367
www.aldwychtheatre.com
Durante 22 años ha sido la sede en Londres de la Royal Shakespeare Company (1960–1982), el Aldwych actualmente presenta obras de teatro y musicales bajo la dirección de Michael Codron.
25–59,50 £ Covent Garden
6, 9, 13, 23, RV1

ALMEIDA THEATRE

Mapa 190 off 2L
Almeida Street, Islington N1 1TA
Tel.: 020 7359 4404
www.almeida.co.uk
Uno de los centros neurálgicos del teatro londinense. Con periodos breves de representación de obras clásicas y actuales llenas de estrellas, alimenta el intercambio entre el West End y Broadway.
7–30 £ Angel 4, 19, 30, 43

El Aldwych celebró su centenario en 2005

BARBICAN CENTRE

Mapa 191 M3
▷ 194

BATTERSEA ARTS CENTRE

Mapa 190 off L7
Lavender Hill, Battersea SW11 5TN
020 7223 2223
www.bac.org.uk
Battersea Arts Centre (BAC) presenta lo mejor de lo alternativo en sus dos teatros experimentales, mientras los favoritos de siempre, como Godspell, ocupan el escenario principal. Las representaciones siempre resultan entretenidas y a buen precio.
6–40 £ Clapham Junction
Clapham Common, Stockwell
77, 87, 156, 345, G1

CAMBRIDGE THEATRE

Mapa 190 J4
Earlham Street WC2 9HU
Tel.: 0870 890 1102
www.seetickets.com
Escondido en Seven Dials y lugar en el que se representan musicales de corta vida, fue restaurado en 1987 para devolverlo a su esplendoroso art déco en oro y plata de la década de 1930.
20–50 £ Tottenham Court Road, Covent Garden 14, 19, 38

COMEDY THEATRE

Mapa 190 J5
Panton Street SW1Y 4DN
Tel.: 0870 060 6637
www.theambassadors.com/comedy
El Comedy oculta su nombre presentando dramas breves, pero de grandes estrellas (especialmente de Pinter). Con un bello diseño de 1881, sigue siendo pequeño, sin aire acondicionado y con algunas filas con poca visibilidad.
15–45 £ Piccadilly Circus
9, 12, 13, 14

COWARD THEATRE

Mapa 190 J4
St. Martin's Lane WC2N 5AU
Tel.: 0870 950 0920
www.delfont-mackintosh.co.uk
Diseñado por W. G. R. Sprague en 1903 y antes llamado Albery, por él ha pasado una impresionante lista de estrellas, desde Olivier a Izzard.
10–50 £ Leicester Square
24, 29, 176

DONMAR WAREHOUSE THEATRE

Mapa 190 J4
Earlham Street WC2H 9LX
Tel.: 0870 060 6624
www.donmarwarehouse.com
Alojado en un almacén del siglo XIX reformado como un moderno Covent Garden, el Donmar Warehouse fue dirigido durante una década por Sam Mendes, atrayendo a las mejores estrellas de los repartos. Desde 2002 Michael Grandage ha continuado con su ecléctica programación, en la que aparecen desde dramas clásicos hasta obras actuales.
15–50,50 £ Covent Garden
14, 19, 38

DUCHESS THEATRE
Mapa 190 K4
Catherine Street WC2B 5LA
Tel.: 0870 890 1103
Construido en 1929, es un teatro íntimo (con 470 butacas), y ahora tiende a representar obras con repartos pequeños procedentes de compañías nacionales o regionales.
20–55 £ Covent Garden
6, 9, 13, 23, RV1

DUKE OF YORK'S THEATRE
Mapa 190 J5
St. Martin's Lane WC2N 4BG
Tel.: 0870 060 6623
www.theambassadors.com/dukeofyorks
El Duke of York's presenta obras de teatro aplaudidas y probadas en otros lugares, ya sea por la compañía de sir Peter Hall en Bath, en el Edinburgh Fringe, o en el Royal Court Theatre.
10–45 £ Leicester Square
24, 29, 176

FORTUNE THEATRE
Mapa 190 K4
Russell Street WC2B 5HH
Tel.: 0870 060 6626
www.theambassadors.com/fortune
Acurrucado tras el Theatre Royal Drury Lane, el Fortune es una de las joyas escondidas del West End. De carácter íntimo, responde a un diseño de Ernest Schaufelberg de 1924. Desde 1989 atemoriza al público que acude como testigo con *The Woman in Black.*
12,50–36 £ Covent Garden
6, 9, 13, 23, RV1

GARRICK THEATRE
Mapa 190 J5
Charing Cross Road WC2H 0HH
Tel.: 0870 890 1104
Pequeño teatro que recibe el nombre del actor y empresario del siglo XVIII David Garrick (1717–1779).
20–45 £ Leicester Square
24, 29, 176

THE GATE
Mapa 188 C5
11 Pembridge Road W11 3HQ
Tel.: 020 7229 0706
www.gatetheatre.co.uk
Teatro minúsculo (70–80 butacas) pero bien consolidado en la parte superior de un pub. Solo se representan obras traducidas procedentes de culturas distantes de la británica.
10–15 £ (Lu: 30, dispone de butacas cuyo precio es «pagar lo que se pueda»)
Notting Hill Gate 27, 28, 31, 328

GIELGUD THEATRE
Mapa 190 J4
33 Shaftesbury Avenue W1V 8AR
Tel.: 0870 890 1105
www.delfontmackintosh.co.uk
Inaugurado en 1906, el Gielgud cambió de nombre en 1995 en honor a sir John Gielgud (1904–2000), que actuó en él con frecuencia. Junto al adyacente Queen's Theatre, desde 2007 mantiene en lo más alto Sondheim Theatre.
20–49,50 £ Piccadilly Circus
14, 19, 38

The Garrick es uno de los teatros de Charing Cross Road

GLOBE, SHAKESPEARE'S
Mapa 191 M5
▷ 126

HAMPSTEAD THEATRE
Mapa 188 off E2
Eton Avenue, Swiss Cottage NW3 3EU
Tel.: 020 7722 9301
www.hampsteadtheatre.com
Teatro pequeño que presenta obras nuevas, que en ocasiones se llevan al West End. Aforo de 325 butacas.
10–22 £ Swiss Cottage
13, 46, 82, 113

KING'S HEAD THEATRE
Mapa 191 off L2
115 Upper Street N1 1QN
Tel.: 020 7226 1916
www.kingsheadtheatre.org
Teatro ubicado en el pub del siglo XIX King's Head. El programa incluye obras nuevas, clásicos modernizados y musicales. 115 butacas.
15–17,50 £
Angel, Highbury & Islington
4, 19, 30, 43

LITTLE ANGEL THEATRE
▷ 220

LONDON PALLADIUM
Mapa 189 H4
Argyll Street W1V 1AD
Tel.: 0870 890 1108
www.seetickets.com
Colosal teatro edificado en 1910, el Palladium ha presentado los musicales más famosos (llegando a contar con un coche volador en *Chitty Chitty Bang Bang*) y una serie de programas especiales para televisión.
25–55 £ Oxford Circus
8, 10, 73, 453

LYCEUM THEATRE
Mapa 190 K4
Wellington Street WC2 E7DA
Tel.: 0870 243 9000
www.ticketmaster.co.uk
Primero fue una sala de conciertos y posteriormente un museo de cera; la famosa entrada con columnas al Lyceum se inauguró en 1996, y actualmente se representa *El rey León* de Disney.
11,70–44 £ Charing Cross
9, 13, 23

LYRIC HAMMERSMITH
Mapa 188 off C7
King Street W6 0QL
Tel.: 0870 0500 511
www.lyric.co.uk
Teatro moderno, edificado en el año 1978, presenta producciones originales que están de gira. El auditorio principal cuenta con 550 butacas; el estudio llega a las 130.
9–27 £
Hammersmith
9, 10, 27, 391

LYRIC THEATRE
Mapa 190 J4
Shaftesbury Avenue W1V 7HA
Tel.: 0870 890 1107
El más antiguo de los cuatro elegantes, por no decir marchitos, teatros victorianos, en Shaftesbury Avenue. El Lyric fue inaugurado en 1888 y actualmente presenta entretenidas obras de teatro y musicales.
20–50 £ Piccadilly Circus
14, 19, 38

NEW AMBASSADORS THEATRE
Mapa 190 J4
West Street WC2H 9ND
Tel.: 0870 060 6627
www.theambassadortheatre.co.uk
El teatro más pequeño del West End tiene un interesante programa de obras de teatro de artistas contemporáneos. 400 butacas.
25–45 £ Leicester Square
14, 19, 38

NEW LONDON THEATRE
Mapa 190 K4
Drury Lane WC2B 5PW
Tel.: 0870 890 1110
www.seetickets.com
Durante 21 años albergó *Cats* (el musical del West End que más tiempo ha estado en cartel). El New London fue inaugurado en 1973 en todo su esplendor de cristal y hormigón (diseñado por Paul Tvrtkovic).
20–55 £ Covent Garden
6, 9, 13, 23, RV1

NOVELLO THEATRE
Mapa 190 K4
Aldwych WC2B 4SD
Tel.: 0870 060 2335
www.delfontmackintosh.co.uk
El Strand fue construido como pareja del Aldwych Theatre en 1905. 1.067 butacas.
15–45 £ Covent Garden, Temple
9, 11, 13, 23

OLD VIC
Mapa 191 L6
The Cut, Waterloo Road SE1 8NB
Tel.: 0870 060 6628
www.oldvictheatre.com
Edificio histórico (1818) en el que empezó el Teatro Nacional del Reino Unido antes de trasladarse al South Bank en la década de 1970. Es el lugar en el que han aparecido la mayor parte de los grandes del teatro del siglo XX.
10–45 £ Waterloo, Southwark
168, 176, RV1

OPEN-AIR THEATRE
Mapa 189 G2
Regent's Park NW1 4NP
Tel.: 0870 060 1811
www.openairtheatre.org
La New Shakespeare Company actúa en este anfiteatro de 1932 en el centro de Regent's Park (jun–sep). Hay que llevar ropa de abrigo, un cojín y cena campestre.
10–31 £ Baker Street, Regent's Park
18, 27, 30

El Royal Court Theatre tiene fama de presentar dramas radicales

ORANGE TREE THEATRE
Mapa 188 off C7
1 Clarence Street, Richmond TW9 2SA
Tel.: 020 8940 3633
www.orangetreetheatre.co.uk
Este teatro se centra en obras nuevas y redescubiertas. Su labor en el pub Orange Tree situado enfrente, en 1972. 172 butacas.
8–16 £ Richmond 190, 391

PICCADILLY THEATRE
Mapa 190 H4
Denman Street W1D 7DY
Tel.: 0870 060 6630
www.theambassadors.com
Situado detrás de Piccadilly Circus, es fundamentalmente el hogar de comedias y musicales. Artistas como Al Jolson, Evelyn Laye y Henry Fonda han actuado en Piccadilly Theatre.
20–55 £ Piccadilly Circus
14, 19, 38

POLKA CHILDREN'S THEATRE
▷ 220.

PRINCE EDWARD THEATRE
Mapa 190 J4
Old Compton Street W1D 4HS
Tel.: 0870 850 9191
www.delfontmackintosh.co.uk
El teatro Edward A. Stone fue inaugurado en 1930 con interiores diseñados por Marc-Henri y Laverdet. Reformado en 1993, es famoso por sus musicales.
25–55 £ Leicester Square 14, 19, 38

PRINCE OF WALES THEATRE
Mapa 190 J5
Coventry Street W1D 6AS
Tel.: 0870 850 0393
www.delfontmackintosh.co.uk
Construido en 1937 en estilo art decó. Su bar es uno de los más grandes del West End. Presenta los principales musicales y obras de teatro.
27,50–55 £ Leicester Square, Piccadilly Circus 14, 19, 38

QUEEN'S THEATRE
Mapa 190 J4
Shaftesbury Avenue W1V 8BA
Tel.: 020 7494 5040
www.delfontmackintosh.co.uk
Construido en 1907 como la imagen en el espejo del Gielgud, actualmente el Queen's cuenta con una moderna fachada de cristal. En 2007 se construirá encima el Sondheim Theatre, con 500 butacas.
12,50–47,50 £ Leicester Square
14, 19, 38

RICHMOND THEATRE
Mapa 188 off C7
The Green, Richmond, Surrey TW9 1QJ
Tel.: 020 8940 0088
www.theambassadors.com
Construido en 1899, este teatro cuenta con una larga tradición de producciones y pantomimas del entorno del West End. Está orientado hacia la frondosa ex-

tensión de Richmond Park. 607 butacas.
17–27,50 £ Richmond
190, 391

RIVERSIDE STUDIOS
Mapa 188 off C7
Crisp Road (off Queen Caroline Street) W6 9RL
Tel.: 020 8237 1111
www.riversidestudios.co.uk
Centro principal del West London para las representaciones contemporáneas e internacionales y para la proyección de películas (▷ 193).
6,50–25 £ Hammersmith
9, 190, 391

ROYAL COURT/JERWOOD THEATRE UPSTAIRS
Mapa 189 off G7
Sloane Square SW1W 8AS
Tel.: 020 7565 5000
www.royalcourttheatre.com
Gran fama artística; solo presenta obras nuevas escritas por dramaturgos tanto consagrados como noveles; en la librería se venden los textos. La sala principal tiene 400 butacas, y el estudio, 60.
7,50–26 £ Sloane Square
11, 19, 22, 211, C1

ROYAL NATIONAL THEATRE
Mapa 190 K5
South Bank SE1 9PX
Tel.: 020 7452 3000
www.nationaltheatre.org.uk
Cuenta con tres auditorios: el Cottesloe, con 300 butacas, que no tiene asientos fijos ni escenario; el proscenio Lyttleton, con 890 butacas; y el Olivier, 1.080 butacas, que recibe el nombre de sir Laurence Olivier, primer director del National Theatre.
10–50 £ Waterloo 77, RV1

SAVOY THEATRE
Mapa 190 K5
Strand WC2R 0ET
Tel.: 0870 164 8787
www.thesavoytheatre.co.uk
Construido en 1881 por Richard D'Oyly Carte para presentar operetas de Gilbert y Sullivan. Fue rediseñado en 1920. 1.100 butacas.
40–55 £ Charing Cross
9, 11, 13, 23

SHAFTESBURY THEATRE
Mapa 190 J4
210 Shaftesbury Avenue WC2H 8DP
Tel.: 0870 906 3798
Teatro independiente construido en 1902 en la esquina de Shaftesbury Avenue, presenta sobre todo musicales y comedias. 1.000 butacas.
22–62 £ Covent Garden
14, 19, 38

THEATRE ROYAL DRURY LANE
Mapa 190 K4
Catherine Street WC2B 5JF
Tel.: 0870 890 1109
www.rutheatres.com
El teatro actual, construido en 1812, es el cuarto que ocupa este espacio, y en él se representan sobre todo musicales. Tiene fantasmas: el Hombre de Gris se pasea por la parte superior del anfiteatro durante las producciones de mayor éxito. 2.196 butacas.
15–60 £ Covent Garden
6, 9, 13, 23, RV1

El Theatre Royal Drury Lane se fundó en 1663

THEATRE ROYAL HAYMARKET
Mapa 190 J5
Haymarket SW1Y 4HT
Tel.: 0870 901 3356
www.trh.co.uk
Con su hermosa entrada rodeada de columnas (por gentileza de Nash, 1821), ricos espejos y dorados, el Teatro Real se remonta a la época de Haendel, a 1720. Sigue enorgulleciéndose de contar con los mejores repartos y el público mejor vestido.
20–60 £ Piccadilly Circus
14, 19, 38

TRAFALGAR STUDIOS (EN EL WHITEHALL THEATRE)
Mapa 190 J5
Whitehall SW1A 2DY
Tel.: 0870 060 6632
www.theambassadors.com/trafalgarstudios
Este teatro en estilo art decó es famoso por las farsas de Whitehall de preguerra y por las revistas musicales de la posguerra. 648 butacas.
10–42,50 £ Charing Cross
11, 12, 24

VAUDEVILLE THEATRE
Mapa 190 K5
Strand WC2B 4LD
Tel.: 0870 890 0511
Pequeño local inaugurado en 1870. Fue el tercer teatro que ocupó este lugar. Musicales y comedia. 714 butacas.
17–39,50 £ Charing Cross
9, 11, 13, 23

VICTORIA PALACE
Mapa 189 H7
Victoria Street SW1E 5EA
Tel.: 0870 165 8787
www.victoriapalacetheatre.co.uk
Edificado en 1911, el Victoria Palace presenta musicales y programas de éxito, albergando actualmente *Billy Elliot.*
17,50–60 £ Victoria
11, 24, 211, 239, C1

WYNDHAMS
Mapa 190 J4
Charing Cross Road WC2H 0DA
Tel.: 0870 060 6633
www.delfontmackintosh.co.uk
Inaugurado en 1899, Wyndhams ha presentado gran variedad de espectáculos que se han mantenido mucho tiempo en cartelera, desde *The Boy Friend* en la década de 1950 y *Godspell* en la de 1970 hasta *Art* durante la década de 1990 y con Madonna. *Up for Grabs.*
15–45 £ Leicester Square
24, 29, 176

VIDA NOCTURNA

Quien tenga fuerzas y ánimo para ello, en Londres puede estar de fiesta 24 horas al día. Tras una época en la que los súper clubes para jóvenes con dinero dominaban el panorama, hoy en día se encuentra gran variedad de locales y estilos para dar servicio a cualquier gusto, presupuesto y edad.

Londres cuenta con una amplia selección de clubes nocturnos, por lo que es necesario decidir antes el club adecuado. Hay que buscar información en las revistas que ofrecen listados (como *Time Out*), en folletos, hablar con otras personas en los bares de moda cercanos antes de entrar en ningún club. Una vez decidido consultar qué está previsto esa noche en concreto, ya que muchos cuentan con noches temáticas diferentes a lo largo de la semana. Lo bueno es que se puede ir a un club todas las noches de la semana; incluso los lunes y los jueves se encuentran locales abarrotados.

Se encuentran clubes y bares para todos los gustos

DE CLUBES

En la puerta de los locales más populares empiezan a formarse las colas a las 23 h. Hay clubes que permiten la entrada libre a primeras horas de la noche, dejando que el precio de las consumiciones asuma el coste. Otros elevan el precio de la entrada por la noche. Las noches temáticas, los eventos especiales, las bandas invitadas y los Djs están especificados en el propio club o en su página web. Los clubes con restaurante o espectáculo ofrecen menús especiales.

Siempre hay que informarse de la vestimenta que exige el club. Los hay informales, otros exigen «ir arreglado» (cuya definición varía mucho de unos a otros) y otros rechazan prendas determinadas como vaqueros o calzado deportivo. Una vez allí, hay que vérselas con duros porteros (gorilas). Si prohiben el acceso, lo mejor es aceptarlo y marcharse de allí. No tienen por qué dar razones y no vale la pena discutir y meterse en líos. Hay que probar suerte en otro sitio. Una forma segura de granjearse el desagrado de los gorilas es presentarse borracho. Una vez traspasada la puerta, no es infrecuente el cacheo por parte del personal de seguridad.

OTRAS OPCIONES

Si se busca un volumen moderado del sonido, más espacio y un rango de edad más amplio, dirigirse a clubes en los que se interprete salsa u otras músicas latinas o a un clásico club de cabaré y cena, no todos tienen precios exorbitantes, pero muchos exigen ir bien arreglado (de nuevo, las definiciones varían). Una de las mejores cosas de estos lugares es que ofrecen lecciones de baile (con frecuencia gratuitas) antes de que la noche empiece de verdad. ¡Lo que hay que hacer es tragarse el orgullo y llegar pronto!

CLUBES Y MEDIANA EDAD

Si la música techno, el hip hop, la electrónica y el drum 'n' bass le producen a alguien dolor de cabeza pero quiere bailar con música que pueda reconocer, debe buscar los locales nocturnos que ofrecen la mejor música de los años setenta y ochenta.

La página web oficial www.visitlondon.com es una buena fuente de información, pero es necesario confirmar en el propio local los eventos y horarios.

«SOLO PARA ADULTOS»

No hay que buscar mucho en el Soho para encontrar un surtido bastante sospechoso de espectáculos eróticos para voyeuristas, donde los estafadores aguardan a los turistas. Es fácil acabar en el Soho sin pretenderlo, pero es aconsejable alejarse de estos lugares.

COMEDIA

Los clubes de comedia se difundieron mucho en la década de 1980 y sigue habiendo una enorme selección de revistas, espectáculos improvisados y comedias en vivo, desde lugares con micrófonos abiertos para debutantes hasta grandes artistas que atraen a mucha gente, como Jack Dee y Lee Evans.

Londres tiene una plétora de clubes de comedia

VOLVER A CASA

Antes de empezar, hay que pensar en la vuelta a casa. Los autobuses nocturnos funcionan hasta primeras horas de la madrugada (▷ 53), pero si el local está situado en el extrarradio o lejos de la parada de autobús es mejor informarse del servicio de taxis (suele haber varios esperando fuera). No se debe olvidar que el metro cierra alrededor de las 12 de la noche.

CLUBS Y BARES

El número de clubes de Londres ha ido aumentando paulatinamente en los últimos años, haciéndose más popular y variado, y ofreciendo una emocionante mezcla de géneros, temas, espectáculos y estilos musicales. El Soho es una zona de moda por sus clubes situada en el centro de Londres; otras zonas más alejadas como Brixton, Camden, Elephant and Castle y Clerkenwell cuentan con muchos establecimientos que visitar.

Se debe recordar que los clubes suelen aplicar precios elevados a las bebidas consumidas a partir de las 23h; la mayoría acepta tarjetas de crédito.

Respecto a la información sobre el panorama gay de Londres, mensualmente aparecen las publicaciones *Gay Times* y *Attitude*, que se adquieren en los puntos de venta de prensa. Contienen artículos, entrevistas y listados. Otras publicaciones son *The Pink Paper*, de carácter más político y activista; *qx*, claramente hedonista; y *boyz*, que constituye un punto intermedio entre ambos. Otra buena fuente donde obtener consejo y apoyo es la Lesbian and Gay Helpline (tel.: 020 7837 7324, abierta a diario de 19:30-22). También se puede consultar www.gaybritain.co.uk

BABALOU

The Crypt, St. Matthew's Church, Brixton Hill SW2 1JF
Tel 020 7738 3366
www.babalou.net

Situado bajo una antigua iglesia en una isleta del centro de Brixton. Ofrece ambiente estudiantil y bebidas a precios razonables. Dada su popularidad, es recomendable llegar temprano. Cuenta con buenos Djs y grupos que tocan en directo; zona de bar y restaurante.

Mi: 19-2; ju, do: 22-2; vi, sa: 19-5; 3-6 £ (entrada libre antes de las 21) Brixton 45, 59, 109, 118, 250

BAR CODE

3-4 Archer Street W1D 7AP
Tel.: 020 7734 3342

Extravagante bar para gays con una animada y calurosa pista de baile en los bajos, máquinas expendedoras de fruta y mesa de billar. Sus clientes son coquetos y poco exigentes. Merece la pena el Comedy Camp de los jueves.

Lu-sa: 16-1; do: 16-22:30 Entrada libre Piccadilly Circus 14, 19, 38

BAR RUMBA

36 Shaftsbury Avenue WC1D 7ER
Tel.: 020 7287 6933
www.barrumba.co.uk

Es un club consolidado situado en un bajo con una gran pista de baile. Noches temáticas habituales, entre las que se cuentan el espectáculo de jazz-funk los lunes y el de salsa los jueves. Música drum and bass, house y hip-hop.

Lu, ju, vi: 20-3; ju: 18-3; sa: 21-3:30; do: 21-1:30; 3-12 £; entrada libre antes de las 21 Piccadilly Circus 14. 19, 38

Bar Rumba ofrece una amplia variedad de música

BLACK CAP

171 Camden High Street NW1 7JY
Tel.: 020 7428 2721
www.theblackcap.com

En este famoso cabaré siempre sucede algo; se trata del primer local para travestis de Londres, que atrae a clientes tanto heterosexuales como gays.

Lu-ju: 12-1; vi--a: 12-2; do: 12-22:30 1-3 £; Camden Town 29, 253, 274, C2

THE BOX

32-34 Monmouth Street WC2H 9HB
Tel.: 020 7240 5828

Se trata de un bar elegante para gays en el que se puede consumir buena carne y cerveza, y atrae a una clientela muy moderna. Los fines de semana suele estar lleno.

Lu-sa: 11-23; do: 12 – 22:30 Entrada libre Covent Garden 14, 19, 38, RV1

CAFÉ DE PARIS

3-4 Coventry Street W1D 6BW
Tel.: 020 7734 7700
www.cafedeparis.com

Elegante y original local nocturno fundado en 1924, con cortinas de terciopelo y una gran escalera que conduce a la pista de baile y al bar. Todas las noches se puede escuchar en directo música de jazz y de cabaré. Las bebidas resultan caras y el control de la entrada es estricto. Restaurante.

Club nocturno: vi, sa: 22-4 (restaurante 18-21) 15-20 £; Leicester Square, Piccadilly Circus 9, 12, 13, 15, 23

CANDY BAR

4 Carlisle Street, off Dean Street W1D 3BJ
Tel.: 020 7494 4041
www.candybar.easynet.co.uk

Este destacado bar lesbiano y bisexual situado en el centro de Londres atrae a una gran clientela y cuenta con Djs todas las noches. También son bien recibidos los gays. Su ambiente es claramente relajado y no requiere una vestimenta determinada.

Lu-ju: 12-1; vi-sa: 12-3; do: 12-23 Libre do-ju, 5 £; vi-sa: después de las 21 pm; Tottenham Court Road 14, 19, 24, 29, 176

CARGO

83 Rivington Street, Shoreditch EC2A 3AY
Tel.: 020 7749 7844
www.cargo-london.com

Bar algo frío ubicado en un edificio cavernoso del East End. Restaurante con mesas para compartir. No es muy acogedor, pero los clientes suelen disfrutar con sus buenos Djs y su bandas.

Lu-ju: 12-1; vi: 12-3; sa: 13-3; do: 13-24; 7-22,50 £ Old Street, Liverpool Street 8, 43, 55, 243

COLOSSEUM
1 Nine Elms Lane SW8 5NQ
Tel.: 020 7627 1283
www.clubcolosseum.com
Local en la orilla del río con un salón tranquilo, bar y tres pistas de baile.
Solicitar información por teléfono
Solicitar información por teléfono
Vauxhall
2, 36, 88, 87, 344

COMPTON'S OF SOHO
53 Old Compton Street W1D 6HJ
Tel.: 020 7479 7961
www.comptons-of-soho.co.uk
Se trata de una institución londinense para gays, legendaria por su extravagancia. Ocupa dos plantas y suele estar muy concurrido.
Lu-vi: 12–23; sa: 11–23; do: 12–22
Gratuito Leicester Square, Tottenham Court Road
14, 19, 24, 29, 176

EGG
20 York Way, King's Cross N7 9AX
Tel.: 020 7609 8364
www.egglondon.net
Uno de los locales nocturnos más nuevos de Londres que atrae a una clientela dispuesta a todo y actual que acude por las bandas que tocan en directo así como por los Djs; música house, techno y electrónica. Íntimo ambiente mediterráneo.
Vi: 10–18; sa: 10–18; do: 16–final de la tarde 6–15 £ King's Cross

THE END
18A West Central Street WC1A 1JJ
Tel.: 020 7419 9199
www.endclub.com
Situado en las cámaras minimalistas de una oficina de correos del siglo XIX, con los mejores Djs, como Mr. C. de la banda de música techno-rave The Shamen; música dance y house; también noches de drum 'n' bass. Sonido excelente.
Lu, mi: 22–3; ma, ju: 22–4, vi: 22–6; sa: 22–7; dom: solicitar información por teléfono;
4–15 £
Tottenham Court Road, Holborn
4, 8, 10, 73

FABRIC
77A Charterhouse Street EC1M 3HN
Tel.: 020 7336 8898
www.fabric-london.com
Club fabuloso con música house, techno y electrónica fundamentalmente. Público tranquilo veinteañero y unos Djs algo más misteriosos.
Vi: 17:30–5; sa: 22–7 12–18 £
Farringdon 17, 45, 46, 63

FRIDGE
1 Townhall Parade, Brixton Hill SW2 1RJ
Tel.:020 7326 5100
www.fridge.co.uk
Local famoso para fiestas. Música dance los fines de semana y actuaciones en directo entre semana.

Indudablemente, la cantidad de clubes en la capital no es escasa

Lu–ju: varía el horario, vi y sa: 22-6;
5–20 £ Brixton 45, 59

G-A-Y LONDON ASTORIA
157 Charing Cross Road WC2H 0EN
Tel.: 020 7434 9592
www.g-a-y.co.uk
El cursi y de baja calidad G-A-Y suele ser la primera parada de cualquier circuito por los clubes gays o lesbianos. El Pink Pounder de los lunes cuenta con ofertas especiales de bebidas y fiestas temáticas; los viernes está el Camp Attack; actuaciones en directo los sábados.
Lu: 22:30–3; ju-vi: 22–6; sa: 22–5;
1–10 £ Tottenham Court Road
14, 19, 24, 29, 38

GUANABARA
New London Theatre, Parker Street WC2B 5PW
Tel.: 020 7242 8600
www.guanabara.co.uk
Refinados cócteles latinos y exotica música *dance* brasileña; igual que estar en Río. Restaurante.
Lu-sa: 17-2:30; do: 17-24 Libre
Covent Garden 6, 9, 13, 23, 87

HEAVEN
The Arches, Villiers Street WC2N 6NG
Tel.: 020 7930 2020
www.heaven-london.com
El club gay más famoso de Londres. Los lunes, palomitas de maíz y música comercial y funky house sin ambiente de fiesta; los miércoles toca pop, funk y R'n'B; los viernes y sábados por la noche son impresionantes, con house comercial.
Lu, sa: 23–6; ju-vi: 23–5; 2–12 £
Embankment, Charing Cross
9, 11, 13, 15, 23

KOKO
1A Camden High Street NW1 7JE
Tel.: 0870 432 5527
www.koko.uk.com
El antiguo Palacio de Candem, del siglo XIX, se ha convertido en un lujoso local que no ha olvidado su pasado teatral. Noches musicales variadas, para adaptarse a todos los gustos, combina bandas en directo con Djs para que el efecto sea más impresionante.
Llamar por teléfono para informarse sobre horarios; 5–15 £
Mornington Crescent, Camden Town
24, 27, 29, 31, 74, 134

MADAME JO JO'S
8–10 Brewer Street, Soho W1F 0SP
Tel.: 020 7734 3040
www.madamejojos.com
Club estilo cabaré que acoge noches de deep funk los viernes, y kitsch cabaret los sábados, seguido del Groove Sanctuary, un «auténtico refugio para quienes se toman en serio su música», entre la que se incluye deep house y nu-jazz.
Lu, ju, vi-sa: 22–3; Cabaré, sa: 19–2
6–8 £ Leicester Square, Piccadilly Circus 9, 12, 13, 15, 23

MINISTRY OF SOUND
103 Gaunt Street SE1 6DP
Tel.: 0870 060 2666
www.ministryofsound.com
Posiblemente se trata del club más famoso de Londres –su reputación cruza el Canal– y es un local amplio en el que se pueden disfrutar todos los aspectos de la música house. No hay que preocuparse por los antipáticos gorilas, las largas colas y los elevados precios de la entrada; hay que limitarse a pasarlo bien al llegar la noche.
Vi: 23–5; sa: 23–7
10–20 £
Elephant and Castle
12, 188, 453, C10

NOTTING HILL ARTS CLUB
21 Notting Hill Gate W11 3JQ
Tel.: 020 7598 5226
www.nottinghillartsclub.com
Este bajo bohemio en el que se proyectan imágenes sobre paredes encaladas y telas constituye un local pionero en el ámbito de la música y el arte. Buen ron cubano y buena cerveza, y todas las bebidas a un precio razonable. Impresionantes pinchadiscos ponen música funky. Con frecuencia cuentan con grupos de música que tocan en directo y organizan acontecimientos especiales.
Lu–vi: 18–2; sa: 16–2; do: 16–1; último pase: una hora antes de cerrar
5-8 £
Notting Hill Gate
12, 28, 31, 52

PACHA LONDON
Terminus Place, Victoria SW1V 1JR
Tel.: 020 7833 3139
www.pachalondon.com
Ubicado en un edificio de la década de 1920, la rama londinense de la leyenda de Ibiza ilumina el aire industrial con paneles originales de roble, techos con vidrieras fascinantes y una galería con una barandilla muy trabajada con vistas a la pista de baile principal.
Vi–sa: 23–5
15–20 £
Victoria
11, C1, C10

PIGALLE
215–217 Piccadilly W1J 9HN
Tel.: 020 7287 3834
www.thepigalleclub.com
Antiguo cine convertido con acierto en un sofisticado restaurante nocturno de lujo inspirado en la década de 1940, cuyo personal viste al estilo de dicha década. El restaurante del entresuelo tiene vistas al escenario, de manera que mientras se cena se pueda disfrutar de las actuaciones en directo, que de vez en cuando, son protagonizadas por estrellas internacionales. El ambiente es increíble; la media de edad de los clientes enamorados de la tenue luz de la pista de baile es superior a la de la mayoría de los clubes, y al final de la noche acuden actores de los musicales de la zona y se unen al público.
Lu–mi: 19–2; ju–sa: 19–4 10-30 £
Piccadilly Circus 14, 19, 38

Ministry of Sound es uno de los nombres más famosos de los clubes con música en directo

PLASTIC PEOPLE
147 Curtain Road, Shoreditch EC2A 3QE
Tel.: 020 7739 6471
www.plasticpeople.co.uk
Este pequeño club situado en un bajo presume de su amplitud y de la calidad de la ecléctica música que se escucha, que recorre lo mejor de diferentes estilos: latina, afro jazz, hip hop, house, techno, soul, rock 'n' roll, punk, funk, incluso folk, además de géneros que parecen inventados como «jazz del futuro». De vez en cuando también acuden bandas en directo.
Lu–ju: 22–2; vi–sa 22–3:30; do: 19–12. 5–8 £ Old Street 8, 11, 23, 26, 35, 42, 43, 47, 48, 55, 67, 76, 78, 100, 133, 141, 149, 214, 242, 243, 271, 344

POPSTARZ
275 Pentonville Road N1 9NL
Tel 020 7833 2022
www.scala-london.co.uk
La popular noche gay de Popstarz suena a Britpop grungy, poco frecuente en el ambiente gay. Estilo R'n'B en el bar y pop más clásico en el piso de arriba.
Vi:22–4 5–8 £ King's Cross
30, 73, 214

RUPERT STREET
50 Rupert Street W1D 6DS
Tel.: 020 7292 7141
Con una gran cristalera por fachada y lleno de hombres vestidos de traje con llamativos relojes, Rupert Street constituye un local gay digno de verse. Las bebidas son caras y el personal puede llegar a resultar algo desagradable.
Lu-sa: 12–23; do: 12–22:30
Entrada libre Piccadilly Circus
14, 19, 38

SAND
156 Clapham Park Road SW4 7DE
Tel.: 020 7622 3022
Este tranquilo lugar, con espacios reservados para beber algo y charlar, Dj y baile, mantiene a South Clapham en el corazón de lo genial. Buena comida internacional.
Lu-sa: 17–2; do: 17–1 5 £
Clapham Common 35, 88, 137, 155

SIROCCO
39–45 Shaftesbury Avenue W1D 6LA
Tel.: 020 7437 0847
www.sirocco-london.com
Discoteca elegante y a la moda en el West End que combina la música y el deporte, con una característica cristalera por fachada que ilumina la calle por la noche. Ofrece magníficos cócteles y Dj en directo, y permite seguir los acontecimientos deportivos en sus doce pantallas de plasma.
Lu-mi: 16-1; ju-vi: 13-3; sa: 12-3; do: 12-1 Entrada libre Piccadilly Circus 14, 19, 38

THE SCALA
275 Pentonville Road N1 9NL
Tel.: 020 7833 2022
www.scala-london.co.uk
Antiguo cine convertido en local que alberga un club de tres pisos con varias discotecas acoge noches dedicadas al hip-hop y al breakbeat. Viernes, Popstarz, noche gay alternativa que atrae a muchos heterosexuales. Información sobre las actuaciones musicales en directo de la semana por teléfono o en la página web.
Vi: 22-5; sa: 22-6 8-15 £
King's Cross 30, 73, 214

SHADOW LOUNGE
5 Brewer Street W1F 0RF
Tel.: 020 7287 7988
www.theshadowlounge.co.uk
Este pretencioso club gay situado en el centro del Soho, más parecido a una discoteca abarrotada, es uno de los pocos locales gays con vestimenta al estilo de las discotecas para heterosexuales, es decir, elegante y a la moda.
Lu-mi: 22-3; ju-sa: 21-3; 3-10 £
Leicester Square 12, 13, 15, 23, 139

TRADER VICS
London Hilton, 22 Park Lane W1K 1BE
Tel.: 020 7208 4113
www.tradervics.com
Esta discoteca inspirada en el ambiente de Tahití hace olvidar Londres y sentirse en el sur del Pacífico. El menú de increíbles bebidas tropicales cuenta con el Mai Tais inventado por el legendario Vic, The Trader, en persona. De precio algo elevado, es divertido y digno de verse.
Lu-vi: 12-1; sa: 18-3; do: 18-23
Entrada libre Hyde Park Corner
9, 14, 16, 19, 74

TURNMILLS
63b Clerkenwell Road EC1M 5PT
Tel.: 020 7250 3409
www.turnmills.co.uk
Una de las discotecas que lleva más tiempo funcionando, en la que se escucha música house. Los viernes y los sábados son noches temáticas y un sábado al mes celebra una noche gay.
Vi: 22:30-7:30; sa: 22-6; 12-15 £
Farringdon 55, 63, 243

TWO BREWERS
114 Clapham High Street SW4 7UJ
Tel.: 020 7498 4971
Dos recintos, discoteca y cabaré nocturno hacen de este local gay del sur de Londres una alternativa relajada para la velada, con bebidas a un precio razonable y sin mala disposición.
Do–ju: 12–3 (vi, sa: hasta las 4)
3–5 £ Clapham Common
35, 88, 137, 155

VILLAGE SOHO
81 Wardour Street, Soho W1V 3TG
Tel.: 020 7434 2124
www.village-soho.co.uk
Una clientela joven y relajada disfruta de este café-bar gay, trasnochador y elegante que ocupa dos plantas de un edificio en forma de L. En la discoteca del piso inferior se escucha música *funky*, *house* y de éxito.
Lu-sa: 15-1; do: 15-23:30 Libre-2 £
Piccadilly Circus 14, 19

Todas las noches se encuentran lugares atestados de gente

WALKABOUT@LIMELIGHT
136 Shaftesbury Avenue W1D 5EZ
Tel.: 020 7255 8630
www.walkabout.eu.com
Uno de los clubes más originales de Londres ubicado en una pequeña capilla reformada, en la que los nichos originales combinan con lo más moderno en luz y sonido. Los Djs ponen música variada, desde la de la década de 1960 hasta música rock, pop y disco actual.
Lu–sa: 12–3; do: 12–24 3–8 £
Leicester Square 9, 12, 13, 15, 23

WHITE HOUSE
65 Clapham Park Road SW4 7EH
Tel.: 020 7498 3388
www.thewhitehouselondon.co.uk
Vale la pena ir hasta South Clapham para relajarse en esta sala de vanguardia. Los Djs ponen una mezcla ecléctica de músicas que se puede remojar con estupendos cócteles. En verano se aprovecha la terraza del tejado.
Mi–ju: 17:30–2; vi, sa: 19–4; do: 18–2
Entrada libre–8 £
Clapham Common 35, 88, 137

THE WHOOPEE CLUB
www.thewhoopeeclub.com
Recupera la forma de entretenimiento de la comedia *burlesque* (comedia victoriana subida de tono con *striptease* incluido) con ironía propia del siglo XXI, el Whoopee Club se encuentra una vez al mes, más o menos, en distintos locales de Londres. Información en su página web.
Alrededor de 20 £ por espectáculo

THE YARD BAR
57 Rupert Street W1V 7HN
Tel.: 020 7437 2652
Este amistoso refugio gay en medio del Soho es un lugar adecuado para tomar algo antes de entrar en un club. El patio exterior central supone un cambio a mejor desde los bulliciosos bares, y cuenta con un bar estilo *loft* en el piso superior. Precios razonables, buena comida y personal amable.
Lu–sa: 13–11; do: 1–22:.30
Entrada libre Piccadilly Circus
14, 19, 38

333
333 Old Street EC1V 9LE
Tel.: 020 7739 5949
www.333mother.com
Club-discoteca de la City caracterizado por mezcla de estilos: breaks and beats, soul, funk, reggae, drum 'n' bass y hip-hop. El sábado por la noche se convierte en club gay.
Disco: Lu–vi: 20–3; sa: 16–1. Club: Vi, sa: 22–5; do: 16–3 5–10 £
Old Street 43, 55, 243

CLUBES DE COMEDIA

Los clubes de comedia que se enumeran en esta guía han superado la prueba del tiempo mejor que la mayoría. Muchos de ellos no aceptan tarjetas de crédito.

AMUSED MOOSE SOHO

Moonlighting, 17 Greek Street W1D 4DR
Tel.: 020 8341 1341
www.amusedmoose.co.uk

Pequeño club dedicado a la comedia alternativa, tanto de autores consolidados como de los más nuevos. Humoristas, *sketches* y números improvisados.

Ju–sa: desde las 20
4–11 £ Piccadilly Circus
14, 19, 22, 38

CANAL CAFÉ THEATRE

Bridge House, Delamere Terrace, Little Venice W2 6ND
Tel.: 020 7289 6054
www.newsrevue.com

Revista experimental, satírica, enérgica y de presupuesto bajo, espontánea y delirante; el guión cambia cada semana y el reparto cada seis semanas. *Sketches*, canciones, improvisaciones.

Sá: 19:30–20:30, 21:30–22:30; do: 19–20, 21–22 5–10 £ Warwick Avenue 6, 46, 187

CHUCKLE CLUB

Three Tuns Bar, London School of Economics, Houghton Street WC2A 2AE
Tel.: 020 7476 1672
www.chuckleclub.com

Bar para estudiantes con bebidas baratas y un club de comedia consolidado que se encuentra entre los mejores de su clase.

Sá: 19:45–3 8–10 £ Holborn
8, 59, 168, 188

COMEDY BREWHOUSE

Camden Head, 2 Camden Walk, Camden Passage N1 8DY
Tel.: 020 7359 0851

Humoristas que actúan en un pub construido en 1899. Cuando los chistes no hacen reír, siempre se pueden admirar las ventanas grabadas y la carpintería victoriana.

Vi–sa: 21–23 4–5 £
Angel 4, 274

COMEDY CAFÉ

66 Rivington Street EC2A 3AY
Tel.: 020 7739 5706
www.comedycafe.co.uk

Cena y bebida en un ambiente agradable mientras se asiste a la representación de humoristas consagrados, con la política de no abuchear. Al final, baile.

Mi–sa: 20:30–23:15 5–14 £, mi: entrada libre Old Street 55, 243

COMEDY STORE

1a Oxendon Street SW1Y 4EE
Tel.: 0870 060 2340
www.thecomedystore.co.uk

Contando con los mejores números de humor, destaca por los *sketches* improvisados de los Comedy Store Players. Importantes nombres de la radio y la television británicas han trabajado en este local; entre ellos Rik Mayall, Ade Edmonson, Ben Elton, Julian Clary, Josie Lawrence, Paul Merton y Steve Coogan.

Ma–ju, do: 20–22:15; vi, sa: 20–22:15, 24–2:15; más de 18 solo 12–15 £
Piccadilly Circus, Leicester Square
14, 19, 38

La media del Comedy Store es muy alta

DOWNSTAIRS AT THE KING'S HEAD

2 Crouch End Hill, Crouch End N8 8AA
Tel.: 020 8340 1028

Animado local con humoristas en el norte de Londres situado bajo un popular pub, con recién llegados y actores nobeles además de artistas consagrados.

Ju, sa–do: desde las 20:30
4–9 £
Finsbury Park
W7

HEADLINERS

The George IV, 185 Chiswick High Road W4 2DR
Tel.: 020 8566 4067

Club de comedia que cuenta con mesas y un escenario de cabaré situado en un almacén reformado detrás de un pub. Inaugurado en 2002, cuenta con buenos contactos en los canales de televisión y en circuitos alternativos.

Ju–sa: desde las 20:30
2.50–10 £
Turnham Green
27, 391

JONGLEURS COMEDY CLUB, BATTERSEA

Bar Risa, 49 Lavender Gardens SW11 1DJ
Tel.: 0870 787 0707
www.jongleurs.com

Forma parte de la cadena de clubes de comedia extendida por todo el país con humoristas de gran calidad habitualmente. Se trata del primer Jongleurs Club, inaugurado en 1983. Originalmente era un salon de baile de la década de 1920 y actualmente es un bar, parrilla y local nocturno. Otros clubes Jongleurs son: Bow Wharf, establecimiento victoriano reformado situado en el cruce de los canales Regent y Grand Union; y Lock 17, en el centro del mercado de Camden, a orillas del río, con música en directo.

Ju–sa: desde las 20:30
8–17 £
77, 87, 239, 344, 345
Clapham Junction

RED ROSE COMEDY CLUB

129 Seven Sisters Road N7 7QG
Tel.: 020 7281 3051
www.redrosecomedy.co.uk

Club para trabajadores con actuaciones de humoristas todos los sábados. Bar completo con licencia para abrir hasta tarde. Ofrece comidas.

Sá: desde las 21
9 £, más 1 £ de asociación
Finsbury Park
4, 29, 153, 253

BARES MUSICALES

ALPHABET BAR
61–63 Beak Street W1F 3SL
Tel.: 020 7439 2190
El Alphabet, reformado hace poco, es un magnífico local que frecuentar. Cuenta con tentadores sofás de cuero y atrae a una clientela tranquila. El bar del bajo siempre es bullicioso y suele estar repleto.
Lu–vi: 12–23; sa: 17–23
Entrada libre Piccadilly Circus
9, 12, 13, 23, 139

CHARLIE WRIGHT'S INTERNATIONAL BAR
45 Pitfield Street N1 6DA
Tel.: 020 7490 8345
Un público diverso dispuesto a disfrutar de la diversión de la noche frecuenta este animado bar restaurante tailandés. Música de viernes a domingo.
Lu–mi: 24–1; ju–do: 12–2
Entrada libre (vi, sa: 4 £ después de las 22) Old Street 55, 203, 243

DOON
66 Trafalgar Square WC2N 5DS
Tel.: 020 7389 9808
www.doonstairs.co.uk
Bar decadente situado en un bajo decorado con provocativos tonos rojos, en el que los Djs ponen discos de funky groungy y jazz latino hasta primeras horas de la madrugada.
Lu–mi 17–1; ju–sa: 17–3;
Vi, sa: entrada libre antes de las 22, a partir de las 22 7 £
Charing Cross 11, 12, 24, 88

FLUID
40 Charterhouse Street EC1M 6JN
Tel.: 020 7253 3444
www.fluidbar.com
Aperitivos como sopa de miso y sushi constituyen la puesta en escena de este genial y futurista bar temático japonés. Dispone de videojuegos anticuados y grandes sofás de cuero desde los que se puede disfrutar del ambiente.
Ma–mi: 19–24; ju: 21–2; vi–sa: 21–4
Entrada libre (vi, sa: 5 £ después de las 22)
Barbican, Farringdon
17, 45, 46, 63

GRAND UNION
102 Camden Road, Camden Town NW1 9EA
Tel.: 020 7485 4530
Lo mejor de los dos mundos: un moderno bar de copas de Londres con un aire local despreocupado. Merece la pena probar la comida al estilo de los bistros franceses.
Diario: 12–23 (sa: hasta la 1)
Entrada libre Camden Town
29, 253, 274

HOME BAR
100–106 Leonard Street EC2A 4RH
Tel.: 020 7684 8618
Amplio sótano donde relajarse sin que nadie interrumpa y disfrutar de música tranquila y melodías alegres (retro, hip-hop). El público es pacífico y el ambiente amistoso.
Lu–mi 12–15, 18–10; ju–vi 12–15, 18–23; sa: 18:30–23 Entrada libre
Old Street 55, 205, 243

En Fluid uno se imagina que está en Tokyo, no en Londres

MARKET PLACE
11 Market Place W1W 8AH
Tel.: 020 7079 2020
www.marketplace-london.com
Market Place, con dos plantas, es un clásico bar musical de Londres, popular entre los londinenses al salir de trabajar, con paredes paneladas y buena comida. La planta inferior es más amplia y tiene pista de baile y mesas.
Lu–mi: 11–24; ju–vi: 11–1; sa: 12–1; do: 13–1 Entrada libre–7 £
Oxford Circus 7, 8, 10, 73, 176

MASH
19–21 Great Portland Street W1W 8QB
Tel.: 020 7637 5555
En este popular bar retro se elaboran cervezas. Tiene buenas pizzas, comida de taberna, y también cenas formales. Djs cuatro de las siete noches de la semana.
Lu–ju: 12–23; vi: 12–2 Entrada libre
Oxford Circus 8, 453, C2

SHOREDITCH ELECTRICITY SHOWROOMS
39A Hoxton Square N1 6NU
Tel.: 020 7739 6934
Buen lugar para tomar algo en mesas envejecidas y en el que no se puede dejar de contemplar la escena alpina tan *kitsch* de la pared. Entre semana está repleto de jóvenes de la City –usualmente hombres de negocios– pero los sábados y domingos acude un público más maduro.
Ma, vi, do: 19–madrugada
Información por teléfono
Old Street 55, 205, 243

SMITHS OF SMITHFIELD
67–77 Charterhouse Street EC1M 6HJ
Tel.: 020 7251 7950
www.smithsofsmithfield.co.uk
Las cuatro plantas de este enorme y elegante disco bar están a rebosar. En el primer piso la bebida más solicitada es la cerveza; en los pisos superiores, más íntimos, son el champán y las copas. Aquí se puede cenar en su elegante y moderno restaurante de estilo europeo: muy bueno.
Lu–vi: 7–23; sa: 10–23; do: 9:30–23
Entrada libre Farringdon
17, 45, 46, 63

STRAWBERRY MOONS
15 Heddon Street W1B 4BF
Tel.: 020 7437 7300
www.strawberrymoonsbar.co.uk
Al lado de Regent Street, en una encanatadora plaza empedrada, Strawberry Moons es un buen lugar para ir de fiesta. La decoración muy suave y las copas son lo más importante, como bailar con la música de los Djs habituales hasta bien entrada la noche.
Lu–mi: 17–madrugada; ju–sa: 17–3
Entrada libre Piccadilly Circus, Oxford Circus 12, 13, 15, 23

DEPORTES Y ACTIVIDADES

Los británicos sienten auténtica pasión por el deporte, pese a su tendencia a caricaturizarse a sí mismos como buenos perdedores.

En Londres se han erigido locales deportivos emblemáticos, entre los que se cuentan el histórico Lord's Cricket Ground (▷ 210), Wimbledon's All England Lawn Tennis Club (▷ 216), donde en junio-julio se celebra el famoso campeonato, y Wembley Stadium (▷ 17). El antiguo estadio de Wembley, más venerado por sus connotaciones históricas que por sus anticuadas instalaciones, ha sido sustituido por uno moderno. El nuevo y esperado estadio de Wembley (▷ 211) se inauguró en marzo de 2007. Las emblemáticas Torres Gemelas han sido sustituidas por un arco macizo de 133 m de alto que se puede ver a una distancia de 21 km. No se pueden poner objeciones a la calidad de las instalaciones, pero la ubicación, en uno de los barrios periféricos menos agradables y de más difícil acceso, sigue irritando a mucha gente, especialmente a los que vienen de provincias. El principal estadio de rugby de Londres, que alberga encuentros internacionales, están en Twickenham (▷ 214), en el oeste de Londres. Hay infinidad de locales más pequeños, pero la forma más sencilla de ver un partido de críquet, fútbol o rugby es entrar en un parque y quedarse detrás de la línea de banda mientras los equipos locales se disputan la victoria.

Para muchos amantes del críquet, Lord's es un campo sagrado

No hay nada más característico que ir a ver el críquet local cualquier tarde soleada de domingo. Kew Green es el lugar perfecto, pero hay otros que son de entrada libre y están abiertos a todo el mundo. Por el contrario, la entrada para los partidos de fútbol de primera división es especialmente difícil de conseguir y muy cara (entre 30 y 50 £), aunque atraen a los mejores talentos europeos.

Las temporadas de fútbol y rugby se extienden desde finales de agosto hasta mayo, la de críquet, entre mayo; y septiembre.

Dos de las carreras de caballos más famosas del Reino Unido tienen lugar cerca de Londres: el Derby de Epsom (▷ 222) entre principios y mediados de junio, y la Semana de Ascot (▷ 212), a mediados de junio. A esta última asiste la realeza, ricos y famosos y todo aquel que quiera ver y ser visto, además de miles de espectadores que acuden por la emoción de hacer apuestas. Es tan conocida por los estrafalarios sombreros de las mujeres como por las propias carreras.

La reserva de entradas para la mayoría de acontecimientos deportivos se puede realizar a través de TicketMaster (tel.: 0870 534 4444, www.ticketmaster.co.uk) o Keith Prowse (tel.: 0870 840 1111, www.keithprowse.com).

Alrededor de la capital se han creado numerosos centros deportivos durante los últimos 20 años. Existe toda una gama de clubes, desde los caros, en los que se puede solicitar la admisión como socio por un tiempo limitado para usar los gimnasios, saunas, piscinas y pistas de squash, hasta los polideportivos municipales, que proporcionan versiones sin florituras del mismo tipo de instalaciones a precios más bajos.

Si se quiere entrar a formar parte de una institución auténticamente londinense, hay que intentar (eso sí, con mucho tiempo de antelación) unirse a los miles de participantes de la Maratón anual de Londres que se celebra en el mes de abril, en la que todo el mundo, desde atletas de élite hasta famosos de televisión y personas que piden para obras de caridad, corren, algunos vestidos de pollo, la distancia que hay entre Blackheath y The Mall (▷ 17 y 222). Información en Flora London Marathon (teléfono: 020 7902 0200, www.london-marathon.co.uk) o en Sportstours International (tel.: 0161 703 8161, www.sportstoursinternational.co.uk), aunque hay grandes restricciones salvo para quienes pertenecen a algún reconocido de club de corredores.

Los famosos campeonatos de tenis sobre hierba de Wimbledon, son lo más destacado del deporte

La oferta más importante de Londres para personas activas de cualquier edad se encuentra en los parques, zonas verdes y campos comunales. Nada impide caminar, correr, volar una cometa o hacer navegar la maqueta de un barco en Hampstead Heath, Hyde Park, Battersea Park, Wimbledon Common o Clapham Common; todos ellos ofrecen un poco de aire fresco y campo en medio de la ciudad.

DEPORTES

CRYSTAL PALACE NATIONAL SPORTS CENTRE

Ledrington Road, Crystal Palace SE19 2BB
Tel.: 020 8778 0131
www.gll.org

Local en el que se celebran los eventos deportivos más importantes y donde deportistas de primera libran batalla durante el verano.

63, 322
Crystal Palace

BALONCESTO

Este deporte está adquiriendo una creciente popularidad. Quien busque información general debe ponerse en contacto con la English Basketball Association (www.englandbasketball.co.uk). La temporada de la liga de baloncesto británica comienza en marzo o abril (tel.: 0870 445 0606, www.bbl.org.uk).

KINDER LONDON TOWERS

Crystal Palace National Sports Centre, Ledrington Road, Crystal Palace SE19 2BB
Tel.: 020 8776 7755
www.london-towers.co.uk

El único equipo profesional de baloncesto con sede en Londres compite en tres campeonatos nacionales: la British Basketball League Championship, la National Cup (en–oct) y el impresionante League Trophy (mediados de mar-oct).

63, 157, 202, 358
Crystal Palace

OBSERVACIÓN DE AVES

LONDON WETLAND CENTRE

Escondites excelentes y unas 130 especies de pájaros. Paseos, charlas y talleres (▷ 160).

BARCOS

HYDE PARK

The Ranger's Lodge, Hyde Park, W2 2UH
Tel.: 020 7298 2100
www.royalparks.org.uk

The Serpentine, lago de 11 Ha, cuenta con instalaciones con barcas de remos, canoas, y barcos de palas (▷ 93).

Hyde Park Corner, Marble Arch, Knightsbridge
9, 10, 12, 14, 73

REGENT'S PARK LAKE

Storeyard (Inner Circle), Regent's Park NW1 4NR
Tel.: 020 7486 7905
www.royalparks.org.uk

Además de las instalaciones para los barcos, el lago cuenta con islas, una zona de garzas y aves acuáticas (▷ 114–115).

Baker Street, Marylebone, Regent's Park, Great Portland Street, Camden Town
27, 82, 205, 274, C2

BOXEO

La mayor parte de los combates se libran en el York Hall Leisure Centre, aunque los campeonatos más importantes tienen lugar en cuadriláteros más grandes como el de Earl's Court, Wembley Arena o el Royal Albert Hall (▷ 195). Información general en el British Boxing Board of Control (tel.: 029 203 67000, www.bbbofc.com).

Crystal Palace es uno de los locales deportivos más importantes

YORK HALL LEISURE CENTRE

Old Ford Road, Bethnal Green E2 9PJ
Tel.: 020 8980 2243
www.towerhamlets.gov.uk

Inaugurado en 1929, este popular local espera una reforma profunda. También se ha planificado incluir entre las instalaciones un espacio para el boxeo que llegue a ser famoso.

Bethnal Green
8, 388

CRÍQUET

Marylebone Cricket Club (MCC), el consejo de administración del críquet, tiene su sede en Lord's. Wisden. La MCC es una autoridad mundial en el juego, publica cada año el *Cricketers' Almanac*, y en su página web (www.cricinfo.com) da noticias nacionales e internacionales sobre este deporte.

BRIT OVAL

Kennington Oval, Kennington SE11 5SS
Tel.: 020 7582 6660
www.surreycricket.com

El segundo campo de críquet de Londres —después de Lord's— acoge partidos clave, entre los que se cuentan internacionales, finales de copa y competiciones de un solo día.

Oval 36, 185

LORD'S

St. John's Wood Road NW8 8QN
Tel.: MCC info 020 7289 1611, tickets 020 7432 1000
www.lords.org.uk

Sede histórica del críquet, acoge partidos internacionales, competiciones de un día, finales y semifinales de copa. El Lord's Natwest Media Centre, edificio moderno con instalaciones para los comentaristas, domina los campos.

St. John's Wood 13, 82, 113

CICLISMO

Montar en bicicleta por el centro de Londres puede resultar una experiencia espeluznante, pero además de las concurridas carreteras hay muchos caminos y senderos, y está en marcha una activa campaña dirigida a mejorar las infraestructuras para ir en bicicleta. Para obtener más información sobre las opciones para pasear en bicicleta en la ciudad y sus alrededores hay que ponerse en contacto con el London Cyclists' Trust (tel.: 020 7234 9310, www.lcc.org.uk).

HERNE HILL VELODROME

Burbage Road, Herne Hill SE24 9HE
Tel.: 020 7737 4647
www.hernehillvelodrome.co.uk

Se han realizado planes para ampliar y mejorar el circuito ciclista

más antiguo del mundo (1892), unos treinta años antes de las casas locales, que albergaron a los olímpicos de 1908 y 1948. Entre las propuestas de reforma se cuenta la adición de un gimnasio, un rocódromo y otras instalaciones. Se pueden alquilar bicicletas (2–2,50 £ sesión). Unos 11 km desde el centro de Londres.
3, 68, 322
Herne Hill, North Dulwich

FÚTBOL

En la parte superior de la jerarquía futbolística se encuentra la Premier League (www.premierleague.com). Es muy difícil conseguir entradas para los partidos de primera división, salvo que se sea miembro de uno de los clubes que compiten. Las entradas para las divisiones inferiores de la liga no son tan caras y son más fáciles de adquirir; hay que ponerse en contacto con cada uno de los estadios. La Football Association es el consejo de administración del fútbol en Inglaterra (www.thefa.com).

Si todo lo demás fracasa, siempre queda la posibilidad de ver los principales partidos en pantalla grande en los pubs y bares diseminados por toda la ciudad.

ARSENAL

Emirates Stadium, 75 Drayton Park, Highbury N51 1BU
Tel.: 020 7704 4000
www.arsenal.com
Famoso club del norte de Londres que suele terminar la temporada en uno de los primeros puestos de primera división. Se trasladó en 2006 al nuevo Emirates Stadium en Ashburton Grove.
Arsenal 4, 30

CHARLTON ATHLETIC

The Valley, Floyd Road, Charlton SE7 8BL
Tel.: 0871 226 1905
www.cafc.co.uk
Menos atractivo que sus vecinos de la Premier League, Charlton cuenta con un espíritu propio comunitario y familiar, y va teniendo éxito, unos años más y otros menos.
53 Charlton

CHELSEA

Stamford Bridge, Fulham Road SW6 1HS
Tel.: 0871 984 1905
www.chelseafc.co.uk
Club atractivo que ha recibido un nuevo impulso gracias al dinero del magnate ruso del petróleo Roman Abramovich. Fue campeón de la Premier League en 2005 y 2006.
Fulham Broadway 11, 414

CRYSTAL PALACE

Selhurst Park, Whitehorse Lane, Selhurst SE25 6PU
Tel.: 020 8768 6000
www.cpfc.co.uk
Los Eagles han sufrido una suerte cambiante a lo largo de las últimas décadas, siendo relegados (bajando a segunda división) y ascendiendo de nuevo.
468
Thornton Heath, Selhurst

Philipe Senderos y Cesc Fabregas del Arsenal tuvieron motivos para alegrase en 2007

FULHAM

Craven Cottage, Stevenage Road SW6 6HH
Tel.: 0870 442 1234
www.fulhamfc.co.uk
Dispone de un campo pequeño y acogedor para la media de primera división, donde el equipo propiedad del dueño de Harrod's, Mohammed Fayed, juega un fútbol entretenido, aunque con frecuencia termina en los últimos puestos de la liga.
White City
49, 94, 148

TOTTENHAM HOTSPUR

White Hart Lane, Bill Nicholson Way, High Road, Tottenham N17 0AP
Tel.: 0870 420 5000
www.spurs.co.uk
Cualquier partido celebrado en White Hart Lane suele contar con la garantía de que proporcionará goles y entretenimiento, tanto si los Spurs –siempre en el centro de la tabla de primera división– ganan, pierden o empatan.
76, 149, 341
White Hart Lane

WEMBLEY STADIUM

Wembley HA9 0WS
Tel.: 0844 980 8001
www.wembleystadium.com
Los internacionales del fútbol inglés vuelven a casa, a un impresionante estadio nuevo construido en el mismo lugar que su leal predecesor. El arco distintivo que abarca todo el estadio es un digno monumento en recuerdo de las famosas Torres Gemelas.
Wembley Park, Wembley Central
18, 83, 92, 182, 224

WEST HAM UNITED

Boleyn Ground, Green Street, Upton Park E13 9AZ
Tel.: 0870 112 2700
www.whufc.com
Uno de los clubes más respetados del país en los viejos tiempos, el Hammers, ha recuperado la forma en los útimos años y volvió a ascender a primera división en 2005.
Upton Park 15, 115

GOLF

Brent Valley y Richmond Park (▷ 212) son solo dos de los muchos campos de Londres que no exigen ser socio. Para ver a los profesionales hay que visitar Sunningdale y Wentworth (▷ 212), dos campos de primera con fácil acceso desde el centro de Londres.

Para consultar una lista de campos en Londres en los que se puede jugar pagando, hay que entrar en www.visitlondon.com y pinchar en el enlace de Sports & Outdoors.

BRENT VALLEY GOLF COURSE
Church Road, Hanwell W7 3BE
Tel.: 020 8567 1287
Buen campo de 18 hoyos y zonas verdes que ofrece lecciones y alquiler de carritos. A unos 19 km del centro de Londres.
Tarifa media entre semana: 13,40 £, tarifa de fin de semana: 17,50 £ antes de las 12, 15 £ después
Ealing Broadway
83, 207, 607, E3

RICHMOND PARK GOLF COURSE
Roehampton Gate, Priory Lane, Richmond SW15 5JR
Tel.: 020 8876 1795
www.richmondparkgolf.co.uk
Ubicado en una zona verde de 40 Ha en el interior de Richmond Park, a 11 km del centro de la ciudad. Cuenta con dos campos de 18 hoyos y entre las instalaciones se encuentra un campo de práctica. Visitantes de lunes a viernes.
Tarifa de entre semana: 20 £, fin de semana/vacaciones: 23 £
Richmond 74, 170, 391

SUNNINGDALE
Ridgemount Road, Sunningdale, Berks SL5 9RR
Tel.: 01344 621681
www.sunningdale-golfclub.co.uk
Dos campos de competición de 18 hoyos [antiguo y nuevo (1923)] en un terreno de monte bajo y plantaciones de brezo, aulagas y pinos. Visitas solo lunes a jueves. Se exige el hándicap. Tarifas 130–235 £. Alrededor de 43 km del centro de Londres.
Sunningdale

WENTWORTH
Wentworth Drive, Virginia Water, Surrey GU25 4LS
Tel.: 01344 842201
www.wentworthclub.com
Tres campos de competición de 18 hoyos y uno de 9 hoyos sobre monte bajo rodeado de pinos, robles y abedules. En octubre se celebra en este lugar el torneo del World Matchplay. Alrededor de 40 km del centro de Londres.
Virginia Water

CARRERAS DE GALGOS

Una tarde «en los perros» es entretenida y barata. El sistema de apuestas es fácil de entender y todos los canódromos cuentan con restaurantes y bares; hay que reservar con antelación para contemplar las carreras desde una mesa. Información general en el British Greyhound Racing Board (tel.: 020 7808 7021, página web: www.thedogs.co.uk).

WALTHAMSTOW STADIUM
300 Chingford Road, Chingford E4 8SJ
Tel.: 020 8498 3300
www.wsgreyhound.co.uk
Las carreras se celebran las noches de los martes, jueves y sábados, y los lunes y viernes por la mañana y a la hora de comer. Entre las instalaciones se cuentan dos restaurantes, dos cafeterías y varios salones de té.

En Londres en encuentran buenas escuelas de golf

Walthamstow Central luego el autobús 97, 215, 357 en dirección a Walthamstow Central

WIMBLEDON STADIUM
Plough Lane, Wimbledon SW17 0BL
Tel.: 0870 840 8905
www.lovethedogs.co.uk
En este canódromo, los jóvenes modernos se codean con los clientes locales. Carreras los jueves, viernes y sábados por la noche. Restaurante con servicio especial de mesas, además de autoservicio y cafetería.
Tooting Broadway, Wimbledon 155

EQUITACIÓN

HYDE PARK AND KENSINGTON STABLES
63 Bathurst Mews W2 2SB
Tel.: 020 7723 2813
www.hydeparkstables.com
Estas céntricas cuadras ofrecen clases en grupo e individuales, o un paseo a caballo por Hyde Park.
Salidas en grupo: ma: 7:15–17; mi-ju: 8:30–17; vi: 7:15–17; sa-do: 8:30–17. Llamar para informarse de los horarios de las salidas y clases particulares. Reserva imprescindible
Salida en grupo 49 £ la hora
Lancaster Gate
12, 94, 148

WIMBLEDON VILLAGE STABLES
24 High Street, Wimbledon SW19 5DX
Tel.: 020 8946 8579
www.wvstables.com
Estas cuadras, de fácil acceso desde Wimbledon Common, Richmond Park y Ham Common, siguen senderos por el campo y el bosque, permitiendo en ocasiones montar campo a través .
Ma-do: 9, 10:15, 11:30, 14; entre semana en verano también 5:30, 19
Una sola lección/paseo 45–65 £ hora
Wimbledon 93

CARRERAS DE CABALLOS

De los cinco hipódromos de fácil acceso desde Londres, Ascot y Epsom son los que tienen más prestigio. La temporada de las carreras se desarrolla entre abril y septiembre; la temporada de caza (con interrupciones), de octubre a abril. En verano se celebran reuniones de hípica por las noches.

ASCOT RACECOURSE
High Street, Ascot, Berkshire SL5 7JX
Tel.: 0870 727 1234
www.ascot.co.uk
Inaugurado por segunda vez en 2006 tras un programa de remodelación de 185 millones de libras. La famosa Royal Ascot Week de junio es lo más destacado del calendario. La Reina suele asistir el Ladies' Day. Alrededor de 46 km del centro de Londres.
Ascot

EPSOM DOWNS RACECOURSE
Epsom Downs Epsom KT18 5LQ
Tel.: 01372 726311
www.epsomderby.co.uk
En junio se celebran dos carreras importantes: la Oaks y el Derby (▷ 222). A unos 27 km del centro de Londres.
Epsom Town Centre o Tattenham Corner, después servicio de autobuses

KEMPTON PARK
Staines Road East, Sunbury-on-Thames, Middlesex TW16 5AQ
Tel.: 01932 782292
www.kempton.co.uk
Hipódromo popular cerca de Hampton Court, famoso por el festival que se celebra los días 26 y 27 de diciembre, cuando tiene lugar la carrera de obstáculos George VI Steeplechase.
Kempton Park

ROYAL WINDSOR
Maidenhead Road, Windsor, Berkshire SL4 5JJ
Tel.: 01753 498400
www.windsor-racecourse.co.uk
El único hipódromo del país en forma de ocho; alberga los tres días del Royal Windsor Racing Festival a finales de mayo-principios de junio. Los lunes, carrera por la noche, abr–sep.
Windsor e Eton Riverside
Servicio de autobuses por el río desde Barry Avenue Promenade, cerca de Eton Bridge en el centro de la ciudad

SANDOWN PARK
Portsmouth Road, Esher, Surrey KT10 9AJ
Tel.: 01372 464348
www.sandown.co.uk
Entre los principales encuentros destacan la famosa Gold Cup en abril y el Coral Eclipse Stakes del mes de julio.
Esher

PATINAJE SOBRE HIELO

ALEXANDRA PALACE ICE RINK
Alexandra Palace Way, Wood Green N22 7AY
Tel.: 020 8365 2121
www.alexandrapalace.com
En un edificio histórico (1873) que ofrece vistas panorámicas de Londres. Alquiler de patines.
Lu-vi: 11–13:30; 14–17:30; sa, do: 10:30–12:30; 14–16:30; además de los vi, sa: disco 20:30–23; do: 20:30–231
Lu-vi: adultos 6 £, niños (menores de 16) 5 £
Wood Green then W3 bus
W3
Alexandra Palace

BROADGATE ICE ARENA
Broadgate Circle, Eldon Street EC2M 2QS
Tel.: 020 7505 4000
www.broadgateice.co.uk
Esta pista de hielo al aire libre alberga la Broomball League, que ofrece una serie de partidos de hockey sobre hielo; hay partidos las tardes de lunes a miércoles (entrada libre). Alquiler de patines.

Epsom es uno de los principales hipódromos de Londres

Lu-vi: 12–14:30; 15:30–17:30; sa: 11–13, 14–16; 17–19; do: 11–13; 14–16; 17–19; oct–abr 6 £ por sesión, niños (menores de 16) 4 £, alquiler de patines 2 £, niños 1 £
Liverpool Street
8, 26, 35

SOMERSET HOUSE
En invierno, el patio central de este magnífico edificio se convierte en una pista de patinaje sobre hielo (▷ 130–131).

STREATHAM ICE ARENA
386 Streatham High Road SW16 6HT
Tel.: 020 8769 7771
www.streathamicearena.co.uk
Alquiler de patines y clases; disco los viernes y sábados por la tarde.
Diario 10:30–16; además mi: 16:30–18:30; ma–ju: 20–22:30; vi, sa: 18–20 (junior disco); 20:30–23:30 (disco)
6 £, alquiler de patines 1,80 £
133, 159, 319
Streatham, Streatham Common, Streatham Hill

AUTOMOVILISMO

Las carreras de *stock-car* cuentan con seguidores entusiasmados. Es un deporte ruidoso, duro y emocionante en el que participan coches golpeados y reparados. Para obtener información general hay que contactar con el consejo de administración del Reino Unido, la Motor Sports Association (tel.: 01753 765000, www.msauk.org).

WIMBLEDON STADIUM
Plough Lane, Wimbledon SW17 0BL
Tel.: 020 8946 8000
www.lovethedogs.co.uk
Los domingos por la tarde se celebra una reunión de cacharros y *stock cars* desde mediados de agosto hasta abril.
Tooting Broadway, Wimbledon
Wimbledon, Earlsfield, Haydons Road

POLO

Este frenético deporte a caballo se asocia tradicionalmente con la realeza y la aristocracia. La temporada principal en el Reino Unido discurre entre mayo y septiembre; en invierno se juega en lugares cerrados o estadios. Para obtener información hay que ponerse en contacto con la Hurlingham Polo Association, consejo de administración de este deporte en el Reino Unido (tel.: 01367 242828, www.hpa-polo.co.uk).

GUARDS POLO CLUB
Smith's Lawn, Windsor Great Park, Egham, Surrey TW20 0HP
Tel.: 01784 434212
www.guardspoloclub.com
Los partidos oficiales se juegan los sábados y domingos a primeras horas de la tarde, y los de liga, los martes, miércoles, jueves y viernes, entre mediados de abril y mediados de septiembre.
Egham, y entonces taxi

PATINAJE SOBRE RUEDAS EN LÍNEA

Los viernes por la tarde, a las 20 h, se inicia el paseo gratuito Friday Night Skate en Duke of Wellington Arch, en medio de Hyde Park Corner. Para participar hay que tener práctica en frenar y girar a gran velocidad y cuesta abajo. Hay que ser suficientemente rápido para mantenerse unido al grupo y ser capaz de patinar sobre terrenos con distintas superficies. Equipos de voluntarios (seguridad) llevan chalecos rojos y dirigen a los patinadores. Los jueves se envía por correo el mapa con la ruta. Se admite a personas de cualquier edad con patines de cualquiera de los dos tipos, cuatro ruedas clásico (quad) o en línea (entre 3 y 5 ruedas) y a veces a ciclistas, personas en monopatín y en silla de ruedas. A los participantes en la Friday Night Skate se les insiste en que lleven protecciones por todo el cuerpo: muñequeras, hombreras, rodilleras, casco y ropa brillante o reflectante. El mismo día, a las 17 h; hay que consultar el tiempo para confirmar si se va a llevar a cabo. El Rollerstroll, paseo en patines menos complicado, solo tiene lugar en verano y no cuenta con seguridad. Se reúnen los domingos a las 14th. en la zona este de Serpentine Road, Hyde Park; suele acabar sobre las 16 h. Para obtener más información hay que ponerse en contacto con Citiskate (tel.: 020 7731 4999, www.citiskate.co.uk), el Friday Night Skate (www.thefns.com) o Rollerstroll (www.rollerstroll.com).

RUGBY

En Gran Bretaña se juegan dos tipos de rugby: Rugby Union, de 15 jugadores, y el Rugby League, de 13 jugadores. Cada uno de ellos dispone de sus propias reglas («reglamento»). Los equipos de Rugby League juegan en el norte de Inglaterra, con la excepción del London Broncos. La temporada de la Super League va de febrero a septiembre. El campeonato de las Seis Naciones (enero–marzo) constituye lo más destacado de la temporada de la Rugby Union, con partidos internacionales entre Inglaterra, Escocia, Gales, Irlanda, Francia e Italia. Información en el consejo de administración: Rugby Football League (tel.: 0113 232 9111, www.rfl.uk.com) o Rugby Football Union, con sede en Twickenham (abajo).

TWICKENHAM STADIUM

Rugby House, 21 Rugby Road, Twickenham TW1 1DS
Tel.: 020 8892 2000; tours, 020 8892 8877
www.rfu.com

El local principal de la Rugby Union que cuenta con un Museo del rugby y realiza visitas al estadio.
267, 281, R62, H22 · Twickenham

Patinar con patines en línea es una actividad frecuente en los parques de Londres

LONDON WASPS (RUGBY UNION)

Adams Park Stadium (partidos de primera división), Hillbottom Road Sands Industrial Estate, High Wycombe, Bucks HP12 4HJ
Tel.: 020 8993 8298, venta de entradas: 0870 414 1515
www.wasps.co.uk

Formado en 1867, the Wasps (las avispas) siguieron la moda victoriana de poner a los equipos nombres de pájaros e insectos. El club disfrutó de una época caracterizada por los éxitos en la década de 1990, en la que ganó tanto la Premiership Championship como la Copa de Europa en 2002/3.
High Wycombe

HARLEQUINS (RUGBY UNION)

Stoop Memorial Ground, Langhorn Drive, Twickenham, Middlesex TW2 7SX
Tel.: 020 8410 6000
www.quins.co.uk

Fundado en 1866 como el Hampstream (Hampstead) Football Club, el equipo recibió un nuevo nombre en 1870 para reflejar el aumento de su número de asociados. Harlequins fue una palabra tomada del diccionario que permitía conservar el monograma HFC. Los Harlequins juegan un rugby del más alto nivel en la Guinness Premiership.
Twickenham · 267, 281

BILLAR *(SNOOKER)*

El billar ha salido de los pubs y de los clubes de trabajadores para acabar bajo los focos de la televisión, haciendo que los jugadores más importantes se conviertan en estrellas de televisión. Millones de personas siguen el recorrido de cada una de las bolas en televisión; algunas veces los partidos se emiten desde el Wembley Arena (del que hablamos más abajo), donde uno se puede empapar de la tensión como espectador en directo. El World Snooker es el consejo que controla los distintos juegos de billar profesionales en el ámbito internacional (tel.: 0117 3178200, www.worldsnooker.com). En la zona de Londres hay muchas salas de billar de distinto tipo, pero casi todas exigen ser socios para poder hacer uso de las mesas.

WEMBLEY ARENA

Engineers Way, Wembley, Middlesex HA9 0DH
Tel.: 020 8782 5500, ticket hotline 0870 060 0870
www.livenation.co.uk/wembley

Reinaugurado en 2006 tras una profunda reforma, este centro acoge los partidos más importantes en su circuito de billar. Otros importantes eventos deportivos y conciertos de música rock y pop también forman gran parte del calendario del Arena.
20–80 £ · Wembley Park, Wembley Central · 18

POLIDEPORTIVOS

CENTRAL YMCA
112 Great Russell Street WC1B 3NQ
Tel.: 020 7343 1700
www.centralYMCA.org.uk
Sede orginal del primer YMCA (fundado en 1844), alberga un gran polideportivo que ofrece casi todo lo que se busca: gimnasia, piscina, salas equipadas para distintos deportes, campos de juego, estudio de danza, rocódromo, etc.
Lu–vi: 6:30–22; sa: 10–20; do: 10–18:30 Pase de un día 15 £, semanal 45 £ (se pueden utilizar todas las instalaciones)
Tottenham Court Road
7, 10, 24, 73

CHELSEA SPORTS CENTRE
2 Chelsea Manor Street, SW3 5PL
Tel.: 020 7352 6985
www.courtneys.co.uk/chelsea
Reformado en 2007 para proporcionar instalaciones modernas en un edificio que conserva su encanto decimonónico. Sala con instalaciones para distintos deportes, piscina, gimnasio y estudio de danza
Lu–vi: 6:30–10; sa: 8–20; do: 8–22
3,50–8 £ (según la actividad)
Sloan Square, South Kensington
11, 19, 22, 49, 319

CRYSTAL PALACE NATIONAL SPORTS CENTRE
Ledrington Road, Crystal Palace SE19 2BB
Tel.: 020 8778 0131
www.gll.org
Este famoso local ofrece instalaciones cubiertas y al aire libre en las que se pueden realizar más de un centenar de actividades, entre las que se cuentan atletismo, natación, fútbol, artes marciales y mantenimiento. También hay actividades de submarinismo, piragüismo, esquí y esgrima.
63, 322 Crystal Palace

THE GYM COVENT GARDEN
30 The Piazza, Covent Garden WC2 8BE
Tel.: 020 7836 4007
www.jubileehallclubs.co.uk
Gimnasio céntrico, bien equipado y muy concurrido con posibilidad de recibir clases. Los usuarios habituales tienen acceso libre al gimnasio y el polideportivo con el carnet de socio. Reservar por adelantado.
Lu–vi: 7–22; sa: 9–21; do: 10–17
6:50–20 £ Covent Garden
6, 9, 13, 23, RV1

OASIS SPORTS CENTRE
32 Endell Street WC2H 9AG
Tel.: 020 7831 1804
Piscinas cubiertas y al aire libre, sauna, gimnasio, masaje, squash, bádminton, artes marciales y gimnasia de mantenimiento.
Lu–vi: 6:30–22; sa, do: 9:30–18
5–8 £ Covent Garden
14, 19, 38, RV1

QUEEN MOTHER SPORTS CENTRE

Londres cuenta con muchas piscinas tanto al aire libre como cubiertas

223 Vauxhall Bridge Road, Victoria SW1V 1EL
Tel.: 020 7630 5522
www.courtneys.co.uk
Bádminton, natación, artes marciales, gimnasio y clases.
Lu–vi: 6:30–22; sa, do: 8–20
No-socios 2,50 £ por utilización
Victoria 2, 36, 185

WESTWAY SPORTS CENTRE
1 Crowthorne Road, Ladbroke Grove W10 6RP
Tel.: 020 8969 0992
www.westway.org
Uno de los polideportivos más elegantes de Londres con campos de fútbol para cualquier condición climatológica, pistas de tenis cubiertas y uno de los rocódromos más grandes de Inglaterra, etc.
Lu–vi: 8–22; sa: 8–20; do: 10–22; rocódromo: lu–vi: 10:30–20; (ju, abierto: 8) sa–do: 10–20 Tenis: adultos desde 9 £, niños desde 6,50 £; rocódromo desde 6 £ Latimer Road 23, 52

NATACIÓN

LONDON FIELDS LIDO
London Fields, Westside, Hackney E8 3EU
Tel.: 020 7254 9038
www.londonfieldslido.co.uk
Reinaugurado en 2006 (después de permanecer cerrado durante 20 años) gracias, sobre todo, al esfuerzo de la gente de la zona. La piscina olímpica, climatizada y al aire libre, fue construida en la década de 1930, lo que se refleja en el edificio de decoración más elaborada.
Verano, diario: 6:30–20; invierno: 7–17; sa, do: 8–16:30 (hay que consultar el horario ya que varía en función de las horas de luz solar) 3,85 £, niños (5–15) 2,70 £ Bethnal Green, Stepney Green

SERPENTINE LIDO
Hyde Park W1J 7NT
Tel.: 020 7706 3422
www.serpentinelido.com
El Lido de Hyde Park existe desde hace más de 100 años. Se puede nadar en el Serpentine o tomar el sol en una silla de playa. Parque, piscina infantil, vestuarios e instalaciones para discapacitados.
Desde principios de junio a mediados de septiembre, diario: 10–18
4 £, niños (menores de 15) 1 £, entrada familiar 8 £, menores de 3 años gratuito Hyde Park Corner
9, 10, 14, 19, 22, 52, 74, 137

PARLIAMENT LIDO AND PONDS
Parliament Hill Lido, Gordon House Road, London NW5
Tel.: 020 7482 7073
www.cityoflondon.gov.uk/openspaces
Las piscinas de Hampstead Heath son famosas en todo Londres. Pero por las dificultades que conlleva el mantenimiento, tienen un futuro incierto. Para mayor información, véase la página web.
Hampstead, Highgate
43, 46, 134, 263, 268

TOOTING BEC LIDO
Tooting Bec Common, Tooting Bec Road
SW16 1RU
Tel.: 020 8871 7198
www.wandsworth.gov.uk
Gran piscina al aire libre de 90 m, piscina infantil y cafetería. Duchas, vestuarios e instalaciones para discapacitados.
Jun–sep: diario 6–16:30
4,30 £, niños (5–15) 2,90 £, menores de 5 años gratuito
Tooting Bec, Balham
155, 249, 319, 355

TENIS

El campeonato de tenis de Wimbledon, que se celebra en el All England Lawn Tennis and Croquet Club durante la última semana de junio y la primera de julio, es el campeonato de tenis más antiguo e importante del mundo y el único que se juega sobre hierba. La mayor parte de las entradas se destinan a los miembros del club y a los de otros clubes de tenis, pero también se realiza un sorteo público o una votación; para entrar en él hay que presentar la solicitud entre septiembre y diciembre enviando un sobre con franqueo pagado a All England Club o, en su defecto, hacer cola en el exterior del club el día del partido para comprar una entrada (no se venden entradas durante los cuatro días previos al torneo). La Lawn Tennis Association es el consejo de administración del tenis del Reino Unido (tel.: 020 8487 7000, www.lta.org.uk).

Casi todos los parques públicos de Londres cuentan con pistas que se pueden reservar. Muchas son gratuitas y están bien situadas. Como norma general, hay que llevar raqueta y pelotas.

ALL ENGLAND LAWN TENNIS & CROQUET CLUB
Church Road, Wimbledon SW19 5AE
Tel.: 020 8946 2244
www.wimbledon.org
Este club privado se fundó en 1868. Las pistas central y n.º 1 solo se utilizan para el campeonato anual; el resto están a disposición de los miembros del club y de los jugadores patrocinados por LTA en exclusiva.
Southfields
39, 93

ISLINGTON TENNIS CENTRE
Market Road, Holloway N7 9PL
Tel.: 020 7700 1370
www.aquaterra.org
Dos pistas al aire libre y seis cubiertas a disposición del público en general. Clases particulares los siete días de la semana.
Lu–ju: 7–23; vi: 7–22; sa, do: 8–22
Cubiertas 18,50 £, junior (4–11) 7,20 £, al aire libre 8,70, junior 4 £
Caledonian Road
17, 91, 259, 274

En Londres se puede elegir entre una amplia gama de deportes acuáticos

QUEEN'S CLUB
Palliser Road, West Kensington W14 9EQ
www.queensclub.co.uk
Las estrellas internacionales del tenis se entrenan para los partidos de Wimbledon en el torneo Stella Artois, que se celebra en este centro en junio.
Barons Court 211, 391

BOLOS

Más información en la British Tenpin Bowling Association (tel.: 020 8478 1745, www.btba.org.uk).

ROWANS BOWL
10 Stroud Green Road, Finsbury Park
N4 2DF
Tel.: 020 8800 1950
www.rowans.co.uk
Edificio de dos plantas con aire acondicionado con doce boleras en cada piso. Bares, comida, televisión vía satélite y pistas de baile.
Do–ju, vacaciones 22:30–24:30; vi, sa: 22:30–2:30 1–3 £; partidas, 2,70–3,90 £ cada una; alquiler de calzado 1 £ Finsbury Park 29, 253

HOLLYWOOD BOWL SURREY QUAYS
The Mast Leisure Park, Teredo Street
SE16 7LW
Tel.: 020 7237 3773
www.hollywoodbowl.co.uk
Parte de una gran cadena. Cuenta con 28 boleras, además de un videojuego y zona de máquinas tragaperras, mesas de billar, dardos, bar y cafetería.
Do–ju: 10–11:30; vi, sa: 10–24
Partidas 3–4,20 £ cada una; alquiler de calzado gratuito
Canada Water
188, 47, 225, 381, P13

DEPORTES ACUÁTICOS

DOCKLANDS SAILING & WATERSPORTS CENTRE
235a Westferry Road, Millwall Dock
E14 3QF
Tel.: 020 7537 2626
www.dswc.org
Aquí se puede disfrutar de cualquier actividad acuática, desde navegar y remar hasta montar en canoa y hacer carreras de *dragonboat*.
Semana Santa a finales de oct, diario: 6–anochecer, do, todo el año: 9–17
20 £ al día los no asociados
15, RV1
Docklands Light Railway, Crossharbour

SURREY DOCKS WATERSPORTS CENTRE
Rope Street, Greenland Dock, Rotherhithe SE16 7LL
Tel.: 020 7237 4009
Instrucción y clases de todo tipo de deportes acuáticos desde montar en kayak y en tabla vela, hasta navegar en lanchas de motor y pasear en barco. Instructores cualificados. Abierto a no socios; se requiere un certificado de aptitud o un curso de iniciación.
Diario 9–17
Canada Water, Surrey Quays
47, 188, 199, P13

BELLEZA Y SALUD

La industria de la salud y la belleza es uno de los sectores de crecimiento más rápido de Londres. Existen listas con la puntuación de las clínicas y clubes de toda la capital, que ofrecen todo tipo de tratamientos, desde la acupresura al balance cero, en las que se mima al cliente de la cabeza a los pies, literalmente. Después de pasar un día de compras o visitando los lugares de interés en medio del ajetreo, bullicio y humo de la ciudad, relajarse en un lugar tranquilo recibiendo un tratamiento facial, de pies, de aromaterapia, o un masaje, transporta al mismo cielo.

Para solicitar tratamientos, llamar con antelación y concertar cita en los elegantes spas y salones de belleza de Londres.

Para la mayor parte de visitantes estas terapias y técnicas básicas serán más que suficientes; pero quien busque un tratamiento más especializado lo encontrará. La mejor fuente de información es la guía *Time Out London's Health & Fitness guide.* Las clínicas acreditadas se ajustan a la normativa local, tienen seguros completos y cuentan con personal cualificado.

Algunos locales solo admiten a socios, que pagan cuotas mensuales o anuales desorbitadas para los visitantes. Sin embargo, hay muchos que aceptan la cita con poco tiempo de anticipación, e incluso otras en las que no es necesario concertar una cita, aunque siempre es mejor llamar primero. La mayor parte de los clubes admiten a personas de ambos sexos, aunque una de las tendencias recientes es que los hombres empiezan a descubrir su «yo interior» a través de los tratamientos de salud y belleza y se han inaugurado unos cuantos salones solo para hombres.

No hay nada más relajante que recibir un masaje tras un día agotador

SALONES DE BELLEZA Y SPAS

BALANCE

The Courtyard,
250 King's Road SW3 5UE
Tel.: 020 7565 0333
www.balancetheclinic.om

Se trata de un refugio tranquilo que ofrece tratamientos de salud –entre los que se cuentan el consejo nutricional, la hidroterapia de colon y el drenaje linfático–, así como masajes faciales, corporales y otros tratamientos similares.

Lu–ma, vi–sa: 9–19; mi–ju: 9–20; do: 10–17:30. Es aconsejable realizar la reserva
Tratamientos desde 20 £
South Kensington, Sloane Square
11, 19, 22, 49, 211, 319

BHARTI VYAS

5 and 24 Chiltern Street W1U 7QE
Tel.: 020 7935 5312
www.bharti-vyas.com

Centro de belleza que ofrece toda una gama de tratamientos como la aromaterapia, la acupresura y el masaje personalizado.

Lu–sa: 9–18 (mi, vi: hasta las 19). Imprescindible cita previa Masaje facial desde 75 £ Baker Street
2, 13, 30, 74, 82, 113, 139, 189, 274

BLISS LONDON

60 Sloane Avenue SW3 3DD
Tel.: 020 7584 3888
www.blissworld.com

Inaugurado en Nueva York, tiene especialistas con gran formación. El vaso de vino y los excelentes *brownies* de chocolate que se reciben antes de iniciar el tratamiento son una auténtica delicia.

Lu–vi: 9:30–20; sa: 9:30–18:30; do: 12–18. Imprescindible cita previa
Manicura desde 25 £
South Kensington 14, 49, 345

DORCHESTER SPA

The Dorchester, Park Lane W1A 2HJ
Tel.: 020 7495 7335
www.thedorchester.com

En uno de los principales hoteles de Londres, este oasis de paz ofrece gimnasia, tratamientos de belleza, sauna y baños de vapor, una peluquería Charles Worthington y otra tradicional de caballeros.

Londres lleva la felicidad en su propio nombre

Diario: 8–21. Imprescindible cita previa Tratamientos desde 40 £
Marble Arch, Hyde Park Corner
2, 10, 16, 36, 73, 74, 82, 137

JO MALONE

150 Sloane Street SW1X 9BX
Tel.: 020 7730 2100
www.jomalone.co.uk

Los tratamientos faciales personalizados hacen distinto a este tranquilo y relajante salón. Solo se utilizan los productos propios de Jo Malone. También en Brook Street 23 (Mayfair) y en Royal Exchange 24 (en la City).

Lu–ma, sa: 9:30–18: mi–vi: 9:30–19; do: 12–17. Imprescindible cita previa
Tratamientos faciales de lujo 125 £; tratamientos faciales exprés 65 £; no hay más tipos de tratamiento
Sloane Square 19, 22, 137, C1

PORCHESTER SPA
Porchester Centre, Queensway W2 5HS
Tel.: 020 7792 3980
El spa favorito y mejor valorado de Central West London cuenta con tres baños turcos (calientes), dos baños rusos (vapor), y jarros de inmersión fríos, bañera de hidromasaje y piscina art decó, todo ello por menos de 20 £.
Diario: 10–22. Solo mujeres: ma, ju, vi, do: 10–16. Solo hombres: lu, mi, sa. Parejas mixtas: do: 4–22. 20,50 £. La entrada de pareja es de 28,25 £
Bayswater 7, 15, 27, 36

SPA NK
127–131 Westbourne Grove W2 4UP
Tel.: 020 7727 8002
www.spa-nk.com
En esta elegante y moderna prolongación de las tiendas, Nicky Kinnaird ofrece tratamientos de belleza utilizando algunas de sus marcas, como Eve Lom y la propia etiqueta del Spa NK.
Lu–vi: 9–21; sa: 9–20; do: 10–19. Aconsejable cita previa
Tratamientos faciales desde 65 £
Notting Hill, Ladbroke Grove 23

THE SANCTUARY
12 Floral Street WC2E 9DH
Tel.: 0870 770 3350
www.thesanctuary.co.uk
Famoso spa solo para mujeres en Covent Garden, cuenta con una piscina cubierta con cristal (con un trampolín encima) y una zona de relajación con una piscina con carpas de estanque.
Lu–vi: 9:30–18; sa–do: 9:30–20 Imprescindible cita previa Socios por un día (uso de las instalaciones pero los tratamientos se pagan aparte) 67 £ (10 £ de suplemento vi–do), noches 40 £
Covent Garden
6, 9, 11, 13, 15, 24, 29, 87, 91, 176

PELUQUERÍAS

CHARLES WORTHINGTON
7 Percy Street W1T 1DQ
Tel.: 020 7631 1370
www.cwlondon.com
Este elegante y premiado salón, ubicado en una casa georgiana pretende que el cliente se sienta cómodo ofreciendo bebidas y aperitivos. Cuenta con otros cuatro salones en Londres.
Lu–vi: 9–19; sa, do: 10–18. Imprescindible cita previa Cortar y secar con secador desde 50 £
Goodge Street, Tottenham Court Road
10, 24, 29, 73, 134

VIDAL SASSOON
60 South Molton Street W1Y 1HH
Tel.: 020 7491 8848
www.vidalsassoon.com
Famosa peluquería desde la década prodigiosa (1960). Tiene un logrado funcionamiento moderno; cuenta con una escuela única que ofrece tres cursos de formación. Seis salones en Londres.
Lu–vi: 9–19; sa: 9–17:15. Aconsejable cita previa Cortar y secar con secador desde 50 £
Bond Street 8, 10, 15, 73, 139

El hotel Berkeley (▷ 280) dispone de un spa excelente

GEO F. TRUMPER
20 Jermyn Street SW1Y 6HP
Tel.: 020 7734 1370
www.trumpers.com
Inaugurada en 1875, Trumpers es una peluquería de caballeros tradicional, auténtica, con su original interior panelado en madera. Ofrece afeitado y corte de pelo, además de venta de colonias artesanas y accesorios. También en Curzon Street, 9.
Lu–vi: 9–17:30; sa: 9–17. Imprescindible cita previa
Afeitado 30 £ (incluye toallas calientes y loción hidratante)
Green Park, Piccadilly Circus
9, 14, 19, 22, 38

CLUBES DE SALUD Y GIMNASIA

THE CLUB AT COUNTY HALL
County Hall SE1 7PB
Tel.: 020 7928 4900
www.theclubatcountyhall.com
Ubicado en el margen sur del Támesis, entre Westminster y el Ojo de Londres, este club privado en el interior del hotel Marriott ofrece una piscina de 25 m, baños de vapor, sauna, jacuzzi, gimnasio y tratamientos de belleza.
Lu–vi: 5:30–24; sa–do: 6–23. Imprescindible cita previa
Socio por un día desde 25 £ (como socio invitado, o mediante negociación personal) Westminster, Waterloo
12, 53, 159, 211

TRIYOGA
6 Erskine Road NW3 3AJ
Tel.: 020 7483 3344
www.triyoga.co.uk
Se trata del mejor espacio de Europa para hacer yoga y a él acuden clientes famosos; cuenta con 38 profesores que dirigen más de 100 clases semanales en una moderna fábrica reformada en Primrose Hill, uno de los lugares de moda. También ofrece otros tratamientos, como masaje, pilates, acupuntura, *feng shui* y *shiatsu.*
Lu–vi: 6:30–21; sa: 8–20; do: 9–19:30
Inscripción en las clases desde £12
Chalk Farm 31, 168, 274

MANICURA

NAILS INC
41 South Molton Street W1Y 1HB
Tel.: 020 7499 8333
www.nailsinc.com
Uno de los ocho locales londinenses donde realizan la manicura al estilo de Nueva York, establecido para satisfacer la demanda de tratamientos rápidos y sin cita previa. Ofrece otros servicios, como extensiones, uñas esculpidas y pedicura.
Lu, mi–vi: 9–19; ju: 9–20; sa: 10–19; do: 12–17 Modelado y puntas desde 10 £ (10 min) Bond Street
8, 10, 15, 73, 139

LONDRES PARA NIÑOS

Londres está especialmente bien equipado con atracciones y museos que intentan ganarse las jóvenes imaginaciones a través de modernas exposiciones interactivas o de actividades buenas y tradicionales como juegos, disfraces, manualidades o yincanas. Hay zonas específicas para niños —columpios e hinchables en la mayor parte de los parques— y, por descontado, no falta una fiesta de disfraces con la que atraer a personas de cualquier edad.

La mayor parte de las atracciones de pago cuentan con precios especiales para niños y descuentos en entradas familiares, aunque la definición de «niño» y «familia» varía mucho de unas a otras. Muchos lugares tienen entrada libre para niños hasta los cinco o seis años. Es inevitable que la época en la que están más concurridas sea durante las vacaciones escolares (dos semanas en Pascua, desde mediados de julio hasta la primera semana de septiembre, dos semanas en Navidad y la semana de descanso a mitad de cada trimestre). Con frecuencia, en estas temporadas los precios son aún más bajos y el horario de apertura es más amplio.

Una de las fuentes de información más útil sobre eventos especiales, espectáculos y atracciones habituales es el anuario de *Time Out, London for Children* (disponible en librerías). También merece la pena consultar cada semana la sección infantil de la revista *Time Out,* además de la página web www.visitlondon.com, que también cuenta con una sección de entretenimiento para niños.

Diversión para niños de cualquier edad en Namco Station

ACTIVIDADES Y DEPORTES

Muchos de los centros deportivos de Londres (▷ 215) ofrecen clubes y actividades para niños y adultos.

NAMCO STATION

County Hall, Riverside Building, South Bank SE1 7PB
Tel.: 020 7967 1066
www.namcostation.co.uk

Atracción interactiva llena de acción en tres niveles, desde bolera hasta pista de coches de choque, y toda clase imaginable de videojuegos y simuladores, incluyendo esquí alpino, monopatín, carrera Grand Prix, artes marciales, motoras acuáticas, fútbol y carreras de caballos.

Diario: 10–24 Entrada libre
Waterloo, Westminster 77, RV1

QUEENS ICE BOWL

17 Queensway W2 4QP
Tel.: 020 7229 0172

Pista de patinaje supermoderna, además de bolera de 12 calles, videojuegos de alta tecnología y otros entretenimientos.

Diario: 10–22:45 Los precios varían
Bayswater, Queensway
7, 23, 27, 70

TROCADERO

1 Picadilly Cicus W1D 7DH
Tel.: 020 7292 3642
www.troc.co.uk, www.funland.co.uk

Bolera de siete plantas, pista cubierta de coches de choque (con cinturones), juegos por ordenador y simuladores.

Lu–ma, do: 10–24; vi–sa: 10–1
Bolera desde 4 £ por persona
Piccadilly Circus 9, 14, 19, 22, 38

CEREMONIAS Y EVENTOS

El boato y la ceremonia son parte integrante de la vida de la capital, y hay gran variedad para elegir. Ya sea ver la iluminación del árbol de navidad o contemplar el relevo de la Guardia, agradará con seguridad a toda la familia. Lo mismo ocurrirá con los festivales y celebraciones (▷ 222–224).

Aventura de piratas en el Diana, Princess of Wales, Memorial Playground (▷ 221)

GRANJAS URBANAS

MUDCHUTE COMMUNITY PARK AND FARM

Pier Street, Isle of Dogs, E14 3HP
Tel.: 020 7515 5901/0749 (stables)
www.mudchute.org

La mayor granja de Europa ubicada en el interior de la ciudad, con gran cantidad de animales, si bien una inquisitiva llama es la estrella del espectáculo. Todo ello en el interior del Canary Wharf. Actividades prácticas, equitación y senderismo.

Diario: 9:30–16:30 Gratuito; se agradecen los donativos. Equitación 22–35 £, niños 13–35 £ por hora
Island Gardens
D6, D7, D8

CINE Y TEATRO

El regreso a la ciudad de los clubes infantiles y de los cines de barrio de los sábados ha sido todo un éxito (▷ 192–193). Hay muchos teatros dedicados especialmente al público más joven (abajo), y para los amantes de la escena también vale la pena informarse de los circuitos entre bastidores, talleres y otras actividades teatrales.

THE BARBICAN
Los sábados proyectan películas para niños (▷ 194).

COVENT GARDEN
Desde el siglo XVII se ponen en escena funciones de Punch y Judy, teatro de marionetas (▷ 88).

CINES IMAX
Véase Cines, ▷ 192–193

LITTLE ANGEL THEATRE
14 Dagmar Passage N1 2DN
Tel.: 020 7226 1787
www.littleangeltheatre.com
En este pequeño teatro se presentan títeres de todo tipo, desde marionetas a títeres de guante. La mayor parte de las obras son para niños; las edades recomendadas se establecen según la función.
Sá, do: 11, 14 (consultar por teléfono los horarios de las funciones de entre semana)
Desde 8 £ adulto, desde 6 £ niño, además de funciones concretas en las que se aporta «la voluntad»
Angel, Highbury & Islington
19, 38, 43, 73

NATIONAL FILM THEATRE
Proyección de películas los fines de semana (▷ 193).
Adultos 7,90 £, niños 5 £

POLKA CHILDREN'S THEATRE
240 The Broadway SW19 1SB
Tel.: 020 8543 4888
www.polkatheatre.com
Producciones para niños de gran calidad.
Oct–ag
5,50–15 £
Wimbledon
57, 93, 219, 493

PUPPET THEATRE BARGE
Blomfield Road, Little Venice W9 2PF
Tel.: 020 7249 6876
www.puppetbarge.com
Teatro de títeres ubicado en una barcaza amarrada en la Pequeña Venecia, marco perfecto para las funciones imaginativas, apto para niños a partir de 3 años. El teatro tiene un aforo de 50 personas e instalaciones modernas. En verano recorre el Támesis.
Jul–finales oct, sa: 20
8:50 £, niños (menores de 16) 8 £
Warwick Avenue 6, 46, 187

TRICYCLE THEATRE
269 Kilburn High Road NW6 7JR
Tel.: 020 7328 1000
www.tricycle.co.uk

Se ofrecen muchas actividades relacionadas con el teatro

Este teatro de la comunidad organiza actividades para los más jóvenes durante todo el año, entre las que se incluyen funciones de teatro, películas y talleres.
Teatro infantil sep–finales de jun, sa: 11:30–14 Teatro 4–5 £, películas 3,50–4,50 £ Kilburn 16, 31, 98, 328

UNICORN THEATRE
Information: St. Mark's Studio, Chillingworth Road N7 8QJ
Tel.: 020 7700 0702
www.unicorntheatre.com
Excelentes producciones para mayores de 4 años desde 1947. Varios locales. Hay que informarse por teléfono.
El horario y los precios varían, hay que informarse por teléfono Aprox. 5–12 £

MUSEOS Y ATRACCIONES

Muchas de estas actracciones cuentan con eventos y actividades especiales para niños.

CUTTY SARK
A pesar del devastador incendio de 2007, el centro de visitas sigue abierto y ofrece a los niños un buen conocimiento del famoso clíper (▷ 156).

HAMPTON COURT MAZE
▷ 159

MUSEO PARA NIÑOS LIVESEY
682 Old Kent Road London SE15 1JF
Tel.: 020 7639 8573
www.liveseymuseum.org.uk
El museo Livesey se dirige a niños menores de 12 años, con una nueva y entretenida exposición interactiva cada año.
Ma–sa: 10–17. Las fechas varían, información en la página web o por teléfono
Entrada libre
Elephant and Castle, luego autobús 53, 172, 453
London Bridge, luego autobús 21

ZOO DE LONDRES
▷ 160

PARQUE Y GRANJA MUDCHUTE COMMUNITY
▷ 219

MUSEO NACIONAL MARÍTIMO
▷ 156–157

MUSEO DE HISTORIA NATURAL
▷ 112–113

MUSEO DE CIENCIAS
▷ 124–125
Uno de los mejores museos para niños de Londres, con secciones interactivas dirigidas a grupos de edad determinados. Hay que informarse sobre las «Noches de Ciencia» y las noches al raso para niños entre 8 y 11 años. Reservar por anticipado.
Noches de ciencia y noches al raso una vez al mes: mínimo cinco niños y un adulto (tel.: 020 7942 4747)

TATE MODERN

▷ 134–135

Los sábados se ofrecen talleres para niños a partir de cinco años, con cuenta cuentos y poetas. «El comienzo» se celebra los domingos (tel.: 020 7887 3959), con juegos y rompecabezas relacionados con la Tate.

Cuentos de la Tate: un domingo al mes (normalmente el tercero); «El comienzo» todos los domingos de 11–17

TORRE DE LONDRES

▷ 138–143

V&A MUSEO DE LA INFANCIA

Este museo (▷ 150), en el que se exponen juguetes de todas las épocas, tiene un programa de actividades para niños inscritos dirigido por ayudantes bien formados. Las sesiones incluyen arte y manualidades, rutas por la galería, circuitos interactivos e investigación del misterio para encontrar el juguete desaparecido.

PARQUES INFANTILES

Las zonas de juego suelen presentar restricciones por razón de edad. Las zonas de juego reservadas a los niños más pequeños están rodeadas por una valla.

BATTERSEA PARK ADVENTURE PLAYGROUND

Sun Gate Entrance, Albert Bridge Road SW11 4PQ
Tel 020 8871 7539
www.wandsworth.gov.uk

El parque de aventuras más grande de Londres cuenta con actividades a cubierto y al aire libre para niños entre 5 y 16 años.

Ma–vi: 15:30–19; sa, do: 11–18 durante el curso; diario: 11–18 durante las vacaciones escolares
Entrada libre
44, 137, 344
Battersea Park

BRAMLEY'S BIG ADVENTURE

136 Bramley Road W10 6TJ
Tel.: 020 8960 1515
www.bramleysbig.co.uk

Parque de aventuras a cubierto para niños de hasta 11 años. Estructuras gigantes para escalar en tres niveles, toboganes, piscinas de bolas, columpios, y zonas para menores de 5 años, además de otras para bebés.

Lu–vi: 10–18; sa–do: 10–18:30
3–5,50 £ Latimer Road
70, 295

CORAM'S FIELDS

93 Guilford Street WC1N 1DN
Tel.: 020 7837 6138

Diversión al aire libre para jóvenes y nilños mayores. Zonas verdes para correr, juegos y excursiones, además de arenero, campo de fútbol Astro Turf, cancha de baloncesto y rocódromo.

Lu–vi: 9–19; sa–do: 9–18
Entrada libre
Russell Square 17, 46, 59, 91

Hamleys siempre es bien recibido entre los niños

DIANA, PRINCESS OF WALES MEMORIAL PLAYGROUND

Kensington Gardens W2 2UH
Tel.: 020 7298 2141
www.royalparks.gov.uk

Diversión creativa para niños de hasta 12 años. El mundo de Peter Pan: barco pirata, cocodrilo, fuentes y tiendas de indios.

Diario 10–oscurecer Entrada libre
Lancaster Gate, High Street Kensington, Queensway 9, 10, 12

PARQUE DE AVENTURAS HOLLAND PARK

Holland Park W8 6LU
Tel.: 020 7471 9813
www.rbkc.gov.uk

Cuenta con cuerdas y columpios, juegos, deportes y centro de ecología. Para niños entre 5 y 15 años, además de una zona apta para menores de 8 años.

Diario: amanecer–atardecer; zona de menores de 8 años 12:30–16
Entrada libre Holland Park, Kensington High Street 9, 10, 94, C1

PARQUE DE AVENTURAS KIMBER ROAD

King George's Park, Kimber Road, Wandsworth SW18
Tel.: 020 8870 2168
www.wandsworth.gov.uk

Actividades a cubierto y al aire libre y para niños entre 5 y 16 años (menores de 8 acompañados), cuenta con un circuito para bicicletas BMX, un parque para monopatines, columpios, barras, y (en el interior) cocina experimental, tenis de mesa y manualidades.

Ma–vi: 14:30–19; sa: 11–18; lu–sa: 11–18 durante las vacaciones escolares
Entrada libre Earlsfield 28, 44

SNAKES AND LADDERS

Syon Park, Brentford, Middlesex TW8 8JF
Tel.: 020 8847 0946
www.snakes-and-ladders.co.uk

Parque a cubierto con una gran estructura de juegos en tres niveles, motocicletas de batería, zona para niños de entre 2 y 5 años, zona para niños que empiezan a andar y parque al aire libre.

Diario: 10–18 Menores de 5: 4,50 £; mayores de 5: 5,50 £ (sesiones de 2 horas) Gunnersbury luego autobús 237 o 267 en dirección a Brentlea Gate; Hounslow East luego autobús 235 o 237
235, 237, 267

COMPRAS

Las compras y los niños pequeños se pueden combinar. Solo hay que elegir los lugares adecuados.

COVENT GARDEN

Excelente conjunto de tiendas para niños. No hay que pasar de largo por Benjamin Pollock's Toy Shop (▷ 177), además de encontrar entretenimiento gratuito directamente en la calle (▷ 88).

HAMLEYS

La juguetería más famosa del mundo (▷ 177).

FESTIVALES Y EVENTOS

Londres tiene muchos festivales y tradiciones. A continuación presentamos un listado ordenado por meses de los principales eventos que tienen lugar cada año. Son gratuitos, salvo que se haya establecido otra fórmula.

ENERO

DESFILE DE AÑO NUEVO

1 Enero
Parliament Square
SW1A 0AA
Tel.: 020 8566 8586
www.londonparade.co.uk

Más de 10.000 bailarines, músicos y carrozas se reúnen en Parliament Square al mediodía para desfilar por Whitehall, alrededor de Trafalgar Square y a lo largo de Piccadilly.

ENERO–FEBRERO

AÑO NUEVO CHINO

Finales de enero /principios de febrero
Alrededor de Gerrard Street, Chinatown W1
www.chinatown-online.co.uk

Dragones chinos serpentean por Chinatown (▷ 86) recogiendo monedas y regalos del numeroso público.

MARZO–ABRIL

OXFORD Y CAMBRIDGE BOAT RACE

Marzo o abril
En el Támesis; desde Putney a Mortlake
www.theboatrace.org

Regata anual en el río Támesis, desde Putney a Mortlake, entre los equipos de las universidades de Oxford y Cambridge.

Putney Bridge, Hammersmith, Ravenscourt Park, Stamford Brook, Turnham Green Central London–Putney 14, 22, 74; Putney Bridge 14, 220; Central London–Hammersmith 9, 10, 27, 211; Hammersmith Bridge 33, 72, 209, 283, 419; Hammersmith–Mortlake 209, 419; Chiswick Bridge 190; Hammersmith–Putney 200

ABRIL

FLORA LONDON MARATHON

Tel.: 020 7902 0200
www.london-marathon.co.uk

Más de 30.000 corredores compiten en una de las carreras más importantes del mundo (▷ 17). Las solicitudes se presentan en agosto para participar en abril del año siguiente; y para aplaudir a los participantes, se deben consultar las rutas y horarios en los periódicos locales.

Empieza en: North Greenwich. Acaba en: Green Park, St. James's Park
Empieza en: 188.
Acaba en: 11, 12, 24, 159, 453

Trooping the Colour tiene lugar en junio

MAYO

CHELSEA FLOWER SHOW

Royal Hospital, Royal Hospital Road
SW3 4SL
Tel.: 020 7649 1885
www.rhs.org.uk

Fabulosa exposición floral que se realiza en el Chelsea Royal Hospital (▷ 116), a la que asisten la Reina y numerosos visitantes.

11,50–£32,50 £ Sloane Square
239

COIN STREET FESTIVAL

Mayo-septiembre
Eventos que se llevan a cabo en el South Bank
Tel.: 020 7401 2255
www.coinstreetfestival.org

El festival de música, danza y representación gratuito más importante de la capital, celebrado en un lugar de fácil acceso del South Bank, muy cerca del Ojo de Londres. A lo largo de varios fines de semana durante el verano.

JUNIO

DERBY DAY

Primer sábado de junio
Epsom Downs Racecourse, Epsom
KT18 5LQ
Tel.: 01372 470047
www.epsomderby.co.uk

La primera carrera del año, con ambiente de feria.

10–32 £ Hepsom Town Centre o Tattenham Corner, después el autobús de enlace

OPERA HOLLAND PARK

Junio - principios de agosto
Holland Park
Kensington High Street W8 6LU
Tel.: 0845 230 9769
www.operahollandpark.com

Ópera al aire libre. Los actores y el público se cobijan bajo un toldo.

Desde 35 £ High Street Kensington, Holland Park 9, 10, 27, 328, C1

ROYAL ACADEMY SUMMER EXHIBITION

▷ 21

TROOPING THE COLOUR

Segundo sábado de junio
Horse Guards Parade, Whitehall SW1A 2AX
Tel.: 020 7414 2479

Durante la celebración oficial del cumpleaños de la Reina el «colour» (bandera) de uno de los siete regimientos de la Casa Real se presenta ante ella para pasar revista en una ceremonia militar realizada durante el desfile de la Guardia Montada. La presentación comenzó en la época en la que los regimientos de a pie presentaban oficialmente sus banderas como punto de encuentro durante el fragor de la batalla.

Westminster, Charing Cross
11, 12, 24, 159

SPITALFIELDS FESTIVAL
Junio, diciembre
75 Brushfield Street E1 6AA
Tel.: 020 7377 0287;
box office 020 7377 1362
www.spitalfieldsfestival.org.uk
Festival músical celebrado en varios locales del East End de música moderna y antigua, de autores olvidados y nuevas composiciones.
Entrada libre–30 £

ROYAL ASCOT
Mediados de junio
▷ 212

JUNIO–JULIO

FESTIVAL DE LA CITY
Finales de junio-mediados de julio
Bishopsgate Hall, 230 Bishopsgate
EC2M 4HW
Tel.: 020 7377 0540; 020 7796 4949
www.colf.org
Danza, música, teatro, cine y eventos literarios, además de recorridos por la City de Londres.
Varios precios; algunos de los eventos son de entrada libre

COPA DE TENIS DE WIMBLEDON
Última semana de junio y primera de julio (▷ 216).

JULIO

HENLEY ROYAL REGATTA
Primera semana de julio
Henley Reach, Henley-on-Thames, Oxfordshire RG9 2LY
Tel.: 01491 572153
www.hrr.co.uk
El evento social más importante, que dura cinco días, es una serie de carreras por el río.
Recinto de la regata 10–16 £, niños (menores de 14) gratis
Henley-on-Thames

KENWOOD LAKESIDE CONCERTS
Principios julio–finales agosto
Kenwood House, Hampstead Lane, Highgate NW3 7JR
Tel.: 020 8233 7435
www.picnicconcerts.com
Músicos de rock, pop y músicas del mundo actúan en los jardines de Kenwood House. El público se sienta en el césped y lleva algo de comer. Por la noche hay fuegos artificiales.
20–30 £ Golders Green, Hampstead, Highgate 210, autobuses de cortesía para los conciertos nocturnos

HAMPTON COURT PALACE FLOWER SHOW
Segunda semana de julio
Hampton Court Palace, East Moseley KT8 9AU
Tel.: 0870 906 3791
www.rhs.org.uk
La exposición floral anual más prestigiosa del mundo.
15–23 £, niños (5–15) 5 £, 0-5 gratis
111, 216, 411, R68 Hampton Court
Barcazas desde Westminster, Richmond, Kingston

Los sombreros son un elemento fundamental en Royal Ascot

BBC HENRY WOOD PROMENADE CONCERTS
Entre mediados de julio y mediados de septiembre
Royal Albert Hall, Kensington Gore SW7 2AP
Tel.: 020 7589 8212
www.royalalberthall.com
Los Proms, famosos en todo el mundo, ofrecen una mezcla ecléctica de música, desde estrenos mundiales y asombrosa música moderna a los recursos clásicos. La Última Noche, que también se celebra en Hyde Park, congrega a una gran cantidad de personas.
4 £ (de pie; sólo en la puerta)– 38 £. Proms en el Parque 18 £ South Kensington 9, 10, 52, 70

DESFILE DEL ORGULLO DE LONDRES
Finales de julio
City Hall, The Queen's Walk SE1 2AA
Información por e-mail solo en info@pridelondon.org
www.prideinthepark.com
Carrozas temáticas y disfraces exóticos festejan a la comunidad gay y lesbiana de Londres. El desfile concluye en Hyde Park.
Empieza en: Embankment. Acaba en: Hyde Park Empieza en: 9, 11, 13. Acaba en: 12, 73, 74

AGOSTO

NOTTING HILL CARNIVAL
Domingo, lunes del último fin de semana de agosto
Notting Hill W10/W11
Tel.: 020 8964 0544
www.mynottinghill.co.uk
Este evento, que reúne a más de un millón de personas, es muy conocido en Europa. Disfraces fantásticos, tambores metálicos, bandas e imponentes efectos sonoros.
Ladbroke Grove, Holland Park, Notting Hill Gate 23, 52, 94

SEPTIEMBRE

FERIA DE ANTIGÜEDADES DE CHELSEA
Septiembre (las fechas varían)
Chelsea Old Town Hall, King's Road SW3 5EE
Tel.: 01825 744074
www.chelseaantiquesfair.com
Prestigiosa feria de antiguedades con una duración de 10 días.
6 £ Sloane Square
11, 19, 22, 49, 249

GREAT RIVER RACE
Principios de septiembre (las fechas varían)
Por el río Támesis desde Ham House, Richmond, a Island Gardens, Greenwich
Tel.: 020 8398 9057
www.greatriverrace.co.uk
300 embarcaciones (en forma de dragón, guardacostas, vikingas) compiten para ganar el UKTraditional Boat Championship.
Empieza en: Richmond. Acaba en: Tower Bridge Empieza en: 190. Acaba en: 42, 78, RV1

OCTUBRE

PEARLY KINGS AND QUEENS HARVEST FESTIVAL

Primer domingo de octubre
St Paul's Church, Bedford Street WC2E 9ED
Tel.: 020 7836 5221
www.pearlysociety.co.uk

Los *costermongers* (comerciantes) elegían a su propia «realeza» para proteger los intereses de sus negocios. Hoy, los *pearly kings and queens* emplean su tiempo libre recaudando dinero para obras de caridad. Por ello se visten con sus elaborados conjuntos cubiertos de botones de nácar, que es de donde viene el nombre de «reyes y reinas nacarados».

Covent Garden, Leicester Square
24, 29, 176

OCTUBRE–NOVIEMBRE

FESTIVAL DE CINE DE LONDRES

Las dos últimas semanas de octubre/principios de noviembre
National Film Theatre, South Bank SE1 8XT
Tel.: 020 7633 0274
www.lff.org.uk

El festival de cine más importante del Reino Unido se centra en el National Film Theatre (▷ 193) y en el Odeon West End, aunque muchos otros locales también participan. Más de 280 películas procedentes de 60 países.

NOVIEMBRE

BONFIRE NIGHT

5 de noviembre (o el fin de semana más próximo)

Hogueras y fuegos artificales en los parques y espacios públicos al aire libre conmemoran la «Conspiración de la pólvora» (▷ 30).

APERTURA DEL PARLAMENTO

Cámara de los lores, Parliament Square, Westminster SW1A 0PW
Tel.: 020 7219 3107
www.parliament.uk

La Reina acude al Parlamento en una carroza del Estado custodiada por la Caballería de la Casa Real para reanudar oficialmente las sesiones tras el verano.

Westminster 3, 87

LORD MAYOR'S SHOW

Segundo sábado de noviembre
Calles situadas entre la Mansion House y el Royal Courts of Justice en el Strand
Tel.: 020 7332 1456,
box office 0845 458 0654
www.lordmayorsshow.org

El último alcalde electo de Londres llega con unas 140 carrozas al Palacio de Justicia, donde hará un juramento de fidelidad antes de iniciar el camino de regreso. Esa noche se lanzan espectaculares fuegos artificales desde una barcaza amarrada entre el Puente de Waterloo y el de Blackfriars.

Gratuito a lo largo de la ruta; entradas a la tribuna 22 £
Procesión: Mansion House, Temple; fuegos artificiales: Blackfriars, Embankment

El Lord Mayor's Show es un desfile espectacular

Procesión: 11, 15, 23; fuegos artificiales: 1, 45, 100, 168, RV1

DESFILE DEL REMEMBRANCE SUNDAY

Domingo más próximo al 11 de noviembre
Cenotafio, Whitehall SW1

La Reina, el primer ministro y otras personalidades depositan coronas para conmemorar a los que murieron luchando en combate.

Charing Cross 11, 12, 24, 159

NOVIEMBRE–DICIEMBRE

LUCES DE NAVIDAD

Finales de noviembre–principios de diciembre
Trafalgar Square, Oxford Street, Regent Street, Bond Street, Covent Garden

Se invita a personajes célebres a encender la iluminación navideña que decora las calles comerciales más famosas, así como un inmenso abeto noruego colocado en Trafalgar Square, regalo que Noruega hace anualmente desde 1947 para expresar la gratitud de la nación hacia el Reino Unido por el apoyo recibido durante la Segunda Guerra Mundial.

Charing Cross, Leicester Square
24, 29, 176

CEREMONIAS DIARIAS

CEREMONIA DE LAS LLAVES

Torre de Londres EC3N 4AB
Tel.: 0870 756 7070
www.hrp.org.uk

Todas las tardes a las 21:53 se inicia la ceremonia de cierre de la Torre de Londres. Las entradas, gratuitas, se solicitan por escrito a la Oficina de la Ceremonia de las Llaves, Torre de Londres (▷ 138–143) con dos meses de antelación como mínimo, una vez allí, hay que reunirse en la West Gate a las 21:15.

Nocturna Tower Hill
15, 42, 78, RV1

CAMBIO DE LA GUARDIA

Buckingham Palace SW1A 1AA, Horse Guards SW1A 2AX, Torre de Londres EC3N 4AB
www.royal.gov.uk

Se puede ver a los guardias de a pie vestidos de uniforme (casacas rojas y sombreros de piel de oso) cambiando de turno con un magnífico despliegue de boato en tres lugares de Londres. Para tener buena visibilidad es aconsejable llegar pronto.

Patio delantero del palacio de Buckingham: may–jul (y otras fechas) diario 11:30 (si no llueve). Horse Guards Arch: lu–sa :11; do: 10. Tower Green, Torre de Londres: diario: 11:30
Palacio de Buckingham: St. James's Park; Horse Guards: Charing Cross; Torre de Londres: Tower Hill
Palacio de Buckingham: 11, 139, 211, C1, Horse Guards: 11, 12, 24, 159; Torre de Londres: 15, 25, RV1

A TRAVÉS DE MAYFAIR

Trazado a principios del siglo XVIII por cortesanos y aristócratas, Mayfair recibe el nombre de una feria celebrada anualmente en dicho lugar en el mes de mayo. Es una de las zonas más caras y exclusivas de la City, con muchas placas azules conmemorativas y tiendas con el sello real de garantía (▷ 19).

LA RUTA

Distancia: 3 millas (5 km)
Tiempo estimado: 2 horas
Empieza en la estación de metro de Piccadilly Circus
Acaba en la estación de metro de Oxford Circus

CÓMO LLEGAR

Línea Bakerloo o Piccadilly en dirección a Piccadilly Circus
10, 14, 15, 453

Saliendo de la estación de metro de Piccadilly Circus por el paso subterráneo 3, salida al lado sur de Piccadilly, se camina por la acera izquierda de Piccadilly hacia la iglesia de St. James's Church, situada a la izquierda.

❶ St. James's fue diseñada por Sir Christopher Wren y consagrada en 1684. Su techo está decorado con vistosas hojas doradas. Aquí fue bautizado el poeta y pintor británico William Blake (1757-1827), su obra más conocida es *Canciones de inocencia y de experiencia*.

Se pasa por Princes Arcade, la librería Hatchards (▷ 177) y Fortnum y Mason (▷ 180). Se cruza Piccadilly hacia la Real Academia de las Artes (▷ 115). Burlington Arcade (▷ 86) queda enfrente; se pasa bajo los soportales y se gira hacia la derecha en Burlington Gardens, luego hacia la izquierda en Savile Row.

❷ Savile Row es famoso por sus sastrerías; Gieves y Hawkes (n.º 1), el proveedor más antiguo, fue fundado en 1785.

Los Beatles actuaron en público por última vez en el n.º 3, en el tejado del edificio Apple, en 1969.

Se continúa por Savile Row y se gira a la izquierda en la siguiente calle. Se sigue por Clifford Street hacia New Bond Street, al fondo. Se gira a la izquierda en la calle peatonal.

❸ En 1995, se conmemoró el cincuentenario del final de la Segunda Guerra Mundial con una escultura en bronce del primer ministro británico Winston Churchill y del presidente de Estados Unidos Franklin D. Roosevelt, *Los aliados*.

Estatua de Roosevelt y Churchill, Los aliados, en New Bond Street

Se recorre New Bond Street hacia Old Bond Street. En el n.º 28 se gira a la derecha en el Royal Arcade y se atraviesa Albemarle Street. Torciendo a la izquierda, al otro lado de la calle se encuentra el Brown's Hotel (▷ 281), donde pasaron su luna de miel Eleanor y Franklin Roosevelt.

Al final de la calle se gira a la izquierda para seguir por Grafton Street hacia Dover Street. Se tuerce a la derecha por Hay Hill y se cruza en Lansdowne Row. Se continúa hacia Curzon Street, atravesando Geo F. Trumper (▷ 218), a la derecha. Se cruza la calle para entrar por el acceso cubierto en Shepherd Market.

❹ El mercado fue construido en 1735 por el arquitecto Edward Shepherd. Fue famoso como barrio chino, pero hoy en sus calles hay una sucesión de cafeterías, tiendas originales y restaurantes.

En el pub Ye Grapes hay que girar a la izquierda para acceder a una calle peatonal. Cruzando la empedrada Trebeck Street se continúa a lo largo de Shepherd Market Road. Se gira a la derecha subiendo por Hertford Street hacia Curzon Street, después a la izquierda y nuevamente a la derecha en Chesterfield Street. Luego se vuelve a girar arriba a la izquierda en Charles Street, en el Red Lion. Todo recto por Waverton Street y se gira de nuevo a la derecha en Hay's Mews. Se toma la siguiente bocacalle a la derecha en Chesterfield Hill y al final se gira a la izquierda, regresando a Charles Street. Se sigue esta calle hacia Berkeley Square.

❺ Berkeley Square fue diseñado a mediados del siglo XVIII con largas manzanas de casas al este y al oeste, aunque hoy en día solo se conservan las del oeste. En los jardines centrales se contemplan treinta grandes plataneras (▷ 24) que datan de 1789.

En la esquina noroeste de la plaza, se gira hacia la izquierda en Mount Street, después de nuevo a la izquierda en Mount Street Gardens, donde se encuentra la entrada a la iglesia de la Inmaculada Concepción.

❻ Esta iglesia fue fundada por los jesuitas exiliados de Lieja, Bélgica. El altar es obra de Augustus Pugin.

Llegando al final de los jardines, se dobla hacia la derecha para subir por South Audley Street hacia Grosvenor Square. A la izquierda aparece la Embajada de Estados Unidos.

❼ La embajada es un gran bloque moderno situado entre los edificios de época de la plaza. Se pueden contemplar estatuas conmemorativas de los presidentes de Estados Unidos Roosevelt y Eisenhower.

Tras caminar en diagonal a lo largo de Grosvenor Square, a continuación se recorre Brook Street, donde vivió Haendel (▷ 90). En el siguiente cruce, se gira a la derecha en New Bond Street. Tras doblar a la izquierda en Conduit Street, girar inmediatamente después en St. George Street. En frente, a la derecha, aparece la iglesia de St. George's.

❽ La iglesia de St. George's era, y sigue siendo, un lugar clásico para la celebración de bodas. En esta iglesia se casaron hombres ilustres, como el primer ministro británcio Benjamin Disraeli, el presidente de Estados Unidos Theodore Roosevelt y el poeta inglés Percy Bysshe Shelley.

Continuando por St. George Street hasta el final, se llega a Hanover Square. Hay que tomar Princes Street desde la esquina noreste en Regent Street. Girando a la izquierda, se llega a la estación de metro de

Londres se ve mejor a pie y esta sección describe cuatro rutas que incluyen las partes más interesantes de la ciudad. Las ubicaciones de las rutas están marcadas en el mapa del interior de la cubierta del libro.

Estas páginas también ofrecen sugerencias para excursiones fuera de la ciudad.

Rutas y circuitos

Estatua de Eros (izq.), erigida en Piccadilly Circus en 1893. Plataneras de Berkeley Square's y edificios georgianos (der.)

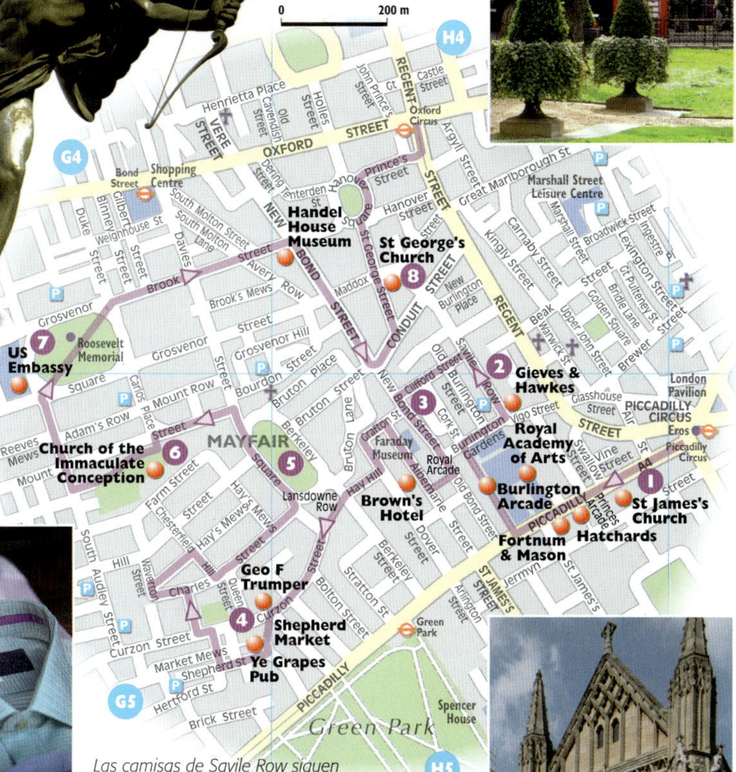

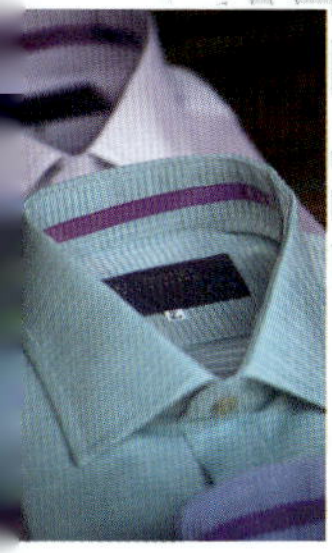

Las camisas de Savile Row siguen demostrando prestigio

CONSEJO

- Es mejor dar este paseo entre semana; algunas tiendas cierran los domingos y los sábados las iglesias se reservan para bodas.

DÓNDE COMER

En Lansdowne Row hay cafeterías de distintos tipos, y Shepherd Market cuenta con muchos lugares para comer y agradables pubs.

LUGARES QUE VISITAR

St. James's Piccadilly

☎ 020 7381 0441

Conciertos a medio día (13:10, 3 £ de donativo sugerido) Lu, mi, vi, y noches de ju, vi, sá, en ocasiones con artistas invitados de diferentes lugares del mundo (los precios varían; llamar por teléfono para conocer los detalles).

Iglesia de la Inmaculada Concepción (arriba) en Mount Street Gardens

Pub Ye Grapes (izq.), una de las muchas cafeterías de Shepherd Market

CIRCUITO REAL

Ruta a pie por el primer bastión del poder real inglés, basado en tres residencias reales. Se visita la antigua residencia de tres primeros ministros, se pasa por Whitehall y se recorre la Constitution Hill para ver su conmovedor monumento conmemorativo de la guerra.

LA RUTA

Distancia: 2 millas (3 km)
Tiempo estimado: 2 horas mínimo
Empieza en la estación de metro de St. James's Park
Acaba en la estación de metro de Hyde Park Corner

CÓMO LLEGAR

Línea District o Circle hacia St. James's Park
11, 24, 148, 211

Saliendo de la estación de metro de St. James's, se gira a la izquierda en cuanto se dejan los torniquetes de billetes y se sale a Petty France. Se cruza la calle y se continúa hacia delante por Queen Anne's Gate. El gran edificio de art decó que se encuentra sobre la estación de metro de St. James's Park son las oficinas centrales del Metro de Londres. Se atraviesan las puertas negras que se encuentran al final de la calle y se cruza Birdcage Walk en dirección a la entrada al parque de St. James's (▷ 116).

❶ En el parque se busca el tablón de anuncios que contiene un mapa, una breve historia y una guía sobre el hábitat de las aves. Se dice que el rey Jaime I alojó en este lugar un elefante, además de cocodrilos y otros animales salvajes, todos ellos obsequio de príncipes extranjeros. Al elefante le daban cada día cuatro litros y medio de vino.

Continuando recto se llega al lago. Se cruza el puente y se gira hacia la izquierda. En el cruce se escoge la izquierda y, mirando hacia la derecha se puede contemplar el Big Ben (▷ 37). Caminando hacia la esquina noreste del parque, se sale por el Mall.

❷ A la derecha del Mall, más allá del Admiralty Arch, se encuentran Trafalgar Square (▷ 136) y Whitehall (▷ 151). A la izquierda está el palacio de Buckingham (▷ 79). El Reino Unido real y parlamentario se reúne al menos una vez al año cuando la Reina sale del palacio y pasa por el Mall para acudir al Parlamento, a la ceremonia de apertura del mismo (▷ 224).

Se cruza el Mall en dirección al Institute of Contemporary Arts (▷ 93). Con un pase para todo el día, se puede volver más tarde a beber algo. Tras dar la vuelta hacia la izquierda del ICA se sube la escalera hacia Waterloo Place.

❸ Las estatuas que se contemplan aquí conmemoran al Duque de York (1763-1827), segundo hijo de Jorge III; Florence Nightingale (▷ 89); Eduardo VII; y Robert Falcon Scott, el explorador británico que recorrió la Antártida y murió en 1912 en una expedición al Polo Sur. Es obra de la esposa de Scott, lady Kathleen.

Tras abandonar Waterloo Place por el lado norte, se gira a la izquierda hacia el Pall Mall y luego a la derecha hacia St. James's Square.

❹ Dando la vuelta a la plaza en sentido contrario al de las agujas del reloj, se encuentra la antigua casa de Nancy Astor (1879-1964), la primera mujer elegida para el Parlamento y la primera que ocupó su lugar en él. Actualmente es el club In-and-Out, una de las asociaciones privadas de St. James's. Parte de Chatham House fue residencia de tres antiguos primeros ministros británicos: William Pitt (1708-78), el conde de Derby (1799-1869) y William Gladstone (1809-98). Los jardines de la plaza permanecen abiertos de lunes a viernes de 10 a 16:30.

Robert Falcon Scott, explorador británico que recorrió la Antártida

Se continúa pasando por el club East India y se gira a la derecha en King Street. Aquí se encuentra la casa de subastas Christie's (▷ 176). Al final de la calle, se cruza St. James's Street y se baja hacia el palacio de St. James's, enfrente.

❺ El Palacio de St. James's, anterior residencia del príncipe Carlos, está cerrado al público. Fue construido por Enrique VIII en 1532 en el lugar que ocupaba un antiguo hospital para leprosos, y se mantuvo como principal residencia real hasta que la reina Victoria la trasladó al palacio de Buckingham.

Tomando la primera calle a la derecha en Little St. James's Street se sigue el camino que rodea la Bridgewater House. Cruzando la placita, se entra a la Clarence House, actual residencia del príncipe Carlos (▷ 116).

Se continúa dando la vuelta al lateral del Palacio de St. James's en Marlborough Street, pasando delante de la guardia, en dirección a la Queen's Chapel.

❻ La Queen's Chapel fue diseñada por Inigo Jones en 1627 para la esposa francesa de Carlos I, Henrietta Maria.

Se continúa dejando a la izquierda la estatua de la reina Alexandra y volviendo al Mall, que está al final de la calle. Se tuerce a la derecha y se continúa hasta el palacio de Buckingham (▷ 79). Cuando la Reina está en su residencia, ondea el estandarte real.

Un desvío alrededor del lado más lejano del palacio conduce al Museo de la Guardia (▷ 90) y a la Queen's Gallery (▷ 114).

Otra posibilidad es girar hacia la derecha y dirigirse hacia la Constitution Hill.

❼ En la cima de la Constitution Hill se encuentran las 2002 Memorial Gates, testamento en nombre de los cinco millones de voluntarios del subcontinente hindú, África y el Caribe que murieron en las dos guerras mundiales.

Se cruza el Wellington Arch (▷ 151). La ruta termina aquí, en la estación de metro de Hyde Park Corner.

Las casas situadas alrededor de St. James's Square (izq.), cerca de Pall Mall, se construyeron originalmente para miembros de la nobleza que deseaban vivir cerca del palacio de St. James's (der.)

Clarence House (abajo a la der.) es la actual residencia en Londres del príncipe de Gales

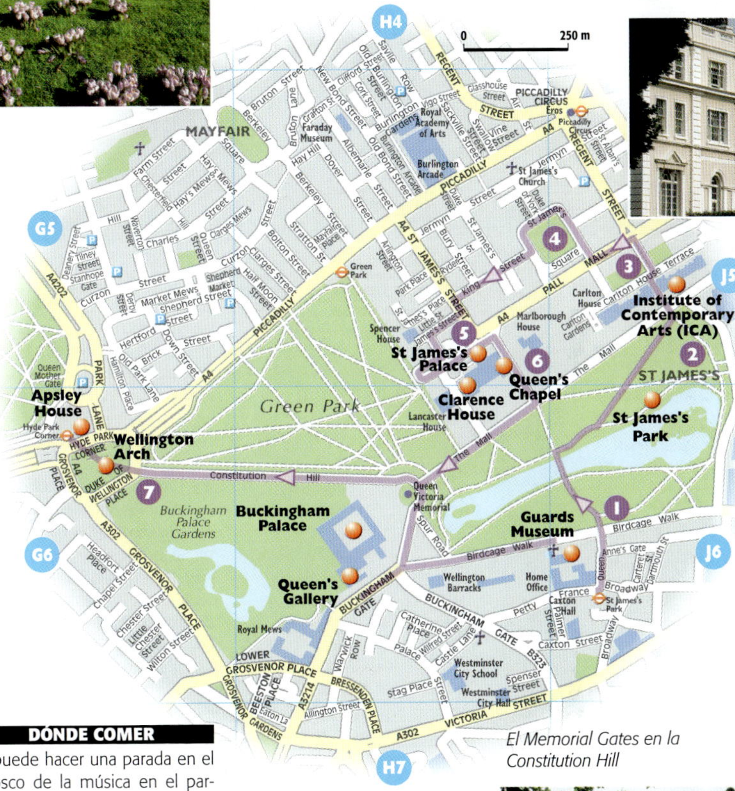

DÓNDE COMER

Se puede hacer una parada en el quiosco de la música en el parque de St. James's. El alquiler de tumbonas cuesta 1,50 £ las 2 horas o 2 £ 4 horas entre abril y octubre. Para más información, tel.: 020 7486 8117. En los parques hay casetas de refrescos, y el ICA cuenta con una buena cafetería.

LUGARES QUE VISITAR

Queen's Chapel (Chapel Royal)

✉ Queen's Chapel, Marlborough Road SW1A 1BG

☎ 020 7930 4832

🕐 Los visitantes son bienvenidos durante los servicios de culto habituales, los domingos a las 11:15, Domingo de Resurrección-finales jul (Queen's Chapel), principios oct-Viernes Santo (Chapel Royal)

El Memorial Gates en la Constitution Hill

El ángel de la paz desciende del carro de fuego en la escultura de la cuádriga, en Wellington Arch (abajo)

A LO LARGO DEL SOUTH BANK

Una ruta por Westminster, sede del Gobierno británico, y principal centro de artes escénicas de Londres, y el South Bank, con sus espectaculares vistas sobre el Támesis.

LA RUTA

Distancia: 2 millas (3 km)

Tiempo estimado: 2 horas mínimo

Empieza en la estación de metro de Westminster

Termina en la estación de metro de St. Paul's

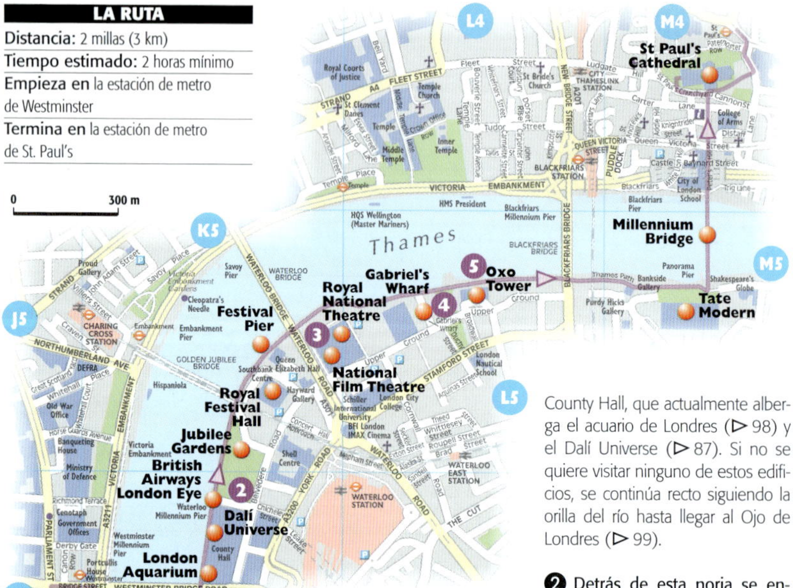

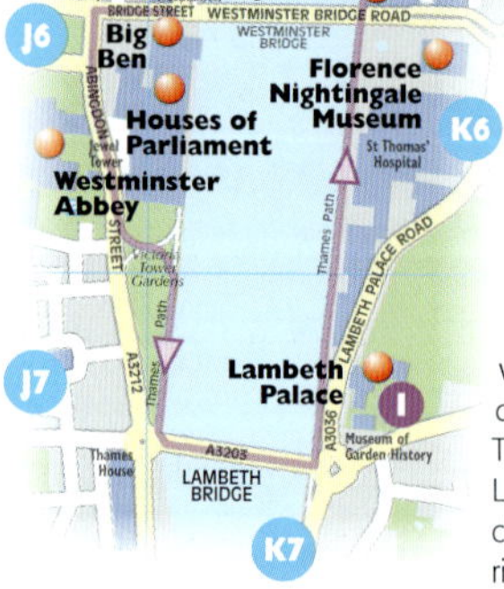

CÓMO LLEGAR

Línea Jubilee, Circle o District en dirección a Westminster

11, 12, 24, 453

Se sale de la estación de metro de Westminster por la salida 1 (Pier) para llegar a la orilla del río Támesis, cerca del Big Ben (▷ 37). Desde aquí se pueden realizar circuitos en barco río arriba y abajo (▷ 234).

Tras cruzar la carretera, se pasea alrededor del Big Ben para girar a la izquierda atravezando el jardín del Parlamento, al lado de las Cámaras del Parlamento (▷ 92).

Llegando al final del complejo de edificios, se puede contemplar la torre de St. Stephen –no debe obviarse–. A la derecha se deja la abadía de Westminster (▷ 152-153). Al llegar a los jardines situados a la izquierda, hay que entrar y seguirlos en dirección a Lambeth Bridge. Se gira a la izquierda a través del puente, y de nuevo a la izquierda para seguir a lo largo del Támesis. Siguiendo la carretera, Lambeth Palace queda a la derecha, así como el Museo de Historia del Jardín (▷ 102).

❶ Desde 1197 Lambeth Palace, amplio complejo medieval de viviendas, ha sido la residencia oficial de los arzobispos de Canterbury. La cripta medieval y el Great Hall, reconstruido en el siglo XVII, albergan la biblioteca del palacio (la primera biblioteca pública de Inglaterra) y amplios salones de recepciones del siglo XIX. La visita solo es posible con reserva previa. La solicitud se debe presentar por escrito.

Continuando hasta llegar al puente de Westminster junto a St. Thomas's Hospital, se encuentra el museo de Florence Nightingale (▷ 89). Se cruza la carretera y se bajan las escaleras en dirección al antiguo County Hall, que actualmente alberga el acuario de Londres (▷ 98) y el Dalí Universe (▷ 87). Si no se quiere visitar ninguno de estos edificios, se continúa recto siguiendo la orilla del río hasta llegar al Ojo de Londres (▷ 99).

❷ Detrás de esta noria se encuentran los Jubilee Gardens, diseñados en 1977 para conmemorar las bodas de plata de la reina Isabel. El antiguo Shell Centre, detrás de ellos, cuenta con el reloj de fachada más grande del mundo. El *Jubilee Oracle,* estatua sobre la acera realizada por Alexander, fue terminado en 1980. En este lugar se ven con frecuencia actores callejeros que entretienen a los viandantes.

Dejando el río a la izquierda, se pasa por debajo del puente de Hungerford y por delante del Royal Festival Hall (▷ 195) y del Festival Pier, otro lugar en el que se puede tomar un barco para recorrer el río o para ir hacia Westminster (▷ 72).

Se sigue por debajo del puente de Waterloo, donde suele encontrarse una feria del libro al aire libre cerca de la entrada del National Film Theatre (▷ 193). Se continúa hacia el Royal National Theatre (▷ 201).

❸ Durante el verano suele haber actuaciones en directo y representación de comedias al aire libre en la Theatre Square. Hay que contemplar la estatua *Orgullo de Londres,* de Frank Dobson (1886-1963), a la derecha. En oca-

Vista desde el recodo del río mirando hacia St. Paul's y la City con el puente de Waterloo en primer plano (arriba). Las Cámaras del Parlamento (der.). El Ojo de Londres y el County Hall (debajo)

siones, en este lugar se puede ver a pintores callejeros trabajando. A la izquierda se encuentra una guía de los lugares de interés que hay a lo largo del río en el North Bank.

Se continúa por la orilla del río hacia Gabriel's Wharf, situado a la derecha.

❹ Gabriel's Wharf es un animado conjunto de talleres de diseño y artesanía, restaurantes y discotecas, un buen lugar en el que encontrar tejidos originales, telas, moda, joyas, cerámica, cristalería y mobiliario.

Se sigue por Bernie Spain Gardens hacia la Oxo Tower Wharf.

❺ La Oxo Tower, antiguas oficinas centrales del famoso fabricante británico de cubitos de caldo, es un curioso edificio del siglo XX con ventanas en las que aparece deletreada la palabra «OXO». Es el punto de referencia de la regeneración de la City interior. La torre y el edificio se abrieron al público en 1996 como una combinación de vivienda social, estudios de diseño de venta al por menor, restaurantes, cafeterías, discotecas, una galería y una sala de exposiciones.

De nuevo en el exterior, se pasa por la Sea Containers House y el pub Doggets, y por debajo del puente de Blackfriars, donde los murales del paso subterráneo cuentan la historia de los diferentes diseños históricos del puente que se tuvieron en consideración antes de aceptar su versión actual.

Enfrente se encuentra el pub Founders' Arms, y más adelante, a la derecha, la Tate Modern (▷ 134-135).

Delante de la Tate Modern se gira a la derecha del Millennium Bridge (▷ 100) y se continúa recto hacia la Peter's Hill; se suben las escaleras hacia la catedral de St. Paul's (▷ 118-123). La estación de metro de St. Paul's está detrás de la catedral, a la derecha.

CONSEJO

- Esta ruta se debe realizar a primeras horas del día o al final de la tarde para ver el amanecer o la puesta de sol sobre el río.
- El mercado Gabriel's Wharf Market está abierto de martes a domingo, de 11 a 18, por lo que se deben evitar los lunes.

DÓNDE COMER

A lo largo del río hay muchos lugares en los que se puede tomar algo. Buenas opciones son EAT, detrás de Oxo Tower, el National Film Theatre Café o la Gourmet Pizza Company en Gabriel's Wharf.

Lambeth Palace (arriba a la izq.)

Oxo Tower (izq.) se ofrece actualmente para viviendas, estudios de diseño, discotecas y restaurantes

4. RUTA

ALREDEDOR DE LA CITY

La City es el centro financiero de Gran Bretaña, área compacta con edificios modernos, sendas medievales e iglesias diseñadas por sir Christopher Wren.

LA RUTA

Distancia: 2 millas (3 km)
Tiempo estimado: 2 horas mínimo
Empieza en la estación de metro de Monument
Termina en la estación de metro de Bank

CÓMO LLEGAR

Línea Circle o District en dirección a Monument
15, 35

Se sale de la estación de metro de Monument por el Puente de Londres/King William Street (sur). Se avanza dejando el Monument a la izquierda hacia el puente de Londres para contemplar las vistas que ofrece del río. Tower Bridge (▷ 137) queda a la izquierda, con el HMS *Belfast* (▷ 91) amarrado allí. Hacia el oeste está la torre de la Tate Modern (▷ 134-135).

Volviendo a la estación de metro, se gira a la derecha hacia Monument Street y se sigue hacia el Monument (▷ 102).

Se sube la Fish Street Hill hacia Eastcheap y se gira hacia la derecha. Pudding Lane, lugar en el que se inició el Gran Incendio en 1666, es la siguiente calle a la derecha. Se cruza Eastcheap hacia Philpot Lane. El edificio Lloyd's queda delante.

❶ Sir Richard Rogers (coarquitecto del centro Pompidou de París) diseñó este edificio al revés para la compañía de seguros Lloyd's en 1978. El bloque, de 14 plantas de oficinas de cristal, hormigón y aluminio, deja ver la maraña de conductos de ventilación y escaleras de incendios, y es objeto tanto de admiración como de burla.

Al final de Philpot Lane, se cruza Fenchurch Street hacia Lime Street siguiendo la calle empedrada a la izquierda, Lime Street Passage, en dirección al mercado Leadenhall.

❷ Leadenhall Market (actualmente bajo una cubierta de hierro forjado y cristal) lleva funcionando como mercado de carne y pescado desde el siglo XIV. Sus callejones son una combinación de puestos de mercado, pubs y tiendas de moda de buena calidad. Un buen lugar para tomar algo o comer es la Lamb Tavern (cerrada el fin de semana).

Desde el mercado se toma Whittington Avenue y se gira a la derecha en Leadenhall Street junto a Lloyd's. Se cruza la carretera y una plaza. A la derecha amenaza el alarmante St. Mary Axe 30. St. Helen's Bishopsgate está detrás de la torre, en medio de la plaza.

❸ St. Helen's es un extraño superviviente del Gran Incendio y es la iglesia medieval más grande de Londres. Contiene excelentes monumentos conmemorativos (abierto a diario 9-17).

Desde la iglesia se gira a la izquierda para seguir por Great St. Helen's hasta Bishopsgate. Se gira a la izquierda y al llegar al semáforo se cruza en Threadneedle Street. Se continúa hacia la estatua del filántropo estadounidense George Peabody, que está a la izquierda, y se gira a la derecha por Bartholomew Lane por el lateral del Banco de Inglaterra (▷ 76).

Al final de Bartholomew Lane se gira a la izquierda en el lateral de la iglesia de Lothbury en Gresham Street. Guildhall (▷ 90) está a la derecha, detrás, St. Lawrence Jewry Church. Desde Guildhall, se cruza Gresham Street a King Street y se pasa a Cheapside. Se gira a la izquierda hacia la aguja de St. Mary-le-Bow.

❹ Sir Christopher Wren diseñó 51 iglesias en la City, una de las cuales es la de St. Mary-le-Bow. Sus campanas dieron en una ocasión el toque de queda para los londinenses, por eso a los habitantes de los barrios obreros (los *cockney*) se les dice que son «los que nacen sin que se les oiga».

Desde la parte de atrás de la iglesia se gira a la derecha en Bow Lane. A la derecha está la Williamson's Tavern. En Watling Street se gira a la izquierda mirando hacia la derecha para ver la cúpula de la catedral de St. Paul's (▷ 118-123). Según la tradición, cuando Wren construía St. Paul's, dirigía sus asuntos desde el pub Ye Olde Watling.

Se sigue por Watling Street hacia un gran cruce, que se atraviesa girando a la izquierda en Queen Victoria Street. En Bucklersbury se gira a la derecha hacia la iglesia de St. Stephen Walbrook.

❺ St. Stephen Walbrook es la iglesia oficial del alcalde, considerada la más bella de las iglesias de la City edificada por Wren. Probablemente su cúpula fue construida como prototipo (1672-1679) de la cúpula de la catedral de St. Paul's. Situado justo en el centro, bajo esta cúpula, está el altar, obra del escultor inglés Henry Moore (1987): un bloque asimétrico de piedra que desentona con su entorno clásico.

Desde la iglesia se gira a la izquierda a lo largo de Walbrook y luego a la derecha, hacia el ediificio del Royal Exchange situado en el extremo más lejano del cruce. A la derecha está la Mansion House (abierta solo para grupos organizados).

❻ Es uno de los palacios georgianos supervivientes más importantes de Londres. Cuenta con magníficos interiores con una elaborada ornamentación de estuco y madera tallada. Construido a mediados del siglo XVIII, es la residencia del alcalde de Londres.

En el cruce está la estación de me-

El edificio Lloyd's de alta tecnología (izq.) alberga una de las instituciones más tradicionales de Londres

RUTAS Y CIRCUITOS

Una de las dos estatuas de los gigantes Gog y Magog (izq.) en el Guildhall

Bajo los soportales victorianos del Leadenhall Market (der.), construido en 1881, se puede comprar pescado, carne y pollo

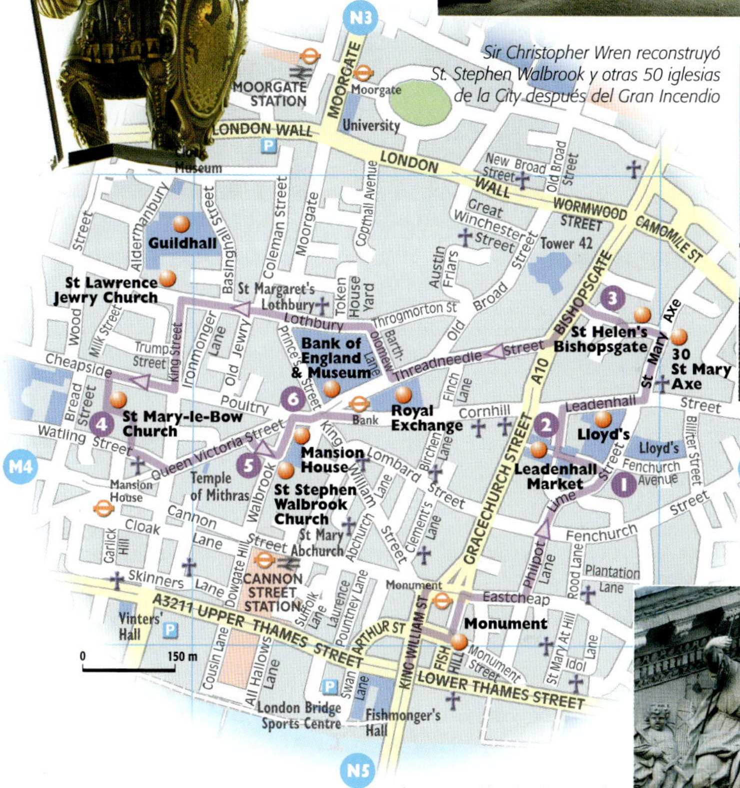

Sir Christopher Wren reconstruyó St. Stephen Walbrook y otras 50 iglesias de la City después del Gran Incendio

tro de Bank.

CONSEJO

● Esta ruta es para realizarla entre semana, con las calles llenas de personas que trabajan en la City. Los fines de semana, la zona queda desierta y cierran algunos de los pubs y cafeterías.

DÓNDE COMER

Se puede parar en alguna de las cafeterías de distintos tipos, o en los pubs de Leadenhall Market, o se puede tomar algo en las terrazas que hay junto a la estatua de George Peabody. El Place Below, situado en la cripta de St. Mary-le-Bow (tel.: 020 7329 0789), ofrece

Londres personificado pisoteando al Enviado en el frontispico de la Mansion House (der.)

Fachada porticada de Mansion House (der.), residencia oficial del alcalde de Londres

1. EXCURSIÓN

POR EL RÍO TÁMESIS

Un cucero por el Támesis constituye una forma relajada de ver la ciudad. Ofrece una perspectiva distinta del desarrollo y la historia de Londres, irremediablemente unidos a este largo y majestuoso río.

INFORMACIÓN

Oficinas de información turística

Kingston: Market House, Market Place, Kingston upon Thames KT1 1JS
☎ 020 8547 5592

Richmond: Old Town Hall, Whittaker Avenue, Richmond TW9 1TP
☎ 020 8940 9125

Southwark: Tate Modern, Level 2, Bankside SE1 9TG
☎ 020 7401 5277

Greenwich: Pepys House, 2 Cutty Sark Gardens, Greenwich SE10 5LW
☎ 0870 608 2000

CÓMO LLEGAR

Embankment Pier

Líneas Circle, District, Bakerloo o Northern en dirección a Embankment

9, 11, 12, 24

Westminster Pier

Líneas Circle, District o Jubilee en dirección a Westminster

11, 12, 24, 453

Las márgenes del Támesis se han adaptado en gran medida para permitir el acceso de los viandantes

El Támesis, en las últimas etapas de su viaje de 215 millas (346 km) hacia el mar, discurre de oeste a este por el Gran Londres, hace una curva alrededor de Hampton Court Park y del palacio del siglo XVI Hampton Court (▷ 159), recuerdo de la época de los Tudor. Se trata de una adecuada presentación del recorrido del río por la capital que trae a la memoria aquella época en la que el Támesis era un lugar en el que se podían contemplar cortejos majestuosos, magníficas mansiones y palacios, y un próspero comercio.

Pero el significado del río para la vida comercial y real de la nación se remonta mucho más atrás –probablemente hasta la Edad de Bronce o antes–, y tras desviarse hacia el norte, el río discurre por Kingston upon Thames, lugar en el que se realizaron numerosas coronaciones sajonas.

DESDE TEDDINGTON A KEW

La navegación por el río, con el flujo y reflujo de las mareas, constituyó durante siglos un auténtico problema, aliviado por la construcción de exclusas y presas como las de Teddington, situado cerca de Londres, al norte, en el punto de confluencia de los tramos de río sometidos y no sometidos a las mareas.

Durante los siglos XVII y XVIII los exuberantes márgenes de este trecho del río se convirtieron en un lugar de moda para la construcción de aristocráticas viviendas y jardines. Siguiendo el curso del río en dirección a la rica ciudad de Richmond y atravesando los Royal Botanical Gardens, Kew (▷ 163) en dirección al Hanoverian Kew Palace, se pasa por Ham House (▷ 158), Marble Hill House (▷ 161) y Syon House (▷ 162).

DESDE KEW A BATTERSEA

A partir de aquí, el Támesis serpentea por Chiswick, con sus preciosas casas georgianas junto al río; por Barnes, actual sede del London Wetland Centre (▷ 160), y pasa por debajo del trabajado puente colgante victoriano Hammersmith. Fulham Palace (Museo/galería lu-ma: 12-16, sá: 11-14, do: 11:30-15:30; jardines a diario desde el amanecer hasta el atardecer), la residencia privada de los obispos de Londres, está en el acceso a la última depresión meridional del río –en el punto de salida de la regata entre Oxford y Cambridge (▷ 222) en Putney–, antes de pasar por debajo del puente de Battersea y entre el Chelsea Embankment y el parque de Battersea (▷ 154).

DESDE BATTERSEA A BANKSIDE

En este punto el río entra en el centro de Londres y se convierte en una activa carretera, rodeada hasta hace poco de embarcaciones, muelles y almacenes. Actualmente es el Londres turístico propiamente dicho: el Támesis discurre entre Lambeth Palace (▷ 230) y las Cámaras del Parlamento (▷ 92), y atraviesa el Ojo de Londres (▷ 99) y el complejo de South Bank con sus locales destinados a conciertos, teatros y cines (▷ 127), haciendo una curva hacia el norte al atravesar el Victoria Embankment (▷ 150) y dirigiéndose hacia el Millennium Bridge (▷ 100), uniendo la catedral de St. Paul's (▷ 118-123) y la Tate Modern (▷ 134-135).

DESDE BANKSIDE HASTA LA THAMES BARRIER

Una vez pasado el Shakespeare's Globe (▷ 126) y la catedral de Southwark (▷ 127), el río llega al Puente de Londres, el paso moderno que ha sustituido al de 1831, que a su vez reemplazaba a su arqueado antecesor medieval, que estaba abarrotado de viviendas y tiendas. El cruce siguiente es el del Tower Bridge (▷ 137), diseñado para permitir que los barcos más altos hagan el recorrido entre la ciudad y el mar. Como protección del margen norte aparece la Torre de Londres (▷ 138-143), fortaleza de Guillermo el Conquistador estratégicamente situada para proteger el acceso al puerto de Londres.

A partir de este punto atraviesa una zona que en su momento estuvo dominada por los muelles y actualmente se ha desarrollado de nuevo con bloques dedicados a elegantes oficinas y a viviendas.

De aquí en adelante la sintonía es marinera, a partir de que el Támesis llegue a Greenwich (▷ 156-157), antes de seguir su curso hacia la Thames Barrier (▷ 164) en Woolwich Reach y posteriormente a las lindes del Greater London en dirección a Gravesend y el mar.

CONSEJO

- Varias empresas ofrecen cruceros y autobuses acuáticos en distintos tramos del río. Es una zona para ir de compras.

BARCAZAS

Los horarios de navegación varían en función de la época del año y las condiciones climatológicas.

Desde Embankment Pier:
Bateaux London Catamaran
Tel.: 020 7695 1800
Servicios regulares de trayecto circular/subida y bajada, Embankment-Waterloo-Bankside-Tower-Greenwich; verano, diario: 10-17; invierno, diario: 10-16.

Desde Westminster Pier:
Crown River Cruises
Tel.: 020 7936 2033
Subida y bajada entre Westminster y St. Katharine's Pier, desde las 11.
City Cruises Tel.: 020 7740 0400
Downriver Westminster a Tower Pier (30-40 minutos), Westminster a Greenwich (90 minutos). Salidas, cada 40 minutos aprox.; verano, diario: 8:40-18 (Westminster-Tower hasta las 20:50); invierno, diario: 10-18.
Thames River Services
Tel.: 020 7930 4097 Downriver Westminster a Greenwich (50 minutos, salida cada 30 minutos) o Thames Barrier (1 hora 30 minutos, salida cada hora); diario: 10-17 (ampliación de servicios en verano).
Westminster Passenger Service Association Tel.: 020 7930 2062
Upriver Westminster a Hampton Court (3 horas, 30 minutos), mar-oct, diario: 10:30, 11:15, 12 todos los destinos, 14 solo hasta Kew Gardens.

Una nueva perspectiva de Londres desde el río, de día (Kew Bridge, der.) o de noche (arriba)

Taxi acuático (arriba). En barco hacia la Thames Barrier (abajo)

2. EXCURSIÓN

WINDSOR Y ETON

A menos de una hora se encuentran dos ciudades vecinas que permiten pasar todo un día fuera de Londres: Windsor, que cuenta con el castillo más grande de Europa, e Eton, en la que está uno de los colegios privados más famosos del Reino Unido.

INFORMACIÓN

Oficina de información turística

The Old Booking Hall, Windsor Royal Station, Thames Street, Windsor SL4 1PJ

☎ 01753 743900

CÓMO LLEGAR

Windsor está situado a 25 millas (40 km) al oeste del centro de Londres

Línea District a Richmond (30 minutos desde Embankment), luego South West Trains a la estación de Windsor e Eton Riverside

Tren: 50 minutos desde Waterloo a la estación de Windsor e Eton Riverside o 25 minutos desde Paddington a Slough, luego 10 minutos desde Slough a Windsor (▷ 58-59)

Autocares (autobús): diario, Green Line Services desde la estación de autobuses Victoria, Londres: 1 hora 10 minutos

Automóvil: M4 hasta la salida 6 o M3 hasta la salida 3, luego A322/A332 (30 minutos)

CASTILLO DE WINDSOR

El castillo de Windsor es un lugar de interés inolvidable, que domina la ciudad desde su parte más elevada, un acantilado de creta. Es el castillo habitado más grande del mundo y una de las principales residencias de los soberanos de Inglaterra desde el siglo XII. Gran parte de su aspecto actual data del siglo XIX, pero el castillo de piedra fue construido por el rey Enrique II en 1165, reemplazando a la fortaleza original del rey Guillermo el Conquistador del siglo XI. Dentro del complejo del castillo es posible visitar varios edificios. La **Capilla de St. George's** constituye una obra maestra de la arquitectura gótica perpendicular, iniciada en 1475 por Eduardo IV y concluida en 1511. La reina Isabel, la Reina Madre, está enterrada en este lugar al lado de su esposo, el rey Jorge VI, y de su hija, la princesa Margaret. El monumento de la capilla situada al noroeste, dedicado a la princesa Princess Charlotte que murió de parto en 1817, la representa ascendiendo al cielo con un ángel que lleva en brazos a su hijo nacido muerto. Las bóvedas de abanico del techo de la capilla son especialmente bellas, lo mismo que la trabajada sillería del coro, del siglo XV, cubierta de escenas de animales, juglares, la danza de la muerte e historias bíblicas. De la parte superior penden los estandartes de los 26 caballeros de la Orden de la Jarretera, la orden más importante de la caballería, cuya instalación en este lugar se remonta a 1348. Aquí tuvo lugar la boda del hijo pequeño de la Reina, Eduardo, con Sophie Rhys-Jones en 1999, así como el enlace del príncipe Carlos y Camilla Parker-Bowles en abril del 2005, posterior a su boda en el Guildhall de la ciudad.

Los barrocos **State Apartments,** restaurados después del devastador incendio que se declaró en 1992, están repletos de obras de la colección real, que es una de las mejores colecciones de arte privadas del mundo. También está expuesta la casa de muñecas de la reina María, diseñada por Sir Edwin Lutyens para la reina en 1924. El mobiliario está diseñado a escala 1:12, la instalación de agua y la iluminación funcionan de verdad, e importantes escritores y artistas contribuyeron aportando libros escritos a mano y cuadros en miniatura para la biblioteca.

No se puede dejar de ver la capilla del castillo erigida en memoria del príncipe Alberto, diseñada por Sir George Gilbert Scott, o el Cambio de la Guardia en el Castillo de Windsor: abr- finales jul, lu-sá: 11, si el tiempo lo permite; ag- finales mar, días alternos: 11 (sin sol).

LA CIUDAD DE WINDSOR

Tras visitar el castillo, merece la pena recorrer las innumerables tiendas de Windsor y sus edificios públicos. El **Guildhall** en High Street fue terminado en 1689 por Sir Christopher Wren. Las columnas toscanas de la planta baja no llegan a tocar el techo; al parecer, el concejo insistió en conservarlas, pero Wren dejó un espacio en la parte superior para demostrar que estructuralmente eran superfluas. Siguiendo hacia arriba, la High Street atraviesa la iglesia parroquial del siglo XIX de San Juan Bautista, después se continúa subiendo por Park Street hasta el Long Walk, una avenida de 3 millas (5 km) de longitud bordeada de olmos dentro del Windsor Great Park. **Savill Garden** (diario), 14 Ha (35 acres) de bosque en el interior del parque, es encantador en primavera cuando florecen las azaleas y las camelias.

ETON

Siguiendo el río desde Windsor se encuentra Eton, con su atractiva calle principal enfrente del colegio privado más conocido de Reino Unido. El colegio de Eton fue fundado por Enrique VI en 1440 para 70 estudiantes, los King's Scholars, también llamados los Collegers, que vivían en el colegio donde eran educados gratuitamente, además de un pequeño número de «Oppidans», que vivían en la ciudad de Eton y pagaban por su educación.

Actualmente Eton cuenta con unos 1.280 alumnos de edades comprendidas entre los 13 y los 18 años, todos ellos internos. En verano se puede visitar el patio del colegio, la capilla, el claustro y el Museum of Eton Life (tel.: 01753 671177 para consultar los horarios de apertura). Los príncipes Guillermo y Harry fueron educados en Eton.

Escudo de armas sobre la Puerta de Enrique VIII del Castillo de Windsor (arriba a la izq.).
En Windsor nunca se está lejos del castillo (izq.)

Puerta de Enrique VIII del Castillo de Windsor (arriba a la izq.). Estandartes de los caballeros de la Orden de la Jarretera (arriba a la der.) colgados en la capilla de St. George's (arriba)

CONSEJOS

- En los hoteles se informa sobre las visitas organizadas a Windsor; muchas empresas los realizan, recogiendo a los visitantes en su propio hotel.
- En Waterloo se coge el tren a Windsor: el billete con entrada al Castillo de Windsor cuesta 18,80 £ adultos y 8,50 £ niños (5-15).
- Del centro de la ciudad de Windsor parten circuitos en autobús (City Sightseeing Bus) por el exterior del castillo. Todo el año (los horarios varían, hay información telefónica). Reserva telemática de billetes por adelantado (tel.: 01708 866 000, www.city-sightseeing.com).
- Se debe llamar por teléfono antes de salir de Londres. Los State Apartments y la capilla del castillo de Londres cierran en ocasiones avisando con poco tiempo. La capilla de St. George's sólo abre los domingos para los fieles.

DÓNDE COMER

Aurora Garden Hotel d
Bolton Avenue, Windsor SL4 3JF
Tel.: 01753 868686
www.auroragarden.co.uk
La puesta en escena de este restaurante invernadero son unos jardines acuáticos; en él se pueden degustar platos del estilo de pimientos asados con queso feta o pato frito bañado en vinagre de frambuesa.
L 15 £, D 22 £, Vino 13 £
12-14, 19-22

Mercure Castle Hotel ❀❀
18 High Street, Windsor SL4 1LJ
Tel.: 01753 851577
www.mercure.com
Enfrente del castillo, este elegante hotel restaurante ha sido reformado recientemente; ahora presenta un estilo contemporáneo y ofrece una buena cocina moderna.
L 14,50 £, D 21 £, Vino 15,75 £
12-14, 19-21:45

Sir Christopher Wren's Hotel & Spa ❀❀
Thames Street, Windsor SL4 1PX
Tel.: 01753 861354
www.sirchristopherwren.co.uk
Antigua vivienda del gran arquitecto, este restaurante de estilo art decó presenta vistas al Támesis. Entre los favoritos de siempre con un aire moderno ofrece filete de bacalao al horno sobre queso feta servido con puré de patatas con cebolleta.
L 9,95 £, D 29,50 £, Vino 16,50 £
12:30-14:30, 18:30-22

LUGARES QUE VISITAR

Windsor Castle
Windsor SL4 1NJ
Tel.: 020 7766 7304
Mar- finales oct, diario: 9:45-17:15, nov-finales feb, 9:45-16:15
Adultos 14,20 £, niños hasta 17 años 8 £, menores de 5 gratuito

Patio del colegio de Eton College

OXFORD

Sede de una de las universidades más antiguas del mundo, Oxford es una ciudad repleta de edificios antiguos y paseos que siguen la orilla del río, con tiendas excelentes.

INFORMACIÓN

Oficina de información turística
15-16 Broad Street, Oxford OX1 3AS
C 01865 252200
www.visitoxford.org

CÓMO LLEGAR

Oxford está situada a 57 millas (92 km) al noroeste de Londres
Tren: desde Paddington (1 hora)
Autocar (autobús): estación de autobuses Victoria: National Express OXX90 (1 hora 40 minutos)
Turismo: M4 oeste, luego M40 hasta la salida 7 (1 hora 15 minutos)

Toda esta ciudad de agujas y follaje proporciona un sentimiento de larga tradición de enseñanza. La universidad ha estado aquí desde que en 1167 llegara un grupo de profesores ingleses expulsados de la Sorbona de París tras un enfrentamiento entre los reyes de Inglaterra y Francia.

Cada estudiante es adscrito a uno de los 39 *colleges* independientes. Cada uno de ellos tiene un carácter distinto, pero todos cuentan con una serie de edificios entre los que se encuentran una capilla y un comedor de alto techo dispuestos alrededor de un patio. La mayor parte de los *colleges* centrales son de origen medieval y presentan una interesante mezcla de estilos arquitectónicos, desde el renacentista al victoriano.

Oxford no es grande, pero su distribución puede resultar confusa. High Street, llamado por los estudiantes el High, discurre desde Carfax Tower hacia el este del Puente de Magdalen sobre el río Cherwell, dividiendo la ciudad en norte y sur. Para conseguir orientarse hay que subir a las torres de la iglesia de St. Michael's, en Cornmarket Street, el edificio más antiguo de la ciudad; la iglesia de la universidad, St. Mary the Virgin, High Street, que data de 1280 y atiende a la universidad; o la Carfax Tower, resto de la iglesia de St. Martin's del siglo XIV, situada en el bullicioso cruce conocido como Carfax, centro de la ciudad.

No se debe dejar de ver el animado mercado cubierto de High Street, ni dejar de realizar una visita en barco por el río: en el Cherwell Boathouse, Bardwell Road, se pueden alquilar bateas y botes de remos.

COLLEGES

Christ Church, St. Aldate's, fundado en 1525, es el *college* más amplio y visitado que cuenta con el patio más grande de todos. Su capilla es la Catedral de **Christ Church**, anterior al propio *college* y que destaca por ser la catedral más pequeña de Inglaterra. La galería de **Christ Church Picture** cuenta con obras de Durero y Miguel Ángel.

Hacia el sur y el este se extiende la bucólica pradera de **Christ Church Meadow** (entradas por St. Aldate's, Rose Lane y Merton Street), en la que aún pace el ganado, una pequeña muestra del verdor del campo en el centro de la ciudad. Desde la pradera o desde el High se puede ir paseando hasta el **Oxford Botanic Garden** (diario), el jardín botánico más antiguo de Reino Unido, fundado en 1621 en el que se puede contemplar una colección de plantas procedentes de todo el mundo.

Magdalen College (que se pronuncia «maudlin») es uno de los *colleges* más ricos y amplios, fundado en 1458 y que cuenta con un parque propio con ciervos. También merece la pena visitar **Merton College**, cuyo apacible jardín está parcialmente limitado por la antigua muralla de la ciudad; **New College**, famoso por la belleza de su entrada, claustro y jardín; el **Queen's College**, con edificios de Sir Christopher Wren (1632-1723) y Nicholas Hawksmoor (1661-1736); y, más alejado, en Parks Road, **Keble College**, un relativamente recién llegado, cuyos edificios de trabajado ladrillo rojo constituyen una proeza Victoriana.

No se deben dejar de ver las calles secundarias y los callejones, especialmente Merton Street/Oriel Street (emplazamiento de los colleges de Merton, Corpus Christi y Oriel), y Queen's Lane/New *College* Lane (que conduce a St. Edmund Hall y New College y al Bridge of Sighs).

EDIFICIOS DE LA UNIVERSIDAD

Entre Broad Street y High Street se encuentran tres llamativos edificios de la universidad. El teatro Sheldonian (construido entre 1664 y 1669), la primera gran obra arquitectónica de sir Christopher Wren, adopta la forma de teatro romano y acoge las representaciones y conciertos de la universidad. Cerca se encuentran varios edificios que albergan la Biblioteca Bodleiana, la biblioteca más antigua del mundo, iniciada en el siglo XIV y que actualmente contiene alrededor de 6 millones de volúmenes (circuitos lu-sá). La **Radcliffe Camera**, circular y abovedada, se concluyó en 1749, y actualmente se utiliza como sala de lectura de la biblioteca.

MUSEOS

El museo más importante es el **Ashmolean Museum** en Beaumont Street (ma-do; cerrado dom. por la mañana), el museo público más antiguo de Reino Unido, abierto en 1683, que alberga las inestimables colecciones propiedad de la Universidad de Oxford, desde la prehistoria hasta la cuadros del siglo XX. El cavernoso y anticuado **Pitt-Rivers Museum** de Parks Road (lu-do, 10-16:30, cerrado lu por la mañana) posee una famosa colección antropológica de unos 250.000 objetos, entre ellos máscaras y cabezas reducidas. El edificio contiguo contiene el **University Museum of Natural History** (diario: 10-17), albergado en un espléndido edificio neogótico.

Visitando el Museo de Oxford, St. Aldate's (ma-vi, cerrado sá y do por la mañana), se puede ver un breve resumen de la historia de la ciudad, desde la prehistoria hasta la actualidad, desde los mamuts hasta los coches Morris Minor. Un reclamo para especialistas conservado en la Universidad es la **Bate Collection of Musical Instruments**, expuesta en la Facultad de Música, St. Aldate's (lu-vi, 2-17; sá, 10-12 sólo durante el curso escolar); con 1.800 piezas, se trata de la colección de este tipo más completa del país.

Detalle del exterior de Magdalen College, sobre el River Cherwell

El Radcliffe Camera, diseñado por James Gibbs, alberga ahora parte de la Biblioteca Bodleiana (arriba del todo).
Vista de las bateas desde el margen del Cherwell (izq.).
El Bridge of Sighs (arriba) une los patios Viejo y Nuevo del Hertford College

DÓNDE COMER

Le Petit Blanc ❀❀
71-72 Walton Street, Oxford OX2 6AG
Tel.: 01865 510999
www.lepetitblanc.co.uk
Auténtica cocina provenzal francesa en la que se degusta desde ragout de rape, vieiras y marisco hasta confit de pierna de conejo.
L 12 £, D 15 £, Vino desde 12,95 £
Diario 12-22:30

Quod Restaurant and Bar ❀
Old Bank Hotel, 92-94 High Street, Oxford OX1 4BN
Tel.: 01865 202505
www.quod.co.uk
Se trata de un lugar bullicioso durante todo el día. El menú de su brasserie italiana contiene pizzas, pastas y risottos, además de unos postres deliciosos.
L 14 £, D 22 £, Vino 10,65 £
Diario 11:30-23

CONSEJOS

- Para conocer el ambiente real, es mejor visitarlo durante el curso.
- Se debe utilizar el aparcamiento situado alrededor de la ciudad y tomar el autobús para ir al centro. El centro es peatonal y aparcar allí resulta muy caro.
- Se puede pasear con entera libertad por los numerosos edificios de la universidad y de los *colleges.* Algunos cuentan con una tarifa de entrada y en la mayor parte de ellos se advierte qué zonas se pueden visitar y los horarios.
- Para obtener una perspectiva general, se puede preguntar en el centro de información turística por los circuitos guiados a pie que recorren toda la ciudad y los *colleges.* Los billetes se venden por orden de llegada.

El Sheldonian Theatre de Wren sigue el diseño de un teatro romano

BATH

Declarada Patrimonio de la Humanidad, la ciudad más georgiana de Gran Bretaña fue construida alrededor de los únicos manantiales de aguas termales del país, utilizados durante miles de años.

INFORMACIÓN

Oficina de información turística

Abbey Chambers, Abbey Church Yard, Bath BA1 1LY

☎ 0906 711 2000

www.visitbath.co.uk

CÓMO LLEGAR

Bath está situada a 80 millas (129 km) al oeste de Londres

Tren: Paddington a Bath Spa (1 hora 25 minutos)

Autocar (autobús): National Express desde la estación de autobuses Victoria (3 horas 20 minutos)

Automóvil: M4 oeste, salida 18, luego A46 (2 horas)

Las aguas termales de Bath se conocen desde mucho antes de la ocupación romana y, según la leyenda, las utilizó el padre del rey Lear, pero no fue hasta el año 44 d. de C. cuando los romanos empezaron a explotar sus supuestos efectos curativos, estableciendo el balneario de Aquae Sulis.

La Bath medieval prosperó gracias al comercio de la lana, pero su manantial de aguas termales cayó en el olvido hasta que fue redescubierta en 1755, cuando el dandi de gran talento Beau Nash la puso de moda. La alta sociedad de Londres se trasladaba a este lugar todos los años para tomar las aguas y disfrutar los bailes y reuniones que dieron fama a la ciudad por su elegancia y estilo. Bath respondió transformándose de una forma grandiosa. Los ejemplos más conocidos de este paisaje urbano georgiano son **el Circo**, plaza circular (1754-1770) diseñada por John Wood; el **Royal Crescent** (1765-1775), de su hijo John Wood *el Joven;* y **Pulteney Bridge** sobre el río Avon, rodeada de pequeñas casas palladianas de Robert Adams (1769-1774).

LO MÁS DESTACADO

La ciudad cuenta con más de 20 museos y lugares históricos. En el mismo centro, los baños romanos y **la fuente** (diario; adultos 10,25 £, niños 6,50 £) representan la razón de ser de Bath. El Georgian chandelier-hung Pump Room, con vistas al enclaustrado Bath de los reyes, cuenta con un trío de cámara durante el té de la tarde; una trabajada fuente destinada a su consumo permite probar el agua del balneario. A continuación, se accede al complejo de los baños romanos a través de pasillos construidos alrededor del templo acuático de la diosa Minerva, cuyo busto preside la escena.

Muy cerca, la abadía de **Bath** (diario) es un ejemplo clave del estilo perpendicular, con su fachada occidental bellamente esculpida en la que está representado el sueño de los ángeles, que inspira la reconstrucción de la abadía al obispo Oliver en 1499. La impresionante vidriera de la fachada oriental presenta 56 escenas de la vida de Cristo.

Fuera del Circus se encuentran las **Assembly Rooms** y **el Museo de la Moda** (diario 11-16), uno de los museos más famosos de su género, constituye una mirada retrospectiva de la moda a lo largo de 400 años. **Royal Crescent n.º 1** (mediados de feb-finales de nov, ma-sá) muestra el soberbio interior de una vivienda urbana de Bath (1767-74) con mobiliario de época. En Gay Street, el **Jane Austen Centre** (diario) recuerda la vida y obra de esta novelista, que realizó dos prolongadas visitas a Bath en los primeros años del siglo XVIII y vivió allí entre 1801 y 1806. La ciudad aparece en dos de sus novelas, *Persuasión* y *La abadía de Northanger.*

En el elegante **Museo de Arte Holburne** (ma-sá y dom por la tarde) al final de Great Pulteney Street se pueden contemplar la platería, los cuadros y la porcelana coleccionada por sir William Holburne (1793-1874). Las exquisitas piezas de jade y porcelana de China están expuestas e identificadas con mucha claridad en el **Museo de arte del este de Asia** en Bennett Street (ma-sá, 10-17 y dom por la tarde). Para descubrir cómo Bath llegó a ser la ciudad que es hoy, hay que visitar el edificio del Museo de Bath en el Paragon (mediados feb a nov, ma-sá: 10:30-17), donde se encuentra una maqueta a escala de la ciudad. Cerca está el **Museum of Bath at Work** (primavera- finales oct., diario; nov-Sábado Santo, dom).

Dejando a un lado los museos, Bath se conoce por sus tiendas especializadas y por sus galerías. Entre otras atracciones se cuentan el jardín botánico de Victoria Park y el Themae Bath Spa cerca de Kingsmead Square (abierto en el 2006). Utilizando edificios nuevos o georgianos restaurados, dispone de piscina en el tejado.

No hay que dejar de visitar Sally Lunn's Refreshment House en North Parade Passage, posiblemente la casa más antigua de Bath.

ALREDEDORES

A 2 millas (3 km) al sudeste de la ciudad, en Claverton, **el Museo Americano** (finales mar-finales oct, ma-dom por la tarde) ocupa una elegante casa solariega del siglo XVIII y expone recreaciones de las viviendas americanas de distintos estados entre los siglos XVII y XIX, así como piezas de arte popular, de los *shakers* y los nativos americanos. También hay jardines formales.

A una milla (1,6 km) hacia el sur del centro de la ciudad, el jardín de **Prior Park Landscape** (mar-finales oct, mi-lu: 11-anochecer; nov-finales feb, sá-do: 11-17:30), propiedad del National Trust, es una obra dieciochesca de Lancelot «Capability» Brown (1716-1783).

CONSEJOS

- **Se puede visitar a pie; la ciudad es suficientemente pequeña. En el centro de información turística ofrecen paseos guiados gratuitos.**
- **Se puede realizar un circuito en autobús panorámico (no es necesario reservar). Se pueden tomar en cualquier momento del día y durante todo el año en Pulteney Weir y en la abadía.**
- **Se puede disfrutar de un paseo en barco por el río Avon desde Pulteney Bridge; a diario durante el verano.**

Personajes del Guildhall (arriba).
El Museum of Bath at Work cuenta la historia de la fábrica de bebidas de Mr. Bowler (izq.).
Cabeza de la gorgona en piedra (der.) desde el Templo de Sulis Minerva, actualmente en el Museo en los baños romanos (abajo)

DÓNDE COMER

Firehouse Rotisseried
2 John Street, Bath BA1 2JL
Tel.: 01225 482070
www.firehouserotisserie.co.uk
Destaca por las parrilladas del sudoeste del Pacífico, pizzas para gourmets y platos vegetarianos que salen de una cocina abierta. Ambiente relajado.
L/D 15-20 £, Vino desde 11,95 £
Lu-sá: 12-14:30, 18-23, domingos cerrado

Moody Goose ❀❀
7A Kingsmead Square, Bath BA1 2AB
Tel.: 01225 466688
www.moody-goose.co.uk
Restaurante recomendado en la Guía Michelin que ofrece platos británicos y franceses como galantina de salmón y costillar de conejo guisado.
L 16 £, D 31,50 £, Vino desde 13,50 £
Lu-sá: 12-13:30, 19-21:30

Woods Restaurant ❀
9-13 Alfred Street Bath BA1 2QX
Tel.: 01225 314 812
Brasserie popular en un elegante local georgiano que ofrece platos británicos, franceses e internacionales de buena calidad.
L 9:50 £, D 30 £, Vino desde 13:45 £
12-14:30, 18-22:30. Domingos cerrado

En Londres y sus alrededores se pueden encontrar muchos circuitos organizados. Se pueden elegir desde rutas guiadas a pie por las calles de la ciudad hasta circuitos personalizados en lujosas limusinas con conductor. También se pueden encontrar cruceros por el río, circuitos nocturnos y otros de especial interés. La mayor parte se puede contratar en distintos idiomas, y los circuitos en coche o autobús recogen al cliente en el propio hotel y le vuelven a llevar allí.

Más circuitos en la sección «Around Town» de la revista Time Out *o en la oficina de turismo*

CIRCUITOS EN BICICLETA

Véase Ciclismo en Londres, ▷ 63

CIRCUITOS EN AUTOBÚS

BIG BUS COMPANY

48 Buckingham Palace Road SW1W 0RN
Tel.: 020 7233 9533
www.bigbustours.co.uk

Circuitos (2 horas aprox.) por los lugares de interés del centro de Londres en autobuses panorámicos con explicaciones en directo. Se toman en cualquier parada señalizada al efecto en alguna de las tres siguientes rutas: Green Park-St. James's Palace; Victoria Station-London Hilton; Marble Arch- Kensington Palace.

Adultos: 22 £, niños (5-15): 10 £, menores de 5 años, gratuito. Billetes válidos para 24 horas e indistintamente en cualquiera de las rutas.

THE ORIGINAL TOUR

Jews Row SW18 1TB
Tel.: 020 8877 1722
www.theoriginaltour.com

Son autobuses panorámicos puestos en servicio por una empresa fundada durante el Festival de Reino Unido de 1951. Explicaciones en varios idiomas. Se toman en cualquier parada señalizada (alrededor de 90).

Adultos: 17,50 £, niños (5-15): 11 £, menores de 5 años, gratuito

VIAJES POR LOS CANALES

JASON'S TRIP

Jason's Wharf, Blomfield Road W9 2PD
Tel.: 020 7286 3428
www.jasons.co.uk

Viajes de 90 minutos en barcazas bellamente decoradas con explicaciones en directo. Desde Little Venice hasta Regent's Park (▷ 114-115) y desde el Zoo de Londres (▷ 160) hasta Camden Lock.

Diario: 12:30, 14:30

6,50-7,50 £ ida/ida y vuelta, niños (4-14) 5,50-6,50 £, 0-4 años gratuito

Warwick Avenue 6, 46, 187

LONDON WATERBUS COMPANY

West Yard, Camden Lock NW1 8AF
Te.:l 020 7482 2660
www.londonwaterbus.com

La misma ruta que Jason's Trip, pero sin explicaciones en directo.

Diario, cada hora desde las 10 hasta las 17 Adultos: 6-8,40 £, niños (3-15): 4,30-5,40 £, 0- 3 años, gratuito

Camden Town/Chalk Farm, Warwick Avenue 6, 46, 187

CIRCUITOS EN AUTOBÚS

EVAN EVANS TOURS

258 Vauxhall Bridge Road SW1V 1BS
Tel.: 020 7950 1777
www.evanevans.co.uk

Una amplia gama de circuitos de medio día o día completo.

VIAJES POR EL RÍO

Véase En el río Támesis, ▷ 234-235

CIRCUITOS EN TAXI

BLACK TAXI TOURS OF LONDON

Tel.: 020 7935 9363
www.blacktaxitours.co.uk

Circuitos personalizados en un taxi negro (cinco personas máximo), con explicaciones ofrecidas por el taxista. Circuitos de alrededor de 2 horas, diurnos y nocturnos. Pueden recoger y volver al hotel.

Circuito guiado por Londres de 2 horas, diurno: 8-18 (90 £, por taxi), nocturno (95 £, por taxi). El precio de los viajes fuera de la ciudad se establece bajo petición.

GUÍAS BLUE BADGE

La asociación Blue Badge establece los estándares nacionales de calificación de los guías. Son seleccionados, formados y examinados por miembros del consejo oficial de turismo de RU. Las empresas con guías Blue Badge ofrecen una amplia gama de idiomas (más de 40) y formación especializada, además de puntualidad y seriedad.

CIRCUITOS PERSONALIZADOS

TOUR GUIDES LTD

57 Duke Street W1M 5DH
Tel.: 020 7495 5504
www.tourguides.co.uk

Los guías Blue Badge le organizan un circuito personalizado siguiendo sus indicaciones, ya sea en el interior de Londres o en sus alrededores. Se pueden organizar circuitos a pie, en coche o en autocar. Los circuitos temáticos incluyen antigüedades, literatura y pubs.

Medio día en ingles: 100 £, la mayor parte del resto de los idiomas: 126 £. Día completo en inglés: 170 £, otros idiomas: 196 £

CIRCUITOS A PIE

Los circuitos a pie se realizan por Londres a diario. Por lo general empiezan y terminan en las estaciones de metro y el guía espera en el exterior de la estación determinada. Normalmente no es necesario reservar salvo que se trate de un grupo grande.

BLOOD AND TEARS WALK

31 Dibdin House, Maida Vale, London W9 1QE
Tel.: 020 7625 5155
www.shockinglondon.com

Pasado tétrico de Londres, descrito por el actor Declan McHugh. Los circuitos salen de la estación de Barbican. Preguntar horarios.

Adultos: 7 £, niños (12-14): 5 £. No se aconseja a menores de 12

ORIGINAL LONDON WALKS

PO Box 1708 NW6 4LW
Tel.: 020 7624 3978
www.walks.com

Probablemente sea el mejor operador de circuitos a pie de Londres. Muchos paseos temáticos interesantes.

Adultos: 6 £, niños (0-15): gratuito

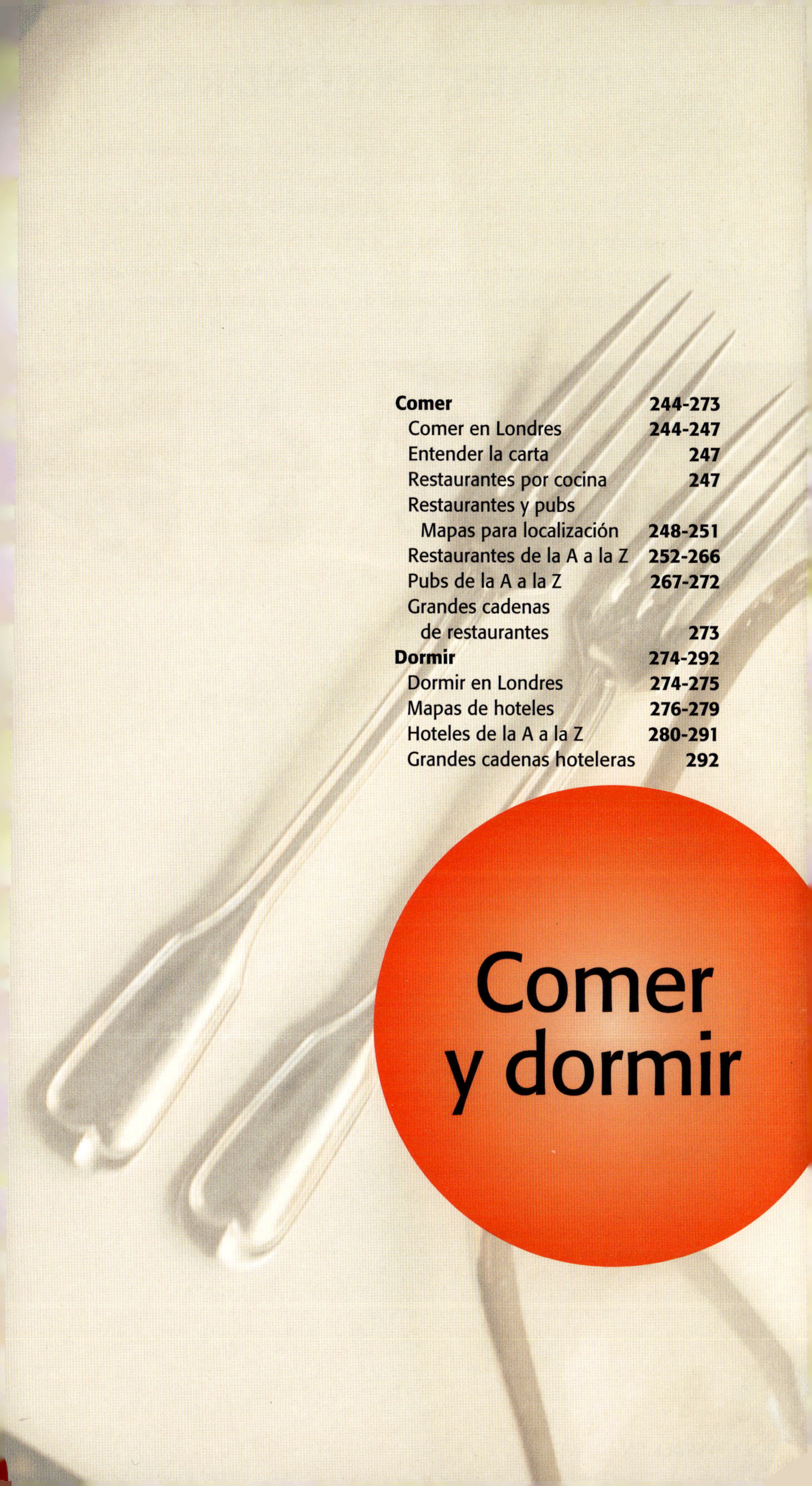

Comer y dormir

COMER EN LONDRES

La cocina del Reino Unido ha experimentado un cambio radical en los últimos años, y ahora está entre las mejores del mundo. El público se ha hecho más exigente, los chefs tienen un papel más destacado y el país ya desarrolla su propia tendencia culinaria. Los mejores restaurantes exaltan la comida tradicional británica, dando sofisticados toques a platos como salchichas y puré de patatas, pescado y patatas fritas, o bistec y pastel de riñones.

Estos son también platos de calidad en la mayoría de los menús de los pubs, junto con innovadoras ofertas servidas en el nuevo género de «gastro-pubs», que ofrecen almuerzos de primera clase además de buena cerveza.

El pasado colonial del Reino Unido se suma a la mezcla culinaria: se dice que el curry es el plato nacional preferido. Hoy, Londres ofrece fascinantes y modernos restaurantes donde sirven verdaderos platos tradicionales indios, pakistanís o bangladeshís, fusiones de cocina india y europea o las últimas innovaciones de Mumbái. La comida tailandesa experimenta un gran boom, y los restaurantes de Oriente Medio y África del norte son especialmente populares en Londres.

Otra afición constante de los británicos es la comida italiana. Además de la pasta del país y las cadenas de pizzerías, están los innumerables restaurantes y cafeterías dirigidos por italianos, a menudo la mejor apuesta por un café o aperitivo decentes.

Londres está en el centro de toda esta innovación gastronómica y se puede encontrar cualquier cosa en sus calles, desde la moderna cocina de vanguardia hasta las delicias indias y bangladeshís de Brick Lane. En algunas de las cafeterías esenciales de la ciudad aún venden pastel y puré de patatas y anguilas en gelatina; esta última no suele gustar en un primer momento, pero merece la pena probarla por ser parte de la herencia culinaria de Londres.

COMER

RESERVAS

En muchos restaurantes, sobre todo los días más tranquilos, es posible llegar y conseguir una mesa, pero si su pretensión es cenar en un lugar en particular, siempre es mejor reservar. Establecimientos menos formales, especialmente los pubs, pueden decirle que no hacen reservas, pues parten de la base del «si llegas antes, comes antes». En otro extremo, muchos de los mejores restaurantes del Reino Unido están completos con semanas o incluso meses de antelación.

Es habitual que la reserva dure solo un par de horas, después de las cuales se espera que se levanten los clientes para preparar la mesa para los siguientes huéspedes. Muchos restaurantes dejan de servir comida relativamente temprano, en comparación con otros países europeos. No espere llegar a las 22:30 y que le pongan un plato delante, a menos que tenga una reserva.

CÓDIGO DE VESTIMENTA

En el pasado, a los británicos les encantaba arreglarse para la cena, y los restaurantes más formales solían seguir estrictos códigos de vestimenta, especialmente en lo que respecta a chaqueta y corbata. Hoy en día las cosas son mucho más flexibles, aunque es desaconsejable ir a un restaurante caro en vaqueros y camiseta.

FUMAR

Es ilegal fumar en cualquier espacio público cerrado. Los fumadores han de hacerlo en el exterior de los pubs, bares y restaurantes.

LA LEGISLACIÓN SOBRE BEBIDAS ALCOHÓLICAS

Históricamente, la legislación sobre bebidas alcohólicas británica ha sido restrictiva comparada con la de muchos países europeos. Sin embargo, desde las «24 horas de bebida» de noviembre de 2005 las leyes han estado en funcionamiento. En la práctica, la mayoría de los locales solo abren unas pocas horas más de la hora establecida, las 23 p.m., y solamente jueves, viernes y sábados por la noche.

Los jóvenes entre 16 y 18 años pueden beber alcohol solo con las comidas. Algunos restaurantes, especialmente los que no tienen licencia para vender alcohol, siguen un sistema de «traiga lo suyo», en el que normalmente se le cobra a los comensales una pequeña suma por abrir sus botellas.

COMIDAS VEGETARIANAS

La mayoría de los restaurantes del Reino Unido ofrecen platos que no llevan carne: una opción que está creciendo y haciéndose más imaginativa. Algunos no incluyen oferta vegetariana en el menú, pero pueden prepararla si se les pide. Los restaurantes tailandeses, vietnamitas e indios suelen ser acertadas elecciones.

UNA GUÍA RÁPIDA DE COMIDA BRITÁNICA TRADICIONAL

EL DESAYUNO

Un desayuno británico completo

Los tradicionales desayunos británicos llenan mucho, son grasos y enormemente reconfortantes. Una «fritanga» lleva huevos fritos y beicon, normalmente acompañados de pan frito o tostadas, salchichas, champiñones, tomates a la parrilla, judías y a veces morcilla (hecha de cebada, avena y sangre de cerdo).

En los hoteles, al desayuno caliente le suele preceder un zumo de naranja y cereales, y va seguido de tostadas.

LA CARNE

Los británicos siempre han hecho buenos asados. Los componentes claves son la carne (normalmente pavo, pollo, ternera, cordero o cerdo), gravy (salsa hecha con el jugo de la carne asada), patatas asadas y verduras hervidas. El día de Navidad se suele comer pavo asado, aunque antes se prefería el ganso.

El cerdo forma parte importante de la dieta británica: carne, beicon y, por supuesto, salchichas. Los restaurantes londinenses del siglo XVIII vendían *toad in the hole* (salchichas horneadas en una masa de leche), y aún puede encontrarse en los restaurantes ingleses tradicionales.

Los menús del pub suelen ofrecer pasteles de carne. El pastel de carne y cerveza y el pastel de carne y riñones a menudo se sirven en pequeños tazones llenos de carne y gravy con hojaldre por encima.

TIENDAS DE DULCES Y PURÉS DE PATATAS

Londres tiene sus propias tradiciones pasteleras, y las tiendas de anguila, pastel y puré del East End siguen siendo cafés de popular elección. Pasteles de carne o carne y riñones se cocinan en la parte trasera de la tienda y luego se sirven con puré de patatas. Los entendidos siempre le dan la vuelta al pastel antes de comérselo.

Las tiendas de pastel y puré también venden anguila cocida o en gelatina. Las anguilas cocidas se sirven con puré y una fina salsa de perejil verde; las anguilas en gelatina se cocinan en grandes cuencos blancos, luego las dejan al fresco para que cojan el sabor del licor y las sirven frías.

EL PESCADO

Otra parada tradicional londinense es el chanquete, y hoy se cogen cantidades muy pequeñas en el Támesis. Estos pescaditos se fríen mucho y se comen enteros y crujientes. En otro tiempo se pensó que eran una especie, pero en realidad son la mezcla frita de arenque y sardina. Las cenas de chanquete eran costumbre en el Parlamento al final de la legislatura.

Uno de los platos favoritos de los británicos es el *fish and chips:* pescado blanco, normalmente bacalao o abadejo, empanado con pan y mantequilla, muy frito y con patatas fritas. Hay tiendas de *fish and chips* por todo el país; algunas dicen que comenzaron en Londres a principios del siglo XIX.

SÁNDWICHES

Para los visitantes extranjeros, el típico sándwich inglés es la deliciosa opción salada con pepino que a veces forma parte del té de las cinco en *baguettes* bien rellenas, sándwiches submarinos o rebanadas pueblerinas de pan con queso, carne y ensalada. Hay una gran selección de lugares para tomar sándwiches y cafés en la ciudad, y se puede elegir el relleno. Pero evite la hora del almuerzo, pues puede que tenga que esperar mucho tiempo tras los oficinistas.

BEBIDAS

El vino tradicional británico suele hacerse con fruta o incluso flores, como bayas de saúco, pero hay un creciente número de viñedos en el sur de Inglaterra y de vez en cuando puede encontrarse un vino blanco nacional en la carta de vinos. La sidra sigue siendo la bebida popular británica y se puede pedir en la mayoría de los pubs. Se hace con manzanas asperiegas (manzanas no comestibles). Las más comunes son las variedades claramente comerciales, pero vale la pena encontrar sidras hechas por productores independientes de condados como Somerset y Herefordshire.

La cerveza británica tradicional es de sabor más fuerte y menos gaseosa que las cervezas rubias o las europeas. Hay cientos de cerveceros independientes en el Reino Unido, cada uno con un estilo diferente de hacer cerveza; una vuelta por unos cuantos pubs de Londres le debería ofrecer la oportunidad de probar varios estilos. Entre los cerveceros londinenses están Fuller's y Young's, que producen cervezas tradicionales y galardonadas. Una buena opción es ir a Fuller's London Pride o Young's Double Chocolate Stout. Otros cerveceros nacionales bien arraigados son Shepherd Neame de Faversham, en Kent (la cervecería más antigua del país), que produce una cerveza amarga de color rojizo, y Marston Pedigree, que viene de la conocida ciudad cervecera de Burton-on-Trent.

EL TÉ DE LAS CINCO

Esta arraigada costumbre británica sigue siendo popular y fácil de disfrutar en hoteles y salones de té entre las 14 y las 15 h. Hay muchas diferencias, pero siempre incluye una tetera y algo para comer. En los hoteles más elegantes es algo muy extendido, con sándwich de pepino y otros ingredientes, y pasteles; tes servidos con *scones* (bollito crudo) con nata, mantequilla y mermelada.

Té tradicional de las cinco

El té llegó al Reino Unido en el siglo XVII. En el siglo XIX era ya una bebida muy de moda, con comerciantes que creaban mezclas especiales.

CAFÉTERÍAS, BARES-RESTAURANTES Y BISTRÓS

Hoy la palabra «cafetería» hace referencia a elegantes establecimientos de estilo continental de ciudades como Londres, que marcan la diferencia entre pubs, restaurantes y cafeterías al ofrecer bebidas calientes, aperitivos, vino y almuerzos. Como los bares-restaurantes y bistrós, que a menudo están abiertos todo el día; en realidad puede resultar difícil distinguirlos. El «figón» es una versión barata y jovial de la cafetería, que normalmente sirven sencillas y tradicionales comidas británicas como salchichas y puré, desayunos de fritanga (todo el día), té, café y otras bebidas calientes.

COMIDA RÁPIDA

Es posible comprar un almuerzo para llevar con algún relleno por menos de 5 £. Los locales de las cadenas de comida rápida han llegado a todas las esquinas del Reino Unido, por lo que no tendrá problema en encontrar un KFC, McDonald's o Pizza Hut (▷ 273). Otros locales de comida rápida son tiendas de pastel y puré, bares que sirven sándwiches, *fish and chips* y una amplia variedad de restaurantes de comida para llevar multiculturales, especialmente en áreas como Brick Lane, al este de Londres.

PUBS

Podrá encontrar bares irlandeses, bares de deportes, tradicionales pubs en las esquinas de las calles y bares futuristas con mucho estilo. Paredes de piedra, chimeneas y vigas de madera tipifican los establecimientos más antiguos, a menudo imitados por modernas cadenas, aunque muchos pubs de Londres destacan por su estilo moderno o decoración temática.

Una de las tendencias más actuales es el gastropub, una fusión de pub y restaurante que no ofrece solamente un lugar para beber, sino también comida de buena calidad. Tradicionalmente, los menús del pub han incluido comidas ligeras, como sándwiches, patatas asadas con rellenos variados y platos salados; pero hoy, en la mayoría también se sirven almuerzos sustanciosos (véase arriba).

RESTAURANTES DE HOTELES

Además de los restaurantes de las páginas 252 a la 266, los restaurantes de los hoteles listados abajo (descritos de la página 280 a la 291) han sido examinados por la Automobile Association y premiados con escarapelas. Todos abren al público en general.

Athenaeum: Restaurante de damasco ❀
Capital ❀❀❀❀
Claridge's: Gordon Ramsay at Claridge's ❀❀❀
The Dorchester: The Grill ❀❀❀
Four Seasons Hotel ❀
The Goring ❀❀
Great Eastern Hotel:
Aurora ❀❀❀; Great Eastern Dining Room ❀
The Halkin Hotel: Nahm ❀❀❀
Jumeirah Carlton Tower Hotel: The Rib Room ❀
The Lanesborough ❀❀
One Aldwych: Axis ❀❀; Indigo ❀❀
The Ritz: ❀❀
Royal Lancaster: Nipa Thai ❀
The Rubens at the Palace ❀
The Savoy: Savoy Grill ❀❀❀
The Westbury ❀❀

CONSEJO

Muchos restaurantes ofrecen una comida de gran calidad. Se aconseja buscar menús antes del teatro o los menús más económicos para cenar temprano (antes de las 19:30). Una buena manera de evitar las prisas y no sobrepasar el presupuesto.

COMER

PREMIOS ROSETTE

Los inspectores de restaurante de la Automobile Association premian anualmente con escarapelas los restaurantes en una escala del uno al cinco. A continuación se ofrece una idea de los diferentes niveles de calidad que se catalogan:

❀ **Roseta** Excelentes restaurantes donde sirven platos cocinados con esmero, entendimiento y habilidad, usando ingredientes de buena calidad.

❀❀ **Rosetas** Los mejores restaurantes locales, que se proponen y consiguen mayor calidad, mejor consistencia y gran precisión en sus platos.

❀❀❀ **Rosetas** Extraordinarios restaurantes que exigen reconocimiento más allá de su área local. Su cocina estará respaldada por la selección y el tratamiento favorable de los ingredientes de mejor calidad. El tiempo, la condimentación y la opinión de las combinaciones de sabores serán excelentes. Servicio inteligente y carta de vinos bien elegida.

❀❀❀❀ **Rosetas** Entre los mejores restaurantes del Reino Unido. Estos restaurantes muestran ambición, excelencia, extraordinarias habilidades técnicas y una consistencia sorprendente. Combinan el reconocimiento de las tradiciones culinarias con el deseo de una mayor exploración e innovación.

❀❀❀❀❀ **Rosetas** Algunos de los restaurantes más elegantes del Reino Unido, donde los platos se pueden comparar con los mejores del mundo. Estos restaurantes son muy originales, muestran excepcionales destrezas culinarias y establecen las normas que guían a los demás restaurantes.

Nota: Los restaurantes, cafés y pubs del listado (págs. 252-272) que no tienen escarapela puede que no hayan sido examinados y, por tanto, no forman parte del plan de clasificación de la asociación.

MENÚ

PLATOS SALADOS

Salchichas y puré:
Las salchichas y el puré de patatas se suelen servir con una rica gravy de cebolla

Bubble and Squeak:
Col precocinada y patata, todo frito junto

Pastel de carne:
Carne picada (y verduras) con puré de patata por encima

Kedgeree:
Abadejo ahumado, huevos y arroz con curry

Estofado de Lancashire:
Cazuela de cordero y verduras con patata picada por encima

Scotch Egg:
Huevo duro envuelto en carne de salchicha; se come frío, a menudo como aperitivo

Shepherd's Pie:
Carne de cordero picada y verdura cubierta con puré y puesto al horno

Pudding veraniego de rojo afrutado

Toad in the Hole:
Salchichas horneadas en una masa de leche

Welsh Rarebit:
Tostada con queso derretido, pasada por la parrilla

Yorkshire Pudding:
Masa cocinada en salsa de rosbif, su acompañamiento.

PUDDINGS

Bakewell Tart:
Tarta de almendra con mermelada y una base de masa

Bread-and-Butter Pudding:
Rebanadas de pan y mantequilla horneadas con frutos secos, leche y huevos

Fruit Crumble:
Compota de fruta cubierta de harina y mantequilla, cocinada al horno y servida caliente, con crema

Fruit Fool:
Fruta mezclada con nata y crema cocinada a fuego lento; se sirve fría.

Spotted Dick:
Pudding caliente de masa consistente y frutos secos

Summer Pudding:
Fruta cocinada a fuego lento en un molde de pan blanco; se sirve frío con nata

Trifle:
Capas de bizcocho remojado en jerez, fruta, gelatina y crema, con nata montada por encima; se sirve frío

RESTAURANTES POR COCINA

Los restaurantes incluidos por orden alfabético de la página 252 a la 266 aparecen agrupados aquí por cocina.

América del Norte
Christopher's

Británica
Adam Street Restaurant
Boisdale of Belgravia
Butler's Wharf Chop House
Canteen
Inn the Park
Just St. James
The Oxo Tower Restaurant
The Orangery
The Portrait Restaurant
Rhodes Twentyfour
RSJ
St. John
Smiths of Smithfield
Thyme
Tom's Kitchen
The Wolseley

China
Hakkasan
Kai Mayfair
Ken Lo's Memories of of China
YMing

Europa del Este
Baltic

Europea
Alastair Little Restaurant
Arbutus
Babylon
Bibendum
Blueprint Café
Cantina Vinopolis
Greenhouse
Hamptons
Le Caprice Restaurant
The Don
Fifth Floor Restaurant
The Gallery at Sketch
Homage
Kensington Place
Lanes Restaurant & Bar
Morgan M
1 Lombard Street–The Brasserie
Quaglino's

Francesa
The Admiralty Restaurant
Aubergine
Chez Bruce
Drones
L'Escargot–The Ground Floor Restaurant
Le Gavroche Restaurant
Mon Plaisir
1 Lombard Street–The Fine Dining Restaurant
L'Oranger
Orrery
Racine
Restaurant Gordon Ramsay
Tom Aikens
La Trouvaille

India/pakistaní
Amaya
Chutney Mary
The Cinnamon Club
Mela
Rasa Samudra
Salloos Restaurant
Tamarind
Vama
Veeraswamy Restaurant

Internacional
Archipelago
Boxwood Café
The Collection
The Ivy
Langtry's
Maze

Italiana
Alba
Al Duca
Alloro
Assaggi
Caraffini
Cibo
Il Convivio
Mosaico
Orso Restaurant
The River Café
Santini
Zafferano

Japonesa
Matsuri
Mitsukoshi
Nobu
Tatsuso Restaurant
Yumi Restaurant
Zuma

Kósher
Six-13

Malaya/asiática
Champor Champor

Oriente Medio
Levant
Ozer

Marroquí
Tajine

Orgánica
Acorn

Marisco
Bentley's Oyster Bar
J Sheekey

Española
Cambio de Tercio
Cigala
Moro

Turca
Haz

RESTAURANTES

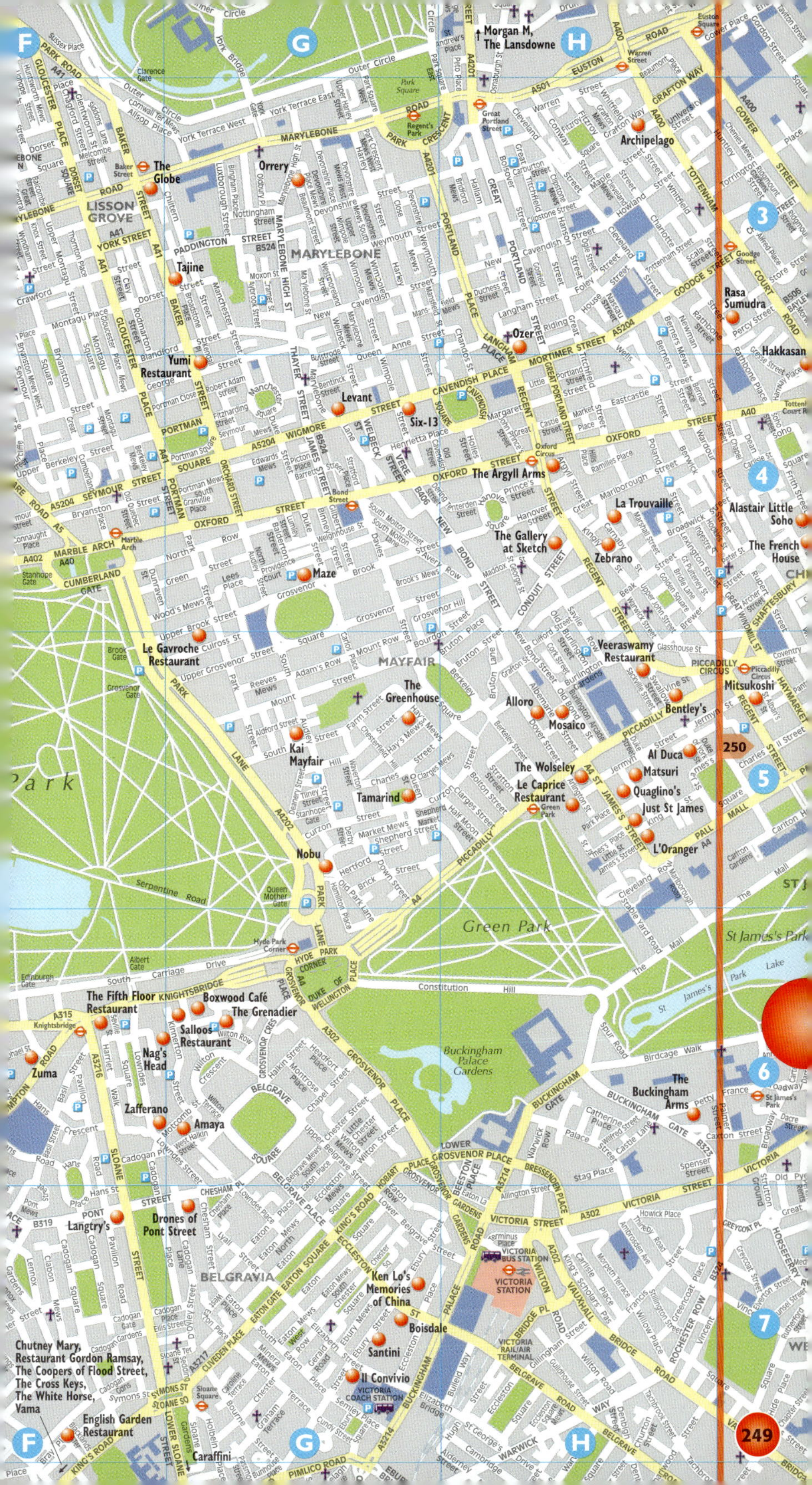

F
G
H
Morgan M,
The Lansdowne
Archipelago
The Globe
Orrery
LISSON GROVE
MARYLEBONE
Tajine
Rasa Sumudra
Hakkasan
Ozer
Yumi Restaurant
Levant
Six-13
The Argyll Arms
La Trouvaille
Alastair Little Soho
The French House
The Gallery at Sketch
Zebrano
Maze
Le Gavroche Restaurant
MAYFAIR
Veeraswamy Restaurant
The Greenhouse
Alloro
Mosaico
Mitsukoshi
Bentley's
Kai Mayfair
Al Duca
The Wolseley
Matsuri
Le Caprice Restaurant
Quaglino's
Tamarind
Just St James
L'Oranger
Nobu
Green Park
St James's Park
Serpentine Road
The Fifth Floor Restaurant
Boxwood Café
The Grenadier
Salloos Restaurant
Zuma
Nag's Head
Buckingham Palace Gardens
The Buckingham Arms
Zafferano
Amaya
Langtry's
Drones of Pont Street
BELGRAVIA
Ken Lo's Memories of China
VICTORIA STATION
Boisdale
Santini
Chutney Mary,
Restaurant Gordon Ramsay,
The Coopers of Flood Street,
The Cross Keys,
The White Horse,
Vama
Il Convivio
English Garden Restaurant
Caraffini
3
4
5
6
7
250
249

RESTAURANTES

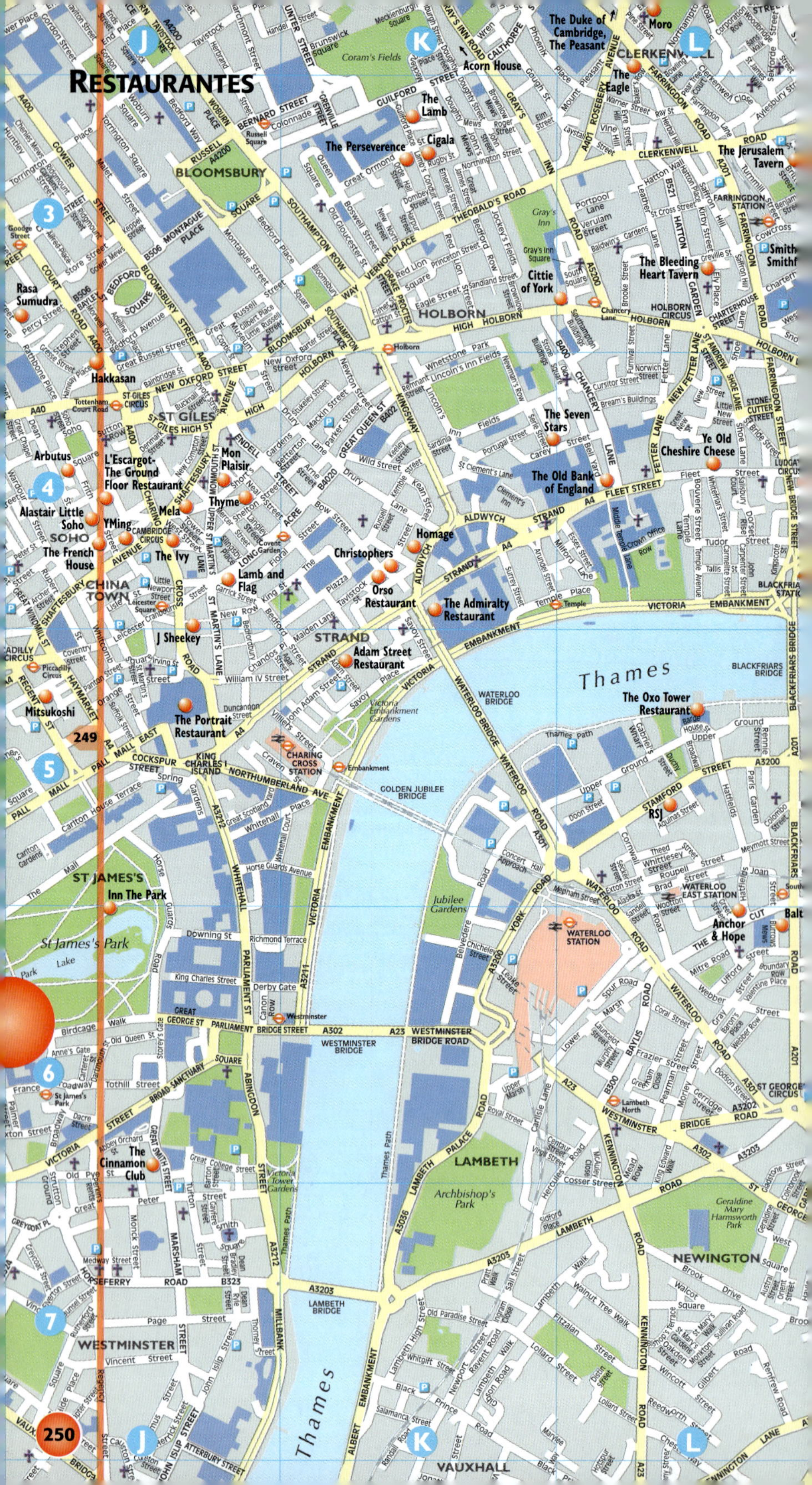

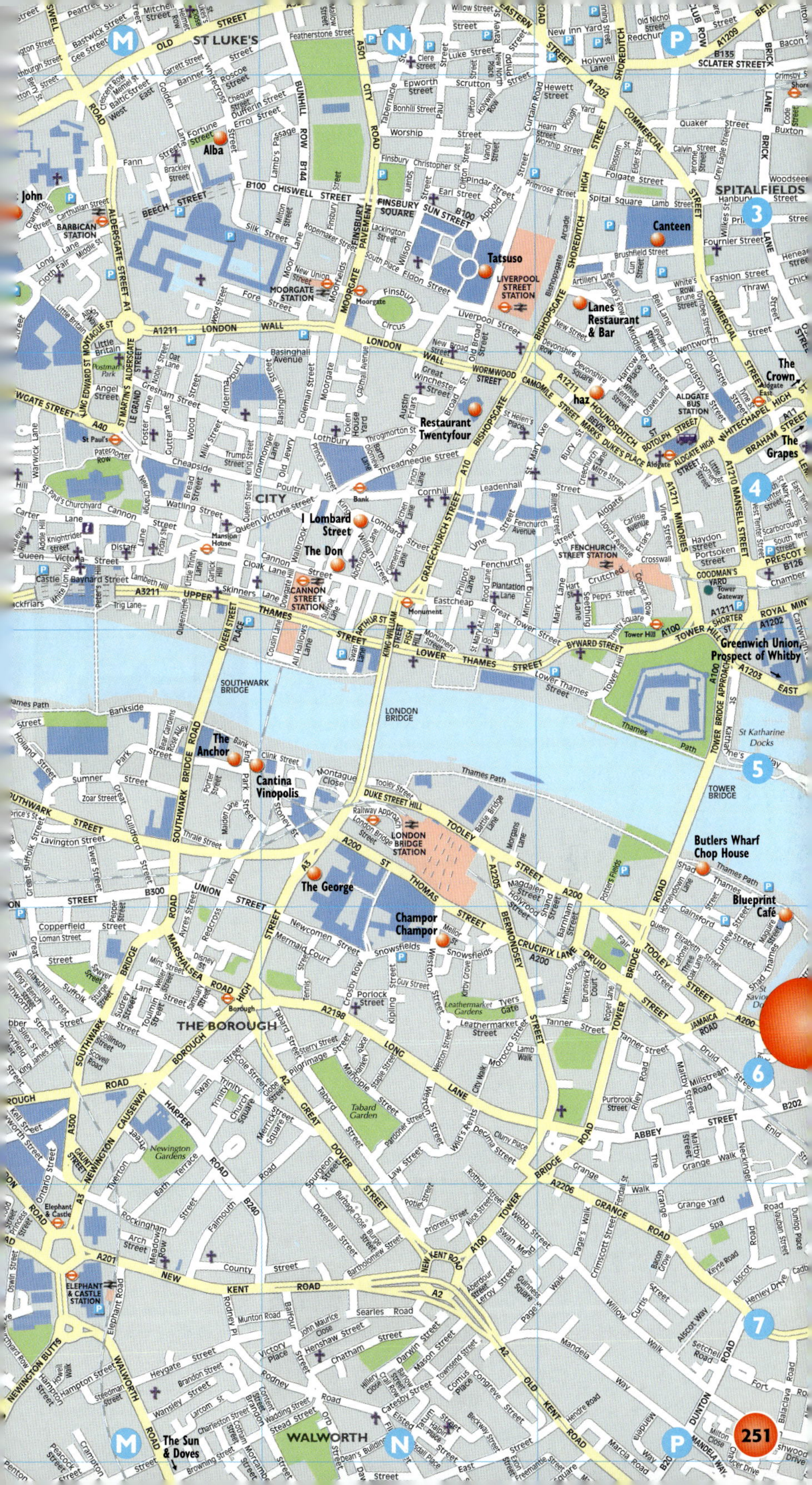

ST LUKE'S
SPITALFIELDS
CITY
THE BOROUGH
WALWORTH
Alba
Canteen
Tatsuso
Lanes Restaurant & Bar
haz
Restaurant Twentyfour
1 Lombard Street
The Don
The Crown
The Grapes
Greenwich Union, Prospect of Whitby
The Anchor
Cantina Vinopolis
The George
Champor Champor
Butlers Wharf Chop House
Blueprint Café
The Sun & Doves
BARBICAN STATION
MOORGATE STATION
LIVERPOOL STREET STATION
ALDGATE BUS STATION
CANNON STREET STATION
FENCHURCH STREET STATION
LONDON BRIDGE STATION
ELEPHANT & CASTLE STATION
Tower Hill
Monument
Bank
Mansion House
St Paul's
Aldgate
Aldgate East
Borough
Elephant & Castle
SOUTHWARK BRIDGE
LONDON BRIDGE
TOWER BRIDGE
St Katharine Docks
Thames Path
Tower Gateway
OLD STREET
CHISWELL STREET
LONDON WALL
CHEAPSIDE
UPPER THAMES STREET
LOWER THAMES STREET
BISHOPSGATE
SHOREDITCH HIGH STREET
COMMERCIAL STREET
WHITECHAPEL HIGH STREET
TOOLEY STREET
BOROUGH HIGH STREET
SOUTHWARK BRIDGE ROAD
GREAT DOVER STREET
NEW KENT ROAD
OLD KENT ROAD
TOWER BRIDGE ROAD
LONG LANE
UNION STREET
SOUTHWARK STREET
ALDERSGATE STREET
MOORGATE
CITY ROAD
FINSBURY PAVEMENT
GRACECHURCH STREET
KING WILLIAM STREET
MINORIES
MANSELL STREET
GRANGE ROAD
JAMAICA ROAD

Restaurantes

Los precios son para una comida de dos platos (L) para una persona y el precio inicial para una cena de dos platos y un postre a la carta (D) para una persona. El precio del vino es por una botella de vino de la casa.

ACORN
Mapa 246 fuera de K3
69 Swinton Street WC1X 9NT
Tel.: 020 7812 1842
Acorn House está considerado el primer restaurante realmente ecológico de Londres, dedicado al uso de materiales orgánicos y reciclados. Solo se emplean los mejores ingredientes de temporada y el chef formado en Roux, Arthur Potts Dawson, produce una cocina a la que llama «Modern London». Entre los almuerzos preparados están la sopa caliente y saludables sándwiches. El comedor es austero, pero la comida es muy apetitosa (deje espacio para los extraordinarios postres).
8-22:30, sa: 10-22:30. Cierra domingos, 23 dic-2 ene, días festivos
L desde 25 £, D desde 30 £, vino desde 13 £
King's Cross, Russell Square

ADAM STREET RESTAURANT
Mapa 250 K5
9 Adam Street WC2N 6AA
Tel.: 020 7379 8000
www.adamstreet.co.uk
El restaurante, con elegantes mesas de madera y paredes de color blanco, está en el sótano del edificio Robert Adam. Para entrar hay que llamar al interfono. Entre las comidas del club se encuentran las salchichas y puré, el bistec y pastel de riñones, y otros platos tradicionales británicos. Las comidas, con precio ya marcado, incluyen la ensalada César, ensalada de pato crujiente y pastel de pescado gratinado.
12-14:15, 18-23:15, D solo para miembros. Cierra sábados, domingos, 24 dic-2 ene
L desde 16,95 £, D desde 30 £, vino desde 16 £
Charing Cross

THE ADMIRALTY RESTAURANT ❀
Mapa 250 K4
Somerset House, The Strand WC2R 1LA
Tel.: 020 7845 4646
www.theadmiraltyrestaurant.com
Situado en la histórica Somerset House (▷ 130-131), este restaurante al estilo de un bar-restaurante francés ha visto renacer su anterior colorido de interior, hoy de gris relajado. El menú ofrece platos regionales y actuales franceses con entrantes como gratín de cangrejo de Cornualles con estragón y *tagliatelle* al limón; los platos principales son delicias como filete de salmón con almendras asadas; y sabrosos postres, que pueden incluir *crème brûlée* de maracuyá.
12-14:30, 17:30-22:30. D cerrado domingos, 24-26 dic, días festivos
L desde 15 £, D desde 30 £, vino desde 18 £
Charing Cross

ALBA
Mapa 251 M3
107 Whitecross Street EC1Y 8JD
Tel.: 020 7588 1798
www.albarestaurant.com
Este moderno restaurante, a poca distancia del Barbican, ofrece el sabor de los ravioli del Piamonte y el norte de Italia. Como las paredes en verde oliva y los grabados en tonos vivos, el menú es moderno y tiene especialidades como *ravioli* del Piamonte y *tagliolini* con mantequilla, salvia y trufas blancas. Entre los postres se puede encontrar la *mousse* de chocolate sobre una masa de panetone bañado en amaretto.
12-15, 18-23. Cierra sábados, domingos, días festivos
L desde 25 £, D desde 35 £, vino desde 13,50 £
Barbican

AL DUCA ❀
Mapa 249 H5
4-5 Duke of York Street SW1Y 6LA
Tel.: 020 7839 3090
www.alduca-restaurant.co.uk
Restaurante italiano con clase de precio razonable con bancos y

mesas de madera. Pasta y pescado de primera; los platos pueden ser bacalao asado con lentejas y salsa de perejil; pasta desinflada con almejas, chili dulce y perejil; y *ravioli* con paloma torcaz y zumo de romero. Los más de 60 vinos de la carta son italianos. Los días calurosos de verano pueden retirarse las ventanas.
12-14:30, 18-23. Cierra domingos, días festivos
L desde 20,50 £, D desde 26,50 £, vino desde 16 £
Piccadilly

ALLORO ❀
Mapa 249 H5
19-20 Dover Street W1S 4LR
Tel.: 020 7495 4768
www.alloro-restaurant.co.uk
Un elegante restaurante italiano tradicional con personal experto. El bar y el restaurante interconec-

tados son largos y estrechos con fachada de cristal y bancos de piel. La selección de *antipasti*, pasta fresca y *risotto* anteceden a postres como *tortino tiepido di arancia* (un bizcocho de naranja hecho con aceite de oliva) y helados artesanos. Entre los platos principales se encuentran los *tagliatelle* de huevo con tomate fresco y salsa de albahaca, un clásico.
12-14:30, 19-22:30. L cerrado sábados, domingos, 25-26 dic, 1 ene, días festivos
L desde 26 £, D desde 33 £, vino desde 18 £
Green Park

AMAYA ❀❀
Mapa 249 G6
Halkin Arcade, Motcomb Street SW1X 8JT
Tel.: 020 7823 1166
www.amaya.biz
Creación del equipo de Chutney Mary, este restaurante indio pronto ganó todos los premios de 2005, retomando platos regionales indios y poniéndolos al día. La mayor parte de la comida se prepara a la vista de los clientes, asegurando absoluta frescura además de un buen ambiente. La

COMER

ESPECIALES

ALASTAIR LITTLE RESTAURANT ❀

Mapa 249 J4
49 Frith Street W1V 5TE
Tel.: 020 7734 5183

El menú de precio fijo que cambia a diario predomina en las modernas líneas británicas con

una inconfundible base italiana. Extraordinarios panes preceden a entrantes como *pappardelle* con salsa de pieza de caza o *crêpe* de patata con anguila ahumada. Después puede venir un filete de salmonete con lentejas de Umbría, o quizá beicon estofado en vino tinto. No perderse postres como el helado de limón con sorbete de frambuesa y las frambuesas. Reservar con mucha antelación.

12-15, 18-23:30. L cerrado sa, do, 25 dic, días festivos
L desde 33 £ (3 platos), D desde 38 £, vino desde 18,50 £
Tottenham Court Road

fuente de marisco es uno de los platos más destacados, o la ensalada César con pollo *tikka* y una pequeña selección en constante cambio de currys de temporada, sopas y *biryanis.* Es fundamental reservar.

12:30-14:15, 18:30-23 (22:30 do)
L desde 35 £, D desde 55 £, vino desde 17 £
Knightsbridge

ARBUTUS ❀❀❀

Mapa 246 J4
63-64 Frith Street W1D 3JW
Tel.: 020 7734 4545
www.arbutusrestaurant.co.uk

Este restaurante del Soho abrió con gran éxito en 2006. Will Smith y Anthony Demetre, chefs muy respetados, ofrecen platos clásicos de temporada con un marcado toque moderno. Incluyen anguila ahumada, lubina, silla de conejo y el exquisito sorbete de ciruela.

12-14:30, 19-22:30, do: 12:30-15:30, 17:30-21:30 (antes del teatro: 19-23). Cierra 24-26 dic, 1 ene
L desde 32 £, D desde 32 £, vino desde 12,50 £
Tottenham Court Road, Leicester Square

ARCHIPELAGO ❀❀

Mapa 249 H3
110 Whitfield Street S1T 5ED
Tel.: 020 7383 3346
www.archipelago-restaurant.co.uk

Archipelago se atreve a ser diferente. Los platos internacionales del menú sirven de inspiración y son atrevidos, transportando a los comensales a diferentes lugares del planeta. No es el mejor sitio para el tímido, con invenciones como filete picante de canguro australiano con espinacas y *choi,* ñu con crujiente cacahuete, o el cocodrilo africano.

12-14:30, 18-22:30. L cerrado sa, do, 2 semanas en Navidad, días festivos
L desde 20 £, D desde 30 £, vino desde 17 £
Warren Street

ASSAGGI ❀❀

Mapa 248 C4
39 Chepstow Place W2 4TS
Tel.: 020 7792 5501

Un relajado y tradicional restaurante italiano con mesas de madera y mucha decoración en tonos amarillos y terracota, encima del pub Chepstow. Entre los entrantes están la *mozzarella* de búfalo, *fregola con arselle* (pasta fregula con almejas) y *calamari ripieni* (calamares rellenos). Platos principales como *quaglia ripiena* (codorniz asada rellena) y *filetto di vitello* al rosmarino (filete de ternera pálida asado en cacerola con romero y cebollas pequeñas glaseadas). Perfectamente acompañado con una selección de vinos italianos y sardos.

12:30-14:30, 19:30-23. Cierra domingos, días festivos
L/D desde 50 £, vino desde 19 £
Notting Hill Gate, Bayswater

AUBERGINE ❀❀❀❀

Mapa 248 fuera de E7
11 Park Walk SW10 0AJ
Tel.: 020 7352 3449
www.auberginerestaurant.co.uk

En una tranquila calle lateral saliendo de Fulham Road, Aubergine da la sensación de ser un restaurante en una vecindad *chic* de ambiente tranquilo y sencillo. La cocina es muy refinada y de estilo francés. Se aconseja degustar el menú de siete platos, o elegir una variedad de platos impecables de la carta, como vieiras a la brasa, plato de pato alimentado de grano, y postre de helado de banana. La carta de vinos ofrece pocas gangas, pero la calidad es espléndida.

12-14:15, 19-23. L cerrado sa, do, 24 dic-3 ene, días festivos
L desde 34 £ (3 platos con media botella de vino), D desde 64 £, vino desde 22 £
South Kensington, Fulham Broadway

BABYLON ❀

Mapa 248 C6
The Roof Gardens, 99 Kensington High Street W8 5SA
Tel.: 020 7368 3993
www.roofgardens.com

Espléndido restaurante con terraza ajardinada. Un imponente vestíbulo de mármol da paso al ascensor; después se llega a las peceras que forman una pared de la pequeña zona del bar. El generoso y variado menú puede ofrecer una tierna cría de calamar repleto de gambas o un *bourride* de Cornualles perfumado con jengibre y cebolletas. Entre los postres destacan las frutas exóticas partidas en rodajas y el sorbete de lichi.

12-15, 19-23. D cierra domingos, 25 dic
L desde 16,50 £, D desde 35 £, vino desde 20 £
High Street Kensington

BALTIC ❀

Mapa 250 L6
74 Blackfriars Road SE1 8HA
Tel.: 020 7928 1111
www.balticrestaurant.co.uk

El bar de vodka está de moda, y el restaurante aún más. Paredes blancas, sillas de hierro y cuadros abstractos proporcionan un entorno moderno para la cocina de Europa del este, predominantemente tradicional. Se puede empezar con *kopytka* (patatas envueltas en masa) con salsa de tomate, y continuar con un *risotto* de puerro y champiñones silvestres de *kasza,* un tipo de cebada de sabor a nueces. Jazz cada domingo a las 19 h.

12-15:30, 18:30-23:15. Cerrado sa, 25-26 dic, 1 ene, días festivos
L desde 14,50 £, D desde 27 £, vino desde14,50 £ (garrafa desde 10,50 £)
Southwark

BENTLEY'S OYSTER BAR AND GRILL ❀❀

Mapa 249 H5
11-15 Swallow Street W1B 4DG
Tel.: 020 7734 4756
www.bentleys.org

Bentley's ha cambiado de imagen gracias al chef Richard Corrigan, quien compró el restaurante en 2005. Aún sirven ostras y marisco en mayor cantidad de lo que hacía en 1916. El pescado, además de la carne y las piezas de caza a la parrilla, son de gran calidad. Entre los platos típicos están el pudding de cordero galés al vapor y la lubina salvaje con hierbas.

Parrilla: 12-15, 18-23 (brunch en domingo: 11:30-15:30, cena: 18-22). Ostrería y bar de champán: 12-24 (do: 12-22). Cerrado 25-26 dic, 1 ene
L desde 25 £, D desde 30 £, vino desde 14 £
Piccadilly Circus

BIBENDUM ❀❀

Mapa 248 F7
Michelin House, 81 Fulham Road SW3 6RD
Tel.: 020 7581 5817
www.bibendum.co.uk

En el gran edificio Michelin de decoración art decó está este restaurante luminoso y espacioso con fabulosas ventanas de cristal de colores donde está pintado Bibendum, el hombre de Michelin, en bicicleta, haciendo *kick-boxing* y bebiendo champán. El tema de

Bibendum también se encuentra en las copas, licoreras, vasos, mesas e incluso en las patas de las sillas. Se hace gran hincapié en el servicio de vino, con una breve orientación de los sumilleres. La ostrería, menos formal, abre todo el día (desde el mediodía) y sirven todo tipo de crustáceos, además de ensaladas y menús especiales diarios.

12-14:30, 19-23:30, sa: 12:30-15, 19-23:30, do: 12:30-15, 19-22:30. Cerrado 25-26 dic, 1 ene
L desde 24 £, D desde 38 £, vino desde 18,50 £
South Kensington

BLUEPRINT CAFÉ ❀

Mapa 251 P6
The Design Museum, 28 Shad Thames SE1 2YD
Tel.: 020 7378 7031
www.blueprintcafe.com

Un animado y elegante restaurante en el Design Museum (▷ 87) con vistas incomparables del Támesis, el Tower Bridge y la parte financiera de la ciudad. La decoración es sofisticada y sencilla, como el menú, que cambia todos los días. Se presentan modernos platos europeos de manera sencilla; por ejemplo, arroz con azafrán o pollo con *humus* y *raita*. Un lugar espléndido para cenas de verano.

12-15,18-23. D cerrado domingos, 25-28 dic, 1 ene
L desde 20 £, D desde 27,50 £, vino desde 15 £
Tower Hill, London Bridge

BOISDALE OF BELGRAVIA ❀

Mapa 249 G7
15 Eccleston Street SW1W 9LX
Tel.: 020 7730 6922
www.boisdale.co.uk

Más de 170 whiskys, buena cocina escocesa y jazz en vivo explican la popularidad de este bar-restaurante especializado en el whisky escocés. Pruebe platos como salmón ahumado de Islay, *haggis*, y ternera Angus de Aberdeen. Se puede comer en el patio o en el ambientado restaurante.

12-14:30, 19-23:15. Cerrado domingos, L sa, 25-dic, días festivos
L desde 17,80 £, D desde 30 £, vino desde 15,25 £
Victoria

BOXWOOD CAFÉ ❀❀

Mapa 249 G6
The Berkeley Hotel, Wilton Place SW1X 7RL
Tel.: 020 7235 1010
www.gordonramsay.com

Mezcla de agradable cena en un elegante hotel Knightsbridge y la sensación relajada de una cafetería. Esta empresa, inspirada en Gordon Ramsay, es uno de los restaurantes de hotel más populares de Londres gracias a su combinación de cocina experta, servicio de primera clase y una atmósfera relajada. Los platos tienen precios a menudo muy altos, pero se puede tomar algo tan sencillo como sardinas a la parrilla con tomates y aliño de aceituna negra.

12-15 (sa-do: 12-16), 18-23.
L desde 25 £ (por 3 platos), D desde 38 £. Vino desde 20 £
Hyde Park Corner, Knightsbridge

BUTLER'S WHARF CHOP HOUSE

Mapa 251 P5
The Butler's Wharf Building, 36e Shad Thames SE1 2YE
Tel.: 020 7403 3403
www.chophouse.co.uk

Tradicional restaurante británico en el Támesis, cerca de la Torre de Londres. Las puertas que van a lo largo del restaurante se abren cuando hace buen tiempo y se colocan las mesas afuera. Platos típicos como la sopa de cangrejo con nata agria y *sippets* (pequeños trozos de pan tostado), cerdo asado a fuego lento con ciruelas, y pudding de empalagoso *toffee*. El bar tiene su propio menú y no hace falta reservar. Atención a las gangas de los vinos New World, una elección muy popular.

12-15, 18-23. D cerrado domingos, Viernes Santo
L desde 22 £, D desde 30 £, vino desde 18 £
Tower Hill, London Bridge

CAMBIO DE TERCIO ❀

Mapa 248 fuera de D8
163 Old Brompton Road SW5 0LJ
Tel.: 020 7244 8970
www.cambiodetercio.co.uk

Votado como el mejor restaurante español fuera de España en 2003, este atractivo y agradable lugar ofrece exquisitos platos modernos españoles, que van desde la innovadora granizada de limón *Cuba libre de foie (mousse* de riñón de pato, Coca-cola y ron helado), hasta clásicos como el solomillo de ternera, rabo de toro o atún a la parrilla, aunque con un toque moderno. Los postres son extraordinarios; por ejemplo el cremoso helado de tomillo y limón. Todos los vinos son españoles y algo caros.

Diario: 12:30-14:30, 19:30-23:30 (do 11)
L desde 22 £, D desde 29 £, vino desde 17 £ Gloucester Road

CANTEEN ❀❀
Mapa 247 P3
2 Crispin Place E1 6DW
Tel.: 0845 686 1122
Este sencillo restaurante en Spitalfields Market abrió en 2006 y encantó a la crítica; desde entonces se ha mantenido con una mezcla ecléctica de comidas, locales y tipos de la ciudad. Paredes de cristal en los tres lados, combina asientos de cabina retro con grandes mesas compartidas y se enorgullece de ofrecer platos de gran calidad a precios razonables. El menú del día incluye desayuno y platos diseñados de «servicio rápido», además de diarios y artesanales pasteles asados y opciones de pescado. Platos clásicos británicos inspirados por los ingredientes más frescos, y una selección rompe-dietas de postres de consuelo, como pudding de sirope al vapor y nata, o gelatina de naranja con helado y galleta dulce de mantequilla.
9-23 (lu-vi: 8-23). Cerrado 24-26 dic
B desde 7 £, L desde 12,50 £, D desde 17 £, vino desde 12,50 £
Liverpool Street

CANTINA VINOPOLIS ❀❀
Mapa 251 M5
1 Bankside SE1 9BU
Tel.: 020 7940 8333
www.cantinavinopolis.com
Este restaurante vivaz y con el vino como tema principal, de mobiliario discreto, paredes de ladrillo desnudo, baldosas de terracota en el suelo y altos techos está tan solo a unos pocos minutos del Támesis y tiene un estilo desenfadado de bar-restaurante. En la cocina, abierta, se preparan sencillos platos con una fuerte influencia mediterránea, entre los que se encuentra el *tian* de pollo ahumado y aguacate con vinagreta francesa o atún a la brasa con tiernas patatas machacadas, tomates cultivados al sol y salsa verde. Hay una extensa e inspiradora lista de vinos internacionales, y muchos se pueden probar por copas.
Lu-sa: 12-15, 18-22:30, do: 12-16. Cerrado 25-26 dic, 1 ene
L desde 18 £, D desde 23 £, vino desde 15,75 £
London Bridge

LE CAPRICE RESTAURANT ❀❀
Mapa 248 H5
Arlington House, Arlington Street SW1A 1RJ
Tel.: 020 7629 2239
www.le-caprice.co.uk
Escondido detrás del Ritz, en el exclusivo barrio de St. James, elegante y glamuroso con tonos negros, blancos y cromo, Le Caprice está decorado con retratos de ricos y famosos realizados por el famoso fotógrafo británico David Bailey. La comida es sencilla e internacional, con platos como lubina tailandesa al horno, pollo *alla Milanese* y filete Americaine. El *brunch* de los domingos ofrece desde los huevos Benedicto al salmón ahumado y bollos en forma de rosquilla. Con facilidad se puede coincidir con alguien famoso, ya que es un lugar muy popular en el mundo de las comunicaciones.
12-15, 17:30-24, do: 12-17, 18-23. D cerrado 24 dic, 25-26 dic, L 27 dic, 1 ene, días festivos de ago
L desde 255 £, D desde 35 £, vino desde 18,50 £
Green Park

CARAFFINI ❀
Mapa 249 fuera de G8
61-63 Lower Sloane Street SW1W 8DH
Tel.: 020 7259 0235
www.caraffini.co.uk
Un agradable servicio le recibirá en este popular restaurante italiano. Las paredes pintadas de amarillo claro tienen espejos y grabados, y los suelos de madera contrastan con las persianas venecianas, sillas de ratán, bancos y plantas. El largo menú incluye un *risotto* con frescas y pequeñas alcachofas y gambas, y un excelente *tiramisú*. Hay una buena selección de platos vegetarianos y una amplia gama de vinos italianos.

12:15-14:30, 18:30-23:30. Cerrado domingos, 25-26 dic, días festivos
L desde 16 £, D desde 26 £, vino desde 13,95 £
Sloane Square

CHAMPOR-CHAMPOR ❀
Mapa 251 N6
62-64 Weston Street SE1 3QJ
Tel.: 020 7403 4600
www.champor–champor.com
Este es un pequeño restaurante de aire bohemio del sudeste asiático en el barrio de Borough. El nombre, que se traduce más o menos del malayo como «mezcla y combina», es la clave para el menú, que refleja platos asiáticos con raíces de Malasia con un toque exótico. Un almuerzo de dos platos, de precio fijo, puede ser las gambas rey escalfadas con vino de arroz chino seguido de codorniz deshuesada, *botok-botok*, arroz de coco y *gravy* de limoncillo.
Lu-sa: 18:15-22:15. Cerrado domingos, Pascua, 24 dic-2 ene, días festivos
D desde 27,90 £, vino desde 14 £
London Bridge

CHEZ BRUCE ❀❀❀
Mapa 244 fuera de E7
2 Bellevue Road SW17 7EG
Tel.: 020 8672 0114
Este pequeño y sencillo lugar, que desde fuera se parece más a un bistró que a una estrella culinaria de Wandsworth, se encuentra en una zona de tiendas exclusivas, y está lleno la mayor parte del tiempo. Los primerizos deberían fijarse en las macetas de color granate llenas de flores que hay fuera, o seguir a la multitud espabilada que siente admiración por la clásica cocina regional francesa de Bruce Poole, pero con un toque especial. Nuevos sabores, equilibrio perfecto y destreza impecable harán que pase una velada memorable.
12-14, 18:30-22:30, do: 12-15, 19-22. Cerrado 24-26 dic, 1 ene
L desde 25,50 £ por 3 platos, D desde 37,50 £ (por 3 platos), vino desde 16,50 £
Balham HWandsworth Common

CHRISTOPHER'S ❀
Mapa 250 K4
18 Wellington Street WC2E 7DD
Tel.: 020 7240 4222
www.christophersgrill.com
Christopher's se basa en los restaurantes estadounidenses de carne y langosta y se encuentra en una elegante casa victoriana con escaleras de caracol y altos techos. Los platos más sencillos del moderno menú tienen mucho éxito, como el pastel de cangrejo de Maryland y un filete

Angus de Aberdeen realmente suculento. Entre los postres hay frescos sorbetes de frutas y típicas tartas de queso estadounidenses. La moderna carta de vinos incluye una buena selección para poder degustar en vaso.
Lu-vi: 12-15, 17-23:30, sa: 11:30-15:30, 17-23:30, do: 11:30-16. Cerrado en Pascua, 25-26 dic
L desde 19,50 £, D desde 27 £, vino desde 15,50 £
Embankment

CHUTNEY MARY ❀❀
Mapa 249 fuera de F8
535 King's Road SW10 0SZ
Tel.: 020 7351 3113
www.chutneymary.com
Este popular restaurante indio de King's Road tiene un aspecto sofisticado y moderno, y un menú variable que combina platos típicos con nuevas y arriesgadas especialidades como el cangrejo untado en mantequilla (popular en Mumbái) y el propio *foie gras* del restaurante cocinado con mango a la brasa y gelatina dulce con marsala picante. No se pierda

uno de los interesantes e inusuales postres, como la *crème brûlée* con fresas y condimento de marsala.
12:30-15, 18:30-23:30. L cerrado lu-vi, D 25 dic
L desde 22 £, D desde 27,50 £, vino desde 17 £
Fulham Broadway

CIBO ❀❀
Mapa 248 fuera de C6
3 Russell Gardens W14 8EZ
Tel.: 020 7371 2085
www.ciborestaurant.net
Cibo es fascinante y relajante a la vez. La cocina es sencilla y se centra principalmente en el marisco; hay una buena selección de pescado a la brasa y marisco, y especialidades de la moderna cocina italiana como *risotto* con langosta o costillar de cordero al horno sobre una corteza de patata con pequeñas alcachofas. La carta de vinos es interesante, con algunos clásicos escondidos de regiones olvidadas. El menú de almuerzos tiene precios razonables y el ambiente es más tranquilo que por la noche. Personal muy agradable.
12-15, 19-23. D cerrado domingos, 25-26 dic
L desde 20 £, D desde 27 £, vino desde 12 £
Kensington Olympia, Shepherd's Bush

CIGALA
Mapa 250 K3
54 Lamb's Conduit Street WC1N 3LW
Tel.: 020 7405 1717
www.cigala.co.uk
Escondido en la calle trasera de Holborn, este popular restaurante español suele estar lleno de clientes locales, tanto en el discreto restaurante de la planta de arriba como en el bar de tapas de abajo. La cocina abierta permite ver cómo cocinan al vapor, y en ella se hacen platos como el venado asado, filete de venado envuelto en jamón, patata cocida al sol y champiñones silvestres. Las tapas son también de gran calidad. Buena selección de vinos españoles.
12-22:45 (do: 21:30). Cerrado 25-26 dic, 1 ene, Pascua, días festivos
L desde 15 £, D desde 27 £, vino desde 13,50 £
Holborn

ESPECIAL

THE CINNAMON CLUB ❀❀
Mapa 250 J6
The Old Westminster Library, 13 Great Smith Street SW1P 3BU
Tel.: 020 7222 2555
www.cinnamonclub.com

Situado en la antigua biblioteca Westminster, el Cinnamon Club tiene una sofisticada apariencia con estanterías llenas de libros viejos, sillones de cuero marrón, mantelería de lino bien planchado y suelo de madera. La cocina tradicional india toma aquí sorprendentes giros: no hay más que probar las gambas salvajes horneadas con mostaza *kasundi* y arroz de limón, o la pechuga de pato a la parrilla con clavo y anís estrellado. Se recomienda probar los postres, de calidad superior. Impresionante carta de vinos.
12-14:45, 18-22:45. Cerrado do, 25-26 dic, Pascua
Co desde 19 £, Ce desde 30 £, vino desde 16 £
Westminster

THE COLLECTION
Mapa 248 E7
264 Brompton Road SW3 2AS
Tel.: 020 7225 1212
www.the-collection.co.uk
Tome la larga pasarela de luces de neón desde la entrada de Brompton Road hasta este antiguo almacén y encontrará un animado bar en el primer piso y un restaurante en la terraza. Personal vestido de negro, paredes de ladrillo y modernos asientos de respaldo alto acompañan a un menú

COMER

de cocina británica moderna que incluye atún *sashimi* a la brasa con champiñones *shiitake* y ensalada de pepino, filete de costilla a la brasa con salsa bearnesa y *carpaccio* de mango con sorbete de coco. Buena selección de vinos para acompañar los platos.
Lu-vi: 18-23:15, sa-do: 12-15, 18:30-23:15. Cerrado 25-26 dic, 1 ene
L desde 24 £, D desde 30 £, vino desde 13,50 £
South Kensington

IL CONVIVIO ❀❀
Mapa 249 G7
143 Ebury Street SW1W 9QN
Tel.: 020 7730 4099
www.etruscarestaurants.com
Las paredes de enladrillado rojo fuerte y crema combinan con el suelo de madera clara creando un ambiente *chic* para este animado y agradable restaurante italiano. El menú ofrece platos como espaguetis con langosta y cebolleta, cría de rape envuelta en panceta, y cordero con una corteza de albahaca y almendra de pino y berenjena al horno. Entre los postres se puede encontrar la pirámide de turrón helado, y hay buenos quesos italianos. Los camareros son profesionales y amables.
12-15, 19-23. Cerrado domingos, 25 dic, 1 ene
L desde 17,50 £, D desde 33,50 £, vino desde 16 £
Victoria

THE DON
Mapa 251 N4
20 St. Swithin's Lane EC4 8AD
Tel.: 020 7626 2606
www.thedonrestaurant.co.uk
Este restaurante se encuentra en el edificio que Sandeman Port Company ocupó durante más de 170 años, y tiene un bistró en las antiguas bodegas del puerto. En la planta de arriba hay un sorprendente y *chic* restaurante con desnudas paredes blancas y cortinas de tonos brillantes. El menú sigue el gusto europeo, con platos como el filete de cordero galés en espinacas con un Charlotte provenzal vegetal y fritura de apio. Se aconseja reservar con antelación, especialmente para el almuerzo.
12-14:30, 18-22. Cerrado sábados, domingos, 24 dic-22 ene
L desde 23 £, D desde 29 £, vino desde 16,95 £
Bank, Cannon Street

DRONES ❀❀
Mapa 249 G7
1 Pont Street SW1X 9EJ
Tel.: 020 7235 9555
www.whitestarline.org.uk
Este restaurante escondido en Sloane Street, del famoso chef Marco Pierre White, lleva la marca MPW y hace alarde de extravagantes plantas con un fondo de tenues sombras

color tierra. El paté de camarones, el *poulet noir* asado, riñón de ternera a la brasa, el filete de entrecot bearnés, el banoffie pie (pastel de plátano, crema y dulce de leche) y la tarta de limón demuestran la profesionalidad del dueño.
12-14:30, 18-23, do: 12-16. D cerrado domingos, 26 dic, 1 ene
L desde 14,95 £, D desde 32 £, vino desde 17,50 £
Knightsbridge, Sloane Square

L'ESCARGOT-THE GROUND FLOOR RESTAURANT ❀❀
Mapa 250 J4
48 Greek Street W1D 4EF
Tel.: 020 7437 6820
www.whitestarline.org.uk

Un punto de referencia del Soho. L'Escargot ha preparado cocina francesa clásica desde 1929. Fue el primer restaurante en ofrecer caracoles frescos en el Reino Unido y siguen siendo una de sus especialidades. Tras entrantes como *asparagu velouté* o *pâté forestiere,* se pueden encontrar *ravioli* con caracoles acompañados de puré de perejil. Las paredes muestran buen arte: la colección incluye obras originales de Joan Miró, Henri Matisse, David Hockney y Andy Warhol.
12-14:15, 18-23:30. L cerrado sa, do, 25-26 dic, 1 ene
L desde 15 £, D desde 28,50 £, vino desde 16 £
Tottenham Court Road, Leicester Square

FIFTH FLOOR RESTAURANT ❀❀
Mapa 249 F6
Harvey Nichols, Knightsbridge SW1X 7RJ
Tel.: 020 7235 5250
www.harveynichols.com
Hay vistas espectaculares del Knightsbridge desde este excelente y elegante restaurante situado en unos grandes almacenes. El alumbrado se mimetiza con las condiciones externas, creando un ambiente acorde con el tiempo del día. El menú es europeo actual y está salpicado de platos de lujo, con precios acordes, aunque también hay menús de menor precio. El Châteaubriand es una especialidad y la *fondue* de chocolate es el plato estrella. La lista de vinos internacionales es impresionante.
12-15, 18-23, sa: 12-18, do: 12-16. D cerrado sa, D do, 25-26 dic
L desde 21,50 £, D desde 29 £, vino desde 15,50 £
Parte, sin cañerías
Knightsbridge

THE GALLERY AT SKETCH
Mapa 249 H4
9 Conduit Street W1S 2XG
Tel.: 0870 777 4488
www.sketch.uk.com
Galería de arte por el día y sofisticado comedor por la noche. Este restaurante no tiene nada convencional. En la planta segunda de un edificio, las proyecciones de arte moderno y la atrevida mezcla de cubertería antigua y sillas blancas Luis XV con tableros de mesa Formica, reflejan el desafiante y experimental estilo del imaginativo menú, con platos como berenjena y chocolate blanco, el filete magro de pato condimentado servido con atún miso crudo y el sorbete mandarín. También se puede cenar en la sala de lectura.
Lu-sa: 7-23 (bar abierto hasta 2)
D desde 26 £, vino desde 18,50 £
Oxford Circus, Piccadilly

LE GAVROCHE RESTAURANT ❀❀❀

Mapa 249 G5
43 Upper Brook Street W1K 7QR
Tel.: 020 7408 0881
www.le-gavroche.co.uk

Ningún otro restaurante del Reino Unido es tan fiel a la clásica tradición francesa como Le Gavroche. Hoy el nombre es sinónimo de los hermanos Roux. Las mesas son de cristal y plata, y el personal es profesional y muy bien formado. Entre los platos se encuentran las vieiras en su concha al horno perfumadas con trufas; ensalada de langosta con mango, aguacate, albahaca y lima; filete de carne escocesa y *foie gras,* salsa de oporto y macarrones gratinados con trufa, o la lubina al horno rellena de hinojo y arroz silvestre. Entre los postres destaca la selección de suflés y los famosos helados y sorbetes de los hermanos Roux. Una de las cartas de vino más completas de Londres. Los hombres necesitan llevar chaqueta para cenar.

12-14, 18:30-23. Cerrado do, L sa, 25-26 dic, 1 ene, días festivos
L desde 46 £ (3 platos), D desde 60 £, vino desde 19 £
Marble Arch

GREENHOUSE ❀❀❀

Mapa 245 G5
27a Hay's Mews, W1J 5NY
Tel.: 020 7499 331
www.greenhouserestaurant.co.ukl

Elegante y moderno restaurante con vistas a las caballerizas Mayfair decorado con tonos neutros y texturas naturales, y salpicado con una colección de cristal decorativo *art nouveau.* El chef Antonin Bonnet les da un giro a clásicos franceses y mediterráneos. Delicias como cangrejo y *ravioli* daicón con picantes pimientos rojos coreanos, *mujol* a la brasa con puré de nabo sueco y berros de Alenois, y clementina y té de jazmín helado. Tiene una buena carta de vinos.

12-14:30, 18:45-23. L cerrado sa, do, 25-26 dic, 1 ene, días festivos
L desde 28 £ D desde 60 £, vino desde 30 £
Green Park

HAMPTONS

Mapa 244 D7
Hampton Court Road, Hampton Court KT8 9BN
Tel.: 020 8979 9988
www.carlton.nl.mitre

Bien situado en el Carlton Mitre Hotel, en Hampton Court, es un restaurante con estilo y estupendas vistas al Támesis. Fusiona platos clásicos ingleses con modernas influencias europeas. En los entrantes puede encontrar mejillones de labios verdes al horno con una corteza de parmesano y hierba; para los platos principales se aconseja probar el cordero picante y la cazuela de chorizo con pesto y puré de patatas, y terminar con el pudding de toffee.

Lu-vi: 16-22, sa: 12-22, do: 12:30-18. Cerrado 24-25 dic.
L y D desde 25 £, vino desde 15 £
Hampton Court y luego un corto paseo

HAKKASAN ❀❀❀

Mapa 250 J4
8 Hanway Place W1T 1HD
Tel.: 020 7927 7000

Uno de los restaurantes más elegantes de Londres, con una excepcional cocina cantonesa. Una escalera de caracol de mármol lleva a un vestíbulo decorado con orquídeas rosas y cuencos de incienso; el espacioso comedor está dividido con biombos de celosía de madera oscura. La fuente *dim sum* es el plato fuerte a la hora de la comida: arroz frito con camarón seco, salchicha china y setas *shiitake* servidas en una hoja de loto que merece la pena probar. Buenos cócteles.

12-15 (sa, do: 12-17), 18-23:30 (sa-do: 00:30). Cerrado 25-26 dic
Co desde 30 £, Ce desde 22,50 £, vino desde 22 £
Tottenham Court Road

HAZ

Mapa 247 P4
9 Cutler Street Street E1 7JD
Tel.: 020 7929 7923
www.hazrestaurant.com

Un establecimiento dirigido con ingenio en el centro de la ciudad financiera. Este restaurante turco es popular entre la gente de negocios y los visitantes. Perfecto para los amantes de la carne, aunque incorpora también una amplia selección de platos vegetarianos. La comida se sirve en largas mesas comunitarias, por lo que no es este un lugar para veladas románticas. Los platos tienen una buena relación calidad-precio. Sabrosos platos de *mezze* y buenas cacerolas.

11:30-23:30 L desde 8,45 £, D desde 18,45 £, vino desde 12,50 £
Liverpool Street

HOMAGE

Mapa 250 K4
22 Aldwych WC2B 4DD
Tel.: 020 7836 2400

Los altos techos con pilares del antiguo grill de la planta segunda del Waldorf ofrecen un homenaje a los grandes cafés europeos. El menú ofrece platos como champiñones *velouté*, pechuga de pollo a la brasa y *carpaccio* de piña para terminar. Iluminación *art decó,* sofás bajos, arte moderno y mesas de madera oscura completan la decoración. Hay menús para antes y después del teatro y el café de tarde.

7-23
L desde 14,50 £, D desde 24 £, vino desde 18,50 £
Parte
Covent Garden, Holborn, Embankment

INN THE PARK ❀

Mapa 246 J6
St. James's Park SW1A 2JB
Tel.: 020 7451 9999
www.innthepark.com

El encantador marco en el centro de St. James's Park con vistas al lago hace de este estiloso restaurante un lugar atractivo para salir. Cafetería por el día, se convierte en restaurante por la noche. Platos como la terrina de codillo de jamón, habas, retoño de guisante y cebolletas seguidas de tripas de cerdo, carne de membrillo y puré de chirivía. Hay una zona muy bien decorada para cenas al aire libre en verano.

8-21. D cerrado do, lu en invierno, 25 dic.
L desde 22 £, D desde 27 £, vino desde 14,50 £
St. James's Park, Green Park

THE IVY ❀

Mapa 250 J4
1-5 West Street, Covent GardenWC2H 9NQ
Tel.: 020 7836 4751
www.caprice-holdings.co.uk

The Ivy sigue de moda; está claro que aquí la gente quiere ver y ser vista. En el centro de mundo del teatro, el edificio en forma de V abre por un pequeño bar, que lleva a la sala principal con ventanas emplomadas y cristal de colores. El menú ofrece platos sencillos, desde el aperitivo hasta el almuerzo, con influencias internacionales.
12-15, 17:30-24. L cerrado 27 dic, D 24 dic, 25-26 dic, 1 ene, días festivos ago
L desde 20 £, D desde 27 £, vino desde 19,25 £
Leicester Square, Covent Garden

J. SHEEKEY ❀
Mapa 250 J4
St. Martin's Court WC2N 4AL
Tel.: 020 7240 2565
www.caprice-holdings.co.uk
Este establecimiento tan solicitado, saliendo de la ruta del teatro, es ya un clásico. La originalidad del lugar es insuperable. Se aconseja buscar el estofado de pescado de Cornualles, dorada a la brasa con hierbas y aceite de oliva, y sardinas al grill *piri piri*. Paneles de roble, retratos de estrellas del teatro y bancos para sentarse completan la decoración. Se aconseja reservar con antelación.

12-15, 17:30-24. D cerrado 24 dic, 25-26 dic, 1 ene, días festivos
L desdde 26 £, D desde 32 £, vino desde 17,75 £
Leicester Square

JUST ST. JAMES ❀
Mapa 249 H5
12 St. James's Street SW1A 1ER
Tel.: 020 7976 2222
www.juststjames.com
Este antiguo banco, entre cuyos clientes estaban Napoleón III y William Pitte el Joven, alberga hoy un espacioso restaurante con asientos de ante y cojines en claros tonos tierra. Iluminadas por grandes faroles, las mesas están bien separadas entre sí. La comida es sencilla y llamativa, con modernos platos británicos, como *halibut* silvestre al horno con corteza de hierba, o medallones de rape con rabo de toro en su jugo, *rosti* de patatas y puré de berro.
12-15, 18-23. D cerrado do, 25-26 dic
L desde 16,50 £, D desde 30 £, vino desde 14,50 £
Green Park

ESPECIAL

KENSINGTON PLACE ❀❀
Mapa 248 C5
201–207 Kensington Church Street W8 7LX
Tel.: 020 7727 3184
www.egami.co.uk
Este innovador restaurante de la década de 1990 tiene numerosos seguidores, con toda la razón, muchos de ellos en los medios de comunicación y en el mundo del espectáculo. El comedor abierto crea bastante jaleo, y el mobiliario retro está dispuesto de forma demasiado apretada. El menú es global y poco pretencioso, e incluye platos como la lubina a la parrilla con lentejas y salsa verde, y codillo de cordero con alubias *borlotti*, romero y ajo. La carta de vinos ofrece una buena selección y el servicio es agradable.
12-15, 18:30-23:45 (do: 22:15). Cerrado 24-27 dic
Co desde 18,50 £ (3 platos), Ce desde 30 £, vino desde 16,50 £
Notting Hill Gate

KAI MAYFAIR ❀
Mapa 249 G5
65 South Audley Street W1K 2QU
Tel.: 020 7493 8988
www.kaimayfair.co.uk
Un elegante restaurante con mucho mármol y lujosos muebles. Este restaurante chino tiene un toque fantasioso y un menú con gran detalle. A destacar el pollo con champiñones orgánicos Honshimeji, frito en poco aceite y muy removido en salsa de chile que lleva el nombre de *«The Phoenix and the Rising Sun»*, y un lujoso caldo de abulón y aleta de tiburón conocido como *«Buddha Jumps Over the Wall»*, que tiene que ser pedido con cinco días de antelación y cuesta alrededor de 108 £.
Lu-vi: 12-14:30, 18:30-23:15, sa: 12:30-15, 18:30-23:15, do: 12:30-15, 18:30-22:30. Cerrado 25-26 dic, 1 ene
L desde 24 £, D desde 35 £, vino desde 24 £
Marble Arch

KEN LO'S MEMORIES OF CHINA ❀❀
Mapa 249 G7
67-69 Ebury Street SW1W 0NZ
Tel.: 020 7730 7734
www.memories-of-china.co.uk
Papel pintado de bambú y florido contraste con asientos rojos y pantallas de pizarra grises. La cocina es pekinesa y Szechuan (de la mejor de Londres) y las especialidades están maravillosamente preparadas. Se aconseja probar la aromática berenjena en su jugo, gambas con sal y pimiento salteadas y vieiras frescas en su concha al vapor con salsa de judías negras, o el famoso pato pekinés imperial. Lo mejor de todo es la tierna y sabrosa langosta y los fideos hechos a mano.
12-15, 19-24. L cerrado do, 25 dic, días festivos
L desde 19,50 £, D desde 30 £, vino desde 19,50 £
Sloane Square, Victoria

LANES RESTAURANT & BAR ❀❀
Mapa 247 P3
East India House, 109–117 Middlesex Street E1 7JF
Tel.: 020 7247 5050
www.lanesrestaurant.co.uk
Este elegante y agradable comedor con animado bar adosado rompe el molde de los restaurantes de Londres. El moderno menú europeo, bajo los chefs Hamish y James Robertson, quienes aprendieron de Marco Pierre White, es predominantemente europeo con un toque de influencia británica.
12-15, 17:30-22. Cerrado do, días festivos, 25 dic, 1 ene.
L desde 25 £, D desde 33 £, vino desde 15,50 £
Liverpool Street

COMER

LANGTRY'S
Mapa 249 F7
21 Pont Street SW1X 9SG
Tel.: 020 7201 6619
Bautizado con el nombre de la famosa actriz Lillie Langtry, quien vivió en esta casa, hoy pertenece al Cadogan Hotel. Este nuevo restaurante, de moderno menú británico a manos del chef Robert Lyons, es un grato añadido al escenario de los restaurantes de los hoteles de Londres. La comida servida en el histórico comedor ofrece buena cocina con los mejores ingredientes de temporada. Se recomienda empezar con platos como sopa de berberecho galés, pasando a los platos principales con *toad-in-the-hole* con chicharrones, y terminar con un riquísimo toffee y pudding con caramelo.
12-14:30, 18-22:30.
Cena cerrada do
L desde 17 £, D desde 35 £ (cena 19 £), vino desde 19 £
Knightsbridge, Sloane Square

LEVANT
Mapa 249 G4
Jason Court, 76 Wigmore Street W1H 9DQ
Tel.: 020 7224 1111
www.levantrestaurant.co.uk
El olor a rosas embriagan las escaleras que llevan a este restaurante libanés. La planta baja es moderna, con suelos de piedra pulida y tenue iluminación. Entre la selección de *mezze* hay salchichas picantes norteamericanas, berenjenas fritas con aderezo de granada, y *hummus* y *falafel,* que se comen con pan de pita caliente. El personal estará encantado de aconsejar a los primerizos. Se puede ver un espectáculo de danza del vientre.
Mediodía-0:30
(ju-sa mediodía: 2:30).
Cerrado 25-26 dic, 1 ene
L desde 8,50 £, D dese 23,50 £, vino desde 16,50 £
Bond Street

MATSURI
Mapa 249 H5
15 Bury Street SW1Y 6AL
Tel.: 020 7839 1101
www.matsuri-restaurant.com
Este sofisticado restaurante japonés se encuentra en un sótano dividido en pequeños comedores, un bar de *sushi* (de los mejores de Londres) y mesas *teppanyaki,* donde los chefs cocinan a petición filetes crudos de atún, salmón, lubina, cola de langosta y filete de carne picada. Se aconseja acabar con té verde.
Lu-sa: 12-14:30, 18-22:30, do: 12-15, 18-22. Cerrado días festivos

L desde 14 £, D desde 35 £, vino desde 20 £
Green Park

ESPECIAL

MORO
Mapa 250 L2
34–36 Exmouth Market EC1R 4QE
Tel.: 020 7833 8336
www.moro.co.uk
La buena relación calidad-precio es la clave de restaurante español y norteafricano siempre animado y lleno de gente. El menú cambia semanalmente, pero muchos de los platos están inspirados en el horno de madera, desde la simple chicoria a la parrilla con jamón y vinagre de jerez, hasta el rodaballo asado con lentejas de remolacha asadas y salsa *churrasco*. El queso de cabra caliente con piñones, pasas y agua de azahar en pastel de hojaldre proporciona un final a una comida inusual. La carta de vinos es principalmente española

12:30-14:30, 19-22:30. Cerrado do, 25-26 dic, 1 ene, fiestas oficiales
Co desde 22 £, Ce desde 27 £, vino desde 13 £
Farringdon, Angel

MAZE
Mapa 245 G4
13 15 Grosvenor Square W1K 6JP
Tel.: 020 7107 0000
www.gordonramsay.com
Otro miembro más del restaurante Gordon Ramsa a las órdenes del Jason Atherton, del restaurante de Dubai de Ramsay. Ofrece una moderna propuesta francesa con influencias asiáticas con platos de mucho talento, como codorniz hecha a fuego lento con puré de nuez y limones escabechados, judías blancas y salsa de Madeira. Amplia gama de vinos por botella y media botella, y más de 25 por copas.
12-14:30, 18-22:30.
Cerrado días festivos
L desde 28,50 £ (cuatro platos), D desde 60 £, vino desde 20 £
Bond Street

MELA
Mapa 250 J4
152-156 Shaftesbury Avenue WC2H 8HL
Tel.: 020 7836 8635
www.melarestaurant.co.uk
Es un restaurante indio poco común que ofrece métodos y especias tradicionales de cocina india y los combina con ingredientes occidentales, como por ejemplo el *batakh sula shaslik,* pato a la brasa marinado en yogur y especias, servido en brocheta con cebollas, calabacines, tomates y pimiento. Todos los platos que se sirven son preparados al momento, y el servicio es agradable y rápido. Decoración sencilla y minimalista.
12-23:30 (do 12-22:30).
L cerrado 25 dic, 26 dic
L desde 10 £, D desde 14 £, vino desde 10,95 £
Leicester Square

MITSUKOSHI
Mapa 249 J5
Dorland House, 14–20 Lower Regent Street SW1Y 4PH
Tel.: 020 7930 0317
www.mitsukoshi-restaurant.co.uk
Fundado en 1985 en el sótano de los homónimos grandes al-

macenes japoneses, este restaurante es elegante, con un bar de *sushi* aparte y dos comedores privados con mobiliario minimalista y música clásica. Para almorzar puede encontrar bandejas de *bento* con compartimentos que contienen varios platos diferen-

tes. La cocina trabaja con ingredientes frescos y de calidad para ofrecer una amplia selección de auténtica cocina japonesa. La *tempura* aquí es liviana y fresca, al igual que el *sashimi* de atún y salmón poco hechos. El servicio es cortés y eficiente.

12-14 (té 14-17), 18-22.
Cerrado 25-26 dic, 1 ene,
Domingo de Pascua
L desde 10 £, D desde 48 £
(cena desde 22 £), vino desde 13,50 £
Piccadilly Circus

MON PLAISIR ❀❀

Mapa 250 J4
21 Monmouth Street WC2H 9DD
Tel.: 020 7836 7243
www.monplaisir.co.uk

Este el restaurante francés más antiguo de Londres, dirigido por la misma familia durante 50 años. Una sencilla entrada lleva a un laberinto de cómodas salas, incluido un *loft* con entresuelo, alegremente decorado de modernos cuadros abstractos. El menú mezcla clásicos como *cassoulet d'escargots* y conchas de Santiago con platos más actuales como lubina a la brasa con brócoli y salsa de marisco. Todos los postres están realizados artesanalmente por el jefe pastelero. Animado y agradable, las mesas llenas de gente una junto a la otra crean un ambiente típicamente francés.

12-14:15, 17:45-23:15. Cerrado do,
L sa, 25-26 dic, 1 ene, días festivos
L desde 14,50 £, D desde 30 £,
vino desde 12,75 £
Covent Garden, Leicester Square,
Tottenham Court Road

MORGAN M ❀❀❀

Mapa 249 fuera de H2
489 Liverpool Road, N7 8NS
Tel.: 020 7609 3560
www.morganm.com

Muchos comensales de la ciudad financiera vienen al elegante e íntimo restaurante Morgan Meunier en Islington para saborear platos auténticamente franceses y maravillosamente presentados. La cocina ofrece platos clásicos con un pequeño toque, como *ravioli* de caracoles con *chablis* con ajo cocido a fuego lento, y algunos de los mejores platos vegetarianos de la capital (por ejemplo, ligera crema de sopa de calabacín, con infusión de romero y buñuelo de champiñón silvestre). Hay un menú vegetariano especial de seis platos.

Mi-vi: 12-14:30, 19-22, sa: 19-22, do:
12-14:30, ma: 19-22. Cerrado 24-30 dic
L desde 19,50 £, D desde 36 £
(degustación del menú de 6 platos 39 £),
vino desde 15 £
Highbury and Islington

MOSAICO ❀❀

Mapa 249 H5
13 Albermarle Street W1S 4HJ
Tel.: 020 7409 1011
www.mosaico-restaurant.co.uk

Mosaico es un tradicional y estiloso restaurante italiano con una zona de bar, grandes arreglos

florales, asientos de piel marrón y mucha madera de color blanco. El menú está en italiano e inglés y ofrece algunos de los platos italianos más populares: ternera milanesa con tomate fresco y rúcola, pasta *linguini* con almejas frescas en vino, y *tagliolini* verde con jamón de Parma. Todos los vinos son italianos, y es posible degustarlos por copas.

12-14:30, 18:30-22:30.
L cerrado sa, do
L desde 24 £, D desde 35 £,
vino desde 16 £
Green Park

ESPECIAL

ORRERY (esperando clasificación en el momento de escritura)

Mapa 249 G3
55–57 Marylebone High Street W1M 3AE
Tel.: 020 7616 8000
www.danddlondon.com

Orrery se encuentra en el corazón de Marylebone y es uno de los restaurantes más elegantes de Londres, con enormes ventanas y largas filas de mesas atendidas por un profesional personal francés. El menú es europeo moderno, con platos como terrina de *foie gras* con Sauternes *gelée*, filete de dorada con alcachofas asadas y trufas, o sillar de venado con pudin negro.

12-15, 18:30-23 (do: 22:30).
Cerrado 25-26 dic, 1 ene, Viernes Santo
Co desde 23,50 £ (3 platos),
Ce desde 45 £, vino desde 22 £
Baker Street, Regents Park

NOBU ❀❀❀

Mapa 249 G5
1.er piso, Metropolitan Hotel, 19 Old Park Lane W1Y 4LB
Tel.: 020 7447 4747
www.noburestaurants.com

Fundado en 1997, Nobu sigue al frente de la nueva cocina japonesa y aún atrae a celebridades de la *A-list* y londinenses adinerados. La comida, el entorno, los camareros y a menudo los comensales hacen de la cena un auténtico acontecimiento, pero se aconseja contenerse, ya que los precios pueden ser desorbitados. Se recomienda reservar con bastante antelación. El menú de seis platos hace justicia al lugar.

Lu-vi: 12-14:15, 18-22:15 (vi: 23),
sa: 12:30-14:30, 18-23:15,
do: 12:30-14:30, 18-21:45
L desde 25 £, D desde 30 £,
vino desde 26 £
Hyde Park Corner

1 LOMBARD STREET-THE BRASSERIE

Mapa 251 N4
1 Lombard Street EC3V 9AA
Tel.: 020 7929 6611
www.1lombardstreet.com

Este bar-restaurante con cúpula de cristal en el centro de la City es un hervidero de vida. La cocina recoge lo mejor de muchas tradiciones europeas, como lomo de cochinillo asado con relleno de champiñones y pan sobre una ensalada de repollo caliente, piña acaramelada con sorbete de coco servido con una sabrosa salsa.

12-14:30, 18-22. Cerrado sa, do, 25-26 dic, 1 ene, días festivos
L 25 £ D desde 34 £, vino desde 16,950 £
Bank

1 LOMBARD STREET-THE FINE DINING RESTAURANT ❀❀

Mapa 251 N4
1 Lombard Street EC3V 9AA
Tel.: 020 7929 6611
www.1lombardstreet.com

Un edificio típico de la ciudad financiera con grandes ventanas, frente al Banco de Inglaterra. Detrás del concurrido e informal bar-restaurante (▷ arriba) hay un elegante restaurante con un servicio formal. La cocina es principalmente francesa, con platos como *foiegras* a la brasa con vino moscatel en Armagnac; rodaballo con espina asado con champiñones de los bosques y ragú de hierba, y *feuillantine* de manzanas Granny Smith acarameladas con helado de Guinness y avellanas glaseadas.

12-14:30, 15, 18-22. Cerrado sa, do, 25-26 dic, 1 ene, días festivos
L desde 44 £, D desde 55 £, vino desde 22 £
Bank

L'ORANGER ❀❀

Mapa 249 H5
5 St. James's Street SW1A 1EF
Tel.: 020 7839 3774
www.loranger.co.uk

Aquí la luz natural baña el moderno mobiliario desde una gran claraboya, y en verano se abre el patio. El pescado, preparado y presentado de manera sencilla, es el centro del menú, y los postres son de gran calidad. La carta de vino es principalmente francesa y muy cara. No se permite la entrada a niños menores de seis años.

12-14:30, 18-23. L cerrado sa, do, 25-26 dic, días festivos, una semana en ago
L desde 27 £, D desde 50 £, vino desde 30 £
Green Park, Piccadilly Circus

THE ORANGERY

Mapa 244 D5
Kensington Palace, Kensington Gardens W8 4PX
Tel.: 020 7938 1406
www.digbytrout.co.uk

La tetería inglesa por excelencia. Tome un té o una comida ligera en la hermosa Orangery diseñada por la reina Ana en 1704. Se puede comer en la terraza o en el elegante comedor con vistas a los jardines del palacio. Se recomienda empezar con el desayuno, desde el continental al inglés, o incluso uno con champán. Para almorzar hay delicias británicas como filete o salmón seguidos de tarta de fresas con nata de lavanda. Para muchos, la especialidad es el té de las cinco: sándwiches de pepino o *scone* con nata y mermelada.

10-18. Cerrado 24-26 dic
B desde 3,95 £, L desde 23 £, té desde 11,95 £, vino desde 14,50 £
High Street Kensington, Queensway

ORSO RESTAURANT

Mapa 250 K4
27 Wellington Street WC2E 7DA
Tel.: 020 7240 5269
www.orsorestaurant.co.uk

Restaurante en el sótano de Covent Garden. Un menú bilingüe, toscano en líneas generales, ofrece platos de temporada. Pequeñas pizzas (con champiñones silvestres, queso de cabra y ajo), *penne* con calabacín, albahaca y queso de *pecorino*, hígado de ternera con escarola y panceta y sardinas espolvoreado con Parmesano. Se presentan de manera sencilla en colorida cerámica italiana.

12-23:45. Cerrado 24-25 dic
L 18,50 £ (sa, do solo: cóctel incl.), lu-vi: 19 £, D desde 27 £, vino desde 15 £
Covent Garden

THE OXO TOWER RESTAURANT ❀❀

Mapa 250 L5
8º piso, Oxo Tower Wharf, Barge House Street SE1 9PH
Tel.: 020 7803 3888
www.harveynichols.com

Con las impresionantes vistas a través de grandes ventanales que dan al Támesis y la ciudad financiera, esta torre en forma de cubo suele impresionar a todos los que la visitan. La cocina es moderna europea con elementos de fusión; entre los platos puede encontrar cola de rape, salsa de cebada perlada con coliflor y puré de almendras, o sillar y paletilla de venado con arándanos, crema de nabo y zumo de enebrina. Y entre los postres hay suflé de fresa silvestre con helado de leche.

12-14:30, 18-23, do: 12-15, 18:30-22. Cerrado 25-26 dic
L desde 30 £ (3 platos), D desde 45 £, vino desde 16,50 £
Blackfriars

OZER ❀❀

Mapa 249 H3
5 Langham Place W1B 3DG
Tel.: 020 7323 0505
www.sofra.co.uk

El restaurante de Huseying Ozer's es elegante y moderno, con un rico y atrevido interior atenuado con telas neutrales, baldosas de tonos fríos y una intrincada iluminación. Los platos son mediterráneos, pero con fuertes influencias de Norteamérica y de Oriente Medio. Una amplia elec-

ción en el menú y platos dificultan la selección, ya que van desde el grill, marisco, cazuelas, vegetarianos, menús fijos y *mezzes* calientes o fríos tanto en los entrantes como los platos principales.

12-24
L desde 15 £, D desde 20 £, vino desde 11,65 £
Oxford Circus

THE PORTRAIT RESTAURANT ❀

Mapa 250 J5
National Portrait Gallery, St. Martins Place WC2H 0HE
Tel.: 020 7312 2490
www.npg.org.uk

Este excepcional restaurante en la planta alta de la National Portrait Gallery (▷ 110-111) ofrece cocina *chic* británica junto con unas de las mejores vistas de Londres. Los platos clásicos británicos de toda la vida reciben un toque moderno y son preparados con destreza y precisión. El menú cambia con frecuencia pero puede encontrarse codillo de jamón y terrina de perejil poco llena, olla de pierna de cordero asado con lentejas y puré de patatas, y arándano, y tarta de almendras.

Sá-mi: 11:45-14:45, ju-vi: 11:45-14:45, 17:30-20:30 (último pedido). Cerrado 25-26 dic
L desde 23,50 £, D desde 30 £, vino desde 15 £
Leicester Square, Charing Cross

QUAGLINO'S ❀

Mapa 249 H5
16 Bury Street SW1Y 6AJ
Tel.: 020 7930 6767
www.danddlondon.com

Quizá Quaglino's ya no esté en la vanguardia de la cocina británica, pero todavía tiene un menú que cambia con regularidad en el que se ofrece comida de restaurante parisino con algunas innovaciones. En el menú, de precio fijo, encontrará entrantes como jamón de Bayona, *rillette* de pato y terrina de chalota, y platos principales como pollo *saltimbocca,* té suizo y granos de pimienta verde.

12-15, 17:30-24, vi, sa hasta 1, do hasta 23. L cerrado 26 y 31 dic, 25 dic, 1 ene
L desde 16,50 £, D desde 30 £, vino desde 15 £
Green Park, Piccadilly

RACINE ❀

Mapa 248 E7
239 Brompton Road SW3 2EP
Tel.: 020 7584 4477

No encontrará un restaurante más francés a este lado del Canal de la Mancha que este popular bar-restaurante de Knightsbridge, justo enfrente de los museos de South Kensington. Jaleoso y con un *look* serio, con asientos de madera oscura y piel marrón. Espere abundantes platos con fuertes sabores, como conejo a la brasa con salsa de mostaza y beicon ahumado.

12-15, 18-22:30 (do: 10). Cerrado 25 dic
L desde 15,50 £, D desde 20 £, vino desde 16 £
South Kensington

RASA SAMUDRA ❀❀

Mapa 250 J3
5 Charlotte Street W1T 1RE
Tel.: 020 7637 0222
www.rasarestaurants.com

El nombre significa «sabor a océano», y es un restaurante indio especializado en platos de la cocina casera del estado de Kerala, al suroeste de India, especialmente pescado y marisco. El exterior no pasa inadvertido, de rosa fuerte, y el interior está decorado con sedas claras y vibrantes pinturas al óleo. Se aconseja probar cangrejo *varuthathu* cocinado en seco con jengibre, hojas de curry, chil y semillas de mostaza, acompañado de arroz rebozado en zumo de limón, hojas de curry y semillas de mostaza.

12-15, 18-23. L cerrado do, 2 semanas en dic
L desde 22,50 £, D desde 27 £, vino desde 11 £
Tottenham Court Road, Goodge Street

RESTAURANT GORDON RAMSAY ❀❀❀❀❀

Mapa 249 fuera de F8
68 Royal Hospital Road SW3 4HP
Tel.: 020 7352 4441
www.gordonramsay.com

La atención al detalle caracteriza el hábil funcionamiento del establecimiento. Hay mucho personal y elegantes rasgos como la mantequilla salada y sin sal servida en platos de plata y mármol (la salada espolvoreada con pimienta). Este es el buque insigne del creciente imperio del famoso chef británico Gordon Rampsay. Si hay, pruebe los filetes fritos en sartén de John Dory con cangrejo Cromer, caviar, tiernas patatas machacadas y vinagreta de albahaca. Entre los pos-

tres hay helado de lima con sorbete de melón, panal y salsa de chocolate.

12-14:15, 18:30-23. Cerrado sa, do, 2 semanas en Navidad y Año Nuevo, días festivos
L desde 40 £ (3 platos), D desde 85 £, vino desde 21 £
Sloane Square

RSJ ❀

Mapa 251 L5
33 Coin Street SE1 9NR
Tel.: 020 7928 4554
www.rsj.uk.com

RSJ se encuentra en una manzana por detrás del río, pero se llega de manera fácil por el teatro de South Bank, cerca de la estación de Waterloo. La moderna comida británica es de alta calidad y excelente valor (especialmente el menú de cena con precio fijo) y el encantador, sencillo, moderno e informal ambiente es muy relajante. Espere encontrar platos como el entrecot de Caledonia con pimientos a la brasa, berenjena y calabacín.

12-14, 17:30-23. L cerrado sa, do, Navidad, 1 ene
L desde 15,95 £, D desde 27 £. Vino desde 15,25 £
Waterloo

RHODES TWENTYFOUR
❀❀❀
Mapa 251 N4
Tower 42, Old Broad Street EC2N 1HQ
Tel.: 020 7877 7703
www.rhodes24.co.uk
Esta última adquisición del imperio del célebre chef Gary Rhodes se encuentra en el piso 24 de la NatWest Tower con vistas panorámicas de toda la ciudad. Personal agradable y de ropa informal pone platos como tartaleta de queso de cabra caliente y sopa de espinacas, y platos principales como salmón natural untado en mantequilla con bocado de ostra con beicon ahumado. Tener en cuenta que la seguridad es estricta y se necesita hacer reserva.
12-:30, 18-21. Cerrado sa, do, 24 dic-2 ene
L desde 42 £, D desde 33 £, vino desde 18 £
Bank, Liverpool Street

THE RIVER CAFÉ ❀❀❀
Mapa 248 fuera C7
Thames Wharf, Rainville Road W6 9HA
Tel.: 020 7386 4200
www.rivercafe.co.uk
En este restaurante ribereño se siven algunos de los platos más genuinamente italianos de Londres. Personal seleccionado por su personalidad por encima de todo. En el menú puede encontrar espaguetis con cangrejo, aceite de oliva y limón, o calamar a la brasa con chili y servido con rúcola. En el horno de leña cocinan pichón acompañado de calabaza asada, hinojo, apio (raíz de apio) y zanahorias. Los postres son típicamente italianos, como *pannacotta* o tiramisú.
12:30-14:30, 19-21:15. Cerrado do, 22 dic-3 ene, Pascua, días festivos
L desde 37 £, D desde 47 £, vino desde 12,50 £
Hammersmith (paseo de 10 min)

SALLOOS RESTAURANT ❀
Mapa 249 G6
62-64 Kinnerton Street SW1X 8ER
Tel.: 020 7235 4444
Salloos es un clásico restaurante pakistaní dirigido por una familia y escondido en las apartadas caballerizas Belgravia. La comida se prepara cuando se pide, por lo que quizá tenga que esperar 30 min. El exquisito *aloo paratha,* un plato de patata picante, es una buena elección, y podría ir seguido de kebabs que se funden en la boca hechos en parrillas de carboncillo. Especialidades de la casa como gambas rey *karahi* vienen acompañadas de buen arroz basmati cocinado con caldo ligeramente picante. No se permiten niños menores de seis años.
12-14:30, 19-23:15. Cerrado do, 25-26 dic, días festivos
L desde 16 £, D desde 19 £, vino desde 16 £
Knightsbridge

ESPECIAL

ST. JOHN ❀❀
Mapa 250 M3
26 St. John Street EC1M 4AY
Tel.: 020 7251 0848
www.stjohnrestaurant.com
Este restaurante al que se accede a través de un pasaje abovedado y grandes puertas de hierro, con una cafetería-panadería por debajo, tiene un menú que afirma la cocina británica tradicional de carne. Hay abundancia de asaduras salteadas con hígado de cabrito, corazón, riñones e hígado de conejo. Tienen ingredientes inusuales, como anguila ahumada con beicon y puré, salchicha y garbanzos, y caza fresca de temporada. Si el festín de carne es excesivo, también se pueden probar las ostras y siempre hay, al menos, un plato vegetariano en el menú.
12-15, 18-23. Cerrado Co sa, do, 25-25 dic, 1 ene, Pascua –3, 6–11.
Co desde 20 £ , Ce desde 25 £, vino desde 15,20 £
Farringdon, Barbican, Chancery Lane

SANTINI ❀❀
Mapa 249 G7
29 Ebury Street SW1W 0NZ
Tel.: 020 7730 4094
www.santini-restaurant.co.uk
Un distinguido y elegante restaurante italiano, con claros suelos de mármol, donde el servicio combina con la sofisticación del ambiente. Se aconseja empezar con *risotto* de champiñones y *porcini,* después seguir con lubina escalfada aliñada con mezcla de hierbas y aceite balsámico, y terminar con *sfogliatelle di mele* (hojaldre de manzana).
12:30-14:30, 18:30-23. L cerrado sa-do, 25-26 dic, 1 ene, Domingo de Pascua
L desde 16,50 £, D desde 38 £, vino desde 25 £
Victoria

SIX-13
Mapa 249 G4
19 Wigmore Street W1U 1PH
Tel.: 020 7629 6133
www.six13.com
Su nombre viene de las 613 disciplinas judías, y es el primer restaurante de fusión *kósher* de Londres. Sirve una ecléctica mezcla de platos europeos, asiáticos y de influencia judía. Probar el pato glaseado a la naranja con verduras chinas salteadas, rulada de bacalao envuelta en repollo de Saboya con caldo y salsa cítrica de tomate, y hamburguesa de cordero picante gourmet. Los postres son creaciones igualmente enigmáticas.
12-14:30, 17:30-22:30. Cerrado vi-sa, 25 dic, 1 ene, días festivos judíos
L desde 20 £, D desde 31,50 £, vino desde 18,50 £
Oxford Circus, Bond Street

TAJINE
Mapa 249 G3
7a Dorset Street W1H 3FE
Tel.: 020 7935 1545
Como indica su nombre, este restaurante marroquí en Marylebone sirve versiones de los platos clásicos marroquíes. Entre otras especialidades hay una gama de platos de cuscús. Personal agradable y un ambiente cálido y acogedor. La parrilla de carbón vegetal puede verse a través de una pared de cristal.
12-15, 18-23. Cerrado do
L desde 14 £, D desde 30 £, vino desde 10,50 £
Baker Street

TAMARIND ❀❀
Mapa 249 G5
20 Queen Street W1J 5PR
Tel.: 020 7629 3561
www.tamarindrestaurant.com
Los pilares dorados, los asientos de color cobrizo y las sillas de piel real de Tamarind conforman un elegante sótano para comer un *tandoori* del nordeste

COMER

ESPECIAL

SMITHS OF SMITHFIELD ❀❀

Mapa 250 L3
Planta Superior, 66–67 Charterhouse Street EC1M 6HJ
Tel.: 020 7251 7950
www.smithsofsmithfield.co.uk

Este imponente edificio comenzó siendo un almacén alrededor de 1886, antes de la conclusión del Smithfield Meat Market que se encuentra en la puerta de al lado. Las plantas superiores tiene unas vistas panorámicas de la ciudad, la catedral de St. Paul y el Old Bailey (▷ 118–123 y 102). La moderna cocina británica, biológica y libre de aditivos, incluye platos como la panceta de cerdo crujiente, puré de patatas y salsa verde, o el rape asado con puerros tiernos, patatas fritas y salsa de mantequilla de caviar.

12-15, 18:30-23, do: 12-16, 19-22. Cerrado Co sa, 25-26 dic, 1 ene
Co desde 22 £ , Ce desde 30 £, vino desde 16,50 £
Farringdon, Barbican

de India galardonado con estrellas Michelin. Entre los platos puede encontrar gambas tandoori marinadas con jengibre, yogur y pimentón, o deliciosos currys de jamón, pollo o marisco. De postre hay *dumplings* de leche y sé-

mola y *ananás* tandoori, piña con anís especial, miel y azafrán servido con helado de coco. No se admite la entrada a niños menores de 10 años.

12-14:45, 18-23:30. L cerrado sa, 25-26 dic, 1 ene
L desde 18,95 £, D desde 37 £, vino desde 17 £
Green Park

TATSUSO ❀

Mapa 251 N3
32 Broadgate Circle EC2M 2QS
Tel.: 020 7638 5863

En el sótano del Broadgate Circle, Tatsuso ofrece auténtica comida japonesa. En la planta superior está el comedor *teppanyaki,* con chefs que cocinan en la mesa frente a los comensales, y en la planta baja está el más tradicional y separado *sushi* bar japonés a la carta. Un aperitivo aquí podrían ser las vieiras empanadas marinadas en vinagre con una ensalada de algas marinas y finas tiras de ternera con un plato principal de *yakitori*, trozos de pollo a la brasa ensaltados en brocheta con salsa de soja.

11:30-14:45, 18:30-22. Cerrado sa, do, 25-26 dic, 1 ene, días festivos
L desde 38 £, D desde 50 £, vino desde 15 £
Liverpool Street

TOM AIKENS ❀❀❀❀❀

Mapa 248 F7
43 Elystan Street SW3 3NT
Tel.: 020 7584 2003
www.tomaikens.co.uk

El mejor restaurante de Londres en 2005, según la revista *Restaurant*. Tom Aikens es el gran chef de la capital. Su cocina es francesa moderna con platos imaginativos de intrincado diseño y magníficamente presentados. El marco de Chelsea es moderno y elegante. Para gastrónomos visitantes con amplio presupuesto, comer aquí es una opción irresistible.

12-14:30, 45-23. Cerrado sa-do, 2 semanas en Navidad y Año Nuevo, últimas 2 semanas de ago y días festivos
L 29 £ (3 platos), D 65 £, vino desde 18 £
South Kensington

TOM'S KITCHEN ❀❀❀❀❀

Mapa 244 fuera de E7
27 Cale Street, SW3 3PQ
Tel.: 020 7349 0202
www.tomskitchen.co.uk

Este restaurante informal cerca de King's Road es la última adquisición del imperio de Tom Aikens. La cocina se basa en platos ingleses y franceses, preparados por un equipo de formación muy completa. El largo menú incluye desayunos, almuerzos para niños, carne cocinada al estilo clásico y pescado, sabrosas cazuelas, salchichas ecológicas y riquísimas hamburguesas.

7-10, 12-15, 18-24 (brunch sa: 10-15, do: 11-15). Cerrado 24-28 dic (abre 28 para cenas)
L desde 25 £, D desde 35 £ vino desde 13 £
South Kensington

LA TROUVAILLE ❀❀

Mapa 249 H4
12a Newburgh Street W1F 7RR
Tel.: 020 7287 8488
www.latrouvaille.co.uk

Un concurrido y animado *bistró* francés que ofrece buena calidad y cocina rústica francesa con sabores intensos. Los platos van desde cazuela escalfada de caracoles con jamón de Bayona, ajo y salsa de vino tinto, hasta filete de ternera de Galway con sillar de conejo asado y *foiegras* frito en sartén. De postre puede tomar *fondue* de chocolate con helado de jengibre o una *crème brûlée de tea* Grey.

12-15:30, 18-23. Cerrado do, 25-26 dic, días festivos
L desde 15 £, D desde 33 £, vino desde 13 £
Oxford Circus

VAMA ❀❀

Mapa 249 fuera de F8
438 King's Road SW10 0LJ
Tel.: 020 7565 8500
www.vama.co.uk

En Vama, la cocina es de la «frontera noroeste», un estilo especializado de regiones de países del Himalaya, con la mayoría de platos acabados en el horno de arcilla para dar un sabor auténtico de cocina de carbón. Es un restaurante indio auténtico y muy *chic,* donde el personal es encantador y la comida picante y atractiva. Es además un buen lugar para encontrarse con estrellas de televisión y se ven a menudo personajes de los medios de comunicación.

12-15, 18:30-23. Cerrado 25-26 dic, 1 ene
L desde 10 £, D desde 30 £, vino desde 18 £
Sloane Square

VEERASWAMY RESTAURANT

Mapa 249 H5
Victory House, 99 Regent Street
W1B 4RS
Tel.: 020 7734 1401
www.realindianfood.com

El restaurante indio más antiguo de Londres ha experimentado un

moderno giro. Paredes lacadas de muchos tonos con un uso creativo del cristal, hojas de color cromo y dorado se añaden al elegante, aunque informal, marco. El menú le saca jugo a especialidades del sur y del norte de la India. A un entrante de mejillones con coco y jengibre le puede seguir un *dopiaza* de manzana: un plato de cordero tierno con cebolla y manzanas acarameladas.

Lu-vi: 12-14:15, 17:30-22:330, sa: 12:30-15, 17:30-22:30, do: 12:30-15, 18-22. D cerrado 25 dic
L desde 30 £, D desde 35 £, vino desde 16 £
Piccadilly Circus

THE WOLSELEY

Mapa 249 H5
160 Piccadilly W1J 9EB
Tel.: 020 7499 6996
www.thewolseley.com

El ganador de la AA London Restaurant of the Year de 2005 y *Time Out* Best New Restaurant

2004, The Wolseley se encuentra en un edificio *art decó*, resplandeciente de lámparas araña y columnas de mármol. Comida británica moderna, al estilo de las cafeterías de primera clase, se sirve todo el día. Perfecta para el té de las cinco o desayuno, además de almuerzos completos.

Lu-vi: 7-medianoche, sa: 8-medianoche, do: 8-23. L mediodía-14:30, D 17:30-medianoche
L desde 19,50 £, D desde 25 £, vino desde 16 £
Green Park

YMING

Mapa 250 J4
35-36 Greek Street W1D 5DL
Tel.: 020 7734 2721
www.yminglondon.com

Este sencillo y elegante restaurante *home-from-home* chino está a tiro de piedra de la Shaftesbury Avenue y ofrece tanto platos tradicionales como clásicos con estilo y sabor. El menú tiene platos mongoles, de Szechuan y de Hunan. Tome cordero caliente con jengibre y cebolleta, o pato Gansu (un plato del noroeste cocinado con ajo y un sutil sabor a anís).

12-23:45. Cerrado do (excepto Año Nuevo chino; fíjese con antelación en las fechas), 25-26 dic, 1 ene
L desde 11 £, D desde 20 £, vino desde 15 £
Piccadilly Circus

YUMI RESTAURANT

Mapa 249 G4
110 George Street W1V 8NX
Tel.: 020 7935 8320

Yumi es típicamente japonés en su uso de ambientes minimalistas, con un *sushi* bar y las habituales salas privadas tanto en el restaurante principal como en el sótano. La comida sigue las líneas familiares japonesas de *sushi, sashimi, tempura* y ternera a la brasa o pollo con salsa *teriyaki*, aunque las recomendaciones del chef a menudo ofrecen algo más inusual.

17:30-23
L desde 22 £, D desde 37 £, vino dese 15 £

Marble Arch

ZAFFERANO

Mapa 249 F6
15 Lowndes Street SW1X 9EY
Tel.: 020 7235 5800
www.zafferanorestaurant.com

Escondido tras la moderna Sloane Street, este restaurante *chic*

italiano atrae a muchos turistas adinerados. Entres los entrantes puede probar el atún a la brasa con naranja sanguina, hinojo y menta, o cordero escocés en finas rodajas con rúcola y parmesano. Para el plato principal hay opciones de pasta poco comunes, como los *ravioli* con faisán y romero, además de muchos tipos de carne y pescado.

12-14:30, 19-23 (do: 22:30). Cerrado 25-26 dic, 1 ene, días festivos
L desde 25,50 £, D desde 39,50 £, vino desde 16 £
Knightsbridge, Hyde Park

ZUMA

Mapa 249 F6
5 Raphael Street SW7 1DL
Tel.: 020 7584 1010
www.zumarestaurant.com

La gran cantidad de premios, el moderno entorno japonés, la comida estupenda y la larga lista de espera hacen que mucha gente compare el Knightsbridge's Zuma con Nobu (▷ 261). El ambiente es relajado pero intenso; el servicio discreto aunque bien documentado, y la comida deliciosa aunque cara. Vieiras que se funden en la boca, *tempura* de langosta muy ligera y *wagyu* de ternera con vetas de grasa son muy recomendables. Deliciosos postres, que incluyen sorbete Zuma con lichi rey y galleta de coco. Hay un sumiller. Se necesita hacer reserva.

12:30-14:15 (15:15 fines de semana), 18-23 (do: 22). Cerrado 25-26 dic, 1 ene
L desde 30 £, D desde 50 £, vino desde 24 £
Knightsbridge

Pubs

Muchos pubs ahora tienen restaurantes aparte y zonas de bar donde se sirve comida. Los precios que aparecen son por comidas en el bar (disponibles al mediodía y por la tarde) y cena (Ce) en el restaurante; ambos por una persona. El horario establecido de venta de alcohol listado abajo es el mínimo de horas que los pubs abren, ya que la nueva legislación permite a los pubs extender su horario, e incluso abrir las 24 horas. En la práctica, sin embargo, la mayoría de los establecimientos solo abren un par de horas más la noche de los jueves, viernes y sábados.

THE ADMIRAL CODRINGTON

Mapa 248 F7
17 Mossop Street SW3 2LY
Tel.: 020 7581 0005
www.theadmiralcodrington.co.uk

Cariñosamente conocido como *The Cod*, este viejo pub de Chelsea constituye hoy un restaurante elegante y acogedor. Entre los entrantes se puede encontrar crujiente tartaleta de calamares, *foie-gras* y postre de riñón de pollo, y platos principales como paletilla de cordero o crujientes croquetas de salmón. En el bar aparte, que tiene su propia identidad, se pueden probar platos como *linguini* caseros con salmón fresco y un sándwich o pan de chapata relleno. La comida se sirve en el jardín exterior.

11:30-23 (do: 12-22:30). Restaurante: 12-14:30, 18:30-23, (do: 12-16, 19-22:30)
Comidas desde 13 £, D desde 30 £
South Kensington

THE ANCHOR

Mapa 251 M5
Bankside, 34 Park Street SE1 9EF
Tel.: 020 7407 1577

Histórico pub desde donde el cronista Samuel Pepys supuestamente vio el Gran Incendio de Londres en 1666. Durante años, el escritor Oliver Goldsmith y el

pintor sir Joshua Reynolds fueron algunos de sus clientes más influyentes. Tiene unas excelentes vistas del río, revoques descoloridos y un laberinto de pequeñas salas. Un variado menú incluye *halibut* frito en sartén con olivas y bacalao en beicon crujiente servido en espinacas mustias. El jardín y el patio dan al Támesis.

11-23 (do: 12-22:30). Restaurante: 12-14:30, 17-22 (do: 12-21:30)
Comidas desde 6 £, D desde 22,50 £
London Bridge, Mansion House

THE ANCHOR & HOPE

Mapa 250 L6
36 The Cut SE1 8LP
Tel.: 020 7928 9898

Con dos menciones por su excelente comida, buena cerveza Eagle IPA y una política pensada para toda la familia, este galardonado gastro-pub consigue atraer a todos los gustos sin atenuar sus puntos fuertes. En los días soleados hay jardín y asientos en la calle, desde donde se puede ver a los que pasan. Está cerca de la estación Waterloo y no muy lejos de los teatros de South Bank. Los grupos también apreciarán su innovadora política de platos principales con precio fijo para seis comensales, como la costilla de ternera, patatas fritas y salsa bearnesa.

11-23 (lu: 17-23). Restaurante L 12-14:30, D 18-22:30. Cerrado do, L lu.
Comidas desde 11 £, D desde 28 £
Waterloo

THE ARGYLL ARMS

Mapa 249 H4
18 Argyll Street W1F 7TP
Tel.: 020 7734 6117

Aquí ha habido una taberna desde 1740, pero el edificio actual es medio victoriano y se distingue por sus estupendos adornos florales. Hay una gama de sándwiches, y en el menú de comida caliente se puede encontrar musaka vegetariana, pastel de ternera y Guinness, abadejo tradicional con patatas fritas o la popular lasaña. No se permite la entrada de niños en la zona del bar.

11-23 (do: 12-22:30). Comidas: 11-15, D lu-sa solo. Cerrado 25 dic
Comidas desde 12 £
Oxford Circus

THE ATLAS

Mapa 248 fuera de D8
16 Seagrave Road SW6 1RX
Tel.: 020 7385 9129
www.theatlaspub.co.uk

Este pub victoriano ha experimentado un giro moderno, ofreciendo cervezas tradicionales con comida de restaurante de calidad. La comida es principalmente mediterránea, con platos que cambian regularmente; algunos de los más populares son *risotto* de salmón y rúcola silvestre y *tagine* de ternera marroquí. Doce vinos, que cambian por temporada, se pueden degustar por copas. Se permite la entrada de niños, y la comida se sirve también en el jardín cercado por una tapia; solo unos cuantos pubs de Londres tienen jardines semejantes. La característica de este pub es que ofrece comidas de restaurante sin comprometer sus orígenes.

12-23 (do: 12-22:30). Comidas: lu-vi: 12:30-15, 19-22:30 (do: 19-22). Cerrado 24 dic-1 ene, Pascua
Comidas desde 7 £, D desde 22 £
West Brompton

THE BUCKINGHAM ARMS

Mapa 249 H6
62 Petty France SW1H 9EU
Tel.: 020 7222 3386

Este elegante y concurrido pub cerca del palacio de Buckingham ofrece una buena comida sencilla de pub (popular entre turistas, gente de negocios y verdaderos fans de la cerveza), servida en su larga barra con espejos grabados. Se aconseja probar la hamburguesa Buckingham, los nachos con chile, el pan de chapata o las queridas comidas de pub como jamón, huevo y patatas fritas. No se permite la entrada a menores de 16 años.

11-23 (do: 12-22:30). Comidas en el bar: 11-21, restaurante: 11-21 (do: 12-21)
Comidas desde 6 £, D desde 21 £
St. James's Park

ESPECIAL

THE BLEEDING HEART TAVERN ❀

Mapa 250 L3
19 Greville Street EC1N 8SQ
Tel.: 020 7242 8238

www.bleedingheart.co.uk/tavern
La taberna original abrió en 1746 en memoria de Elizabeth Hatton, asesinada en el cercano Hatton Garden 100 años antes. Las rústicas mesas quedan bien con el suelo de madera. Las cervezas son de Adnam's Brewery y ofrece una impresionante lista de vinos y un menú de comida tradicional de pub con gusto contemporáneo, como el asado, y el filete de jamón de york a la plancha y el entrecot con salsa *béarnaise.* No se permite la entrada a niños.
11-23. Restaurante: 12-15, 18-22:30. Cerrado sa, do, 24 dic-2 ene, fiestas oficiales
Comidas desde 6,50 £, Ce desde 19,50 £
Farringdon

THE CHAPEL

Mapa 248 F3
48 Chapel Street NW1 5DP
Tel.: 020 7402 9220
Un moderno gastro-pub de planta abierta con suelos de rayas y muebles de pino. Los menús, escritos a diario en las pizarras, tienen un actual toque anglo-mediterráneo. Hay entrantes como la sopa de berros o la ensalada con rollitos de pescado con verduras

fritas, seguido de bisonte frito en la sartén. La comida se sirve en el jardín.
12-23 (do: 12-22:30). Restaurante: 12-14:30, 19-22. Cerrado 24 dic-2 ene
Comidas desde 7 £, D desde 17 £
Edgware Road

THE CHELSEA RAM

Mapa 248 fuera de E8
32 Burnaby Street SW10 0PL
Tel.: 020 7351 4008
Un concurrido pub de barrio cerca de Chelsea Harbour, con productos frescos como pescado y carne del mercado de Smithfield. Los menús ofrecen eclécticos entrantes como ensalada de crujiente pato tailandesa o *ballotina* de pollo con panceta y alcachofas. Hay selecciones del mercado especiales en la pizarra: desde piernas de cordero a la brasa con puré de patatas con aceite de oliva, hasta salchichas y puré con champiñones silvestres asados y espinacas. No se permite la entrada de niños después de las 20:30 a menos que sea para comer.
11-23 (do: 12-22:30). Restaurante: 12-14:30, 19-22, do: 12-17, 19-21:30
Comidas desde 8 £, D desde 17 £
Earl's Court

THE CHURCHILL ARMS

Mapa 248 C5
119 Kensington Church Street W8 7LN
Tel.: 020 7727 4242
La comida tailandesa es la especialidad de este pub de 200 años. Exóticos platos de pollo, cordero y cerdo. Se aconsejan los fideos con arroz tailandeses con cacahuetes de campo, salsa picante y un surtido de cerdo, pollo o gambas. Tiene judías de roble, fuego de leña y un jardín de invierno.
11-23 (do: 12-22:30). Restaurante: lu-sa: 11-22, do: 12-21:30
Comidas desde 6 £, D desde 18 £
Notting Hill Gate

THE COOPERS OF FLOOD STREET

Mapa 249 fuera de F8
87 Flood Street SW3 5TB
Tel.: 020 7376 3120
Tranquilo pub de los barrios pobres de Chelsea, cerca de King's Road y el Támesis, donde un oso pardo disecado, un alce canadiense y un jabalí dan personalidad al bar. La comida se sirve en el bar y en el tranquilo comedor de la planta superior. Atrevido menú con platos tradicionales: filete les Hooches, Angus de Aberdeen,

ESPECIAL

CITTIE OF YORKE

Mapa 250 L3
22 High Holborn WC1V 6BN
Tel.: 020 7242 7670

Un pub que ha estado en este lugar desde 1430. En 1695 fue reconstruido como la Gray's Inn Coffee House, y la gran bodega data de esa época. La parte delantera del bar está decorada con paneles y tiene un elegante candelabro y retratos de ilustres locales, incluyendo a Charles Dickens y sir Thomas More. La comida del bar ofrece sándwiches, ensaladas y sopas, además de unos cuantos platos calientes.
11:30-23. Comidas: 11:30-21. Cerrado do, 25-26 dic
Comidas desde 6 £
Holborn

vieiras reinas a la brasa con ensalada, *crème fraîche* y dulce salsa de chili, y *linguini* de gambas con chili y ajo rociada de vino blanco y salsa de nata. No se permiten niños menores de 16 años después de las 18 h.
11-23. Comidas: 12:30-15, lu-sa: 18:30-21:30. Cerrado 25 dic
Comidas desde 8 £, D desde 18 £
South Kensington, Sloane Square

THE COW SALOON BAR & DINING ROOMS

Mapa 248 C3
89 Westbourne Park Road W2 5QH
Tel.: 020 7221 5400
Conocido en otra época como la Railway Tavern, pero, según se cree, considerado una antigua casa de personalidad turbia, este pub tiene cerca de 500 años de

historia. En el menú, ostras autóctonas y de roca, estofado de pescado, filete de caballa al grill, mejillones en salsa amarilla tailandesa, fuente de marisco y cangrejo entero. Para los amantes de la carne, delicados riñones de ternera a la brasa y el omnipresente puré de patatas con salchichas.
12-23. Comidas en el bar: 12-15, 18-22:30. Restaurante: sa-do: 12:30-15:30, toda la semana: 18:30-22:30. Cerrado 25 dic
Comidas desde 8 £, D desde 25 £
Royal Oak, Westbourne Park

THE CROSS KEYS
Mapa 249 fuera de F8
1 Lawrence Street SW3 5NB
Tel.: 020 7349 9111
www.thexkeys.co.uk
Este pub de 1765, que ha atraído a los ricos y famosos desde la década de 1960, incluye una sala de banquetes y un jardín de invierno abierto y con árboles, un restaurante y una moderna galería de arte. Menú de moderna escuela europea, ofrece pato ahumado, *fricasé* de vieiras reinas en *volován* y *crème brûlée* de arándano. Más variedad por la noche.
12-23 (do: 12-22). Restaurante: 12-15, 19-23. D cerrado do, 25-26 dic, 1 ene, Lunes de Pascua
Comidas desde 6 £, D desde 23 £
Sloane Square

THE CROWN
Mapa 251 fuera de P4
223 Grove Road E3 5SN
Tel.: 020 8981 9998
En este edificio cuidadosamente restaurado de la década de 1860, todo, desde los materiales recuperados del edificio, usados en la restauración, y los muebles de segunda mano, hasta el menú ecológico y la carta de vinos, es verde, con influencia de las últimas tendencias de diseño basado en la naturaleza. El menú cambia con la temporada, y ofrece una mezcla de platos europeos, como la sopa de lichi y chirivía, paletilla de cordero rellena de anchoas, ajo y romero, y riñones de pollo fritos en sartén con salvia, nueces y fideos. La *mousse* de chocolate amargo está deliciosa. La comida se sirve en el jardín.
12-23 (lu: 17-23, sa-do: reserva por teléfono). Restaurante: ma-do: 12:30-15:30, lu-do: 18:30-22:30. Cerrado 25 dic
Comidas desde 7 £, D desde 21 £
Mile End

ESPECIAL

THE EAGLE ❀
Mapa 250 L3
159 Farringdon Road EC1R 3AL
Tel.: 020 7837 1353
Al borde de Clerkenwell, centro de la modernidad en Londres, The Eagle fue uno de los primeros pubs en Gran Bretaña en concentrarse en la calidad de su comida. El pub ha publicado incluso su propio libro de cocina,

Big Flavours and Rough Edges. La sencilla y rústica pizarra del menú favorece un estilo mediterráneo. El rumor de la ciudad después de las horas de trabajo puede ser verdaderamente embriagador.
Lu-sa: 6>:30-22:30, sa, do: 12:30-3
Comidas desde 7,50 £
Angel, Farringdon

THE DUKE OF CAMBRIDGE
Mapa 250 fuera de L2
30 St. Peter's Street N1 8JT
Tel.: 020 7359 3066
Este edificio modernizado con estilo en una calle residencial del moderno Islington fue uno de los primeros pubs de Londres en especializarse en comida ecológica, vino y cerveza. Los menús rotativos incluyen platos europeos de temporada, como sopa de calabaza y salvia, o espárragos a la brasa con anchoas. Deje espacio para los postres, como el ruibarbo con galleta dulce de mantequilla y el pastel suflé de chocolate y pera. Tiene jardín y patio.
12-23 (lu: 17-23). Restaurante: 12:30-15, 19-22:30. Cerrado 25-26 dic, 1 ene
Comidas desde 10 £, D desde 20 £
Angel

THE FRENCH HOUSE
Mapa 250 J4
49 Dean Street W1D 5BG
Tel.: 020 7437 2477
Notable por su costumbre de servir solo media pinta de cerveza, este pequeño bar del Soho celebra un Día de la Pinta anual dedicado a la antigua fundación

benéfica británica, la Sociedad Nacional para la Prevención de la Crueldad con Niños (NSPCC). El bar tiene casi el mismo aspecto que en 1950, cuando era popular entre escritores y artistas como Brendan Behan, Dylan Thomas y Francis Bacon. Los menús semanales pueden ofrecer navarín de cordero o rape asado con jamón. No se permite la entrada de niños.
11-23 (do: 12-22:30). Restaurante: 11-15, lu-sa: 17-19. Cerrado 25 dic
Comidas desde 5 £, D desde 20 £
Tottenham Court Road

THE GEORGE
Mapa 251 N5
77 Borough High Street SE1 1NH
Tel.: 020 7407 2056
Esta posada del siglo XVII es hoy propiedad del National Trust. Tiene un bonito patio y una decoración de escayola con tonos suaves y un buen número de pequeñas salas en su interior. La comida es principalmente carne, cerveza Guinness y el tradicional

fish and chips, aunque también sirven aceptable cerveza de elaboración tradicional.
11-23 (do: 12-22:30). Comidas: lu-vi: 12-22, sa, do: 12-17. Cerrado 25 dic
Comidas desde 5,50 £, D desde 20 £
London Bridge

ESPECIAL

THE GRAPES

Mapa 251 fuera de P4
76 Narrow Street E14 8BP
Tel.: 020 7987 4396

Este pub de 1720 situado en una estrecha ubicación al lado del río, fue usado por Charles Dickens como modelo para The Six Jolly Fellowship Porters en su novela *Nuestro común amigo.* Él podría aún reconocer muchas de sus características. El pub adopta un enfoque tradicional en todos los aspectos, con cerveza de barril y comida sana. Las comidas incluyen sopas caseras, ensaladas y salchicha y puré, pero la especialidad de la casa es el pescado y el marisco.

12-15, 17:30-23 (sa: 12-23, do: 12-22:30). Restaurante: lu-sa: 12-14:15, do: 12-15:30. Cerrado fiestas oficiales
Comidas desde 6 £, Ce desde 23 £
DLR Limehouse, West Ferry

THE GLOBE

Mapa 249 F3
43-47 Marylebone Road NW1 5JY
Tel.: 020 7935 6368

Muy cerca del Madame Tussaud, este pub del siglo XVIII está dividido en barra de vino, bar principal y restaurante. Un menú típico puede ser el filete y el pastel Stilton, cerdo con salsa de setas silvestres y la especialidad del Globe: *fish and chips.*

11-23 (do: 12-22:30). Restaurante: 11-22
Comidas desde 6 £
Baker Street

GREENWICH UNION

Mapa 251 fuera de P5
56 Royal Hill SE10 8RT
Tel.: 020 8692 6258

Esta combinación de lo viejo y lo nuevo se realizó en el paraíso de los que van de pubs. El Greenwich Union mantiene toda la personalidad de pub tradicional, con originales suelos de piedra y paneles de madera, y ha añadido arte moderno y cómodas sillas y sofás de cuero. La cerveza de la destilería Meantime está entre las más interesantes de la ciudad, con todos los tipos de cerveza rubia. La comida es sencilla y placentera; se aconseja el tradicional sándwich del Union club. Buen personal, jardín muy popular. Recomendable llegar temprano en verano para coger sitio.

11-23 (do: 12-22:30)
Comidas desde 6,50 £
Greenwich DLR

THE GRENADIER

Mapa 249 G6
18 Wilton Row SW1X 7NR
Tel.: 020 7235 3074

Con frecuencia usado como el decorado para películas, come-

dor de los oficiales del duque de Wellington y muy frecuentado por el rey Jorge IV, el pub, cubierto de hiedra, está en la adoquinada caballeriza detrás de Hyde Park Corner. La comida va desde el verdadero *fish and chips* y carne de ternera Wellington, hasta el salmón Belgravia, llamado así por el moderno barrio londinense.

12-23 (do: 12-22:30). Restaurante: 12-14:30, 18-21:30
Comidas desde 9 £, D desde 22 £
Hyde Park Corner

THE JERUSALEM TAVERN

Mapa 250 L3
55 Britton Street EC1M 5NA
Tel.: 020 7490 4281

Este bar poco iluminado data de 1720, cuando era una casa de comercio, y a menudo se ha utilizado como escenario de películas. Hay duelas sin alfombras, mesas rústicas y una selección de revistas y periódicos. La comida del bar es sencilla: la especialidad son los sándwiches, las *baguettes* de salchichas y el guiso de ternera.

11-23. Comidas: 12-15, sa solo: 18-22. Cerrado do, 25 dic, Viernes Santo, Lunes de Pascua
Comidas desde 5 £
Farringdon

THE LADBROKE ARMS

Mapa 248 fuera de C5
54 Ladbroke Road W11 3NW
Tel.: 020 7727 6648

The Ladbroke se encuentra en la concurrida Ladbroke Road, con un patio frontal y un comedor en la planta superior. El menú cambia a diario y ofrece surtidos imaginativos aunque no muy sorprendentes. Se aconseja probar el atún *confit* con lentejas y ajo como entrante, el *linguini* con tomate dulce y albahaca, o el salmón frito en sartén con jamón cocido, *risotto* con guisantes y menta.

11-23. Restaurante: 12-14:30, 19-21:45. Cerrado 25 dic
Comidas desde 10 £, D desde 25 £
Holland Park

THE LAMB

Mapa 250 K3
94 Lamb's Conduit Street WC1N 3LZ
Tel.: 020 7405 0713

Este tradicional pub, con una original fachada de azulejos verdes, se construyó alrededor de 1729 y nos traslada a otra época gracias a su brillante madera oscura, fotografías originales en sepia de estrellas de *music hall,* extrañas mamparas de cristal y una vieja fotografía del bar. Cocina casera que ofrece platos vegetarianos, pescado, ligeros bocados y comidas tradicionales como puré de patatas y salchi-

chas. No se permite la entrada de niños en el bar. Las comidas se sirven en el patio.

11-24 (do: 12-22:30). Comidas: 12-21:30
Comidas desde 5 £
Holborn, Russell Square

THE LAMB AND FLAG

Mapa 246 J4
33 Rose Street WC2E 9EB
Tel.: 020 7497 9504

El pub más antiguo de Covent Garden. Su ambiente acogedor atrae a los trabajadores de la ciudad y a los visitantes para beber cerveza o probar alguna comida tradicional de pub.

11-23 (sa: 11-22:45, do: 12-22:30). Comidas: 12-15:30 (sa, do: 12-17)
Comidas desde 5,50 £
Covent Garden

COMER

THE LANSDOWNE
Mapa 249 fuera de H2
90 Gloucester Avenue NW1 8HX
Tel.: 020 7483 0409
El Lansdowne tiene un pequeño pero espacioso bar y asientos en el exterior, además de un comedor algo más formal en la planta superior, donde hay servicio de camareros (es mejor reservar una mesa). Ingredientes ecológicos o de granja son los más usados. El menú de temporada ofrece platos como pizzas caseras y estofado de chorizo y pollo, salchichas, bacalao asado con salsa de naranja de Sevilla, lubina a la brasa con retoños de brócolis morados y vieiras fritas en sartén picantes.
12-23 (do 12-16, 19-22:30). Restaurante: do: 13-15, ma-sa: 7-22
Comidas desde 8 £, D desde 20 £
Chalk Farm

NAG'S HEAD
Mapa 249 G6
53 Kinnerton Street SW1X 8ED
Tel.: 020 7235 1135
En las tranquilas caballerizas cerca de Harrods, este antiguo pub afirmaba ser el más pequeño de Londres en otra época. Disfrute mirando por el kinescopio «Lo que veía el Mayordomo»; las donaciones por el uso son destinadas al Queen Charlotte's Hospital de Londres. El menú ofrece comida casera como pastel de pollo y jamón, *quiche* de verdura y chili con carne.
11-23 (do: 12-22:30). Comidas: 12-21
Comidas desde 7 £
Knightsbridge

THE OLD BANK OF ENGLAND
Mapa 250 L4
194 Fleet Street EC4A 2LT
Tel.: 020 7430 2255
El pub más espectacular de Londres, con recargados y altos techos. Este magnífico edificio, antiguamente una rama del tribunal de justicia del Banco de Inglaterra, se encuentra, según la leyenda, entre el sitio de la barbería de Sweeney Todd y la pastelería de su amada; sus desafortunadas víctimas fueron masacradas en los túneles y sótanos que hay debajo del edificio actual antes de ser cocinadas y vendidas en los pasteles de Mrs. Lovett. No deje que eso le desconcierte, especialmente porque el pub hace pasteles muy buenos. El menú ofrece desde ligeros aperitivos hasta creaciones tradicionales inglesas más sustanciosas. No se permite la entrada de niños.
11-23. Comidas: lu-vi: 12-20. Cerrado sa, do, días festivos
Comidas desde 6 £
Blackfriars, Aldwych, Chancery Lane

ESPECIAL

THE PEASANT
Mapa 250 fuera de L2
240 St. John Street EC1V 4PH
Tel.: 020 7336 7726
www.thepeasant.co.uk
Aquí, las formas victorianas originales han sido restauradas, incluyendo un suelo de mosaico con incrustaciones, una barra de herradura y un invernadero. La comida es de estilo campesino con una inclinación mediterránea e incluye pato Barbary frito a la cazuela con cuscús israelí o mero asado con patatas dulces. No se permiten niños en la zona de bar. Terraza.
12:30-00:30. Restaurante: ma-vi: 12:30-15:30, 18:30-23. Cerrado do
Comidas desde 5 £, Ce desde 23 £
Angel, Farringdon

THE PERSEVERANCE
Mapa 250 K3
63 Lamb's Conduit Street WC1N 3NB
Tel.: 020 7405 8278
Un lugar ameno de buena comida y vino en el centro de Londres. El elegante comedor de la planta superior, iluminado por velas, ofrece entrantes como ñoquis hechos en el restaurante, calabacines y mejillones, caballa con guarnición de pimiento dulce, y platos principales como pargo con alcachofas, patatas *confit* y salsa de vino tinto, y cerdo con estofado de champiñones. Carta de vinos buena pero corta. Se aconseja reservar con antelación si se va a almorzar en domingo.
12-23. Restaurante: do-vi: 12:30-15, lú-sa: 7-22. Cerrado 25-26 dic
Comidas desde 10 £, D desde 22 £
Holborn, Russell Square

PROSPECT OF WHITBY
Mapa 251 fuera P5
57 Wapping Wall E1W 3SH
Tel.: 020 7481 1095
Esta ambientada taberna del siglo XVI es el pub ribereño más antiguo de Londres y en otra época contó con Samuel Pepys entre sus clientes habituales. Se aconseja ir antes de la hora punta para evitar aglomeraciones, y tomar una bebida en el jardín de la orilla del río, desde donde en el pasado se podía ver cómo ejecutaban a los piratas ahogándolos en el Támesis. No se pierda las cuadernas de los barcos y la extraña barra de peltre.
11:30-23. Comidas: 12-21:30
Comidas desde 6,50 £
Wapping

THE SEVEN STARS
Mapa 250 K4
53 Carey Street WC2A 2JB
Tel.: 020 7242 8521
La clientela de este pub, construido en 1602, es atraída desde el colindante tribunal de justicia. Este original *free house* sirve platos frescos y artesanos. Una selección rotativa de opciones puede incluir ostras, filetes, arenques y ensaladas César. Cervezas Adnam's. No se admiten niños.
12-23. Comidas: 12-21. Cerrado 25-26 dic, 1 ene, Lunes de Pascua
Comidas desde 7 £, D desde 18 £
Chancery Lane

ESPECIAL

SWAG AND TAILS

Mapa 248 F6
10-11 Fairholt Street SW7 1EG
Tel.: 020 7584 6926
www.swagandtails.com

En una calle tranquila en Knightsbridge, este pub restaurante engalanado de flores es una joya. El suelo de madera de tablas de rayas, el cómodo mobiliario, la parte superior de las cortinas en forma semicircular y con faldones (de ahí el nombre) y una atmósfera agradable invitan a tomar unas verduras en tempura con *mizuna* y salsa de chile dulce, zanahoria asada y sopa de comino, hígados de ternera a la plancha con puré de aceite de oliva y sorbete de yogur de mango.

11-23. Restaurante: lu-vi: 12-15, 18-22. Cerrado sa, do, fiestas oficiales
Comidas desde 10,95 £, Ce desde 19 £ Knightsbridge

THE STONEMASON'S ARMS

Mapa 248 fuera de C7
54 Cambridge Grove W6 0LA
Tel.: 020 8748 1397

Este es un moderno pero informal gastro-pub londinense con suelos de madera y mesas de caballetes. La comida es británica actual. Se recomienda elegir cilantro y *crêpes* de maíz, salchichas Cumberland con puré de patatas y *gravy* de cebolla, atún ennegrecido con patata dulce y ragut de ajo asado, y espinacas y rollito de primavera de pato con *bok choi* (repollo blanco chino). La comida se sirve en el jardín.

12-23. Restaurante: 12-16, 18-22. Cerrado 25 dic, 1 ene
Comidas desde 8 £, D desde 15 £
Ravenscourt Park, Hammersmith

THE SUN AND DOVES

Mapa 251 fuera de M8
61-63 Coldharbour Lane SE5 9NS
Tel.: 020 7095 8722
www.sunanddoves.co.uk

Este pub se encuentra en la prometedora zona de Camberwell. Se utilizan productos de granja. Entre los platos hay *coq-au-vin* con ajo machacado, *stroganoff* con champiñones con arroz aromático, y filete y pastel Guinness con puré de patatas. Hay una completa carta de vinos y cócteles. La comida se sirve en el jardín.

11-23. Restaurante: 11-23. Cerrado 25-26 dic
Comidas desde 4,95 £, D desde 15 £
Brixton

THE THATCHED HOUSE

Mapa 248 fuera de C7
115 Dalling Road W6 0ET
Tel.: 020 8748 6174
www.thatchedhouse.com

Este es el restaurante de moda gemelo del The Chelsea Ram (▷ 268), y no es ni de paja ni una casa. El menú de este pub cosmopolita cambia cada mes con platos frescos como sopa de tomate y albahaca, bacalao rebozado en cerveza y postre de pera y manzana. La popular ensalada del desayuno inglés es una receta del famoso chef Gary Rhodes. El pub es también galería de arte y los cuadros de las paredes, de artistas locales, están a la venta.

11-23 (do: 12-22:30). Restaurante: 12-14:30, 19-22
Comidas desde 7 £, D desde 20 £
Hammersmith

THE WESTBOURNE

Mapa 248 C3
101 Westbourne Park Villas W2 5ED
Tel.: 020 7221 1332

Un clásico pub restaurante de Notting Hill favorecido por una clientela bohemia, a menudo residentes de la zona, incluidas algunas celebridades. La soleada terraza es muy popular en verano. El menú, que cambia dos veces al día, puede incluir raya con alcaparras, ensalada de pechuga de pato, y conejo con mostaza.

11-23 (lu: 17:30-23, do: 12-22:30). Restaurante: 12:30-15:30, 19-21:30. Cerrado 24 dic-5 ene
Comidas desde 8 £, D desde 16 £
Westbourne Park, Royal Oak

THE WHITE HORSE

Mapa 249 fuera F8
1-3 Parsons Green SW6 4UL
Tel.: 020 7736 2115
www.whitehorsesw6.com

Aquí ha habido una posada desde, al menos, 1688. Actualmente el pub tiene un imaginativo menú de *brunch* los domingos; barbacoas y festivales de cerveza en verano; el restaurante Coach House sirve almuerzos y cenas a buen precio. Platos como *risotto* de marisco, cordero con puré cremoso de castaña y *gravy* están bien preparados. El menú incluye algunas sugerencias para beber, como por ejemplo: cerveza Highgate Mild para acompañar a un tradicional desayuno inglés, o Schelenkerla Rauchbier con salmón ahumado y huevos revueltos. La comida se sirve en el jardín y la clientela (adinerada) llena el Parsons Green, enfrente, durante el verano.

11-23 (do: 12-22:30). Restaurante: 12-15:30, 18-22
Comidas desde 5,50 £, D desde 20 £
Parsons Green

YE OLDE CHESHIRE CHEESE

Mapa 250 L4
Wine Office Court, 145 Fleet Street EC4 2BU
Tel.: 020 7353 6170

Este intrincado pub está lleno de rincones y recovecos y tiene una larga historia de grandes de la literatura de entretenimiento, como sir Arthur Conan Doyle y Charles Dickens. Era el preferido de los periodistas cuando Fleet

Street era el centro del mundo periodístico británico, y es uno de los restaurantes que quedan de los reconstruidos después del Gran Incendio de 1666. Se recomienda venir si se busca comida de antiguo pub inglés.

11-23 (do: 12-15). Restaurante: 12-22. Cerrado 25-26 dic, días festivos
Comidas desde 7 £, D desde 15 £
Blackfriars, Aldwych, Chancery Lane

ZEBRANO

Mapa 249 H4
14-16 Ganton Street W1F 7BS
Tel.: 020 7287 5267
www.zebrano-bar.com

No se debe venir si se busca un pub tradicional, ya que este es el tipo de bar que se está haciendo popular entre los que quieren ir a la última. Está dirigido principalmente a gente joven, especialmente por la noche. Buena selección de aperitivos y platos principales, y buenos cócteles.

11-23 (ju-sa: 11 a.m.-24). Comidas: lu-sa: 12-17, 18-22. Cerrado 25-26 dic, 1 ene
Comidas (plato principal) desde 6,50 £
Oxford Circus

PRINCIPALES CADENAS DE RESTAURANTES

Londres es un buen lugar para la comida ecléctica e inusual, pero también está lleno de conocidas cadenas donde se sabe exactamente qué es lo que se está pidiendo y cuánto se va a pagar.

RESTAURANTES	Escala de precios (£–£££)	Alcohol	Menú infantil	Comida para llevar	Teléfono	Página web
Ask Pizza and Pasta	£££	✔	✔	✔	01727 735800	www.askcentral.co.uk
Beefeater	£££	✔	✔	✗	01582 424200	www.beefeater.co.uk
Belgo	£££	✔	✗	✗	020 7766 2800	www.belgo-restaurants.com
Bella Italia	££	✔	✔	✔	020 7121 3200	www.bellaitalia.co.uk
Browns	£££	✔	✔	✗	020 7497 5050	www.browns-restaurants.com
Café Rouge	£££	✔	✔	✗	020 7121 3200	www.caferouge.co.uk
Caffe Uno	££	✔	✔	✗	020 7881 8870	www.caffeuno.co.uk
Carluccio's Caffé	££	✔	✗	✗	020 7580 3050	www.carluccios.com
Chez Gérard	£££	✔	✗	✔	020 7881 8870	www.santeonline.co.uk
Corney & Barrow	£££	✔	✗	✗	020 7265 2500	www.corney-barrow.co.uk
Garfunkels	£££	✔	✔	✗	0845 612 5245	www.garfunkels.co.uk
Loch Fyne	£££	✔	✗	✔	020 8404 6686	www.lochfyne.com
Nando's	££	✔	✔	✔	0800 975 8181	www.nandos.co.uk
Pizza Express	£££	✔	✗	✔	0845 389 9489	www.pizzaexpress.com
Pizza Hut	££	✔	✔	✔	020 8732 9384	www.pizzahut.co.uk
TGI Friday's	££	✔	✔	✔	01582 424200	www.tgifridays.co.uk
Wagamama	££	✔	✔	✔	020 7009 3600	www.wagamama.com

BOCADILLOS Y COMIDA RÁPIDA	Escala de precios (£–£££)	Alcohol	Menú infantil	Comida para llevar	Teléfono	Página web
Burger King	£	✗	✔	✔	0845 728 7437	www.burgerking.co.uk
Domino's Pizza	££	✗	✔	✔	01908 580699	www.dominos.com.uk
Gourmet Burger Kitchen	££	✗	✔	✔	020 7585 1372	www.gbkinfo.co.uk
Kentucky Fried Chicken	£	✗	✔	✔	0845 753 2532	www.kfc.com
McDonald's	£	✗	✔	✔	0870 524 4622	www.mcdonalds.co.uk
Pret à Manger	£	✗	✔	✔	0845 205 0000	www.pretamanger.com
Subway	£	✗	✔	✔	020 7240 1400	www.subway.co.uk
Yo Sushi	£	✔	✔	✔	020 7841 0700	www.yosushi.co.uk/consumer

CAFETERÍAS	Escala de precios (£–£££)	Alcohol	Menú infantil	Comida para llevar	Teléfono	Página web
Caffé Nero	£	✗	✔	✔	020 7520 5150	www.caffenero.co.uk
Coffee Republic	£	✗	✗	✔	020 7033 0600	www.coffeerepublic.co.uk
Costa Coffee	£	✗	✗	✔	01582 424200	www.costa.co.uk
Starbucks	££	✗	✗	✔	020 7878 4900	www.starbucks.co.uk

ALOJARSE EN LONDRES

Londres tiene algunos de los mejores hoteles del mundo, pero el coste del alojamiento es alto. Se puede pagar 150 £ la noche por una habitación razonable, y los precios empiezan a dispararse si nos queremos alojar en uno de los históricos hoteles, como el Claridge's, el Dorchester o el Savoy. Existen hoteles con buena relación calidad-precio y pensiones, pero tienen mucha más demanda y se deben reservar con antelación.

DORMIR POR ZONA

Los hoteles están listados alfabéticamente en las páginas 280-291. Aquí están listados por zonas:

Bayswater
Berjaya Eden Park Hotel
Blakemore Hotel
Byron

Bloomsbury
The Bonnington in Bloomsbury
Euro
Grange Blooms
Guilford House
Mentone

City
The Chamberlain
Great Eastern Hotel
The Hoxton Hotel

Covent Garden
Kingsway Hall
One Aldwych
Strand Palace

Crouch End
Mount View

Earls Court
Comfort Inn Kensington
Henley House Hotel
Hotel Ibis
Hotel Orlando
Maranton House Hotel
My Place
Rushmore Hotel

Hampstead y Highgate
Best Western Swiss Cottage Hotel
La Gaffe
Winchester Pub Hotel

Hyde Park
Mornington Hotel
Park Inn
Royal Lancaster

Hyde Park Corner
The Halkin Hotel
The Lanesborough

Kensington
Best Western Burns
Copthorne Tara Hotel London Kensington
Kensington House
Vicarage Hotel

Kings Cross
Ashlee House

Knightsbridge
The Beaufort
The Berkeley
Capital
The Carlton Tower Hotel
The Claverley
The Levin
The Lowndes

Leicester Square
Radisson Edwardian Hampshire Hotel

Lisson Grove
Four Seasons Hotel
Hart House
The Landmark London
Lincoln House
St. George
22 York Street

Marble Arch
Marble Arch Inn

Marylebone
The Mandeville
Regency

Mayfair
Athenaeum
Brown's
Claridge's
The Dorchester
The Ritz
The Stafford
The Westbury

Notting Hill
The New Linden

Paddington
Barry House
Delmere
Kingsway Park
Norfolk Plaza

South Kensington
The Cranley
The Gainsborough
The Gallery
Hotel 167
Millennium Gloucester Hotel
The Sumner

Southwark
Mercure London City Bankside
London Bridge Hotel

The Strand
The Savoy

Victoria
Blades
The Cadogan Hotel
Colliers Hotel
Dover Hotel
The Goring
Grange Rochester
Melbourne House Hotel
Quality Hotel Westminster
The Rubens at the Palace
Sidney
Windermere

Westminster
London Marriott Hotel County Hall
Travel Inn London County Hall

Muchos hoteles pedirán que se confirme la reserva y se aplicará una comisión si se cancela con poco tiempo de anticipo o si no se consigue llegar. Se puede perder el depósito y algunos hoteles cargan el precio de la habitación en la tarjeta de crédito.

ALOJAMIENTO MÁS BARATO

Conviene considerar otras alternativas a los hoteles, como el alquiler de apartamentos o quedarse con una familia de Londres. El London Tourist Board tiene folletos sobre estas y otras opciones.

Los albergues de juventud, dirigidos por la Youth Hostel Association (YHA), son una buena opción para los viajeros con un presupuesto apretado. Hay que ser miembro de la asociación, pero es posible hacerse miembro con antelación o personalmente en cualquier albergue o a través de la página web www.yha.org.uk. Pago anual para residentes británicos: 15,95 £, lo que incluye niños o menores de 18 años que viajen con nosotros; los menores de 26 años pagan 9,95 £).

SERVICIOS HOTELEROS

El principal problema con los hoteles en Londres es (después del precio) el ruido, ya que muchos están en calles concurridas. Algunos tienen ventanas de cristal doble, lo que hace que las habitaciones estén insoportablemente mal ventiladas, ya que el aire acondicionado no es algo habitual. Si busca paz y tranquilidad, lo mejor son los hoteles en calles laterales de zonas residenciales; o en la parte de atrás o en la parte más alta del edificio. La mayoría de los hoteles tienen habitaciones de diferentes tamaños, así que hay que preguntar si se puede elegir. No se nos dará necesariamente las mejor habitación disponible.

Para las facilidades como aparcamiento, servicio de habitaciones 24 h, gimnasios y piscinas, prepárese a pagar un buen dinero en el centro de Londres.

CONSEJOS

- Muchos hoteles ofrecen tarifas más baratas los sábados y domingos. A veces, las grandes cadenas (▷ 292) ofrecen descuentos estos días. Algunos hoteles tambien ofrecen tarifas más bajas para estancias de una semana o más.
- Los precios pueden ser más barataos en febrero y marzo, y octubre y noviembre.
- Cuanto más alto sea el precio, mayor oportunidad de conseguir un descuento significativo. Se recomienda siempre mirar en Internet y comprobar las ofertas especiales.

CLASIFICACIONES

La Automobile Association (AA) es la organización líder en el Reino Unido para la clasificación de hoteles (H), *bed-and-breakfast* (B&B), pensiones (P) y alojamiento para huéspedes (AH), clasificados mediante un sistema de estrellas en escala creciente de una a cinco. Seguidamente encontramos una descripción de las expectativas generales para cada clasificación. Puede haber lugares que no tengan confirmada su clasificación de estrellas, lo que puede deberse al cambio de propietario o a que el establecimiento se ha unido recientemente al proyecto de clasificación del AA. Los establecimientos que en los listados no tienen ninguna clasificación de estrellas no han sido inspeccionados por el AA y no forman parte de este proyecto de clasificación.

HOTELES

★ El correcto personal proporciona un servicio informal aunque competente. La mayoría de las habitaciones tienen baño, y la zona designada para comer sirve el desayuno todos los días y la cena la mayoría de las noches.

★★ Todas las habitaciones tienen baño en la habitación o tienen baño privado. Un restaurante o comedor sirve el desayuno todos los días y la cena la mayoría de las noches.

★★★ El personal es elegante y profesional. Todas las habitaciones tienen baño, y el restaurante o comedor está abierto a los residentes y no residentes.

★★★★ Personal profesional y uniformado que responde a las necesidades y peticiones. Normalmente hay zonas públicas bien señaladas. El restaurante está abierto a los residentes y no residentes, y la comida está disponible en un comedor designado

★★★★★ Alojamiento lujoso y zonas públicas, con un surtido de facilidades extra y un servicio multilingüe. Se da la bienvenida a los huéspedes a la entrada del hotel. Menú y carta de vinos de gran calidad.

La elección del inspector ☆

Estos hoteles destacan como los mejores del RU y de Irlanda, sin importar el estilo. Los selectos hoteles elegidos por el inspector están identificados con estrellas blancas.

PENSIONES, ALOJAMIENTO PARA HUÉSPEDES Y B&B

★ Requerimientos de mínima calidad en limpieza, mantenimiento, hospitalidad, facilidades y servicios. Se sirven desayunos cocinados o abundante desayuno continental en un comedor o zona para comer, o solo en la habitación.

★★ Servicio correcto, camas en buen estado, y desayuno preparado con un buen nivel de elaboración.

★★★ Bienvenida acogedora, camas y mobiliario de buena calidad y bien presentados, y desayuno recién hecho disponible.

★★★★ Servicio atento y más personalizado. Al menos la mitad de las habitaciones tienen baño en la habitación o tienen baños privados (desde el 1 enero de 2008). Camas muy cómodas y mobiliario de buena calidad. El desayuno ofrece un mayor surtido usando ingredientes frescos y está presentado con gran cuidado.

★★★★★ Conciencia de las necesidades de cada huésped. Todas las habitaciones tienen baño privado (desde el 1 enero de 2008). Camas y mobiliario de excelente calidad. El desayuno incluye productos caseros, ingredientes de alta calidad y siempre frescos.

Altamente recomendados ☆

Las pensiones y B&B que están en el 10% superior de su clasificación por estrellas. Esto solo se aplica a los establecimientos de 3, 4 o 5 estrellas.

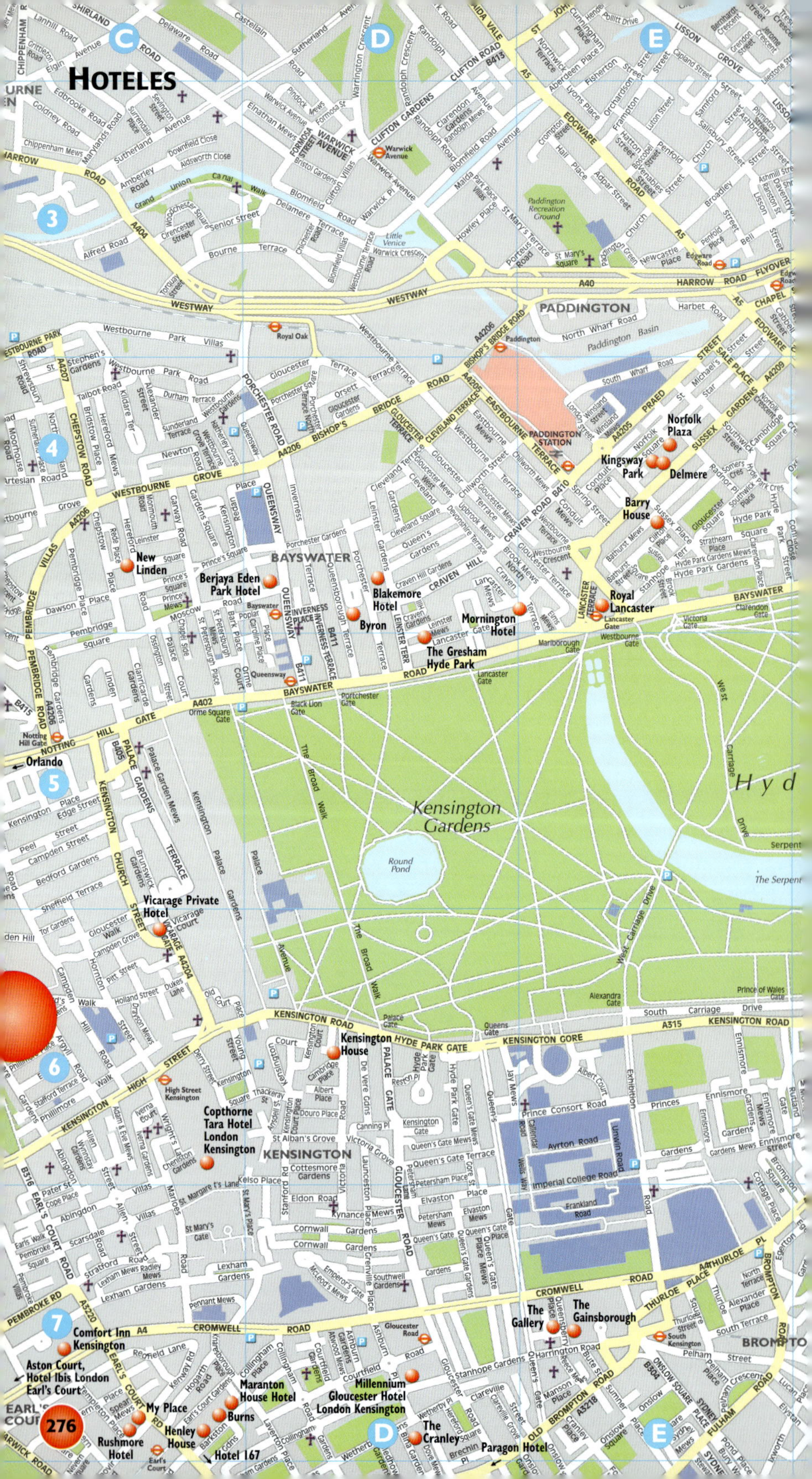
HOTELES
C
D
E
3
4
5
6
7
PADDINGTON
BAYSWATER
KENSINGTON
Kensington Gardens
Round Pond
Hyd
The Serpent
Norfolk Plaza
Kingsway Park
Delmere
Barry House
New Linden
Berjaya Eden Park Hotel
Blakemore Hotel
Byron
Mornington Hotel
Royal Lancaster
The Gresham Hyde Park
Orlando
Vicarage Private Hotel
Kensington House
Copthorne Tara Hotel London Kensington
The Gallery
The Gainsborough
Comfort Inn Kensington
Aston Court, Hotel Ibis London Earl's Court
Maranton House Hotel
Millennium Gloucester Hotel London Kensington
My Place
Burns
Henley House
Rushmore Hotel
Hotel 167
The Cranley
Paragon Hotel

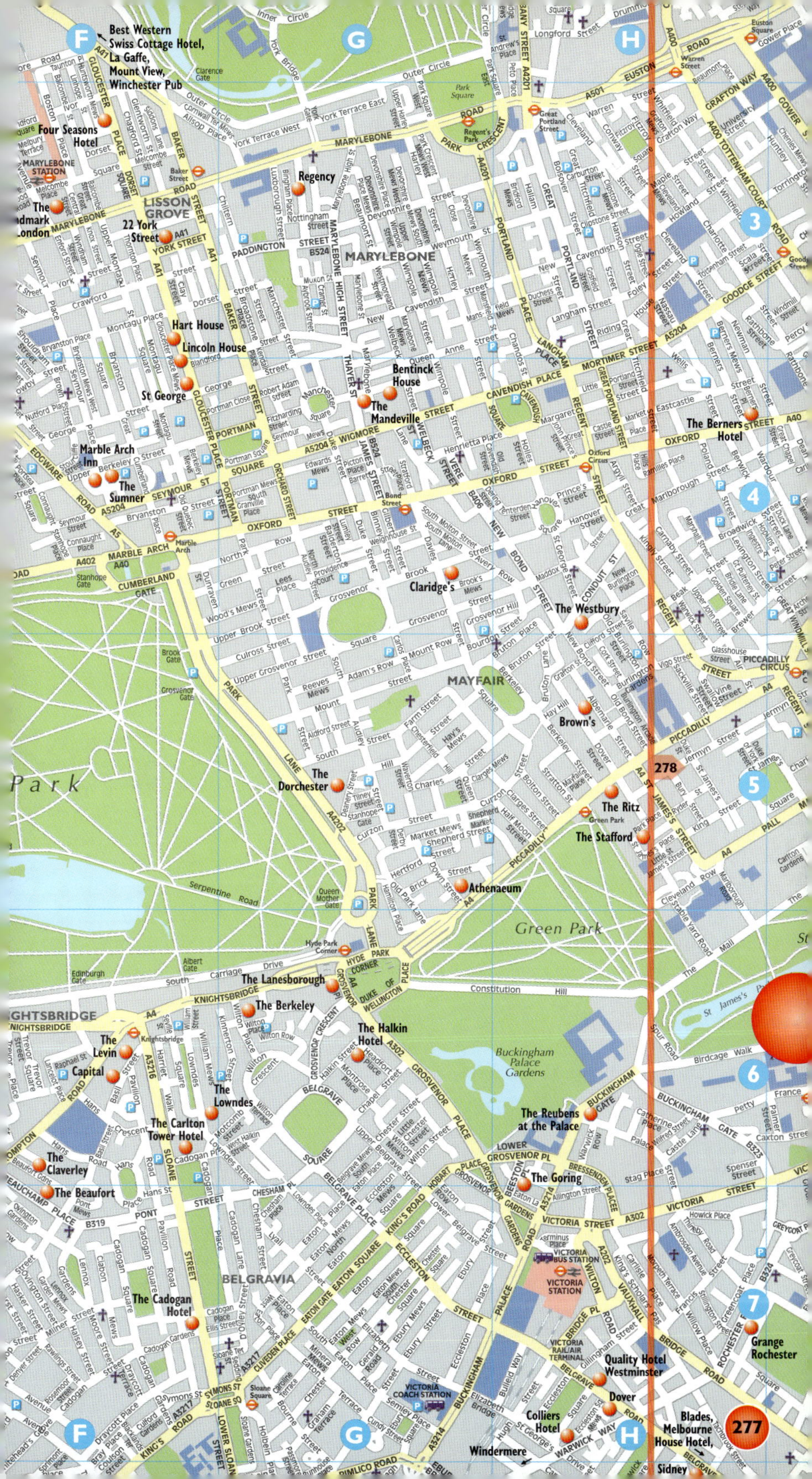
F
G
H
Best Western Swiss Cottage Hotel, La Gaffe, Mount View, Winchester Pub
Four Seasons Hotel
Marylebone Station
The Landmark London
Lisson Grove
22 York Street
Regency
Marylebone
Hart House
Lincoln House
St George
Bentinck House
The Mandeville
Marble Arch Inn
The Sumner
Marble Arch
The Berners Hotel
Oxford Circus
Claridge's
The Westbury
Mayfair
Piccadilly Circus
Brown's
278
The Dorchester
The Ritz
Green Park
The Stafford
Athenaeum
Serpentine Road
Park
Green Park
Hyde Park Corner
The Lanesborough
The Berkeley
Knightsbridge
The Halkin Hotel
Buckingham Palace Gardens
The Levin
Capital
The Lowndes
The Reubens at the Palace
The Carlton Tower Hotel
The Claverley
The Beaufort
The Goring
Belgravia
Victoria Station
Victoria Bus Station
The Cadogan Hotel
Grange Rochester
Quality Hotel Westminster
Victoria Coach Station
Dover
Colliers Hotel
Windermere
Blades, Melbourne House Hotel,
Sidney
277
1
2
3
4
5
6
7

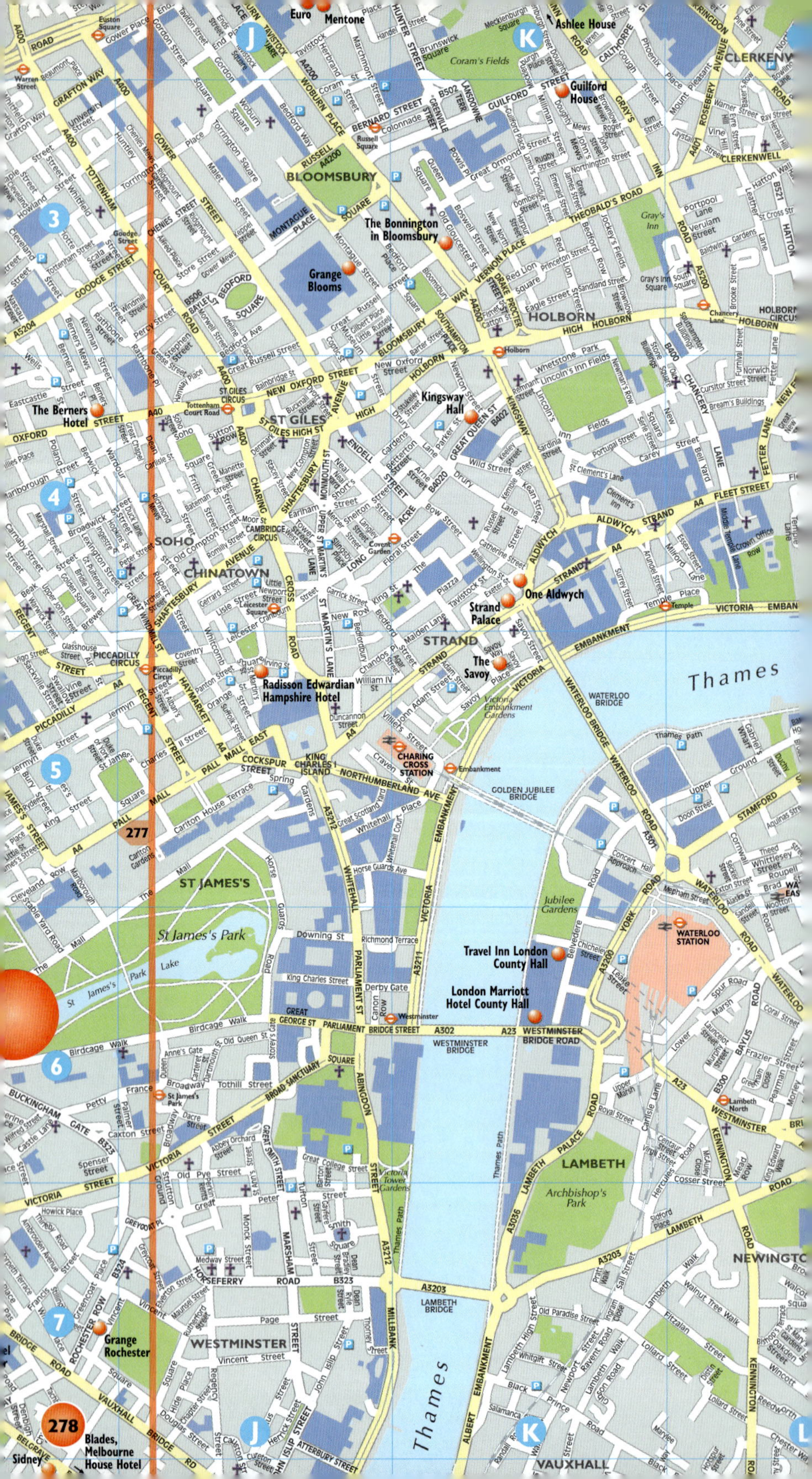

J
K
Euro
Mentone
Ashlee House
Guilford House
Coram's Fields
CLERKENWELL
BLOOMSBURY
The Bonnington in Bloomsbury
Grange Blooms
3
4
5
6
7
HOLBORN
Holborn
Chancery Lane
Gray's Inn
Kingsway Hall
The Berners Hotel
ST GILES
ST GILES CIRCUS
Tottenham Court Road
Goodge Street
Warren Street
Euston Square
OXFORD STREET
NEW OXFORD STREET
SOHO
CHINATOWN
CAMBRIDGE CIRCUS
Covent Garden
Leicester Square
PICCADILLY CIRCUS
Piccadilly Circus
STRAND
One Aldwych
Strand Palace
The Savoy
ALDWYCH
Temple
FLEET STREET
VICTORIA EMBANKMENT
Radisson Edwardian Hampshire Hotel
CHARING CROSS STATION
Embankment
Victoria Embankment Gardens
GOLDEN JUBILEE BRIDGE
WATERLOO BRIDGE
Thames
KING CHARLES I ISLAND
NORTHUMBERLAND AVE
PALL MALL
277
ST JAMES'S
St James's Park
Lake
Birdcage Walk
WHITEHALL
Downing St
Horse Guards Ave
Jubilee Gardens
Travel Inn London County Hall
London Marriott Hotel County Hall
WATERLOO STATION
Westminster
WESTMINSTER BRIDGE
WESTMINSTER BRIDGE ROAD
St James's Park
BROAD SANCTUARY
VICTORIA STREET
Victoria Tower Gardens
LAMBETH
Archbishop's Park
Lambeth North
LAMBETH BRIDGE
HORSEFERRY ROAD
MILLBANK
Thames Path
ALBERT EMBANKMENT
NEWINGTON
Grange Rochester
WESTMINSTER
278
Blades, Melbourne House Hotel
Sidney
VAUXHALL
L

HOTELES

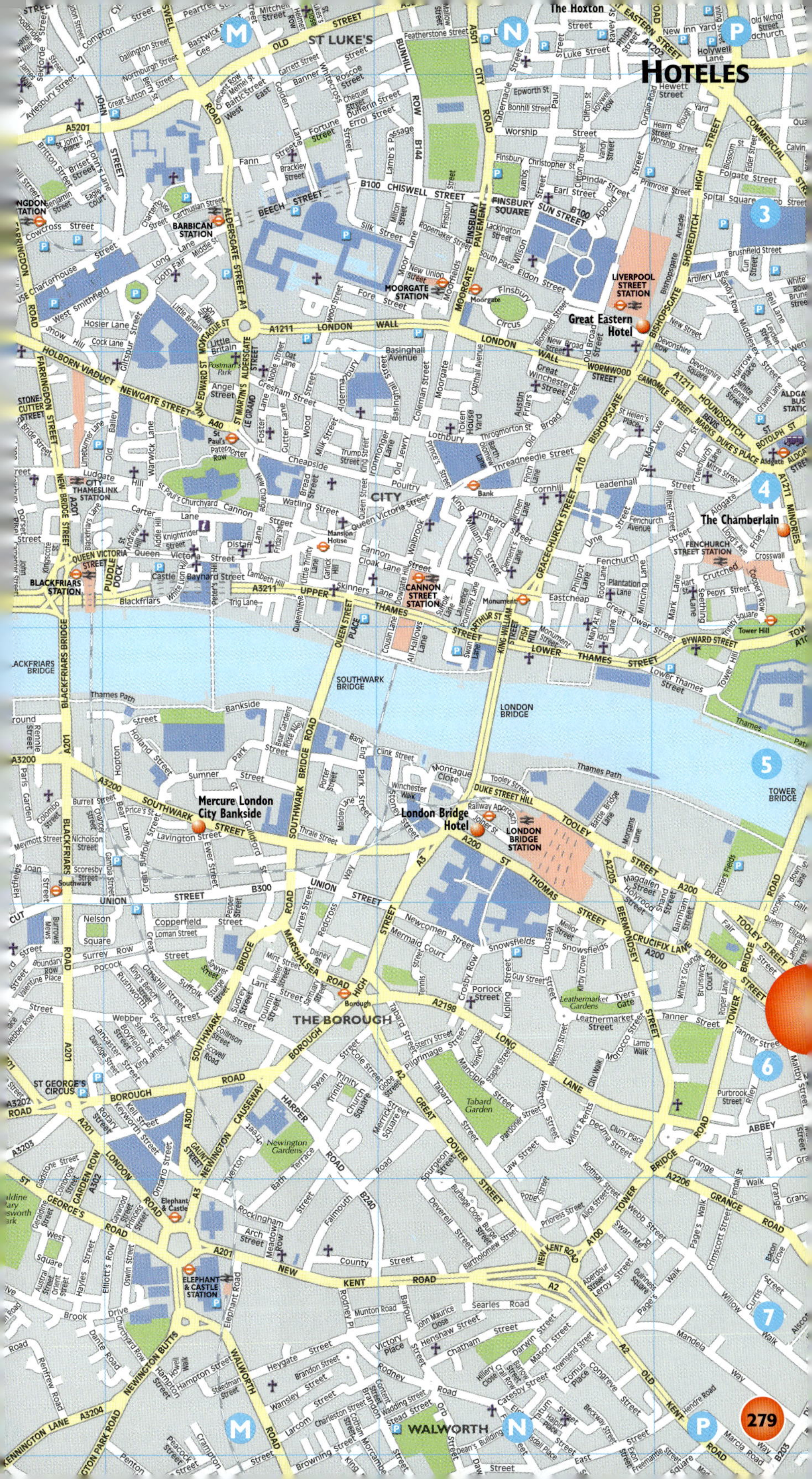

Great Eastern Hotel
The Chamberlain
Mercure London City Bankside
London Bridge Hotel
The Hoxton
LIVERPOOL STREET STATION
MOORGATE STATION
BARBICAN STATION
CITY THAMESLINK STATION
BLACKFRIARS STATION
CANNON STREET STATION
FENCHURCH STREET STATION
LONDON BRIDGE STATION
ELEPHANT & CASTLE STATION
CITY
THE BOROUGH
WALWORTH
SOUTHWARK BRIDGE
LONDON BRIDGE
BLACKFRIARS BRIDGE
TOWER BRIDGE
ST GEORGE'S CIRCUS
FINSBURY SQUARE
ST LUKE'S
LONDON WALL
CHISWELL STREET
HOLBORN VIADUCT
NEWGATE STREET
UPPER THAMES STREET
LOWER THAMES STREET
BISHOPSGATE
SHOREDITCH HIGH STREET
SOUTHWARK STREET
UNION STREET
BOROUGH HIGH STREET
LONG LANE
TOOLEY STREET
TOWER BRIDGE ROAD
NEW KENT ROAD
OLD KENT ROAD
WALWORTH ROAD
NEWINGTON BUTTS
BLACKFRIARS ROAD
SOUTHWARK BRIDGE ROAD
GREAT DOVER STREET
KENNINGTON LANE
Thames
Tower Hill
Monument
Bank
Borough
Southwark
Elephant & Castle
Mansion House
St Paul's
Aldgate
1
2
3
4
5
6
7

Hoteles

Los precios son por habitación doble por noche, desayuno e IVA incluidos. Hay que tener cuidado, pues algunos hoteles, a menudo los más famosos y caros, ponen sus precios sin el IVA, que es un porcentaje del 17,5%, y sin el desayuno. Todos los hoteles listados aceptan tarjetas de crédito a menos que se especifique lo contrario.

ASHLEE HOUSE
Mapa 276 fuera de K3
261–265 Grays Inn Road
Tel.: 020 7833 9400
www.ashleehouse.co.uk
Estiloso y bastante *funky*, este hotel está solo a dos minutos andando de la estación King's Cross. El alojamiento, seguro y limpio, lo hace una elección habitual entre los mochileros. Está cerca de la vida nocturna de Londres y bien situado para acceder a la mayoría de los lugares de interés de la ciudad. Hay disponibles habitaciones individuales, dobles y con varias camas. Salón y lavandería. El desayuno continental está incluido en el precio.
Habitación doble desde 50 £
25 King's Cross
17, 45, 46

ATHENAEUM ☆☆☆☆☆ (H)
Mapa 277 G5
116 Piccadilly W1J 7BJ
Tel.: 020 7499 3464
www.athenaeumhotel.com
Hotel bien apreciado en el corazón de Mayfair con una hospitalidad excelente. Algunas habitaciones proporcionan vistas a Green Park (▷ 90). Las casas eduardianas colocadas en fila al lado del hotel tienen varios apartamentos espaciosos. Los espacios públicos incluyen el Damask Restaurant, el Garden Room y un bar de cócteles especializado en whisky de malta. Sauna, sala de masajes y spa.
Habitación doble desde 220 £
157 (8 fumadores)
& Spa
Green Park
8, 9, 14, 19, 22, 38

BARRY HOUSE ★★★ (B&B)
Mapa 276 E4
12 Sussex Place, Hyde Park W2 2TP
Tel.: 020 7723 7340
www.barryhouse.co.uk
Propiedad elegante, acogedora y regentada por una familia que ofrece cama y desayuno cerca de Hyde Park, Marble Arch y muchos otros principales lugares de interés de Londres.
Habitación doble desde 79 £ 18
Paddington, Lancaster Gate
7, 15, 23, 27, 36

THE BEAUFORT ★★★★ (H)
Mapa 277 F7
33 Beaufort Gardens SW3 1PP
Tel.: 020 7584 5252
www.thebeaufort.co.uk
Una atractiva casa unifamiliar que forma parte de un grupo de casas semejantes en un callejón sin salida bordeado de árboles, a unos pocos minutos andando desde Knightsbridge. Las habitaciones, con aire acondicionado, están bien amuebladas y equipadas con bombones, reproductor de CDs, Internet gratuito y televisión por satélite, incluyendo películas de pago. En el atractivo salón se sirven de forma complementaria bebidas y el té de la tarde. Buen desayuno continental servido en las habitaciones.
Habitación doble desde 205 £ 29
South Kensington, Knightsbridge
14, 74, C1

BERJAYA EDEN PARK HOTEL ★★★ (H)
Mapa 276 D4
35–39 Inverness Terrace
W2 3JS
Tel.: 020 7221 2220
www.berjayaresorts.com

Una elegante casa adosada Bayswater de 1860 en una calle bordeada de árboles a unos pocos minutos en metro desde Oxford Street y el West End. Las habitaciones están amuebladas de forma simple. Los espacios públicos incluyen un restaurante y un bar. Las suites tienen entrada privada y un salón familiar adjunto, o un patio privado y una sala de estar que incluye un sofá cama.
Habitación doble desde 82 £
135 (40 fumadores)
Bayswater, Queensway
12, 70, 94

THE BERKELEY ☆☆☆☆☆ (H)
Mapa 277 G6
Wilton Place
SW1X 7RL
Tel.: 020 7235 6000
www.savoygroup.co.uk
El Knightsbridge Berkeley nunca deja de impresionar. La renovación en curso asegura un excelente surtido de habitaciones, cada una amueblada con una atención perfecta hacia los detalles. Los espacios públicos están decorados con magníficos arreglos florares y el Blue Bar está

amueblado de forma destacada, con tonos azules y techo blanco, completados con una opulenta lámpara de araña, conformando el escenario perfecto para una bebida relajada antes de la cena. El spa de salud ofrece una serie de tratamientos y hay una piscina al aire libre en la azotea. Dos restaurantes proporcionan un contraste de estilos: se puede escoger entre el asador de calidad Boxwood Café (▷ 254) y el restaurante con estrellas Michelin de alta cocina Pétrus. Se puede quemar el exceso de peso en el Berkeley Health Club and Spa.
Habitación doble desde 259 £
214 (28 fumadores)
P 50
Hyde Park Corner
9, 10, 14, 19, 22, 52, 74, 137

BEST WESTERN BURNS ★★★ (H)

Mapa 276 C7
18–26 Barkston Gardens SW5 0EN
Tel.: 020 7373 3151
wwwburnshotel.co.uk

Ubicado en una zona conocida, en una tranquila y residencial plaza con jardín rodeada de árboles en Kensington, cerca de las tiendas de Knightsbridge. Tiene un jardín privado tapiado. Los espacios públicos incluyen un restaurante en el patio y el Ellen Terry Bar, nombrado así por la famosa actriz inglesa, que vivió aquí entre 1889 y 1902.

Habitación doble desde 90 £ 104
Russell Square, Earls Court
7

BEST WESTERN SWISS COTTAGE HOTEL ★★★ (H)

Mapa 277 fuera de F2
4 Adamson Road, Swiss Cottage NW3 3HP
Tel.: 020 7722 2281
www.swisscottagehotel.co.uk

Aquí no hay que esperar vistas alpinas, aunque el frondoso Hampstead Heath está cerca, puesto que se trata de la estación de metro Swiss Cottage, solo a tres paradas del West End. El hotel es una bonita unión de cuatro propiedades vitorianas, decorado al estilo tradicional, con bello mobiliario antiguo, obras de arte y alfombras. Las habitaciones están diseñadas individualmente, son elegantes y cómodas, decoradas con objetos de la época pero presumiendo de todas las comodidades.

Habitación doble desde 75 £
59 (16 fumadores)
P 4
Swiss Cottage
13, 82, 113

BLADES ★★ (AH)

Mapa 277 off H7
122 Belgrave Road SW1V 2BL
Tel.: 020 7976 5552
www.blades-hotel.co.uk

Acogedor *bed-and-breakfast* llevado por una familia en una elegante casa victoriana cerca de la estación Victoria. Hay una sala de estar de estilo invernadero.

Habitación doble 75 £ 18
Victoria
24

BLAKEMORE

Mapa 276 D4
30 Leinster Gardens W2 3AN
Tel.: 020 7262 4591
www.starcrown.com

Este *bed-and-breakfast* disfruta de una ubicación tranquila, aunque céntrica, a solo unos pocos minutos andando desde Hyde Park (▷ 93). Las habitaciones están decoradas con esmero y las habitaciones para ejecutivos han sido renovadas para conseguir un nivel superior. Las espaciosas áreas públicas incluyen el bar *lounge* Rossetti, un elegante vestíbulo y el atractivo restaurante Wellington.

Habitación doble desde 68 £
164
Bayswater
12, 70, 94

THE BONNINGTON IN BLOOMSBURY ★★★★ (H)

Mapa 276 K3
92 Southampton Row WC1B 4BH
Tel.: 020 7242 2828
www.bonnington.com

Un elegante hotel en el centro de la ciudad, cerca del British Museum (▷ 80–85) y Covent Garden (▷ 88). Las zonas públicas, todas con mucho espacio, incluyen el Malt Bar, el Waterfalls Restaurant y un cómodo vestíbulo salón. Un buen número de espléndidas habitaciones nuevas y suites para ejecutivos.

Habitación doble desde 170 £
215
Russell Square, Holborn
7

BROWN'S HOTEL ★★★★ (H) MAPA 277 H5

Albemarle Street W1S 4BP
Tel.: 020 7493 6020
www.brownshotel.com

Reciente por una importante renovación y reabierto a finales de 2005, Brown's es famoso por su estilo de casa de campo inglesa, su mobiliario tradicional y enseres fijos de calidad. El alojamiento es excelente y las habitaciones son particularmente espaciosas para Mayfair. El elegante Grill, en un diseño de la década de 1930 con mesas de bancos corridos, ofrece platos clásicos británicos con un toque moderno, creando una mezcla intrigante. El English Tea Room es popular para tomar el té de la tarde.

Tarifas no disponibles en el momento de la publicación de la guía.
118
Green Park
8

BYRON ★★★★ (H)

Mapa 276 D4
36–38 Queensborough Terrace W2 3SH
Tel.: 020 7243 0987
www.byronhotel.co.uk

Este hotel en una fila de casas georgianas ha sido restaurado para proporcionar un alojamiento cómodo y para conservar un buen número de características originales. Las habitaciones varían en tamaño, pero todas están amuebladas con gusto y equipadas con modernas instalaciones. Hay un comedor donde se puede desayunar, y un salón para huéspedes.

Habitación doble desde 120 £ 45
Bayswater

THE CADOGAN HOTEL

Mapa 277 F7
75 Sloane Street SW1X 9SG
Tel.: 020 7235 7141
www.cadogan.com

Este hotel victoriano en Chelsea tiene vistas al palacio Cadogan. Las habitaciones tienen la mayoría aire acondicionado y están amuebladas con estilo. El elegante salón es muy frecuentado a la hora del té, y el magnífico restaurante Langtry's (▷ 260) sirve platos tradicionales británicos. Hay canchas de tenis.

Habitación doble desde 295 £ (desayuno no incluido) 65
Sloane Square
19, 22, 137, C1

CAPITAL ☆☆☆☆☆ (H)
Mapa 277 F6
Basil Street SW3 1AT
Tel.: 020 7589 5171
www.capitalhotel.co.uk
Este pequeño hotel familiar está en Knightsbridge, cerca de Harrods (▷ 178). Las habitaciones diseñadas individualmente son frescas y luminosas, con muebles antiguos y baños de mármol. El plato fuerte de cualquier visita a este hotel es la cena en el restaurante Capital, con dos estrellas Michelin, donde el jefe de chefs, Eric Chavot, sirve innovadores platos de inspiración francesa. La cálida bienvenida está asegurada.
Habitación doble desde 240 £
49 habitaciones
15
Knightsbridge
19, 22, 137, C1

THE CHAMBERLAIN ★★★★ (H)
Mapa 279 P4
130–135 Minories EC3N 1NU
Tel.: 020 7680 1500
www.thechamberlainhotel.com
Profusamente reconvertido de unas antiguas oficinas de principios del siglo XX, este hotel está situado en un lugar ideal para llegar a la City y a la Tower Bridge (▷ 137). Las habitaciones son elegantes, y los baños, modernos y con televisión. En el local hay un pub muy frecuentado, junto con un inusual comedor de dos niveles. Tiene aparcamiento e instalaciones deportivas en las cercanías con descuento para los huéspedes del hotel.
Habitación doble desde 225 £ (desayuno no incluido) 64
Fenchurch Street, Aldgate, Tower Hill
15, 25, 42, 78, 100

CLARIDGE'S ☆☆☆☆☆ (H)
Mapa 277 G4
Brook Street W1K 4HR
Tel.: 020 7629 8860
www.claridgeshotel.com
Impresionantes cotas de lujo, estilo y servicio se sostienen en este bastión de la hospitalidad británica. Las habitaciones, decoradas suntuosamente y con aire acondicionado, tienen temáticas *art decó* y victoriana para reflejar la arquitectura del edificio. En Claridge's está Gordon Ramsay, el restaurante del hotel dirigido por el renombrado chef británico donde la comida y el servicio son espléndidos. El elegante bar de cócteles es un popular lugar de encuentro y el vestíbulo es un lugar elegante donde tomar el té de la tarde.
Habitación doble 245 £
203 (20 fumadores)
Bond Street 8

CLAVERLEY ★★★★ (P)
Mapa 275 F6
13–14 Beaufort Gardens SW3 1PS
Tel.: 020 7589 8541
www.claverleyhotel.co.uk
Escondido en un tranquilo y frondoso callejón sin salida, el Claverley está a un paseo desde Harrods y el Museo Victoria and Albert. Las habitaciones están diseñadas individualmente y algunas tienen camas con dosel. Los espacios públicos incluyen una encantadora sala de lectura, donde se puede disfrutar de un té o un café. En el comedor se sirven impresionantes desayunos.
Habitación doble desde 99 £ 29
Knightsbridge
14, 74, C1

COLLIERS HOTEL
Mapa 277 H7
95/97 Warwick Way SW1V 1QL
Tel.: 020 7828 0210, 020 7834 6931
www.colliershotel.co.uk
Este pequeño hotel ofrece un alojamiento básico pero confortable a precios muy razonables en una agradable fila de casas no muy lejos del palacio de Buckingham (▷ 79).
Habitación doble desde 38 £ 20
Victoria
24

COMFORT INN KENSINGTON
Mapa 276 C7
22–32 West Cromwell Road SW5 9QJ
Tel.: 020 7373 3300
www.choicehotelseurope.com
Situado en una casa antigua con todas las comodidades, este hotel está en un lugar conveniente para llegar al animado Earl's Court. Todas las cuidadas habitaciones tienen una amplia variedad de comodidades. Los espacios públicos son acogedores, cómodos y con mucha luz.
Habitación Doble desde 99 £ (desayuno no incluido)
125 (7 fumadores)
West Kensington, Earls Court
74, 328, C1, C3

COPTHORNE TARA HOTEL LONDON KENSINGTON ★★★★ (H)
Mapa 276 C6
Scarsdale Place, Wrights Lane W8 5SR
Tel.: 020 7937 7211
www.mill-cop.com

Uno de los hoteles más grandes de la ciudad, popular entre los *tours* continentales y las conferencias. Los espacios públicos tienen un ambiente bullicioso, como los relajantes Caféxpress y la Brasserie. Las habitaciones figuran en dos categorías: Standard y Club; también hay varias habitaciones bien equipadas para huéspedes con discapacidad. Todas las habitaciones tienen aire acondicionado.
Habitación doble desde 125 £
834 86
High Street Kensington
9, 10, 27, 28, 49, 328

THE CRANLEY ★★★★ (H)
Mapa 276 D7
10 Bina Gardens SW5 0LA
Tel.: 020 7373 0123
www.thecranley.com

Una elegante casa adosada victoriana en una parte tranquila de South Kensington. Las habitaciones, muchas son suites, están bien amuebladas, con muchas antigüedades y algunos complementos extras. Está dis-

ponible el té de la tarde de forma gratuita, junto con los aperitivos y canapés que se sirven por la noche.
Habitación doble desde 233 £
39
Gloucester Road
49, 74

ESPECIAL

DELMERE ★★ (H)
Mapa 276 E4
128/130 Sussex Gardens, Hyde Park W2 1UB
Tel.: 020 7706 3344
www.delmerehotels.com
El Delmere es un agradable hotel-*boutique* de propiedad privada y ganador de premios que se encuentra a corta distancia del West End. Los espacios públicos incluyen un bar con temática de jazz, un cómodo salon y un elegante restaurante italiano.
Habitación doble desde 120 £
35
P 2
Paddington
7, 15, 23, 27, 36, 205

THE DORCHESTER ☆☆☆☆☆ (H)
Mapa 277 G5
Park Lane W1K 1QA
Tel.: 020 7629 8888
www.dorchesterhotel.com

Uno de los hoteles más impresionantes y suntuosos de Londres. Todas las habitaciones tienen un diseño individual, están bellamente amuebladas y cuentan con enormes y lujosos baños. Desde el vestíbulo, The Promenade es perfecto para tomar el té de la tarde o alguna otra bebida. Por la noche se puede escuchar música en directo en el bar y disfrutar de un cóctel o de una cena italiana. El restaurante principal es el tradicional Grill Room, que tiene casi exactamente la misma apariencia que tenía en 1931, cuando se abrió el hotel por primera vez. En 2007 se añadió un nuevo restaurante, con Alain Ducasse al mando. El Dorchester Spa incluye club de salud, gimnasio, servicios de belleza, solarium, sauna y jacuzzi.
Habitación doble desde 465 £ (desayuno no incluido)
250 (60 fumadores)
P 21
Hyde Park Corner, Marble Arch
2, 10, 16, 36, 73, 74, 82, 137, 148

DOVER ★★ (AH)
Mapa 277 H7
42–44 Belgrave Road SW1V 1RG
Tel.: 020 7821 9085
www.dover-hotel.co.uk
Un moderno hotel en el que uno se encuentra como en su propia casa, con la recepción abierta las 24 horas. Las habitaciones tienen cuartos de baño privados y cunas para bebés de hasta 12 meses. En las habitaciones se proporcionan facilidades para preparar té y café, televisión, secador, caja de seguridad y espacio para almacenamiento de equipaje. El desayuno se sirve en el acogedor salón de la planta baja. Se han negociado tarifas especiales con el aparcamiento local, justo a dos minutos andando. Bien situado desde la estación Victoria.
Habitación doble desde 65 £ (do-ju), 75 £ (vi-sá) 33
Victoria
24

EURO ★★★ (AH)
Mapa 278 J2
51–53 Cartwright Gardens, Russell Square WC1H 9EL
Tel.: 020 7387 4321
www.eurohotel.co.uk
Este agradable *bed-and-breakfast* disfruta de una ubicación ideal en una frondosa calle georgiana. La estación de metro Russell Square, que enlaza con el aeropuerto de Heathrow, está a solo unos pocos minutos andando. Muchas habitaciones tienen baños privados. El desayuno se sirve en un atractivo comedor, pero hay que tener en cuenta que no hay comidas por la noche. Canchas de tenis.

Habitación doble desde 95 £ (baño en la habitación) 76 £ (sin baño en la habitación)
34
Russell Square
7, 59, 68, 91, 168, 188

FOUR SEASONS HOTEL
Mapa 277 F3
173 Gloucester Place, Regent's Park NW1 6DX
Tel.: 020 7724 3461
www.4seasonshotel.co.uk
No hay que confundirse con el hotel Four Seasons London en Park Lane. Este pequeño hotel, regentado por una familia, está en el borde de Regent's Park (▷ 114–115) y a poca distancia a pie del London Zoo (▷ 160) y de Madame Tussaud's. El desayuno se sirve en un jardín interior pequeño y tranquilo que da la impresión de encontrarse lejos de las bulliciosa ciudad.
Habitación doble desde 115 £
16
Baker Street
2, 13, 30, 74, 82, 113, 139, 189, 274

THE GAINSBOROUGH ★★★★ (AH)
Mapa 276 E7
7–11 Queensberry Place SW7 2DL
Tel 020 7957 0000
www.eeh.co.uk

Es una casa georgiana adosada situada en una tranquila calle en South Kensington, cerca del Museo de Historia Natural (▷ 112–113). Las habitaciones han sido diseñadas individualmente y están decoradas con magníficos tejidos y con muebles de calidad. El desayuno se sirve en el comedor. Cuenta con un pequeño salón público y el servicio de habitaciones está disponible las 24 horas.
Habitación doble desde 155 £
49
South Kensington
14, 49, 70, 74, 345, 360, 414

THE GALLERY ☆☆☆☆ (AH)
Mapa 276 E7
8–10 Queensberry Place SW7 2EA
Tel.: 020 7915 0000
www.eeh.co.uk
Esta elegante propiedad, cercana a Kensington y Knightsbridge, ofrece una amable hospitalidad, servicio atento y unas habitaciones amuebladas suntuosamente, algunas con terraza privada. Los espacios públicos incluyen varios salones (uno con acceso a Internet) y un elegante bar. El servicio de habitaciones está disponible 24 horas al día. No hay comidas por la noche.

Habitación doble desde 164 £ 36
South Kensington
14, 49, 70, 74, 345, 360, 414

THE GORING ☆☆☆☆☆ (H)
Mapa 277 H6
Beeston Place, Grosvenor Gardens SW1W 0JW
Tel.: 020 7396 9000
www.goringhotel.co.uk
The Goring, en el centro, es un hotel bien situado para ver los parques reales de la ciudad y las principales zonas comerciales. Tiene el jardín privado más grande de los hoteles del centro de Londres. Las habitaciones están

DORMIR

amuebladas de forma tradicional, cada una con un diseño y una decoración individual. El bar del jardín y el salón son muy frecuentados para tomar el té de la tarde y para beber unos cócteles. El menú del restaurante tiene una reputación bien merecida por su cocina británica contemporánea. La afiliación al club de salud cercano está incluida en la tarifa de la habitación.
Habitación doble lu-vi: desde 320 £ (desayuno no incluido) 74
8
Victoria
8, 16, 38, 52, 73, 82

GRANGE BLOOMS
Mapa 278 J3
7 Montague Street WC1B 5BP
Tel.: 020 7323 1717
www.grangehotels.com
El Grange Blooms forma parte de una fila de casas adosadas del siglo XVIII en Bloomsbury, a la vuelta de la esquina del Museo Británico (▷ 80–85). Las habitaciones están amuebladas al estilo Regencia, y hay varias salas para el día: un vestíbulo-salón, una terraza en el jardín, una sala para desayunar y un bar de cócteles, todos decorados con antigüedades y pinturas, y adornados con enormes arreglos florales. El menú del salón también está disponible como servicio de habitaciones.
Habitación doble desde 155 £ 26
Holborn, Russell Square
7

GRANGE ROCHESTER
Mapa 277 H7
69 Vincent Square SW1P 2PA
Tel.: 020 7828 6611
www.grangehotels.com
Con vistas a la frondosa Vincent Square, este pequeño hotel no está lejos de algunas de las mejores tiendas, teatros y atracciones de Londres. Las habitaciones están amuebladas de manera elegante y tranquila. Algunas tienen vistas (y balcones) sobre la plaza. Los espacios públicos son relativamente pequeños, pero una ventaja es que se puede conseguir algo para comer a cualquier hora del día.
Habitación doble desde 75 £
76
Victoria
2, 36, 185

GREAT EASTERN HOTEL ★★★★★ (H)
Mapa 279 N3
Liverpool Street EC2M 7QN
Tel.: 020 7618 5000
www.greateastern.hyatt.com
Un hotel minimalista con una localización de primera en el corazón de la City de Londres. Las habitaciones cuentan con aire acondicionado y son simples aunque elegantes, equipadas con reproductores de DVD y CD. Las opciones de restaurante incluyen el elegante Aurora, el restaurante y bar de champán Fishmarket, el Miyabi, un restaurante japonés, y el George, un pub que sirve comida fantástica. También hay un gimnasio con salas de tratamiento, una sauna y entrenadores personales bajo petición.
Habitación doble desde 365 £
267 (5 fumadores)
Liverpool Street
35, 47 78, 344

GUILFORD HOUSE ★★ (B&B)
Mapa 278 K3
6 Guilford Street WC1N 1DR
Tel.: 020 7430 2504
www.guilfordhotel.activehotels.com
A poca distancia andando del Museo Británico (▷ 80–85), Guilford House tiene habitaciones individuales, dobles, triples y familiares, todas con ducha privada. Desayuno continental.
Habitación doble desde 55 £ 12
Russell Square, King's Cross
17, 45, 46

HART HOUSE ★★★★ (AH)
Mapa 277 F3
51 Gloucester Place W1U 8JF
Tel.: 020 7935 2288
www.harthouse.co.uk
Esta elegante casa georgiana, ocupada por la nobleza francesa cuando estalló la Revolución de 1789, disfruta de una localización de primera, a pocos minutos andando de las tiendas de Oxford Street y de Madame Tussaud's (▷ 101). Tanto las habitaciones como los espacios públicos están bien amueblados y decorados con elegancia, y han sido cuidadosamente restaurados para mantener gran parte del carácter original de la casa. Excelente servicio y cálida bienvenida. Desayuno inglés; no se sirven comidas por la noche.
Habitación doble desde 125 £
16
Baker Street, Marble Arch
2, 13, 30, 74, 82, 113, 139, 189, 274

ESPECIAL

THE HALKIN HOTEL ☆☆☆☆☆ (H)

Mapa 277 G6
Halkin Street, Belgravia SW1X 7DJ
Tel.: 020 7333 1000
www.lhw.com/halkin

Este hotel contemporáneo, único en su categoría, se encuentra

en una apacible zona cerca de Hyde Park. Las elegantes habitaciones con aire acondicionado combinan el confort con lo práctico, y ofrecen muchos servicios de tecnología punta, incluyendo televisión, reproductor de vídeo y CD, correo de voz/acceso a Internet y fax en la habitación. Uno espera de este elegante hotel comida impresionante, y así es. El restaurante Nahm está dirigido por el chef David Thompson, cuya experiencia con la cocina tailandesa le ha hecho ganarse un papel de consejero en uno de los principales institutos de cocina de Tailandia.

Habitación doble desde 302 £ 41
Hyde Park Corner
9, 10, 14, 19, 22, 52, 74, 137

HENLEY HOUSE ★★★ (AH)

Mapa 276 C7
30 Barkston Gardens SW5 0EN
Tel.: 020 7370 4111
www.henleyhousehotel.com

Cerca del ajetreado Earl's Court, pero en una tranquila ubicación de los Barkston Gardens, el Henley es una casa victoriana adosada que se ha modernizado con buen gusto. Tiene un apacible vestíbulo-salón en el que relajarse, y el desayuno se sirve en un comedor-jardín interior. Las habitaciones son pulcras, bien equipadas y acogedoras, y algunas tienen pequeños balcones.

Habitación doble desde 59 £ (desayuno no incluido)
21
Earl's Court

HOTEL IBIS ★★★ (H)

Mapa 276 fuera de C7
47 Lillie Road SW6 1UD
Tel.: 020 7610 0880
www.ibishotels.com

Moderno hotel frente al Earl's Court Exhibition Centre. El restaurante ofrece una selección de comidas ligeras y un menú más tradicional, y un pub sirve algo para picar las 24 horas. Extensas salas para conferencias y la ventaja añadida de aparcamiento subterráneo.

Habitación doble desde 70-90 £
504
P 120
West Brompton
74, 190, 430

HOTEL 167

Mapa 274 fuera de D7
167 Old Brompton Road SW5 0AN
Tel.: 020 7373 3221
www.hotel167.com

Una atractiva casa con terraza que ha conservado su carácter, convenientemente localizada para visitar Harrods y los museos de South Kensington. Todas las luminosas y aireadas habitaciones están equipadas con mini frigoríficos y vídeo interno. Posee un ambiente cálido de casa de campo, y el desayuno se toma en el encantador vestíbulo. Una elección popular en el extremo bajo de la guía de precios, así que se necesita reservar pronto para conseguir habitación.

Habitación doble desde 99 £ 19
Gloucester Road, South Kensington
49, 74

THE HOXTON

Mapa 277 fuera de N3
81 Great Eastern Street EC2A 3HU
Tel.: 020 7550 1000
www.hoxtonhotels.com

Un innovador hotel nuevo abierto en 2006. Las chimeneas crepitantes dan una sensación de refugio de campo, mientras que los cócteles frescos y las televisiones de pantalla plana ponen el punto contemporáneo. Las habitaciones de huéspedes proporcionan lujo a un precio económico e incluyen suntuosos edredones nórdicos de pluma de pato, ropa de cama Frette y columna de hidromasaje. The Hoxton Grille es una mezcla de lo *chic* de París y la energía de Nueva York. El desayuno está incluido en el precio. El hotel tiene un fácil acceso al metro, que transporta rápidamente a las principales atracciones de la ciudad.

Habitación doble desde 89 £
200
Old Street
55

HOTEL ORLANDO ★★ (AH)

Mapa 276 fuera de C5
83 Shepherd's Bush Road W6 7LR
Tel.: 020 7603 4890
www.hotelorlando.co.uk

Un hotel pequeño en una fila de casas victorianas, con gran variedad de estilos de habitación. El desayuno se sirve en el comedor de la planta baja. No hay comidas por la noche.

Habitación doble desde 52 £ 14
Hammersmith
266, 267, H91

JUMEIRAH CARLTON TOWER HOTEL ☆☆☆☆☆ (H)

Mapa 277 F6
Cadogan Place SW1X 9PY
Tel.: 020 7235 1234
www.jumeirahcarltontower.com

En el corazón de Knightsbridge y junto a los jardines Cadogan Place. Las habitaciones son tranquilas y elegantes, y uno de los restaurantes del hotel (el Club Room, notable por su saludable bufé) tiene vistas panorámicas sobre Londres a través de grandes ventanales. También está el Rib Room y la Chinoiserie para tomar comidas ligeras. La piscina tiene un techo de cristal, hay salas de tratamiento, gimnasio, spa, jacuzzi y canchas de tenis.

Habitación doble desde 335 £
220
Interior
Sloane Square
19, 22, 137, C1

KENSINGTON HOUSE
★★★★ (H)
Mapa 276 D6
15–16 Prince of Wales Terrace W8 5PQ
Tel.: 020 7937 2345
www.kenhouse.com
Esta bonita propiedad del siglo XIX ha sido restaurada de forma elegante para proporcionar un alojamiento contemporáneo en el corazón de Kensington. El Tiger Bar ofrece un lugar espacioso e informal para tomar tentempiés ligeros y comidas durante todo el día. Las habitaciones varían en estilo, pero son luminosas y elegantes, y están muy bien equipadas. Los huéspedes tienen acceso al club de salud cercano por un pequeño recargo.
Habitación doble lu-vi: desde 175 £, sá-do: 140 £ 41 (3 fumadores)
High Street Kensington
9, 10, 27, 28, 49, 328

KINGSWAY HALL
Mapa 278 K4
Great Queen Street WC2B 5BX
Tel.: 020 7309 0909
www.kingswayhall.co.uk

Cerca de Covent Garden, se trata de un hotel moderno, elegante y cómodo. Las habitaciones tienen aire acondicionado y servicios extra como caja fuerte en la habitación y plancha privada. El compacto bar *lounge* sirve bebidas y tentempiés ligeros, y el restaurante Harlequin proporciona una cena más formal. Hay un centro de *fitness* en el sótano.
Habitación doble desde 120 £
170
Holborn
1, 59, 68, 91, 168, 171, 188

KINGSWAY PARK ★★★ (AH)
Mapa 276 E4
139 Sussex Gardens W2 2RX
Tel.: 020 7723 5677
www.kingswaypark-hotel.com
Céntrico *bed-and-breakfast* en un elegante edificio victoriano que ofrece una buena relación calidad-precio. Interesantes obras de arte modernas en todos los espacios públicos, incluido el comedor en el sótano.
Habitación doble desde 70 £
22
3
Paddington
705

LA GAFFE ★★★ (AH)
Mapa 277 fuera de F2
107–111 Heath Street NW3 6SS
Tel.: 020 7435 4941
www.lagaffe.co.uk
Votado como el hotel con mejor relación calidad precio de Londres en 2003 por el autorizado *Which Hotel Guide,* este característico edificio, convenientemente situado cerca de la parte superior de Hampstead High Street, comenzó en 1734 como una humilde casa de pastores. En la actualidad las habitaciones son modernas y muy cómodas (hay disponibles camas con dosel para los huéspedes románticos) y tiene un premiado restaurante italiano.
Habitación doble desde 95 £
18
Hampstead
210, 268

THE LANESBOROUGH
☆☆☆☆☆ (H)
Mapa 277 G6
Hyde Park Corner SW1X 7TA
Tel.: 020 7259 5599
www.lanesborough.com
Ocupando una envidiable posición en Hyde Park Corner, este elegante hotel tiene cierto encanto, por el que no pasa el tiempo, muy apreciado por su leal clientela. Las habitaciones y espacios públicos reflejan los mayores niveles de confort. Las zonas públicas están profusamente amuebladas y tienen magníficos arreglos florales. El servicio es igualmente impresionante; un mayordomo personal atiende todas las necesidades de los huéspedes las 24 horas del día. El restaurante-jardín de invierno es popular por su innovadora

cocina internacional, y es famoso a la hora del té. Tiene un spa.
Habitación doble desde 395 £
95 (40 fumadores)
38
Hyde Park Corner
9, 10, 14, 19, 22, 52, 74, 137

ESPECIAL
THE LANDMARK LONDON
☆☆☆☆☆ (H)
Mapa 277 F3
222 Marylebone Road NW1 6JQ
Tel.: 020 7631 8000
www.landmarklondon.co.uk

Uno de los últimos verdaderos grandes hoteles del ferrocarril, el Landmark está cerca de Hyde Park y Regent's Park. Tiene un buen número de asombrosas características, la más espectacular de las cuales es el atrio central de ocho pisos, decorado con palmeras, que forma el punto central del hotel. Hay una enorme selección de bares y restaurantes. The Cellars sirve sofisticadas comidas de pub; el Winter Gardens sirve un variado menú todo el día. Las habitaciones son elegantes, espaciosas y tienen aire acondicionado; lujosos baños de mármol que ofrecen profundas bañeras y duchas separadas. Los huéspedes tienen acceso a una sauna, spa y jacuzzi.
Habitación doble desde 253 £
299 (52 fumadores)
90
Interior
Marylebone, Baker Street
18

THE LEVIN
(Clasificación AA no disponible en el momento de la escritura)
Mapa 277 F6
28 Basil Street SW3 1AS
Tel.: 020 7589 6286
www.thelevinhotel.co.uk
Recientemente abierto después de una renovación completa, este sofisticado hotel-*boutique* ahora tiene una apariencia fresca y moderna en un estilo clásico inglés. Las agradables habitaciones ofre-

DORMIR

ESPECIAL

LINCOLN HOUSE

(Clasificación AA no disponible en el momento de la escritura)
Mapa 277 F3
33 Gloucester Place W1U 8HY
Tel.: 020 7486 7630

www.lincoln-house-hotel.co.uk
Este acogedor *bed-and-breafast* georgiano propiedad de una familia, está situado en una casa unifamiliar cerca de Oxford Street y ha sido renovado de un modo impresionante. El desayuno inglés completo se sirve en un comedor de estilo campestre en el sótano, y el desayuno continental puede servirse en las habitaciones. No hay comidas por la noche.
Habitación doble desde 89 £
24 P 6 Marble Arch
2, 13, 30, 74, 82, 113, 139, 189

cen una gran elegancia, con lo último en iluminación y tecnología, combinado con suntuosas telas y mobiliario. Casi en la puerta de al lado de Harrods, The Lenvin presume de una ubicación espléndida en una de las esquinas más elegantes de Londres, cerca de todos los lugares de interés que ofrece la capital.
Habitación doble desde 195 £ 12
Knightsbridge
19, 22, 137, C1

LONDON BRIDGE HOTEL ★★★★ (H)

Mapa 279 N5
8–18 London Bridge Street SE1 9SG
Tel.: 020 7855 2200
www.london-bridge-hotel.co.uk
Elegante hotel que disfruta de una localización de primera en el borde de la City, al lado de la estación de tren de London Bridge. Las habitaciones incluyen un número de espaciosos dormitorios de lujo y suites. Los espacios públicos son pequeños, aunque sofisticados. El restaurante asiático Georgetown ofrece cocina malaya en un entorno colonial, y el elegante bar contemporáneo Borough es un buen lugar para tomar unas bebidas o para una cena informal. Hay un gimnasio bien equipado en el hotel.
Habitación doble desde 119 £
141 (10 fumadores)
London Bridge
47, 343, RV1

LONDON MARRIOTT HOTEL COUNTY HALL ★★★★★ (H)

Mapa 278 K6
Westminster Bridge Road, County Hall SE1 7PB
Tel.: 020 7928 5200
www.marriott.com
Hotel de lujo en una envidiable posición, ocupando un edificio al lado del río que antiguamente albergaba el Greater London Council, el consejo de administración de la ciudad. Las habitaciones tienen grandes comodidades y disfrutan de magníficas vistas de Londres. Los espacios públicos incluyen un salón-biblioteca y un restaurante, en forma de medialuna con vistas a Westminster, que sirve cocina contemporánea. Los huéspedes tienen acceso al amplio complejo de salud y spa.

Habitación doble desde 220 £
200
P 120
Interior
Westminster
77, RV1

LOWNDES (H)

(Clasificación AA no disponible en el momento de la escritura)
Mapa 277 F6
21 Lowndes Street SW1X 9ES
Tel.: 020 7823 1234
www.lowndeshotel.com
Pequeño hotel a poca distancia a pie de Harrods y Harvey Nichols (▷ 178). Las habitaciones tienen un ambiente *chic* con buenas instalaciones. Los espacios públicos son pequeños pero atractivos, e incluyen un restaurante de estilo *bistró* con un bar abierto todo el día y una terraza exterior con vistas sobre la frondosa calle lateral. Los huéspedes pueden usar de forma gratuita el Peak Health Club & Spa y la piscina del Jumeirah Carlton Tower Hotel al otro lado de la calle (▷ 285).
Habitación doble desde 194 £ 87
Knightsbridge
19, 22, 137, C1

THE MANDEVILLE ★★★★ (H)

Mapa 277 G4
Mandeville Place W1U 2BE
Tel.: 020 7935 5599
www.mandeville.co.uk
Este elegante edificio eduardiano está a un corto paseo desde Oxford Street. Su restaurante The Ville está empapelado de flores, metacrilato y vibrantes colores que dan un ambiente retro, y el bar The Vigne ofrece cócteles. Servicio de habitaciones disponible las 24 horas. Popular entre los visitantes extranjeros, puesto que el personal habla varios idiomas.
Habitación doble desde 275 £
142
Bond Street
3, 25, 53, 55, 176

MARANTON HOUSE HOTEL

Mapa 276 C7
14 Barkston Gardens SW5 0EN
Tel.: 020 7373 5782
www.marantonhotel.com
Esta elegante casa de huéspedes victoriana de ladrillo en Earl's Court ha sido dirigida por la misma familia durante los últimos 20 años, y se puede asegurar una cálida bienvenida y un servicio eficiente y amable. Tiene vistas a una atractiva plaza ajardinada y está a un pequeño paseo de la estación de metro. Las habitaciones son simples, pero están amuebladas de forma atractiva. Hay un bar, pero no un restaurante.
Habitación doble desde 95 £ 16
Earls Court
16, 234

MARBLE ARCH INN ★★ (B&B)
Mapa 277 F4
49–50 Upper Berkeley Street, Marble Arch W1H 5QR
Tel.: 020 7723 7888
www.marblearch-inn.co.uk
Es un moderno *bed-and-breakfast* a unos pocos minutos andando de Hyde Park y Oxford Street. Todas las habitaciones tienen televisión, secador, bar de café y té, lavabo y frigorífico, y la mayoría tienen ducha privada y váter. La recepción está abierta 24 horas.
Habitación doble con baño desde 70-85 £ 29
Marble Arch
6, 7, 15, 16, 23, 36, 98

MELBOURNE HOUSE HOTEL
Mapa 277 fuera de H8
79 Belgrave Road SW1V 2BG
Tel.: 020 7828 3516
www.melbournehousehotel.co.uk
Reformado en 2007, este *bed-and-breakfast,* dirigido por una familia, está a un paseo de la estación de trenes Victoria. Las habitaciones son modernas y algunas son apropiadas para familias. El desayuno se sirve en el comedor del sótano.
Habitación doble desde 90 £ 17
Pimlico
24

MENTONE HOTEL ★★ (AH)
Mapa 278 J2
54–55 Cartwright Gardens WC1H 9EL
Tel.: 020 7387 3927
www.mentonehotel.com
Impresionante *bed-and-breakfast,* situado en una fila de casas victorianas con vistas a los apacibles jardines de Bloomsbury, está cerca de muchas de las atracciones del centro de Londres y a unos pocos minutos andando de la estación de metro Russell Square. Todas las habitaciónes tienen baño privado; cinco proporcionan facilidades para viajeros con discapacidad. El desayuno se toma en el comedor del piso de abajo y hay acceso gratuito a Internet. Canchas de tenis enfrente. No hay comidas por la noche.
Habitación doble desde 88 £ 45
King's Cross, Russell Square, Euston
10, 30, 73, 91, 205

MERCURE LONDON CITY BANKSIDE ★★★ (H)
Mapa 279 M5
71–79 Southwark Street SE1 0JA
Tel.: 020 7902 0800
www.mercure.com
Hotel contemporáneo que forma parte del rejuvenecimiento del South Bank. Las habitaciones tienen aire acondicionado y son espaciosas. Sirven cenas modernas en el estiloso restaurante.
Habitación doble desde 125 £
144 (6 fumadores)
Waterloo, Blackfriars, London Bridge
381, 705

MILLENNIUM GLOUCESTER HOTEL ★★★★ (H)
Mapa 276 D7
4–18 Harrington Gardens SW7 4LH
Tel.: 020 7373 6030
www.millenniumhotels.com
Una elección popular entre los visitantes internacionales por su proximidad a la estación de metro, su fácil acceso desde el aeropuerto de Heathrow y sus apacibles alrededores. Las habitaciones tienen aire acondicionado y están amuebladas con un estilo contemporáneo. Las habitaciones Club tienen un salón en exclusiva. Las opciones para comer incluyen cocina de Singapur y los platos más internacionales del restaurante de moda Olive's.

Habitación doble desde 190 £ (desayuno no incluido)
610 (234 fumadores)
110
Gloucester Road
49, 74

MORNINGTON HOTEL
Mapa 276 E4
12 Lancaster Gate W2 3LG
Tel.: 020 7262 7361
www.bw-morningtonhotel.co.uk
Magnífico edificio victoriano en una calle tranquila con servicio directo de metro al West End y cerca de Hyde Park. Las habitaciones en este hotel Best Western proporcionan un alojamiento confortable y actualizado. Hay dos salones y un atractivo comedor en el cual se sirve desayuno inglés. No hay comidas por la noche.
Habitación doble desde 123 £
66

Lancaster Gate
46, 94, 148

MOUNT VIEW ★★★★ (AH)
Mapa 277 fuera de F2
31 Mount View Road N4 4SS
Tel.: 020 8340 9222
www.mountviewguesthouse.com
Esta agradable y confortable casa de huéspedes ofrece habitaciones decoradas de forma bonita y con mucho estilo. Está situada en una modernizada casa victoriana de tres pisos en una calle bordeada de árboles en el tranquilo y residencial Crouch End, a poca distancia del centro de Londres. El desayuno inglés completo se toma alrededor de una mesa comunal donde los huéspedes pueden intercambiar historias y planes para el día
Habitación doble 60 £-86 £ 3
en la calle
Finsbury Park
W3, W7

MY PLACE ★★★ (AH)
Mapa 276 C7
1–3 Trebvoir Road SW5 9LS
Tel.: 020 7373 0833
www.myplacehotel.co.uk
Casa victoriana reformada en una tranquila calle residencial bien situada cerca de la estación de tren Earl's Court. En el restaurante se sirven desayunos y tentempiés ligeros. Las habitaciones están bien presentadas y tienen un surtido extremadamente bueno de servicios. También hay un club nocturno.
Habitación doble desde 135 £
50
Earl's Court
74, 328, C1, C3

NEW LINDEN ☆☆☆☆ (P)
Mapa 276 C4
59 Leinster Square, Notting Hill W2 4PS
Tel.: 020 7221 4321
www.mayflower-group.co.uk
En un elegante y blanquísimo edificio georgiano, típico de la zona, este acogedor hotel es una base cómoda y bien situada para muchas de las principales atracciones de la ciudad. Está a un pequeño paseo de Portobello Road, cerca de los jardines del palacio Kensington y de Hyde Park. Todas las habitaciones ofrecen un confortable retiro al final del día, y el amable personal está a mano para hacernos sentir como en casa.
Habitación doble desde 89 £ 51
Bayswater
12, 27, 28, 31

NORFOLK PLAZA ★★★★ (P)
Mapa 276 E4
29–33 Norfolk Square W2 1RX
Tel.: 020 7723 0792
www.norfolkplazahotel.co.uk
Este popular hotel en el corazón de Paddington está a poca distancia del West End. Las habitaciones proporcionan buenos servicios e incluyen un número de suites con dos niveles. Los espacios públicos incluyen un bar y un salón, decorados de forma elegante, y un atractivo restaurante donde se sirve el desayuno. No se sirve cena.
Habitación doble desde 110 £-120 £
87
Paddington
436

ONE ALDWYCH ☆☆☆☆☆ (H)
Mapa 278 K4
1 Aldwych WC2B 4RH
Tel.: 020 7300 1000
www.onealdwych.com
One Aldwych es bastante conocido por su estilo *chic* contemporáneo. Está en un edificio eduardino. Tiene un montón de características interesantes: una piscina con música debajo del agua en el club de salud, el dramático mural ámbar de la ciudad en el sublime Axis Restaurant, aclamado por su cocina británica moderna, y el contemporáneo vestíbulo con bar donde se recomienda beber cócteles americanos. Jazz en directo la noche de los martes y miércoles. Las habitaciones no son menos elegantes, con almohadas gigantes, edredones nórdicos y superficies de granito en los baños.
Habitación doble desde 360 £ (desayuno no incluido)
105 (38 fumadores) Interior
Charing Cross, Covent Garden
521

PARK INN ★★★ (H)
Mapa 276 D5
66 Lancaster Gate W2 3NZ
Tel.: 020 7262 5090
www.parkinn.com
Situado estratégicamente en Lancaster Gate, este conocido edificio con su fachada de estuco ha sido un hotel desde 1817 y mantiene un aire de refinamiento. Ofrece espacios públicos y habitaciones modernas con aire acondicionado. También tiene disponible un centro de *fitness.*
Habitación doble desde 140 £ 188
Lancaster Gate
46, 94, 148

QUALITY HOTEL WESTMINSTER
Mapa 277 H7
82–83 Eccleston Square SW1V 1PS
Tel.: 020 7834 8042
www.hotels-westminster.com
Cerca de la estación Victoria, es una buena base desde la que explorar Londres. Las habitaciones varían en tamaño, pero todas tienen baño privado. La Connaughts Brasserie sirve un buen surtido de comidas.
Habitación doble desde 84 £ (desayuno no incluido)
107 (5 fumadores)
Victoria
435

ESPECIAL
RADISSON EDWARDIAN HAMPSHIRE HOTEL ★★★★★ (H)
Mapa 278 J5
31–36 Leicester Square WC2H 7LH
Tel.: 020 7839 9399
www.radissonedwardian.com
Este popular hotel está en la céntrica Leicester Square. Todos los espacios públicos han sido reformados de modo elegante, con salas de estar y salones revestidos con paneles de madera. Las habitaciones y suites tienen aire acondicionado. Hay un excelente restaurante y se pueden tomar bebidas en las elegantes sillas de respaldo alto del Hampshire Bar.
Habitación doble desde 240 £ (desayuno no incluido)
124 (13 fumadores)
Leicester Square
24, 29, 176

REGENCY ★★★ (AH)
Mapa 277 G3
19 Nottingham Place W1U 5LQ
Tel.: 020 7486 5347
www.regencyhotelwestend.co.uk

El Regency Hotel está cerca de Madame Tussaud's (▷ 101) y el West End. Las habitaciones están bien amuebladas y hay algunas para familias. El desayuno se sirve en una luminosa y alegre sala en el sótano.
Habitación doble desde 89 £
20 (1 fumadores)
Euston, King's Cross, Baker Street
2, 13, 30, 74, 82, 113, 139, 189, 27

THE RITZ ☆☆☆☆☆ (H)
Mapa 277 H5
150 Piccadilly W1J 9BR
Tel.: 020 7493 8181
www.theritzlondon.com
Sinónimo de estilo, sofisticación y atención a los detalles, el Ritz continúa su majestuoso progreso en el tercer milenio, habiendo recuperado gran parte de su gloria anterior. Todas las habitaciones están amuebladas al estilo Luis XVI, con baños de mármol y todo el confort y los servicios imaginables. Elegantes salones de actos, que incluyen el Palm Court, con su legendario té de la tarde, el bellamente renovado Rivoli Bar y el suntuoso Ritz Restaurant, adornados con delicadas lámparas de oro y todos con una extraordinaria decoración.
Habitación doble desde 350 £ (desayuno no incluido)
133 (20 fumadores)
Green Park
8, 9, 14, 19, 22, 38

ROYAL LANCASTER ★★★★ (H)
Mapa 276 E4
Lancaster Terrace W2 2TY
Tel.: 020 7262 6737
www.royallancaster.com
Con vistas a Hyde Park y a los jardines Kensington, este elegante y bien situado hotel tiene una excelente variedad de servicios públicos, incluyendo impresionantes salas de conferencias con un teatro para sentar a 1.500 personas, un centro de negocios las 24 horas y aparcamiento de coches. El auténtico y conocido Nipa Thai está entre las buenas opciones tanto para comer como para beber. Las habitaciones son modernas, y los pisos superiores proporcionan bonitas vistas de Londres.
Habitación doble desde 290 £
416 (60 fumadores) 100
Lancaster Gate, Paddington
46, 94, 198

THE RUBENS AT THE PALACE ★★★★ (H)
Mapa 277 H6
39 Buckingham Palace Road SW1W 0PS
Tel.: 020 7834 6600
www.rubenshotel.com
Si se quiere estar cerca del palacio de Buckingham, este es el lugar ideal. Justo enfrente de Royal Mews, tiene habitaciones elegantes con aire acondicionado, incluyendo las habitaciones de paredes con raya diplomática de Savile Row, que siguen la temática marinera, y las suntuosas habitaciones reales, que tienen nombres de distintos monarcas. Dos comedores y un lujoso bar completan los servicios.
Habitación doble desde 174 £ (desayuno no incluido)
161 (15 fumadores)
Victoria

RUSHMORE HOTEL
Mapa 276 C7
11 Trebovir Road SW5 9LS
Tel.: 020 7370 3839
www.rushmore-hotel.co.uk
Este hotel privado está situado de manera conveniente cerca de las salas de exposiciones de Court.

La habitaciones tienen una temática individual y hay algunas apropiadas para familias. Se sirve un desayuno continental en el moderno jardín de invierno. No se sirven comidas por la noche.
Habitación doble desde 79 £ 22
Earl's Court 74, 328, C1, C3

THE ST. GEORGE ★★★★ (AH)
Mapa 277 F4
49 Gloucester Place W1U 8JE
Tel.: 020 7486 8586
www.stgeorge-hotel.net
Atractiva casa listada como Categoría II en el corazón del West End de Londres. Las habitaciones están bien amuebladas y ofrecen un excelente surtido de servicios, incluyendo conexión a Internet, caja fuerte y minibar. El desayuno se sirve en un elegante comedor, y el amable personal ofrece una cálida bienvenida. No se sirven comidas por la noche.
Habitación doble desde 75 £ 19
Baker Street
2, 13, 30, 74, 82, 113, 139, 189, 274

THE SAVOY ★★★★★ (H)
Map a278 K5
Strand WC2R 0EU
Tel.: 020 7836 4343
www.fairmont.com/savoy

El Savoy es célebre internacionalmente y está a la altura de su reputación. El servicio se mueve suavemente y tiene un nivel superior de confort en todas las habitaciones, muchas de las cuales tienen fantásticas vistas sobre el río Támesis. Una selección de los lugares donde cenar incluye The Grill y Banquette, la versión del Savoy de un restaurante americano. Ninguna visita estará completa sin probar el té de la tarde en el Thames Foyer. Tratamientos de salud y belleza y una sauna.
Habitación doble desde 235 £ (desayuno no incluido)
263 (25 fumadores)
65
Interior

Charing Cross, Covent Garden
6, 9, 11, 13, 15, 23, 87, 91, 176

SIDNEY ★★★★ (AH)
Mapa 277 fuera de H8
68–76 Belgrave Road SW1V 2BP
Tel.: 020 7834 2738
www.sidneyhotel.com
Un agradable hotel muy bien situado cerca de la estación Victoria. Varias habitaciones apro-

piadas para uso familiar. Los espacios públicos incluyen un bar en el vestíbulo y una aireada sala de desayunos. No se sirven comidas por la noche.
Habitación doble desde 73 £-82 £
82
Victoria, Pimlico
24

THE STAFFORD ☆☆☆☆ (H)
Mapa 275 H5
16–18 St. James's Places W1A 1NJ
Tel.: 020 7493 0111
www.thestaffordhotel.co.uk
Desde las habitaciones prístinas, decoradas con buen gusto y aire acondicionado, hasta el profesional aunque cordial servicio, este hotel-*boutique* de estilo clásico mantiene los más altos niveles de calidad y conserva cierto aire de lujo. El American Bar es un local fabuloso por derecho propio, adornado con un excéntrico surtido de fotos, gorras y corbatas de famosos. El té de la tarde es aquí una tradición desde hace tiempo. Se ha añadido el elegante Stafford Mews, que ofrece 26 sensacionales suites en una casa acondicionada en unas antiguas caballerizas. Situado detrás de Green Park en una tranquila esquina de St. James's, el Stafford está en una posición ideal para hacer excelentes compras y visitar los principales lugares de interés.
Habitación doble desde 305 £
105 (5 fumadores)
Green Park
8, 19,14, 19, 22, 38

STRAND PALACE ★★★ (H)
Mapa 278 K4
372 The Strand WC2R 0JJ
Tel.: 020 7379 4737
www.strandpalacehotel.co.uk
En el corazón del mundo del teatro, el Strand Palace es un hotel enorme, con habitaciones que varían de estilo, incluyendo habitaciones Club con servicios mejorados y uso exclusivo del salón Club. Los extensos espacios públicos incluyen cuatro lugares en los que comer y un popular bar de cócteles.
Habitación doble desde 149 £
783
Charing Cross

THE SUMNER
Mapa 275 F4
54 Upper Berkeley Street W1H 7QR
Tel.: 020 7723 2244
www.sumnerplace.com
Esta elegante casa georgiana con terraza está en el corazón de la ciudad y es un lugar de retiro ideal después de un día agotador de compras en la cercana Oxford Street o una noche en el West End de Londres. El encanto histórico se complementa cómodamente con los modernos servicios en este edificio reformado que se ajusta a los mayores niveles de calidad. Las habitaciones, individuales y elegantes, tienen accesorios y muebles contemporáneos y están decoradas con tonos a la moda. Una animada sala de estar y un elegante salón con chimenea y suelo de madera realzan la atmósfera de bienvenida.
Habitación doble desde 125 £ 20
Marble Arch
6, 7, 15, 16, 23, 36, 98

TRAVEL INN LONDON COUNTY HALL
Mapa 278 K6
County Hall, Belvedere Road SE1 7PB
Tel.: 0870 238 3300
www.premiertravelinn.com
Las habitaciones son simples pero funcionales, diseñadas cuidadosamente y bastante confortables. Todas tienen baño en la habitación y pueden alojar hasta dos adultos y dos niños (menores de 15 años). Así que si lo que realmente se quiere es una cama donde dormir en el corazón del centro de Londres (justo al lado del Ojo de Londres y enfrente del Parlamento, aunque lamentablemente sin vistas en esa dirección) entonces no se puede superar la relación precio-localización que ofrece este hotel de una cadena. Ocupa la parte moderna del viejo County Hall, antiguamente la oficina central del Greater London Council.
Habitación doble desde 99 £ 313
Waterloo 77, RV1

22 YORK STREET
Mapa 277 F3
22 York Street W1U 6PX
Tel.: 020 7224 2990
www.22yorkstreet.co.uk
Esta elegante casa georgiana de cinco plantas con terraza tiene gran encanto. Situada en una tranquila esquina, aunque en el corazón del centro de Londres, cerca del metro Baker Street. Las habitaciones están amuebladas de forma individual en un estilo elegante y hogareño con suelos de madera, alfombras, antigüedades francesas y colchas. El desayuno continental especial, que se toma alrededor de una antigua mesa para comer, es uno de los más sabrosos y saludables de la ciudad. Cómodas salas de estar donde los huéspedes pueden servirse café o té y galletas a cualquier hora.
Habitación doble desde 100 £
18 (no niños menores de 5 años)
Baker Street

VICARAGE HOTEL
Mapa 274 C6
10 Vicarage Gate W8 4AG
Tel.: 020 7229 4040
www.londonvicaragehotel.com
Un hotel regentado por una familia que ofrece una cálida y agradable hospitalidad. Esta bella casa victoriana conserva características originales, como la amplia escalera de hierro fundido en el vestíbulo. Está en una tranquila plaza bordeada de árboles, al lado de la calle Kensington Church y a corta distancia del palacio Kensington. Las habitaciones son pequeñas pero inmaculadas, y conservan un estilo de época; algunas tienen baño. El desayuno del Vicarage es lo más destacado.
Habitación doble desde 75 £ 18
High Street Kensington
9, 10, 12, 52, C1

THE WESTBURY ★★★★ (H)
Mapa 277 H4
Bond Street W1S 2YF
Tel.: 020 7629 7755
www.westburymayfair.com
The Westbury está justo en el corazón de la mejor zona comercial de Londres. El nivel del alojamiento es, por tanto, alto. Los espacios públicos ofrecen una gran variedad de opciones para beber y comer. Destaca el Polo Bar para cócteles.
Habitación doble desde 245 £ (desayuno no incluido) 249
Bond Street
8

WINCHESTER PUB HOTEL ★★★ (AH)
Mapa 277 fuera de F2
206 Archway Road, N6 5BA
Tel.: 020 8374 1690
www.wincheter-hotel.com
Si quieren estar en una posada tradicional, entonces Patrick y Valerie Collins cuidarán bien de nosotros. Han estado aquí durante 20 años y han ganado muchos premios tanto por el pub como por el alojamiento. Las habitaciones son espaciosas, decoradas de forma agradable, y están bien equipadas; y el pub tiene un patio con jardín donde se puede comer en verano.
Habitación doble £55
6 habitaciones
Highgate
43, 134, 263

WINDERMERE ★★★★ (AH)
Mapa 277 H7
142–144 Warwick Way SW1V 4JE
Tel.: 020 7834 5163
www.windermere-hotel.co.uk
Un hotel informal y tranquilo, regentado por una familia, a poca distancia de la estación de trenes Victoria. El Pimlico Restaurant sirve célebres cenas y buenos desayunos.
Habitación doble desde 114 £
22
Victoria
24

GRANDES CADENAS HOTELERAS

Logo de la compañía	Declaración de la compañía	N.º de hoteles en Londres	Número de contacto y página web
Best Western	El mayor grupo del Reino Unido tiene alrededor de 350 hoteles de propiedad y administración independiente, modernos y tradicionales, de dos, tres y cuatro estrellas. Muchos de ellos con instalaciones recreativas y premios Rosette.	16	0845 773 7373 www.bestwestern.co.uk
DAYS INN	Alojamiento económico, moderno y de buena calidad en las áreas de servicio de las autopistas.	4	0800 0280400 www.daysinn.co.uk
Express by Holiday Inn	Express by Holiday Inn ofrece alojamiento superior económico con desayuno complementario en más de 70 modernos hoteles en el Reino Unido.	11	0870 400 9670 www.ichotelsgroup.com
Grange Hotels	Un grupo de hoteles de propiedad privada, 12 de ellos situados en el centro de Londres y uno en Bracknell, Berkshire.	13	020 7233 7888 www.grangehotels.com
Holiday Inn Hotels · Resorts	Este grupo, conocido internacionalmente, ofrece una amplia gama de hoteles por todo el Reino Unido.	13	0870 400 9670 www.ichotelsgroup.com
ibis Accor hotels	Ibis es una cadena de rápido crecimiento de alojamiento de viajes moderno con inmuebles de un extremo a otro del Reino Unido.	12	0870 609 0961 www.ibishotel.com
Inter-Continental Hotels and Resorts	Un grupo reconocido internacionalmente que está representado en el Reino Unido por tres hoteles de cinco estrellas en el centro de Londres.	2	0870 400 9670 www.ichotelsgroup.com
Jurys Doyle Hotels	Esta compañía irlandesa tiene un grupo de hoteles de tres y cuatro estrellas en el Reino Unido y en la República de Irlanda.	6	00 353 1607 0070 www.jurysdoyle.com
Marriott Hotels · Resorts · Suites	Esta marca internacional ofrece hoteles de cuatro estrellas en localizaciones de primera. Algunos son lujosos con excelentes instalaciones recreativas.	8	0800 221 222 www.marriott.co.uk
Le Meridien Hotels & Resorts	Una marca internacional de hoteles de muy alta calidad de cuatro y cinco estrellas.	4	08000 28 28 40 www.lemeridien.com
Millennium Hotels and Resorts	Parte del grupo Millennium and Copthorne, que comprende seis hoteles de alta calidad, de cuatro estrellas, principalmente en el centro de Londres.	4	0800 414 741 www.millenniumhotels.com
Novotel	Parte del grupo francés Accor, Novotel proporciona modernos hoteles de tres estrellas en lugares clave por todo el Reino Unido.	8	0870 609 0962 www.novotel.com
Radisson Edwardian	Este grupo de alta calidad con base en Londres ofrece principalmente hoteles de cuatro estrellas en localizaciones clave por toda la capital.	11	0800 374411 www.radissonedwardian.com
Red Carnation Hotels	Un grupo de prestigiosos hoteles de cuatro y cinco estrellas en el centro de Londres, que proporcionan un lujoso entorno y un servicio atento.	5	0845 634 2665 www.redcarnationhotels.com
Renaissance Hotels	Una de las marcas Marriott, Renaissance es un grupo de hoteles individuales que ofrecen habitaciones confortables, cocina de calidad y un buen servicio.	2	0800 221 222 www.marriott.co.uk
Maybourne Hotel Group	Un prestigioso grupo de tres famosos hoteles de cinco estrellas en el centro de Londres.	5	020 7107 8800 www.maybourne.com
Sheraton Hotels & Resorts	Sheraton está representado en el Reino Unido por un pequeño número de hoteles de cuatro y cinco estrellas en Londres y en Escocia.	6	0800 3253 5353 www.sheraton.com
Thistle Hotels	Un gran grupo de hoteles de cuatro estrellas por todo el Reino Unido, muchos de ellos en Londres, y algunas casas de campo en propiedad.	19	0870 414 1516 www.thistlehotels.com
Travelodge	Alojamiento económico, moderno y de buena calidad. Casi cada hotel tiene un restaurante adyacente de comida rápida y económica.	11	0871 984 8484 www.travelodge.co.uk

Datos prácticos

CLIMA Y CUÁNDO IR

- Como la proliferación en Londres de edificios con calefacción ha creado un microclima, no suele haber heladas ni nieve persistente.
- Rara vez la temperatura desciende a menos de cero, si bien a causa de los vientos del norte puede dar la sensación de mucho frío en invierno. Por regla general, enero es el mes más frío. En Londres suele haber dos grados más que en el resto del Reino Unido.
- Hay que ir preparado para la lluvia en cualquier época del año. Oficialmente, la más lluviosa se sitúa entre últimos de septiembre y finales de noviembre, pero puede llover en pleno verano.
- Entre junio y agosto es el periodo más caluroso y animado (las vacaciones escolares van de finales de julio a principios de septiembre). Primavera y septiembre es una época mucho más tranquila, aunque el tiempo sea más inestable. Mayo y junio cuentan con la ventaja de días más largos (ver la tabla arriba).
- Los meses de invierno pueden ser una buena opción para visitar Londres, pues hay menos turismo y los hoteles suelen ser más económicos.

TEMPERATURA

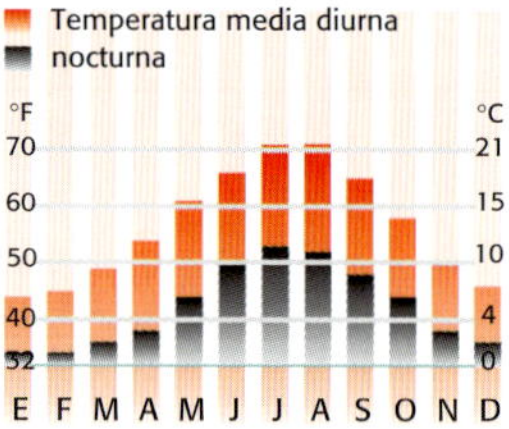

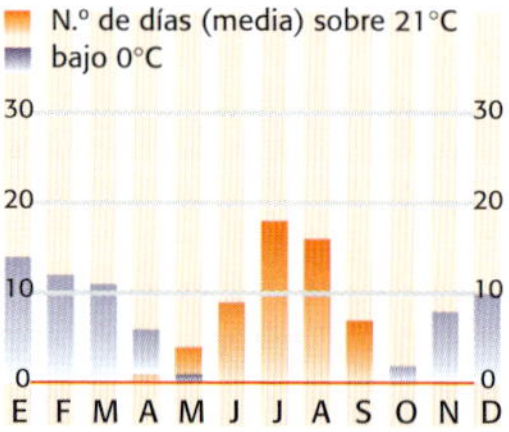

LLUVIAS

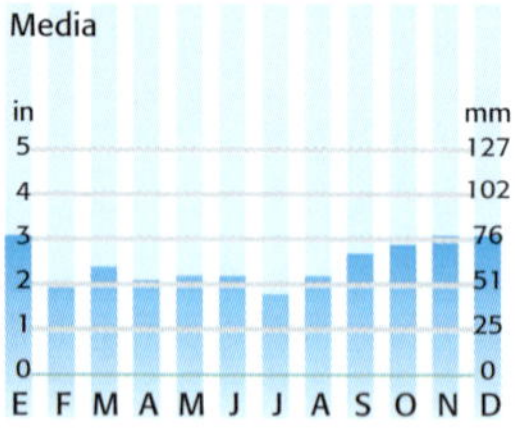

HORAS DE LUZ

Enero	8
Febrero	9
Marzo	11
Abril	13
Mayo	15
Junio	17
Julio	16
Agosto	15
Septiembre	13
Octubre	11
Noviembre	10
Diciembre	8

INFORMACIÓN METEOROLÓGICA

- Al final de los informativos de televisión y de radio se emite siempre la información meteorológica. También se puede obtener por teléfono, fax, SMS o Internet. Teléfono 09014 722 051 para el tiempo en el centro de Londres (llamadas cuestan 60 p por minuto desde un teléfono fijo), o fax 09065 300128 para el sureste (incluye el tiempo de Londres).
- Para las previsiones a un móvil, marcar wthr5 seguido de la localidad británica deseada. Enviar este mensaje al 82222 (disponible para todas las redes excepto Virgin).

QUÉ LLEVARSE

La siguiente lista puede resultar de utilidad, pero si se olvida o necesita algún artículo, seguro que se encuentra en Londres.

- Ropa adecuada para diferentes condiciones climáticas. Las prendas para lluvia son esenciales todo el año. El paraguas puede ser más molesto que útil, sobre todo en días ventosos, por lo que la mejor opción es una chaqueta impermeable ligera.
- Direcciones y teléfonos de los centros de emergencia.
- Brújula (útil para no perderse).
- Permiso de conducir (si el permiso es de Australia, Canadá, Irlanda, Nueva Zelanda o Estados Unidos) o Permiso de conducir Internacional (si el permiso está en un idioma distinto del inglés).
- Fotocopias del pasaporte y del seguro de viaje (o enviar una versión escaneada a una cuenta de correo electrónico a la que se tenga acceso durante el viaje).
- Tarjetas de crédito (preferible más de una), y/o cheques de viaje; y algo de efectivo en libras esterlinas.
- Los números de las tarjetas de crédito/débito, los números de registro del teléfono móvil, de las cámaras y de cualquier otro objeto caro (en caso de que haya que denunciar su pérdida a la policía),

HUSOS HORARIOS

Durante el invierno, Reino Unido está en el GMT (Greenwich Mean Time -Tiempo Medio de Greenwich-, también conocido como Tiempo Universal o UTC). En verano (finales marzo hasta final octubre), los relojes se adelantan una hora para el British Summer Time (BST). El mundo se divide en 24 husos horarios. El cuadro indica las diferencias horarias con respecto al GMT.

CIUDAD	DIFERENCIA HORARIA	HORA A LAS 12 MEDIODÍA GMT
Ámsterdam	+1	1 pm
Auckland	+10	10 pm
Berlín	+1	1 pm
Bruselas	+1	1 pm
Chicago	-6	6 am
Dublín	0	mediodía
Johanesburgo	+2	2 pm
Madrid	+1	1 pm
Montreal	-6	6 am
Nueva York	-5	7 am
París	+1	1 pm
Perth, Australia	+8	8 pm
Roma	+1	1 pm
San Francisco	-8	4 am
Sydney	+10	10 pm
Tokio	+9	9 pm

PÁGINAS WEB METEOROLOGÍA

ORGANIZACIÓN	OBSERVACIONES	WEBSITE
BBC	Informes y pronósticos meteorológicos de Londres, RU y el mundo, más asuntos relacionados. Incluye imágenes satélite	www.bbc.co.uk/weather/
The Met Office (UK)	Página clara, profesional con buenos y especializados links	www.metoffice.com

deben llevarse en un lugar separado de los artículos correspondientes.

- Unas cuantas fotos carné para las tarjetas de transporte (Travelcards) (▷ 48).

PASAPORTES

- Los visitantes de fuera de RU deben tener un pasaporte que sea válido como mínimo durante seis meses desde la fecha de entrada en el país.

- El Reino Unido (Inglaterra, Gales, Escocia e Irlanda del Norte), las islas del Canal y la isla de Man forman una zona común, por lo que, una vez que se ha entrado en cualquiera de ellas a través del control de emigración, no se necesita pasar más controles para viajar por ella.
- Para todos los vuelos internos hay que mostrar un documento de identidad con fotografía, como el pasaporte o el permiso de conducción.

VISADOS

- Antes de viajar, comprobar si se cumplen los requisitos en cuanto a visados; ver www.ukvisas.gov.uk.
- Los ciudadanos de los países de la Comunidad Económica Europea (CEE), la Unión Europea (UE), Suiza, Noruega e Islandia pueden entrar en el Reino Unido para vacaciones o para trabajar durante tiempo indefinido sin necesidad de visado.
- Los ciudadanos de Estados Unidos, Australia, Canadá o Nueva Zelanda no necesitan visado para estancias no superiores a seis meses. Pero deben disponer de suficiente dinero para mantenerse sin necesidad de trabajar o sin recibir dinero de la asistencia social.
- Quien quiera quedarse más tiempo, y los nacionalizados en ciertos países que necesitan visado, informarse en la embajada o consulado del país respectivo.
- Mientras el visado esté vigente, se puede entrar y salir del Reino Unido tantas veces como se desee. Al llegar, se debe tener la documentación necesaria para establecer la identidad y la nacionalidad.

SEGURO DE VIAJE

- Es muy aconsejable tener un seguro de viaje adecuado. Algunos visitantes (entre ellos ciudadanos de los países de la UE, Australia y Nueva Zelanda) reciben tratamiento médico gratuito o a bajo coste con el National Health Service (▷ 300), previa presentación de la correspondiente documentación, pero aun así se recomienda un seguro de viaje que incluya gastos médicos. Los visitantes de países no incluidos en este acuerdo, como Estados Unidos y Canadá, deben proveerse de su propio seguro médico.
- Para quien viaja a menudo durante el año, lo mejor es contratar una póliza de viaje que cubra los 12 meses. Sin embargo, comprobar que estén cubiertos los viajes largos al extranjero.

OTROS DOCUMENTOS SANITARIOS

- Tarjeta Sanitaria Europea (antes formulario E111; ▷ 300).

ADUANA

Artículos de la UE

Si se introducen en el Reino Unido grandes cantidades de alcohol o tabaco, es probable que en la aduana pregunten por el destino de los mismos. Esto se aplica especialmente si se superan las cantidades indicadas:

- 3.200 cigarrillos
- 400 puritos
- 200 puros
- 3 kg de tabaco para liar
- 110 litros de cerveza
- 10 litros de licores
- 90 litros de vino (de los cuales solo 60 litros puede ser vino espumoso)
- 20 litros de vino con graduación alta (como oporto o jerez)

Artículos procedentes de países no pertenecientes a la UE

Se permiten las cantidades abajo indicadas solo si los artículos no son para su venta. Para mayor información, ver la página web de HM Customs and Excise: www.hmce.gov.uk.

- 200 cigarrillos; o
- 100 puritos; o
- 50 puros; o
- 250 g de tabaco
- 60 cc/ml de perfume
- 250 cc/ml de agua de colonia
- 2 litros de vino de mesa
- 1 litro de licores con más del 22% por volumen; o
- 2 litros de jerez, espumoso u otros licores.
- El equivalente a 145 £ de todos los artículos incluyendo regalos y souvenir

EMBAJADAS Y CONSULADOS BRITÁNICOS

PAÍS	DIRECCIÓN	PÁGINA WEB
Australia	High Commission, Commonwealth Avenue, Yarralumla, Canberra ACT 2600, tel.: 02 62706666	www.britaus.net
Canadá	High Commission, 80 Elgin Street, Ottowa 5K7, tel.: 613 237-1530	www.fco.gov.uk
Irlanda	29 Merrion Road, Ballsbridge, Dublin 4, tel.: 01 2053700	www.britishembassy.ie
Nueva Zelanda	High Commission, 44 Hill Street, Wellington 1, tel.: 04 4734982	www.britain.org.nz
Sudáfrica	High Commission, 255 Hill Street, Arcadia 0002, Pretoria, tel.:12 421 7733	www.fco.gov.uk
Estados Unidos	3100 Massachusetts Avenue NW, Washington DC 20008, tel.: 202 588-6500	www.britainusa.com

INFORMACIÓN ÚTIL

ELECTRICIDAD

● En el Reino Unido la electricidad es de 240 voltios AC, y los enchufes tienen tres clavijas rectangulares. Si se llevan aparatos eléctricos de otro país donde el voltaje sea el mismo, bastará un adaptador para el enchufe. Si el voltaje es diferente, como en Estados Unidos –110 voltios–, se necesitará también un transformador.

● Los aparatos pequeños, como máquinas de afeitar y ordenadores portátiles, pueden funcionar con un transformador de 50 W, mientras que los aparatos que precisen más potencia, como planchas y secadores de pelo, precisan de un transformador de 1.600 W. Hay transformadores combinados que cubren los dos tipos. Estudiar primero el manual de instrucciones del aparato.

● Las tomas de los teléfonos también son diferentes y hace falta un adaptador.

LAVANDERÍA

● Comprobar si hay servicio de lavandería cuando se reserva el alojamiento.

● En los listines telefónicos se indican las lavanderías y las tintorerías.

● Algunas tintorerías ofrecen servicio de lavado y secado (precio habitual 5-6 £ por una bolsa pequeña), con entrega el mismo día o entre 2 y 4 días.

● El lavado en seco es caro, pero hay muchas tintorerías. Una chaqueta o una falda pueden costar unas 7 £ cada una. Algunas tintorerías ofrecen también servicio de costura, o pequeños arreglos como cambiar una cremallera.

MEDIDAS

● En el Reino Unido se usa oficialmente el sistema métrico. La gasolina se vende por litros, y la comida por gramos y kilogramos. Sin embargo, en la vida cotidiana se siguen utilizando mucho las medidas imperiales (libras, onzas y stones (6,35 kg), y las distancias viales y los límites de velocidad se calculan en millas y millas por hora respectivamente.

● La cerveza en los pubs se vende por pintas (una pinta es algo menos de 0,5 litros).

● El galón británico (4,5460 litros) es mayor que el galón norteamericano (3,7854 litros).

LAVABOS PÚBLICOS

● Por regla general, en las zonas concurridas, hay muchos, están bien situados y son gratuitos. También hay en algunos puntos casetas de acero inoxidable, que suelen estar limpias y son autolimpiables (el precio normal es 10 p), y en las estaciones de tren hay que pagar una pequeña cantidad. Aún persisten algunos lavabos obsoletos, pero la mayoría son modernos y su conservación es impecable.

● En todas las estaciones de servicio y gasolineras hay lavabos gratuitos. Y en las zonas rurales se pueden encontrar lavabos en algunos cafés de carretera y en las áreas de descanso.

TALLAS DE LA ROPA

El cuadro inferior muestra las diferencias de tallas entre Reino Unido, Europa y Estados Unidos

UK	Métrico	USA	
36	46	36	TRAJES
38	48	38	
40	50	40	
42	52	42	
44	54	44	
46	56	46	
48	58	48	
7	41	8	ZAPATOS
7.5	42	8.5	
8.5	43	9.5	
9.5	44	10.5	
10.5	45	11.5	
11	46	12	
14.5	37	14.5	CAMISAS
15	38	15	
15.5	39/40	15.5	
16	41	16	
16.5	42	16.5	
17	43	17	
8	36	6	VESTIDOS
10	38	8	
12	40	10	
14	42	12	
16	44	14	
18	46	16	
20	46	18	
4.5	37.5	6	ZAPATOS
5	38	6.5	
5.5	38.5	7	
6	39	7.5	
6.5	40	8	
7	41	8.5	

TABACO

● Desde julio de 2007 está oficialmente prohibido fumar, y ello se extiende a todos los lugares públicos y de trabajo, incluyendo hoteles, restaurantes y pubs. Algunos hoteles cuentan con habitaciones para fumadores, pero esto es prerrogativa del propio establecimiento.

● Para una guía *online* sobre los lugares donde se puede fumar en Inglaterra, visitar www.newash.org.uk o www.smokefreeengland.co.uk

CUADRO DE CONVERSIÓN

DESDE	A	MULTIPLICAR POR
Pulgadas	centímetros	2.54
Centímetros	Pulgadas	0.3937
Pies	metros	0.3048
Metros	pies	3.2810
Yardas	metros	0.9144
Metros	yardas	1.0940
Millas	kilómetros	1.6090
Kilómetros	millas	0.6214
Acres	hectáreas	0.4047
Hectáreas	acres	2.4710
Galones	litros	4.5460
Litros	galones	0.2200
Onzas	gramos	28.35
Gramos	onzas	0.035
Libras	gramos	453.6
Gramos	libras	0.0022
Libras	Kilogramos	0.4536
Kilogramos	libras	2.205
Toneladas	toneladas métricas	1.0160
Toneladas métricas	toneladas	0.9842

PERROS

● Londres no es el sitio ideal para llevar al perro; hay pocos hoteles que acepten perros y el cumplimiento de las ordenanzas municipales es estricto.

● No hay restricciones para llevar perros en el metro de Londres, pero deben llevarse por las escaleras mecánicas.

● En los autobuses, es el conductor quien decide si deja subir perros o no.

● Visitar www.defra.gov.uk para información sobre la entrada de animales en el Reino Unido.

NIÑOS

● Algunos pubs y un pequeño número de restaurantes se rigen bajo una política estricta de «niños-no», o los aceptan solo a partir de cierta edad. Sin embargo, hay muchos sitios con excelentes instalaciones para los niños, incluso con servicio de canguro.

● Hay muchas atracciones turísticas que tienen precios especiales, o incluso son gratuitas, para los niños, y en la mayoría hay entradas familiares.

• En los pubs, los niños deben ir acompañados de un adulto (en el caso de que les dejen entrar). Está prohibido que los niños menores de 14 años permanezcan en la zona de la barra, y los menores de 18 no pueden comprar alcohol. En algunos restaurantes y pubs hay tronas para niños sobre todo en las grandes cadenas (▷ 273).

• La mayoría de grandes almacenes, centros comerciales y locales públicos tienen mesas especiales para cambiar a los bebés, normalmente situadas en la zona de lavabos de señoras.

MINUSVÁLIDOS

• Si bien la mayoría de atracciones y lugares públicos están preparados para acoger a personas discapacitadas, es preferible informarse previamente por si no estuviera previsto un determinado requisito.

• Hay que mencionarlo al hacer la reserva, pues es posible que haya muchos sitios a los que no se pueda acceder en silla de ruedas. El Holiday Care Service at Tourism for All (tel.: 08451 249971 y www.holidaycare.org.uk) informa sobre los hoteles adecuados para personas discapacitadas; clasifica los hoteles en Categoría 1: para personas que puedan hacer uso de la silla sin ayuda; Categoría 2: para los que necesitan ayuda para llevar la silla; y Categoría 3: para quienes van en silla de ruedas pero pueden dar algunos pasos.

• La organización nacional para minusválidos se llama RADAR (Royal Association for Disability and Rehabilitation), 12 City Forum, 250 City Road EC1V 8AF, tel.: 020 7250 3222, www.radar. org.uk.

• Donde hay siempre lavabos preparados para personas discapacitadas es en los grandes almacenes, como John Lewis y Selfridge's (Oxford Street), Harrods (Knightsbridge) y Peter Jones (Sloane Square).

• Artsline (tel.: 020 7388 2227, www.artsline.org.uk) ofrece información detallada sobre museos, atracciones y espectáculos para los minusválidos.

• El Royal National Institute for the Blind (tel.: 0845 766 9999, www.rnib.org.uk) publica una guía de hoteles para ciegos.

• Para información sobre los servicios de transporte para visitantes con alguna minusvalía, ▷ 64.

ALQUILER DE COCHES

• Es aconsejable gestionar el alquiler del coche en el país de origen, pues así resulta más económico y uno puede estar previamente informado sobre el depósito, los cargos según la devolución, la penalidad por la cancelación y el precio de los seguros. En Londres hay varias buenas compañías de alquiler de coches. Las grandes empresas tienen oficinas en el centro de la ciudad y en los aeropuertos.

• La mayoría de los coches para alquilar en Londres tienen cambio de marcha manual, no automático. Hay coches automáticos, pero suelen ser más caros.

Precios

• Hay que tener un permiso de conducción. A menos que el permiso esté en un idioma diferente del inglés, no es necesario tener uno internacional.

• La mayoría de las empresas de alquiler de coches exige que el conductor tenga 23 años cumplidos y, como mínimo, 24 meses de experiencia. Es probable que a los menores de 25 años les hagan pagar una tarifa superior.

• Las tarifas de alquiler suelen incluir kilometraje ilimitado. Se puede contratar una tarifa con kilometraje limitado, pero entonces, si se excede este límite, hay que pagar el kilometraje excedido.

• Es importante contar con algún seguro personal además del Collision Damage Waiver (CDW). Algunas compañías ofrecen también Damage Excess Reduction (DER) y Theft Protection por un coste adicional. También hay que pagar un suplemento si hay más de un conductor. Se aconseja el seguro a todo riesgo.

• Conviene saber qué incluye el equipamiento estándar (no todos los coches cuentan con aire acondicionado y cambio automático) y comprobar si el precio incluye el IVA, impuesto con que se gravan casi todos los artículos y servicios.

• Pedir si es necesario los extras opcionales como bacas y sillitas infantiles antes de recoger el vehículo.

• Las tarifas son unas 40 £ por día para un coche de gama baja (como un Ford Fiesta), 50 £ diarias para un vehículo gama media (como un Ford Mondeo) y 60 £ o más para la gama alta.

• La mayoría de los coches van con gasolina sin plomo, pero es preferible saber con qué funciona el que se alquila (normal, sin plomo o diesel) antes de llenar el depósito.

• Cuando se devuelve el coche, el nivel de gasolina debe ser el mismo que cuando se recogió, pues en caso contrario la compañía de alquiler aplicará su propia tarifa por litro, que es mucho más cara de lo habitual.

Antes de ponerse en movimiento

• Si bien las compañías acreditadas trabajan con coches nuevos y en buen estado, conviene hacer ciertas comprobaciones antes de aceptar el coche.

• Comprobar el estado de la carrocería y de los neumáticos, y pedir otro vehículo si las cubiertas están bajas o lisas, y si hay ralladuras o golpes en alguno de los lados.

• Si van a viajar niños, pedir una silla de coche.

COMPAÑÍAS DE ALQUILER DE COCHES

NOMBRE	DETALLES	PÁGINA WEB
Alamo	Gatwick Airport, South Terminal, Lower Forecourt Road, tel.: 01293 567790 Heathrow Airport, Northern Perimeter Road, tel.: 020 8745 2800 Abierto diario 24 horas (aeropuertos); lu: 8-19, Sá: 8-18 (oficina central de información)	www.alamo.co.uk
Avis	Gatwick Airport, South Terminal Heathrow Airport, Northrop Road, tel 0870 157 8700 Abierto diario 24 horas (aeropuertos); 6-24 (oficina central información)	www.avis.co.uk
Europcar BCR	Gatwick Airport, International Arrivals, tel.: 0129 353 1062 Heathrow Airport, Northern Perimeter Road West, tel.: 020 8897 0811	www.europcar.com
Hertz	Gatwick Airport, International Arrivals Halls Heathrow Airport, Northern Perimeter Road West, tel.: 0870 846 0003 Abierto diario 24 horas	www.hertz.co.uk

DINERO

- Como Reino Unido es un país caro para hacer turismo, se aconseja estudiar las diferentes opciones en cuanto al dinero.
- Tener en cuenta que el gasto mínimo diario rondará las 40 £ por día, aparte del alojamiento, si no es un viaje organizado.
- Lo mejor es llevar el dinero de varias formas: efectivo, como mínimo una tarjeta de crédito o de débito y cheques de viaje.

PÉRDIDA O ROBO DE TARJETAS DE CRÉDITO

American Express
01273 696933
Diners Club
01252 513500/0800 460800
MasterCard/Eurocard
0800 964767
Maestro/Solo
0113 277 8899
Visa/Connect
0800 895082

EFECTIVO

- La moneda británica es la libra esterlina (ver abajo).
- Escocia cuenta con sus propios billetes, de curso legal en todo el Reino Unido.
- No hay límite de cantidad de dinero efectivo que se puede introducir o sacar del país.
- Es conveniente tener a mano unas cuantas monedas de 10 p, 20 p, 50 p y 1 £ para parquímetros.

TARJETAS DE CRÉDITO

- Las tarjetas de crédito se aceptan en casi todas partes, tanto en Londres como en el resto del Reino Unido; Visa y MasterCard son las más corrientes, seguidas por American Express, Diners Club y JCB.

Un cajero automático

- Las tarjetas de crédito se pueden usar también para sacar dinero de los cajeros automáticos (ATMs) en cualquier banco donde aparezca la mención. En caso de robo o pérdida de tarjetas de crédito o cheques de viaje, se debe llamar a las respectivas centrales de inmediato, y luego denunciarlo a la policía, pues se necesitará este atestado para posibles reclamaciones a las compañías de seguros.

CAJEROS AUTOMÁTICOS (ATMs)

- Los ATMs están en la mayoría de los bancos del país. Se aconseja informarse en el propio banco si nos cobrarán comisión por usar un cajero de otro banco.
- LINK es la única cadena de cajeros automáticos fuera de las entidades bancarias. El uso de las maquinas LINK es gratuito, salvo para las tarjetas de crédito y las tarjetas de compra, en cuyo caso se paga una cantidad previa en efectivo.

DINERO EFECTIVO

La libra (£) se compone de 100 peniques (p).
Las monedas son las siguientes: **1 p, 2 p, 5 p, 10 p, 20 p, 50 p, 1 £** y **2 £.**
Los billetes son de **5 £, 10 £, 20 £** y **50 £.**

2 libras - 2 £

1 libra – 1 £

50 peniques – 50 p

20 peniques - 20 p

10 peniques – 10 p

5 peniques - 5 p

2 peniques – 2 p

1 penique – 1 p

OFICINAS DE CAMBIO EN LONDRES ABIERTAS LAS 24 HORAS

Chequepoint
548 Oxford Street W1N 9HJ
Tel.: 020 7402 2159
Marble Arch Underground

71 Gloucester Road SW7 5BW
Tel.: 020 7373 9682
Gloucester Road Underground
2 Queensway W2 4RH
Tel.: 020 7229 0093
Queensway Underground

PRINCIPALES BANCOS

En Reino Unido hay cuatro bancos principales, que tienen sucursales en todo Londres. Todos cuentan con servicio de cambio de moneda.

NOMBRE	OFICINA PRINCIPAL	TELÉFONO
Barclays	54 Lombard Street EC3 P3AA	0800 400 100
Lloyds TSB	25 Gresham Street EC2V 7HN	020 7626 1500
NatWest	135 Bishopsgate EC2M 3UR	0870 240 1155
HSBC	8 Canada Square E14 5HQ	020 7991 8888

- Se cobra por utilizar cajeros automáticos en ciertos lugares privados (como gasolineras); los cargos están indicados y suelen ser de 1,25 £-1,50 £.

CHEQUES DE VIAJE

- Es la forma más segura de llevar dinero, pues en caso de pérdida puede ser reembolsado en un plazo de 24 horas (llevar las matrices separadas de los propios cheques).

BANCOS

- Casi todos los bancos abren de lunes a viernes, de 9:30 a 16:30 h. Algunas sucursales abren también el sábado por la mañana.
- Vale la pena darse una vuelta y comprobar dónde ofrecen el mejor cambio con la menor comisión. Para los cheques de viaje, si se cambian en un banco afiliado a la entidad emisora, no se pagarán comisión.
- Para cambiar los cheques de viaje hay que presentar un documento de identidad (el pasaporte por ejemplo).

OFICINAS DE CORREO

- La mayoría de las oficinas de correo abren de lunes a viernes de 9 a 17:30 h, y los sábados de 9 a 12 h.
- Aparte de las principales oficinas de correo con servicios postales completos, muchos quioscos también hacen las veces de suboficinas.
- Muchas oficinas de correo cuentan con servicio gratuito de cambio de moneda si se solicita por Internet en www.postoffice.co.uk. El pago se puede efectuar en efectivo, o mediante cheque, Visa, MasterCard, Switch, Delta, Solo o Electrón.

OFICINAS DE CAMBIO DE MONEDA

- En el centro de Londres, este servicio está disponible en la mayoría de estaciones de tren y metro, así como en aeropuertos y en establecimientos en la calle, y la mayoría abren de 8 a 22 h. Como los tipos de cambio suelen ser superiores que en los bancos, vale la pena mirar un poco antes de decirse. La comisión para el cambio de moneda y los cheques de viaje deben aparecer en lugar visible.
- Cuidado con las oficinas donde no cobran comisión, pues a menudo ofrecen unos tipos de cambio muy bajos y, por regla general, se debe acudir a ellas solo para cambiar pequeñas cantidades de dinero.

DESCUENTOS

- Para niños menores de 16 años hay billetes reducidos o gratuitos en autobuses, metros y trenes.
- Para mayores de 60, y entre 16 y 25 años, hay bonos de tren por 20 £, con 1/3 £ de reducción en trenes nacionales durante temporada baja (▷ 59).

EL EURO

- Aunque en el Reino Unido todavía no se ha implantado el euro, es posible pagar en euros.
- Un euro consta de 100 céntimos. Los billetes de euro se presentan en forma de 5, 10, 20, 50, 100, 200 y 500 euros. Las monedas son de 1 y 2 euros, y 1, 2, 5, 10, 20 y 50 céntimos.
- No hay una pauta clara sobre dónde se puede pagar con euros, pero las principales cadenas de tiendas suelen aceptarlos en algunas o todas sus tiendas: por ejemplo, Body Shop, Clarks, Debenhams, Habitat, HMV, Marks and Spencer, Miss Selfridge, Topshop, Virgin, WH Smith y Bookstore Waterstone's.
- Algunos pubs propiedad de Scottish and Newcastle y Shepherd Neame aceptan euros, así como algunas gasolineras de BM.
- Lo billetes de tren para Stansted Express, Gatwick Express y Virgin se pueden pagar con euros.
- Fuera de Londres, cuanto mayor es la ciudad más sitios hay donde aceptan euros.

TRANSFERENCIA DE DINERO

- Suele resultar caro transferir dinero desde el lugar de origen (los agentes cobran por el servicio), además de ser una pérdida de tiempo.
- Se puede transferir dinero de banco a banco, tardando entonces unos dos días laborables, o a través de agentes como Travelex (tel.: 0870 010 0095, www.travelex.co.uk) y Western Union (tel.: 0800 833 833, www.westernunion. com).

DEVOLUCIÓN DE IVA

▷ 170

PROPINAS

Restaurantes (con servicio no incluido)	10%
Guías	1-2 £
Peluquerías	10%
Taxis	10%
Camareras hotel	50 p-1 £ por día
Porteros	50 p-1 £ por bulto

COSTE DE 10 ARTÍCULOS DE CONSUMO DIARIO

Bocadillo para llevarse	3 £
Botella de agua	1 £
Taza de té o café	1,20-2 £
Pinta de cerveza	2,50-3 £
Copa vino de la casa	3-3,50 £
Diario inglés	40 p–1,30 £
Carrete de fotos	5 £
20 cigarrillos	5 £
Helado	1-1,20 £
Litro de gasolina sin plomo	1 £

• El servicio sanitario británico, el Britain's National Health Service (NHS), se creó en 1948 para proporcionar ayuda sanitaria a sus habitantes, basándose más en la necesidad de estos que en su poder adquisitivo. Lo subvenciona el contribuyente y lo gestiona un departamento gubernamental.

• Mientras que la atención del NHS es gratuita para los ciudadanos británicos, hay organizaciones, como BUPA, que prestan atención sanitaria privada.

• Los visitantes de la UE tienen derecho a tratamiento gratuito o reducido por parte del NHS, aunque sigue siendo aconsejable un seguro médico para los ciudadanos no británicos.

ANTES DE LA PARTIDA

• Consultar al medico seis u ocho semanas antes de la partida.

• Los visitantes de la UE tienen derecho a tratamiento médico gratuito o de precio inferior a través del NHS, pero para ello hace falta contar con una Tarjeta Sanitaria Europea.

• Varios países no pertenecientes a la UE tienen acuerdos sanitarios recíprocos con el Reino Unido (ver abajo), pero el seguro médico sigue siendo aconsejable. En la mayoría de los casos, el pasaporte basta como identificación para ser atendido en un hospital. Sin embargo, hay muchos países, entre ellos Estados Unidos y Canadá, que no tienen acuerdos con el Reino Unido, y se necesita un seguro completo de viaje.

• Las vacunas no son necesarias para entrar en el Reino Unido. Sin embargo, es aconsejable una inyección antitetánica. Consultar al médico si se necesita inmunización o consejo médico para meningitis, hepatitis B, difteria o sarampión.

VOLAR SIN RIESGO

• A quien visita Londres desde zonas tan lejanas como Estados Unidos, Australia o Nueva Zelanda le puede preocupar el efecto de los vuelos largos en su salud. El principal riesgo es la trombosis venosa profunda o TVP. Erróneamente llamada «síndrome de la clase turista», es la formación de un coágulo de sangre en las venas profundas del cuerpo, en particular de las piernas. El coágulo puede extenderse por el torrente sanguíneo y resultar mortal.

• Las personas con mayor riesgo son los ancianos, los fumadores, los obesos, las mujeres embarazadas y las que toman píldoras anticonceptivas. En caso de estar en uno de estos grupos de riesgo, se aconseja consultar al médico antes de volar. Viajar en avión aumenta la posibilidad de sufrir TVP porque los pasajeros están sentados en asientos estrechos durante mucho tiempo y pueden deshidratarse.

Para minimizar el riesgo:
Beber agua (no alcohol)
No permanecer inmóvil durante muchas horas seguidas
Estirar y mover las piernas de vez en cuando
Ponerse calcetines elásticos especiales, que sostienen las venas y reducen el riesgo de que se formen coágulos

EJERCICIOS

1 ROTAR TOBILLOS

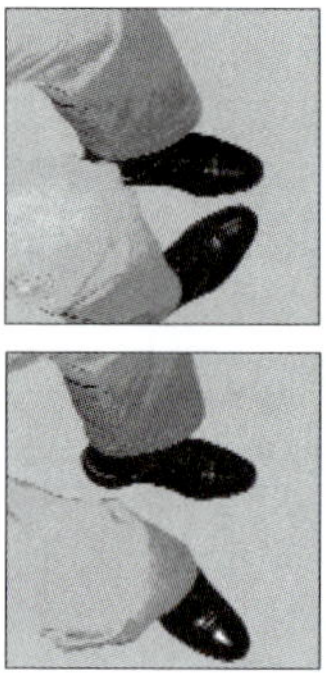

Levantar los pies del suelo. Dibujar un círculo con los dedos moviendo un pie hacia la derecha y el otro hacia la izquierda.

2 ESTIRAR GEMELOS

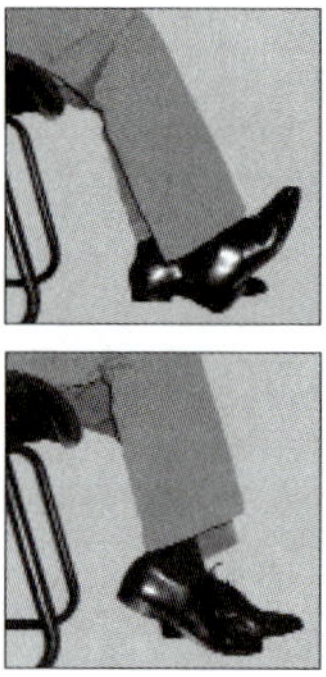

Con el talón apoyado en el suelo, y sin moverlo, elevar al máximo la punta del pie. Luego, al revés, subir los talones con los dedos apoyados en el suelo.

3 ELEVAR RODILLAS

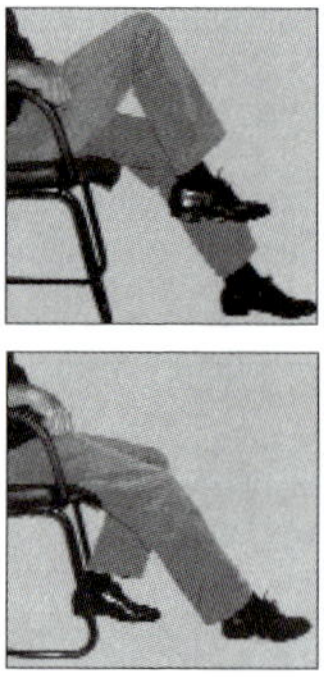

Levantar una pierna con la rodilla doblada mientras se contrae el músculo del muslo. Luego estirar la pierna apoyando todo el pie en el suelo.

Las enfermedades que se propagan a través del aire acondicionado del avión son otro riesgo difícil de evitar. Si tiene problemas de salud, pida consejo a un médico antes de volar.

PAÍSES CON ACUERDOS SANITARIOS RECÍPROCOS CON EL REINO UNIDO

Anguila
Australia
Barbados
Islas Vírgenes Británicas
Bulgaria
Islas Anglonormandas
Islas Malvinas
Montserrat
Nueva Zelanda
Rumania
Rusia
Sta. Helena
Islas Turcas y Caicos
Repúblicas de la Antigua URSS, excepto Latvia, Lituania y Estonia
Yugoslavia (Serbia y Montenegro) y otros estados posteriores (Croacia, Bosnia-Herzegovina y Macedonia)

QUÉ LLEVARSE

• Los visitantes de la UE deben llevar consigo una Tarjeta Sanitaria Europea válida y una fotocopia de las mismas, que se deben guardar en lugar seguro.

• Quienes no procedan de la Unión Europea deben llevar seguro de viaje y una fotocopia del mismo.

• Los viajeros con problemas médicos y algún tipo de alergia, por ejemplo a medicinas de uso común, deben llevar un brazalete o una placa de advertencia.

EN CASO DE NECESITAR TRATAMIENTO

• En caso de lesión o accidente, acudir de inmediato al servicio de urgencias de un hospital.

• Si se trata de una emergencia llamar al 999 para una ambulancia.

PRINCIPALES FARMACIAS

NOMBRE	TELÉFONO	PÁGINA WEB
Alliance Pharmacy	020 8890 9333	www.alliancepharmacy.co.uk
Boots the Chemist	0800 917 2291	www.wellbeing.com
Co-op Pharmacy	0161 834 1212	www.co-oppharmacy.co.uk
Lloyds Pharmacy	024 7643 2400	www.lloydspharmacy.com
Numark	0182 7841 200	www.numarkpharmacists.com
Superdrug	020 8684 7000	www.superdrug.com

HOSPITALES CON SERVICIO DE URGENCIAS

NOMBRE	DIRECCIÓN	TELÉFONO
Charing Cross Hospital	Fulham Palace Road W6 8RF	020 8846 1234
Guy's Hospital	St. Thomas Street SE1 9RT	020 7188 7188
Royal Free Hospital	Pond Street, Hampstead NW3 2QG	020 7794 0500
St. Thomas's Hospital	Lambeth Palace Road SE1 7EH	020 7188 7188

Llamar al 999 para una ambulancia

- El personal del hotel puede localizar a un médico. Los teléfonos de urgencia suelen estar en el tablón de anuncios en un lugar visible de la habitación.
- Otra alternativa es contactar al NHS directamente (tel.: 0845 4647 o www.nhsdirect.nhs.uk) y explicar el problema. Este servicio del Gobierno ofrece consulta médica a todo el mundo a través de enfermeros cualificados. No hay que proporcionar detalles personales.
- Para casos menos urgentes, se puede pedir hora con alguno de los médicos que aparecen en las *Yellow Pages* (Páginas Amarillas). Hay también cinco dispensarios NHS en el centro de Londres, tres de ellos en Soho y Whitechapel, que facilitan consulta y tratamiento sanitario y están abiertos los siete días de la semana. Aquí ofrecen un primer asesoramiento, como si es necesario acudir al hospital, pero los visitantes de países sin acuerdo con Reino Unido, como Estados Unidos y Canadá, deberán pagar por la visita de un enfermero (aprox. 25 £) un médico (aprox. 55 £) y por cualquier receta médica que se emita. Se proporcionará una factura para la compañía de seguros.
- Para localizar al médico, dentista o farmacia más próximos, preguntar en el hotel o buscar en www.nhs.uk/servicedirectories.
- La mayoría de supermercados y farmacias tienen todo tipo de medicinas en el mostrador, no en las estanterías, aunque algunos productos, como antibióticos, solo se venden mediante receta médica.
- En muchas zonas hay farmacias de guardia, cuya lista y horarios aparecen indicados en los escaparates de las farmacias y en el periódico local.

AGUA

- El agua del grifo es potable en todas partes; sin embargo, se puede encontrar fácilmente agua embotellada.

RIESGOS ESTIVALES

- Entre mayo y septiembre, como el sol puede ser fuerte, se recomienda una crema solar con factor 15 o superior.
- Las picaduras de insectos son más molestas que peligrosas; por eso en verano, sobre todo si se va a estar cerca del agua, es aconsejable llevar un repelente contra insectos.

DENTISTAS

- Los ciudadanos no británicos han de pagar por el tratamiento dental como si fueran pacientes privados. Pero el precio es menor que en muchos países.
- En el Reino Unido los dentistas aparecen anunciados en los listines telefónicos, o se puede recurrir al servicio *online* de la British Dental Association's, www.bda-findadentist.org.uk.

GAFAS

- Por si se rompieran o perdieran las gafas, se aconseja llevar la prescripción del oculista o un par de gafas de recambio.

ÓPTICAS

NOMBRE	TELÉFONO	PÁGINA WEB
Boots Opticians	0845 070 8090	www.bootsopticians.com
David Clulow (London)	020 8515 6700	www.davidclulow.com
Dollond & Aitchison	0121 7066133	www.danda.co.uk
Specsavers	01481 236000	www.specsavers.co.uk
Vision Express	0115 986 5225	www.visionexpress.com

TRATAMIENTOS MÉDICOS ALTERNATIVOS

En el Reino Unido existen muchos tratamientos alternativos.
Los visitantes han de pagar esos tratamientos. La lista que sigue es solo orientativa;
en los listines telefónicos locales aparecen más detalles.

NOMBRE	TELÉFONO	PÁGINA WEB
British Chiropractic Association	0118 950 5950	www.chiropractic-uk.co enquiries@chiropractic-uk.co.uk
British Osteopathic Association	01582 488455	www.osteopathy.org enquiries@osteopathy.org
The Society of Homeopaths	0845 450 6611	www.homeopathy-soh.org info@homeopathy-soh.org

COMUNICACIÓN

Como la tecnología está cambiando a marchas forzadas, la forma de comunicación, la humilde postal, está en peligro de pasar de moda. Pero si a pesar de ello uno quiere mantenerse en contacto con la familia y los amigos, en el Reino Unido hay infinidad de opciones rápidas, cómodas y fiables.

TELÉFONOS

La principal empresa pública de teléfonos, British Telecom (BT), gestiona más de 63.000 teléfonos públicos en todo el Reino Unido.

Prefijos locales, prefijos nacionales y listines telefónicos

- La mayoría de los prefijos locales son números de cuatro o cinco dígitos empezando por 01.
- Para Londres el prefijo es 020. Los listines telefónicos y las *Yellow Pages* indican el prefijo entre paréntesis para todos los números de teléfono.
- En cada uno de los listines hay una lista completa de los prefijos locales y nacionales.
- Cuando se hace una llamada local, hay que omitir el prefijo.
- Cuando se hace una llamada internacional, marcar el código internacional seguido del número de teléfono menos el 0 del prefijo local.

Teléfonos públicos

- Las cabinas telefónicas suelen ser de color azul y rojo y se encuentran en las principales estaciones de tren y metro, y por las calles de la ciudad.
- Se pueden utilizar las tarjetas de crédito o débito para llamar desde más de 63.000 teléfonos públicos (1,20 £ cargo mínimo; 20 p por minuto para las llamadas a las otras islas).
- La mayoría de teléfonos públicos aceptan monedas de 10 p, 20 p, 50 p y 1 £; algunos también aceptan monedas de 2 £. Sólo devuelven las monedas que no se utilizan, por consiguiente evitar monedas de alto valor para llamadas cortas.
- Algunos establecimientos, como hoteles y pubs, cuentan con sus propios teléfonos públicos, de los cuales sacan su beneficio. Este puede ser exorbitante y se recomienda utilizarlos solo en casos muy necesarios. Las llamadas realizadas desde las habitaciones de los hoteles también suelen ser muy caras.

TELÉFONOS MÓVILES

El Reino Unido ha adoptado la tecnología de los teléfonos móviles, aunque a veces están prohibidos en algunos pubs y otros lugares públicos (algunos vagones de tren son zonas «sin ruido»). Hay una proliferación de tiendas de telefonía móvil en casi todas las zonas comerciales.

- Los teléfonos monobanda GSM (Global System for Mobile Communications), que funcionan en una frecuencia de 900 MHz, se pueden usar en más de 100 países, pero no en Estados Unidos o Canadá.
- Los teléfonos móviles vendidos en Estados Unidos funcionan en 1900 MHz y requieren una tarjeta

PREFIJOS INTERNACIONALES DESDE EL REINO UNIDO	
Australia	00 61
Bélgica	00 32
Canadá	00 1
Francia	00 33
Alemania	00 49
Irlanda	00 353
Italia	00 39
Países Bajos	00 31
Nuva Zelanda	00 64
España	00 34
Suecia	00 46
Estados Unidos	00 1

PREFIJOS	
00	prefijos internacionales
01	prefijos locales
02	prefijos locales
07	llamadas cobradas a tarifa de móviles
080	teléfono gratuito
084	servicios especiales (tarifa baja)
087	servicios especiales (tarifa alta)
09	llamadas a precios especiales

Para detalles sobre las tarifas, llamar al 100.

Cuando se llama al Reino Unido desde el extranjero, marcar +44 y omitir el primer 0 del prefijo local.

TELÉFONOS ÚTILES

Consultas sobre la guía telefónica:
varias empresas ofrecen este servicio, probar: **118500** (BT) y **118111** (One.Tel).

Consultas sobre teléfonos internacionales:
varias empresas ofrecen este servicio, probar: **118505** (BT) y **118211** (One.Tel).

Información internacional: **155**

Operadora: **100**

Hora: **123**

PRECIOS	
Cargo mínimo	40 p
Llamadas Reino Unido	40 p para primeros 20 m, luego 10 p cada 10 m
Llamadas a móviles	63 p lu-vi: 8-18; 38 p minuto lu-vi: 18-8; y 19 p minuto el resto de horas
Italia, USA y Canadá	75 p minuto las 24 horas
Bélgica, Francia, Alemania, Países Bajos y Suecia	67 p minuto las 24 horas
Australia y Nueva Zelanda	1 £ por minuto las 24 horas
Tarifas telefónicas	Son inferiores después de las 18 h los días de la semana y todo el día los sábados y domingos. Las llamadas locales son más baratas que las de larga distancia dentro del Reino Unido, y por regla general las llamadas a móviles son más caras que las realizadas desde un teléfono fijo.

sim intercambiable –la temporal reemplaza la tarjeta existente, se introduce en el teléfono y conecta este a la red local. Se puede comprar una tarjeta sim local por entre 10 £ y 20 £, lo que da acceso a una de las principales redes como BT, Orange o Vodafone.

- Los teléfonos bibanda y tribanda (900 y 1900 MHz) se pueden usar en la mayoría de los países de todo el mundo sin cambiar la tarjeta.
- La opción de tarjeta prepago significa que no se paga un fijo por contratación, sino solo por las llamadas que se hacen. Se puede recargar la tarjeta en supermercados y otras tiendas. Por regla general hay varias opciones de tarjetas, según el volumen de llamadas y el momento en que se hacen. Si uno va a permanecer en el país mucho tiempo, lo más práctico es una tarjeta tipo suscripción.
- También es posible utilizar el propio teléfono y tarjeta sim, según el tipo de aparato que se tenga.
- Observar que hay todavía en Londres y el resto del país zonas donde no hay señal para móviles, y ello varía según las redes.
- Si se llega desde el extranjero, recordar que es necesario un enchufe adaptador para el cargador.

ACCESO A INTERNET

- British Telecom está instalando teléfonos (cabinas azules) con acceso a Internet en centros comerciales, estaciones, aeropuertos y gasolineras de todo el país. Permiten a los usuarios navegar por Internet y enviar correos electrónicos y mensajes de texto. El acceso a Internet cuesta a partir de 1 £ / 15 minutos, y luego 10 p / 90 segundos. Los correos electrónicos cuestan 20 p y los textos 10 p por mensaje. Los teléfonos web pueden amenazar el futuro de los cibercafés, que cobran normalmente entre 1 y 2 £ por hora, de las principales ciudades.
- Además, en algunos teléfonos públicos se pueden enviar mensajes de texto y correos electrónicos. Ver el cartel que así lo anuncia.
- Hay cientos de librerías con acceso gratis a Internet; para información ir a www.peoplesnetwork.gov.uk.
- Además de los cibercafés y de los teléfonos web, BT ha introducido cientos de puntos WIFI en lugares como aeropuertos, hoteles, gasolineras y bares. Estos puntos permiten que los usuarios de PC portátiles o de bolsillo puedan acceder a Internet, utilizando la tecnología inalámbrica conocida como WIFI. Se necesita un PC PDA portátil o de bolsillo que funcione con Microsoft Windows XP, 2000 o Microsoft Pocket PC 2002, y una tarjeta inalámbrica LAN. Hay que estar dentro de un radio de 100 m del punto.
- Todas las tarjetas WIFI aprobadas deberían funcionar con BT Openzone.
- Tener en cuenta que este servicio, aunque útil, es todavía una forma cara de navegar por Internet.

ORDENADOR PORTÁTIL

- Si se lleva un ordenador de otro país, hay que llevar un adaptador de corriente para recargarlo y un adaptador para el enchufe (ver Electricidad, ▷ 296). También es útil un protector contra las subidas de tensión.
- Para conectarse a Internet hace falta un adaptador para la toma de teléfono, que se puede adquirir en RU en compañías como Teleadapt (www.teleadapt.com). Si se usa un servidor con servicio internacional, como Compuserve o AOL, es más económico marcar un prefijo local que el número del país de residencia.
- Con la tecnología inalámbrica, como Bluetooth, se puede tener conexión a Internet usando un teléfono móvil; comprobar previamente el coste que supone. Como la frecuencia de los tonos de marcar varía de un país a otro, disponer del módem para que ignore los tonos de marcar.

CORREOS

- Para cualquier información sobre las oficinas de correo, llamar al Customer Services (tel.: 0845 7740 740).
- Los buzones están pintados de rojo brillante (salvo algunos en las oficinas de correo) y pueden estar empotrados en la pared o en forma de pilar clavados en el suelo. En cada buzón se indican las horas de recogida.
- Los sellos, además de en las oficinas de correo, se pueden adquirir en quioscos, supermercados y en algún establecimiento. Fijarse en el letrero indicador.
- Por regla general, el correo fuera de Europa suele viajar por avión; para objetos voluminosos, el correo terrestre es mucho más económico, pero suele tardar unas ocho semanas si va fuera de Europa. Por avión a Europa tarda unos tres días, y al resto del mundo a partir de cinco días.
- Las grandes oficinas de correo cuentan con Poste Restante (Apartado de Correos). El correo dirigido al receptor y señalado con las palabras «Poste Restante» permanecerá en la oficina correspondiente hasta que lo recoja el interesado, el cual deberá identificarse.
- Para enviar objetos dentro del Reino Unido con garantía de llegada al día siguiente, utilizar la entrega especial. Este servicio permite también asegurar los objetos en caso de pérdida.

TARIFAS POSTALES		
Primera clase dentro RU	hasta 60 g (generalmente llega al día siguiente, pero no se garantiza)	34 p
Segunda clase dentro RU	Hasta 60 g (generalmente dos días)	24 p
Tarifas por avión		
América, Or. Medio, África	Carta (100 g)	2,42 £
India, Sudeste Asiático	Postal	54 p
Europa	Carta (100 g)	1,31 £1
	Postal	48 p
Australasia	Carta (100 g)	2,74 £
	Postal	54 p

ENCONTRAR AYUDA

SEGURIDAD PERSONAL

El crimen violento se mantiene en niveles relativamente bajos, pero hay puntos negros en Londres que hay que evitar. En las zonas turísticas, el mayor peligro es el robo.

- Vigile especialmente la presencia de rateros en el metro y en los lugares públicos muy concurridos.
- Evite zonas urbanas poco iluminadas y lleve el bolso bien sujeto. Si alguien trata de robarle el bolso, no se resista; déjelo.
- Si sale de noche, procure que alguien le acompañe o tome un taxi para volver, y use solo empresas licenciadas de coches de alquiler, los taxis negros.
- Si va solo en coche, no olvide el teléfono móvil.
- Cierre las puertas con llave cuando aparque el coche, sobre todo por la noche.
- No acepte autoestopistas.
- Evite vagones vacíos en trenes y metro.
- Informe sobre bolsas abandonadas en el transporte público a un empleado. No pierda nunca de vista sus pertenencias.

NÚMEROS DE EMERGENCIA

Policía, ambulancia, bomberos, guardacostas y rescate alpino

999 o 112

OBJETOS PERDIDOS

- Si se pierde algún objeto, contactar con la comisaría de policía más cercana y rellenar un formulario de pérdida (lost property form). Facilitar el máximo de detalles, como marcas identificadoras, números de registro y de tarjetas de crédito.
- En www.lostandfound.co.uk y www.virtualbumblebee.co.uk, se ofrece ayuda para enontrar objetos perdidos, informarse sobre una pérdida o buscar una base de datos de objetos perdidos que cubre todo el país.
- En los aeropuertos hay oficinas específicas para gestionar objetos perdidos en las terminales, pero si se ha dejado algún artículo en el avión, habrá que contactar con la correspondiente línea aérea.
- En Londres, los objetos encontrados en autobuses y vagones de metro se llevan a la Transport for London Lost Property Office, 200 Baker Street, London NW1 5RZ, tel.: 0845 330 9882. Abierto: lu-vi 8:30-16. Se puede acudir en persona durante el horario indicado. Se cobra una pequeña cantidad (3 £) por recuperar el objeto.

PERDER EL PASAPORTE

- En caso de pérdida del pasaporte, contactar con la correspondiente embajada en el RU (ver abajo). Es útil saber el número del pasaporte. Por ello se aconseja llevar una fotocopia de la página principal o enviar los detalles a una cuenta de correo electrónico a la que se pueda acceder desde cualquier lugar (como www.hotmail.com).

SOLICITAR AYUDA

- Ante cualquier emergencia, telefonear al 999 o al 112. La operadora preguntará qué servicio se necesita. Habrá que indicar dónde está, el número de teléfono al que llamar, en qué consiste el problema y cuándo ha tenido lugar.
- Si el tipo de problema policial no es urgente, contactar con la comisaría de policía más próxima. Para detalles de ubicación, llamar al 118 888.
- Ante un problema de salud que no requiera urgencia, contactar con NHS Direct al 0845 4647 o en www.nhsdirect.nhs.uk, donde un experto personal médico escucha el problema, ofrece consejo e informa dónde encontrar al médico más próximo. Todo el mundo tiene acceso a este servicio gratuito.
- Los policías que patrullan las calles a pie también facilitan direcciones e información.
- La British Transport Police trabaja en los trenes británicos. Informar de cualquier delito no urgente que haya tenido lugar mientras se viaja en ferrocarril al 0800 40 50 40.
- En caso de ser víctima de un delito, llamar a Victim Support al 0845 30 30 900 para ayuda y consejo.

ARRESTOS, MULTAS Y LA LEY

- No se puede ser arrestado por faltas menores, como exceso de velocidad, a menos que esto vaya unido a otra acción, como comportarse con violencia o resistirse a facilitar de forma voluntaria pruebas de identidad.
- En caso de tener un accidente de tráfico, es obligatorio dar el nombre y dirección a las partes involucradas.
- La policía puede poner multas *in situ* por algunas faltas relacionadas con un comportamiento antisocial o por hacer perder el tiempo a la policía.
- Puede ser multado por estar muy borracho, o borracho y en actitud escandalosa, en un lugar público, un local de bebidas o en una carretera.
- También el exceso de velocidad, ocupar el carril bus, saltarse un semáforo en rojo y otras infracciones de tráfico son objeto de multas pagaderas *in situ*.

EMBAJADAS EN LONDRES

PAÍS	DETALLES	PÁGINA WEB
Embajada de España	39 Chisham Place, SW1X 8SB, tel.: 020 7235 5555	www.maec.es
Consulado General de España	20 Draycott Place, SW3 2ZR, tel.: 020 7589 8989 tel. desde España: 44 2 7589 8989	www.conspalon.org
Argentina	65 Brook Street, W1K 4AH, tel.: 020 7318 1300	www.argentine-embassy-uk.org
Consulado de Ecuador	58-59 Trafalgar Square, Uganda House Building tel.: 020 7451 0040	www.consuladoecuador.org.uk
Perú	52 Sloane Street, SW1X 9SP, tel.: 020 7235 1917	www.peruembassy-uk.com

MEDIOS DE COMUNICACIÓN

Reino Unido cuenta con una impresionante cultura en cuanto a medios de comunicación, pues tiene algunos de los más antiguos periódicos del mundo, canales de TV públicos y la presencia global de la BBC (British Broadcasting Corporation).

TELEVISIÓN

- Además de los canales satélite, cable y digital, hay cinco principales cadenas terrestres en el Reino Unido (ver al lado).
- No hay publicidad en los canales de la BBC, se subvencionan mediante un canon que pagan los propietarios de aparatos de televisión.
- BBC1 y 2 pueden verse a través de la televisión terrestre.
- BBC4, cuyas emisiones son culturales, BBC News 24, BBC Parliament and BBC 3, que transmite un gran porcentaje de programas emitidos en BBC1 y 2, pueden verse por cable y por televisión digital.

EMISORAS Y FRECUENCIAS

BBC1 emite seriales, tertulias, programas de cosas de la vida, películas, dibujos animados, documentales y dramáticos.
Noticias y tiempo: 6-9, 13, 18, y 22 fines de semana y BBC News 24 4:15-6. Las noticias regionales se emiten después de los noticiarios nacionales.

BBC2 está especializado en programas culturales, comedias, historia natural e historia.
Noticias: Noticiario nocturno 22:30 los días laborables.

ITV 1 tiene una programación variada como seriales, concursos, programas infantiles, dramas y películas.
Noticias y tiempo: 13:30, 18:30 y 22:30 días laborables. Las noticias regionales se emiten después de los noticiarios nacionales. ITV se divide en diferentes canales regionales, que se conectan a los programas nacionales a las horas punta y el resto del tiempo emiten sus propios programas y noticiarios locales. .

Channel 4 emite películas de calidad, documentales, comedias, concursos, programas científicos y de historia natural. En Gales, Channel 4 cambia a Channel S4C, en galés, aunque a veces en horas punta emite programas de Channel 4.
Noticias y tiempo: 19 h días laborables.

Channel 5 emite programas infantiles, concursos, películas populares y repeticiones de seriales y series conocidas. Debido a la falta de frecuencias terrestres, hay zonas del país donde no se puede ver Channel 5, pero tanto esta cadena como otros canales terrestres, pueden verse a través de la televisión digital y el satélite.
Noticias y tiempo: 11:30, 15:25, 17:30 y 19 días laborables.

Cable y Digital

- No hay muchos hogares británicos que tengan cable, si bien va en aumento; y existen algunos canales específicos para cable, aunque se accede a una mayor variedad de canales gratuitos vía cable.
- Con los receptores digitales y satélite, los teleespectadores pueden recibir un creciente número de canales digitales gratuitos.
- Para ver todos los canales de deportes y películas, hay que pagar una suscripción mensual.
- Los receptores para televisión terrestre digital se pueden adquirir mediante un único pago de alrededor de 40 £, lo que permite ver más canales que con los servicios terrestres normales.
- La televisión digital tiene muchos servicios interactivos: teletienda, correo electrónico, juegos e información a través del control remoto de la TV.
- Desde principios de 2007, y durante 4 años, los canales terrestres están siendo eliminados en todo el país para sustituirlos por digitales.

RADIO

Radio analógica

- Los receptores analógicos FM y AM se utilizan mundialmente porque su uso es gratuito. Las radios analógicas están disponibles en muchas formas y tamaños, pero las emisoras analógicas FM y AM están ahora también disponibles en digital.

Radio digital

- En el Reino Unido hay un número creciente de emisoras de radio digital que emiten en todo el país. La tecnología digital, además de ofrecer una mejor calidad acústica sin interferencias, permite más emisoras y más opciones. No hace falta sintonizar manualmente, pues el receptor identifica automáticamente todas las emisoras disponibles. Tampoco hay que preocuparse de las frecuencias, pues basta ver los nombres de las emisoras hasta encontrar la que se desea.
- La radio digital es gratuita, pero los aparatos son bastante caros. Se puede también escuchar la radio a través de la televisión digital.
- Se puede encontrar información sobre las emisoras digitales de radio en www.digitalradionow. com.

Emisoras radiofónicas nacionales

El canon de TV subvenciona las emisoras de radio nacionales y regionales de la BBC. Hay también varias emisoras independientes y privadas con cobertura nacional.

Radio 1 Una diversa selección de lo ultimo en música, desde ligera, rock y pop, hasta alternativa.
Se emiten regularmente boletines de noticias nacionales e internacionales sobre el mundo del espectáculo, y todos los domingos de 16 a 19 h el ranquin británico, un repaso a los títulos más vendidos.
www.bbc.co.uk/radio1

Radio 2 Nuevo y clásico rock, pop, country, folk, reggae y soul, alternando con entrevistas, charlas, noticias, y documentales sobre viajes y música.
www.bbc.co.uk/radio2

Radio 3 Música clásica y jazz, y también moderna y étnica combinado con cultura y espacios dramáticos. Radio 3 emite en directo el BBC Proms, un festival de música clásica que se celebra todos los veranos en el Royal Albert Hall.
www.bbc.co.uk/radio3

Radio 4 Noticias de actualidad política, comedia, arte, drama y concursos, además de intervenciones en directo, entrevistas y documentales. Se difunden también exhaustivos boletines de noticias tanto nacionales como internacionales.
www.bbc.co.uk/radio4

EMISORAS Y FRECUENCIAS	
Radio 1	97–99 FM
Radio 2	88–91 FM
Radio 3	90–93 FM
Radio 4	92–95 FM o 198 LW
Radio Five Live	909/693 AM
Classic FM	100–102 FM
talkSPORT	1089/1053 AM
Virgin Radio	105.8 FM en Londres, 1215 AM/MW en el resto de RU

Radio Five Live Una emisora con noticias y deportes las 24 horas, además de tertulias y debates sobre temas de actualidad.
www.bbc.co.uk/fivelive

Classic FM Emisora independiente, emite música clásica y regularmente noticias sobre música clásica nacional e internacional.
www.classicfm.com

talkSPORT Una emisora privada que cubre asuntos actuales sobre deporte y negocios.
www.talksport.net

Virgin Radio Una emisora privada de radio que emite música rock y moderna además de noticias sobre deporte y música.
www.virginradio.co.uk

PERIÓDICOS

- Los periódicos nacionales del Reino Unido se dividen en periódicos de calidad, denominados *broadsheets* (aunque solo dos hacen honor a su nombre y conservan el formato grande) y *tabloids*. Los primeros se centran en noticias relativamente objetivas, mientras que los segundos cubren historias sensacionalistas y chismes sobre celebridades.
- El domingo los periódicos son ligeramente más caros y voluminosos que los publicados entre semana. Los *broadsheets* tienen secciones especiales sobre viajes, sector inmobiliario, economía, arte y medios de comunicación, y contienen suplementos con reportajes, entrevistas y artículos.

Evening Standard

- Creado en 1827, el *Evening Standard* es el único periódico de pago que cubre todo Londres. Informa tanto sobre noticias internacionales como nacionales.
- Cuenta con noticias locales y del mundo del espectáculo, artículos sobre deporte, vida cotidiana y viajes, e información turística de Londres.
- La primera edición está en la calle a las 11, y algunos días de la semana se vende con un suplemento.

Periódicos internacionales

- En los aeropuertos y en las principales estaciones de tren se pueden comprar periódicos de todo el mundo.
- En las librerías y quioscos WH Smith se venden los principales periódicos internacionales, así como en las librerías Borders y en los quioscos City.

REVISTAS

- Las revistas pueden encontrarse en los quioscos, gasolineras, supermercados y en algunas cadenas de librerías. En el Reino Unido hay muchas revistas de interés general.
- También hay varias revistas dedicadas a acontecimientos de actualidad, como The *Week, The Spectator, The New Statesman* y *Private Eye* (la más satírica y controvertida), que ofrecen opinión, análisis y discusión sobre las noticias de la semana.
- *Time Out* se publica semanalmente y contiene artículos y reportajes sobre lo último que pasa en Londres, desde conciertos y musicales hasta exposiciones y películas, además de información y reseñas sobre ocio en general, como restaurantes, pubs, compras y alojamiento.

PERIÓDICOS NACIONALES

TIPO	NOMBRE	ORIENTACIÓN POLÍTICA	CONTENIDO	ONLINE
Broadsheets	*Daily Telegraph* (1855) y *Sunday Telegraph*	Derecha	Noticias nacionales e internacionales en profundidad, economía, arte, política	www.telegraph.co.uk
	The Times (1785) y *The Sunday Times* (1822)	Centro derecha	Noticias nacionales e internacionales en profundidad, leyes, política, finanzas, viajes, educación, comunicación, arte	www.thetimes.co.uk
	Financial Times (1888)	Centro derecha	Noticias nacionales e internacionales en profundidad, finanzas, negocios, análisis de mercados	www.ft.com
	Guardian (1821) y *Observer* (1791)	Izquierda/ Liberal	Noticias nacionales e internacionales en profundidad, política, finanzas, viajes, sociedad, comunicación y arte	www.guardian.co.uk
	Independent (1986) e *Independent on Sunday* (1990)	Centroizquierda/ Liberal	Noticias nacionales e internacionales en profundidad, política, finanzas, viajes, educación, comunicación y arte	www.independent.co.uk
Tabloids	*Daily Mail* (1896) y *Mail on Sunday* (1982)	Derecha	Noticias nacionales e internacionales, prensa corazón e interés general, deporte	www.dailymail.co.uk
	Daily Express y *Sunday Express*	Derecha	Noticias nacionales, espectáculo, chismes, deporte	www.express.co.uk
	Sun (1969)	Derecha	Sensacionalismo, prensa corazón e interés general, deporte	www.thesun.co.uk
	Daily Mirror (1903) y *Sunday Mirror* (1988)	Izquierda	Noticias, prensa corazón, campañas espectáculo, deporte	www.mirror.co.uk
	Daily Star (1978)	Ninguna	Sensacionalismo, chismes, espectáculo	www.dailystar.co.uk

HORARIOS Y BILLETES

PRECIOS DE LAS ENTRADAS
La mayoría de museos, casas, galerías, jardines, cines, teatros y otras atracciones tienen tarifas reducidas para niños menores de 16, estudiantes con la correspondiente tarjeta, parados y mayores de 60 años. En casi todos los lugares de interés suele haber abonos familiares, generalmente para dos adultos y dos niños.

PATRIMONIO
- National Trust (NT), si se quiere visitar más de dos dos propiedades del National Trust (hay 13 en Londres y muchas más cerca del centro); vale la pena hacerse socio.
- Se puede acceder a todas las propiedades del NT. Ser socio da derecho a la entrada gratuita a todas las propiedades. Con el NT Touring Pass (solo para visitantes extranjeros) se puede entrar gratuitamente a todas las propiedades del NT durante 7 o 14 días una o dos personas, o toda la familia. Ver en www.nationaltrust.org.uk
- Para información adicional contactar con el National Trust, PO Box 39, Warrington, WA5 7WD, tel.: 0870 458 4000; fax: 087 060 90345, www.nationaltrust.org.uk.
- La English Heritage (EH), la CADW en Gales y la Historic Scotland (HS) en Escocia gestionan cientos de propiedades históricas, estatuas y monumentos del Reino Unido. Ser socio del EH da derecho a la entrada gratuita a todas las propiedades de EH, además de un descuento del 50% en la entrada a las propiedades de CADW y HS durante un año, y entrada libre transcurrido este período.
- Se puede formar parte de cualquier propiedad de EH, CADW o HS contactando a: English Heritage, PO Box 569, Swindon SN2 2YR, tel.: 0870 333 1182, www.english-heritage. org.uk.

ABONOS
- Si se tiene previsto visitar muchos lugares, es aconsejable adquirir un abono. Los que se indican a continuación pueden comprarse en el Britain and London Visitor Centre de Lower Regent Street (▷ 308), en las principales oficinas de turismo y en los aeropuertos.

London Pass
Con este pase se obtiene acceso libre a más de 56 atracciones en Londres y alrededores, algunos viajes gratuitos y una guía de bolsillo. Los pases son para uno, dos, tres o seis días y cuestan desde 34 £ un pase día/persona adulta (39 £ incl. transporte en zonas 1-6), hasta 74 £ para seis días (112 £ incl. transporte); www.londonpass.com

Great British Heritage Pass
Para los visitantes norteamericanos, este abono permite la entrada libre a más de 580 lugares históricos y jardines. Abonos para cuatro, siete o quince días, o un mes. Cuestan desde 28 £ un abono de adulto para cuatro días, hasta 70 £ para un mes. Ver www.britishheritagepass.com

DÍAS FESTIVOS

Aunque los bancos y las oficinas permanecen cerrados los días festivos, la tendencia en Londres es que las atracciones turísticas y las tiendas abran, salvo el 25 y 26 de diciembre y el 1 de enero, cuando casi todo permanece cerrado. Si alguno de esto días cae en sábado o domingo, la fiesta pasa al siguiente día de la semana.

1.º del Año (1 enero)
Viernes Santo
Lunes de Pascua
Primer lunes de mayo
Último lunes de mayo
Último lunes de agosto
Navidad (25 diciembre)
San Esteban (Boxing Day) (26 diciembre)

HORARIOS

Como los horarios pueden variar, comprobar previamente en cada caso.

Bancos	Lunes-viernes 9:30-14:30	Algunas sucursales importantes abren también sábados por la mañana
Médicos y farmacias	Casi todas las farmacias abren lunes-sábado 9-17 o 17:30. Muchas abren solo lunes-viernes, más o menos 8:30-18:30	Unos avisos en escaparates y diarios locales indican los turnos de las farmacias locales (normalmente durante unas horas más por la noche y algunas horas el domingo). Médicos y dentistas no suelen trabajar los domingos.
Museos, casas y Galerías	Muchos abren lunes-sábado 10-17, domingo 12-15, pero los horarios varían	Muchos no dejan entrar 30 minutos antes de la hora de cierre.
Correos	Lunes-viernes 9-17:30, sábado 9-12	
Pubs	El cambio en las leyes sobre licencias ha supuesto que puedan negociar sus propias horas de apertura	Sin embargo, muchos pubs mantienen las horas tradicionales, que son aproximadamente de 11-23. Algunos cierran entre 15 y 18. En Inglaterra y Gales abren domingos 12-22:30. Muchos permanecen abiertos toda la tarde, si bien de 14-14:30 a 18:30-22:30 es posible que no sirvan comidas.
Restaurantes	No hay horarios fijos, pero generalmente 12-14:30 y 18-21 o 18-23 o 6–23 (algo más temprano domingo)	Los establecimientos de comida para llevar permanecen abiertos. Muchos sitios de la City están cerrados sábados y domingos.
Tiendas	Generalmente lunes-sábado 9-17 o 17:30 pero los horarios en Londres varían (▷ 170)	Quioscos abren también domingos. Algunas tiendas pequeñas y de souvenir abren más horas, 8-22 o 23, los siete días de la semana.
Supermercados	Normalmente 8-21 o más, y seis horas (generalmente 10-16) los domingos	Algunos abren las 24 horas del día.

INFORMACIÓN TURÍSTICA

TOURIST INFORMATION CENTRES (TIC)

- Los TIC (centros de información turística) son una buena fuente para mapas, folletos e información sobre alojamientos, restaurantes y actos puntuales en Londres. Muchos también regalan mapas y venden guías.
- Casi todos estos centros se encargan de reservar alojamiento sin cargo alguno (el hotelero paga una comisión; reservar fuera de Londres tiene un pequeño coste (aprox. 2,50 £).
- En horas de cierre, algunos centros de información turística exponen listas de alojamiento en sus escaparates.

CENTRO DE INFORMACIÓN TURÍSTICA

LONDRES Y SUS ALREDEDORES

Britain and London Visitor Centre
1 Lower Regent Street
SW1Y 4XT
www.visitlondon.com
Sin teléfono-acudir en persona.
Abierto lu: 9:30-18:30; ma-vi: 9-18:30; sá, do: 10-16 (verano 10-17).
Línea de información visitas Londres 0870 156 6366 abierto lu-vi: 9-17.
Son la oficina y la web oficiales de la oficina de turismo de Londres.

City Information Centre
St. Paul's Churchyard
(frente a la catedral de St. Paul)
EC4M 8BX
Tel.: 020 7332 1456
Pascua-sep, lu-sá: 9-27; do: 10-16:30

Greenwich (Town) TIC
Pepys House
2 Cutty Sark Gardens
Greenwich SE10 9LW
Tel.: 0870 608 2000
Fax: 020 8853 4607
Abierto cada día: 10-17

Kingston TIC
The Market House, Market Place
Kingston upon Thames, Surrey KT1 1JS
Tel.: 020 8547 5592
Fax: 020 8547 5594
Abierto lu-vi: 10-17; sá: 9-16

Richmond TIC
Old Town Hall
Whittaker Avenue
Richmond, Surrey TW9 1TP
Tel.: 020 8940 9125
Abierto lu-sá: 10-17

Southwark TIC
Tate Modern, level 2
Bankside, SE1 9TG
Tel.: 020 7401 5266
Abierto lu-do: 10-18

Twickenham TIC
The Atrium, Civic Centre
York Street
Twickenham, Middlesex TW1 3BZ
Tel.: 020 8891 7738
Fax: 020 8891 7990
Abierto lu-ju: 9-17:15; vi: 9-17

Waterloo TIC
Arrivals Hall, estación de Waterloo,
SE1 7LT
Tel.: 020 7620 1550
Abierto diario: 8:30-22

ÁREA METROPOLITANA

Visit Britain
Thames Tower
Black's Road W6 9EL
Tel.: 020 8846 9000
www.visitbritain.com
La página web cuenta con un servicio de búsqueda de centros de información turística en todo el Reino Unido, con direcciones, teléfonos y horarios.

Tourism South East England
40 Chamberlayne Road
Eastleigh, Hampshire SO50 5JH
Tel.: 02380 625400
www.visitsoutheastengland.com

South West England
Woodwater Park, Exeter,
Devon, EX2 5WT
Tel.: 0870 442 0880
Fax: 0870 442 0881
www.westcountrynow.com

OFICINAS BRITÁNICAS EN EL EXTRANJERO

Australia
15 Blue Street
N. Sydney
NSW 2000
Tel.: 02 9021 4400
Fax: 02 9021 4499

Canadá
Suite 120
5915 Airport Road
Mississauga
Ontario L4V 1T1
Tel.: 1 888 VISIT UK
Fax: 0905 405 1835

Nueva Zelanda
151 Queen Street
Auckland
Tel.: 0800 700 741
Fax: 09 377 6965

África del Sur
Lancaster Gate, Hyde Park Lane
Hyde Park
Sandton 2196
Tel.: 011 325 0343; Fax: 011 325 0344

Estados Unidos
551 Fifth Avenue at 45th Street
New York
NY 10176-0799
Tel.: 1 800 462 2748
Fax: 212 986 1188

Página web para los visitantes en el Reino Unido: **www.visitbritain.com**

LIBROS Y PELÍCULAS

La vitalidad, variedad, encanto, e incluso la miseria de Londres, siempre ha sido fuente de inspiración para escritores y directores de cine. Muchos han cantado las alabanzas de la ciudad; para algunos ha supuesto una historia de amor-odio.

LITERATURA

La biografía de la gran ciudad escrita por el eminente historiador Peter Ackroyd: *London: The Biography* (Vintage, 2000), está meticulosamente documentada y presentada y es de lectura obligatoria para quienes deseen entender a esa capital que define al país. Su ultimo libro, *Thames: Sacred River* (Chatto & Windus 2007), explora la historia de ese río tan presente en la vida de Londres.

La *London Encyclopedia,* de Ben Weinreb y Christopher Hibbert (Macmillan, 1983), es un gran proyecto y proporciona sucinta pero completa información sobre los edificios antiguos y modernos de Londres.

Tal vez el libro más famoso sobre Londres sea *The Diary of Samuel Pepys,* donde el observador, Pepys, nos informa sobre acontecimientos acaecidos en Reino Unido de 1600 a 1669.

The English: a Portrait of a People (Penguin, 1999), de Jeremy Paxman, es un libro encantador. En una visión general y de conjunto de los ingleses, el libro del famoso locutor aborda temas como su actitud ante la propiedad privada, y saca a relucir con astucia lo que define el carácter inglés.

Algunas de las novelas de Charles Dickens, *Oliver Twist* (1837), *Bleak House* (1853) y *Little Dorrit* (1857) tienen a Londres como escenario. *Oliver Twist*, de la cual se hizo una película, cuenta la historia de un huérfano que se escapa del orfanato para irse a Londres, donde, sin embargo, va a parar a una banda de ladrones. En esta historia de dificultades y recompensas, se hace evidente la conciencia social de Dickens.

William Blake (1757-1827), nacido en Londres, fue otro escritor que puso de manifiesto su gran conocimiento de la crueldad y la injusticia, especialmente en su poema *London,* en la colección *Songs of Experience.*

En 1887, sir Arthur Conan Doyle presentó por primera vez su creación, *Sherlock Holmes*, tal vez el detective más famoso de la ficción, con la novela *A Study in Scarlet.* Holmes vivía en el 221b de Baker Street , y el Museo Sherlock Holmes está ahora en el 239 (▷ 127).

El divertido *Diario de Bridget Jones,* de Helen Fielding, retrata a la generación de treintañeras que vivían solas en Londres a finales de la década de 1990. Tanto este como su secuela, *La edad de la razón,* han sido llevados con gran éxito a la gran pantalla.

Dientes blancos (Penguin, 2001), de Zadie Smith, es la perceptiva historia de tres generaciones de familias –una blanca, otra India y otra mestiza– que viven en el norte de Londres en la década de 1990.

En 2003, en su novela *Brick Lane* (Doubleday), de la cual se hizo una película en 2007, Monica Ali aborda con agudeza un tema similar, un Londres multinacional y multiconfesional.

Las tres famosas novelas de Nick Hornby, *Fever Pitch* (Cassell, 1992), *High Fidelity* (Cassell, 1995) y *About a Boy* (Cassell, 1998), tienen Londres como escenario, en tres mundos muy distintos, fútbol (Arsenal en particular), tienda de discos y madres solteras. De las tres se ha hecho una película.

PELÍCULAS

En las primeras escenas de *El mundo no basta* (1999), James Bond se arrojaba desde el edificio MI6 junto al Vauxhall Bridge, perseguido (como de costumbre) por una hermosa asesina, y se lanzaba a una fantástica y veloz persecución por el río hasta Greenweich Dome.

Lock and Stock (1998), dirigida por Guy Ritchie, es una semblanza de las antiguas películas de gánsters.

Todas las comedias clásicas de Ealing, como *Pasaporte a Pimlico* (1948) con Stanley Holloway, fueron hechas en los Ealing Studios, creados en 1929 y los primeros estudios británicos de películas sonoras.

En 1998, el guionista Tom Stoppard escribió el guión para *Shakespeare in Love,* con Joseph Fiennes en el papel protagonista y Gwyneth Paltrow encarnando a la dama de la cual él se enamora, además de otros famosos actores de Inglaterra y Estados Unidos en aquel momento.

Mi hermosa lavandería causó gran revuelo cuando en 1985 Daniel Day-Lewis protagonizó esta bien llevada historia sobre la relación entre dos jóvenes homosexuales (uno asiático) en el intolerante Londres de entonces.

Otras películas clásicas que pueden transportarnos al algún lugar preferido de Londres son *Alfie* (1966), donde se ve a Michael Caine zambulléndose y buceando por la ciudad; *Un hombre lobo americano en Londres* (1981), una comedia de terror sobre un norteamericano que va mordiendo; y *Un pez llamado Wanda* (1988), con John Cleese, Jamie Lee Curtis y Michael Palin. Entre los estrenos recientes, con unos estupendos planos de Londres, podemos citar *Notes on Scandal* (2006), un relato siniestro sobre un colegio de Londres protagonizado por Judi Dench y Cate Blanchett, y *Breaking and Entering* (2006), un drama londinense con Jude Law y Juliette Binoche.

GUÍAS

AA City Pack London
Libro de bolsillo y plano: 6,99 £

London: A City Revealed
Un tributo visual a Londres, con más de 350 fotos a gran tamaño y a todo color: 30 £

The AA Days Out Guide
Más de 2.000 sitios para visitar: 12,99 £

The AA Hotel Guide
16,99 £

The AA Restaurant Guide
16,99 £1

PLANOS

AA Street by Street Central London
2,99 £

Street by Street Z Maps: 1,50 £

PÁGINAS WEB

A través de Internet se pueden hacer muchas gestiones, desde reservar billetes de tren hasta alquilar un coche. Las páginas web que se detallan a continuación son un buen punto de partida.

INFORMACIÓN TURÍSTICA GENERAL

www.visitbritain.com –web oficial del Tourist Information Centre para Reino Unido y Londres
www.southeastengland.com
www.westcountrynow.com
www.fco.gov.uk –Foreign and Commonwealth Office
www.english-heritage.org.uk
www.cadw.wales.gov.uk
www.historic-scotland.gov.uk
www.nationaltrust.org.uk
www.hrp.org.uk –palacios reales históricos
www.royal.gov.uk –royal residencias reales/colección real
www.artsline.org.uk –información sobre cultura y atracciones para visitantes discapacitados.

PARA LONDRES

www.visitlondon.com
www.londontown.com
www.netlondon.com –un directorio que informa sobre lugares de interés, acontecimientos y alojamientos
www.londoneverything.co.uk –un portal con las direcciones de las páginas web de Londres
www.londonforfun.com –información sobre las atracciones y los lugares de interés de Londres
www.travellondon.com
www.londonnet.co.uk
www.virtual-london.com
www.visiting-london.com
www.thelondonvisitor.com –una guía mensual de Londres
www.tripadvisor.com
www.gingerbeer.co.uk –el sector lésbico y bisexual de Londres
www.royalparks.gov.uk

NOTICIAS Y RESEÑAS

www.bbc.co.uk/london –incluye las mismas noticias de la BBC, más el tiempo, los deportes y la programación de la televisión
www.guardian.co.uk
www.timesonline.co.uk

TEATRO/MÚSICA

www.londontheatre.co.uk –las últimas noticias, lo que está pasando, actuaciones
www.ticketmaster.co.uk –donde conseguir las entradas más baratas
www.theambassadors.com –información sobre lo último, lo que está por venir y dónde comprar las entradas
www.rutheatres.com –la web oficial del grupo Really Useful Teatro
www.sbc.org.uk –la página web del South Bank Centre, incluyendo información sobre el Royal Festival Hall, Purcell Room y Queen Elizabeth Hall
www.royalalberthall.com
www.royalopera.org

CINE

www.bfi.org.uk/imax–bfi.org.uk/imax –British Film Institute
www.ugicinemas.co.uk
www.bfi.org.uk/imax–odeon.co.uk

VIAJES

Aeropuertos

www.baa.co.uk/gatwick
www.baa.co.uk/heathrow
www.baa.co.uk/stansted
www.london-luton.co.uk
www.londoncityairport.com

Autobuses

www.greenline.co.uk
www.nationalexpress.com –horarios e información general sobre los itinerarios

Ferrocarril

www.nationalrail.co.uk
www.firstcapitalconnect.co.uk
www.heathrowexpress.co.uk
www.gatwickexpress.co.uk
www.stanstedexpress.co.uk
www.eurostar.com
www.thetrainline.com –para reservar billetes y encontrar trayectos y horarios
www.nationalrail.co.uk –información general sobre itinerarios y horarios de trenes

Transporte en Londres

www.tfl.gov.uk –web oficial para los transportes londinenses con información completa
www.dlr.co.uk –información sobre el Docklands Light Railway
www.thamesriverservice.co.uk

Alquiler de coches

www.alamo.co.uk
www.avis.co.uk
www.europcar.com
www.hertz.co.uk

AVERÍAS

www.theaa.com
www.rac.co.uk

PARTES METEOROLÓGICOS

www.bbc.co.uk/weather
www.metoffice.com
www.weathercall.o.uk

EMBAJADAS

www.australia.org.uk
www.canada.org.uk
www.nzembassy.com/uk
www.southafricahouse.com
www.usembassy.org.uk

SALUD

www.nhsdirect.nhs.uk
www.medicentre.co.uk –médicos privados y servicio sanitario

PRINCIPALES LUGARES DE INTERÉS

LUGAR	PÁGINA WEB	PÁGINA
British Museum	www.thebritishmuseum.ac.uk	80
HMS Belfast	www.iwm.org.uk/belfast	91
El Parlamento	www.parliament.uk	92
Imperial War Museum	www.iwm.org.uk	96
London Eye	www.ba-londoneye.com	99
Madame Tussaud's	www.madame-tussauds.com	101
Museum of London	www.museumoflondon.org.uk	103
National Gallery	www.nationalgallery.org.uk	104
National Portrait Gallery	www.npg.org.uk	110
Museo de Historia Natural	www.nhm.ac.uk	112
Catedral de St. Paul	www.stpauls.co.uk	118
Museo de la ciencia	www.sciencemuseum.org.uk	124
Shakespeare's Globe	www.shakespeares-globe.org	126
Sir John Soane's Museum	www.soane.org	128
Somerset House	www.somerset-house.org.uk	130
Tate Galleries	www.tate.org.uk	132
Tower Bridge	www.towerbridge.org.uk	137
Torre de Londres	www.hrp.org.uk	139
Museo Victoria & Albert	www.vam.ac.uk	144
Abadía de Westminster	www.westminster-abbey.org	152

GLOSARIO PARA EL VISITANTE

abogado	lawyer
acera	sidewalk
alojamiento con derecho a cocina	accommodation including a kitchen
alquiler	rent
aparcamiento	parking lot
ascensor	elevator
autobús larga distancia	long-distance bus
bar (si bien no existe el mismo tipo en España)	a café or restaurant that has a licence to serve alcohol (beer and wine only unless it's «fully» licensed)
berenjena	eggplant
billete (dinero)	paper money
billete de ida y vuelta	roundtrip ticket
billete de ida/sencillo	one-way ticket
bodega (donde se vende alcohol)	liquor store
cabina telefónica	phone booth
cajero automático	ATM or cash machine
calabacín	zucchini
calle mayor	main street
calzoncillos	underpants (men's)
camión	truck
camiseta interior	undershirt
capó	hood (car)
caravana	house trailer or RV
carretera de dos carriles	two-lane highway
carro	cart
casas adosadas	row houses
chaleco	vest
cilantro	cilantro
colegio de pago	private school
colinabo, nabo sueco	American turni
comida para llevar	takeout
consultorio	doctor's office
correo	mail
cruce	intersection
cruce en T	an intersection where one road meets another at right angles (making a T shape)
cuenta/nota	check (at restaurant)
descuentos	reduced entrance fees or fares
edificio de protección oficial	protected building
embotellamiento	traffic jam stalled line of traffic
en sentido contrario a las agujas del reloj	counterclockwise
esparadrapo, tirita	Band-Aid or bandage
estación de tren	a train station as opposed to an underground or subway station (although it may be served by the underground/ subway)
farmacia	pharmacy
fiesta nacional	a public holiday, when all banks are closed (▷ 307)
fútbol	soccer
galleta	cookie
gasolina	gas
gasolinera	gas station
glorieta (tráfico)	traffic circle or rotary
guardería	day care
habitación-suite	a bedroom with its own private bathroom; may also just refer to the bathroom
jalea	Jello™
jardín pequeño	yard (residential)
lavabos	restrooms
leotardos	panty-hose
linterna	flashlight
maletero	trunk (car)
media pensión	hotel tariff that includes breakfast and either lunch or dinner
médico internista	doctor
monedero	change purse
muelle	wharf/pier
músico callejero	street musician
pantalones	pants
pañales	diaper
parada de taxi	taxi stand
paso a nivel	grade crossing
paso cebra	crosswalk
paso subterrráneo	underpass
patatas fritas	french fries
patatas fritas (de bolsa)	potato chips
pensión completa	a hotel tariff that includes all meals
platea	orchestra seats (in theatre)
postre	dessert
quiosco	newsstand, newspaper shop
rúcula	arugula
salida	exit
salir de la carretera	pull-off
servicio de información telefónica	directory assistance
sillita de niño	stroller
suéter	sweater
tierra adentro	within the UK
urgencias (en un hospital)	emergency room (hospital department)
vagón	car (on a train)

DENOMINACIÓN DE LAS PRIMERAS PLANTAS EN EL REINO UNIDO

En el Reino Unido a la primera planta de un edificio se le llama «ground floor» (entresuelo), y el piso de encima es el primer piso. Es decir, ocurre como en España. Es algo a tener en cuenta sobre todo en museos y galerías.

GUÍA DE LOS PERIODOS ARQUITECTÓNICOS

Romano

El crecimiento de Londres como una ciudad empezó cuando los romanos se establecieron en Londinium, donde ocuparon aproximadamente la misma superficie que la City de hoy. Un bien conservado resto de la gran muralla de piedra, que se construyó alrededor de la ciudad después de que esta fuera saqueada por la reina Boudicca en el 61 d. de C., se erige junto a la estación del Tower Hill Underground y Cooper's Row. El desenterrado templo de Mitras está ahora junto al edificio de oficinas Bucklersbury House en la calle Queen Victoria.

Anglosajón

Las iglesias se construían con piedras y se caracterizaban por los sencillos ventanales ojivales y los gruesos pilares centrales. La primera catedral de St. Paul fue construida en 604 y Eduardo el Confesor la completó en 1066 con la abadía de Westminster (▷ 152–153).

Normando

A finales del siglo XI y durante el XII, los conquistadores normandos trajeron nuevos estilos desde Normandía. A raíz de la invasión normanda se construyeron edificios fortificados e iglesias, que se reconocen por los arcos redondos, la pesada mampostería y las paredes y puertas decoradas.

Ejemplos: Westminster Hall, la parte más antigua del palacio medieval de Westminster, construido en 1097 (pero renovado en el siglo XIV).

La torre Blanca, en el corazón de la torre de Londres (▷ 138–143), construida en el 1078.

Inglés primitivo y gótico florido

La arquitectura de finales del siglo XII y del XIII se volvió más ligera, se usaban más los arcos ojivales que los redondos, especialmente en las ventanas. Este periodo marcó la tendencia hacia las líneas largas y verticales del estilo gótico, así como una creciente atención al espacio ocupado por las ventanas. Como estas se volvieron mayores, se añadieron contrafuertes para contrarrestar el peso del techo. En arcos, puertas de entrada y especialmente ventanas de edificios de finales del siglo XIII y principios del XIV, se utilizaron cada vez más tracerías y decoración elaborada.

Ejemplos: coro y trascoro de la catedral de Southwak (▷ 127); abadía de Westminster.

Gótico flamígero

Durante las últimas décadas del siglo XIV y en el XV, evolucionando del gótico florido, surgieron unas líneas más simples y una tracería más uniforme en ventanas y muros, así como un uso cada vez más frecuente de las bóvedas de abanico y de los arcos Tudor. Los dibujos se volvieron más ligeros y se aplicó el cristal en zonas más extensas.

Ejemplos: capilla de Enrique VII, abadía de Westminster.

Tudor y Estuardo primitivo

El final del siglo XV y el XVI marcaron el paso del estilo gótico al renacentista, con énfasis en la arquitectura privada para los aristócratas y las clases altas, cada vez más numerosas. Se popularizó el uso del ladrillo y de los paneles de madera.

Ejemplos: Hampton Court Palace (▷ 159), Kingston en el Támesis; teatro Shakespeare's Globe (▷ 126), Southwark: una reconstrucción reconstrucción del original del siglo XVI.

Estuardo tardío

El estilo paladino, por la obra del arquitecto italiano del siglo XVI Andrea Palladio, reflejó la influencia clásica romana en pórticos y fachadas moderadamente simétricas. Los estilos clásicos se unieron en el siglo XVIII con la ornamentación barroca y el gusto por el detalle.

Principales arquitectos: **Inigo Jones** (1573–1652): proyectó la Queen's House (▷ 157), Greenwich, y la Banqueting House (▷ 77). Puso de moda el estilo paladino, así como el uso del escenario móvil y del proscenio.

Sir Christopher Wren (1632-1723): proyectó la catedral de St. Paul (▷ 118-123), el hospital de Greenwich y muchas iglesias de la ciudad después del Gran Incendio de 1666. Fue profesor de Astronomía en Londres y Oxford.

Nicholas Hawksmoor (1661-1736): ayudante de Wren, fomentó el clasicismo monumental. Proyectó muchas iglesias, entre ellas St. George's Bloomsbury, St. Mary Woolnoth y Christchurch Spitalfields.

James Gibbs (1682-1754): arquitecto escocés que realizó el proyecto de St. Martin-in-the-Fields (▷ 117), St. Mary-le-Strand y St. Clement Danes (▷ 116).

Georgiano y regencia

Durante el periodo georgiano, los arquitectos regresaron al estilo paladino, y a finales del siglo XVIII y principios del XIX empezó a destacar la influencia griega clásica, lo que redundó en simplicidad y simetría, especialmente con respecto a las nuevas casas adosadas. El periodo regencia vivió la introducción de los ventanales y del hierro forjado en escaleras y terrazas.

Principales arquitectos: **Robert Adam** (1728-1792): proyectó Osterley House (▷ 162) y Syon House (▷ 162) y se ocupó de decoraciones y del diseño de muebles y jardines.

William Kent (1675-1748): originario de Yorkshire, abogó por el regreso del estilo paladino. Proyectó Chiswick House (▷ 154) y Kensington Palace (▷ 95).

John Nash (1752-1835): conocido por sus casas regencia y su participación en los jardines de Regent's Park (▷ 114-115).

Sir John Soane (1753-1837): fomentó el diseño austero y clásico. Se encargó del Bank of England (▷ 76) y de la galería Dulwich Picture (▷ 155).

Decimus Burton (1800-1881): líder del estilo regencia, proyectó el Athenaeum Club.

Sir William Chambers (1723-1796): un arquitecto nacido en Suecia y primer tesorero de la Royal Academy; proyectó Somerset House (▷ 130-131).

Victoriano

La arquitectura del periodo de 1837-1901 destacó por la mezcla de influencias, debido a la proliferación de edificios públicos como estaciones de tren y oficinas municipales. Estas obras se distinguieron por su diseño neogótico, sus motivos floridos y medievales, con reminiscencias románticas, sus ricos detalles y el gran uso del acero, el hierro y el cristal. En contraste, se construyeron muchísimas viviendas para acomodar a los obreros de las industrias.

Ejemplos: el Parlamento, Museo de Historia Natural; Albert Memorial; estación de St. Pancras; Tower Bridge.

Principales arquitectos: **sir Charles Barry** (1795-1860): proyectó el

Parlamento (▷ 92) tras su destrucción en el incendio de 1834. Un exponente de clasicismo.

Sir George Gilbert Scott (1811-1878): proyectó la estación de St. Pancras; se vio obligado a suavizar su diseño neogótico para el Ministerio de Asuntos Exteriores.

Augustus Welby Northmore Pugin (1812-1852): encabezó el movimiento neogótico y trabajó con Barry en el Parlamento, así como en el diseño de varias iglesias.

Alfred Waterhouse (1830-1905): proyectó el Museo de Historia Natural (▷ 112-113) y muchas iglesias.

William Butterfield (1814-1900): destacado exponente del estilo neogótico. Utilizó ladrillo de color rojo y capiteles de madera en la iglesia de All Saints (▷ 76).

Sir Aston Webb (1849-1930): uno de los presidentes de la Royal Academy, proyectó el Admiralty Arch, el ala este de la fachada frontal del palacio de Buckingham (▷ 79) y el Museo Victoria & Albert (▷ 144–149).

Victoriano tardío y eduardiano

A finales del siglo XIX William Morris fomentó el movimiento Artes y Oficios como reacción a la producción masiva, y con el objetivo de hacer que los objetos hechos a mano y las bellas artes se integraran en la vida cotidiana. Su influencia se extendió a la arquitectura, en forma de casas suburbanas de ladrillo, revestimientos de terracota, terrazas y grandes jardines. Los motivos orgánicos del modernismo fueron populares hasta más o menos 1914.

Ejemplos: Red House, Bexleyheath; Holy Trinity Church, Chelsea.

Principales arquitectos: **Philip Webb** (1831-1915): un exponente del interiorismo, diseñó muebles, carpintería metálica y joyas junto con Morris, y también edificios como la Red House, en Bexley Heath.

Sir Edwin Lutyens (1869-1944): proyectó el monumento funerario de Whitehall (▷ 151), así como muchas originales casas de campo fuera de Londres.

Sir Herbert Baker (1862-1946): trabajó con Lutyens. Conocido en el Reino Unido sobre todo por la controvertida reconstrucción que hizo del Banco de Inglatera. Proyectó la India House, en Aldwych, y la South Africa House, que da a Trafalgar Square, en estilo colonial.

Entreguerras

Tanto en edificios públicos como privados se hizo gran uso del *art déco,* es decir, líneas geométricas, colores atrevidos y motivos exóticos; y a menudo, poniendo de relieve el gran interés público por el descubrimiento de la tumba de Tutankamon por parte del arqueólogo Howard Carter, también con temas egipcios. Los materiales tradicionales como baldosas y vidrieras coloreadas se combinaron con modernos chapados de cromo.

Ejemplos: edificio de la BBC Broadcasting, Langham Place; Odeon Cinema, Islington; Hoover Building, Perivale; edificio del Daily Express, Fleet Street.

Principales arquitectos: **Berthold Lubetkin** (1901-1990): arquitecto ruso muy fecundo que en la década de 1930; realizó entre otros proyectos la Gorilla House y el Penguin Pool del zoológico de la ciudad de Londres (▷ 160).

Post Segunda Guerra Mundial

Después de 1945, los diseños se volvieron cada vez más austeros y macizos, lo que contribuyó al uso de materiales como el hormigón, sobre todo en los edificios de pisos típicos de la década de 1960, y los diseños ásperos, inacabados, del funcionalismo. En contraste, la alta tecnología propia de las décadas de 1970 y 1980 puso al descubierto el funcionamiento interior de los edificios públicos. El acero inoxidable y el cristal se convirtieron en materiales populares, y en la decoración proliferó el uso de colores brillantes y la iluminación.

Ejemplos: National Theatre y South Bank Centre (▷ 127); Lloyds Building (▷ 232); Millennium Bridge (▷ 100).

Principales arquitectos: **sir Richard Rogers** (1933-): proyectó el Lloyds Building.

Sir Norman Foster (1935-): responsable del Millennium Bridge (▷ 100) y del asombroso edificio de la sede de Swiss Re *(el Pepinillo)* (▷ 21).

LOS REINADOS DE LOS REYES Y REINAS INGLESES

Anglosajones
Primeros reyes sajones 886-1042
Eduardo el Confesor 1042-1066
Haroldo II 1066

Normandos
Guillermo I 1066-1087
Guillermo II 1087-1100
Enrique I 110-1135
Esteban 1135-1154

Angevines
Enrique II 1154-1189
Ricardo I 1189–1199
Juan 1199-1216

Plantagenet
Enrique III 1216-1272
Eduardo I 1272-1307
Eduardo II 1307-1327
Eduardo III 1327-1377
Ricardo II 1377-1399

Lancaster
Enrique IV 1399-1413
Enrique V 1413-1422
Enrique VI 1422-1461 y 1470-1471

York
Eduardo IV 1461-1470 y 1471-1483
Ricardo III 1483-1485

Tudor
Enrique VII 1485-1509
Enrique VIII 1509-1547
Eduardo VI 1547-1553
María I 1553-1558
Isabel I 1558-1603

Estuardo
Jacobo I (Jacobo VI of Escocia) 1603-1625
Carlos I 1625-1649

Interregno
Commonwealth 1649-1653
Protectorado 1653-1659

Estuardo
Carlos II 1660-1685
Jacobo II 1685-1688
Guillermo III (de Orange) 1688-1702 y María II 1688-1694
Ana 1702-1714

Hannover
Jorge I 1714-1727
Jorge II 1727-1760
Jorge III 1760-1820
Jorge IV 1820-1830
Guillermo IV 1830-1837
Victoria 1837-1901

Saxe-Coburg Gotha
Eduardo VII 1901-1910

Windsor
Jorge V 1910-1936
Eduardo VIII 1936
Jorge VI 1936-1952
Isabel II 1952

CRONOLOGÍA DE LA HISTORIA DE LONDRES

43 d. de C.
El emperador Claudio invade Britania y no tarda en crear un puerto de aguas profundas, Londinium.

200
Los romanos levantan una muralla en torno a Londinium, ahora capital de Britania Superior.

400
Los romanos se retiran de Britania.

886
El rey sajón Alfredo arrebata la ciudad, ahora llamada Lundenberg, a los vikingos.

1042
El rey Eduardo el Confesor convierte Londres en la capital de Inglaterra y establece su Corte en Westminster.

1066
El invasor normando Guillermo el Conquistador derrota al rey Harold en Hastings. Empieza a construir la Torre de Londres.

1176
Peter de Colechurch construye el Puente de Londres, el primer paso de piedra de la ciudad.

1477
William Caxton publica el primer libro impreso de Inglaterra en su imprenta de Westminster.

1485
Cuando empiezan a reinar los Tudor, Londres es la ciudad de Europa con mayor crecimiento.

1529
El cardenal Thomas Wolsey no le concede el divorcio a Enrique VIII y cae en desgracia.

1531
Inigo Jones proyecta la primera plaza de Londres, la Covent Garden Piazza.

1533
Enrique VIII rompe con Roma para casarse con Ana Bolena y se convierte en el jefe de la Iglesia de Inglaterra.

1536
Ana Bolena es ejecutada en la Torre de Londres el 17 de mayo, por lo que Enrique VIII es libre para casarse con su amante, Jane Seymour.

1649
Tras años de guerra civil, Carlos I es ejecutado en Whitehall. La Commonwealth (1649-1653) y el Protectorado (1653-1659) gobiernan hasta que Carlos II sube al trono en 1660.

1666
El Gran Incendio de Londres.

1675
Sir Christopher Wren empieza la catedral de St. Paul.

1694
William Paterson funda el Banco de Inglaterra para subvencionar la guerra de Guillermo y María con Francia.

1700
Londres es la ciudad mayor y más rica de Europa: 700.000 habitantes.

1759
Se inaugural el British Museum, el primer museo público de Londres.

1800-1900
La población de Londres pasa de 1 a 6,5 millones de habitantes; entre 1811 y 1817 se construyen 14 puentes sobre el Támesis, y 15 estaciones de tren entre 1846 y 1874.

1802
Londres se convierte en el mayor puerto del mundo.

1816–28
John Nash traza Regent Street, Regent's Park y Regent's Canal.

1829
Sir Robert Peel crea la Metropolitan Police Force; da comienzo un servicio de transporte público con caballos.

1834
Se incendia y derrumba el palacio de Westminster; en 1847 ya está en pie su sustituto.

1851
Tiene lugar en Hyde Park la Gran Exposición.

1863
Se inaugura el primer tren urbano subterráneo de todo el mundo. En 1890 el primer metro recorre la Northern Line.

1922
Primer programa radiofónico diario emitido desde Savoy Hill; BBC se creó en 1927; primeras transmisiones de televisión desde el Alexandra Palace en 1936.

1939-45
Los bombardeos destruyen un tercio de la City de Londres y gran parte de sus muelles.

1951
Festival of Britain celebrado en las instalaciones del South Bank Centre.

Década 1960
Carnaby Street y King's Road se convierten en el centro del movimiento «Swinging London».

1974
El mercado central de frutas y verduras de Covent Garden se traslada al sur de Londres y se reaprovecha el lugar.

1981
Da comienzo la reurbanización de la zona portuaria para convertirse en un área comercial y residencial.

1985
Se abole la autoridad local de Londres, el Greater London Council.

1994
Viajan los primeros trenes Eurostar desde la estación de Waterloo a París por el túnel del Canal de la Mancha.

2000
Se inaugura el Ojo de Londres para conmemorar el nuevo milenio. Elegido el nuevo alcalde de Londres y restablecida la Greater London Authority.

2003
A fin de disminuir el tráfico en el centro de Londres, y en medio de una gran controversia, se implanta la tasa de tráfico.

2005
Se selecciona Londres para los Juegos Olímpicos del 2012. Atentado terrorista en el centro de Londres.

2007
En junio, Gordon Brown se convierte en primer ministro, sustituyendo a Tony Blair, que estuvo en el cargo durante diez años. En noviembre, se vuelve a abrir la maravillosamente renovada estación de St. Pancras para convertirse en la nueva sede para el Eurostar.

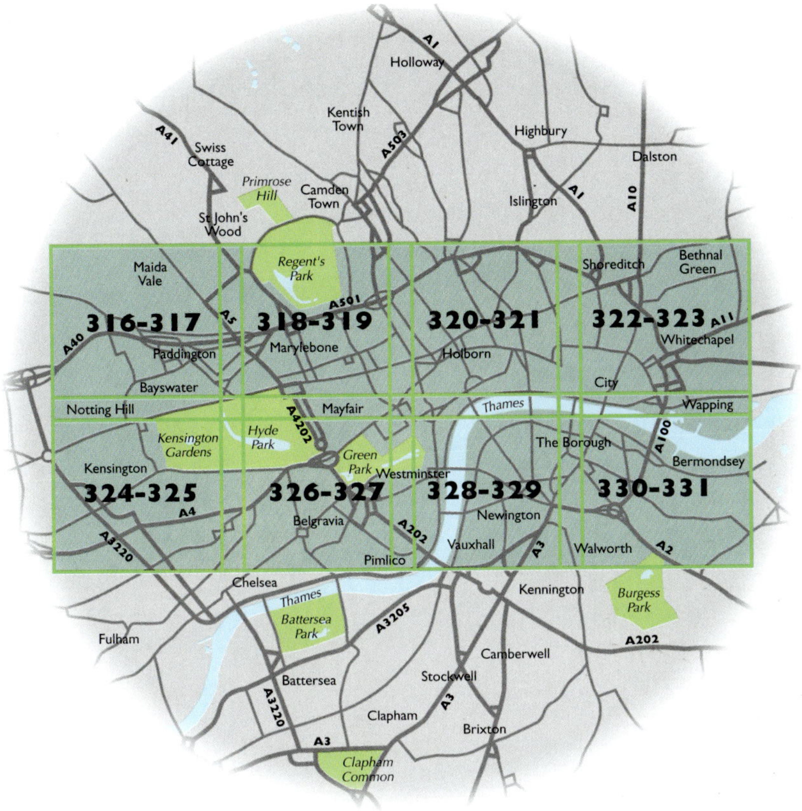

A carretera simple / doble

B carretera simple / doble

Otra carretera

Carretera secundaria / camino

Límite de carga de la zona de la congestión central de Londres

Estación de ferrocarril

Parque

Edificio importante

Lugar de interés especial

Monumento / estatua

Oficina de información turística

Iglesia

Estación de metro

Estación de tren

Aparcamiento

316-331 0 500 m

Mapas

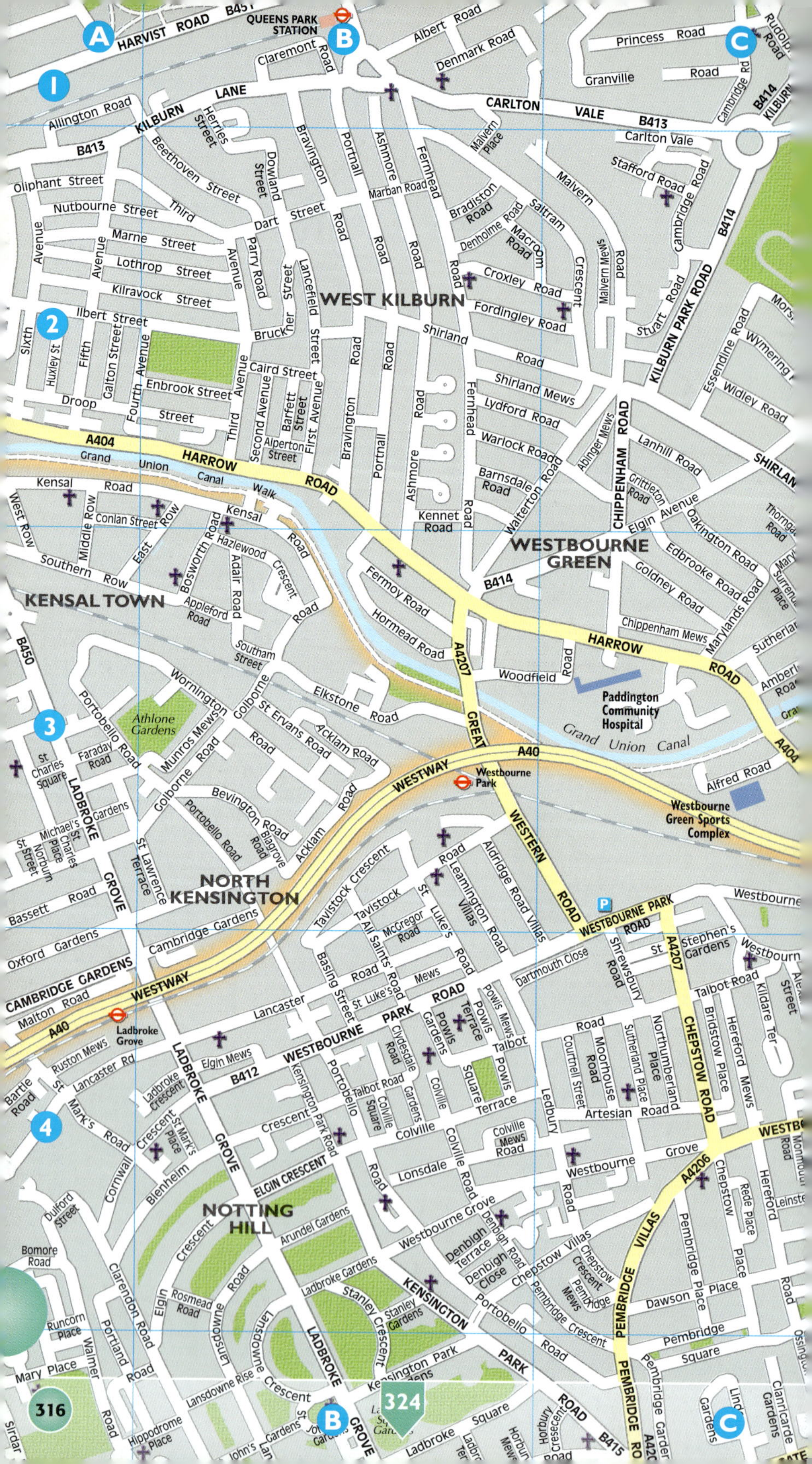

A
B
C
1
2
3
4
HARVIST ROAD
B451
QUEENS PARK STATION
Claremont Road
Albert Road
Denmark Road
Princess Road
Granville Road
Rudolph Road
Cambridge Rd
B414
KILBURN
Allington Road
KILBURN LANE
B413
CARLTON VALE
B413
Carlton Vale
Malvern Place
Herries Street
Beethoven Street
Dowland Street
Bravington Road
Portnall Road
Ashmore Road
Fernhead Road
Marban Road
Bradiston Road
Denholme Road
Macroom Road
Saltram Crescent
Malvern Road
Malvern Mews
Stafford Road
Cambridge Road
Stuart Road
KILBURN PARK ROAD
Oliphant Street
Nutbourne Street
Third Avenue
Dart Street
Marne Street
Lothrop Street
Kilravock Street
Avenue
Parry Road
Bruckner Street
Lancefield Street
WEST KILBURN
Croxley Road
Fordingley Road
Shirland Road
Ilbert Street
Sixth
Huxley St
Fifth
Galton Street
Fourth Avenue
Caird Street
Enbrook Street
Droop Street
Second Avenue
Barfett Street
First Avenue
Alperton Street
Shirland Mews
Lydford Road
Warlock Road
Barnsdale Road
Walterton Road
Abinger Mews
CHIPPENHAM ROAD
Essendine Road
Wymering Road
Widley Road
Lanhill Road
SHIRLAND
Morshead
A404
HARROW ROAD
Grand Union Canal Walk
Kensal Road
West Row
Middle Row
Conlan Street
East Row
Kennet Road
Grittleton Road
Elgin Avenue
Oakington Road
Thorngate Road
Southern Row
Bosworth Road
Hazlewood Crescent
Adair Road
Fermoy Road
Hormead Road
WESTBOURNE GREEN
Edbrooke Road
Goldney Road
Marylands Road
Maryland Surrendale Place
KENSAL TOWN
Appleford Road
B414
Chippenham Mews
Sutherland
B450
Southam Street
A4207
Woodfield Road
HARROW ROAD
Amberley Road
Portobello Road
Wornington Road
Golborne Road
Elkstone Road
Paddington Community Hospital
Athlone Gardens
St Ervans Road
Acklam Road
GREAT WESTERN ROAD
Grand Union Canal
St Charles Square
Faraday Road
Munros Mews
A40
Westbourne Park
A404
Alfred Road
LADBROKE GROVE
Gardens
Bevington Road
WESTWAY
Westbourne Green Sports Complex
St Michael's Street
St Charles Place
Norburn Street
St Lawrence Terrace
Portobello Road
Bigrove Road
Acklam Road
Tavistock Crescent
Leamington Road Villas
Aldridge Road Villas
NORTH KENSINGTON
Bassett Road
Tavistock Road
St Luke's Road
McGregor Road
All Saints Road
WESTBOURNE PARK ROAD
Westbourne
Oxford Gardens
Cambridge Gardens
Basing Street
Mews
Dartmouth Close
Shrewsbury Road
St Stephen's Gardens
Westbourne
CAMBRIDGE GARDENS
WESTWAY
A4207
Talbot Road
Alexander Street
Malton Road
St Luke's Mews
Powis Terrace
Powis Mews
Talbot Road
Kildare Terrace
A40
Ladbroke Grove
Lancaster Road
WESTBOURNE PARK ROAD
Powis Gardens
Clydesdale Road
Powis Square
Courtnell Street
Moorhouse Road
Sutherland Place
Northumberland Place
CHEPSTOW ROAD
Bridstow Place
Hereford Mews
Ruston Mews
Elgin Mews
B412
Kensington Park Road
Talbot Road
Colville Square
Colville Gardens
Terrace
Ledbury Road
Artesian Road
Bartle Road
St Mark's Road
Lancaster Rd
Ladbroke Crescent
St Mark's Place
Crescent
Portobello
Colville
Colville Mews
Grove
WESTBOURNE
Monmouth Road
Cornwall Crescent
Blenheim Crescent
Colville Road
Lonsdale Road
Westbourne Grove
A4206
Chepstow Place
Rede Place
Hereford Road
Leinster
ELGIN CRESCENT
NOTTING HILL
Dulford Street
Arundel Gardens
Westbourne Grove
Denbigh Terrace
Denbigh Road
Chepstow Villas
Chepstow Crescent
Pembridge Mews
PEMBRIDGE VILLAS
Pembridge Place
Bomore Road
Clarendon Road
Crescent
Rosmead Road
Ladbroke Gardens
KENSINGTON
Denbigh Close
Portobello Road
Pembridge Crescent
Dawson Place
Runcorn Place
Portland Road
Elgin
Lansdowne Road
Stanley Crescent
Stanley Gardens
PARK
Pembridge Square
Walmer Road
Mary Place
Lansdowne Rise
Lansdowne Crescent
Kensington Park Gardens
ROAD
PEMBRIDGE RO
Pembridge Gardens
Linden Gardens
Clanricarde Gardens
Sirdar Road
Hippodrome Place
St John's Gardens
Ladbroke Square
Horbury Crescent
Horbury Mews
B415
A4204
Ossington
GATE

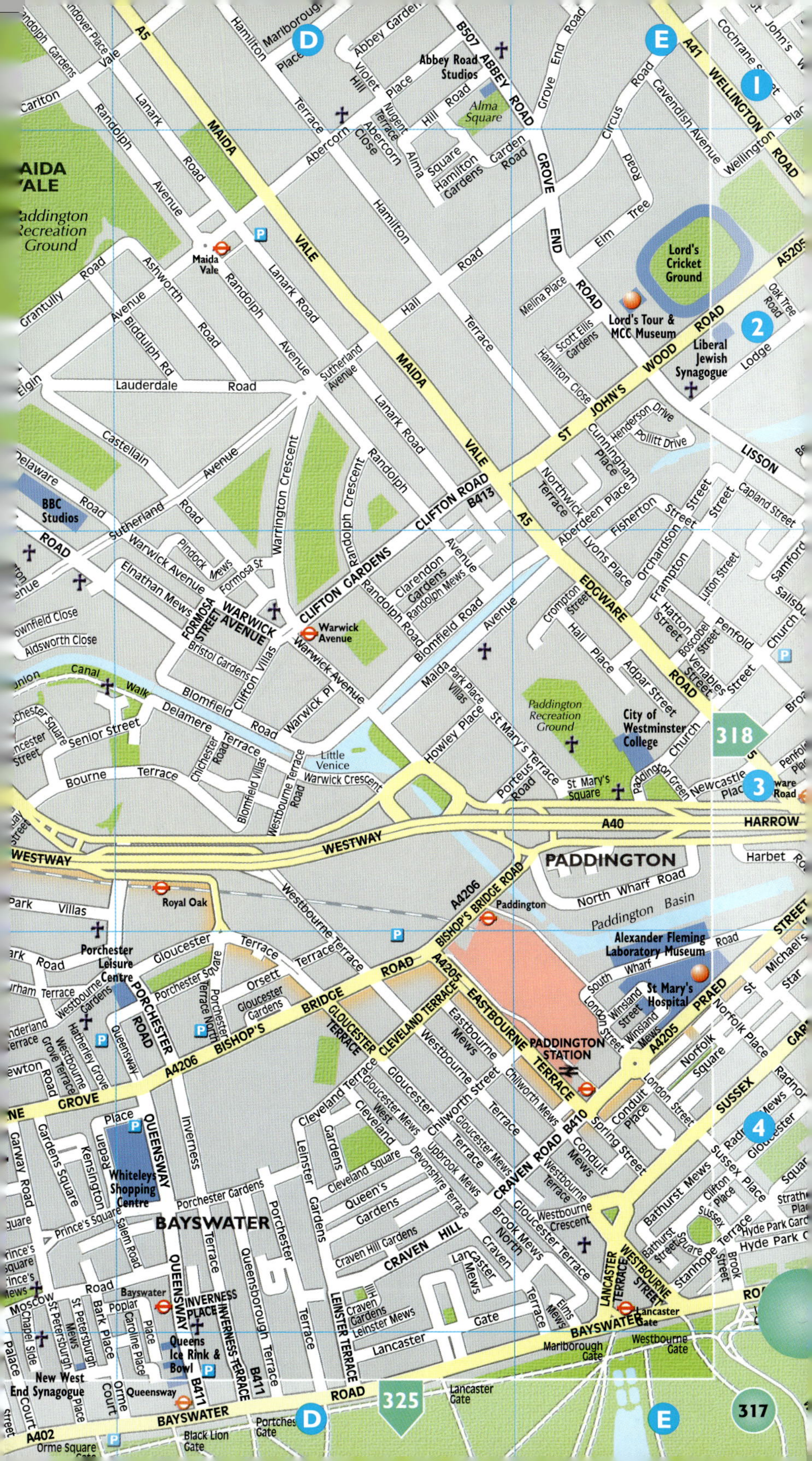
MAIDA VALE
Paddington Recreation Ground
Lord's Cricket Ground
Lord's Tour & MCC Museum
Liberal Jewish Synagogue
Abbey Road Studios
BBC Studios
Little Venice
PADDINGTON
Paddington Basin
Alexander Fleming Laboratory Museum
St Mary's Hospital
PADDINGTON STATION
City of Westminster College
Porchester Leisure Centre
Whiteleys Shopping Centre
BAYSWATER
Queens Ice Rink & Bowl
New West End Synagogue
318
325
317

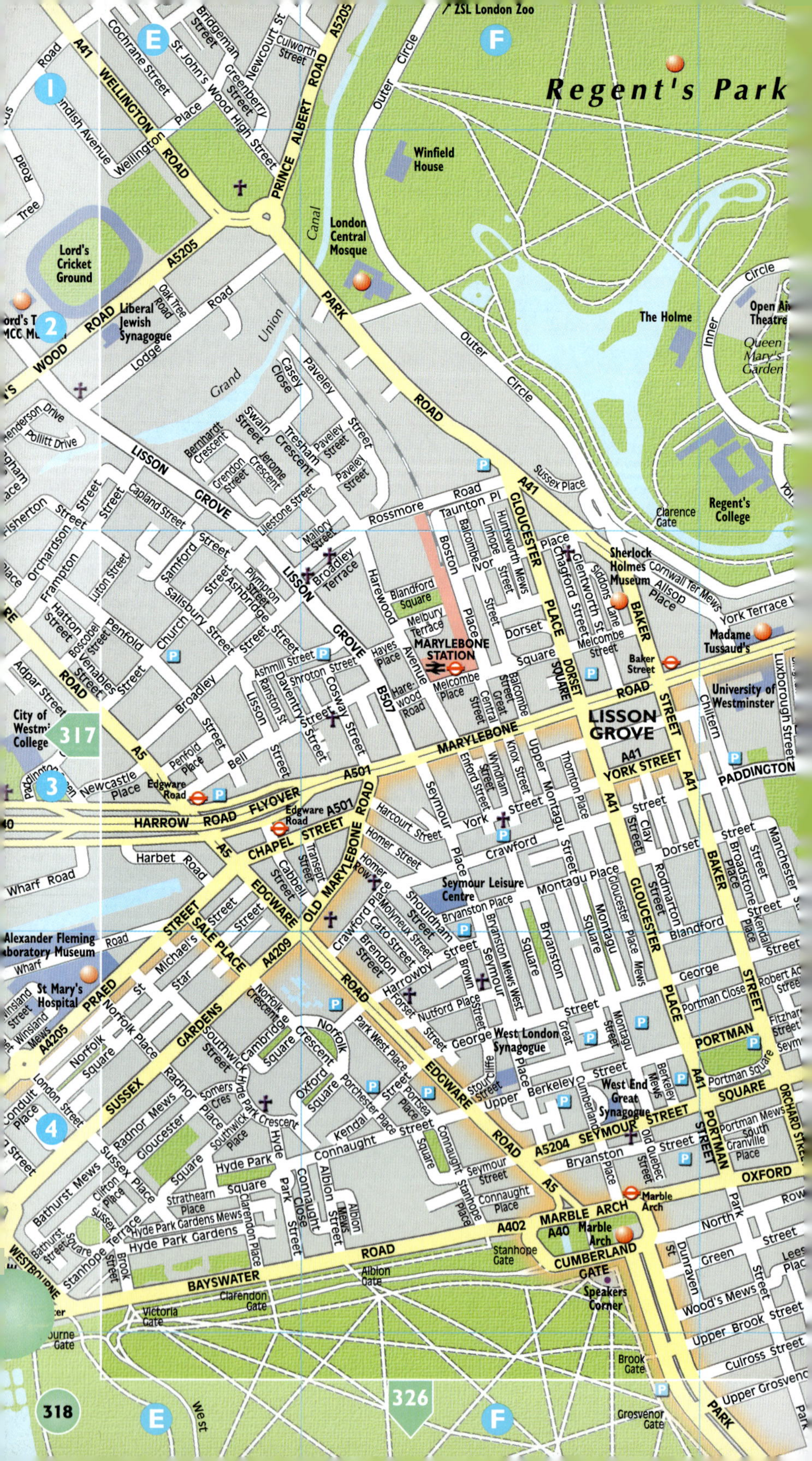
ZSL London Zoo
Regent's Park
Winfield House
London Central Mosque
Lord's Cricket Ground
Liberal Jewish Synagogue
The Holme
Open Air Theatre
Queen Mary's Gardens
Regent's College
Clarence Gate
Sherlock Holmes Museum
Madame Tussaud's
Baker Street
University of Westminster
City of Westminster College
MARYLEBONE STATION
LISSON GROVE
Edgware Road
Alexander Fleming Laboratory Museum
St Mary's Hospital
Seymour Leisure Centre
West London Synagogue
West End Great Synagogue
Marble Arch
Speakers Corner
Stanhope Gate
Albion Gate
Clarendon Gate
Victoria Gate
Brook Gate
Grosvenor Gate
Outer Circle
Inner Circle
Grand Union Canal
PRINCE ALBERT ROAD
WELLINGTON ROAD
ST JOHN'S WOOD ROAD
PARK ROAD
LISSON GROVE
MARYLEBONE ROAD
HARROW ROAD FLYOVER
EDGWARE ROAD
OLD MARYLEBONE ROAD
PRAED STREET
SUSSEX GARDENS
BAYSWATER ROAD
OXFORD STREET
BAKER STREET
GLOUCESTER PLACE
PORTMAN SQUARE
SEYMOUR STREET
CUMBERLAND GATE
PARK LANE
YORK STREET
CHAPEL STREET
DORSET SQUARE
A41
A5
A501
A5205
A4209
A4205
A5204
A402
A40
B507
E
F
1
2
3
4
317
318
326

SOMERS TOWN
Community Sports Centre
Regent's Park Barracks
REGENT'S PARK
OAKLEY SQUARE
HAMPSTEAD ROAD
EVERSHOLT STREET
Cumberland Gate
Chester Road
Outer Circle
Inner Circle
ALBANY STREET
Cumberland Market
Robert Street
Clarence Gardens
William Road
Munster Square
Longford Street
Drummond Street
University of Westminster
National Temperance Hospital
EUSTON STATION
EUSTON ROAD
Euston Square
University College London
Warren Street
Royal College of Physicians
Park Square
Outer Circle
York Terrace East
Royal Academy of Music
MARYLEBONE ROAD
Regent's Park
PARK CRESCENT
Great Portland Street
The London Clinic
Royal National Orthopaedic Hospital
GRAFTON WAY
University College Hospital
Petrie Museum
GOWER STREET
BT Tower
University of Westminster
UCL
TOTTENHAM COURT ROAD
320
MARYLEBONE
MARYLEBONE HIGH STREET
Central Synagogue
PORTLAND PLACE
Goodge Street
Middlesex Hospital
GOODGE STREET
Wallace Collection
LANGHAM PLACE
MORTIMER STREET
All Saints' Church
Postal Sorting Office
Wigmore Hall
CAVENDISH PLACE
CAVENDISH SQUARE
WIGMORE STREET
THAYER STREET
JAMES STREET
OXFORD STREET
Oxford Circus
REGENT STREET
GREAT PORTLAND STREET
Bond Street
Shopping Centre
Marshall Street Leisure Centre
SOHO
NEW BOND STREET
Handel House Museum
St George's Church
CONDUIT STREET
Roosevelt Memorial
US Embassy
Grosvenor Square
MAYFAIR
Church of the Immaculate Conception
327
Royal Academy of Arts
Burlington
PICCADILLY CIRCUS
Eros
Piccadilly Circus
SHAFTESBURY
319

SOMERS TOWN
Community Sports Centre
PENTONVILLE
KING'S CROSS STATION
KING'S CROSS THAMESLINK STATION
ST PANCRAS STATION
British Library
Royal National Throat, Nose & Ear Hospital
ST PANCRAS
EUSTON STATION
Elizabeth Garrett Anderson Hospital
EUSTON ROAD
Thomas Coram Foundation (The Foundling Museum)
Eastman Dental Hospital
University College
British Medical Association
Coram's Fields
Brunswick Shopping Centre
Charles Dickens Museum
University College London
University College Hospital
Percival David Foundation of Chinese Art
Petrie Museum
University of London
National Hospital for Sick Children (Great Ormond St)
National Hospital for Neurology & Neurosurgery
BLOOMSBURY
RADA
Royal London Homeopathic Hospital
University of London
Conway Hall
British Museum
The Cartoon Museum
HOLBORN
Holborn
Sir John Soane's Museum
Royal College of Surgeons
Postal Sorting Office
YMCA
ST GILES CIRCUS
Centre Point
Tottenham Court Road
ST GILES
Oasis Sports Centre
New Connaught Rooms
Old Curiosity Shop
London School of Economics & Political Science
SOHO
CAMBRIDGE CIRCUS
Royal Opera House
Covent Garden
Bush House (BBC)
Australia House
India House
Photographers' Gallery
CHINATOWN
St Paul's Church
London Transport Museum
Courtauld Institute of Art
Somerset House
King's College
Hermitage Rooms
St Peter's Hospital
Leicester Square
London Trocadero
STRAND
Royal Society of Arts
Gilbert Collection
PICCADILLY CIRCUS
Piccadilly Circus
National Portrait Gallery
National Gallery
Proud Gallery
Victoria Embankment Gardens
Savoy Pier
WATERLOO BRIDGE
319
320
328

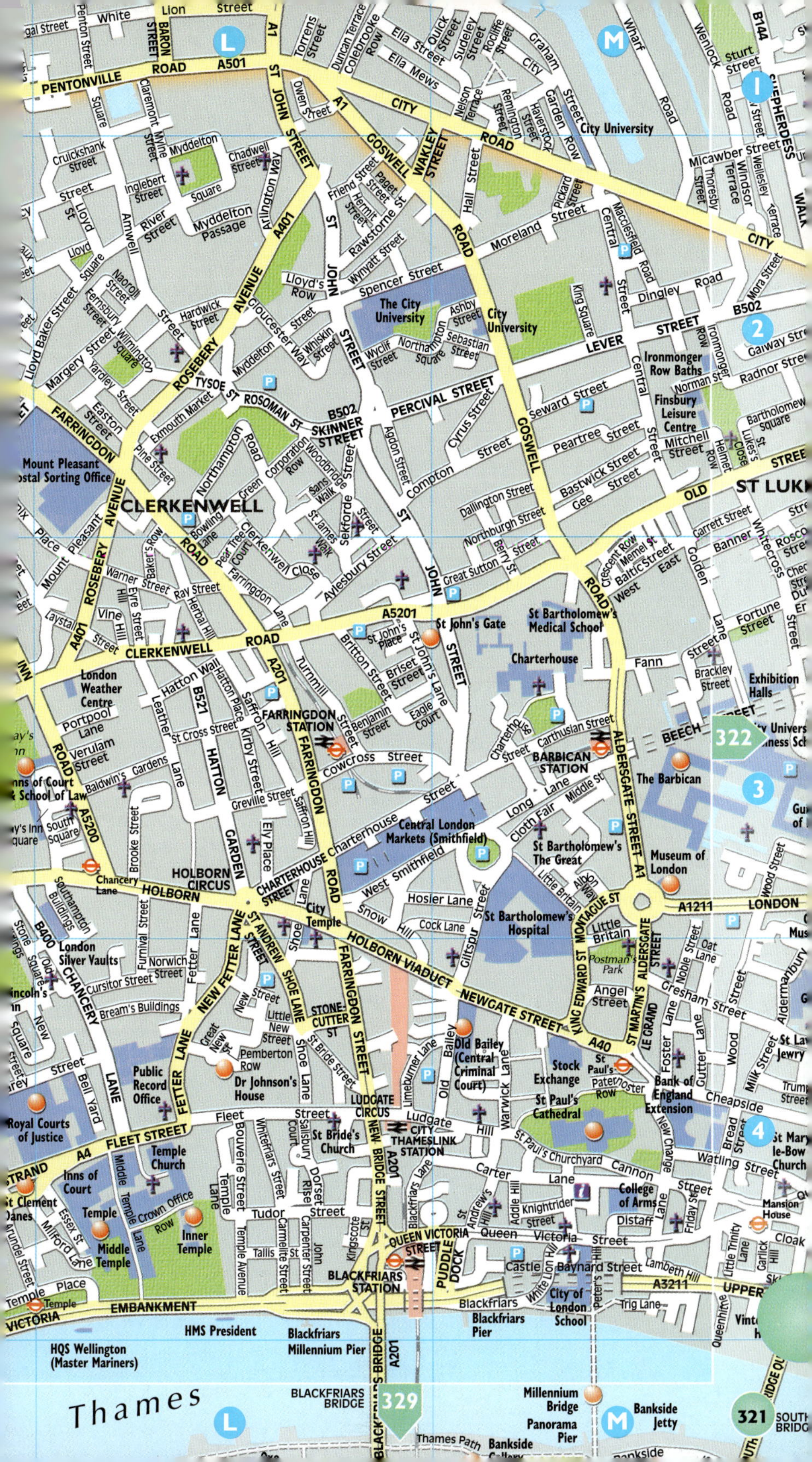

Pentonville Road
A501
Baron Street
White Lion Street
A1
St John Street
Torrens Street
Duncan Terrace
Colebrooke Row
Ella Street
Ella Mews
Quick Street
Sudeley Street
Rocliffe Street
Graham Street
City Road
Wharf Road
Wenlock Road
B144
Sturt Street
Shepherdess Walk
Owen Street
Claremont Square
Myddelton Street
Myddelton Square
Chadwell Street
Cruickshank Street
Inglebert Street
Arlington Way
Myddelton Passage
River Street
Amwell Street
Lloyd Square
Lloyd Baker Street
Goswell Road
Wakley Street
Hall Street
Friend Street
Paget Street
Hermit Street
Rawstorne St
Remington Street
Nelson Terrace
Haverstock Street
Garden Row
City University
Micawber Street
Thoresby Street
Windsor Terrace
Wellesley Terrace
Moreland Street
Pickard Street
Macclesfield Road
Central Street
Wynyatt Street
Spencer Street
Lloyd's Row
The City University
Ashby Street
Sebastian Street
Northampton Square
Wyclif Street
Dingley Road
Mora Street
B502
Lever Street
Ironmonger Row Baths
Galway Street
Radnor Street
King Square
Rosebery Avenue
A401
Gloucester Way
Whiskin Street
Hardwick Street
Naoroji Street
Fernsbury Street
Wilmington Square
Margery Street
Yardley Street
Tysoe St
Rosoman St
Exmouth Market
Myddelton Street
Skinner Street
Percival Street
Cyrus Street
Seward Street
Norman St
Finsbury Leisure Centre
Bartholomew Square
Mitchell Street
Lizard Street
Helmet Row
St Luke's Close
Old Street
St Luke's
Farringdon Road
Easton Street
Pine Street
Northampton Road
Corporation Row
Woodbridge Street
Agdon Street
Compton Street
Peartree Street
Bastwick Street
Gee Street
Mount Pleasant Postal Sorting Office
CLERKENWELL
Bowling Green Lane
Sans Walk
St James Walk
Sekforde Street
Dallington Street
Northburgh Street
Garrett Street
Banner Street
Roscoe Street
Whitecross Street
Mount Pleasant
Baker's Row
Pear Tree Court
Clerkenwell Close
Aylesbury Street
Great Sutton Street
Berry St
Crescent Row
Memel St
Baltic Street East
Baltic Street West
Golden Lane
Warner Street
Ray Street
Herbal Hill
Farringdon Lane
Eyre Street Hill
Vine Hill
Laystall Street
Clerkenwell Road
A5201
St John's Place
St John's Gate
St Bartholomew's Medical School
Fortune Street
Charterhouse
Fann Street
Brackley Street
Exhibition Halls
London Weather Centre
Hatton Wall
Hatton Place
Saffron Hill
Turnmill Street
Britton Street
Briset Street
St John's Lane
Portpool Lane
Leather Lane
B521
St Cross Street
Kirby Street
Farringdon Station
Benjamin Street
Eagle Court
Charterhouse Square
Carthusian Street
Barbican Station
Beech Street
Verulam Street
Baldwin's Gardens
Hatton Garden
Cowcross Street
Aldersgate Street
322
City University Business School
The Barbican
3
Inns of Court School of Law
Gray's Inn South Square
A5200
Brooke Street
Greville Street
Saffron Hill
Ely Place
Charterhouse Street
Central London Markets (Smithfield)
Long Lane
Cloth Fair
Middle St
St Bartholomew's The Great
Museum of London
Wood Street
Chancery Lane
Holborn
Holborn Circus
Charterhouse Street
West Smithfield
Hosier Lane
Little Britain
Albion Way
Montague St
A1211
London Wall
Southampton Buildings
Stone Buildings
B400
London Silver Vaults
Furnival Street
Fetter Lane
Norwich Street
St Andrew Street
Shoe Lane
City Temple
Snow Hill
Cock Lane
Giltspur Street
St Bartholomew's Hospital
Postman's Park
Noble Street
Oat Lane
Aldermanbury
Lincoln's Inn
Chancery Lane
Cursitor Street
Bream's Buildings
New Fetter Lane
New Street
Little New Street
Great New Street
Stonecutter Street
Holborn Viaduct
Newgate Street
King Edward St
Angel Street
St Martin's le Grand
Gresham Street
Foster Lane
Gutter Lane
Wood Street
Milk Street
St Lawrence Jewry
New Square
Bell Yard
Public Record Office
Pemberton Row
Dr Johnson's House
Shoe Lane
St Bride Street
Limeburner Lane
Old Bailey
Old Bailey (Central Criminal Court)
Warwick Lane
Stock Exchange
St Paul's
A40
Paternoster Row
Bank of England Extension
Cheapside
Trump Street
Royal Courts of Justice
Fleet Street
A4
Ludgate Circus
Ludgate Hill
City Thameslink Station
St Bride's Church
Salisbury Court
Whitefriars Street
Bouverie Street
St Paul's Cathedral
St Paul's Churchyard
Cannon Street
Bread Street
Watling Street
4
St Mary-le-Bow Church
Strand
St Clement Danes
Inns of Court
Temple Church
Middle Temple Lane
Crown Office Row
Temple
Middle Temple
Inner Temple
Essex St
Milford Lane
Arundel Street
Temple Lane
Tudor Street
Temple Avenue
Dorset Rise
Tallis St
Carmelite Street
Carpenter Street
John Carpenter Street
Kingscote St
New Bridge Street
A201
Blackfriars Lane
Carter Lane
St Andrew's Hill
Addle Hill
Knightrider Street
Queen Victoria Street
College of Arms
Distaff Lane
Friday St
New Change
Mansion House
Little Trinity Lane
Garlick Hill
Cloak Lane
Puddle Dock
Castle Baynard Street
White Lion Hill
Peter's Hill
Lambeth Hill
A3211
Upper Thames Street
Temple Place
Temple
Victoria Embankment
Blackfriars Station
Blackfriars
Blackfriars Pier
City of London School
Trig Lane
Queenhithe
Vintners' Hall
HMS President
HQS Wellington (Master Mariners)
Blackfriars Millennium Pier
Blackfriars Bridge
329
Millennium Bridge
Panorama Pier
Bankside Jetty
Thames Path
Bankside
Bankside Gallery
Thames
321
Southwark Bridge

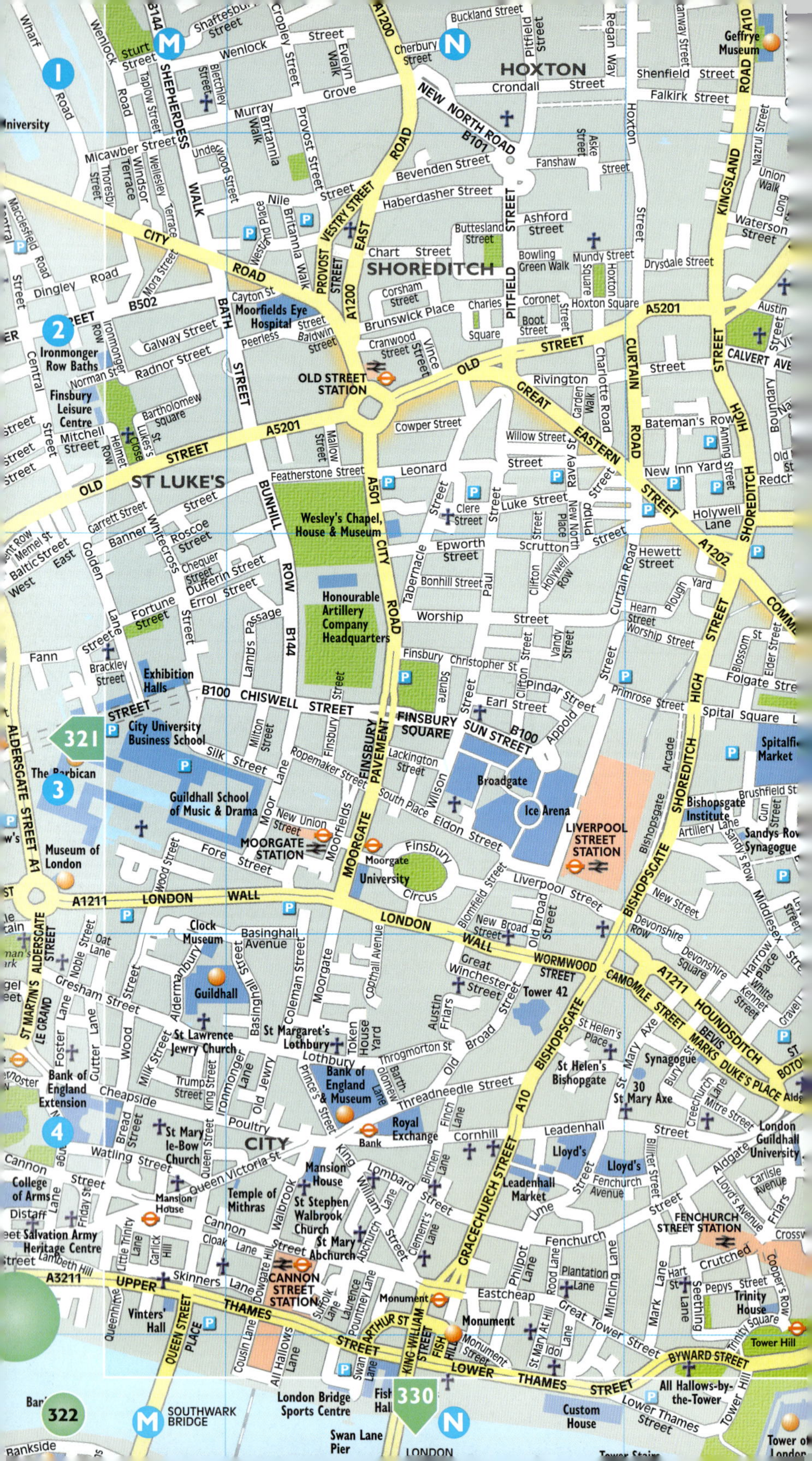

HOXTON
SHOREDITCH
ST LUKE'S
CITY
Geffrye Museum
Moorfields Eye Hospital
OLD STREET STATION
Ironmonger Row Baths
Finsbury Leisure Centre
Wesley's Chapel, House & Museum
Honourable Artillery Company Headquarters
Exhibition Halls
City University Business School
The Barbican
Guildhall School of Music & Drama
Museum of London
MOORGATE STATION
Moorgate University
FINSBURY SQUARE
Broadgate
Ice Arena
LIVERPOOL STREET STATION
Spitalfields Market
Bishopsgate Institute
Sandys Row Synagogue
Clock Museum
Guildhall
St Lawrence Jewry Church
St Margaret's Lothbury
Bank of England & Museum
Bank of England Extension
Royal Exchange
Bank
Tower 42
St Helen's Bishopgate
Synagogue
30 St Mary Axe
London Guildhall University
St Mary le-Bow Church
College of Arms
Mansion House
Temple of Mithras
St Stephen Walbrook Church
St Mary Abchurch
Lloyd's
Leadenhall Market
FENCHURCH STREET STATION
Salvation Army Heritage Centre
CANNON STREET STATION
Vinters' Hall
Monument
Trinity House
Tower Hill
All Hallows-by-the-Tower
Custom House
London Bridge Sports Centre
Swan Lane Pier
SOUTHWARK BRIDGE
CITY ROAD
OLD STREET
GREAT EASTERN STREET
SHOREDITCH HIGH STREET
KINGSLAND ROAD
NEW NORTH ROAD
EAST ROAD
BISHOPSGATE
LONDON WALL
MOORGATE
FINSBURY PAVEMENT
CHISWELL STREET
BUNHILL ROW
ALDERSGATE STREET
UPPER THAMES STREET
LOWER THAMES STREET
GRACECHURCH STREET
KING WILLIAM STREET
HOUNDSDITCH
CAMOMILE STREET
WORMWOOD STREET
BYWARD STREET
Cheapside
Poultry
Cornhill
Leadenhall Street
Fenchurch Street
Threadneedle Street
Queen Victoria St
Cannon Street
Eastcheap
A1200
A501
A5201
A1211
A10
A3211
A1202
B502
B144
B100
B101
321
322
330
1
2
3
4

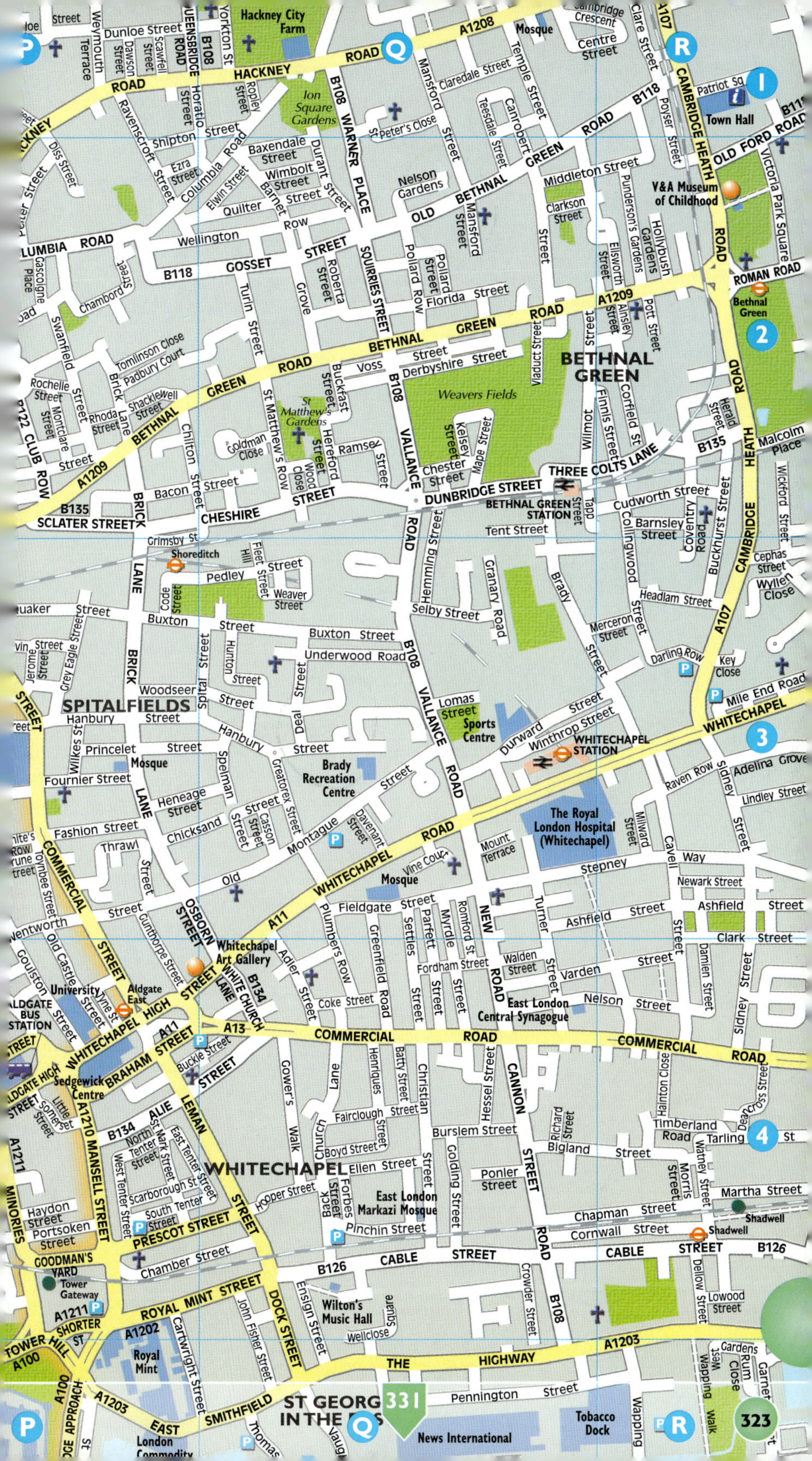
Hackney City Farm
Mosque
Cambridge Crescent
Centre Street
Clare Street
A107
Dunloe Street
Weymouth Terrace
Dawson Street
Scawfell Street
Queensbridge Road
B108
Yorkton St
Hackney Road
A1208
Ion Square Gardens
Claredale Street
Temple Street
Mansford Street
Patriot Sq
Town Hall
Cambridge Heath Road
Old Ford Road
B118
Victoria Park Square
Ravenscroft Street
Horatio Street
Ropley Street
B108 Warner Place
St Peter's Close
Teesdale Street
Canrobert Street
Poyser Street
Diss Street
Shipton Street
Baxendale Street
Durant Street
Ezra Street
Columbia Road
Wimbolt Street
Nelson Gardens
Old Bethnal Green Road
Middleton Street
Punderson's Gardens
V&A Museum of Childhood
Elwin Street
Barnet Street
Quilter Street
Clarkson Street
Row
Wellington
Hollybush Gardens
Columbia Road
Gascoigne Place
Chambord Street
B118
Gosset Street
Roberta Street
Squirries Street
Pollard Row
Pollard Street
Ellsworth Street
Roman Road
Bethnal Green
Turin Street
Grove
Florida Street
A1209
Bethnal Green Road
Ainsley Street
Pott Street
Swanfield Street
Tomlinson Close
Padbury Court
Viaduct Street
Voss Street
Derbyshire Street
Bethnal Green
Rochelle Street
Brick Lane
Shacklewell Street
St Matthew's Gardens
Buckfast Street
B108
Weavers Fields
Wilmot Street
Finnis Street
Corfield St
Herald Street
Malcolm Place
Montclare Street
Rhoda Street
Goldman Close
Hereford Street
Ramsey Street
Kelsey Street
Mape Street
Club Row
B122
A1209
Chilton Street
St Matthew's Row
Wood Close
Chester Street
Vallance Road
Three Colts Lane
B135
Bacon Street
Dunbridge Street
Bethnal Green Station
Tapp Street
Cudworth Street
Wickford Street
B135
Sclater Street
Cheshire Street
Grimsby St
Tent Street
Barnsley Street
Coventry Road
Buckhurst Street
Cambridge Heath
Shoreditch
Fleet Street
Hill
Pedley Street
Weaver Street
Hemming Street
Granary Road
Brady Street
Collingwood Street
Cephas Street
Wyllen Close
Code Street
Headlam Street
Quaker Street
Buxton Street
Selby Street
Mercerton Street
Grey Eagle Street
Jerome Street
Hunton Street
Buxton Street
Underwood Road
Darling Row
Key Close
A107
Spital Street
Deal Street
Woodseer Street
Mile End Road
Spitalfields
Hanbury Street
Lomas Street
Sports Centre
Durward Street
Winthrop Street
Whitechapel
Whitechapel Station
Wilkes St
Princelet Street
Mosque
Hanbury Street
Brady Recreation Centre
Raven Row
Sidney Street
Adelina Grove
Lindley Street
Fournier Street
Lane
Heneage Street
Spelman Street
Greatorex Street
The Royal London Hospital (Whitechapel)
Millward Street
Fashion Street
Chicksand Street
Casson Street
Davenant Street
Montague Street
Whitechapel Road
Mount Terrace
Cavell Street
Way
Thrawl Street
Vine Court
Stepney
Newark Street
Commercial Street
Toynbee Street
Old Street
Mosque
Wentworth Street
Gunthorpe Street
Osborn Street
A11
Fieldgate Street
Plumbers Row
Greenfield Road
Settles Street
Parfett Street
Myrdle Street
Romford St
New Road
Turner Street
Ashfield Street
Ashfield Street
Clark Street
Old Castle Street
Goulston Street
Whitechapel Art Gallery
Adler Street
Fordham Street
Walden Street
Varden Street
Damien Street
Sidney Street
University Street
Aldgate East
B134
White Church Lane
Coke Street
Nelson Street
Aldgate Bus Station
Whitechapel High Street
A11
A13
Commercial Road
East London Central Synagogue
Commercial Road
Aldgate High Street
Braham Street
Buckle Street
Leman Street
Henriques Street
Batty Street
Christian Street
Hessel Street
Cannon Street Road
Hainton Close
Deancross Street
Sedgewick Centre
Little Somerset Street
A1210 Mansell Street
Gower's Walk
Lane
Fairclough Street
Burslem Street
Richard Street
Timberland Road
Tarling St
A1211
B134
Alie Street
North Tenter Street
St Mark Street
East Tenter Street
Church
Boyd Street
Bigland Street
Whitechapel
Ellen Street
Golding Street
Ponler Street
Watney Street
Morris Street
Martha Street
Minories
Haydon Street
West Tenter Street
Scarborough St
South Tenter Street
Hooper Street
Back Church Lane
Forbes Street
East London Markazi Mosque
Chapman Street
Shadwell
Portsoken Street
Prescot Street
Pinchin Street
Cornwall Street
Shadwell
Goodman's Yard
Chamber Street
B126
Cable Street
Cable Street
B126
Tower Gateway
Royal Mint Street
John Fisher Street
Dock Street
Ensign Street
Wilton's Music Hall
Square
Crowder Street
B108
Dellow Street
Lowood Street
A1211
Shorter St
A1202
Wellclose
A1203
Tower Hill
A100
Royal Mint
Cartwright Street
The Highway
West Gardens
Rum Close
Garnet Street
Wapping Lane
A100
Tower Bridge Approach
A1203
East Smithfield
St George in the East
331
Pennington Street
Wapping Wall
Tobacco Dock
St
London Commodity
Thomas More Street
Vaughan Way
News International
Wapping Walk

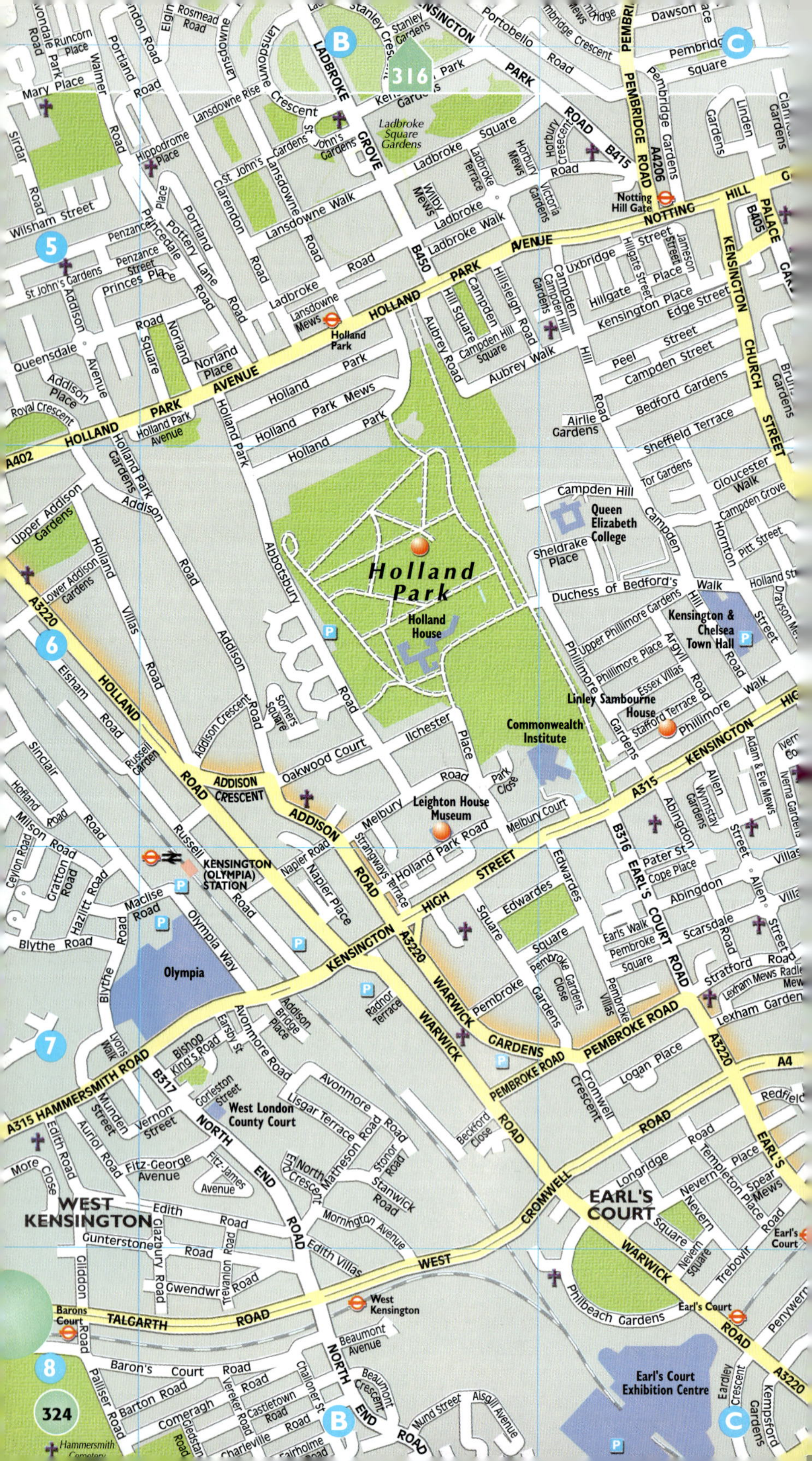

316
B
C
5
6
7
8
324
Holland Park
Holland House
Holland Park
Ladbroke Square Gardens
Queen Elizabeth College
Kensington & Chelsea Town Hall
Linley Sambourne House
Commonwealth Institute
Leighton House Museum
KENSINGTON (OLYMPIA) STATION
Olympia
West London County Court
WEST KENSINGTON
EARL'S COURT
Earl's Court Exhibition Centre
Notting Hill Gate
West Kensington
Barons Court
Earl's Court
Hammersmith Cemetery
HOLLAND PARK AVENUE
NOTTING HILL
KENSINGTON CHURCH STREET
KENSINGTON HIGH STREET
HOLLAND ROAD
ADDISON CRESCENT
HAMMERSMITH ROAD
NORTH END ROAD
WEST CROMWELL ROAD
TALGARTH ROAD
WARWICK ROAD
WARWICK GARDENS
PEMBROKE ROAD
EARL'S COURT ROAD
PEMBRIDGE ROAD
LADBROKE GROVE
KENSINGTON PARK ROAD
A402
A3220
A315
A4206
B415
B450
B405
B316
B317
A4
Abbotsbury Road
Addison Road
Holland Villas Road
Ilchester Place
Melbury Road
Holland Park Road
Phillimore Gardens
Campden Hill Road
Edwardes Square
Pembroke Gardens
Abingdon Road
Scarsdale Villas
Olympia Way
Blythe Road
Avonmore Road
Lisgar Terrace
Edith Road
Gunterstone Road
Baron's Court Road
Comeragh Road
Lexham Gardens
Logan Place
Cromwell Crescent
Philbeach Gardens
Nevern Square
Trebovir Road
Templeton Place
Longridge Road
Beaumont Avenue
Penzance Street
St John's Gardens
Royal Crescent
Queensdale Road
Norland Square
Lansdowne Walk
Ladbroke Walk
Aubrey Walk
Bedford Gardens
Sheffield Terrace
Duchess of Bedford's Walk
Airlie Gardens
Camden Hill

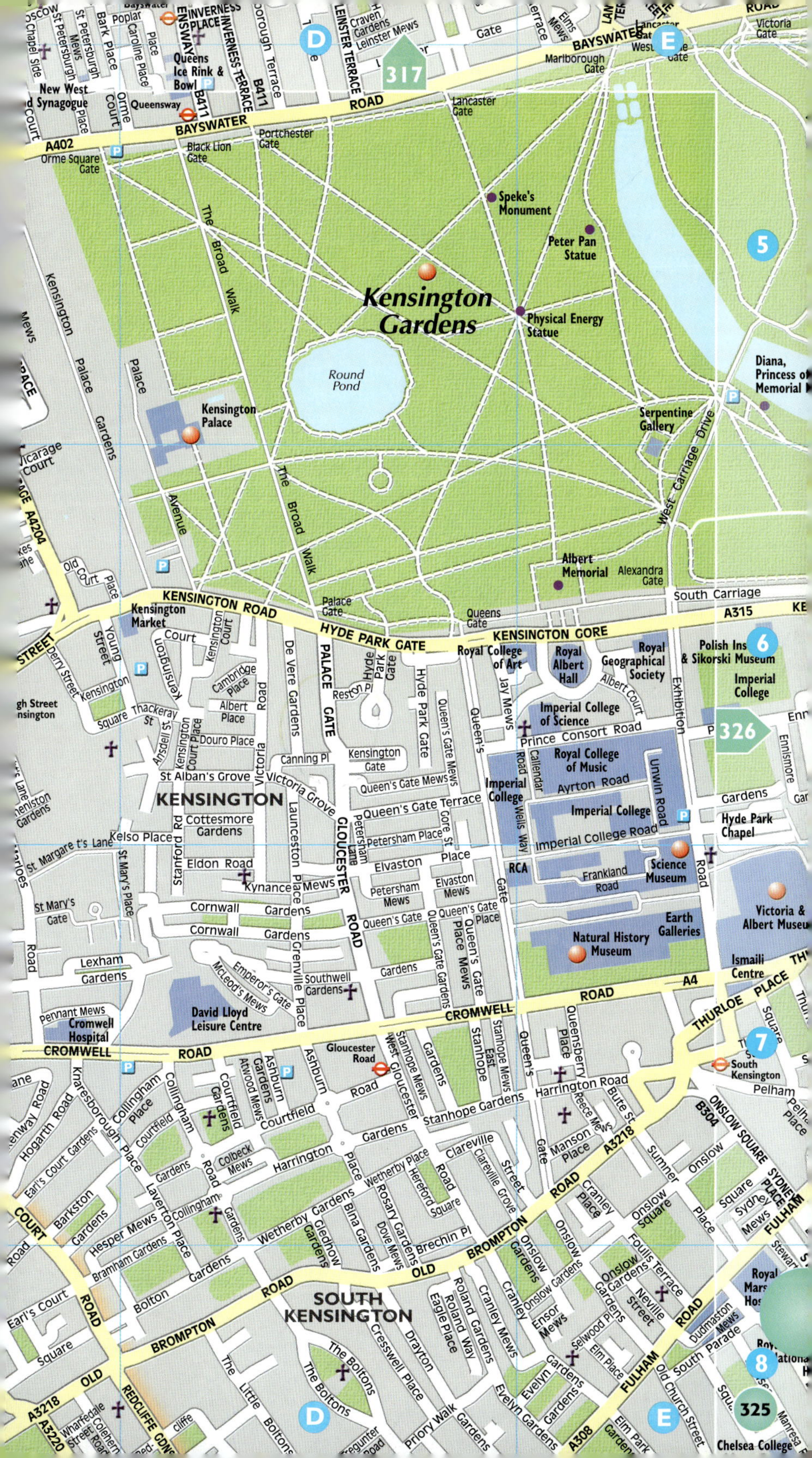

Kensington Gardens
Round Pond
Kensington Palace
Speke's Monument
Peter Pan Statue
Physical Energy Statue
Serpentine Gallery
Diana, Princess of Wales Memorial
Albert Memorial
Royal Albert Hall
Royal College of Art
Royal Geographical Society
Imperial College
Royal College of Music
Science Museum
Natural History Museum
Earth Galleries
Victoria & Albert Museum
Kensington Market
David Lloyd Leisure Centre
Cromwell Hospital
Queens Ice Rink & Bowl
New West End Synagogue
Hyde Park Chapel
Ismaili Centre
KENSINGTON
SOUTH KENSINGTON
BAYSWATER ROAD
KENSINGTON ROAD
HYDE PARK GATE
KENSINGTON GORE
CROMWELL ROAD
OLD BROMPTON ROAD
FULHAM ROAD
GLOUCESTER ROAD
PALACE GATE
The Broad Walk
West Carriage Drive
South Carriage Drive
Exhibition Road
Queen's Gate
Prince Consort Road
Imperial College Road
Thurloe Place
Onslow Square
The Boltons
317
326
325
Chelsea College

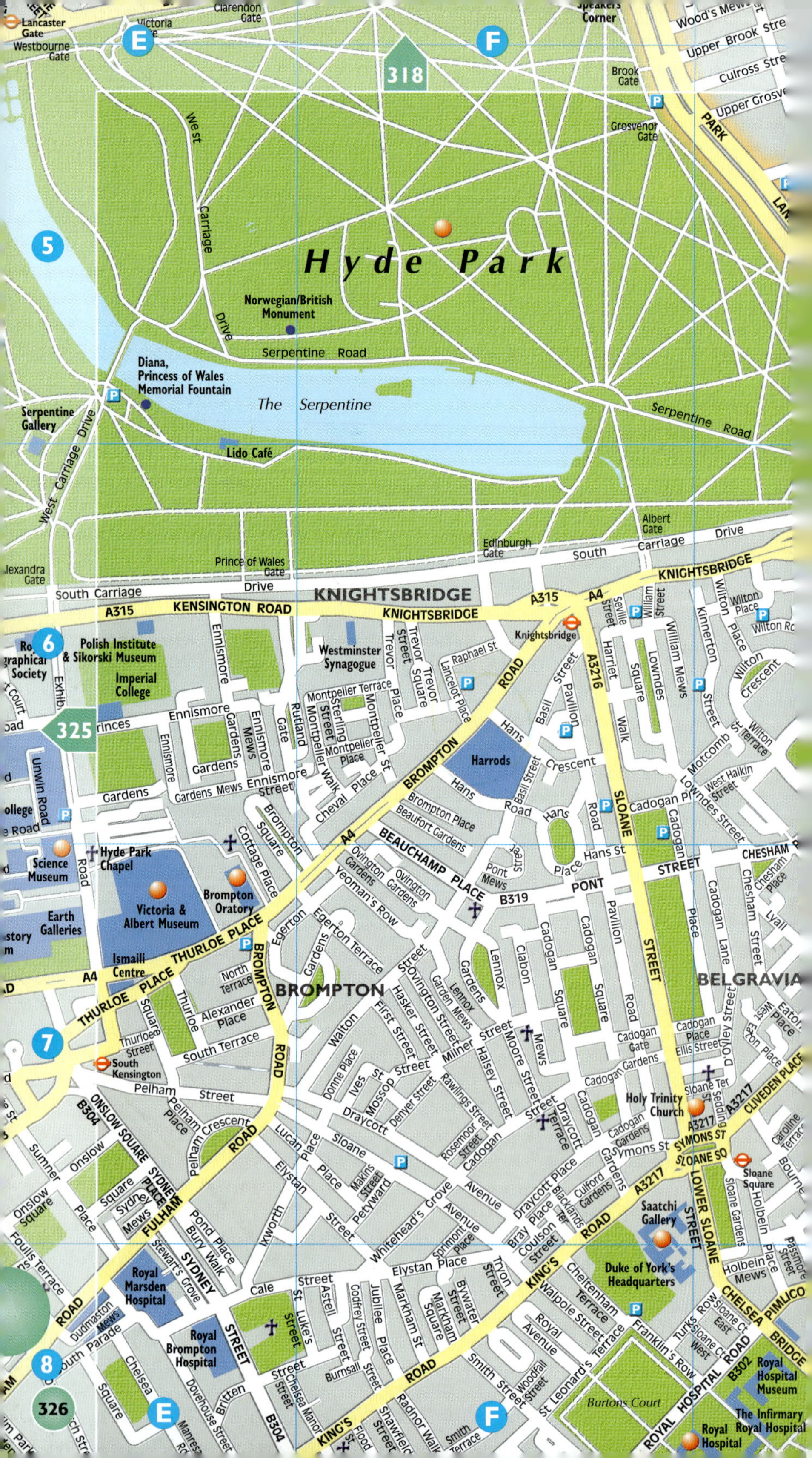

Lancaster Gate
Victoria Gate
Clarendon Gate
Speakers Corner
Wood's Mews
Westbourne Gate
E
F
318
Upper Brook Street
Culross Street
Brook Gate
Upper Grosvenor
Grosvenor Gate
PARK LANE
West Carriage Drive
5
Hyde Park
Norwegian/British Monument
Serpentine Road
Diana, Princess of Wales Memorial Fountain
The Serpentine
Serpentine Gallery
Lido Café
Albert Gate
Edinburgh Gate
South Carriage Drive
Prince of Wales Gate
Alexandra Gate
KNIGHTSBRIDGE
A315
KENSINGTON ROAD
A4
6
Polish Institute & Sikorski Museum
Royal Geographical Society
Imperial College
Westminster Synagogue
Trevor Street
Trevor Square
Trevor Place
Raphael St
Lancelot Place
Knightsbridge
Seville Street
William Street
Wilton Place
Wilton Row
Kinnerton Street
Wilton Crescent
Harriet Walk
Lowndes Square
William Mews
A3216
Ennismore Gardens
Ennismore Mews
Ennismore Street
Ennismore Gardens Mews
Princes Gardens
325
Exhibition Road
Unwin Road
Montpelier Terrace
Montpelier Street
Montpelier Walk
Montpelier Place
Montpelier Square
Sterling Street
Rutland Gate
Cheval Place
BROMPTON ROAD
Basil Street
Pavilion Road
Hans Crescent
Harrods
Hans Road
Motcomb St
Wilton Terrace
West Halkin Street
Lowndes Street
Cadogan Pl
SLOANE STREET
Imperial College
Science Museum
Hyde Park Chapel
Victoria & Albert Museum
Brompton Oratory
Brompton Square
Cottage Place
Brompton Place
Beaufort Gardens
BEAUCHAMP PLACE
Ovington Gardens
Ovington Square
Yeoman's Row
Hans St
Hans Place
Pont Mews
PONT STREET
B319
CHESHAM STREET
Chesham Place
Lyall
Cadogan Lane
Cadogan Place
Earth Galleries
Natural History Museum
Ismaili Centre
THURLOE PLACE
Egerton Gardens
Egerton Terrace
North Terrace
Alexander Place
BROMPTON
BELGRAVIA
Lennox Gardens
Lennox Gardens Mews
Clabon Mews
Cadogan Square
Ovington Street
Hasker Street
First Street
Walton Street
Milner Street
Moore Street
Halsey Street
Cadogan Gate
Cadogan Gardens
Ellis Street
D'Oyley Street
West Eaton Place
Eaton Place
Thurloe Square
Thurloe Street
South Terrace
7
South Kensington
Pelham Street
Pelham Place
Pelham Crescent
ONSLOW SQUARE
B304
Donne Place
Ives St
Mossop Street
Denyer Street
Rawlings Street
Draycott Avenue
Draycott Place
Holy Trinity Church
Sloane Ter
Sedding St
A3217
CLIVEDEN PLACE
SYMONS ST
SLOANE SQ
Sloane Square
Caroline Terrace
Bourne Street
Lucan Place
Elystan Place
Sloane Avenue
Makins Street
Rosemoor Street
Cadogan Street
Culford Gardens
Blacklands Ter
Symons St
Sumner Place
Onslow Gardens
Onslow Square
SYDNEY PLACE
Sydney Mews
FULHAM ROAD
Pond Place
Bury Walk
Ixworth Place
Petyward
Whitehead's Grove
Elystan Street
Bray Place
Coulson Street
Saatchi Gallery
LOWER SLOANE STREET
Sloane Gardens
Holbein Place
Holbein Mews
Passmore Street
Duke of York's Headquarters
Foulis Terrace
Royal Marsden Hospital
Stewart's Grove
SYDNEY STREET
Cale Street
Elystan Place
Sprimont Place
Tryon Street
KING'S ROAD
Cheltenham Terrace
Walpole Street
Turks Row
Sloane Ct East
Sloane Ct West
CHELSEA BRIDGE ROAD
PIMLICO ROAD
Franklin's Row
Royal Avenue
Dudmaston Mews
South Parade
8
326
Chelsea Square
Royal Brompton Hospital
St Luke's Street
Astell Street
Godfrey Street
Jubilee Place
Markham St
Markham Square
Markham Street
Bywater Street
Burnsall Street
Chelsea Manor Street
Britten Street
Dovehouse Street
Manresa Road
Smith Street
Woodfall Street
St Leonard's Terrace
Burtons Court
ROYAL HOSPITAL ROAD
B302
Royal Hospital Museum
The Infirmary Royal Hospital
Royal Hospital
Radnor Walk
Shawfield Street
Flood St
Smith Terrace

MAYFAIR
Church of the Immaculate Conception
Faraday Museum
Royal Academy of Arts
Burlington Arcade
PICCADILLY CIRCUS
Eros
Piccadilly Circus
Trocadero Centre
HAYMARKET
REGENT STREET
St James's Church
PICCADILLY
Green Park
Spencer House
ST JAMES'S STREET
PALL MALL
Carlton House
Duke of York's Column
Marlborough House
St James's Palace
Clarence House
Queen's Chapel
Lancaster House
Green Park
St James's
St James's Park Lake
The Mall
Constitution Hill
Queen Victoria Memorial
Apsley House
Hyde Park Corner
Wellington Arch
Queen Mother Gate
PARK LANE
HYDE PARK CORNER
DUKE OF WELLINGTON PLACE
GROSVENOR PLACE
Buckingham Palace
Buckingham Palace Gardens
Queen's Gallery
Royal Mews
Guards Museum
Birdcage Walk
Wellington Barracks
Home Office
BUCKINGHAM GATE
Caxton Hall
Westminster City School
Westminster City Hall
VICTORIA STREET
LOWER GROSVENOR PLACE
BRESSENDEN PLACE
Westminster Cathedral
VICTORIA BUS STATION
VICTORIA STATION
Victoria Place Shopping Centre
The Colonnades Shopping Centre
VICTORIA RAIL/AIR TERMINAL
VICTORIA COACH STATION
BUCKINGHAM PALACE ROAD
EATON SQUARE
KING'S ROAD
ECCLESTON STREET
BELGRAVE PLACE
VAUXHALL BRIDGE ROAD
Queen Mother Sports Centre
RHS New Hall
RHS Old Hall
Gordon Hospital
ROCHESTER ROW
BELGRAVE ROAD
WARWICK WAY
PIMLICO
PIMLICO ROAD
EBURY BRIDGE
Chelsea Barracks
Ranelagh Gardens (site of Chelsea Flower Show)
Lupus Street
Glasgow Terrace
319
328
327
5
6
7
8

320
327
328
J
K
5
6
7
8
PICCADILLY CIRCUS
Eros
Piccadilly Circus
Trocadero Centre
Leicester Square
Leicester Square
Coventry Street
Irving St
National Portrait Gallery
National Gallery
St Martin-in-the-Fields
William IV Street
Chandos Pl
Maiden Lane
St Peter's Hospital
STRAND
Royal Society of Arts
Somerset House
Gilbert Collection
Hermitage Rooms
Savoy Pier
WATERLOO BRIDGE
Proud Gallery
John Adam Street
Adam Street
Savoy Place
Victoria Embankment Gardens
Cleopatra's Needle
Embankment Pier
Embankment
Festival Pier
Queen Elizabeth Hall
CHARING CROSS STATION
Villiers Street
Craven St
Benjamin Franklin House
Duncannon St
Trafalgar Square
Nelson's Column
Canada House
KING CHARLES I ISLAND
NORTHUMBERLAND AVE
COCKSPUR STREET
PALL MALL EAST
PALL MALL
HAYMARKET
REGENT STREET
Jermyn Street
St James's Church
Charles II Street
Orange Street
Suffolk Street
Panton Street
Whitcomb Street
ST MARTIN'S LANE
New Row
Bedford Street
Agar Street
Spring Gardens
Admiralty Arch
Government Offices
DEFRA
GOLDEN JUBILEE BRIDGE
Southbank Centre
Royal Festival Hall
Hispaniola
Carlton House Terrace
Duke of York Column
Institute of Contemporary Arts (ICA)
Carlton House
Marlborough House
Old Admiralty
Great Scotland Yard
Whitehall Place
Whitehall Court
Old War Office
Horse Guards Avenue
Banqueting House
Horse Guards Parade
ST JAMES'S
The Mall
Queen's Chapel
St James's Park
Lake
Privy Council Office
Downing St
Richmond Terrace
Ministry of Defence
Victoria Embankment
VICTORIA EMBANKMENT
Shell Centre
Jubilee Gardens
British Airways London Eye
Waterloo Millennium Pier
Dalí Universe
County Hall
London Aquarium
Belvedere Road
Chicheley Street
Foreign & Commonwealth Office
King Charles Street
Cenotaph
Government Offices
Derby Gate
Churchill Museum & Cabinet War Rooms
Treasury
GREAT GEORGE ST
PARLIAMENT STREET
Canon Row
Portcullis House
Westminster Millennium Pier
Westminster
BRIDGE STREET
A302
A23
WESTMINSTER BRIDGE ROAD
WESTMINSTER BRIDGE
Big Ben
Birdcage Walk
Guards Museum
Queen Anne's Gate
Old Queen Street
Queen Elizabeth II Conference Centre
Middlesex Guildhall
PARLIAMENT SQUARE
Central Hall
Tothill Street
Broadway
St James's Park
Home Office
Petty France
Caxton Street
Dacre Street
New Scotland Yard
Department of Trade & Industry
BROAD SANCTUARY
St Margaret's Westminster
Westminster Abbey
Palace of Westminster
Houses of Parliament
Florence Nightingale Museum
St Thomas' Hospital
LAMBETH PALACE ROAD
LAMBETH
Jewel Tower
Westminster School
Church House
ABINGDON STREET
Victoria Tower Gardens
Great College Street
VICTORIA STREET
Abbey Orchard Street
GREAT SMITH STREET
Old Pye Street
Strutton Ground
Perkin's Rents
Great Peter Street
Civil Service Recreation Centre
Cowley Street
Barton Street
Smith Square
St John's Concert Hall
Thames Path
Archbishop's Park
Lambeth Palace
Museum of Garden History
A3036
A3203
GREYCOAT PL
RHS New Hall
RHS Old Hall
Medway Street
Monck Street
MARSHAM STREET
HORSEFERRY ROAD
B323
B324
Thames House
LAMBETH BRIDGE
Dean Ryle Street
Page Street
WESTMINSTER
Vincent Street
Vincent Square
Millbank Tower
MILLBANK
Thorney Street
John Islip Street
Old Paradise Street
Whitgift Street
Black Prince Road
Salamanca Street
Randall Road
Gordon Hospital
The Greycoat Hospital
Regency Street
Douglas Street
Erasmus Street
Herrick Street
Tate Britain
Millbank Millennium Pier
ATTERBURY STREET
JOHN ISLIP STREET
Chelsea College of Art & Design
Thames
ALBERT EMBANKMENT
VAUXHALL
Jonathan Street
Tinworth Street
Glasshouse Walk
Laud Street
Vauxhall City Farm
Tyers Terrace
VAUXHALL BRIDGE ROAD
Tachbrook Street
Rampayne Street
Pimlico
BESSBOROUGH STREET
DRUMMOND GATE
Ponsonby Place
Ponsonby Terrace
A202
A3212
GROSVENOR RD
Lindsay Square
Bessborough Place
St George's Square
Aylesford Street
Chichester Street
VAUXHALL BRIDGE
VAUXHALL STATION

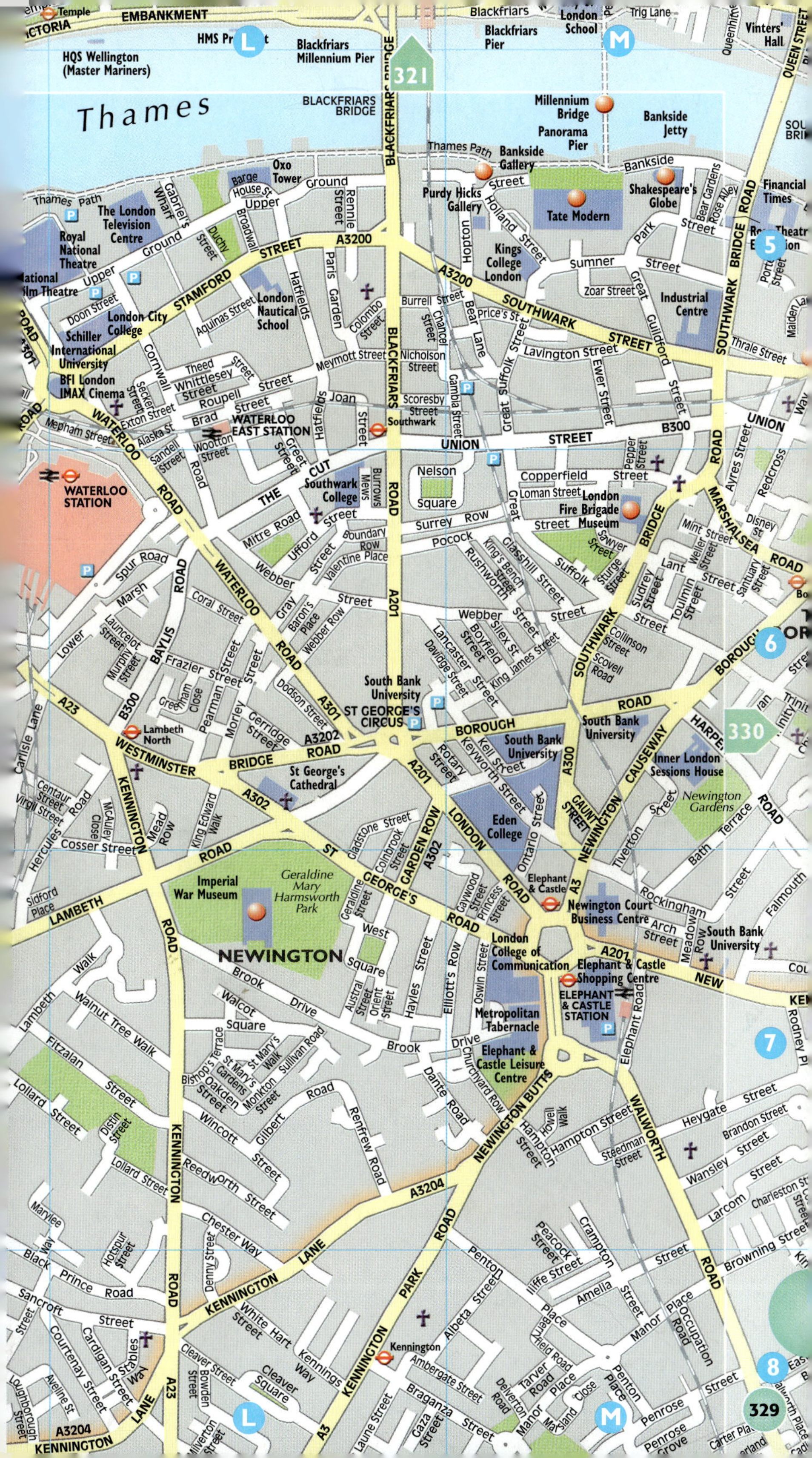

Temple
EMBANKMENT
VICTORIA
HMS President
HQS Wellington (Master Mariners)
Blackfriars Millennium Pier
Blackfriars
Blackfriars Pier
London School
Trig Lane
Queenhithe
Vinters' Hall
QUEEN STREET
321
Thames
BLACKFRIARS BRIDGE
Millennium Bridge
Panorama Pier
Bankside Jetty
Thames Path
Bankside Gallery
Bankside
Oxo Tower
Barge House St
Gabriel's Wharf
Upper Ground
Rennie Street
Purdy Hicks Gallery
Holland Street
Tate Modern
Shakespeare's Globe
Bear Gardens
Rose Alley
Financial Times
Thames Path
The London Television Centre
Royal National Theatre
National Film Theatre
Upper Ground
Duchy Street
Broadwall
STAMFORD STREET
A3200
Paris Garden
Hopton Street
Kings College London
Park Street
Sumner Street
Zoar Street
Great Guildford Street
Industrial Centre
SOUTHWARK BRIDGE ROAD
Rose Theatre Exhibition
Porter Street
Maiden Lane
Doon Street
London City College
Schiller International University
BFI London IMAX Cinema
Aquinas Street
London Nautical School
Hatfields
Colombo Street
Burrell Street
Chancel Street
Bear Lane
Price's St
A3200 SOUTHWARK STREET
Lavington Street
Ewer Street
Thrale Street
Cornwall Road
Theed Street
Whittlesey Street
Roupell Street
Meymott Street
Nicholson Street
Gambia Street
Suffolk Street
Secker Street
Exton Street
Mepham Street
Alaska St
Sandell Street
Brad Street
Wootton Street
WATERLOO EAST STATION
Joan Street
Scoresby Street
Southwark
Great Suffolk Street
B300
UNION STREET
Ayres Street
Redcross Way
WATERLOO STATION
WATERLOO ROAD
THE CUT
Great Street
Southwark College
Burrows Mews
BLACKFRIARS ROAD
Nelson Square
Pepper Street
Copperfield Street
Loman Street
London Fire Brigade Museum
Mitre Road
Ufford Street
Boundary Row
Surrey Row
Pocock Street
Valentine Place
Great Street
King's Bench Street
Rushworth Street
Glasshill Street
Sawyer Street
Suffolk Street
Sturge Street
BRIDGE
MARSHALSEA ROAD
Mint Street
Weller Street
Lant Street
Disney St
Toulmin Street
Sudrey Street
Sanctuary Street
Spur Road
Webber Street
Marsh
ROAD
Coral Street
Gray Street
Baron's Place
Webber Row
A201
Webber Street
Silex St
Boyfield Street
Lancaster Street
Davidge Street
King James Street
SOUTHWARK
Collinson Street
Scovell Road
BOROUGH
Lower
Launcelot Street
Murphy Street
BAYLIS
Frazier Street
Pearman Street
Greenham Close
Morley Street
Dodson Street
A301
South Bank University
ST GEORGE'S CIRCUS
BOROUGH ROAD
South Bank University
HARPER
330
Trinity
Carlisle Lane
A23
B300
Lambeth North
WESTMINSTER BRIDGE ROAD
Gerridge Street
A3202
St George's Cathedral
A201
Rotary Street
Kell Street
Keyworth Street
South Bank University
A300
CAUSEWAY
Inner London Sessions House
Newington Gardens
ROAD
Centaur Street
Virgil Street
Road
McAuley Close
Mead Row
King Edward Walk
A302
Gladstone Street
Colnbrook Street
GARDEN ROW
A302
LONDON ROAD
Eden College
Ontario Street
GAUNT STREET
NEWINGTON
Tiverton Street
Bath Terrace
Hercules
Cosser Street
KENNINGTON
ROAD
ST GEORGE'S ROAD
Imperial War Museum
Geraldine Mary Harmsworth Park
Geraldine Street
Gaywood Street
Princess Street
Elephant & Castle
A3
Newington Court Business Centre
Rockingham Street
Falmouth
Sidford Place
LAMBETH
ROAD
NEWINGTON
West Square
Hayles Street
Elliott's Row
Oswin Street
London College of Communication
Elephant & Castle Shopping Centre
A201
Arch Street
Meadow Row
South Bank University
NEW
Walk
Brook Drive
Walcot Square
Austral Street
Orient Street
Metropolitan Tabernacle
ELEPHANT & CASTLE STATION
Elephant Road
Rodney Pl
7
Lambeth
Walnut Tree Walk
Brook Drive
Fitzalan Street
Bishop's Terrace
St Mary's Gardens
St Mary's Walk
Sullivan Road
Churchyard Row
Elephant & Castle Leisure Centre
Lollard Street
Distin Street
Oakden Street
Monkton Street
Gilbert Road
Dante Road
NEWINGTON BUTTS
Howell Walk
Hampton Street
Hampton Street
Steedman Street
WALWORTH
Heygate Street
Brandon Street
Wansey Street
Wincott Street
Renfrew Road
Lollard Street
KENNINGTON
Reedworth Street
A3204
Larcom Street
Charleston Street
Marylee Way
Chester Way
ROAD
Peacock Street
Crampton Street
Browning Street
Black Prince Road
Hotspur Street
Denny Street
LANE
Penton Place
Iliffe Street
Amelia Street
ROAD
KENNINGTON LANE
PARK
Sancroft Street
Street
White Hart Street
Albeta Street
Manor Place
Occupation Road
Courtenay Street
Cardigan Street
Stables Way
Kennings Way
Kennington
Ambergate Street
Canterbury Place
Tarver Road
Penton Place
Penrose Street
8
Aveline St
Cleaver Street
Bowden Street
Cleaver Square
KENNINGTON ROAD
Deverton Road
Manor Place
Marsland Close
Penrose Grove
329
Carter Place
A23
Loughborough Street
A3204
KENNINGTON
LANE
Laune Street
Braganza Street
Gaza Street
A3
Walworth Place

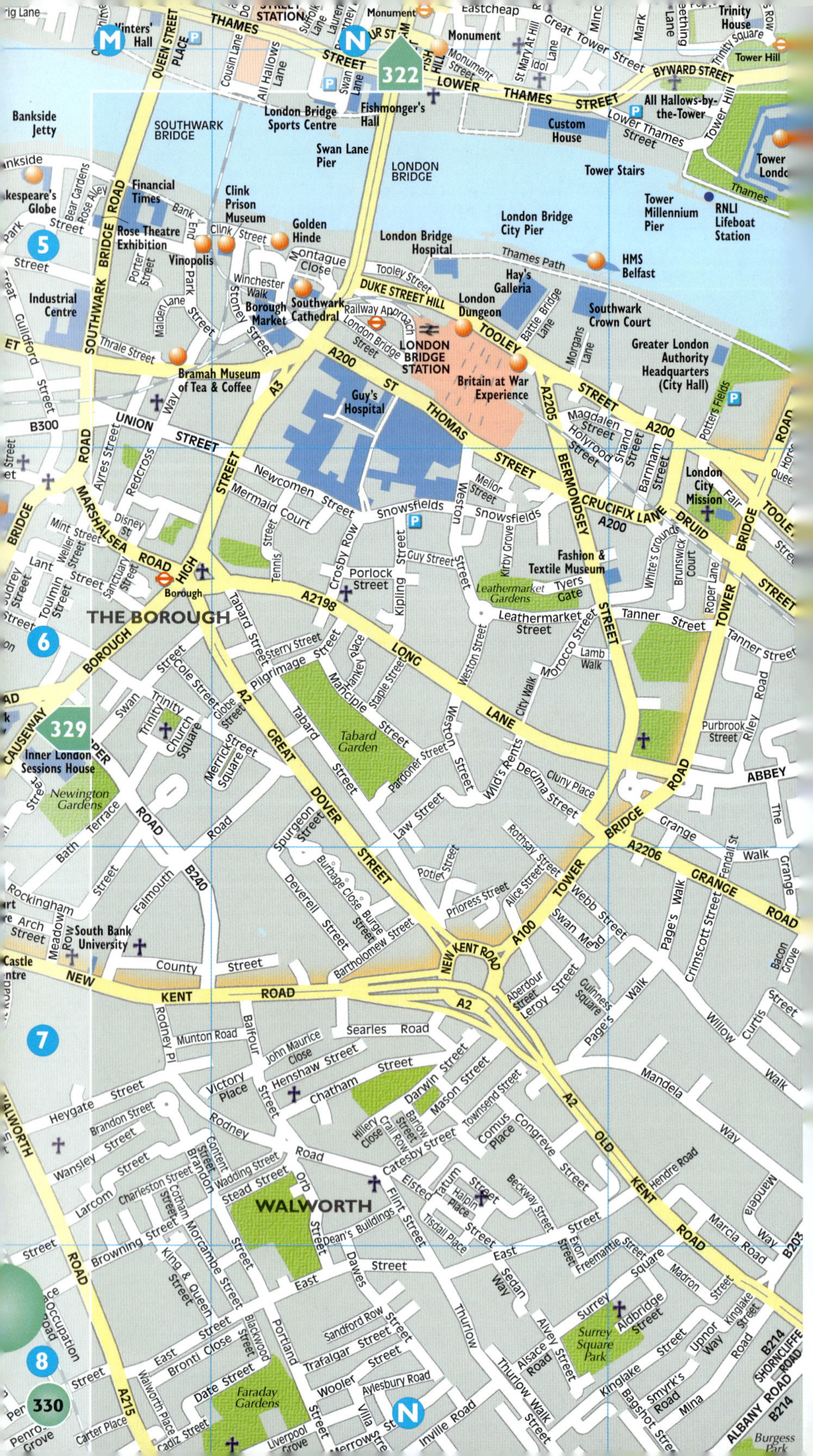

Vinters' Hall
Queen Street Place
Thames Street
Cousin Lane
All Hallows Lane
Monument
Eastcheap
Great Tower Street
Trinity House
Trinity Square
Tower Hill
Byward Street
322
Lower Thames Street
Fishmonger's Hall
London Bridge Sports Centre
Swan Lane Pier
London Bridge
Custom House
All Hallows-by-the-Tower
Lower Thames Street
Tower Stairs
Bankside Jetty
Southwark Bridge
Bankside
Shakespeare's Globe
Financial Times
Bear Gardens
Rose Alley
Park Street
Clink Prison Museum
Clink Street
Golden Hinde
Rose Theatre Exhibition
Vinopolis
Montague Close
London Bridge Hospital
London Bridge City Pier
Tower Millennium Pier
RNLI Lifeboat Station
Tower of London
Thames
Thames Path
HMS Belfast
Hay's Galleria
Winchester Walk
Borough Market
Southwark Cathedral
Tooley Street
Duke Street Hill
London Dungeon
Battle Bridge Lane
Southwark Crown Court
Industrial Centre
Southwark Bridge Road
Guildford Street
Thrale Street
Maiden Lane
Stoney Street
Railway Approach
London Bridge Street
London Bridge Station
Britain at War Experience
Morgans Lane
Greater London Authority Headquarters (City Hall)
Potters Fields
Bramah Museum of Tea & Coffee
A200
St Thomas Street
Guy's Hospital
A3
Union Street
B300
Redcross Way
Ayres Street
Marshalsea Road
Newcomen Street
Mermaid Court
Snowsfields
Weston Street
Mellor Street
Bermondsey Street
A2205
Magdalen Street
Holyrood Street
Shand Street
Barnham Street
Crucifix Lane
London City Mission
Druid Street
Tower Bridge Road
Mint Street
Weller Street
Disney St
Lant Street
Toulmin Street
Sanctuary Street
Borough High Street
Borough
Tennis Street
Crosby Row
Porlock Street
Kipling Street
Guy Street
Kirby Grove
Leathermarket Gardens
Fashion & Textile Museum
Tyers Gate
Leathermarket Street
White's Grounds
Brunswick Court
Roper Lane
Tanner Street
The Borough
Borough Road
A2198
Long Lane
Tabard Street
Sterry Street
Pilgrimage Street
Manciple Street
Staple Street
Weston Street
Morocco Street
Lamb Walk
City Walk
Cole Street
Trinity Street
Trinity Church Square
Swan Street
Globe Street
Merrick Square
A2
Great Dover Street
Tabard Garden
Pardoner Street
Wild's Rents
Decima Street
Cluny Place
Purbrook Street
Riley Road
Abbey Street
329
Inner London Sessions House
Newington Gardens
Newington Causeway
Harper Road
Bath Terrace
Spurgeon Street
Law Street
Rothsay Street
Grange Walk
Grange Road
A2206
Fendall St
The Grange
Rockingham Street
Falmouth Road
B240
Burbage Close
Deverell Street
Potier Street
Prioress Street
Alice Street
Webb Street
Swan Mead
Tower Bridge Road
A100
Page's Walk
Crimscott Street
Bacon Grove
Meadow Row
South Bank University
Elephant & Castle
New Kent Road
County Street
Bartholomew Street
Aberdour Street
Leroy Street
Guinness Square
Rodney Pl
Munton Road
Balfour Street
Searles Road
John Maurice Close
Henshaw Street
Victory Place
Chatham Street
Darwin Street
Mason Street
Townsend Street
Willow Walk
Curtis Street
Mandela Way
Heygate Street
Brandon Street
Wansley Street
Rodney Road
Hillery Close
Crail Row
Barlow Street
Comus Place
Congreve Street
Old Kent Road
Hendre Road
Larcom Street
Charleston Street
Cotham Street
Content Street
Wadding Street
Stead Street
Orb Street
Catesby Street
Elsted Street
Tatum Street
Halpin Place
Beckway Street
Walworth
Walworth Road
Browning Street
Morecambe Street
Dean's Buildings
Flint Street
Tisdall Place
East Street
Exon Street
Freemantle Street
Marcia Road
Madron Street
B203
King & Queen Street
Dawes Street
Sedan Way
Surrey Square
Aldbridge Street
Occupation Road
Blackwood Street
Portland Street
Sandford Row
Thurlow Street
Alvey Street
Surrey Square Park
Kinglake Street
Upnor Way
B214
Shorncliffe Road
Albany Road
East Street
Bronti Close
Trafalgar Street
Alsace Road
Smyrk's Road
Mina Road
Walworth Place
Date Street
Faraday Gardens
Wooler Street
Aylesbury Road
Thurlow Walk
Bagshot Street
A215
Carter Place
Cadiz Street
Liverpool Grove
Villa Street
Merrow Street
Inville Road
Penrose Grove
Burgess Park
5
6
7
8
330

323
331
P
Q
R
5
6
7
8
A1211
SHORTER ST
ROYAL MINT
A1202
Royal Mint
A100
TOWER BRIDGE APPROACH
A1203
EAST SMITHFIELD
Cartwright Street
John Fisher Street
DOCK STREET
Wilton's Music Hall
HIGHWAY
A1203
B108
Pennington Street
ST GEORGE IN THE EAST
News International
Tobacco Dock
Wapping Lane
Wapping Walk
Garnet Street
Gardens
Rum Close
London Commodity Exchange
Thomas More Street
Nesham Street
Vaughan Way
Asher Way
St Katharine Docks
St Katharine's Way
Mews Street
Anthony's Close
Kennet Street
Waterman Way
Reardon Street
Raine Street
Penang Street
Pearl Street
Prusom Street
TOWER BRIDGE
Tower Bridge
St Katharine Pier
WAPPING
Torrington Place
Smeaton Street
Vinegar Street
Watts Street
Cinnamon Street
Hermitage Wall
Lilley Close
Sampson Street
John Orwell Sports Centre
Tench Street
Reardon Path
Brewhouse Lane
Bridewell
Wapping Lane
Wapping
Wapping High Street
Butler's Wharf Pier
Wapping Pier Head
Knighten Street
Green Street
Dundee Street
Wapping High Street
Pier Head
Shad Thames
Thames Path
Curlew Street
Maguire Street
Design Museum
Thames
Cherry Garden Pier
ROTHERHITHE
Bermondsey Wall West
Providence Square
Jacob Street
Shad Thames
St Saviour's Dock
Mill Street
Wolseley Street
Chambers Street
Dockhead
Thames Path
Bermondsey Wall East
Bermondsey Wall East
Pottery Street
Cathay Street
Fulford Street
Elephant Lane
Mayflower Street
King's Stairs Gardens
JAMAICA ROAD
A200
John Felton Road
George Row
Llewellyn Street
Bevington St
Emba Street
Wilson Grove
Marigold Street
Cherry Garden Street
West Lane
Paradise Street
B205
Druid Street
Sweeney Crescent
Millstream Road
BERMONDSEY
Janeway Street
Scott Lidgett Crescent
JAMAICA ROAD
A200
Prospect Street
Culling Road
A200
B202
STREET
Old Jamaica Road
Marine Street
Bermondsey
Perryn Road
John Roll Way
Keeton's Road
Southwark Park Road
Enid Street
Maltby Street
Grange Walk
Neckinger
Frean Street
Thurland Road
St James's Road
Tranton Road
Drummond Road
Southwark Park
Bermondsey Town Hall
Spa Road
Rouel Road
Dockley Road
Collett Road
Storks Road
Webster Road
Clement's Road
Slippers Place
Park Approach
Vauban Street
Dunlop Place
Lucey Road
Southwark College
Banyard Road
Keyse Road
Alscot Road
Cadbury Way
Yalding Road
Rouel Road
Linsey Street
Macks Road
Lucey Way
Blue Anchor Lane
Rock Grove Way
Bombay Street
Layard Road
Henley Drive
Alexis Street
Alscot Way
SOUTHWARK PARK ROAD
A2206
Aspinden Road
Abbeyfield Road
Nelldale Road
Setchell Road
Fort Road
Balaclava Road
Alma Grove
Reverdy Road
Longley Street
Trothy Road
Strathnairn Street
Almond Road
RAYMOUTH ROAD
Anchor Street
Galleywall Road
Simms Road
Beatrice Road
Camilla Road
Rosebery Street
Tenda Road
DUNTON ROAD
Lynton Road
Milton Close
Bushwood Drive
Esmeralda Road
Monnow Road
Welsford Street
Cadet Drive
Chaucer Drive
MANDELA WAY
Paterson Park
Lynton Road
Hyson Road
A2208
NEW ROAD
Oxley Close
ROLLS ROAD
Abercorn Way
Rossetti Road
Stevenson Crescent
HUMPHREY STREET
Rowcross Street
Achilles Close
Sheppard Drive
Stubbs Drive
B204
St James's Road
Delaford Road
Credon Road
OLD KENT ROAD
Cooper's Road
Mawbey Place
Marlborough Grove
CATLIN STREET
Sherwood Gardens
ROTHERHITHE NEW ROAD
Masters Drive
Oakley Place
Nile Terrace
B215
Argyle Way
A2208
Ryder Drive
Barkworth Road

E

F

G

M

N

Los números de página en **negrita** indican la referencia principal

A

B

C

D

U

V

W

Y

Z

AGRADECIMIENTOS

Las abreviaturas de los créditos son las siguientes:
AA = AA World Travel Library, t (arriba), b (abajo), c (centro), l (izquierda), r (derecha)

COMPRENDER LONDRES

5cl AA/S McBride; **5c** AA/P Kenward; **5cr** AA/R Mort; **6cl** AA/R Mort; **6c** AA/P Kenward; **6cr** AA/M Jourdan; **7cl** AA/G Wrona; **7c** AA/J A Tims; **7cr** AA/J A Tims; **10tl** AA/P Kenward; **10tc** AA/R Strange; **10tr** AA; **10ct** AA/M Jourdan; **10c** AA; **10cr** AA/M Jourdan; **10bl** Digital Vision; **10bc** AA; **11tl** AA/W Voysey; **11tc** *Britain On View*; **11clt** AA; **11clb** *Britain On View*; **11cr** *Britain On View*; **11bl** Lincoln House Hotel; **11bc** *Britain On View*; **12tl** *Britain On View*; **12tr** *Britain On View*; **12cl** AA/M Jourdan; **12crt** AA/M Jourdan; **12crb** AA/M Jourdan; **12b** *Britain On View*.

VIVIR EN LONDRES

13 AA/S McBride; **14/15 bg** AA/S McBride; **14tl** AA/M Jourdan; **14tr** AA/M Jourdan; **14c** AA/S McBride; **14cr** AA/M Jourdan; **14clb** AA/N Setchfield; **14b** Clive Totman/Corporation of London; **15t** AA/M Jourdan; **15ct** AA/M Jourdan; **15cl** Patak's Spices; **15c** AA/M Jourdan; **15cr** Rex Features Ltd; **16/17bg** Empics Ltd; **16t** Empics Ltd; **16cl** Empics Ltd; **16cr** AA/M Jourdan; **16b** AA/A Kouprianoff; **17t** WSDL; **17cl** London Marathon Ltd; **17cr** AA; **17b** Empics Ltd; **18/19bg** AA/S McBride; **18t** AA/M Jourdan; **18cl** AA/M Jourdan; **18cr** Rex Features Ltd; **18b** AP/PA Photos; **19tl** Guards Polo Club; **19tr** Rex Features Ltd; **19cl** AA/R Victor; **19c** AA/L Allen; **19cr** The Royal Collection © 2003 Her Majesty Queen Elizabeth II/Derry Moore; **20/21bg** AA/M Jourdan; **20tc** AA/S McBride; **20tr** AA/M Jourdan; **20cl** *Britain On View*; **20cr** Rex Features Ltd; **20cb** AA/M Jourdan; **20b** AA/M Jourdan; **21tc** AA/M Jourdan; **21tr** AA/M Jourdan; **21cl** AA/S McBride; **21cb** Panorámica del horizonte desde el margen sur del río, fotomontaje de Smoothe; **22/23bg** AA/S & O Mathews; **22t** AA; **22cl** Downing Street, 10; **22c** Servicio de información de Houses of Parliament; **22cr** *Britain On View*; **23tl** AA/T Woodcock; **23tr** *Britain On View*; **23c** Clive Totman/Corporation of London; **23c** Greater London Authority/Melanie Cox; **23b** Getty Images; **24bg** *Britain On View*; **24tl** AA/J Miller; **24tr** *Britain On View*/Doug McKinlay; **24cl** Photodisc; **24c** Photodisc; **24cr** AA.

HISTORIA DE LONDRES

25 *Illustrated London News*; **26/27bg** AA/P Kenward; **26cl** AA/T Woodcock; **26c** AA/T Woodcock; **26cr** AA/T Woodcock; **26bl** AA; **26/27** AA/P Kenward; **27cl** AA; **27cr** AA 27b AA/S & O Mathews; **28/29bg** AA; **28tl** AA; **28tr** AA; **28bl** AA; **28/29** AA; **29tl** AA; **29tc** AA/J Welsh; **29tr** AA; **29bc** AA/P Kenward; **29br** AA; **30/31bg** AA/R Strange; **30cl** AA **30cr** AA; **30bl** AA; **30/31** AA/R Strange; **31cl** AA; **31cr** AA; **31bc** AA/S & O Mathews; **31br** AA; **32/33bg** AA; **32cl** AA; **32cr** AA/P Wilson; **32bl** AA; **32/33** AA; **33cl** AA; **33c** AA; **33cr** AA; **33bl** AA/P Wilson; **33br** AA/P Kenward; **34/35bg** AA/ M Trelawney; **34cl** *Britain On View*; **34cr** AA; **34bl** AA/G Wrona; **34/35** AA/M Trelawney; **35cl** AA; **35c** *Illustrated London News*; **35cr** AA; **35bl** AA/P Kenward; **35bc** *Illustrated London News*; **35br** AA; **36/37bg** Mary Evans Picture Library; **36cl** AA; **36c** AA; **36bl** AA/M Trelawney; **36/37** AA; **37cl** AA/P Kenward; **37c** *Illustrated London News*; **37cr** *Illustrated London News*; **37bl** AA/M Jourdan; **37br** *Illustrated London News*; **38/39bg** AA/S Gibson; **38cl** *Illustrated London News*; **38c** *Illustrated London News*; **38cr** *Illustrated London News*; **38bl** Hulton Archive/Getty Images; **38/39** Hulton Archive/Getty Images; **39cl** *Illustrated London News*; **39c** Hulton Archive/Getty Images; **39bl** Rex Features Ltd; **39bc** Rex Features Ltd; **39br** AA/R Strange; **40bg** AA/M Jourdan; **40b** *Britain On View*; **40r** Getty Images.

CÓMO MOVERSE

41 AA/M Jourdan; **42** Digital Vision; **43** Digital Vision; **44** Digital Vision; **45t** AA/N Setchfield; **45c** AA/S McBride; **46** Digital Vision; **47** Digital Vision; **48** AA/B Smith; **49t** AA/B Smith; **49c** AA/M Jourdan; **50t** AA/B Smith; **50c** *Britain On View*; **51** AA/B Smith; **52** AA/N Setchfield; **53t** AA/N Setchfield; **53c** AA/N Setchfield; **54t** AA/N Setchfield; **54cl** AA/M Jourdan; **54cr** AA/W Voysey; **55t** AA/N Setchfield; **55b** AA/W Voysey; **56t** *Britain On View*; **56cl** AA/B Smith; **56cr** *Britain On View*; **57t** AA/M Jourdan; **57cr** AA/M Jourdan;
57cl AA; **58** Digital Vision; **59** Digital Vision; **60** Digital Vision; **61** Digital Vision; **62** Digital Vision; **63** Digital Vision; **64** AA/S McBride.

ZONAS TURÍSTICAS

65 AA/R Victor; **70cl** *Britain On View*; **70cr** AA/J A Tims; **71cl** AA/T Woodcock; **71cr** *Britain On View*; **72cl** AA/R Victor; **72cr** AA/J A Tims; **73cl** AA/J McMillan; **73cr** Andy Paradise/Museo del Transporte de Londres; **74cl** AA/R Turpin; **74cr** AA/S McBride; **75cl** AA/R Victor; **75cr** AA/S Gibson; **76t** *Britain On View*; **76tc** AA/P Kenward; **76tr** AA; **77tl** AA/J A Tims; **77tc** AA/J A Tims; **77tr** Museo Bramah del Té y el Café; **77b** *Britain On View*; **78tl** Hulton Archive/Getty Images; **78tc** AA/J A Tims; **78tr** AA/T Woodcock; **79t** AA/M Jourdan; **79tr** AA/J McMillan; **79c** The Royal Collection © 2003 Her Majesty Queen Elizabeth II; **80** Casco del monumento funerario en forma de barco de Sutton Hoo, c.625–30 AD. British Museum, Londres, UK/Bridgeman Art Library; **81t** AA/R Strange; **81cl** AA/G Wrona; **81c** AA; **81cr** AA/M Jourdan; **82cl** AA; **82c** AA; **82cr** AA; **83** AA; **84** Parte principal de la *Epopeya de Gilgamesh* en la que cuenta la leyenda babilónica del diluvio, de Nínive (arcilla), Asiria, British Museum, Londres, UK/Bridgman Art Library; **84t** *Britain On View*; **84c** AA; **84b** AA/M Trelawney; **85** © British Museum; **86tl** *Britain On View*; **86tc** Imperial War Museum; **86tr** AA/P Kenward; **87tl** Dali Universe © Richard Price; **87tc** AA/J A Tims; **87tr** Design Museum © Jefferson Hack; **87b** *Britain On View*/Doug McKinlay; **88t** AA/M Jourdan; **88c** *Britain On View*; **88b** AA; **89tl** AA; **89tc** AA/P Kenward; **89tr** AA/P Wilson; **90tl** AA/J McMillan; **90tr** The Handel House Trust Ltd; **91t** AA/S McBride; **91c** AA/S McBride; **92t** Servicio de Información del Parlamento; **92cl** *Britain On View*; **92cr** AA/W Voysey; **93tl** AA/R Strange; **93tr** AA/M Trelawney; **94t** AA/R Strange; **94c** AA/J A Tims; **95t** AA/P Kenward; **95c** AA/P Kenward; **96t** AA/B Strange; **96cl** AA/B Strange; **96c** AA/M Trelawney; **97tl** AA/M Jourdan; **97tc** AA/R Mort; **97tr** AA/P Kenward; **97b** AA/M Jourdan; **98tc** Acuario de Londres; **98tc** AA/P Kenward; **98tr** Mazmorras de Londres (Merlin Entertainments Group Ltd) **99** AA/M Moody; **100tl** Andy Paradise/Museo del Transporte de Londres; **100tc** AA/P Kenward; **100tr** AA/M Jourdan; **101t** Madame Tussauds; **101tr** AA/P Kenward; **101cr** AA/P Kenward; **102tl** AA/R Strange; **102tc** AA/M Trelawney; **102tr** *Britain On View*; **102b** *Britain On View*; **103t** *Britain On View*; **103c** AA/T Woodcock; **104** AA/J A Tims; **105t** AA; **105cl** *Britain On View*; **105c** AA/M Jourdan; **105cr** AA/R Strange; **105b** Retrato de Giovanni Arnolfini y de su esposa Giovanna Cenami (*El matrimonio Arnolfini*) 1434 de Jan van Eyck (c1390–1441) National Gallery, Londres, UK/Bridgeman Art Library; **106** *Venus y Marte*, c. 1485 de Sandro Botticellin (1444/5–1510) National Gallery, Londres, UK/Bridgeman Art Library; **107** The National Gallery, Londres; **108tl** AA/J A Tims; **108tr** *Los girasoles*, 1888 de Vincent van Gogh (1853–90) National Gallery, Londres, UK/Bridgeman Art Library; **108b** *Playa de Trouville*, 1870 de Claude Monet (1840–1926) National Gallery, Londres UK/Bridgeman Art Library; **109** *El valeroso Téméraire remolcado a su último fondeadero*, antes de 1839 de Joseph Mallord William Turner (1775–1851) National Gallery, Londres UK/Bridgeman Art Library; **110t** National Portrait Gallery/©Dennis Gilbert/View; **110l** AA/R Turpin; **110/111** Andrew Putlend/National Portrait Gallery; **111c** © National Portrait Gallery; **111r** Andrew Putlend/National Portrait Gallery; **112t** AA/B Smith; **112l** AA/M Jourdan; **113t** AA/M Jourdan; **113lcl** AA/M Jourdan; **113cl** AA/M Jourdan; **113cr** AA/R Strange; **113rcr** AA/R Strange; **114tl** Petrie Museum of Egyptian Archaeology; **114tc** AA/M Jourdan; **114tr** AA/P Kenward; **114b** AA/P Baker; **115tl** AA/S McBride; **115tr** AA/M Jourdan; **116tl** AA/P Wilson; **116tc** AA/R Strange; **116tr** AA/P Kenward; **117tl** AA/P Wilson; **117tc** AA/R Victor; **117tr** AA/R Strange; **117b** AA/P Enticknap; **118** AA/J A Tims; **119t** AA/M Jourdan; **119cl** AA/S McBride; **119c** AA/R Strange; **119cr** AA/R Strange; **120cl** AA/R Strange; **120c** AA/R Strange; **120cr** AA/J A Tims; **121** AA/B Smith; **122tl** AA/R Strange; **122tr** AA/P Baker; **122b** AA/R Strange; **123** AA/R Strange; **124t** AA/J A Tims; **124cl** Museo de Ciencias Naturales de Londres; **124cr** Museo de Ciencias Naturales; **125t** Museo de Ciencias Naturales; **125r** Museo de Ciencias Naturales; **126l** Teatro Globe /Richard Kalina; **126r** AA/R Turpin; **127tl** AA/R Strange; **127tc** AA/M Jourdan; **127tr** AA/R Turpin; **128t** Museo de Sir John Soane; **128cl** AA/J A Tims; **128cr** Museo de Sir John Soane; **128b** Museo de Sir John Soane/Martin Charles; **129** AA/J A Tims; **130t** AA/M Jourdan; **130cr** AA/M Jourdan; **131t** AA/M Jourdan; **131cl** The Courtauld Institute Gallery, Somerset House,

Londres; **131c** AA/M Jourdan; **132t** Tate. Presentado de forma anónima 1955; **132l** *Britain On View*; **133t** Tate. Legado de Miss Isabel Constable como donación de Maria Louisa, Isabel y Lionel Bicknell Constable 1888; **133cr** Tate. Legado por el artista, 1856; **133c** Tate. Adquirido con la colaboración de la National Lottery a través de la Heritage Lottery Fund, y de la National Arts Collections Fund 1996 © Patrimonio de J Epstein; **134t** AA/M Jourdan; **134l** AA/M Jourdan; **134r** AA/S McBride; **135cl** AA/S McBride; **135c** AA/M Jourdan; **135cr** AA/S McBride; **135b** AA/M Jourdan; **136tl** AA; **136tc** AA/R Strange; **136tr** AA/J McMillan; **136b** AA/R Strange; **137** AA/M Jourdan; **138** *Britain On View*; **139t** AA/S McBride; **139cl** *Britain On View*; **139c** *Britain On View*; **139r** AA/S McBride; **140/141** AA/S McBride; **140c** AA/S McBride; **140b** *Britain On View*; **142cl** *Britain On View*; **142c** AA/W Voysey; **142cr** AA/S McBride; **143l** *Britain On View*; **143r** AA/S McBride; **144t** Museo Victoria & Albert; **144cl** AA/G Wrona; **144c** AA/R Strange; **144cr** AA/J A Tims; **145** Museo Victoria & Albert; **146t** *Britain On View*; **146b** Museo Victoria & Albert; **148/149 Museo** Victoria & Albert; **148b** Museo Victoria & Albert; **149t** *Britain On View*; **149b** Museo Victoria & Albert; **150l** Con la gentil autorización de los síndicos de la Colección Wallace; **150r** AA/P Kenward; **151tl** AA/S McBride; **151tc** AA/R Elliott; **151tr** AA/M Jourdan; **152t** AA; **152cl** AA/R Strange; **152cr** *Britain On View*; **152b** AA/R Strange; **153c** AA/J A Tims; **153r** *Britain On View*; **154tl** AA/R Turpin; **154tc** AA/M Trelawney; **154tr** AA/M Trelawney; **155tl** AA/R Mort; **155tc** Galería Dulwich Picture; **155tr** AA/S & O Mathews; **155b** Galería Dulwich Picture; **156t** AA; **156cl** AA/R Turpin; **156cr** AA/T Woodcock; **157t** *Britain On View*; **157c** AA/M Jourdan; **157b** AA/S & O Mathews; **158tl** AA/M Trelawney; **158tc** AA/M Trelawney; **158tr** AA/M Trelawney; **159t** AA/R Turpin; **159c** AA/R Turpin; **160tl** AA/M Trelawney; **160tc** *Britain On View*; **160tr** *Britain On View*; **161tl** AA/P Kenward; **161tc** AA/R Strange; **161tr** AA/R Strange; **162tl** AA/M Trelawney; **162tc** *Britain On View*; **162tr** AA/P Kenward; **163t** AA/R Mort; **163c** AA/R Mort; **163b** AA/W Voysey; **164tl** AA/M Trelawney; **164tc** AA/B Smith.

QUÉ HACER

165 Photodisc; **170t** *Britain On View*; **170cl** *Britain On View*; **170c** *Britain On View*; **170cr** *Britain On View*; **171cl** Cologne and Cotton; **171cr** *Britain On View*; **172cl** Jo Malone; **172cr** VV Rouleaux; **173cl** Harvey Nichols; **173c** Jimmy Choo; **173cr** Jimmy Choo; **174cl** Selfridges; **174cr** AA; **175cl** Neals Yard Remedies; **175cr** Ted Baker; **176/7t** Selfridges; **176c** AA; **177c** Book for Cooks; **178/9t** Selfridges; **178c** AA/P Kenward; **179c** *Britain On View*; **180/1t** Selfridges; **180c** *Britain on View*; **181c** Halycon Days; **182/3t** Selfridges; **182c** Janet Reger; **183c** AA/R Strange; **184/5t** Selfridges; **184** AA/C Sawyer; **185** AA/C Sawyer; **186t** Selfridges; **186c** Paperchase Ltd; **187t** Digital Vision; **187cl** Digital Vision; **187cr** Digital Vision; **192/3t** AA/M Jourdan; **192c** AA/M Jourdan; **193c** Odean; **194/5t** Digital Vision; **194c** Royal Academy of Music; **195c** Teatro Sadlers Wells; **196/7t** Digital Vision; **196c** Digital Vision; **197c** Royal Albert Hall; **198/9t** *Britain On View*; **198c** *Britain On View*; **199c** *Britain On View*; **200/1t** *Britain On View*; **200c** AA/R Strange; **201c** AA/M Jourdan; **202/3t** Red Rooms; **202cl** Brand X Pics; **202cr** The Comedy Store; **203c** k; **204/5t** Red Rooms; **204c** *Britain On View*; **205c** *Britain On View*; **206/7t** Red Rooms; **206c** Brand X Pics; **207c** The Comedy Store; **208t** Red Rooms; **208c** Fluid Bar; **209t** AA/C Jones; **209cl** *Britain On View*; **209cr** The All England Tennis Club; **210t** AA/C Jones; **210c** Photodisc; **211t** AA/C Jones; **211c** Getty Images; **212/3** AA/C Jones; **212c** AA/C Jones; **212c** *Britain On View*; **214/5t** Photodisc; **214c** AA/M Jourdan; **215c** Photodisc; **216t** Photodisc; **216c** *Britain On View*; **217t** Image 100; **217cl** Image 100; **217cr** Bliss London; **218t** Image 100; **218c** Berkeley Health Club and Spa/The Savoy Group; **219t** Photodisc; **219cl** Namco; **219cr** AA/M Jourdan; **220t** Photodisc; **220c** AA/B Smith; **221t** Photodisc; **221c** *Britain On View*; **222t** *Britain On View*; **222c** *Britain On View*; **223t** *Britain On View*; **223c** AA/L Allen; **224t** *Britain On View*; **224c** *Britain On View*.

RUTAS Y CIRCUITOS

225 AA/R Strange; **226t** *Britain On View*; **227tl** AA/P Baker; **227tr** AA/R Turpin; **227cl** AA/M Jourdan; **227cr** AA/R Turpin; **227b** AA/B Smith; **228** AA/R Mort; **229tl** AA/B Smith; **229tr** AA/W Voysey; **229cr** AA/R Turpin; **229cr** AA/R Turpin; **229b** AA/S McBride; **231tl** AA/R Victor; **231tr** AA/T Woodcock; **231c** AA/M Jourdan; **231cb** AA/R Turpin; **231t** AA/R Turpin; **232** AA/R Strange; **233tl** AA/T Woodcock; **233tr** AA/P Kenward; **233cb** AA/R Turpin; **233b** AA/R Turpin; **234** *Britain On View*; **235t** *Britain On View*; **235cr** *Britain On View*; **235cb** *Britain On View*; **235b** *Britain On View*; **236c** AA/R Strange; **236b** AA/J Miller; **237tl** AA/R Strange; **237tr** AA/W Voysey, con la autorización del deán y los canónigos de Windsor; **237c** AA/W Voysey; **237b** AA/J Miller; **238** AA/C Jones; **239t** AA/S & O Mathews; **239cl** AA/A Lawson; **239cr** AA/C Jones; **239b** AA/A Lawson; **240** AA/E Meacher; **241t** AA/E Meacher; **241cl** AA/E Meacher; **241cr** AA/S Day; **241b** AA/C Jones; **242cl** AA/W Voysey; **242c** AA/M Jourdan; **242cr** AA.

COMER Y DORMIR

244l AA/C Sawyer; **244cl** *Britain On View*; **244cr** *Britain On View*; **244r** AA/C Sawyer; **245t** AA; **245b** AA; **246** AA/M Jourdan; **247** *Britain On View*; **252c** AA/W Voysey; **253l** AA/W Voysey; **254tl** AA/W Voysey; **255tc** AA/W Voysey; **256cl** AA/W Voysey; **256bl** AA/W Voysey; **258br** AA/W Voysey; **259cl** AA/W Voysey; **260cr** AA/C Sawyer; **261c** AA/W Voysey; **261br** AA/C Sawyer; **262bc** AA/W Voysey; **263bl** AA/W Voysey; **263cr** AA/W Voysey; **264bc** Imagestate; **267bl** *Britain On View*; **267tr** AA/W Voysey; **268tl** AA/W Voysey; **268bl** AA/W Voysey; **268tr** AA/W Voysey; **268cr** AA/W Voysey; **269c** AA/W Voysey; **269tr** AA/W Voysey; **269br** AA; **270tc** AA/R Victor; **270r** AA/W Voysey; **271bl** AA/W Voysey; **271c** AA/W Voysey; **271tr** Ingram; **272** AA/P Wilson; **275l** AA/R Mort.; **275**; AA; **280cl** AA/C Sawyer; **281bl** AA/C Sawyer; **281tr** AA/C Sawyer; **284cr** AA/C Sawyer; **285bc** AA/C Sawyer; **285cr** AA/C Sawyer; **287tr** AA/C Sawyer; **291l** Photodisc; **291r** AA/C Sawyer

DATOS PRÁCTICOS

293 AA/C Sawyer; **295** AA; **298c** AA/R Strange; **299** AA/R Strange; **301** AA/JA Tims; **302** AA/A Kouprianoff; **303c** AA/R Strange; **303b** AA/JA Tims; **304** AA/JA Tims.

Espasa Libros, S.L.
Paseo de Recoletos, 4
28001 Madrid

Traducción
Lexware SCP

Revisión y adaptación
Loida Díez

Maquetación
Leticia Fernández Muñoz

Diseño de cubierta
más!gráfica

AA Publishing, nombre comercial de AA Media Limited
Fanum House, Basing View, Basingstoke, RG21 4EA, Reino Unido

Equipo de diseño
David Austin, Glyn Barlow, Alan Gooch, Kate Harling, Bob Johnson,
Nick Otway, Carole Philp, Keith Russell

Cartografía
Mapping Services Department de AA Publishing

Colaboradores principales
Judith Bamber, Richard Cavendish, Colin Follet, Stephen Frost, Tim Locke, John Mabbett,
Heather Morley, Michael Nation, Nia Williams

ISBN: 978-84-670-2900-0

El estilo de la encuadernación, con permiso de AA Publishing

Viaduct
Old Bailey
Central Criminal Court
LUDGATE CIRCUS
Ludgate Hill
THAMESLINK STATION
Church
Street
QUEEN VICTORIA